经典教育

稻盛和夫
给年轻人的忠告

李旭影◎编著

吉林出版集团股份有限公司
全国百佳图书出版单位

图书在版编目（CIP）数据

稻盛和夫给年轻人的忠告 / 李旭影编著 . -- 长春：
吉林出版集团股份有限公司 , 2021.1

（经典教育）

ISBN 978-7-5581-9602-7

Ⅰ . ①稻… Ⅱ . ①李… Ⅲ . ①成功心理 – 青年读物
Ⅳ . ① B848.4-49

中国版本图书馆 CIP 数据核字 (2020) 第 270014 号

前言

"吾等定此血盟：不为私利私欲，但求团结一致，为社会、为世人成就事业。特此聚合诸位同志，血印为誓。"

这段话，是1959年稻盛和夫先生在创业之初，与弟兄们共同立下的誓言，他是世界上为数不多缔造了两个世界500强企业的人。这样一段誓言，令读到的人无不热血沸腾，他的成就更是令人由衷地敬仰。

为何他能在商场上屡创奇迹？是他独特的商业伦理观——把员工的发展放在首位，也就是把造就自主的、追求卓越的"整体人"（员工与企业合为一体）放在了首位。这是稻盛和夫最大的秘密。

在实际经营中，稻盛和夫始终慎言笃行，不刻意抬高价格或是采取恶性竞争手段，本着"为社会、为世人成就事业"的目标行事。更重要的是，他坚信"人才能发挥出巨大的潜能，只要能将拥有朴素、开朗的心的人才齐聚一堂，让大家团结一致，就一定能够成就大的事业"。在数次金融危机中，稻盛和夫坚持不削减包括钟点工在内的任何一名员工，因为他坚持"公司永远都是保障员工生活的地方"的经营原则，更把企业与员工、工作与人生很好地结合在了一起。

　　今天，多数企业家做着一夜暴富的美梦，急功近利的人们对道义人性的蜕化视而不见。稻盛和夫则像一位循循善诱的老师，他撰写的《活法》《干法》等书籍，向人们诠释积极工作对人生成就的巨大推动作用。以"敬天爱人"的商业哲学筑起一座精神山脉，用甘露般的关爱滋润着每位员工。

　　改变自己，主动去学习稻盛和夫先生优秀的工作理念和人生态度，这些优秀的思想将对我们的人生产生正向的意义。没有人会阻拦你成为一名优秀的职场人，也不会有人能阻止你成为一个优秀的创业者和企业家。

　　稻盛和夫的人生进化论，值得我们每个渴望在人生中有所建树的年轻人学习和借鉴。《稻盛和夫给年轻人的忠告》针对当下年轻人普遍存在的人生困惑，如生活意义、工作的态度、成功的途径、面对困苦时的应对方法、人格魅力的提升、心灵成长的过程以及人生存在的意义等，对稻盛和夫先生的人生哲学进行了全面总结和系统阐释，囊括了稻盛和夫对于工作、对于个人立业、对于与他人相处的智慧，这些思想精髓为年轻人的成长提供了一整套实际可行的方法。

目录

第四章　能力提升的本质

第五章　欢喜隐藏在拼命工作背后

第六章　把深沉的爱注入工作

第七章　"完美主义"的生存哲学

第八章　成功的基础是内心的强大能量

第九章　每天都做最狂野的梦

第十章　不断追求更高的可能性

第一章
怀着一颗仁慈的心

努力去遵守，努力去实现

稻盛之"道"

当你做一件事时，或许有人问你成功的几率有多大，也许你答不上来，没关系，在成功和失败的世界里，统计数字代表不了什么，重要的是你有没有努力地去遵守，努力地去实行。

稻盛先生还提出了对现代年轻人的忧虑，他说，现在的年轻人从学校毕业以后，对毫不起眼、基层的工作总是觉得不耐烦，都想爬到高高的位置。然而，他们从来没有想过要通过自己的努力去追求目标，去实现愿望。失去了努力，也就失去了支撑自己幸运和成功的基础。而有的人却能经受住考验，也能承受所有的痛苦，全力以赴、努力奋战、不断设法摆脱困境。

美国销售员协会的一项调查研究指出，不能坚持就是导致销售任务失败的主要原因。

请看以下统计数字：

有48%的推销员找过一个客户之后就不干了；

有25%的推销员找过两个客户之后就不干了；

有15%的推销员找过三个客户之后就不干了；

12%的推销员找过三个人之后继续干下去，而80%的生意恰恰就是这些推销员做成的。

稻盛先生曾说："成功和失败之间有一层障碍，虽薄如蝉翼，却难以穿透。"他认为这个不同点就在于坚韧与毅力，失败者一旦遇到一堵墙就认为必定难以穿越并以此为借口选择了放弃，而成功者遇到这堵墙的时候，他就会摒弃头脑中的"惯性思维"，抛开任何限制他进步的、先入为主的观念，努力坚持下去，努力地去遵守，努力地去实行，然后突破这一层障碍，迈向成功。

年轻人之"行"

稻盛先生用自己的经历告诫年轻人，只有不畏逆境，用朴实、开朗、健康的心态拼命努力地工作，日后才能有大的成就。欠缺努力的人在做事情的时候，往往具有一种通病，心中总是盘算着："这件事做了对我有利吗，成功的话我能得到什么？万一失败，最好能找个理由推脱。"由于凡事只考虑自己的利害得失，而不努力地去实行，往往也失去了成功的机会。

人生本是无数个瞬间的积累，而成功便是无数个努力的积累。

成功不会找上一些好逸恶劳、不思上进的慵懒之人。

在稻盛先生看来，这是一个成功的规律，你只有努力地去遵守，努力地去实行，才能获得成功。那些令人惊奇的伟业实际上几乎都是通过极为朴实的努力一步步累积而成的。人生不可能像喷气式飞机那样顷刻之间飞跃千里，不管多么伟大的理想，都要靠一步一个脚印，孜孜不倦的、持续的努力才能实现。

总结成功的经验，稻盛先生说，只要你抱着强烈的愿望，并全力以赴，成功才肯现身，才肯向你靠近。

将"接受"转变为"给予"

稻盛之"道"

通过自己的工作回报，给小孩吃美味的食物，希望看见妻子喜悦的表情，让劳苦一生的父母过得舒适，对周围的人多一些体谅，多一些关心……这是一个社会人的职责。

稻盛先生在欢迎新员工的典礼上说道："以前，你们一直在父母和社会上形形色色的人们的关照下生活。从今以后，你们进入了社会，所以，现在该轮到你们回报社会了。作为社会人还希望别人为你服务的想法是不对的。必须从'希望别人为你服务'的观念转变为'希望为他人服务'。"

每一个人每一天都可以安抚一个朋友、一位同事，或是一个孩子的伤痛，而自己的不悦和痛苦，也能随之减少。爱是一种慰藉，爱别人能让我们觉得更有意义。今天，我们愿意向贫困潦倒的朋友伸出援手，这样做，也将为我们的人生注入新的生机。将来回顾你的人生，你会发现，那些值得怀念的时刻，都是你为他人付出的时刻。

著名心理学家荣格说："我的病人中有三分之一都不能在医学上找到任何病因，他们只是找不到生命的意义，而且自怜。他们一生只想搭个顺风车——而游行队伍就在他们身边经过。于是他们带着自怜、无聊与无用的人生去找心理医师。赶不上一班渡轮，他们会站在码头上责怪所有的人，除了他自己，他们要求全世界满足他们以自我为中心的欲求。"

也许你会说："如果圣诞夜遇到孤儿，我也会关心他们；如果我碰到突发事件，我也会很高兴伸出援手帮助他人。可是我的状况跟人家不同，我的日子再平凡不过了。我一天得做八小时无聊的工作，从来没有任何有趣的事发生在我身上。我怎么会有兴趣去帮助别人呢？我又干吗要帮助别人？那对我有什么好处呢？"

其实这个问题很好解答：不管你的人生多么单调，你每天难免要碰到一些人，你对他们如何？你只是视而不见，还是想多认识他们一点？例如邮差——他一天要跑几百里路，为人们送信，你可曾费心了解他住哪儿？看看他妻女的照片？你关心过他是否疲倦或觉得无聊吗？杂货店店员、送报生、擦鞋童呢？他们也都是人！他们也有烦恼、梦想、个人的野心！他们也想与别人分享，可你有没有给他们机会？你可曾对他们表示过热切真诚的兴趣？

年轻人之"行"

泰戈尔说过："埋在地下的树根使树枝产生了果实，却并不需要什么报酬。"

歌德说过："若要重视自己的价值，就要为世界创造价值。"

稻盛先生把自己的事业做大时，没有忘记自己作为一个社会人的职责。他到各地做慈善，教育年轻人，这已经形成了一种习惯，自己从社会上索取了很多，给予别人才能达到最大的快乐。人有利己本能，生物总是趋利避害的，这无可厚非。但人不光有利己本能，还有奉献的本能，用孔子的话说即"己欲立而立人，己欲达而达人"。

仁慈之心必将拥有坦途

稻盛之"道"

很多人都认为经济危机的直接原因是金融衍生产品使用过头，稻盛先生却认为，危机的本质是人们为了满足自己的欲望，不择手段地追求利润最大化，是失控的资本主义的暴走狂奔。

禅师在打坐的时候，一只小鸟落在了禅师的怀中，小鸟被禅师的体温吸引了，索性钻入禅师的衣袖中打起盹儿来。

禅师为了不惊动那只小鸟，静静地坐着，一动也不动。

夜幕降临，山风渐起，气温下降，小鸟在禅师的身上取暖，睡得很好。

第二天清晨，禅师仍然坐着。

稻盛先生深谙东方文化的精髓，希望这世间生灵的仁慈之心觉醒。仁慈是我们生命中不可或缺的元素，当我们向别人献出自己的那一份仁慈，我们就会从对方那里得到一份无限的感激。在这份感激中，我们能欢快地感受到那一种对别人宽容后的欣慰，在这样的欣慰中，便能发展和传递着仁慈这份美德了。仁慈的力量非比寻常权力，它不但传送幸福于受施的人，也同样给幸福于施与的人。

年轻人之"行"

如果一个人拥有巨额的财富、丰功伟绩，但唯独缺少一颗仁慈的心，这个人走在街上肯定会遭来厌恶的眼光。生命需要总结，只要我们肯敞开心扉，冷静思索，那么曾经的往事就会带给我们睿智的经验和质朴的真理。恶念往往是愚蠢的开始，我们应该撇开一切恶的因素，冷却心绪，让仁慈之心深入本质，洞悉世事，拯救在迷茫中前行的人。

在稻盛先生看来，越成功，越伟大，就越应该有一颗仁慈之心，因为这样的人的仁慈力量更强大，相反的，这样人的恶念的破坏力也是超乎想象的。

仁慈，深藏在这个世界的每一个角落，就看你有没有把他找出来，然后给予别人。世间的仁慈是永恒的，是不变的，是永存于世的。甘愿为社会付出真情和爱的人，是最幸福的人，因为幸福总是偏爱那些热爱生活而乐于奉献的仁慈的人。

从这个意义上讲，稻盛先生指出了一条道路，就是我们必须从仁慈、爱、同情及利他行善之心出发，终结依靠欲望和利己之心发展至今的现代文明，构建基于爱、仁慈之心的崭新的文明。

传递思想与爱的能量

稻盛之"道"

稻盛先生认为，宇宙间有一股力量，不断地将万物推向成长和发展的方向，这种力量就是爱和思想的力量。他说，宇宙间包罗万象的存在，并非是一成不变地存在，而是随时朝着成长和发展的方向流动着。

人不能没有思想和爱。思想的力量是伟大的，如果你一心想着气愤，你就会体验到气愤；如果你有着兴奋的思想，你就会跟着兴奋；如果你想着快乐，你就会快乐；如果你有爱的思想，你就会体会到爱。思想决定了行为，行动则产生行为，而行为则造就了我们的命运。

赫伯特说："思想上的甜美，会作用于你的身体、服饰和居室。"塞万提斯说："有爱心的人的脸就像是对人的一个祝福。"

1983 年 11 月 1 日，里根总统的办公室里请进了一位小客人。他叫比利，只有 7 岁。小比利心中有一个美好的梦想——当美国总统。但小比利患了一种绝症，医生说他不会活过 10 岁生日。

得知此事后，里根总统决定让小比利临时当一天美国总统，而自己则做这位小"总统"的助手。小比利很高兴，终于"实现"了他的总统梦。里根向"新总统"详细介绍了日常工作和职责范围，随后就忠实地侍候在小比利的身边。部下呈上的文件，"小总统"都请里根参加讨论，取得一致意见后，请里根代签并盖章。在办公之余，里根与"小总统"进行了友好的交谈。里根告诉比利，在自己7岁时，只梦想过成为一名消防队长，还未曾想到过当总统。

宇宙间静静流淌着爱的力量，这种爱的力量的影响无声无息，无痕无迹，却是那么掷地有声。美国总统作为世界上最有权势和最忙碌的人之一，却能安排出一天的时间，以这样的一种方式帮助一位普通公民——7岁的小孩实现梦想。

年轻人之"行"

因为有爱，生命才有价值，一个人的生命是这个世界给予的，最终还是属于这个世界的，是属于爱和思想的。我们如此的平凡，我们没有预知世界的能力，连预知此时此刻要发生什么的能力都没有，更不用说去预知生命的长短。然而，只要我们拥有生命，我们就拥有思想，拥有爱，我们就不会寂寞，就知道感恩宇宙，感恩生命，感恩身边每一个人。让这种爱和思想继续传递，生生不息。

第二章
活着就要以心思善

正道是单纯且强有力的信念

稻盛之"道"

稻盛先生曾经说过："如果要寻求我成功的理由，也许我的才能存在不足，但我有一条单纯而坚强的追求人间正道的指针。"

人们为名为利忙碌着、竞争着，有泪有歌，有哭有笑。到处是紧张、担心、皱眉，活得很累，很郁闷。对名利的过分追逐，往往会使人失掉善良的本性，唯利是图，唯名是图，为了名利不顾一切。

稻盛先生一直坚持着一种单纯且强有力的信念——追求人间正道的做人准则，竭尽全力、真挚、认真地活着。世上千人千面，各有各的活法。人生单纯而又复杂，经受不住利益诱惑的人，往往会走上失败的路，最后变得无法挽回。

时间能磨灭人的躯体，但磨灭不了人的智慧和思想。在这短暂的一生中，要使自己的人格更加丰满，应该有一个正确的目标，在正确的价值观念的引导下，使我们一步步将目标实现，追求真诚、善良与道德。舞动自己的青春，浇灌爱人的心田，感染朋友的情绪，用感悟和感恩装点自己的人生，让我们把年轻的意义看得更加广义和广泛，即使我们在慢慢变老，即使有一天我们都会逝去，也一定要潇洒地在这个世间好好地走一回。

年轻人之"行"

有一句话是这样说的：做企业如同做人。从长远利益来看，企业只有真正遵循市场竞争的规律，固守道德和法律的底线，洁身自好、阳光营销，自觉抵触非法的、违反道德的营销手段，才能获得健康的、持久的发展，才能创造出成功的企业。

一个企业的领导不仅需要具备优秀的领导才能和管理才能，还需要具备优秀的人格，具有无私的精神，有为全体员工谋福利、为社会创造价值的奉献精神，这样的领导者才会使一个企业健康地发展下去。

需要磨砺、提高心智的不仅仅是领导。任何人都需要将心智朝好的方向提高，不仅要做一个有能力的人，还要做一个有人格的人；不仅要做一个聪明的人，还要做一个正直的人。可以说，这就是人生的目的、人生本来的意义。

在经营之道中，秉持人间正道是发展的不可或缺的因素。同时，在日常生活中，坚持正道才能赢得所有人的尊敬，才能让我们的生活更加温馨和富有活力。

懂得感恩为"君子之心"

稻盛之"道"

现代人脚步匆匆，流连世俗，忙于生计，有时难免轻视或忘却了感谢。

在稻盛先生看来，活着，就要感谢。有了这样一颗能感受幸福的心，才能活得更加滋润，让自己的人生更加丰富。这是做人做事应该有的基本心态。

稻盛的父亲出生在偏寂的山村深处，那儿住着稻盛的几位亲戚。

稻盛的父亲曾带稻盛去过那位亲戚的家，按照从前的传统，他们提着一盏灯笼，步履艰难地走在漆黑的山路上。最后，终于来到了深山里一间破旧的房子面前。进去一看，那里坐着一位和尚打扮的人，在念佛诵经。在他的身后，站着五个双手合十的孩子，他们都是小学生。

那位和尚对稻盛的父亲说："这孩子没问题，以后不用再来了。"说完后，他又面对着稻盛，说："孩子，今生今世，只要你还活着，你就要念诵'谢谢'。每天表示感谢，绝对不能忘记呀。"

然后，那和尚又朝向稻盛的父亲说道："如果这个孩子能照我的嘱咐去做，他的人生会很顺畅。"最后，他用眼神示意他们，

"你们可以回去了"。

　　稻盛照着那位和尚的嘱咐做，一直坚持到今天，从不间断。

　　稻盛认为，社会的良性运行是人与人互相关爱的结果。每个人都必须依靠其他人的贡献才能生活，因此每个人都应怀着一颗感恩的心，发现别人的美好，向他人给予关爱。如此，整个社会才能更加和谐。

年轻人之"行"

　　我们要学会感谢周围的一切，这是理所当然的，因为我们不可能单身一人活在这世上。空气、水、食品，还有家庭成员、单位同事，还有社会，我们每个人都在周围环境的支持下才能生存。这样想来，只要我们健康地活着，就该自然地生出感恩之心，有了感恩之心，我们就能感受到人生的幸福。

　　"谢谢"这个词制造出一种和谐的氛围，也能将人带进一个高尚的境界，还能给周围的人带来好心情。当你在公交车上给老人让座，那位老人会道谢："谢谢，太感谢了！"这时，别人也会感到温暖，这样善意传染给了周围的人，并将循环下去。

　　感谢是一种财富。我们要牢牢把握住这种财富，并让它绽放出最耀眼的光芒。这是精神上的财富，是人生中不可缺少的重要财富，它能让我们在今天即将结束时，用良好的心态面对明天即将到来的挑战。

　　感谢是一种魅力，以一种独特的方式向世人展现出人性中最闪耀的一面，还能感染我们身边每一个人是民族的瑰宝，永垂不朽。感谢是一颗最大克拉的钻石，永远闪闪发光。让我们铭记稻盛先生的话：感谢今日，振作明日，用感恩的心面对世界。

敬天爱人，过有意义的人生

稻盛之"道"

稻盛先生这样教导日本企业界：我们经营着中小企业，许多人认为我们的事业没什么了不起。但是，不管是5人也好，10人也好，我们都有员工，员工又都有家属，保障员工及其家属的生活是我们的责任。经营者必须追求利润，为此，人们往往认为没有贪欲之心，做不到冷酷无情，就无法经营企业。然而，这是错误的。恰恰相反，如果没有同情和关爱之心，缺乏美好的心灵，经营则无法顺利进行。所以为了经营好企业，经营者必须提升自己的人格。

稻盛这样解释"敬天爱人"的理念：敬天爱人，直接的解释即敬畏上天，关爱众人。"敬天"就是要敬重人类赖以生存和工作的大自然和社会，并自觉地遵从天理、公理；"爱人"就是要对社会和他人抱有真诚的关爱、帮助之心，并付之行动。这里的"人"，不仅指本企业的员工、顾客，也泛指社会上的普通人。"敬天爱人"也就是说敬畏上天，关爱众人。敬天就是依循自然之理、人间正道；爱人就是摒弃私欲、体恤他人。

"敬天爱人"是稻盛先生所创办的京瓷的核心价值，是他一直不断实践化和行动化的理念，这不仅是经营事业所需要的，也是一个来到世间的人应该努力具备的品格。

年轻人之"行"

敬天爱人即是知天道，明义利，要让人常怀利他之心。利他之心非常重要，要经常思考"作为人，何谓正确"。在做决策的时候，要扪心自问：自己是否"动机至善，私心了无"。人们要学会知足、利他，这是真正的"敬天爱人"。

这四个字包含的意义太深、太广，是日常生活中所说的关爱他人、互相帮助等充满爱心和感恩之心等思想高度的浓缩。对于一个普通人来说，做到敬天爱人其实并不难，最根本的就是从自己的内心出发，倾听内心最深处、最真诚的声音，使自己度过一个有价值的人生。

"敬天爱人"是人生应该有的心态。学会关心他人，为他人着想，也是一个人想要获得幸福的人生所需要的，只有一颗充满爱的心才能焕发出明亮的光，在温暖他人的同时，也能照亮自己的世界。

平静的内心决定事情发展的方向

稻盛之"道"

时间在流逝，青春也从我们身边溜走。世间有很多美好的东西，但真正属于自己的并不多。喜欢幻想着自己梦想成真，喜欢幻想着种种属于自己的欢乐……生活却常不如己愿，在人生的路途中，有笑，也有泪，有得到，也有失去……。

稻盛先生曾这样说过："我们该保持一颗本然的心。若是让私欲出来兴风作浪，原本简单的问题也就会弄得复杂难解。"用平静的心态对待事物，才能看清事物，正确了解事情的发展方向，这样才能做出正确的决断。

华盛顿一家百货公司专门开设了一个柜台受理顾客的投诉，很多顾客排着长队，争着向柜台后的那位小姐诉说自己受到的不公平待遇以及对公司服务的诸多不满。其中很多顾客说话粗暴、蛮横无理，但柜台后的这位小姐一直微笑着接待这些愤怒的顾客。她优雅而又从容，微笑着告诉这些顾客应该找公司的哪个部门解决问题。她的亲切和随和，很好地安抚了这些顾客的不满情绪。通过观察，我发现她的身后站着另外一位女士，不断地在纸条上写着什么，然后再把写好的纸条递给她。原来纸条上写的就是这些顾客抱怨的内容，但却省略了他们尖酸刻薄的言语。

后来才知道，这位一直微笑着的小姐听力存在障碍，后面的人是她的助手。出于好奇，记者去拜访了百货公司的经理。经理说，这个接待顾客投诉的岗位曾经有很多人尝试过，即使他告诉过他们应该怎么做，但一直没有人能够胜任。只有这个听力存在障碍的员工才有足够的"自制力"来出色地完成这个艰巨的任务。

我们都知道，当沸腾的血液在我们狂热的大脑中奔涌时，控制自己的思想和言语是多么的困难。但我们更清楚，让我们成为自己情绪的奴隶是多么危险和可悲。这不仅对工作与事业来说是非常有害的，而且还减少了效力，甚至还会对一个人名誉和声望产生非常不利的影响。

年轻人之"行"

人在面对各种挑战时，失败的原因也许不是势力单薄，不是智能低下，也不是没有把整个局势分析透彻，而是把困难看得太清楚，分析得太透彻，考虑得太详尽，才会被困难吓倒，扰乱了自己原本平静的心态，使内心变得焦躁起来，无法洞悉事情的变化并找到解决问题的方法。由此可知，一颗平静的心对我们至关重要。

一个内心清净的人，能给周围的人带来温暖，让周围的人倍感安全。一个内心清净的人是平静的，一个内心和谐的人心态是平衡的，他对生活是心怀感激的。看到朋友、亲人过得好会满心喜悦，看到周围的人过得不好会尽力安慰并予以帮助。

遇到困难时，切忌事事埋怨，或成天愁眉苦脸忧心非自己所能控制之事，应该用平静的心态来面对，丢掉那些让心情沉重的负担，现在的煎熬都是成长的必经之路，让自己更加成熟，更加能够承受生活的痛苦。同时全心全意投入，以免让自己有任何后悔。

稻盛先生曾说："我们应该用平常心来看待事情，即使这么做看起来对我们个人有所不利。如果发现自己错了，就该承认错误。

只有用无私的眼光来看待事情，问题才会豁然开朗，并找出解决问题的方式。但是，若我们抛不开自大的天性，双眼就会被欲望的云层所蒙蔽，一味地追求快乐与奢华，真理还是难明。"

内心平和还要做到学会从他人的角度思考问题，这样更有利于解决问题。应该怀着悲悯的心来看待无理的人——他们的内心一定是烦躁、不平静的，这时可以宽容、同情他们。遇到不公正的事情，要坚定地纠正别人的错误，隐忍只能使产生的更多错误。

生活中难免会遇到一些让我们力不从心的难题，这些考验好比平坦大道上的独木桥，如果我们在走人生的独木桥时能够忘记背景，忽略险恶，怀着一颗平静的心，专心走好自己脚下的路，也许我们能更快地到达目的地。

第三章
与万物和谐的生存价值

爱与智慧才是真正的进步源泉

稻盛之"道"

2003 年，稻盛先生荣获卡内基协会颁予的"安德鲁·卡内基博爱奖"，他每跨进一步，都以实际行动向人们展示只有爱与智慧才是人类生生不息的进步源泉。正像稻盛先生所说的那样，现在，呵护着我们每一天的是爱，伴着我们成长的是智慧。

一个夜晚，一家旅馆接待了一对年老的夫妇，他们想要一个房间休息一个晚上。

遗憾的是，旅馆已经住满了。两位老人劳累了一天，实在走不动了，而这样一个小城里，恐怕其他的旅馆也都打烊客满了。他们无可奈何，只好叹了口气，然后拖着疲惫的身躯互相搀扶着向门口走去。

就在这时，服务员说道："等等，让我想想办法……"

年轻的服务员将两位老人领到一个房间，说："也许它不是最好的，但现在我只能做到这样了。"

老人见眼前是一间整洁干净的屋子，就愉快地住了下来。

休息好的老人夫妇第二天来到前台找年轻的服务员结账时，服务员才吐露真相："不用了，那间屋子是我的，我只不过是把自己的屋子借给你们住了一晚，祝你们旅途愉快。"

过了一段时间，服务员接到一封信函，打开一看，里面有一张去纽约的单程机票并有一张简单的邀请函，聘请他去做另一份工作。

他乘飞机来到纽约，按信中所标明的路线来到一个地方，抬眼一看，一座金碧辉煌的大酒店耸立在他的眼前。

原来，几个月前的那个深夜，他接待的是一个有着亿万资产的富翁和他的妻子。富翁为这个服务员买下了一座大酒店，深信他会将酒店经营好。

这就是全球赫赫有名的希尔顿饭店首任经理的传奇故事。

一个著名人物的故事就是从一个富有同情心、满怀仁爱的服务员的智慧头脑开始："让我来想想办法……"这就是爱与智慧产生的奇迹。

年轻人之"行"

正像稻盛先生教育年轻人那样，爱与智慧的本质存在于每个人的内心，当你能体会到这本质的深刻内涵时，自然而然便会与之产生联系并任由你追随。当你被绊倒时，爱与智慧会为你带来安慰与鼓励，也许你踏出的每一步都很辛苦，但是每一步都会使你更接近成功。因为爱与智慧永远在旅途上指引你，与你同行，使你不偏不离，这是人类最纯净的元素，是无法用语言来形容的，人类的光芒是由爱和智慧散发的。人类无时无刻不在从爱与智慧的元素中汲取养分，伟人、普通人都一样。

要警惕为了自己的自由而给别人不自由

稻盛之"道"

稻盛先生说，我们每个人都在别人给予的自由之中生存，因此，在我们为了自己的自由而作为时，也有义务不侵犯别人的自由。

艾森豪威尔曾发函邀请著名作家詹姆斯·米契纳来白宫做客。

米契纳先生收到邀请后给艾森豪威尔写了一封信："亲爱的总统先生，我三天前接到了您的邀请函。但很遗憾，我不能如期来白宫赴约，因为我已经答应在那一天出席我高中老师的晚宴，是她教会了我写作。我想您的晚宴缺了我无关紧要，但我不想令我的老师觉得遗憾。"

艾森豪威尔提笔给米契纳回了一封信："是的，我很理解并赞同你的做法。毕竟一个人的一生会经历十五六个总统，而有幸遇见的好老师并不多。"

艾森豪威尔很懂得尊重人，他不强迫他人，并且非常理解他人。一个人如果只关心自己，他很难成为一个被人尊重的人。哲学家威廉·詹姆斯说："人性中最强烈的欲望便是希望得到他人的尊重。"这句话对于"别人"也同样适用，他人也希望得到你的尊重。如果你只是过度地关心你自己，就没有时间和精力去关心别人。别人想获得你的关心，却无法从你这里得到，当然也不会再去注意你。

稻盛先生把自由看作是人之所以为人的基本元素，就人的本质而言，自由很重要；但是对人类而言至关重要的自由，同时也是人类作恶的理由。人类往往为了争取自身的自由而带给别人不自由，就在人类歌颂自己拥有自由的同时，也创造了罪恶的阴影。

人活世上，我们有权利去追求自己想要的，有权利去追求自己的幸福，从某种意义上讲，我们并不是为别人而生的，但是我们更不是为了伤害别人，去破坏别人的自由而生的。

年轻人之"行"

"利他"其实就是在追求自己利益的时候，不给别人带来不好的影响，而是尽量做到让别人受益，这才是双赢的智慧。就像大海里的某些小鱼专门清理某种大鱼身上的微生物，而大鱼每天在海里自由地游来游去，却从来不吞吃这些小鱼，因为大鱼给了小鱼自由，自己才能够生存。林肯曾说过："给别人自由和给自己自由，两样同样是崇高的事业。"两种自由都是至高无上的，没有贵贱之分。己所不欲，勿施于人。在人生的取舍抉择中，不仅要以参与者的身份全面考虑问题，更要以一个旁观者的身份设身处地地为他人着想，这样不仅能赢得自己的成功，还能赢得别人的成功和别人的尊重。

幸或不幸，都是赐予的考验

稻盛之"道"

稻盛先生用他的经历告诉我们，在社会生活中，每个人都在一定的人生际遇中活动，在不同际遇中充当不同的社会角色。

稻盛说过："幸运对人的成长和发展十分有利，却容易使人产生依赖感、优越感和不求上进、自满自足的情绪，对人生道路上的曲折准备不足，往往经受不住挫折和失败。所以，身处幸运中的人就不能陶醉于顺境，更不能得意忘形，而应居安思危，节制自我，使自身的认识保持着良好的度。做到这一点，必须对环境和自身的各个因素进行仔细认真的分析，发现问题，及早准备，尽快解决。否则，如果不能随着客观环境和自身条件的变化而改变自己的认识和做法，就很可能失去原有的幸运而变成不幸。"

相反，不幸是人生的十字路口，也是人生的试金石。不幸有时候就像人生的分水岭，你要做一个怎样的人，你能怎样掌控你的生命，在不幸中认真思考，你才能做一个自己想做的人。所以，不幸对于人生是一块垫脚石，对于强者，它是一笔难得的财富，对于懦夫，它才是万丈深渊。

年轻人之"行"

卡莱尔写作《法国革命史》时的不幸遭遇，已经广为人知。他把手稿的第一卷借给了邻居，让他先睹为快。这位邻居看了以后随手一放，结果被女仆拿去引火用了。这对卡莱尔来说是个很大的打击，但他却并未泄气，又花费了几个月的心血，将这份已经被付之一炬的手稿重写了一遍。

博物学家奥杜邦带着他的笔记本，用了两年时间在美洲丛林里搜寻各种鸟类，画下它们的形状。这一切完成后，他把资料都封存在一个看来很安全的箱子里就去度假了。度假结束，他回到家中打开箱子一看，发现里面居然成了鼠窝，他辛辛苦苦画的图画被破坏殆尽。这真是一个沉重的打击。然而奥杜邦二话不说，拿起笔记，第二次进入丛林，重新一张一张地画，甚至比第一次画得还好。

面对不幸却能坚忍不拔是所有成就伟业者的共同特征。他们可能在其他方面有所欠缺，可能有许多缺点和古怪之处，但是对一个成功者来说，持之以恒的个性则是必备的。不管遇到多少反对，不管遭到多少挫折，成功者总是坚持下去。辛苦的工作不能使他退缩，阻碍不能使他气馁，劳动不能使他感到厌倦。无论身边来去的是什么东西，他总是坚持不懈。这是他天性的一部分，就像他无法停止呼吸一样，他也永不放弃。

金钱、职位和权势，都无法与卓越的精神力量和坚韧的品质相比较。

卡莱尔说："在所有的战斗中，如果你坚持下去，每一个战士都能靠着他的坚持而获得成功。从总体上来说，坚持和力量完全是一回事。"

不管你的工作是什么，都要以一种顽强的决心坚持下去。当你内心听到这句话时，就会像战马听到军号一样有效。"坚持下去，直到结果的出现。"

出人头地是人生的一个过程

稻盛之"道"

想要出人头地是一种激情，而且是一种单纯而又强烈的激情，它来自生命本源的需求。想要出人头地，就要不断地制订奋斗目标，然后努力地去实现它们，接受一个又一个的挑战，"有志者事竟成"说的就是出人头地的过程。

稻盛先生在论述人为什么活着的时候讲到，出人头地也好，成功也好，只想过有趣、特异的人生也好，都是人生的过程而已。人为什么活着？为了追求。有人追求出人头地，光宗耀祖，风光无限；有人追求淡雅恬适，清净闲悠。然而这都是天经地义的事，这些追求本身就是一种价值、一种意义。

出人头地是一种美，是人生的一种壮美。它往往来自于人的一种欲望，一生想建功立业，奋发有为，追求不平凡的惊天动地的大事业。

年轻人之"行"

钢铁大王卡内基原本是一家钢铁厂的工人，但他凭着"制造及销售比其他同行更高品质的钢铁"的明确目标，成为全美最富有的人之一，并且有能力在全美国小城镇中捐资建造图书馆。他的理想并不只是一个愿望而已，他已形成了一股强烈的欲望。只有发掘出你的强烈欲望才能使你获得成功。研究这些已获得成功的富豪时，你会发现，他们每一个人都有自己的理想，都已制定出达到理想的计划，并且花费最大的心思和付出最大的努力来实现他们的理想。

出人头地是一种生命力的显示，人们从中享受的是自己的生命，它的力量、智慧和勇气，而不是其他外在的东西。外在的东西当然也是需要的，不过它们只是生命的装饰，就像一个长跑者到达终点得到一束鲜花一样，会使生命显得风光，显得夺目。

一个想要靠自己努力出人头地的人，在他们眼中，他们想要的东西只有通过自己出人头地后才能获得，所以他们去拼搏，向困难挑战，向人们没有做过的事情挑战，向平庸，向规则，向安分守己、知足享乐挑战，向无为、极限挑战，最后也意味着向自己挑战。

这是人生的一个过程，用心去走，就对得起自己，对得起人生。

第四章
能力提升的本质

梦想的实现是无数今天的叠加

稻盛之"道"

稻盛先生认为，在自然界中，所有的生物都在赋予它的时间里，在一个个有限的瞬间，尽最大努力认真活着。通过努力过好"现在"，就能将实现梦想与明日连接起来。

梦想与现实存在着遥远的距离，但急功近利不是通往成功之路的捷径。人生只能是"每一天"的积累与"现在"的连续，努力过好今天很重要。无论树立怎样大的目标，如果不认真面对每日的工作，不积累业绩就不可能取得成功。看似无所逾越的困难，扛过今天就好了。

73岁的日本著名作家大江健三郎回首往事时，颇多感慨："20多岁时，如果我知道这种日子会成为永远，我也许会没有勇气面对；40多年后，回头看真实的日子，我反倒不觉得悲苦。对儿子的照顾增添了我无穷的精力，从而让生活变得更有意义。"

作家说的是他照顾智障儿子40年的经历，儿子每天夜里12点都要起来，天冷时常因不知道穿衣服而着凉，大江健三郎就起来帮儿子披上衣服。

如果从第一天知道这种日子要过40年，14600个今天，那简直是不可想象的人生，我们做事之所以常常半途而废，往往不是因为困难太多、阻力太大，而是因为我们觉得成功距离我们太远。

年轻人之"行"

很多时候不是因为放弃而失败，而是对未来的恐惧而失败。走一步看一步，没有人能把自己未来的路看得一清二楚、明明白白。我们都是在不断地碰壁，然后渐渐地清晰自己的职业生涯和人生方向。

看得太远了，很容易被远处的困难所吓倒。不看那么远，虽然有鼠目寸光之嫌，但它能让你专心致志、一心一意地解决眼前的问题。目标定得太高，反倒容易好高骛远；目标定得离现实近些，才更容易脚踏实地，稳稳当当地前进。

稻盛先生的人生经验是：对我们每个人来说，今天都是我们唯一的资本，也是我们唯一的机会。

认真过好今天，每天都努力工作，并设法改善一些事情，或许就能预见明日的光景。一天天累积起来的就已非常可观，五年、十年后的成就必然辉煌。

认真过好今天，要比担忧未知的明天更重要。只有认真地度过今天，推断明天的准确性才可能达到较为精确的程度以便于最终了解未来的走向。

认真过好今天，不应该急功近利。很多梦想不是一天就能实现的，需要很多今天的叠加。努力、认真过好每一天，成功自然就会来到。

这世界上最难的事是坚持，最容易的事也是坚持。最重要的是不要去看远方模糊的东西，而要着手做身边清楚的事。

工作不能因不喜欢而不做

稻盛之"道"

做事不是兴趣重要吗？不是说兴趣更能发挥潜能吗？为什么不喜欢的工作还要做呢，这是什么道理？

成大事者说，忍辱负重是成就事业必须具备的基本素质。孟子早就说："天将降大任于斯人也，必先苦其心志，劳其筋骨，饿其体肤，空乏其身。"

稻盛和夫在创业初期也经历了一段非常时期，工作进行得很不顺利，住宿条件也不好：一间摇摇欲坠的 10 平方米的房间；榻榻米也老旧不堪，连稻草都露出来了；一个可移动的煤炉和一口锅来准备三餐。

压力大的时候，他总是沿着宿舍后的一条小溪漫步，两岸樱花灿烂。他孤独地坐在溪畔，唱着故乡的歌，内心却在作痛。他借着高亢的歌声打起精神，不停地唱着，直到有勇气走回自己的房间。第二天一早，他又像往常一样投入工作。

稻盛先生说，人生只是给人类用来提升心智的修炼场。而我们的所有经历，也都是对我们人格的训练，考验我们能否在逆境中继续奋斗，并保持屹立不倒的意志。

每个成大事者必须承受挫折吗？那些平淡过一生的人呢？不需要受这种小事的纠结了吧。稻盛先生认为我们无法彻底免于痛苦和担忧。在惊涛骇浪的人生中，各种境遇都是对我们的考验。一个人如何面对这样的考验，将决定他未来的人生将会产生怎样的变化。

挫折大小和人的承受度有关。受苦忍耐是一种承担、一种处理、一种等候。稻盛和夫认为，人们从事的工作，并不一定都是自己喜欢的，而且很多时候是不喜欢但不得不去做的。而且在工作中，肯定会因为存在某些抵触的情绪，让人感到厌烦，但如果抱着忍辱负重、积极向前的心态，势必会导致人生的根本改变。

年轻人之"行"

人们对困境有着本能的逃避，人的进步就是阻止逃避后的升华。乙武洋匡的著作《五体不满足》的主人公乙武个性阳光，他所背负的是常人难以体会到的痛苦，承受着一般人无法承受的压力，但他最终没有向这些压迫屈服，反而用他的坚持，他的能力，忍辱负重，将自己的人格提高到更高的境界，令人折服。稻盛和夫本人也是一样。

一忍，可以当百勇；一静，可以制百动。一个人胸怀坦荡磊落，能无所不包、无所不容，那就无事不能成、无功不可就了。"必有容，德乃大；必有忍，事乃济。"能包容一切，方能接受一切、忍耐一切，然后必能改变一切、克服一切，成为成大功立大业的强者。

工作是梦的平台

稻盛之"道"

想获取比他人更多的金钱、想得到比他人更高的评价、想得到自己目前没有能力得到的东西，几乎每个人心里都潜伏着这样的欲望。人们为满足不了的欲望而痛苦，为不公平的待遇而感到恼怒，往往将很单纯的事情考虑得过于复杂化。

稻盛先生认为"欲望""恼怒""愚痴"这三个卑怯之心使人是陷于烦恼的三个根源。它们纠缠于人的内心，要驱赶也驱赶不走。但同时，人生在世又少不了这些烦恼。因为人有血肉之躯，为了生存，这些烦恼又是必要的，是自然赋予人的本能。

京瓷在研制人工膝关节的时候，稻盛就面临着来自外界的压力。从研制成功到国家审批需要很长时间，可是因膝关节不好而痛苦的人们希望尽快上市。公司的技术人员也认为：既然如此，就应该研制人工膝关节，提供给患者使用。正当他们制作时，却遭到了一些人的质疑和攻击。

稻盛先生坐立不安，心里非常痛苦。那时，他就想到了临济宗妙心寺派圆福寺的西山片雪老师，向他倾诉了自己的痛苦和委屈。

"稻盛君，之所以你会感受到这样的苦恼，那是因为你还活着。正因为活着才会有苦恼，这不是件好事吗？因为人工膝关节的问题，你受到了严厉的批判，你感到痛苦和烦恼。但是，这种程度的挫折就能把事情了结，稻盛君，你该庆祝一番才对啊！"

稻盛先生在经历这样一件事后，对克服感性的烦恼有了新的认知。稻盛先生觉得，人们即使不能完全消灭但也应该要尽可能消除这三种情绪的羁绊，努力自我控制并抑制这些烦恼。

年轻人之"行"

活着，就会有苦恼，但越是面临这些障碍，越应该不让感性的烦恼困扰自己，朝前看，坚强地活下去，这才是最重要的生存之道。

烦恼是人类不能完全排除的，但人们却必须做出努力让苦恼稀释。而要达到这个目的，并没有捷径只有平日勤勤恳恳地积累诚实、感谢、反省等"平易的修行"，或者要求自己平日养成理性判断的习惯。

坚持认真地投身于自己的工作，热衷于工作，便可镇住愤怒之心，也会无暇发牢骚，日复一日努力工作，还能一点一点提升自己的人格。

全身心地投入工作能够磨炼人格，能磨炼我们的心志，促进我们成长。而通过这种心志的提升，我们每个人的人生价值也能随之提升。

集中精神将摇摆的心坚定下来

稲盛之"道"

稲盛先生觉得，当一个人观察自己，发掘自己的可能性之后，就要像锥子一样，集中全部力量在一个目标上，就一定能成功。

稲盛和夫先生认为，人的注意力是有限的，总是集中精神做一个事情是困难的，但是，如果用心就能抓住事物的本质和核心，具备准确的判断能力，最终知道自己该做什么，能够做什么，全力以赴地认真去做这件事情，这是成功不可或缺的要求。并且，锲而不舍必定成功，当人们找到目标之后，就要全力以赴地去奋斗，不能左右摇摆，要坚定自己能够实现它。

一个人要学会观察自己，发觉自己的"可能性"。如果根据现在的能力判断自己"行还是不行"，那就永远也做不成新的事情或困难的事情。要相信自己，给自己规划一个超出现有能力水平的更高目标，集中精神，坚定信念，并为在未来某一时刻实现目标而倾尽全力。这样成功或成绩才有可能如期而至，自己的能力也能得到提高。

年轻人之"行"

一位经理在描述自己心目中的理想员工时说："我们所急须的人才，是意志坚定、工作起来全力以赴、有奋斗进取精神的人。最能干的大体是那些天资一般、没有受过高深教育的人，他们拥有全力以赴的做事态度和永远进取的工作精神。做事全力以赴的人获得成功的几率大约占到九成，剩下一成的成功者靠的是天资过人。"这种说法代表了大多数管理者的用人标准：除了人品正直以外还应加上全力以赴。

具备同等能力，做出相同程度的努力，有的能够成功，有的以失败告终，其差别是什么呢？人们往往容易把原因归结于命运、运气，其实主要是因为愿望的大小、高度、深度、热度的差别。为了变不可能为可能，就要有近似于"发疯"似的强烈的愿望，坚信目标一定能够实现并为之不断努力奋勇向前。

无论是工作还是人生，这是达到目标的唯一方式。

善行使人快乐

稻盛之"道"

中国自古以来都讲究天人合一的哲学，顺应天时。稻盛先生认为宇宙中的一切事物不断成长、发展是必然的，我们人类也不例外。如果思维方式、生活态度与宇宙的意志相同，工作和人生必定都会通畅顺达。

稻盛先生说过："知足后的利他，连动物都不例外。鲑鱼离开自己出生成长的河川，经过漫长的旅行，最后还是回到自己出生的地方，在那儿产卵，留下子孙后代而死去。看那鲑鱼的表情就会感觉到，它是带着完成任务后的满足的心情死亡的。"

正因为掌握了知足的生存方式，自然界才得以长久保持协调和稳定。人类也应该学习自然界中的"节制"。人类原本也是居住在自然界中的，把自己也是生物链中的一环。后来，人类从食物链的桎梏中解放出来，在摆脱了生物循环法则的束缚的同时，也丢掉了与其他生物共存的谦虚态度。人类应该把自然给予的智慧当做真正的睿智，掌握如何控制自私欲望的艺术，实践"知足"精神及知足的生活方式。

年轻人之"行"

先知穆罕默德说："善行是能给他人脸上带来欢笑的行为。"为什么日行一善对人有这么大的益处呢？原因是想要取悦他人时，就不会有时间想到自己，而产生忧虑、恐惧与抑郁的主要原因就是只想到自己。给别人以善心，同时换来自己的快乐。

施予爱心才能赢得爱心，帮助别人才能获得别人的帮助，给别人送去快乐自己同样能收获快乐。

　　善思善行本身就符合向善的宇宙意志，因此带来好结果，取得优异成果也是理所当然的。理解了这个自然之理，人们就应该感谢、诚实，应当勤奋工作，拥有率真之心，不忘反省，不去憎恨，秉持利他之心，这些善思善行都是顺应宇宙意志的行为，必将引导人们走向成功，命运也将变得更好。

第五章
欢喜隐藏在拼命工作背后

正面思维的本质是激发创造性和价值

稻盛之"道"

稻盛和夫认为，思维的正与负是人生成与败的分水岭。有了正面思维，负面思维就没有了立足之地。正面思维是负面思维的天敌，克制负面思维，用正面思维来置换负面思维，是事业成功和自我实现的唯一途径。

稻盛先生在北京大学演讲"经营为什么需要哲学"中提出："人生和事业的成功需要保持正确的思维方式，充满热情，提升能力，持有正面的思维方式显得极其重要，因为有了正面的思维方式，才会有幸福的人生。一切文明成果都是正面思维的结果，正面思维的本质就是发挥人的主观能动性，挖掘潜力，体现人的创造性和价值，它帮助人们从认知上改变命运，每个人都应该学会用正面思维来管理自己。"

　　稻盛先生列举了许多正面思维方式的表现，积极向上、具有建设性；善于与人合作，有协调性；性格开朗，对事物持肯定态度；充满善意；能同情他人、宽厚待人；诚实、正直；谦虚谨慎；勤奋努力；不自私，戒贪欲；有感恩心，懂得知足；能克制自己的欲望，等等。

　　稻盛先生指出，人生很多的失败，往往是因为"思维方式"变成负值，这类负面的"思维方式"如果不改正，不管你有多少财富，你都不可能有幸福的人生。想拥有幸福的人生，要把工作做到最好、事业做到最大，就无论如何必须具备正确的、正面的"思维方式"。

年轻人之"行"

　　思维方式对人们的言行有决定性的作用。在职场中，员工持有正面思维有利于在处理事情时以积极、主动、乐观的态度去思考和行动，促使事物朝有利于自己的方向转化。正面思维使员工在逆境中更加坚强，在顺境中脱颖而出，变不利为有利，从优秀到卓越。

　　两个人住在同一间病房里，在一个晴朗的夜晚，他们同时向窗外望去。乐观的人抬起头：啊，好美的星空，我出院以后一定要好好享受这样的美景；悲观的人低下头：怎么又是黑漆漆的泥土！

不同的人在同样的环境中对待同样的事物，却有着截然相反的想法，这是他们对待事物的态度和思维方式不同造成的差异。

正面思维是人生路上的一盏指航灯，在这个过程中秉持积极向上、具有建设性、善于与人合作、有协调性、性格开朗、对事物持肯定态度的思维，能使人正面面对自己的工作，把工作做得更出色，正面面对自己的生活，把日子过得更充实。如果能做到这些，我们的人生无论是轰轰烈烈还是平平淡淡，一定会硕果累累，一定会幸福美满。

再伟大的事业也是每一瞬间持续的累积

稻盛之"道"

稻盛先生指出：持续就是力量，抓紧"今天"这一天，认真地过日子。假如每天都努力工作，并设法改善一些事情，或许就能预见明日的光景。一天天累积起来的就已非常可观，五年、十年后的成就必然会辉煌。

多年以前，在京瓷日本滋贺县的工厂里，有一个工人，虽然他初中学历，但做事认真踏实。只要是上司布置的工作，他都会不厌其烦地认真完成。在工厂里他毫不显眼，一直默默无闻，但从无牢骚，也从无怨言，兢兢业业，孜孜不倦，努力地做好每天的工作，持续从事着单纯而枯燥的工作。

20年后，当稻盛和夫与这个工人再次见面时，稻盛大吃一惊，那么默默无闻、只是踏踏实实从事单纯枯燥工作的人，居然当上了事业部长。令稻盛惊奇的不仅是他的职位，而是通过交流可以体会到，他已经是一个颇有人格魅力且很有见识的优秀的领导。

"取得今天这样的成就，你很棒！"稻盛和夫由衷地赞赏他。

这位工人之所以能成功，是因为他懂得持续的力量，能将"平凡"变为"非凡"，通过每一天的积累，逐步走上了成功之路。

作为一名企业经营者，稻盛和夫管理着各种各样的人才，其中不乏聪明伶俐的人。这种人头脑敏捷，对工作要点领会很快，是所谓才华横溢的人物。同时，他的公司也招聘了一些"笨人"，他们反应迟钝，理解事情缓慢，可取之处只是忠厚老实，起初稻盛认为经营者看重、赏识的人才当然是前者而不是后者。如果企业不得已要辞退员工，首先遭殃的肯定是后者而不会是前者。他曾认为，前者当中特别能干的人，"将来在公司里可以委以重任"。

现实情况却恰恰相反，在多年的商路历程中，他体会到，那些头脑灵活、思维敏捷的人才，正因为他们聪明，成长很快，难免会认为眼前的工作太平凡，待在公司里大材小用了，于是不久就会辞职离去。所以，最终留在公司里的、有用的，恰是那些最初不被看好的"头脑迟钝"的人们，他们做起事来不知疲倦，孜孜以求，10年、20年、30年，像尺蠖虫一样一寸一寸地前进，刻苦勤奋，一心一意，诚实地、认真地、专业地努力工作。稻盛和夫为自己曾经的"短见"感到羞愧。

稻盛先生亲历的这件事充分说明了一个道理：专心致志于一

行一业，不腻烦、不焦躁，埋头苦干，你的人生就会开出美丽的花，结出丰硕的果实。

年轻人之"行"

所谓人生，归根到底，就是"一瞬间、一瞬间持续的积累"，如此而已。每一秒钟的积累成为今天这一天；每一天的积累成为一周、一月、一年，乃至人的一生，细数那些成功人士的成功经历，他们的"伟大的事业"也是"朴实、枯燥工作"的积累，他们创造出的让人惊奇的伟业，实际上，几乎都是极为普通的人兢兢业业、一步一步持续积累的结果。

因此，员工们与其为明天而烦躁，汲汲营营计划未来，不如充实每一个今天，把握每一天的工作，过好每一天，这才是让梦想成真的最佳方法。

在激烈的竞争中，就算你想在短时间内克敌制胜，也别忘了明天不可能跨越今天而直接到来，别妄想一步登天，行走千里也得从跨出第一步开始，无论多么远大的梦想，也要靠一步接着一步、一天一天的累积，才可能成就。

付出不亚于任何人的努力

稻盛之"道"

稻盛和夫经常问员工："你是否在竭尽全力地工作？"回答通常是："是的，我在努力工作。"但他对这样的回答并不满意，他常常会接着问，"你是否付出了不亚于任何人的努力？""你的工作方法是否不亚于任何人？"稻盛坚信，每天坚持认真地、不遗余力地工作，应该是最基本的、必要的条件。"付出不亚于任何人的努力"成了他的一句口头禅。

初创京瓷之际，资金、技术、设备都严重匮乏，而京瓷又是行业的后来者。为了突破困境，稻盛在公司强调拼命精神，几乎没有休息地进行工作。面对繁重的劳动，员工们经常会有牢骚和不满："再这样无限度的、不要命的工作，人的血肉之躯能受得了吗？过不了多久，大家都会累倒的。"

面对这种情况，稻盛在公司的士气激励会上发表了一段演讲：

"企业经营就好比是参加马拉松比赛。我们是业余团队，没有经过专业的训练。在这样的长距离赛跑中，我们起跑时已经被别人落下了。此时此刻，如果还想继续参加比赛，只有用百米赛跑的速度飞奔才行。当然，很多人认为这样拼命，身体会吃不消。但是，我们在起跑的时候已经晚了，又没有专业的训练，缺乏比赛的经验，不这么做就没有可能会成功。如果不能坚持下来，还不如不参加这次比赛。"

稻盛的坚持与努力终于开花结果。在京瓷创立近10周年时，公司股票上市，进入了新的发展阶段。

中等程度的努力太平凡，它的力量不足以让企业或个人获得理想的成果。只有付出"不亚于任何人的努力"才是人生完满和事业有成的王道。

年轻人之"行"

仅付出和大多数人一样的努力，不管这努力持续多长时间，都不能满足获取成功所须达到的要求。因为努力只是做了理所应当的事情。想在职场竞争中有骄人的表现，就要付出非同寻常的"不亚于任何人的努力"。希望在工作中有所建树，就必须持续地付出这种近乎个人极限的努力。如若不能超越极限，而想取得成功并维持成功，绝对是妄想。

"付出不亚于任何人的努力"，是在职场脱颖而出的必要条件。做不到这一点，无论是职业生涯抑或人生的成功，都是纸上谈兵。今年不景气，可能明年也会不景气，不管环境如何不堪，工作总要继续。人们常说的，成功战略最重要，成功战术不可少。但稻盛始终强调：除了拼命工作外，没有第二条路通向成功。

有胆无识狂为勇，有识无胆多空谈

稻盛之"道"

倘若没有排除万难、坚忍不拔、坚持奋斗到底的勇气，那么一切知识只是一盘散沙，无用武之地。

稻盛和夫在日本哲学大家安冈正笃的著作中，对"知识""见识""胆识"有了领悟。稻盛认为，胆识的母亲是勇气。很多人知道这个道理，却在困难面前犹豫踌躇，关键在于他们缺乏勇气作为后盾。过分在意"自我"会导致勇气的丧失。很多感性的小烦恼，以及一些对别人的责难或厌烦的担心，这些以自我为重的忧虑想法都会成为勇气的杀手。没有了勇气，自然更谈不上胆识，最终导致事情裹足不前。

其实杰出者与平庸者的差距，并不简单地在于知识的多寡、专业的优劣，而在于谁的经历丰富，见多识广，遇事不慌，在于是否有一种运筹帷幄的胆识和气度。

年轻人之"行"

知识的内容包罗万象，所涉及的范围广泛。见识是平时我们对周围社会和事物的观察、思考和积累的程度，是一个人通过参与社会实践所获得的认识和经验的积累，所谓见多识广的多是那些有着丰富经验的人。此外，见识还意味着一个人对事物认识的维度，即深度、高度和广度。

常言说得好，"读《论语》而不知《论语》"。相信大多数人都聆听过先贤的教诲，也读过圣贤书。然而，倘若仅仅停留在"知"的层面还不够，应当把知识通过实践提升为见识，把见识通过勇气升华为胆识。

在职场中，有胆量才会有突破，有突破才会有创新。然而，倘若没有知识和见识给勇气打底，那勇气只是匹夫之勇或意气用事；而只有知识和见识，那么只能纸上谈兵或望梅止渴。有了知识和见识的勇气才是胆识，"有胆无识狂为勇，有识无胆多空谈"。所以员工在工作中要做一个有胆有识的人，不但要积累知识、增长见识，更要有必胜的勇气和决心，有敢于挑战困难工作的胆量。

劳动是获得心中快乐的种子

稲盛之"道"

稲盛和夫说，劳动是获得心中快乐的种子。每天认真工作必定会得到巨大的回报：这会让你享受到人生的快乐，体会到时间的宝贵。

稲盛和夫回忆他青年时期的日本，那时的社会环境要比现在糟糕得多。因为，在那个严酷的时代，不努力工作，根本连饭都吃不上。

距今40年前，京瓷公司的股票首次上市。稲盛心中无限感慨，自己赤手空拳创建的公司已跻身一流企业的行列。

当时有人说他终于可以好好玩乐，过轻松安逸的生活了，不需要那么拼命努力了。的确有些企业的经营者们，还很年轻，就已经开始考虑退休去过自己的安乐生活了。

而在京瓷公司上市时，稲盛没有抛售他持有的原始股，而发行新股所获得的可观利润归公司所有。当时的稲盛只有30多岁，他思考的是趁上市的机会更加努力工作。稲盛激励员工同心协力加油工作，他认为公司上市不代表着可以玩乐享受，而意味着肩负起更重大的责任，上市是新的起点，而不是终点。

　　稻盛和夫的经历告诉我们，快乐和欢喜总是隐藏在拼命工作的背后，正如曙光从漫漫长夜的尽头露出微笑，这正是劳动人生的美好。

年轻人之"行"

　　人带着一种与生俱来的惰性：如果一味放任，就会贪图安逸，不思进取，躲避挫折和困难。无论是在现代和平富裕时代的青年人，还是曾经经历战争年代的中老年人，无一例外。

　　拼命工作能给人带来意想不到的快乐和满足，即使是能理解到这个高度的人，也难以摆脱好逸恶劳的本性，不时会在脑海中产生"工作真让人烦恼""要是能不工作就好了"这样的念头。

　　假设幸运之神眷顾你，让你中了头彩。头彩的奖金足够你玩乐一世。这种喜悦可能会让你快乐一时，但每天吃喝玩乐，没有目标，不做工作，长期持续这种生活，难免会觉得无聊无趣。日复一日，将寻找不到生活的快乐和意义。

第六章
把深沉的爱注入工作

不能用糊弄的心态面对工作

稻盛之"道"

一个人只要理解工作的含义，并能全心全意地投入工作，那么他就能够拥有一个充实幸福的人生。

稻盛和夫认为，从 20 世纪 90 年代以来，日本处于一个没有方向感的时代。这种说法来自于两个方面：一方面，人们找不到一个给予明确方向的行动指针；另一个方面，人们也遇到了许多前所未有的问题，带来极大的困惑。比如说，整个社会的老龄化，年轻人的比例减少，人口负增长，地球资源枯竭以及环境污染、生态恶化，等等。在这些危机与困惑中，人们的价值观也产生了巨大的变化，并在变化中产生了一系列的混乱。

人们价值观的混乱中表现得非常显著的一点就是对于"劳

动"观念的扭曲，以及对于人们赖以为生的"工作"的认识改变。现在社会的大多数人已经无法对工作目标和意义有一个正确的认识。于是，"劳动是为了什么""为什么要努力工作"这样的问题越来越多。

现在的年轻人中，有相当的一部分不喜欢自己的工作，讨厌劳动，而且还尽可能地逃避工作责任。这种倾向在明显地滋长，更有甚者把"努力做好自己的工作""拼命进行劳动"看得无足轻重。他们对积极工作的人报以嘲笑和轻蔑。

稻盛和夫认为，一个人难得来到世上走一遭，如果就这样马虎度过的话，可以说没有什么价值。稻盛和夫多年来对工作的实践体验和思考说明：劳动和工作可以给一个人的人生带来巨大的喜悦和收获。

年轻人之"行"

许多人刚刚踏入社会，就把工作看成苦役，而且认为这种苦役剥夺人性，甚至很多人选择了啃老，干脆不去求职、不去工作，在双亲的庇护下混日子。还有些人从事正经职业，靠打零工做兼职填饱肚子。

劳动观念、工作意识的改变，导致了无固定工作的自由职业者的增加，这是必然结果。很多人都希望工作又轻松又赚钱。这些人都是抱着心里不愿意工作，但因为要糊口又不得不工作的心态。以这样的心态怎么能做好工作上的事呢？不愿意受工作环境的束缚，只重视私人生活的时间，只对个人感兴趣的事情投入精力，这样的生活方式，在当今的时代背景下，早已深深渗透到年轻一代的群体中，值得我们警惕。

当你在为公司工作时，无论老板把你安排在哪个位置上，都不要轻视自己的工作，都要担负起工作的责任来。那些在工作中推三阻四，寻找各种借口为自己开脱的人，对这也不满意、那也不满意的人，往往是职场的被动者，他们即使工作一辈子也不会有出色的业绩。

工作是磨砺心志的殿堂

稻盛之"道"

工作是一种非常值得推崇的行为：它能够铸造人格、磨砺心志，是人生最尊贵、最重要、最有价值的事。

稻盛和夫曾谈到，他在一个电视访谈类节日中看到过一位被采访的木匠师傅。这位修建神社的木匠师傅所说的话，很令人受感动。

这位木匠师傅说：树木里居住着生命，工作时必须倾听这树木中生命发出的呼声……在使用千年树龄的木材时，我们须以精湛的工艺来对待，因为我们的技艺必须像有着千年树龄的树木一样，要经得起千年岁月的考验。

这种动人心魄的话出自一个平凡的木匠之口，这种话也只有终身努力、埋头于工作的人才能说出来。

　　木匠工作的意义是什么呢？它的意义不在于使用工具去建造美轮美奂的房屋，不在于不断提高木工技术和工艺，而更在于磨炼人的心志，铸造人的智慧。这是稻盛和夫从这位令人肃然起敬的木匠师傅的肺腑之言中听出的深刻意蕴。

　　这位木匠师傅已逾70岁，一直都在修建神社。只读了小学的他几十年都从事着木匠工作，辛苦劳累。其间他也不胜其烦，甚至有时也想辞职不干，但坚忍的他还是坚持了下来，几十年如一日地承受和克服了这种种劳苦，勤奋工作，潜心钻研。他将自己的一生奉献给一种职业，在埋头工作的过程中逐渐塑造了厚重的人格。孜孜不倦的他在经历了一生的劳苦和磨难后，才用自己的体会说出如此语重心长、警醒世人的人生智慧。

　　像这位可敬的木匠师傅一样，将自己的一生奉献给一项职业，埋头苦干，这样的人最有动人心弦的魅力，也最能打动人。稻盛和夫曾经说过，工作是对万病都有疗效的灵丹妙药，通过工作可以克服种种艰难险阻，让自己的人生命运时来运转。将自己的工作当作信仰，把劳动看得高贵神圣，是非常值得推崇的。

年轻人之"行"

　　提升心志是一件说来容易做来难的事，许多寺庙里的僧人经过长期严格的修行，也没有能够做到真正的提升心志。然而，在工作中却埋藏着可以达到这个伟大目标的强大力量。

一个人的发展与成长，天赋、环境、机遇、学识等外部因素固然重要，但更重要的是自身的勤奋与努力。没有自身的勤奋，就算是天资奇佳的雄鹰也只能空振双翅；有了勤奋的精神，就算是行动迟缓的蜗牛也能雄踞塔顶，观千山暮雪，渺万里层云。成功不能单纯依靠能力和智慧，更要靠每一个人孜孜不倦地勤奋工作。

工作能够强大一个人的内心，帮助人克服人生的种种磨难，让命运获得转机。只有通过长期坚持不懈地工作，不断磨砺心志，才会具备厚重充实的人格，在生活中像大树而不是芦苇，做到沉稳而不摇摆。

生活在现代的年轻人，承担着人们对未来的希望以及创造未来的重任，在工作中不可好逸恶劳，不要逃避困难。秉着一颗纯真自然的心，全身心地投入到工作当中去，是接近成功以及磨砺心志最好的方法。

辛勤的劳动是人格精进的大道

稻盛之"道"

凡是功成名就的人，毫无例外都是通过不懈努力，历尽艰辛，埋头于自己的事业，才取得了巨大成功。通过艰苦卓绝的努力，在成就伟大功绩的同时，他们也造就了完美的人格。

在给人类带来近代文明之光的西方社会里，"劳动乃是苦役"

这个观点相当普及。也就是说，对于西方社会的人而言，劳动本是一种充满厌恶、让人痛苦但又无法摆脱的无趣的事情。因而人们产生了近代的劳动观：应该尽可能缩短工作时间，并且尽可能地增加工作报酬。

稻盛指出，在日本本来并不存在这样的劳动观。而且，在还没有进入现代社会的日本，人们无论从事哪种职业，总是从早到晚辛勤地工作，并以此为荣。他们认为，劳动能带来成就感、兴奋感、充实感、自豪感，并能让人明白生活的价值和意义，劳动是尊贵的行为，尽管劳动本身十分辛苦。

比如说，有很多心灵手巧的工匠，他们潜心提高技能，打造出令人愉悦的产品，他们的内心就会感到有一种说不出的喜悦和成就感。原因在于他们把劳动看作是实现自身价值、完善个人人格的"精进"的道场。他们认为劳动是一种积累，这种积累既能锻炼技能又能磨炼心志，一举两得。可以这么说，曾经很多日本人都是以这种有深度的、正确的劳动观和人生观来指导自己的工作和生活。

但不幸的是，近年来随着社会逐步西化，日本人的劳动观发生了天翻地覆的变化。因此许多日本人把劳动单纯地看成一项苦役，甚至产生厌烦劳动、厌恶工作的心理。其实，正如稻盛指出的那样，劳动不单单是为了获得维持生活的食粮，更是完善内心的一种途径。

稻盛和夫认为：想活得好，就要干得好，这一点非常重要。

可以这样说：人们通过每天的日常工作提升心智、砥砺人格。

年轻人之"行"

工作最重要的目的在于，通过每天的工作来不断磨砺自己的心智、提高自己的品格。也就是说，一个人应该全身心投入当下自己应该做的事情中去，全神贯注，精益求精。若将人的心灵比作一块土地，这样全心地工作就是在耕耘心灵的土地，深沉厚重的人格将成为最宝贵的收获。

劳动能塑造一个人的品格，我们应通过每一天认真、努力、踏实的工作，逐步完善自己独立、诚实、优秀的人格。

工作增添生命的味道

稻盛之"道"

工作是增添生命味道的调味剂，工作是奠定幸福的基础。要想在工作中取得好成绩，首先要热爱自己的工作。当你迷恋工作的时候，工作才能给予你最大的恩惠、让你获致最大的成果。

松下幸之助认为工作是快乐之源，"在工作中我经常提醒自己，每件工作都蕴含着独特的美感，如简约之美、和谐之美、速度之美等，而我的任务仅仅是把美感发掘出来而已。别忘了，美的事物永远让人感到舒畅快乐"。

当然，不是每个人都能像松下幸之助那样从事自己喜爱的工作，稻盛和夫告诫年轻人，要想拥有一个充实的人生，你只有两种选择：一种是"从事自己喜欢的工作"，另一种则是"让自己喜欢上工作"。一个人能够从事自己喜欢的工作的概率，恐怕不足"千分之一"。而且，即使进了自己所期望的公司，也很少有机会从事自己喜欢的职业。这就要求我们这些初出茅庐的年轻人，从"自己不喜欢的工作"开始。

那些热爱他们各自的技艺的人都在工作中忙得筋疲力尽，这些人，当他们对一件事怀有一种强烈的爱好时，宁肯不吃不睡也要完善他们所关心的事情。

在稻盛和夫看来，无论如何我们都必须喜欢上自己的工作。当我们把"被分配的工作"当成自己的天职，当成自己的意愿时，就不会再把困难当苦难，相反，我们自然而然就会获得无尽的动力去埋头苦干，做出成果。而一旦有了成果，就会获得大家的赏识和好评，这样你就会更加喜欢工作了。如此反复，一种良性循环就开始了。

年轻人之"行"

人的生命只有一次，生命的目标就是自我的完全展示，而工作正好提供了这样的舞台。当我们全力专注于一个方向，并真正为其付出心血，才能使我们最大限度地展现自己的才能。就像高山之流水，没有分支才会走得更远。工作也是一样，我们要试着去迷恋工作，热爱工作。当我们专心致志于工作直至痴迷，就会不经意忘却身边的烦恼，忘记身上的苦痛，从这个角度来讲，工作也是包治百病的良方。

生活就像一面镜子，你对它笑，它也朝你笑；你对它哭，它也朝你哭。当我们不喜欢工作，抱着勉强接受、不得不干的消极态度时，你就会经常牢骚满腹，那么很多潜力你也不会去挖掘，只会虚度年华。

我们劳苦的最高报酬，不在于我们所获得的，而在于我们会因此成为什么。洛克菲勒说过，如果你视工作为一种乐趣，人生就是天堂；如果你视工作为一种义务，人生就是地狱。所以当我们赋予工作意义，不论工作大小，你都会感到快乐，自我设定的成绩不论高低，都会使人对工作产生乐趣。如果你不喜欢做，即使简单的事也会变得困难、无趣。

注入深沉的热爱，事情才能尽善尽美

稻盛之"道"

对自己的工作、自己的产品，倘若不注入深沉的关心和热爱，事情就很难做得尽善尽美。

在京瓷公司创建不久时，曾制作过"水冷复式水管"，这种水管的作用是用来冷却广播机器真空管的。之所以订单发到了京瓷，是因为过去生产这种水管的企业的技术人员走了。

由于京瓷以前只做小型陶瓷产品，而这种水管尺寸太大，使用的是老式陶瓷原料，属陶器一类，并且要在大管中通小冷却管，结构很复杂。

当时京瓷本不具备制造这类产品的设备，也未能掌握相关技术。然而由于客户盛情难却，稻盛无意中便把任务应承了下来。既然接受了订单，就不可以失信于人，不管怎样都必须给客户一个满意的交代。

为了做好这种水管，京瓷人付出了一般人难以想象的辛苦。比如说，原料虽然与一般陶器一样，使用相同的黏土，但是想让如此大的陶器均匀地干燥却很困难。一开始，在成型、干燥的过程中，几乎每次都以失败告终，因干燥不均而发生裂痕的现象频频发生。

因为产品的干燥时间过长，所以稻盛曾尝试在缩短干燥时间上下功夫，但结果并不尽如人意。稻盛采用各种方法反复试验，最后想出一招：在尚未完全干燥、处于柔软状态的产品表面裹上布条，然后向布条上吹气，让产品慢慢地、均匀地干燥。

这样，新的问题又来了。如果产品太大，而干燥时间又过于长的话，产品会受自身的重力影响而发生变形。为防止变形，稻盛又开动脑筋。最后，他决定抱着水管睡觉。

稻盛选在炉窑附近温度适当的地方躺下，把产品小心翼翼地抱在胸前，整个晚上都慢慢转动着水管。用这种方法干燥果然奏效，同时还防止了水管变形。

在旁人看来，这简直是疯狂的、不可思议的。当时的稻盛满脑子想的都是"把产品培育成人"，甚至把它当作自己的孩子，倾注了全部的爱。正因为如此，稻盛和夫才能做到抱着产品转动了一个通宵。他通过这种让旁人看来极其辛苦的"认真不遗余力地工作", 顺利地完成了"水冷复式水管"的制造任务。

稻盛的经历告诉我们, 不管我们所处的时代多么发达多么进步, 如果工作时缺乏那种认真、不遗余力的感情, 就无法品尝到那种成功的欣慰。

年轻人之"行"

一些企业中, 不少员工只是将工作当成一份养家糊口的、不得不从事的差事, 谈不上什么荣誉感和使命感; 甚至有很多员工认为, 我出力, 老板出钱, 等价交换, 谁也不欠谁的, 谁也不用过分认真。他们只想做企业的老人, 而不是企业的功臣; 他们没有尽心尽力工作的精神, 而是像老牛拉磨一样, 懒懒散散, 不求有功, 但求无过。这些做法无异于浪费自己的生命, 断送自己的前程。

年轻人常常对工作缺乏深刻的认识和理解。也许他们常常抱怨薪水太少, 工作时间太长, 在他们眼里"工作是工作, 自己是自己", 而这二者之间没什么关系, 且要保持距离。然而, 想把工作做好, 就应该消除二者之间的距离, 领悟到: 自己就是工作, 工作就是自己。

很多人可能会为了自己的不认真寻找各种各样的借口, 实际上却是聪明反被聪明误。如果一个人总是为了自己的松懈而大伤脑筋琢磨如何自己辩解的话, 那么他还有什么资格谈做人呢? 有句话说的好: 今天工作不努力, 明天就要努力找工作。

第七章
"完美主义"的生存哲学

"完美主义"不是"更好",而是"至高无上"

稻盛之"道"

"完美主义"是稻盛和夫在工作中一直追求的目标,他所考虑的"完美主义"不是"更好",而是"至高无上"。

稻盛和夫的一位叔叔当过海军航空队的飞机维修员,他从战场归来后曾对稻盛讲过他在航空队的经历,给稻盛留下了很深刻的印象。

每当轰炸机起飞的时候,维修员都要随机飞行,但几乎他们所有人都不乘坐自己维修过的飞机。他们似乎不约而同地选择乘坐别的同事维修的飞机,这里面有什么玄机吗?

原来,虽然维修员们在维修保养机器时竭尽全力工作,却不敢保证能做到万无一失,于是他们都乘上同事负责的轰炸机。

正因为对自己的工作缺乏充分的信心,又考虑到可能出现紧急情况，所以维修员们做出了这样的选择。稻盛和夫并不赞同这种观点，他认为每一天的工作都是真刀真枪干出来的，拥有这样的积累，他一定会对自己的技术有满满的自信。如果换了他做飞机维修员，他必定会选择乘坐自己负责的轰炸机。

只有觉得自己的工作做得完美无缺，能给自己的能力打满分时，才能有正面面对问题的决心和魄力。试问，你做到像对待仅有一次的生命那样严肃谨慎地去对待你的工作了吗？让我们将"至高无上"的"完美主义"进行到底吧。

年轻人之"行"

生产一个产品，哪怕付出99%的努力都是不够的。一点瑕疵，一点疏漏，一点粗心都不能原谅，只有做足100%才堪称"完美"。在工作中不断追求的精是做到精致、精湛、精益求精，力求最高质量，把产品做成无可挑剔的完美作品，把工作做到极致，挑战极限，这才是工作的终极目标。

国内有一家企业是质量上精益求精、苛求完美的典范，它就是荣事达公司。荣事达公司的做法，值得我们借鉴：

1. 打破传统的"人总要犯错误"理念，改换成"只要主观尽最大努力，就可以不犯错误"的理念，以此动员全体员工追求无缺点目标，自觉避免工作中的失误。

2. 打破以往的生产与质检的分离格局，要求每个操作者同时也是质检者，规定上道工序不得向下道工序传送有缺陷的产品。

3. 打破过去对错误只有事后发现和补救的常规，讲求超前防患，事先找出可能产生缺点的各种原因和条件，提前采取措施，做到防患于未然。

4. 打破生产过程中各工序的员工各自为战、各行其是的状态，要求树立全局观念，主动配合、密切合作，从总体上保证实现无缺点结果。

荣事达将"用户是上帝""下一道工序是用户""换位思考""100%合格"等质量意识转变为员工的自觉行动，建立了"零缺陷"的企业文化，企业实力文化进入了新的境界。

员工在工作中应该具备完美主义的意识，但同时也要平衡完美与效率的关系，在二者的互动中，获得最佳收益。

把工作当成一件立体艺术品

稻盛之"道"

在产品制造的过程中，即使99%都进行得很顺利，但只要最后的1%因为一点点疏忽而出现问题，这就意味着前面所有的努力都前功尽弃。

稻盛和夫从年轻时就把"完美主义"作为人生信条。这一方面和他与生俱来的性格有关；另一方面，这也是他后天在从事产品制造业的经验中学来的。

制作新型陶瓷需要按比例将氧化铝、氧化硅、氧化铁、氧化镁等原料的粉末混合后，放在模具中通过加压成型，再在高温炉中烧结；还要对出炉的半成品进行研磨，对表面进行进一步的金属加工处理。制造一个产品，需要多道生产过程，运用多种生产技术，每道工序都需要相当精密细致的技术。严格要求的产品需要每个员工在操作时都必须全神贯注，哪怕一个很小的错误，也可能导致前功尽弃，造成产品的致命伤。

京瓷按照客户订单加工生产各种电子工业陶瓷零件。京瓷的销售员都是从电器厂家处获得订单，订单上明确标注有对作为机器重要配件的新型陶瓷的规格要求和交货日期。

京瓷提供的配件交货日期是根据客户机器装配的日程安排决定的，预定的交货期必须严格遵守。在生产过程中发生的一点小差错，都会直接导致承诺的交货期无法兑现，而违约意味着损害公司的信誉。如果在临近交货期，因某个环节的差错产生了不合格品，而制造这种产品需要两个星期，而问题不巧又出现在最后的生产环节上，那就只有通过延期来解决。

销售员需要立刻向客户解释，低声下气地恳求再宽限两个星期。这时没有及时得到产品的客户往往会很不满意："我们这么信任你们，把这么重要的配件生产委托给你们，没想到竟会连累我们整个生产线停产。言而无信，再也不想和你们这样的公司做生意了！"

销售员只能无辜地遭到如此的责骂。

京瓷公司的产品流程给我们带来的启示是，每一个产品中都凝结着一百分的努力和细致，99%是不够的，不能允许一点小问题出现，任何时候都要求100%的"完美主义"。

年轻人之"行"

完成一件工作无异于完成一件立体的艺术品，某个环节的差错会导致整体的不完美，甚至会使这件艺术品轰然垮塌。如果说100%是完美的代名词的话，那么最后那1%便承载着之前99%的努力，把它合成100%的完美。

在实际工作中，员工把握一件事的成败就是要将每一个环节做透、做细、做到位。否则，任何一件事都可能因为一点疏漏而失败。

把追求完美作为企业的信条

稻盛之"道"

京瓷公司的目标不是向"最佳"看齐，而是向着"完美"追求。"完美"同"最佳"不同，不是同别人比较起来最好，而是带有很强的绝对性的，说明它自身就具备可靠的价值。

法国休兰伯尔公司在石油开采领域拥有高超的技术——能利用电波测定地层状况来确定接近石油层的合适位置，是一家非常优秀的企业。在京瓷公司创业20周年的时候，这家公司的董事长詹恩·里夫先生来日本访问。

里夫董事长是一个很出色的人物，在访日期间到京瓷拜访稻盛，想与他谈论经营哲学。

京瓷与休兰伯尔公司不属于同一领域，因此当时的稻盛还不太了解休兰伯尔。他在公司和里夫董事长见面后，在聊天中发现里夫董事长果然不同凡响：他拥有出色的经营哲学，能将公司办成世界屈指可数的国际型大公司。

虽然他们只是第一次见面，却很谈得来。后来，稻盛应邀在美国与他再度会面，促膝长谈直到夜深。

里夫董事长在谈到休兰伯尔公司的信条时说："就是努力把工作做到最佳。"

他的这句话又引出稻盛下面的一席话："最佳"这个词，意思是同别人比较，是最好的。但这只是相对而言的，因此在水平较低的队伍里也存在着他们的"最佳"。京瓷的目标不是向"最佳"看齐，而是向着"完美"追求。"完美"同"最佳"不同，不是同别人比较起来最好，而是带有很强的绝对性的，说明它自身就具备可靠的价值。因为世上没有什么东西能超越"完美"。

那天晚上，稻盛就自己的"完美"主张，与里夫董事长的"最佳"信条的讨论持续到深夜。最后，里夫董事长同意了稻盛的观点，并表示以后休兰伯尔公司不再把"最佳"奉为信条，而是推崇把"完美主义"作为信条。

稻盛和夫把追求完美作为企业的信条，要求员工切实地执行，对企业产生了深远的影响，也带给我们许多启示——正是以追求完美为信条才能使企业拥有细心和细致，才生产出完美的产品，才有了产品的独到之处，才能使企业的可持续发展成为可能。

年轻人之"行"

对任何企业来说，产品的质量都是极为重要的。因为它不仅关系到企业的声誉，而且直接影响到企业的经济效益，关系到企业日后的发展。因此说追求完美的工作质量是企业的生命，是企业的命脉。如果一个企业对产品质量的要求非常严格，重视每一个细节的完美，不允许产品的任何一个细节存在差错；一旦发现某个环节存在缺陷，宁可牺牲产品，也不会放宽对细节的完美追求。这样的企业就能做到基业长青。

要抓住一切机会磨炼"敏锐度"

稻盛之"道"

稻盛和夫把一线员工的"敏锐度"不佳当成一个问题，不厌其烦地向他们描绘预期的完美成果，告诉他们要每天不断思考，使成功的具体效果浮现在眼前，最后必定能成功。

敏锐度是在长期工作中磨炼出来的。细腻的敏锐度对于在工作中执行完美主义标准来说，不可或缺。

稻盛甚至连办公桌、检验台上的物品都要摆放得整整齐齐。每当他乘车时，只要听到车子有异常声响，就会对司机说："听声音这车好像有点问题。"司机基本上都会不太在意地说："和平时一样，没问题的。"结果把车开到修理厂检查时，发现轴承缺少一颗珠子。这样的事情经常发生。

这就是"敏锐度"的差异。在生产现场，一些有经验的老师傅常常能听出机器发出的异常声音。一般机器出故障前，往往运行得不是很顺畅，会发出与平时不同的声音。但因为机器与平时一样正常运转，所以这样的问题很容易被粗心的员工所忽略。

稻盛和夫把这种机器的异响称为"机器的哭泣"，他常会因此对现场负责的员工提出批评，严肃地指出"要抓住一切机会磨炼'敏锐度'"。

倘若工作中不太留心，"敏锐度"太差的话，即使产品的种种征兆已经预示问题即将发生或提醒你已经出现了故障，本应能得到及时解决的问题很可能因为你的疏忽和迟钝，而错失解决问题的良机。

年轻人之"行"

关于"敏锐度"的问题，不少成功的企业都有这方面的经验，每个小细节都不会逃过细心员工敏锐的眼睛。细心工作的人因为注重细节，悉心观察，反复思考，谨慎分析，会得出正确的判断，把工作做到完美。一名员工具备凡事用心的习惯，是培养"敏锐度"的肥沃土壤。只有在工作中多留心、多观察、多总结，才会不断增长自己的经验值，才能在问题发生时意识到异样，从而迅速采取应对机制，把事情做得圆满无缺。

每天都进行一次"自诚仪式"

稻盛之"道"

一个从不进行自我反省的人，则会反复犯某些错误，以至于使自己的能力被湮灭。

稻盛和夫说，一个从不进行自我反省的人，则会反复犯某些错误，以至于使自己的能力被湮灭；相反，一个常常进行自我反省的人，能够及时地发现自己的长处和短处，并能扬长避短，利用自己的优点发挥自己的最大潜能。

稻盛和夫每天都进行"自诚仪式"，已成为一种习惯，成为生活中不可分离的一部分。这个习惯从他年轻时起，伴随了他近30个年头，让他的人生勇往直前，无往不胜。

稻盛认为，反省可以作为"完美"的结束语。

对于自己当天做过的事，晚上要在脑海里像过电影一样回忆一遍，对不尽如人意的地方老老实实地反省，然后从第二天起改进。这就在避免工作上失败的同时塑造了自己的人格，真是一举两得。

年轻人之"行"

反省，是认识自身错误的前提，它使改正错误成为可能。它是一面"照妖镜"，能照出我们内心的缺陷，也就是那些阻碍我们进步的心魔。如稻盛和夫所言，反省自己的过程可以说就是一个自我学习、解除心魔的过程。

一个人能够不断前进，关键在于他能够把虚心反省作为每天的作业，改正自己的错误，取得一个接一个的成功。员工在尽心尽力地工作，每天应该自我反省，并怀着一颗"利他"的高尚之心，这才能使我们的心灵得到过滤，使之更美丽、更纯净。在职场中虚心反省是我们能一步一步上升的阶梯。

第八章
成功的基础是内心的强大能量

发自内心并用格斗的气魄面对工作

稻盛之"道"

职场中总会遇到很多困难，当我们面对时，要放宽心，不气馁，以一颗斗士的心去迎接挑战。

在稻盛和夫的孩提时代，父母常用鹿儿岛方言教导他说："年轻时的苦难，出钱也该买。"那时的小稻盛还只是一个不知轻重、出言不逊的孩子。每当这时，他总是反驳道："苦难？能卖了的最好。"

稻盛从大学毕业后，就在京都一家濒临破产的企业"松风工业"就职。松风工业是一家制造绝缘瓷瓶的企业，原本在日本行业内是颇具代表性的优秀企业之一。但在稻盛入社时早已走向衰败，迟发工资是常事。当时的松风工业状况相当不佳：业主家族内讧频繁不断，劳资争议不绝于耳。有一次稻盛去附近的商店购物时，店老板用同情的口气对他说："你怎么来这儿了？在那样的破企业工作，以后找不上老婆啊！"

很自然，与稻盛同期入社的员工，一进公司就觉得"这样的公司令人讨厌，我们理应有更好的去处"。于是，大家聚到一块儿时就牢骚不断。

稻盛入职公司还不到一年，同期加入公司的大学生们就相继辞职离开了，最后，只剩稻盛一个人留在了这个破败的公司，他非常苦恼，究竟离开公司，还是留在公司？哪个选择才是正确的呢？烦恼过后的稻盛做了一个决断。

正是这个决断，使稻盛迎来了人生的转折。稻盛最终决定：先埋头努力工作，拒绝再发牢骚、说怪话。稻盛把心思都集中到自己当前的本职工作中来，聚精会神，全力以赴。

在这家公司里，稻盛的任务是研究当前最尖端的新型陶瓷材料。他把锅碗瓢盆等各种生活用品都搬进了实验室，住在那里，不分昼夜，废寝忘食，全身心地投入了研究工作。

稻盛大学的专业是有机化学，只是在毕业前为了求职，突击学了一点无机化学。可是当时，在他还是一个25岁都不到的小伙子的时候，居然一次又一次取得了出色的研究成果，成为无机化学领域里初露锋芒的新星。这全都得益于稻盛的重要决定——专心投入工作。

任何时候，我们都要发自内心并用格斗的气魄，以认真的、诚实的态度面对自己的工作。如果遇到困难就退缩，那工作带给你的永远只能是遗憾。当你全力地做出某项突破时，那种无法言说的成就感充斥内心，它会形成一种正效应，让人可以轻松愉悦地继续前行。

年轻人之"行"

所谓困难，只是一时的。不管在多艰难的环境中，只要不懈坚持、认真地、诚实地工作，就会遇到人生重要的转机。

想在职场闯出一片天地，困难无非是拦在路上的一块小石头，对付它的方法，要么将它踢掉，要么视而不见，从它身上走过去。成大事者，就需要这种万古皆在手中的气魄，唯有如此，困难再不会成为困难，而是通向更高层级的跳板。

态度是我们真正的主宰

稻盛之"道"

作为企业员工，即使身处最难熬的逆境中，也要保持积极的态度。

稻盛和夫先生年轻时的路程走得不太顺利：怕发生什么，偏偏就会发生什么，想做的事情也大多事与愿违。

中学升学考试失败后，他就感染了结核病。虽然当时结核病不是绝症，但是他的家族里有两位叔叔和一位婶婶都被结核病夺去了生命，他的家族因此被人称为"结核病家族"。

结核病带来的病痛和死亡，使恐惧和悲伤在他心里久久挥之不去。他非常害怕被感染，当初叔叔在家中疗养时，他总是避之不及，躲得远远的。

结果后来，在叔叔身边看护着的父亲没有被感染，对结核病不以为然、认为不会轻易被传染的哥哥也好好的，只有他被感染了。

稻盛和夫想起邻居阿姨送给他的《生命的真相》一书中提到过："我们内心有个吸引灾难的磁铁。生病是因为有一颗吸引病痛的羸弱的心。"他感到费解：为什么偏偏是自己病了呢？也许真的像书中所说的那样，自己消极的心引来了病痛。

稻盛和夫的结核病好不容易痊愈了，终于可以回到学校读书了。可是，战胜了病痛的稻盛并没有从此摆脱失败和挫折的纠缠。满心期待的大学入学考试不合格，没有考入第一志愿的大学。进入了本地的大学之后，他的成绩一直不错，以为可以找到一份称心的工作，可毕业时赶上了经济大萧条，参加多次就业考试，屡战屡败。在大学老师的关照下，他终于在京都谋得了一个职位，然而，这个公司简直就是一个烂摊子。

"置之死地而后生"，当稻盛跌入了人生低得不能再低的低谷时，他的心态反而有所转变。经过一番调整，稻盛终于进入了"积极——努力——收获——更积极——更努力——更多收获"的良性循环。

的确，与其扼腕哀叹，不如挽起袖子努力工作；与其抱怨时运不济，不如打起精神、做好准备等待机会的到来。无论何时，保持积极的态度，即使我们一无所有，至少还能以乐观的态度去生活。

年轻人之"行"

"态度决定一切！"这是美国著名演说家罗曼·文森特·皮尔的一句名言。态度是一种神奇的力量，它扎根在人的思想深处，左右着我们的每一次选择。如果说人生就是由每一次选择构成的方程式，那么态度最终也决定了人的一生。

积极的态度能够点燃我们内心的希望，激发沉睡的潜能，让我们在面对顺境时保持清醒、不骄不躁，让我们在面临逆境时保持乐观、不气不馁；消极的态度却让我们经不起一点风浪，在困难和不幸面前缴械投降，不思如何解决问题、挣脱苦难，却把时间浪费在悲叹和抱怨上。

在心里不断强化理想的心灵图像

稻盛之"道"

想要在工作中取得某项成就，就应该时刻描绘这一成就的理想状态，然后把这一理想提升为强烈的愿望。

稻盛和夫说："成功的基础是强烈的愿望。"这并不是提倡空想。在稻盛和夫看来，创造性的活动需要不断地去思考，不断地去构思，这样我们的头脑中将会浮现那个"看得见"的即将实现的现实。

稻盛和夫在研究开发新材料的过程中，不仅仅是一而再，再而三地产生某种强烈的愿望，他还在大脑中反复进行着模拟实验，心中推演着各种迈向成功的过程和途径。就像围棋手一样，每走一步都是经过慎重的思考和推敲的，他们在脑中一次又一次地模拟演练着达到目的的过程，然后用这个过程和方向不断指导着自己的下一步走法。

"如果我们的脑中呈现的景象是不鲜明的黑白色还不够。想要更加接近现实，就会看到色彩鲜明的景象——这种状态是真实发生的。"稻盛和夫比喻这个过程就好像是体育运动中的意象训练，意象最大限度地浓缩，就是能看见"现实的结晶"。相反，如果做事情之前我们并没有强烈的愿望，也不去深入地思考和推敲，那么就不会清晰地看见完成时的形态。

稻盛和夫在开发新产品的时候，往往已经看到了产品将来应该有的状态，所以他对产品的要求是没有一点瑕疵。当公司员工开发出的产品已经充分满足了式样和性能的标准要求时，还是得不到稻盛和夫的认可。因为凭借着稻盛和夫多年以来对这一领域知识的熟知和深思熟虑，他能看见他脑中理想水准的产品。所以普通水准要求并不是他的目标。

在稻盛和夫看来，对于实现这个理想的过程也要 24 小时不断地反复思考，直到成功的形象在眼前鲜明浮现。这一点很重要，当你对事情的各个细节都有明确的印象，最后的结果一定是成功。

年轻人之"行"

企业员工不论从事什么工作，成功的关键在于行动之前对自己有什么样的期待和构想，制订什么样的目标和规划。你应该懂得，用什么标准来衡量自己，别人就会用什么样的标准来评估你。

凡是事业成功的人，大都有两个相似点：一是明确地知道自己事业的目标；二是不断朝着目标前进。目标的意义不仅仅是目标本身，它就像人生的指南针一样，是我们行动的依据，信念的基础，创造的源泉。

工作有所成就的人都是自我燃烧型

稻盛之"道"

想成为自我燃烧型员工的最佳手段就是热爱自己所从事的工作。这是成为自我燃烧型员工的前提。只有爱才能热，有了足够的热才能燃烧起来，而燃烧会发出更多的光和热。

稻盛和夫把人像物质一样分成了三种：自燃型、可燃型和不燃型。自燃型的人比较坚强，他们很容易把自己燃烧起来，发出光和热；可燃型的人像木材或煤块，找得到火种，他们才可以燃烧；而第三种不燃型，没有被点燃的可能，即使有了火种，却依然冰冷，无动于衷，甚至会泼冷水。

稻盛经常对公司的员工说，希望大家都能成为乐于自我燃烧的自燃型，至少是可燃型的人，公司不需要不燃型的人留在公司。

因为一般从组织上看，不燃型的人过于自我，不够积极热情，时不时还会给干劲十足的人泼冷水。这种负能量的巨大消耗致使公司内形不成一个核心的凝聚力，在企业团队中，即使只有一位不燃型的人，氛围也会变得沉闷压抑，难以开展工作，真是一颗老鼠屎坏了一锅汤。这种人冷若霜，表情淡漠，永远与周围人热火朝天的干劲绝缘，着实不怎么讨人喜欢。

稻盛和夫认为，想成为自我燃烧型的最佳手段就是热爱自己所从事的工作。凡是能成大事的人都是自我燃烧型，他们是性能最高的类型。他们自发而动，他们的精力永远像刚刚充过电的电池一样饱满，他们无需向外界索取什么，通常在指令下发以前就行动起来，率先做出成绩成为别人心中的范本。他们的能动性、积极性像火种一样，可以引燃周围人的激情。投身一项事业需要相当巨大的能量，自燃型的人才是事业中的主角，他们不仅用自我燃烧激励自己，他们燃烧自己时释放出巨大的光和热，同样温暖点亮了他人。他们熊熊燃烧的气势会感染周围的人，带动他们也投身于事业中。

年轻人之"行"

自动自发地工作是一种重要的工作态度，对一个人的成功起着至关重要的作用。当你的能力和自动自发的意识、积极心态结合在一起时，就能创造出骄人的成绩。

在自动自发地工作的背后，需要你付出的是比别人多得多的智慧、热情、责任、想象力和创造力。永远保持一种自动自发的工作态度，是为自己的行为负责。命运掌握在自己手中，"做一天和尚撞一天钟"的态度千万要摒弃。

做一个"在旋涡中心工作的人"

稻盛之"道"

如果大家都不做旋涡的中心，只是盲目地在旋涡周围跟随大家一起转动，那么就很难体会到工作的真正乐趣。

稻盛和夫认为，在团队工作中，无论做什么事情，都需要有一个精力充沛的、起核心作用的人物。这样的人就像团队的带头人一样，他主动带队，带动周围人有声有色地开展工作，宛如一股自平地涌起的上升气流，把全体人员都卷入这个旋涡，带动整个组织一起行动。稻盛和夫称这样的人为"在旋涡中心工作的人"。

无论什么工作，一个人单枪匹马总是没有团队的力量大，所以我们要发挥集体的力量，带动你周围的人一起展开活动。

稻盛和夫非常欣赏也很重用勇于在"旋涡中心工作的人"，他认为，如果大家都不做旋涡的中心，只是盲目在旋涡周围跟随大家一起转动，那么就很难体会到工作的真正乐趣。只有我们自己进入了旋涡的中心，才会有积极的力量把周围的人也包裹进去，这样才能尝到工作成功之后真正的喜悦之情。

那么怎样才能做旋涡的中心呢？

当我们在团队工作中，面对一项任务，敢于主动召集大家一起解决问题，那你就有希望成为团队的领导人。但召集大家不是为了装样子给别人看，而是要真的热爱这份工作，有着强烈的问题意识，这样才不会单纯的照章办事，就会有自主努力、敢于担当的冲动和魄力。

年轻人之"行"

在企业中，员工要培养自己成为带头人的素质；要时常鼓励自己的员工勇于做旋涡中心的人；要重视培养员工调动周围同事工作积极性的能力，给每一个成员充分发挥自己潜能的机会。要成为一个合格的带头人，一定要通过不断地学习来提升自身的素质，丰富自己的知识、经验与能力。只有这样，被你带动的员工才会以你的一举一动为榜样，产生向心的凝聚力。

其次，勇于担当团队的核心人物还应提高沟通能力。因为一个团队的成员往往具备不同的工作技能，有着不同的社会背景，他们性格迥异，想法也不同。因此，良好的沟通能力会把每个人的优势结合起来，形成强大的向心力。这样才会在工作上取得卓越的效果，人生也会变得丰富多彩。

第九章
每天都做最狂野的梦

乐观构思，悲观计划，乐观实行

稻盛之"道"

一旦怀着稍有松懈就可能会失败的危机感，那么夜以继日地拼命工作就是接近目标最近的捷径。

1984 年，随着通信的自由化进程，京瓷与另外两家企业都参与了通信事业。当时舆论的评判是：以京瓷为母体的第二电电公司，与其他两个对手相比，处于绝对劣势的位置。

当时京瓷缺乏通信技术的积累，这个领域是京瓷不擅长的，而作为经营者的稻盛，本身也不具备通信事业的经验。而另两位对手分别可以利用现有的公路和铁路，在沿线铺设光缆，占有很大优势。京瓷不得不孤军奋战开辟自己的通信网络，必需的基础设施只能从零开始，一一构建。从营业角度来说，第二电电的母公司京瓷的规模尚小，在获取客户的环节也比较薄弱，等等。

实际上，在开始营业后不久，开张后的第二电电，就在硬件和软件的双重缺乏的情况下，在新电电三家激烈竞争企业中，取得了最优异的成绩，一路领先。

第二电电虽然与另外两家企业相比是不具优势的"外行"，但是投入新电电的"思想、愿望"却比哪家企业都要强烈，而且纯粹得多。具备这种强烈而美好的愿望，就"万事俱备，只欠东风"了。通信事业所需要的经验和技术，只需要朝着计划的方向去努力和积累就能获得了。

其实当时的京瓷在东京等中心城市的知名度很低，销售额也仅有2500亿日元。这种微不足道的地方二流企业，向销售额几万亿日元的日本中信株式会社发起挑战，在人们眼中简直是螳臂当车，太莽撞、太不自量力了。世间对于京瓷对通信业发起挑战的讽刺和批评处处都是，人们嘲笑这种行为无异于堂吉诃德手持长矛冲向风车。

然而，正是对于这一事业的毫不犹豫和从不怀疑，使稻盛对人的巨大力量产生的信任，京瓷才在脚踏实地地落实计划之中得以发展壮大。

在不断坚持达到预期计划的想法的过程中，人们就会觉得这是理所当然的事，会在不知不觉中为了近乎苛刻的目标，每天都付出无尽的努力。

"乐观构思，悲观计划，乐观实行"，这就是稻盛和夫向新课题发起冲击的最好办法。每天努力地积累，会使人达到不曾想到的极高境界。高目标就是促使个人和组织进步的最大动力。

年轻人之"行"

有很多人在新的工作计划制订不久时就开始担忧市场环境变化，担心遭遇意料之外的障碍，害怕出现失败的结果。然而，一旦心中萌生出这种杞人忧天的烦恼，哪怕产生一丁点的焦躁和恐惧，那么这种"思想、愿望"所持有的力量就会大幅减弱，在计划执行过程中会受到更多人们心理因素带来的副作用，最后目标便难以成为现实。

如果你希望新的工作计划得以实现，那么，不管遇到什么样的困难，都绝不能放弃。必须全神贯注、一心一意，用高尚的思想和强烈的愿望不断描绘心中的蓝图。这一点颇为重要。因为再好、再完善的计划不去执行，也是一纸空文，毫无意义。切实执行心中的计划，那么无论什么遇到困难，目标都一定能达成。

学会做梦，且梦想的画面必须是"彩色"的

稻盛之"道"

要在企业界生存下来，员工和企业家都必须要有热情，想要有持续不断的热情就得有梦想，要时时刻刻沉浸在梦想中，这样才能保证他们的活力处于最高点。

　　稻盛先生自称是"爱做梦的人"，他说他经常做最狂野的梦、毫无边际的梦、一个接一个的彩色的梦。最终，他的企业王国也是在梦想中拓展的。稻盛先生每天都做最狂野的梦，但是他并不急着实现这些梦，只是继续梦想，他说梦想让他的想象力奔驰。他说这种不断梦想的过程让他产生工作和生活的热情。持续不断的梦想甚至还变成了他潜意识里的东西。久而久之，这个梦想就变成了他可以实现的目标。只有沉浸在梦想中，你才会明白自己想要什么，这样才能抓住机遇或机会。奇妙的机会总是藏在最不起眼之处，只有强烈地感受到自己目标的人才能看得见。呆滞无神的眼睛、飘浮不定的目光，是无法看到人生的绝佳机会的。

　　像每一个刚开始创业的企业家一样，稻盛先生说自己在创办第一家公司的时候，既没有理论，也没有经营经验，有的只是想让公司继续营运下去的信念和可以做出成就的梦想。在他看来，企业制订目标是非常重要的，而且这个目标一定要表现出人类的最高理想。

　　稻盛先生在进行高科技陶瓷材料研制时，经常发现自己全然迷失，找不到方向，就好像置身于茫茫的浓雾中，看不清前面是山还是路。然而，他还是不断地沉浸在梦想中，不停地想一定要研制出那种材料来，并且一心一意地相信：他自己能合成想要合成具有某种特质的陶瓷制品。他这一生在不断地重复这样的梦想、追寻梦想，使他的梦想具体而细微，然后付诸实践。

　　企业的目标，刚开始是领导者或是员工的梦想。当我们有成就某件事的梦想，当我们追逐着这个梦想时，一切都变得越来越清楚、仔细、多彩，慢慢地，梦想就变成了我们具体的目标。

年轻人之"行"

梦想是我们在感觉自己的人生色彩单调时，需要用到的调色剂，将我们灰白或是黑白的生活调得丰富多彩、五彩斑斓；梦想是我们生活遇到坎坷时，需要用到的垫脚石，让我们顺利地通过一条条道路；梦想是在我们不知道下一步走向哪儿时，给我们指路的灯塔，为我们指明道路。

对工作怀有梦想能让员工产生对工作和生活的热情，而热情能使我们充满活力和干劲，进而发光发热。在这种状态下工作，又能产生新的梦想。一生坚持热情、梦想，可以激发出极大的信心，加强你努力工作的意志力并鼓舞他人，引导大家走向成功，我们终会见到生动而灿烂的色彩。

要设定"超过自己能力之上的指标"

稻盛之"道"

行百里者半九十，我们的行动结果与目标之间总是存在着差距。所以说"欲求其上者，得其中"，制定一个 120% 的目标，那么我们就能收获 100% 的结果。

在我们为自己的人生设立规划和目标时，稻盛和夫主张，要设定"超过自己能力之上的指标"。要设定现在自己"不能胜任"的、有难度的目标，并且这个目标也是你要在未来某个时点实现的目标。

稻盛和夫一直鼓励自己的员工要想方设法提高自己的能力，以便在"未来这个时点"实现既定的目标。他不提倡用员工现有的能力来判定他们未来的发展高度。稻盛和夫认为，只要有强烈的愿望，有挑战新领域的勇气，有为事业奋斗不息的执着，那现在做不到的事，将来一定可以做到。

现实生活中，我们经常听到很多人在工作中轻率地给自己下结论——"我不行，做不到。"他们仅以自己现有的能力就断然否定了自己。在稻盛和夫看来，这种想法是错误的。因为他们没有看到人的能力有无限延伸的可能。我们要坚信自己的能力，在未来，一定会提高，一定会进步。

在企业的经营管理中，稻盛和夫认为，一个有追求的员工，一定要把"梦"做得更高些。虽然开始时只是一个梦想，但只要不停地做，不轻易放弃，梦想总能变成现实。因为昨天的梦想，可以是今天的希望，并且还可以成为明天的现实。

稻盛认为行为是行为结果的函数。行为上任何微小变化的积累，最后都会对结果造成巨大的影响，成功也来自诸多因素的几何叠加。现在的你能力高低不重要，重要的是你现在就开始努力，让工作的每一天都过得充实与饱满。能力要用在将来进行时来衡量，现在你的每一点进步犹如涓涓之水，最终能聚集成磨损大石的能量。

年轻人之"行"

员工在工作中，制订目标的时候，要学会把目标定得高一点。比如一个销售员，其规定的月销售额是 20 万，那不妨把它设为 40 万，然后想尽一切方法向着 40 万的目标挺进，虽然从客观事实上讲，最后他可能只能完成 20 万，但是如果一开始就把目标定为 20 万，那最后基本上只能完成 15 万。目标与结果之间总会打上一个折扣，那不妨向着一个不可能的目标前进，就算最后有了一个折扣，也恰好是应该完成的结果。

通过这种方式，不仅我们能实现应该实现的目标，而且能获得更大的成就感与更好的锻炼，这种极限目标前进法，会让我们的工作更加得心应手。

熟悉工作并对结果做出预见

稻盛之"道"

如果想成就某项事业，自己就应该时时在脑海里仔细描绘自己心中期待的工作的最佳状态；同时必须对实现这个理想的过程反复地进行周密的考虑。

在第二电电刚开始进军移动通信事业时，稻盛大胆预言，移动电话带来的风暴即将来袭。这时，周围的人还在观望徘徊，或者充满疑惑，或者不以为然，觉得稻盛所言如天方夜谭。

但是，稻盛凭着自己的敏锐直觉，已经洞悉移动电话市场未来的发展前景，心中已经有一幅完整的图画了。移动电话这种非常有潜力的产品，它将来的发展速度、普及过程、价格定位、流行款式、大小等等一系列问题的答案，已经在稻盛脑海中的胶片上清晰显影。这发生在第二电电的事业进入正轨之前。

稻盛怎么会有那么敏锐的眼光呢？由于从事京瓷经营的半导体零部件事业，稻盛对移动电话技术革新进展的状况和速度已相当了解，拥有了足够的信息和知识。

最早的"移动电话"非常庞大，也很笨重，需要肩扛才能移动，十分不便，因此被称为"肩扛电话"。后来，通过技术进步和革新，移动电话的各种集成电路可以被压缩到更小巧轻便的半导体内，于是"移动电话"旧貌换新颜，以迅雷不及掩耳之势实现了小型化。手机发展日新月异，更以惊人的速度在大众中普及。对于现今发生的这一切，稻盛早就精确地预测到了。

此外，稻盛关于未来的定价问题也早有准备，对于契约费、基本月租费、话费计算都有了周密的考虑。刚好当时公司一位干部把稻盛在会议中所提出的数据记在本子上。直至第二电电的移动通信事业步入正轨，这位干部在翻阅自己以前的笔记时发现：当初稻盛所预计的费用体系与现在实际费用的数据竟然奇迹般的相差无几。

显然，只有当你对事情的各个细节都有了具体的想做成的样子的设想，有了清晰的形象，你的行为才能够精确指向，结果才能效益最大化。所以，对工作也要知己知彼，百战不殆。

年轻人之"行"

在从事工作时，就要尽可能清晰地看到结果。这不是要求大家具备知晓未来的特异功能，而是要大家通过用心去熟悉自己所做的工作，在头脑里反复思考，不断进行模拟演练，最终得到的结论，仿佛能预知未来一样。

与此相反，若人在事业上存在对成功意愿和深入思考的欠缺，在事情进行前看不到预计的结果，那么，事业和人生的成功便会化作泡影，甚至酿成悲剧。

我们要不断描绘自己理想中的成功所需要的细节，并把最初的想法转变成对成功强烈的愿望，毫不松懈地思考，让成功的一番美丽景象——在眼前浮现，这是非常重要的一点。

把欲望激发成信念

稻盛之"道"

成功的前提之一就是要不断地提升自己对成功的欲望，然后把这强烈的愿望渗透到潜意识里。就是说，一定要有像"无论如何一定要这样做"的意念去支撑自己的愿望，然后反复思考，朝思暮想，愿望就会不自觉地化为行动，人就会自然地朝着实现愿望的方向前进。

坚定不移的信念是稻盛和夫一直追求的目标。所谓信念就像人们的潜意识一样，在稻盛和夫看来，就是不自觉的、潜藏于人内心深处的意识。别看它平时不怎么凸显自己，但在某一特殊时刻就会无意识地突然闪现，并发挥出不可估量的作用。

稻盛和夫认为，成功的前提就是要不断提升自己的欲望，强烈的目标意识会产生无穷无尽的力量，让你积极地采取行动，主动进攻生活中的苦难，主动发现机会。

认为自己一定会成功的人凡事都非常积极与乐观，就像稻盛和夫一样，一旦他抓住机会就会毫不犹豫地立刻行动，即使行动遭到挫折，他依然抱着积极乐观的想法，认为世界上没有失败，只有成功的暂停。于是就再试一次，坚持到底，最终就会取得成功。成功之后，他又更加坚信"我一定会成功的信念"。

诚如稻盛和夫指出的那样，职业之路总在未知中行走着，人总在改变着，既然选择了前方，就要风雨兼程；既然选择了崎岖的山路，就要有跨越坎坷的欲望和信心，直到它们成为坚定不移的信念为止，勇敢地向前走去。

年轻人之"行"

心有多大，舞台就有多大。只有敢于挑战自我，坚定信念的人，才是生活的强者，才能笑傲职场。

不论周遭环境如何，在我们的生命里，均潜伏着改变现实环境的力量。如果你满怀信心，积极地想着成功的景象，那么世界就会变成你想要的模样。

　　上帝给予每个人的智慧都是均等的，你应该相信自己。抬起高贵的头颅，干应该干的事，"没有一件工作是旷日持久的，除了那件你不敢做的事"。

　　坚定自我的信念，扬起远航的风帆，别让风雨打消我们的信念，我们对待工作需要有"千磨万击还坚定，任尔东西南北风"的执着与坚定。

第十章
不断追求更高的可能性

不积跬步，无以致千里

稻盛之"道"

稻盛和夫经常对员工说，必须"极其认真"地过好每一天。生命只有一次，万万不能浪费，要"竭尽全力"、真挚、认真地活好每一天，平凡的人也将变成非凡的人。

稻盛在第一家公司工作时，他反复进行着有成功也有失败的实验。当时在研究无机化学的同龄人中，有人赴美留学，拿着丰厚的奖学金；有人在知名的大企业，用最先进的设备进行最尖端的实验；稻盛却在一个濒临倒闭的企业里，日复一日地用简陋的设备做着混合原料粉末的工作。

他不时会冒出这样的想法：一直做如此单调的工作，又能搞出什么科研成果来呢？自己的人生将来又会是怎样一番情形呢？

也许一般人解决问题的方法是和自己说：要有远见，向未来看吧。也就是说，不要将自己的目光停留在眼皮底下，而要从长远的角度展开自己的人生蓝图，而眼前的工作只是这长期规划中的一个环节。

然而稻盛却采用了一种与之相反的看法。他从短期的观点来看，不再痴迷于不着边际的远景，只是留神眼下的事情，摆正自己对工作的态度。

他给自己定下规矩：今日事今日毕，今天的目标今天一定要完成。工作的成果和进展以一天为单位区分，然后切实完成。

同时，要反思今天的工作，以便为明天总结出一点经验或教训。为了达到目标，不管天气多么恶劣，不管境遇多么艰难，稻盛都全神贯注，全力以赴。一天，一个月，一年过去了，五年，十年，他始终锲而不舍。直到今天，他踏入了当初根本无法想象的境地。

在每一个"今天"中，前进是最低限度，无论这一步是大是小，总要向前推进。

未来都是每一个"今天"的累积。奔着"今天"的目标去，每天都获得积累。这样，今天就会比昨天更好，明天又会比今天更强。

年轻人之"行"

很多人在工作和生活中总是缺乏自信，遇到事情就匆匆下结论说：“不行，我做不到。”这是因为他们仅以自己现有的能力判断自己，而忽略了自己未来的潜能。实际上，大家今天所做的工作，可能正是几年前自己看来是无法胜任的。但是对今天的你来说却已经轻而易举，因为你已经驾轻就熟。

人要坚持把握住今天，无论在哪个方面都应如此。要想方设法地提高自己的能力，哪怕每天只有一点点进步。如果只用自己现今的能力来判断和决定能不能做，那么，你就会失去挑战新事业，或者实现更高的目标的可能性。人的能力有时像黄金一样，有着良好的延展性，所以要坚信，不远的将来，自己身上的能力一定会有所增长。那么，就从今天开始，努力学习，汲取知识，熟练掌握技术，面向未来去描绘自己理想的人生吧！

不积跬步，无以至千里；不积小流，无以成江海。不要小看工作中每一天的成长，相信只要坚持努力，就能享受比昨天更好的今天，迎接比今天更好的明天。

在自己的心中设一个长远的梦想

稻盛之“道”

在企业的经营管理中，稻盛和夫经常鼓励自己的员工要“胸怀大志，充满梦想”。在稻盛和夫看来，满怀激情与梦想，才能实现精彩的职业生涯。

在京瓷公司创建之初，稻盛和夫怀着“希望这个公司成为世界第一大陶瓷公司"的大志，虽然，当时看来这仅仅是个空幻的梦想，既没有具体的战略，也没有确实的计划。但是，稻盛和夫依然会在联欢会等各种场合上反复对员工说起这个梦想。久而久之，他的"愿望"也成为全体员工的"愿望"，并最终开花结果了。

现实生活中，很多人都把梦想和希望视为一些虚无缥缈的空谈，他们感觉生活上的琐事已经让自己疲惫不堪了，根本没有时间去谈梦想。可是稻盛和夫不赞同这个观点。他认为今天自己所取得的成就，离不开年轻时拥有的强烈的愿景和高远的目标。稻盛和夫曾经说："能用自己的力量去创造自己美好人生的人，一定拥有超大的梦想和超过自身能力的愿望。"

当然，梦想越大，离现实的距离就会越远。稻盛和夫告诫我们，无论多么遥远的梦想，只要内心强烈地祈求，那么我们就一定能够成功。当我们把梦想祈祷，祈祷，再祈祷，直到渗透到潜意识中去的时候，梦想本身就是行动的一部分了。稻盛和夫正是通过这种强烈的愿景和持续的努力，才把虚幻的梦想一个个变成了现实。

当我们树立了长远理想，拥有了强烈的愿望，各种创意就会紧随其后。我们会不知不觉地从日常生活中得到启发，在一些别人可能忽视的细节和小事中，突然闪烁出灵感的火花。

年轻人之"行"

为自己的职业生涯乃至整个人生树立长远的目标，会使你的生活更富有价值。敢于做梦的人才有从平庸到优秀的发展动力。

在工作中，面对困境，常常会产生走投无路的感觉，但请不要气馁，就在此时给自己一个的梦想吧，有了梦想和希望，我们就会有坚持下去的动力和勇气。只要我们对工作有了坚定的信念和正确的思路，就一定能走出一条康庄大道！

因为有了梦想，内心的力量才会找到方向。茫无目标地漂荡终会迷路，而你心中那座无价的金矿，也会因为没被梦想发掘，而与平凡的尘土无异。

有长远理想的人往往能够成就"难以完成"的事业。为了更多财富的累积，为了某种高尚价值的实现，他们无时无刻不在追逐着自己的梦想，努力挖掘和发挥着自己惊人的创造力。如果没有梦想，人就没有前进的内驱力，人的创造性也就无从谈起，从而也无法获得成功。只有通过描绘梦想，你才会锐意创新、不断努力，人格才能得到不断的磨炼。就像稻盛和夫所提倡的一样——有创意的心追随的是长远理想。

勇敢去走别人没走过的路

稻盛之"道"

稻盛和夫回顾自己的职业生涯时说："凡是人们都熟知的走惯的路，我从未涉足过。昨天走过的路，今天再走一趟，或者去重复别人已经走过的路，这与我的天性不合。我总是选择别人没走过的新路，一直走到今天。当然，这样的道路绝不平坦，因为谁也没有走过。"

创立京瓷公司之初，稻盛在陶瓷领域虽然是一位"门外汉"，但在长期从事研究工作的过程中，稻盛大胆尝试各种新产品研发，京瓷公司最初着手做的陶瓷叫作"精密陶瓷"，就是尝试用计算机、手机等各种高科技产品的材料进行加工升级，在短暂的时间里成功地开发出的全新的材料。

京瓷自创业以来，稻盛和夫以这样敢为人先的气魄不断开发新产品，不断向新事业发起挑战。熟悉稻盛和夫的人都知道，他经常说的一句话就是："我们接着要做的事，又是人们认为我们肯定做不成的事。"

稻盛和夫把自己正在走的路称之为"无人通行的田间泥泞的小道"。这条路上没有平整的大道上的车水马龙，也没有其他路人。尽管，有时脚底一滑就会跌入水田，但稻盛和夫仍然一步一步向前走，而且坚忍不拔地走到今天。当然，一路上他有许多新的发现和巨大的成果。

年轻人之"行"

任何事都不是一成不变的，用变化的眼光去把握一切，你才会获得新生。阳光底下没有新鲜事，排列组合就是创新。不走寻常路，关键在于我们能否善于发现，善于用变化的眼光和手段创造性地解决问题。

就像稻盛和夫所说，"干他人不想干的，做他人不曾想的"。

在工作中常规的思维，不仅会束缚自己的手脚，严重影响业绩的提升，还会让你做什么事都拿不起放不下。其实只要打破传统的思维方式，人生就会出现另一番景象。

在职场中，很多人都习惯走别人走过的路，偏执地认为走别人走过的路不会有错，却忽略了走别人走过的路即使能到达目的地，也只能拥有平庸的结局。学别人无论学得多像，最多也只能成为别人的第二，走别人走过的路将会迷失自己的方向。那些成功人士，他们正是因为走了与众不同的路才获得了成功。人生的漫漫旅途中，想要改变命运，就要敢于走别人没有走过的路。走别人没有走过的路，才能走出自己的风格，才能走出属于自己的路，才能开创出工作的一片新天地。

平凡的工作，因为创新也会有飞跃性的突破

稻盛之"道"

稻盛和夫向广泛的事业领域持续发起挑战。从利用陶瓷做半导体电子封装零部件，到太阳能发电系统的开发，再到后来的手机、复印机、通信事业的拓展。稻盛和夫的成功并不是因为他具备了各行各业的技术。他说他只不过是"每天不断地进行创造性的工作"。

稻盛和夫告诫年轻人，无论多么渺小的工作，都要抱着问题

意识，采取积极的态度对现状进行改良。他断定，能坚持这么做的人和缺乏这种精神的人，假以时日就会产生惊人的差距。

　　为了说明这一点，稻盛和夫常用"扫地"作为例子。比如，到昨天为止，打扫车间的方式总是用扫帚从右到左扫。那么，今天试着从四周向中间扫会怎样呢？或者，光用扫帚打扫效果不好，那就试着用拖把看看怎样？如果用拖把效果也不好，就可以向上司建议，花点钱买台吸尘器如何？

　　就扫地这么一件小事，只要开动脑筋，就可以想出许多又快又好的办法。如果天天这样钻研创新，积累一年，你就成了扫地专家，你的经验就会受到车间全体人员的好评。再后来，你就可以干脆成立清扫大楼的专业公司了，并让它发展壮大。

　　在技术开发领域，稻盛和夫获得过"新型陶瓷先驱者"的荣誉，稻盛和夫认为自己成功的经验就是拥有一种"不管怎样也要继续干下去"的信念，即使是平凡简单的工作，只要不断地钻研创新，也会带来飞跃性的进步。这种持续不断、不知疲倦的努力、钻研和创新，就是稻盛和夫事业成功的推动力。

年轻人之"行"

　　稻盛和夫认为：只要我们在每天的工作中时刻思考着"这样做是否可行"，带着"为什么"的疑问，即使每一天的努力和钻研创新只有一点点成绩，但是，如果积累1年、5年、10年，那么进步就极为可观，最终就能获得惊人的创造性的丰硕成果。

一步登天做不到，但一步一个脚印我们能做到；一鸣惊人不好做，但一股劲做好一件事，我们可以做；一下成为天才不可能，但每天进步一点点是可能的。

每天的工作都钻研创新，就是在向前走，就是今天比昨天强，就是对现状有所突破，就是用一种崭新代替一种陈旧。每天都要盯着那个高远的目标，每天都要不慌张也不懈怠地努力，每天都要那么热情执着地工作。一点点进步也许并不引人注目，可就是这一个个不引人注目的进步，终将托起一个意想不到的成就。

坚定成功信念，下定苦干决心

稻盛之"道"

为令人鼓舞的工作成就拼搏，就像前往一个遥远的圣地，道路是崎岖而漫长的，那我们用什么办法才能到达成功的巅峰呢？

稻盛和夫告诉我们，取得成功的法则一方面是"埋头苦干"的决心，另一方面是"定能成功"的信念。只要我们坚持这种态度，永不言弃，那么事态一定会出现转机。稻盛和夫把这种生存智慧称之为"与宇宙意志相协调"。

稻盛和夫说："无论做什么事都要有必胜的迫切心情，再加上单纯朴实地对待万物的谦虚态度——就能找到平日可能忽视的解决问题的线索。"这就是所谓的决心加信心。稻盛和夫坚信命运会向那些吃苦耐劳、拼命努力的人，伸出援助之手，给予回报。

所以，稻盛和夫时常激励自己的员工："加油！加油！直到命运都想伸手支援为止。"

世上没有任何力量能拆散由信念黏合在一起的团体，决心和信念结成的长链，可以攀登任何一座峻山险峰。有了"定能成功的信念"，人才会冷静地面对挫折和困难，才有足够的勇气克服阻碍，从逆境中奋起，从失败中走向成功。

年轻人之"行"

无论做什么工作，信念是一切的开端，若没有对成功强烈的愿望，就"看不到"解决困难的办法，成功也就不会向我们靠近。为了变不可能为可能，就要有近似于"发疯似的强烈的愿望，坚信目标一定能够实现并为之不断努力、奋勇向前，这是达到目标的唯一方式。

现实职场中，有很多人想要人际关系更好，收入更高，或者更健康，更成功，但这些想达到结果的都必须通过你所采取的行动来完成。要有更好的行动，就必须下更好的决定，然而有更好的决定就必须先有更好的思想。

"工作无难事，只怕有心人。"这句话说得中肯，说得深刻。那种只会说"我不行"而不努力实干的人，怎么会取得职业生涯的成功？只有坚信自己，努力，再努力，才会通向成功。思想上积极，行动上主动，这才是掌握人生命运的法则。

第十一章
在工作中悟得人生真理

为每次小小的成功而感动

稻盛之"道"

稻盛和夫认为，要对工作怀有一种热情，能够不断在工作中发现令人感动的东西，这种感动将成为推动自己前进的力量。

稻盛曾经有一个名牌学校毕业的研究助手，每天的任务是帮助稻盛测定实验数据。稻盛生性单纯坦率，每次当实验测出的数据符合他最初的设想时，就会激动得"嘭、嘭"地从地上跳起来。他的这位助手总是站在一旁冷冷地用不解的目光注视着他。

有一天在一次实验完后稻盛又高兴得跳了起来，并对他的助手说："喂！咱们成功了，你也该高兴高兴啊！"

不料助手却说："稻盛，我说句失礼的话，值得让男子汉开心得跳起来的事情，一生中也难得几次。但看你的样子，动不动就兴奋得手舞足蹈，甚至现在叫我也要同你一起激动，让我说你轻率好呢，还是轻薄好呢？"

稻盛反问道："你说什么呢？因为小小的一点成功就能感受到喜悦和感动，这样多好！研究这么艰苦枯燥，要想坚持下去多不容易。有了研究成果，就应该真挚地把高兴的心情表达出来。这种喜悦和感动能为我们的工作注入新的动力、新的勇气。所以不管你说我轻率也好，轻薄也好，我照样要为我的每一个小小的成功而雀跃，并由此不断向前推进自己的工作。"

稻盛和夫总结出的经验就是，每当研究工作进展顺利时，就要直白地表达出快乐；当研究成果受到别人的赞扬时，就要真诚地表示感谢。进而将这种喜悦和感动当作精神补给，然后继续投入到艰苦的工作中去。这就是在漫长的人生征途中顽强生活的最好方法，也是稻盛一直坚持的信念。

年轻人之"行"

如果一个人一开始工作，就觉得是做一件受罪的苦差事，那么就很难倾注自己的热情，也很难发掘出工作中的点点乐趣。如果一开始就抱着很大的热情和希望，把工作当成一种享受，为工作中的小小进步和成功感到喜悦和激动，那么情况可能就会完全不同。

在工作一筹莫展的时候，请保持自己内心的感动和激情，这将是我们走出困境的动力。如果时常能在工作中为自己的小小成功感到欣喜，抱有一颗善于被感动的心，诚挚地对待生活的话，原本艰难的生活和枯燥的工作可能就会有所改变。

满心欢喜的人会把时间和精力花在开创以及享受工作带来的乐趣上头。他们在工作的同时，也能够享受喜悦。面临工作的巨大压力，你可以按照禅法的指导，通过心灵的修炼，将那些阻碍、困扰你的日子，变成快乐、喜悦的日子。

请把喜悦、感动带来的能量当作动力，激励自己更加努力地工作吧！等待我们的将是事业和生活的光明大道。

当你觉得失败时，成功之路才刚刚开始

稻盛之"道"

稻盛和夫曾说：人的命运不是像铺设的铁轨一样被事先定下来，而是根据自己的意念能好能坏。

稻盛先生在演讲中指出，人生有无限种可能，很多时候幸与不幸在生活中是难以避免的。不论你是遇到幸运的事还是不幸的事，最重要的是努力不懈地活下去，总有一天你会遇到好的转机。

人生中的幸与不幸是我们不能预料到的。无论面临哪种情况，它是偶然的，这种偶然又是必然的，既然是必然的那么就不要谢天谢地，也不要怨天恨地，它都是你应该得到的。

既然幸与不幸都是你生活中所拥有的，无论遇到幸与不幸，都不要过分兴奋或懊恼。如果你的生活是幸运的，那就再接再厉，将这份幸运最大化；如果你的生活中遇到不幸，也不要灰心懊恼，只要不放弃，努力不懈地活下去，幸运之神也会向你伸出双手。

年轻人之"行"

失败不可怕，如果你能坚持下去，展现在你面前的则是成功的画卷。改变内心想法的瞬间，就是人生转运的开始。自己身上所发生的一切都是自己内心意念的结果。

人生有盛衰荣辱，职场有跌宕起伏，即使认为命运是由自己亲手开拓的人，他的人生高峰与低谷、幸福与不幸也是由自己的心呼唤而至的。在工作中我们所得到或经历的一切，其实都是由自己播下的种子。我们所遇到的种种不幸和失败，也许就是一个开始，如果你能克服它，你将会获得令人羡慕的成功；如果不能，等待你的则是更多的不幸和失败。

所谓命运，在我们的生命中俨然存在。但是，它不是人类力量所无法抗拒的"宿命"，而是可以跟随我们内心的变化而改变的。人生都是由自己创造的，能够改变命运的只有我们的内心。在日本人的思想里，这就叫"立命"。

思维方式的画笔在人生的花园里描绘出每个人的人生彩图。因此，人生色彩如何，工作取得何种成就，取决于你的心相。要知道，你的心相也许会改变或者决定你职业生涯的最终走的。

把工作当作一种乐趣

稻盛之"道"

稻盛和夫认为工作虽然辛苦，却能带来喜悦感和自豪感，并能让人们明白生活的意义。每一天认真踏实地工作，会逐步铸成你独立优秀的人格。

京瓷的产品基本上都是电子领域使用的小型零件，去检查产品时，要像医生进入诊疗室需要带着听诊器那样带着放大镜。在这种由多枚透镜组成的可以放大十几倍的放大镜下，哪怕一个再小的缺陷也无处可藏。新型陶瓷的颜色必须是纯净洁白的，即使比芝麻还微小的瑕疵也不能放过，必须被打入不合格产品的行列。

稻盛和夫把这些不合格产品视为孩子，把产品的瑕疵视为孩子身患的疾病，他会满怀关爱之情，细心地找到那些因病痛哭泣的孩子。就这样，他获得了解决产品质量问题、提高合格率的启示。这种对产品和工作的精耕细作，不仅磨炼了京瓷人的心志，而且还造就了京瓷过硬的品牌和腾飞的业绩。

正是因为热爱自己的工作，才会全身心地投入到自己当前该做的事情中去，聚精会神，精益求精。这种对待工作的热忱和认真就是在耕耘自己的心田，造就自己深沉厚重的人格。正如稻盛和夫所讲："工作最重要的目的在于通过工作来磨炼自己的心志，提升自己的人格。"

年轻人之"行"

古罗马斯多葛派哲学家们曾经说过：没有卑微的工作，只有卑微的工作态度。如果一个人轻视自己的工作，而且做得很粗陋，那么他绝不会尊敬自己。如果一个人认为自己的工作辛苦、烦闷，那么他的工作也绝不会做好，这个工作也无法发挥他内在的特长。

不要把工作看成一种谋生手段，而应该把工作当成一种乐趣。久而久之，你会发现你的工作没有辜负你，你的工作技能得到了提升，你的心性和人格也更加成熟，能够去接受更大的挑战，迎接更大的风浪。

现在日本有许多优秀的工匠，他们认为劳动既能磨炼技能又能磨炼心志，每当他们刻苦努力地制造出赏心悦目的产品，就会感到有一种说不出的自豪和充实。他们已经把劳动看作是自我实现、完善人格的"精进"的道场。

生命不息，精进不止。只有通过工作，才能保证精神的健康，在工作中进行思考，工作才是件快乐的事。专注于工作，一心不乱，如同"田地里的劳作"，我们就可以锻炼心性，磨砺品性，塑造人格，从而也实现自己的职业理想。

越想逃避困难，越是招致灾祸

稻盛之"道"

在面对工作中的困难时不能逃避，逃避困难的时间越长，付出的"利息"自然也就越多。只有积极迅速地采取措施解决，最终才不会付出更大的代价。

　　稻盛和夫说，在遇到难题的时候，不要逃避而要勇敢面对。不论要付出什么样的代价，一定要下决心完成任务，要睁大眼睛从各个角度来看待形势。当面对需要解决的困难的时候，一定要以诚恳和谦卑的态度，明察秋毫地来审视它。

　　稻盛和夫认为，即使是在最难熬的逆境中，也要永远保持快乐的心情、积极的态度，并充满热诚。要拥有开阔的心胸，时时不忘实现自己的目标。把所有的疑虑、负面的想法从心中根除。一个企业家就是要拥有毫不动摇的决心、努力和愿意面对无数危难的精神。不要因为接踵而来的挑战，就朝负面的方向想，变得悲观而愤世嫉俗。

　　稻盛和夫认为，工作当中无小事，任何事情都要认真去面对，接受挑战——这也是"置之死地而后生"。也就是说，面对困难不应逃避，而要勇于面对。

年轻人之"行"

　　世界上没有什么事是办不了的，没有什么困难是不能克服的。若战胜了困难，就会使自己的人生向前迈进一大步。若被困难吓倒了，退缩了，将终生一事无成。

　　工作是自己的，想让自己的职业生涯积极而有意义，就要勇敢地挑起重大责任。向高难度的工作挑战，这是对自己生命的提升，也是让人生价值最大化的一个快捷途径。在工作中做最困难的事才能显示你的能力和价值。

工作和人生的因果法则是多劳多得、少劳少得，没有不劳而获。在工作中，在整个人生之中，不逃避困难是我们最好的选择。工作时，停止把问题推给别人，学会运用自己的意志力和责任感，着手行动，让自己真正承担起自己的责任来。

面对困难，我们是视而不见，回避推诿，还是不折不挠，直面应对？无论做什么事都要有必胜的迫切心情，再加上单纯朴实地对待万物的谦虚态度——就能找到平日可能忽视的解决问题的线索。勇于面对困难，把自己逼至极限。有了这种意志就能变不可能为可能，孕育出丰硕的果实。正是这种积累，给人生这台戏的剧本注入生命，使之成为现实。

如果半途而废，不如不要开始

稻盛之"道"

稻盛和夫认为，成功的先决条件就是持续不断、不厌其烦地努力。长远的成功没有快捷方式，心中时刻要有这样的信念：只要不放弃，就不算失败。

稻盛和夫27岁创立了京瓷，因为年轻，自然没有经营的经验，同时因为是技术出身，所以经济知识和企业会计更是一窍不通。然而，既然当了经营者，既然开展了事业，就必须对接踵而来的各种问题做出判断。

　　虽说是一个只有 28 名员工的小公司，但是"这件事怎么办""那件事如何做"，许多事情都需要做出决策。当时，公司非常小，只要自己的判断出现一次失误，公司就有可能一蹶不振。

　　每一次面对困难，稻盛和夫都鼓励他的员工，"所谓已经不行了，已经无能为力了，只不过是过程中的事。竭尽全力直到极限就一定能成功。"从不可能的地点开始，拼命地坚持去做，直到一而再再而三变不可能为可能，而不是半途而废。

　　稻盛和夫认为，锲而不舍必定成功。相信自己的可能性，给自己规划一个超出现有能力水平的更高目标，并为在未来某一时刻实现目标而倾尽全力。这样，成功或成绩就会如期而至，自己的能力也能够得到提高。

年轻人之"行"

　　员工们大概都有过类似的经历：做一件事时，起初信心满满，走到半途时进入瓶颈期，怎么也无法推进，最后不得已，半途而废。懊恼不已，下定决心洗心革面。可是，在下一个目标实现的过程中，行至半途，又开始打退堂鼓。

　　在职场中，也有很多人做事虎头蛇尾、半途而废。这样不仅仅完不成工作，还有可能给人带来心理上的挫折感，甚至可能使人养成虎头蛇尾的工作习惯，而这将是个人最大的损失。它会吞噬你的进取之心，它会使你与成功失之交臂。

要摆脱半途而废的情况，既要克服畏难思想，树立无坚不摧的信念，又要讲究方法，选定一个目标，锲而不舍。常在森林里打猎的猎人都知道，老虎和绵羊的实力简直不可比拟，虎落羊群，羊儿四散溃逃，老虎只盯一只追，这样就不会盲目地瞎跑，可以说十拿九稳。如果没有固定目标，那么每一只羊都会精力充沛地逃生，而老虎却因追逐目标换来换去而费尽体力，结果可能一只也追不上。

"锲而不舍，金石可镂；锲而舍之，朽木不折。"这句名言告诉我们：做人的关键在于要目标专一，要持之以恒，不能半途而废。伏尔泰也曾说："要在这个世界上获得成功，就必须坚持到底，剑至死都不能离手。"任何人在成功之前，都会遇到许多的失意，甚至是多次的失败。但是如果你放弃了，也就意味着你放弃了一个成功的机会，因为轰轰烈烈的成功之前的失败，往往离成功只有一步之遥。

第十二章
坚持操守，完善德行

秉持关爱利他之心

稻盛之"道"

稻盛先生常说的"利他"之心，是一种超越狭隘的同情心。在利益面前，不仅要考虑自身，更要考虑对方，在两者发生冲突时，宁可牺牲自己的利益，也尽量迁就对方，为对方努力。

稻盛和夫本着把京瓷发展成为综合性的电子零部件公司的宗旨，收购了美国的 AVX 公司。

在收购的过程中，京瓷与 AVX 公司交涉磋商时，这位董事长答应采取"股票交换"的形式进行收购。当时 AVX 公司在纽约证券交易所的交易价格是 20 美元左右，京瓷决定把 AVX 的股票高评出 50%，即为 30 美元。京瓷当时在纽约证券交易所的股价是 82 美元。京瓷决定以 30 对 82 的比例与对方进行股票交换。即便是这样，AVX 的董事长仍然表示价格太低，要求将自己公司的股票调到 32 美元。

这个不合理的要求，遭到了京瓷很多人的反对，但稻盛很体谅这位董事长，对他的行为表示理解，认为这位董事长这么做是为了对他的股东们负责。于是稻盛答应了对方提出的要求。准备交割的时候，纽约证券交易所的道琼斯指数大幅下跌。京瓷的股票也下跌了 10 美元，在这种情况下，AVX 的董事长再次变卦，要求把原定的与京瓷股票的交换比率由 82 对 32 改为 72 对 32。

在股市全盘下跌的情况下，改变交换比例有点无理取闹。但稻盛还是接连接受对京瓷不利的变更条件，满足了对方的要求。稻盛的这种做法，感动了 AVX 的员工们，使他们在工作中更加积极努力，最后为京瓷创造了更多业绩和利润。

也许"关爱""利他"这些字眼在很多人眼里很难在现实中推行，因为它们对于现今这个弱肉强食、竞争激烈的社会来说显得有点不合时宜。但稻盛却认为事实并非如此，具有关爱谦卑德行的美好心灵，是非常重要的，哪怕是在竞争残酷的商业社会。

年轻人之"行"

在收购 AVX 时，稻盛能一让再让，既不是感情用事，更不是出于算计，而是出于一颗纯粹的"利他"之心，最大限度地为对方考虑。他的目标不是简单的金钱利益，而是尽力做到买卖各方都得利，实现皆大欢喜的双赢结局。

在工作中我们也要向稻盛学习,时刻把"利他"之心放在心中。真诚地帮助需要帮助的同事,尽自己所能,为周围同事、为自己的客户做好服务,在让大家满意的同时,为自己赢得更多的机会,赢得更好的业绩,取得不凡的成就,何乐而不为呢?

面对挑战不要灰心

稻盛之"道"

稻盛先生指出,经营者面对企业发展过程中遇到的挑战,要以一个积极的心态来应对,每一种逆境中都含有等量或是更大利益的种子、更大的商机。如果能看到正面的东西,就有了光明的前景,即使陷入困境,也能以愉悦和创造性的态度走出困境,迎向光明。

在稻盛先生看来,一个人要想获得成功,就要有毫不动摇的决心、努力和愿意面对无数危难的精神。不要因为接踵而来的挑战,就朝着负面的方向想,变得悲观而愤世嫉俗。实际上这种积极的思维并不是单纯的一厢情愿,而是在充分分析事物的两面性之后,把正面的思想渗透到每件事中去。积极地朝着正面因素想并不是否认负面的东西,只是让我们告诫自己不要让自己沉溺其中。在看待事物时,应该考虑事情在发展过程中遇到的问题,既有好的一面,也有坏的一面,但强调好的方面,就会产生良好的愿望与结果。

一个人面对挑战，如果只朝着负面的方向想，那这些负面因素将限制我们潜能的发挥，使我们限定在一个圈里而找不到出口，进而消耗掉我们的精力，令我们错失一个个反败为胜的机会，甚至会令我们的希望破灭。因此，绝不能低估负面心态的力量，它能阻止人生的幸运，让我们和优秀、成功失之交臂。

年轻人之"行"

我们每天所面临的工作不会是一帆风顺的，在遇到困难和挫折的时候，都应朝着积极正面的方向想。假设在工作中遇到一点点的不顺就整天垂头丧气，接下来的工作还怎么继续？唯有积极的心态，才能引领我们走出困境。这种积极的心态是一种训练有素的思维模式的产物，这种思想具有一种鼓励别人向上的特性，会为自己和别人带来勇气、希望和力量。一个人要了解真正的挫折和挑战是什么，其实真正的挑战是你面对挫折时的心态。

优秀的员工会每天提醒自己，坚持快乐的心态才能使成功到来。对于虚无主义者、对一切嗤之以鼻的人和抱着悲观想法的人而言，要通过努力来取得成功恐怕很难。工作一时业绩的好坏，不代表你以后所走的路长远与否。业绩差，任务目标完不成都不应该成为一个优秀员工的绊脚石。即使是在最难熬的困境中，也要永远保持快乐的心情、积极的态度，并充满真诚。要拥有开阔的心胸，时时不忘实现自己的目标。把所有的疑虑、负面的想法从心中根除。

不要因为暂时的不成功就总是向消极负面的方面想。把你的心放在你所想要的东西上，使你的心远离你所不想要的东西。不要让你的心态因为只朝着负面的方向想而使你成为一个失败者。成功是由那些抱有积极心态的人所取得的，并由那些以积极的心态努力不懈的人所保持。在挑战和困难面前，唯有动用自己的理性去分析，才能游刃有余地找到克服的方法，这样成功就不会渐行渐远了。

没有节制的欲望是人生的"毒品"

稻盛之"道"

人的欲望是人类的本能。在原始社会，人在有食物时如果不趁机吃饱，而又不知何时才能猎捕到下一餐，那么就可能被迫绝食十天半个月，因此人类逐渐养成了这样的贪心，即不只吃一餐的分量，最好连明天的食物也一并享用。

稻盛先生在经营过程中总是很注意控制自己的欲望，所以才有今天的成就 —— 一个人创办了两个世界 500 强企业。稻盛清楚地知道，一定的欲望会成为激励人前进的动力，但是无节制的欲望只会把人推进贪婪与毁灭的深渊。所以对待欲望，要有一种辩证的态度。

年轻人之"行"

欲望是推动人成功的发动机。一个缺乏成功渴望的人注定会碌碌无为。欲望成就了一些优秀的员工，同时也摧毁了一些意志不坚定、过度自我膨胀的员工。很多员工分不清正常的欲望和不正常的欲望，分不清雄心与野心，从而最终导致自己的成就在一瞬间灰飞烟灭。

贪婪使人迷惑，总被欲望牵引、被欲望控制，结果只能让自己坠入深渊。贪婪使人迷惑，使人在不知不觉中丧失理智，直到付出了沉重的代价时，惊醒已晚，让本来的一件好事变成了一件遗憾的事情。

欲望总是无止境的，它是个无底洞，总是填不满。对欲望不加控制而变得贪婪的人往往利令智昏，缺乏理智，最终什么也得不到。而且人一旦被欲望控制就会变得越来越贪婪，变得骄横不可一世。总是要获得一切东西才能满足，只想着自己该如何获得，如何占有一切，天天生活在不知足的痛苦之中。

很多人在工作中为了满足自己的私欲，总是想占有本不属于自己的功劳；当然还有一些人，在工作中为了得到属于自己的利益，而不和别人合作，结果影响整个项目的进行。

所以，在工作上应该控制自己的欲望，认清哪些是合理的，哪些不是合理的，要清楚无节制的欲望是"毒品"。这些问题想清楚了，思考问题和做事情才能有止有度，从而让自己在职场生涯中从容不迫，游刃有余。

用善良之心祛除邪恶之心

稻盛之"道"

作为一位企业家的稻盛常说：要想扩展经营就要提高自己的

心性。没有一个善良的心灵，想搞好经营便无从谈起。

稻盛与华歌尔的创始人冢本先生都是京都的工商界人士，往来比较密切。冢本先生是一场战争的幸存者。

在战后的混乱中，冢本先生靠挑担零售珠宝首饰起家，之后创办了华歌尔公司。他常说在战争中幸存是因为神灵伴他左右，而且帮他实现了事业上的愿望。

一次冢本先生在向公司的副社长讲述这件事的时候，这位副社长说："不错，社长拔出'正剑'时有神灵护佑一切顺利，拔出'邪剑'，时却事事不顺。"

冢本先生对此表示赞同。稻盛先生也深有同感。

所谓"正剑"，是指利人的愿望，是考虑到大家利益的想法；而"邪剑"，则是指邪恶的欲望，是打着小算盘只为一己之私的想法。做任何一件事情，只要能怀着为了他人、为了大家、为了社会、为了世间的善良的想法，愿望就定能实现。

年轻人之"行"

人格操守是事业上最可靠的资本，善良是世界上最强大的动力之一。善良之心，是人性的最高形式的体现，它能最大限度地展现出人的价值。

马丁·路德·金有句名言说："一个国家的繁荣，不取决于它的国库之殷实，不取决于它的城堡之坚固，也不取决于它的公共设施之华丽，而在于它的公民的文明素养，即在于人们所受的教育、人们的远见卓识和人格操守的高下。这才是真正的利害所在，真正的力量所在。"

善良是一种美德，自然而然得到人类的崇敬。具备这种美德的人值得信赖、信任和效仿，这也是自然的事情。在这个世界上，他们弘扬了正气，他们的出现使世界变得更美好、更可爱。

所以，在工作中我们也要把善良发挥得淋漓尽致。拥有善良之心的员工总是怀着一颗感恩的心去工作，在做好本职工作的同时，自觉地承担起更重的工作。他们不会为了自己的利益，而损害他人或者公司的利益。在他们出现苦难的时候不是袖手旁观，而是热心地帮助。

优秀员工做任何事情的出发点在于自己的善良之心，如果是出于自私自利的邪恶欲望，那么他们的愿望即使是一时得逞，也难以长久，最终难免以失败告终。其实工作中人们的心思行动、是非曲直，在冥冥中似有神明注视，善有善报，恶有恶报。因此在每天结束工作后，回顾当天的自己，对照做人的准则，扪心自问有没有自私自利的言行，十分有必要。

那么，我们如何让善念伴随我们开心地工作呢？首先。要拔除心灵的杂草，播种下自己喜爱的鲜花，精心灌溉、施肥，时时修剪，就是培育善念，让善良之心、利他之心占领思想阵地。其次，时时反省自己，使善念在心。只要坚持进行下去，便可以收获成功，采摘工作中的幸福感和满足感。

没有斗志的人应该趁早退位

稻盛之"道"

稻盛先生所理解的斗志并不是粗野，并不是张扬暴力，而是像母亲保护孩子时不顾一切的努力。格斗所需要的斗志，经营也必不可少。

京瓷创业之初，公司上下都很辛苦，稻盛先生把公司骨干召集起来说了这样一席话："我虽不太懂企业经营是怎么回事，但可以把经营比作马拉松，是长距离、长时间的竞赛。我们是初次参赛的非专业团队，而且起步晚。包括大企业在内的先头部队已跑完了全程的一半。反正我们是无经验、无智慧的新手，出发又晚，倒不如一上场就全力疾驰。"

稻盛先生提出斗志的观点是基于两个方面的原因。一是基于当代企业之间激烈的竞争，毕竟是弱肉强食，哪怕是只有两三名员工的小企业，经营者如果缺乏"斗魂"，不能为保护员工发挥昂扬的斗志，将必败无疑。另一方面是基于社会因素，为了保护企业不受侵犯，就需要有格斗士一样的斗志，需要有压倒敌手的大无畏的气魄。有时经营者不得不遭遇极为棘手、极为难堪的局面，沧海横流，方显英雄本色。

京瓷正是有了稻盛先生这样充满斗志的经营者，才取得了今天如此大的成就。无论如何也要达到目标，这一斗志的强烈程度是成败的关键。身体累了，我们可以休息一会儿，思想累了，我们的斗志没了，那我们就可以永远休息了。

年轻人之"行"

工作和经营都有其相通之处，在工作中如果没有昂扬的斗志，计划目标也只能是计划和目标，也只能在挫折和困难面前垂头丧气，也会在取得了一定的成绩后就会感到满足，不思进取。

工作中缺乏斗志是很可怕的事情，没有斗志，很多工作中的事情想都不敢去想，更何况去做了，怎么会成功？

要想在职场中获得更好的发展，苦闷彷徨是家常便饭。那些胸无大志的人，总是在小富即安的思想指引下，放弃了很多的机会，同时也失去了把自己做强做大的机遇。试问，像这种没有丝毫斗志的人，整天不思进取，毫无斗志，即使是做大做强，他能维持现状多久？恐怕早已被市场的滚滚大潮淘汰了吧。

当老鹰袭击幼鸟时，鸟妈妈会奋不顾身地冲向强大的敌人，即使是小动物，也会表现出惊人的勇气和不可思议的斗志。我们在工作中履行命令的时候，少不了这样的斗志，这样才能在关键时刻挺身而出，出色地完成领导交给我们的任务。如果没有这种气概，我们就不可能赢得他人由衷的信赖。所以，在工作中无论面对多大的困难，无论多么受挫，我们都要鼓起斗志，坚持走下去，直到迎来久违的第一缕阳光。

第十三章
抬头看天，低头拉车

没有一个人应该是环境的奴隶

稻盛之"道"

在稻盛先生看来，没有一个人应该是环境的奴隶。有些人在追求自己的事业目标时，常常以社会或经济因素不佳为由而放弃。他们对环境研究得越深入，就越相信他们的梦想是永远都不可能实现的。因而，他们也不会去努力去实现自己的梦想，而是继续把大量的时间用来研究环境。职业生涯没有真正的绝境，永远不要向恶劣的环境低头。

京瓷最初的客户是松下，而松下的采购部门总是对供应商很苛刻，把价格压得很低。作为供应商之一，京瓷没有认输，迎难而上，逐个攻破难题，取得了长足的发展。而其他的供货商对松下的不满情绪已经接近憎恨，由于他们一味向松下发泄不满而没有努力做出相应的零部件，不少企业都倒闭了，在商海竞争中沉船海底、销声匿迹。

在外部环境不利的情况下，稻盛并没有去抱怨客观环境，也没有向客观环境低头，而是带领京瓷认真地钻研，从刚开始起步的二三流的水平一直蓬勃发展到拥有全世界通用的、具有全球竞争力的技术，用产品品质和价格打败美国同行，拿下美国西海岸半导体市场的订单。

在商业竞争中，有很多企业在激励的环境中，因为落后，因为弱小，因为适应不了复杂的竞争环境，做了环境的奴隶，被淘汰出局。之所以出现这样的悲剧，是因为他们不明白竞争是必然的，每个企业，每个经营者都不能埋怨，只有改变才能与时俱进。

年轻人之"行"

在现实中有很多的经营者，因为看不到前方而做了环境的奴隶，在离成功只有一步之遥时失败了。而一个企业在面对萧条时，如果仅因为暂时的危机就看不到前方，那企业也就失去了信心和希望。一个企业能否适应激烈的竞争环境，能否从竞争中脱颖而出，是这个企业能否取得成功的关键。当我们为了辉煌的事业和美好的生活而奋斗时，一定会遇到各种各样的竞争，所以我们一定要有充分的思想准备来面对竞争残酷的一面。

只有这样，我们在企业经营中遇到困境时，才能与我们的员工一起积极应对，不管是在经济萧条期还是繁荣期，都从容以对，正视企业面前的困难。不为失败找借口，这是经营者面对困难时应有的态度。

同时，我们更要坚信自己的理想和信念，这是工作的动力，是在前进道路上战胜一切困难的精神力量。在危机来临时，敢于打破固有的规则，灵活应变，顶住压力、敢于实现新的想法，这样才能获得更大的成功。

因此，在市场竞争中，没有理由做环境的奴隶。勇于面对竞争是战胜环境的最好办法。如果只是一味逃避，就永远也能带领企业走得更远。在危机的市场环境下，要有一种大无畏的精神，把握环境，你可以清楚地认识这个世界，确定自己的实力，让经营者变得更成熟稳重，让企业在市场大潮中乘风破浪。

踏出一步就不要有忧虑

稻盛之"道"

经营者有清晰的远见，以激发出极大的信心，加强努力工作的意志力，鼓舞他人并领导大家走向成功。

稻盛先生在开创新事业时，从来没有产生过真正的疑惑或焦虑。因为稻盛先生已经预想到他每踏出一步都会碰到很大的障碍，除非他清晰地想象出成功的景象和所有的路径，否则他是不会开展那项计划的，所以他没有一丝疑虑。他认为，若要成功，就必须在心中做好推演、预估潜在的障碍，不管路途多么迂回，也要走完全程。就算想执行的计划是前所未有的，只要开始进行，就一定要熟悉到可以说出"就是这样了"。

不管是企业经营还是在日常的工作中，每踏出一步，等待我们的就不是一路平坦，但是我们没有忧虑的理由，路是我们选择的，只有通过做困难的工作，才能更清楚地发现自己的不足，弥补并改进自己的缺陷，这样才能为我们的成功积蓄心灵的能量。

年轻人之"行"

我们的工作也不是一成不变的，每天都会出现新情况，没有人知道下一刻会发生什么事情。倘若一切都已设定好了，我们的工作也会暗淡无光，我们充其量也就是个工作"机器人"。如果想要更好地工作，让我们的工作变得有价值，就不要忧虑，敢于做出改变。既然迈出了第一步，就要无所畏惧，没有一丝忧虑。

实际上，要做到没有一丝忧虑，无论是企业经营者还是公司员工，每一天都要专注于所进行的计划中，预想每个环节和每个可能发生的问题。这样每天都在心里推算和演练，直到心中浮现出清晰的景象。坚定地走下去，才能克服一个个障碍，赢得最佳的成果。

公司真正需要的是积极面对困难，永远向前看的员工，从困难中吸取经验、锻炼自我、挑战自我、提高自我，最后完成公司交给的任务。而不是面对困难，让恐惧和忧虑占据自己心灵的员工，这样的员工永远也突破不了自己的局限。

日本推销之神原一平的座右铭是："销售是一项报酬率非常高的艰难工作，也是一项报酬率最低的轻松工作。所有的决定均取决于你自己，一切操之在我。我可以是一个高收入的辛勤工作者，也可以成为一个收入最低的轻松工作者。销售就是热情，就是战斗，就是辛勤工作，就是忍耐，就是执着追求，就是时间的魔鬼，就是勇气。"他选择了销售作为他的职业，他没有一丝的忧虑，只有一个想法，就是如何把销售做好，所以他会成功。

实际上，工作的困难与否完全取决于自身的态度，一个每踏出一步都扎扎实实走下去，没有一丝忧虑，让未来的希望牵引自己走下去的员工必然能赢得一个美好的未来。

清晰的远见能够激发信心

稻盛之"道"

在稻盛先生看来，一个人要想成就大事，不能没有远见，要把目光盯在远处，只有这样才能有大志向、大决心和大行动，当然，肯定会收获大成功。

稻盛先生正是对京瓷有着崇高的远见，赋予他和他的员工勇往直前的信心，才能在面对困难时从容以对。因为远见，他们预见到了自己的美好前景，有了远见，做事就有了目标，因为他们知道做这件事有什么意义。知道自己在做什么以及所做之事的意义，就能够从努力奋斗中获得成就感，获得乐趣和信心。即使是在完成一件枯燥的事情也不会觉得辛苦，而是充满激情和动力；即使是最单调的事情也能给予我们满足感。

员工在工作中需要有清晰的远见，这样在遇到困境时，清晰具体的远见才能带他们找到脱离困境的路。有了清晰的远见，暂时遇到困难也不会使人焦虑，反而更加激发拥有梦想成真的信心。

年轻人之"行"

阿里巴巴创始人马云在与稻盛先生对话过程中，也非常敬佩稻盛先生对远见的真知灼见。一切都在变化，一切都在发展，目标也应该随着时代而前进！一个成功的员工，最出色的地方不在于今天拿到了多少薪水，而是他的行为能够为他自己日后的发展带来多大的帮助。

世界上唯一不变的是变化，你甚至都无法想象明天是什么样子。因此要想在公司中做出好的业绩，成就一番事业，就不能不去规划明天，策划未来，并且要策划得清晰可见。没有远见的人只看到眼前的东西，遇到困难时就会手忙脚乱，灰心丧气。相反，有远见的人心中装着整个世界，无论做什么事都成竹在胸，即使遇到萧条的寒冬也能信心百倍，游刃有余。

一个缺乏远见，不能洞察未来的人，常常会眼睁睁地看着机会溜走，到头来一无所获。未来向每一个人张开双臂等待着、欢迎着。从现在到未来的时光流逝中，幸运之神不会偏袒任何人。那些善于洞察一切，善于发现机会的员工就像撒下了自信的种子，终有一天，这份自信会变成实实在在的果实。比尔·盖茨向我们提出的忠告是：其实未来的成功之路向所有的人都是敞开的，关键是要有备而来，谋划长远，并知道如何把握机会。

在工作中，缺乏远见的员工会被未来弄得惊惶失措，失去信心，变化不定会让他们无所适从，随处飘荡。他们不知道等待他们的会是什么，也不知道自己会落到哪个角落，对未来充满了迷茫和恐惧。丧失了成功的机会不说，还会使自己陷入泥潭。其实未来是没有办法保证的，但是有了清晰的远见，就有了面对未来的信心，就有了成功的入场券。因此，我们在工作中，要有一个良好的规划，让我们高瞻远瞩的目标牵引我们走下去，一步步走向成功。

不要责罚为了团队利益努力而遭遇失败的人

稻盛之"道"

稻盛先生在经营中非常注重团队合作精神，他认为，一个团队里聚集着一群有信念、有能力，为了共同的目标共同奋斗、互相支持的人。然而，金无足赤，人无完人，在团队协作中难免会有一些人犯一些错误，但只要是为了整体的利益，犯错误再大，纵然失败也无需责罚。甚至有些时候还应该给那些诚心、大公无私的奉献者以适当的奖励。这样才会给团队这个整体以强大而持久的力量。

稻盛先生指出，一个优秀的企业团队，并不是简单的员工的集合体，而是通过团队的规则与精神，将每一个团队成员的优势与能力充分合理的凝聚在一起，形成 1+1 ＞ 2 的效果，来壮大团队的力量。在这个团队里，每个成员都要尽最大努力为团队贡献力量，要有一种归属感、责任感，即使失败也是功臣。

当然，这不是鼓励团队成员去犯错误，而是告诉我们，作为团队的一员，在工作中要积极努力。在一个优秀的团队中，每一个成员都是不可缺少的战斗力量，每一个人都有为了整体利益而奋不顾身地投入战斗的义务。

年轻人之"行"

一个优秀的团队，是具有包容精神的。我们要包容那些因为集体的利益而失败的同事们，无论他们犯错还是失败都无须受到责罚。只要是全心全意为了整体利益而奋斗的都是应该得到欣赏的，这样才能激发队员的斗志和潜力，也更能激发那些自以为是由于自己的原因而导致失败的队员去更加努力，知耻后勇，时刻想着奉献，团队也会越来越强大。

"胜败乃兵家常事"，一个团队如果因为某个为了大家理想而默默奉献的队员的一时疏忽或是失策而导致计划的失败，就受到惩罚，那寒心的不光是这位受惩罚的队员，团队的其他人员也会对组织产生失望，从而导致以后在做事的过程中愈加保守，做事不积极，对自己的团队失去了信任。冲突是没有了，但也没有了好的建议，更没有了行动，最终导致的不是一个计划的失败，而将是一个团队的失败。

所以，当我们的团队中某些同事为了完成集体工作而失败的时候，我们不要去抱怨他们的无能，更不能无视他们的付出。而是在他们遇到困难的时候，积极地伸出援助之手，帮助他们渡过难关，以确保整个团队的利益。或者在他们失败的时候，我们要积极地去思考，尽力去扭转糟糕的局面，将损失降低到最小。这样才能保证团队目标的实现，只有在团队共同目标实现的情况下，作为团队成员的每一个人的价值才能实现。也只有做到这一点，才能打造出一个真正的无敌团队。

不到最后一刻绝不抽身而退

稻盛之"道"

企业高管最难决定的是，何时从一个计划中抽身而出，也就是当没有达到收益的标准时，应该在什么地方喊停。但是，如果经营者稍做尝试便放弃了，就永远无法收获好的结果。所以，稻盛先生的原则是，坚持下去，直到成功为止。

稻盛先生并不是一个固执的经营者，他讲了一个很形象的比喻，企业经营就像一个猎人追赶猎物一般，要直到追到猎物为止。稻盛先生指出，在经营或学习的过程中，难免会遇到一些困难，而往往是坚持信念，消除恐惧、怀疑及所有问题的人，在耗尽所有资源前，绝不抽身而退，才能尝到成功的甘美。

稻盛先生这种坚持的精神非常值得我们学习。坚持是一种信仰、一种自信以及一种信任。因为坚持可以支持一个人产生力量面对顺逆；坚持让我们相信自己所做的事，相信未来是掌握在自己的手里；坚持让我们相信自己所做的工作是多么的重要和有意义，只有这样才能将美好的体验分享给他人。

年轻人之"行"

稻盛先生的这种坚持其实是一种能力，更是一种眼光，许多人在选择工作的时候，往往一会做这个，一会做那个，但是，每个领域都只是做一段时间就不做了，结果，这些人总是看不到成功的果实。娃哈哈集团老总宗庆后说过："认准了的事，我这个人碰死不回头，不管什么困难，我始终信心很足，勇往直前，办不了，转个弯再走，一定能达到目的。"

在工作中也是如此，要想成功，就要有明确的目标。为了这个结果坚持下去，决不言败，不断努力，就一定能成功！在做一项工作的过程中，先不管物质方面的因素如何，在执行计划时，没有热情就不能成功。但是，要是所有的热情都已熄灭，耗尽了人力、财力、物力等一切资源仍然无望成功，抽身而退才是明智的选择，这当然是在坚持到底的前提下做出的选择。就是说，不到最后关头，在耗尽所有的资源之前，我们还是应该矢志不移，让热情燃烧到最后一刻。到那时，我们必须做决定了，因为毕竟不是每件事都能如愿的。

　　坚持到底，我们不是为了失败，更不是为了放弃才来到这个世界上的。因此，在坚持做某一项工作的时候，我们要积极地思考，尽自己最大的努力去排除失败的障碍，向成功一步步靠近。当然，也不能一味地坚持，固执的执着是迂腐的，我们在坚持做一件事情的过程中，不要固守原来的经验，要在工作中创新，这样才能达到目标，创造更好的业绩。

第十四章
成功是能力与态度的结合体

清楚自己的缺点，并极力弥补

稻盛之"道"

稻盛认为能力仅是实现成功的一个要素，而且并不是排在第一位的。还有其他精神方面的因素对于左右结果有更深刻的力量。

稻盛和夫认为：工作结果＝思维方式 × 热情 × 能力。稻盛和夫一直以这个计算方法作为事业发展的思想基石，用得分高的因素去尽力弥补因为缺点而导致低分的因素，两者相乘，最后的结果未必不好。

高智商的人在能力这一项上可以得到 90 分，但是他骄傲自大、不屑于努力，只有 30 分的热情，两者相乘，只得到 2700 分。相反，一个人可能资质平平，没有接受过高等教育，在能力上只能勉强达到 60 分的水平，但是他能够认识到自己的不足，用认真和努力去弥补，以 90 分的热情投入到工作中，那么，他的得分就是 5400 分，同前者相比，多出了足足一倍的成果。

年轻人之"行"

我们在工作和日常生活中也是一样，在市场竞争中，如果实力不足，就用诚意去感动客户；在学业上，如果智商平平，就用汗水来弥补、争取好的成绩；在待人接物时，如果不擅言谈，就用行动说明一切。总之，我们首先要有认清自身缺点的诚心和虚心，还要有极力弥补缺点的恒心和决心，能做到这些，成功也就不远了。

歌德曾说过："一个目光敏锐、见识深刻的人，倘若又能承认自己有局限性，那他就离完人不远了。"芸芸众生中，能够达到或者接近"完人"境界的人，少之又少。人，最难的就是有自知之明，清楚明白的知道自己的缺点、敢于承认自己的缺点，不是一件容易的事。

如果你对自己的优缺点有清楚的认识，明白自己能做到哪种程度，那你就会目的明确地利用你的时间和精力，效果就会更加显著。西方哲学家卡莱尔说："人生最大的缺点，就是茫然不知自己还有缺点。"

俗话说："金无足赤，人无完人。"我们身上都有优点，也都有缺点。面对缺点，既不能自以为是、无视缺点的存在，也不能畏缩不前，被缺点束住手脚。摆正心态，用一颗平和宽广的心去发现缺点，并努力去克服、去弥补，唯有这样，个人才能进步，企业才能发展。

自我反省以激励自己的心灵

稻盛之"道"

稻盛先生曾说，"要在悔悟中生活"，指的就是每天都真诚地进行自我反省。稻盛先生年轻时提出的推动事业成功和创造美好人生的"六项精进"中，就提到了"要每天反省"。

稻盛有一个特别的习惯，就是每天面对镜子进行自我反省。

每天早晨，他都会站在盥洗室的镜子前，面对镜中的自己，将前一天的事情如放电影一般一一在脑海中回放，回想自己是否有不当的言行，是否表现过傲慢的态度，是否犯了不该犯的错误。

若是有过，他就会对着镜子大声道歉："老天，对不起！""很抱歉，我对我的错误态度和行为道歉！"

稻盛的这个习惯已经保持了30年。他说，不知道从何时起，只要他在家里的盥洗室中，家人就不会去打扰他。

稻盛先生说，"反省就是耕耘、整理心灵的庭院"，在心灵的庭院中，我们播种正确的思想就能收获美好的果实，我们播种错误的思想或者疏于管理，那么收获的就是恶果和杂草。

成功者不是完美无缺、不犯错误，而是他们善于、乐于进行深刻的自我反省，他们是不辞辛劳的园丁，不断将杂草和毒苗从精神的庭院中拔出，发现自身的德之缺憾，智之不足，从而总结教训、不断改进，才一步步迈向了成功。

年轻人之"行"

丹尼尔·乔塞林说过："我不以自己疲累的程度去衡量工作绩效，而用不累的程度去衡量。"他说："一到晚上觉得特别累或容易发脾气，我就知道当天工作的质量不佳。"

每日的反省，能够帮助我们拔出心灵的杂草，对人格的塑造尤为重要。每天都给自己留出一点时间，静静地反省：今天的工作我是否尽职尽责？面临的机会有没有抓住？待人接物是否坚守诚信？牵扯到小惠小利有没有做到低调忍让？在挫折面前是否坚韧顽强？心态是否良好平和？追求成功的信念有没有过动摇？

就这样自我反省，一旦有了不好的念头、做了不好的事情就立即改正。将自省作为每天的必修课，在每天的自省中，不断修正错误的，巩固正确的。通过反省净化思想、磨砺心志、提升人格，将心灵庭院中的杂草一一拔出，播种正确积极的思想和善良的种子，辛勤地耕耘、整理我们的心灵庭院，必将收获满是鲜花的乐园。

人类之所以能够不断地修正错误、不断地取得进步、不断地完善自我，是因为人类能够在人生的道路上不断地进行自我反省。正如我们的面庞每天都会蒙上灰尘，天天需要洗脸一样，生活在尘世之中，人的心灵也会沾染污垢，需要自我反省来净化。

人性总是让我们容易拜倒在金钱和荣耀的脚下，容易屈服于本能的欲望和周围的环境。不论我们取得了多大的成就，如果不能坚持自我反省，那么骄傲、自大、虚荣、贪婪这些杂草将侵占我们的心灵庭院，原来所得到的一切都有可能失去，而我们的人生也会偏离正道。

永怀乐观向上的心态

稻盛之"道"

稻盛先生相信：我们无法选择出生于什么样的年代，我们也无法改变整个社会和所有人；但是，我们可以选择对待生活的态度，我们可以改变自己的思考方向。

稻盛在一次记者会上谈及领导者心怀乐观向上态度的重要性：

"领导者的态度对于组织来说极为重要，不管他的态度是消极的还是积极的，都将对组织的生产力、员工、客户和投资方产生直接的影响。领导者必须保持乐观向上的心态，才能坚定继续前进的决心，才有面对危机的勇气。"

"在经济萧条时，领导者的乐观心态就更为重要。以一颗乐观的心去接受现实，并冷静地制订策略去改变现实或者改变被动的局面，相信一定有否极泰来的一天。只有领导者乐观、冷静、沉稳，才能带领整个组织朝着正确的方向走。"

有记者问及稻盛，这种乐观的概念是否可以应用在日常生活中，稻盛引用了作家罗伯特·舒勒在《成功无终结，失败非绝对》一书中的话：

"对人生保持正面的看法是成功的先决条件。"

稻盛先生说，永怀乐观向上的心态、相信人生终将如你所愿，这是很重要的。从期待一个好的结果开始，不是很好吗？

在风云变幻的商海沉浮中，稻盛先生之所以能成为日本乃至世界都家喻户晓的经营大师，其中不可缺少的条件就是乐观向上的心态。

快乐的心才能使成功到来。即使是在工作的最低谷，也要保持乐观向上的心态，将心中的疑虑、失望、自暴自弃统统清除，坚信只要坚定不移、奋起拼搏，逆境和痛苦终会过去。

年轻人之"行"

PMA 黄金定律是积极心态的缩写——Positive Mental Attitude。它是成功学大师拿破仑·希尔数十年研究中最重要的发现，他认为造成人与人之间成功与失败的巨大反差，心态起了很大的作用。积极的心态是人人可以学到的，无论他原来的处境、气质与智力怎样。

拿破仑·希尔还认为，我们每个人都佩戴着隐形护身符，护身符的一面刻着 PMA（积极的心态），一面刻着 NMA（消极的心态）。PMA 可以创造成功、快乐，使人到达辉煌的人生顶峰；而 NMA

则使人终生陷在悲观沮丧的谷底，即使爬到巅峰，也会被它拖下来。因为这个世界上没有任何人能够改变你，只有你能改变你自己；没有任何人能够打败你，能打败你的也只有你自己。

工作首先是一个态度问题，需要一种发自肺腑的爱，一种对工作的真爱。工作需要热情和行动，工作需要努力和勤奋，工作需要一种积极主动、自动自发的精神。无论自己的工作多么平凡，都要保持良好的心态，享受工作带给自己的乐趣。只有以这样的态度对待工作，我们才能获得工作所给予的更多的奖赏。

凭一股傻劲儿向前冲

稻盛之"道"

稻盛先生认为，认真、拼命、努力工作，这些看似平凡，却是我们成功的真谛。就算你很讨厌自己的工作，也请再撑着点看看。务必要下定决心，以正面积极的态度去做事。这将会形成你人生的一大转机。

年轻人之"行"

乐观地对待自己的工作，是工作顺利的条件，期望过高或总是感到不如意，其工作反而不顺利，进而产生悲观、失望之感，处于一种恶性循环的情绪与行为之中。

在海尔陷入艰难的时候，在众人都看不到希望的时候，张瑞敏有没有动过"放弃"的念头，我们不得而知。我们看到的是他冲破了一切压力，凭一股傻劲儿向困难挑战，带领海尔走到了今天，走向了世界。

当你在乐趣中工作，如愿以偿的时候，就该爱你所选择的工作，不轻言变动。如果你开始觉得工作压力越来越大，情绪越来越紧张，感受不到工作中的乐趣，没有喜悦的满足感，就说明存在一些问题。如果我们不从心理上调整自己，即使换一万份工作，情况也不会有所改观。

最后攀上顶峰的全都是有傻劲儿的人。从这个意义上讲，成功的职场人士都有一股傻劲儿，在面对困难时，不畏惧挑战，不认输。

以道取胜而非以术取胜

稻盛之"道"

阴谋诡计终不能长久，攻于计谋者终被计谋所误。在稻盛先生看来，靠着策略取得的成功终难长久。

稻盛先生认为，正如人生需要策略一样，企业经营中也需要策略；但是，这是指企业在正确的轨道上进行自我规划和发展的战术战略，而不是不择手段地用阴谋诡计打击对手。处心积虑、费尽心思去给竞争对手设置圈套，可能一时会得利；但是对方也一定"以其人之道还治其人之身"，用陷阱回敬。如此一来，先前得到的一点小成功可能毁于一旦不说，还可能陷入无尽无休的诡计大战中，在这种不良竞争的泥沼中越陷越深，导致对公司正经的业务发展投入的精力不足，最终吃苦头的还是自己。

商场如战场，在残酷的市场竞争中，"胜者为王，败者为寇"就是潜在的规则。为了生存，更为了发展，人人都想方设法在竞争中获得有利位置，其中一味追求自身利益而不惜耍弄手段、玩阴谋诡计的人并不少见。在"生存"大旗的掩盖下，用些狡猾甚至卑劣的办法进行"自我保护"好像都成为正大光明的事情了。商海沉浮几十年，稻盛先生对此却不以为然。

也许，要一些狡猾的"策略"的确能够快速地获得想要的成功，但这样的成功绝不会长久。考试作弊不用吃复习的苦，很容易就能得到高分数，可是该学的知识还是没学会，将来需要用到这些知识的时候，就会发现骗来骗去骗的是自己。在职场中钩心斗角争夺升迁的机会，走后门、攀关系、行贿赂确实能够帮助你成功斩获高职位，但是世上没有不透风的墙，就算人在高位也得不到下属的尊敬和上司的信任。

有时，用点"策略"走捷径确实能够更快地抵达成功，但是，踏踏实实地走正道，虽然可能有些绕远，却能够保证成功的稳定性。做人做事，都要谨记一个道理：人间正道是沧桑。

年轻人之"行"

在职场中，我们总会遇到这样那样的困难，面对随时都可能出现的挑战。为了达到我们的目标，我们通常都会制订一些策略来应对困难和挑战。描绘我们人生的发展愿景、制订实践理想的计划和步骤、思考克服障碍的方案等等，这样的策略在生活和工作中是必要的，也是重要的。

但是，不乏有些急于求成、自认聪明的人，要花招、玩阴谋、走"捷径"，以此来达到目标。这样的人最终是否能够保持成功呢？

在一些公司经常出现这样的情况：员工经常牢骚满腹，抱怨老板的苛刻和公司制度的严格，而不愿兢兢业业、尽心尽力地工作，一会儿工夫就要偷懒或投机取巧，没人监督几乎就不能工作。

一般人都有正常的能力和智力，但很多人为什么没有获得成功呢？很大一部分原因就是他们习惯于违背规章、投机取巧，并且不愿意付出与成功相对应的努力。他们渴望到达顶峰，却又不愿走艰难的道路；他们渴求胜利，又不愿为胜利做任何一点牺牲。投机取巧和违背规章都会令人退步，只有努力而勤奋踏实地工作，才能给自己带来成就感，并为个人的职业发展打下良好的基础。

第十五章
放下杂念，正确思维

力求突破才能得到惊人结果

稻盛之"道"

稻盛先生总是喜欢把目标设定在自己的能力之上，然后不遗余力地向着这个目标努力，不达到目标决不放弃。他认为，想要获得超出常人的成绩，就不能将能力定格在"现在"这个时间点上，而是要用"未来"去估算自己的能力；当完成一个新的目标时，不能就此满足，沾沾自喜，而是要继续发展达到更高目标的技术与能力，力求突破自我。

稻盛和夫对他的团队说："我们在发展的道路上也会遇到许多困难，在实践目标时也会遇到瓶颈。但是，我们如果因此不去突破，就难以进步，更别说有什么惊人的成就了。很多时候，我们头上的透明玻璃片是自己设定给自己的。"

　　稻盛先生告诉他的团队：我们要成为世界一流的陶瓷公司，就不能止步不前，必须要敢想敢干，力求突破。京瓷公司能发展几十年不亏损，并保持强劲的发展动力，正是因为他们从未停下突破进取的脚步。

　　最要不得的态度就是被"现在"和"常识"所束缚，自己给自己设置了一个玻璃天花板。不仅仅是市场经济环境中的企业，我们每一个人也都是一样，如果想要创造出惊人的成绩，就不能没有力求突破的勇气和决心。

年轻人之"行"

　　对于我们每个人来说，成功没有上限，只有开始，这个开始就是奋斗。但凡已取得成功的人总是在不停地追求更多的成功。如果你以为经过努力，在某一天中得到那个梦寐以求的"成功之果"后就可高枕无忧，慢慢地品尝和享用它，那实在是一种误解，成功只存在于不断追求中。

　　如果姚明满足于他的 2.26 米的身高，他很可能会成为一个出色的篮球运动员，但是永远也不能成为令人瞩目的球星。不断刷新自己的业绩，你会发现你的潜能正在得到不断的开发，自身的价值正在得到不断的体现和提升，并且会发现自己已经在个人成长的道路上前进了一大步。

　　作为普通的企业员工，我们一样能使自己走向卓越，许多和我们类似的人已经以他们的实际行动和取得的成就为我们做出了示范。关键在于，你不能自满，不能满足于自己已经取得的成绩，而要不断追求卓越，不断刷新自己的成绩单，不断地突破自己。

脚踏实地才是"梦想成真"之道

稻盛之"道"

人人都渴望成功，但真正成功的人却很有限，很多人都是碌碌无为地度过一生。仔细想想，不难发现，热情和脚踏实地的努力才是成功的重要原因。

稻盛先生曾说，在人生追求中，有的人好赌捷径，饮鸩止渴，画饼充饥，总是期待跨越发展，一夜成名，结果是偷鸡不成蚀把米。有的人投机取巧，不愿脚踏实地干，喜欢闭门造车，或者寻找旁门左道，结果是四处碰壁。还有的人把个人的追求和所从事的工作连在一起，总想三步并做两步走，一生目标一朝完，好大喜功、追名逐利，结果累得气喘吁吁、半途而废、无功而返。

稻盛先生十分强调脚踏实地的重要性，他说："很多年轻人都梦想在有生之年取得骄人的成就，我们应该鼓励所有的年轻人怀有这样的梦想。但年轻人必须明白的是：成就是靠每天一点一滴辛苦的工作累积下来的，是不能一蹴而就的。在人生旅途中，没有一步登天的魔梯。我们必须脚踏实地，点滴积累，不管是生活，还是企业管理，只有'脚踏实地'才是梦想成真之道。"

人在年轻的时候，往往心气很高，但常常由于眼高手低，不能脚踏实地做人做事，而与成功的机会擦肩而过；人到中年，虽然已经奠定了一定的基础，但往往又得过且过，由于缺乏继续向前的热情，从而永远无法感受到成功的喜悦与满足。有些人能有所作为，是因为他们从不轻易选择快捷方式，而是日复一日地持续努力，脚踏实地地用坚持实践着自己的梦想，让明天比今天更好。因此，成功不是一蹴而就的瞬间辉煌，而是每一个平凡的"今天"的不断累积。

年轻人之"行"

脚踏实地是成就一切事业的前提，如果没有务实的工作态度和工作作风，爱迪生纵然再聪明也不过是一个幻想家，而不会成为世界上最伟大的发明大师；比尔·盖茨即使聪明绝顶，也不会成为领导世界 500 企业强的全球首富。

试想，若没有脚踏实地的孜孜以求，钱钟书先生又如何能成为玩转中西文化的大师？司马迁含辛茹苦，埋头十几年，才一字一字地写出千古名篇《史记》；刘翔从小起步，不顾寒暑，勤学苦练，才一步一步地跑出跨栏世界冠军。这些事例生动形象地说明一个道理：成功没有捷径可走，追求的脚步必须扎扎实实。

成功人士的道路是靠一步一个脚印走出来的，从来没有一蹴而就的成功。如果没有求真务实的奋斗，没有踏踏实实的努力，很难取得真正意义上的成功。因此，每一个职场人士都应该针对自己，分析现状，找出浮躁的根源，全面提升自己，从个人务实发展、务实做事、务实做人，努力使自身不断得到发展。

从过去的失败中审视自己

稻盛之"道"

要想成功，就得经历失败，要在失败中不断审视自己，总结经验，不断提高自己。

稻盛先生曾说：低潮的时候其实是重建的良机。其实仔细一想，我们从成功中学不到任何东西，成长来自于失败，当然还需要正确地认识它、接受它。不要为失败而痛苦，要把它当成一个磨炼，从中找到可以学习的东西，找到提高自己的方法。

稻盛先生认为，有些人因为某一件事失败了，从此颓废，萎靡不振，不再相信自己，不敢再踏进这个雷区一步，甚至所有和这件事有关的东西都不敢再想，于是，他放弃了，和自己曾经的梦想分道扬镳，距离越来越远；有些人做某件事失败了，不气馁，仍然坚持自己的梦想，但是坚持了好长时间还是没能成功，原因是他不懂思索，不懂得从失败中学习，不懂得在失败中审视自己，一味地坚持原来的蛮干，最后他一次又一次地重复原来的错误，终有筋疲力尽的一天，无奈，放弃了，还是以失败而告终；有些人做事失败了，他不气馁不放弃，并且重新审视自己做事的过程，思考自己到底哪里做错了，从自己的失败中学习，然后找出了失败的原因，并用改进后的新方法开始了新一轮的尝试，他们最终获得了成功。

稻盛先生通过他的创业经历，告诉我们要想成功，就得经历失败，要在失败中不断审视自己，总结经验，不断提高自己。

年轻人之"行"

人人都渴望成功，渴望一帆风顺，心想事成，但如此幸运的人少之又少。我们在生活中会遇到大大小小的失败，怎样面对眼前的失利，怎样从失败中汲取教训，在失败中让自己长大，这些决定了你未来的发展。

马云先生在创业初期遭遇了接连的失败，但是他没有在失败中沉沦，而是认真分析自我，为成功积累经验。最终他把阿里巴巴打造成世界上仅次于谷歌的融资集团。正是由于在失败中不断地审视自己，总结经验，才促成了马云成熟的心智与敏锐的观察力，使他在商海的滚滚波浪中笑傲群雄。

我们不渴望失败，但我们要学会正视失败，如果不能从失败中重新审视自己，只找一些无用的借口，那你永远只会在失败的泥潭中挣扎。成功诚可贵，失败更可贵，在失败中审视自己最可贵。不懂得从失败中学习的人，只能一次次重复着失败，永远也爬不到成功的巅峰。

失败并不可怕，可怕的是不懂得从失败中学习，在失败中审视自己，认真地思考每一次失败，并从中汲取教训。处在困境中不要害怕，只要调整心态，勇于迎接挑战，而且凭借实力来抗击任何的逆境，运用智慧去积极地解决问题，相信任何工作困境都将成为成功的机遇。

想好事，做好事

稻盛之"道"

稻盛先生说："有幸运，也有灾难。幸运也罢，灾难也罢，都可看作上苍对我们的考验，是上苍给我们的心灵成长的机会，因此我们要由衷感激。即使命运不济，也要心存善念，排斥恶意，并持之以恒，习以为常。这样，我们的人生就一定会变得更美好，更有意义。"

稻盛先生非常推崇"想好事，做好事，就会有好结果"这一理念，经常在讲演以及著作中提到好人有好报的故事。这些浅显而寓意颇深的故事，正好符合稻盛先生关于命运和因果报应的思想。他认为，自己几十年的亲身经历，以及几十年来自己亲眼看到的各行各界许多人物、许多企业的荣枯盛衰，正好与这些故事的寓意相合。

在看到需要帮助的人就本能地伸出援手的人，当自己遭遇困难时，通常也会适时地得到援助。我们相信好人有好报，想好事，做好事，就会有好结果。正如稻盛先生指出的那样，善行必会衍生出另一个善行，善行终会招来善报。

年轻人之"行"

职场中想好事、做好事就是多做一些分外的工作，替企业排忧解难。工作，是不分分内分外的，只要是职场上的事，只要是自己见到的活儿，都要抢着把它干好。

有些员工在同事忙得焦头烂额的时候，不是主动请缨，而是"唯恐避之不及"，这样的员工自然不会赢得老板的心。一个主动工作的员工，应该主动请缨去帮助自己的同事、自己的老板。特别是在工作触礁，迫切需要帮助的时候，如果你能挺身而出，在此危难时刻施以援手，你就会在企业中占据越来越重要的位置。

如果你能比分内的工作多做一点，那么，不仅能彰显自己勤奋的美德，而且能发展一种超凡的技巧与能力，使自己具有更强大的生存力量，从而摆脱困境。只有这样，企业或上司才会有机会知道你具有身兼多职的才能，而这也正是事业有成的关键。

无私的思考方式引导我们前进

稻盛之"道"

稻盛先生遵照西乡遗训，坚定了他的"无私"经营的信念。后来他设立"京都赏"，创办"盛和塾"，更是实践"无私"理念的典范。

西乡隆盛是稻盛和夫最佩服的人，正是以西乡为偶像，稻盛才取得了如此的成功。西乡的人生信条，最突出的就是"无私"二字。因为"无私"，所以关键时刻他勇于担当责任。当维新志士们围绕维新大政争论不休时，西乡一言九鼎："讨论完毕。虽有异议，但若不断然实行此项改革则日本毫无未来可言。其后倘有意外，全部责任皆由本人承担。"全场为其勇气和魄力所慑服。几天后改革旧体制的"废藩置县"的天皇敕令正式颁布。当时的形势是，西方列强虎视眈眈，如果维新失败，日本将陷入混乱，这样日本就很可能像中国、印度和东南亚其他各国一样，遭受西方列强的侵略，甚至沦落为欧美的殖民地。因为"无私"，西乡贯彻正道，矢志不渝。不管逆境还是顺境，不管失败还是成功，甚至淡看个人的生死，唯把贯彻正道视作人生最大的快乐和幸福，并认为若不达到此种境界，心志就必然动摇，就不可能将正道贯彻始终。

　　稻盛常说，"螃蟹只会比照自己壳的大小挖洞"，就是说企业家只有不断向"无私"的境界迈进，"心底无私天地宽"，才能把企业做大、做强、做长久。从这个意义上讲，稻盛创建的两家世界 500 强企业就是"无私"的产物。特别是稻盛在创建第二电电时，目的只有一个，非常鲜明，就是"降低国民的通信费用"，口号只有八个字，就是"动机至善，私心了无"。而正是这种高度的"无私"，才使他在完全陌生的领域很快获得了不可思议的巨大成功。

年轻人之"行"

　　"无私"的思考方式在许多精明人眼里是愚、大愚、愚不可及。但正是以"无私"的方式思考才成就了无数英雄的丰功伟业。"无私"就是人类最大的智慧。人要是以无私的方式思考，就会放弃很多复杂的想法，事情就能变得简单，就能更透彻地分析问题、解决问题。

　　无私是一种责任，是一种主动的、自觉的、真诚的、发自内心的无私无悔的积极行为。具有无私思考方式的人，不论是在日常生活里还是在工作中，都能够充分认识到自身利益与他人、企业利益的一致性，能够树立起高度的社会责任感、使命感，将他人、国家、人民的利益置于个人的利益之上，去助人为乐，爱岗敬业，无私奉献自己的一切。就会不计名利，全心全意做好自己的本职工作。

第十六章
信念是我们前行的保障

我们无法致力于连自己都不相信的事

稻盛之"道"

　　一直强调信心、热情的稻盛先生经常这样说："因为我相信自己，相信自己能够成功。"

　　"相信自己能行"，稻盛先生的这个理念也是从经营之神松下幸之助先生那里学到的。

　　大概在 20 世纪 60 年代的时候，稻盛和夫去听了松下幸之助题为"企业管理的贮存法"的演讲。松下幸之助说："经营企业一定要善于做好贮存工作，就像是一个蓄水池需要保持一定的蓄水量一样。"

　　在自由提问环节时，一位听众站起来说："松下先生，我非常赞同您的这个观点。可是，我总是缺少资金。在资金缺乏的情况下，我要怎么样进行贮存呢？"

松下先生笑着对这位听众说："这个问题我也解答不出来。但是，你还是要相信贮存的重要性，总有一天，你要用到它的。"

听到这样的答案，大家都感觉好笑，但有一个人很认真地记下了这些话，他就是稻盛。他从中听出了这样的道理：我们一定要相信，事情是可以做到的。

稻盛先生如果不相信他能够成功，就不会创立京瓷公司，就不会带领着京瓷跻身世界一流公司的队列中，也不会成为今天的经营大家了。

唯有相信，才能有梦想成真的那一天。稻盛和夫的这个理念，影响了成千上万的人。如果你现在也在为梦想努力，如果你也有想要放弃的时候，那么请在心里记住这样一句话吧："我相信我可以！我一定能做得到！"

年轻人之"行"

如果我们总是对自己说："这简直是异想天开！这件事情根本不可能完成！我根本做不到！"那么，就真的永远做不到了。我们无法致力于连自己都不相信的事情，既然不相信，就难以有持久的动力；既然不相信，就没有对抗各种困难的决心；既然不相信，又何来开拓创新的勇气呢？

坚强的自信，便是伟大成功的源泉。不论才干大小，天资高低，成功都取决于坚定的自信力。相信能做成的事，一定能够成功。反之，不相信能做成的事，那就决不会成功。如果拿破仑在率领军队越过阿尔卑斯山的时候说："这件事太困难了。"无疑的，拿破仑的军队永远不会越过那座高山。所以，无论做什么事，坚定不移的自信力，都是达到成功所必需的和最重要的因素。

　　自信，是伟大成功的先导。无论才干大小，天资高低，都需要自信，相信能做成的事，一定能够做成。法国有一位著名的心理学家，叫伊尔·索尔芒，调查了全世界的十八个贫困的国家，得出来结论是：人类最大的敌人不是灾祸，不是瘟疫，不是令人憎恨的战争，人类最大的敌人就是自己——自己的懦弱、自己的虚荣、自己的恐惧。自己都不相信自己的时候，你就什么都完了！

成功与失败只是一线之差

稻盛之"道"

　　稻盛先生曾多次告诉人们：要时刻保持危机意识。就像那句流传在海员中的俗语所说："水手和死亡的间隔，只有一块甲板的距离。"稻盛先生在一次讲座中谈到了"危机"这个话题。

　　稻盛说："在豪华巨轮上的乘客和在简陋船板上的人，对危机的想法难免会有不同。但是，如果没有忧患意识，危机就不会对他们区别对待。"

　　在残酷的市场竞争中，如何能够使企业保持发展力，如何能够规避那些威胁企业的暗礁，稻盛有自己的原则和做法。

"我做事的原则就是，在晴天修屋顶，永远不等到雨天。不论市场如何变化，我都坚持在企业中储备一定的现金。有了雄厚的积累，再遇到危机，我都有体力支持下去，找到机会，转危为安。"

稻盛先生的做法，其实就是中国古语中常说的"未雨绸缪"。时刻保持危机意识就会迎来"生机"，没有危机意识就会面临"杀机"。

年轻人之"行"

不论是国家、企业，还是个人，未雨绸缪、保持危机意识都是规避危机的最好方法。和稻盛一样，许多成功的大企业家都认为危机意识不可少。比尔·盖茨曾经说过："我们离破产永远只有90天。"许多知名大型企业都在增强危机意识方面下了工夫。如果一个企业没有危机意识，那么这个企业在经济全球化的浪潮中，如何能经得起一次又一次的挑战呢？

世界上最大的航空制造公司——波音公司，为了增强员工的危机意识，别出心裁地摄制了一部模拟公司倒闭的电视片。波音公司将这部电视片在员工当中反复播放，员工们都受到了巨大的震撼，激起了公司上下的危机感。员工们在危机意识的推动下，不断开拓创新，使波音公司一直走在世界前列。

企业也好，作为个体的人也好，要想不被打垮、永远立于不败之地，就必须时刻保持危机意识，居安思危，防患于未然。

如果连危机意识都没有了，那么危机就会像潮水一样铺天盖地地向你袭来。危机并不可怕，只要准备充分、调整好心态、应对得当，危机也会变成生机。丝毫没有危机意识，才是最大的危机。

企业家如果不能对危机进行充分估计和预测，就不能对问题引起足够的重视，更谈不上预防危机。卓有成效的企业家的作用就是通过应对危机来表现的；企业家应该建立忧患思维，认真面对企业可能遇到的危机与灾难，并尽可能在危机与灾难发生前解决，如果不能解决，至少也应将危机与灾难的损失降低。

把目标定得略高于极限

稻盛之"道"

稻盛先生相信人的能力是可以无限延展的，要用"将来时"看待能力，而不是"现在进行时"。稻盛先生就是用这样的方法使他的京瓷公司走上了成功之路。他说过："在设定目标时，要根据你未来的能力来定，而不是着眼于现在的能力。不要觉得目标高就是不切实际，我们现在做的很多工作，在三五年前看来，不也是抱着怀疑的态度说"不可能""完成不了"吗？但是现在看来，只不过是简单的工作而已，因为我们的能力已经发展到了能够完成这些工作的程度。"

京瓷公司成立初期，最开始生产的产品是提供给松下电子工业的用于电视机显像管上的绝缘零件。为了让公司摆脱只生产单一产品的经营危险，稻盛决定开拓业务范围。他多次向东芝、日立等大型电子企业进行宣传，称京瓷拥有高新技术，能够生产新型陶瓷绝缘产品。稻盛的这个办法并没有奏效，因为这些大企业都有长期合作的陶瓷厂家，况且，京瓷当时还是一家名不见经传的小企业，大企业的工程师们都不放心把订单交给稻盛。

于是，这些工程师们就会问："既然你们有这种新型陶瓷的制作技术，那么这样的产品你们可以吗？"他们给出的都是其他陶瓷厂家不肯接受的高难度、高要求的产品订单。面对这些订单，稻盛十分肯定地回答："我们可以！"

他的做法让京瓷的员工们感到十分费解，明明是不可能做到的事情，为什么要接下这样的订单？稻盛自己也很清楚，以京瓷当时的技术实力确实不太可能完成这些订单的高难度要求。但是，如果说做不出来，京瓷从此就不会再有大客户，企业的前途堪忧；既然答应能做，就必须做出来，否则得到的也将是永远失去这些客户的结果。

京瓷当时既没有相关经验，更没有技术和设备。员工们反问稻盛："连设备都没有，怎么可能做得了？"

稻盛鼓励他们说："没有设备，我们可以去买二手设备来用。就技术来说，我们确实是难以胜任，可这是现在的情况；只要我们肯努力，只要我们全心付出，在未来，我们一定能够达到目标！打起精神来，加油吧！"

定下高目标，再想方设法、不遗余力地去为之拼搏，京瓷的技术就这样一步一步提高起来，知名度也因此不断提升，从而成就了京瓷的"世界一流"梦想。

　　稻盛先生的做法是一个提高能力的好办法，根据自己现在的能力，大胆设想未来某一时间点的能力，始终把跨栏设定在比自己现有能力高两三成的高度，定下目标之后，就全力以赴，不达目标决不放弃。

　　当然，目标并非定得越高越好，目标远大也要有一定限度，如果目标太过遥远，会令员工望而生畏，失败次数多了势必会影响团队士气。两三成的高度也许是比较合适的，这样的目标既能够避免绝对失败带来的消极影响，又能够促使团队努力奋进、不断进步，进而朝着更高的目标循序渐进地进发。

　　稻盛的做法是，把远期目标定得适当高一些，然后将远期目标分解成一个个可以分阶段完成的小目标，每当完成一个小目标的时候，就增加了一份成功的信心，也就离成功更近了。

年轻人之"行"

　　无论是在人生旅途中还是在实际工作中，如果没有目标，就像在大海中航行，你都不知道目的地在哪里，那就只好遭受漂泊迷失之苦了。你必然要经过一个长期的摸索过程，这样工作的效率就会十分低下，执行力会大大降低。

　　美国通用公司的前董事长罗杰·史密斯在进入通用工作的第一个月后，罗杰就告诉他的同事："我想我将成为通用公司的董事长。"当时他的上司对这句话不以为然。然而罗杰却执着于自己心中的目标，他将这一目标又逐步分解为一个个可以实现的小目标。令这位上司没想到的是，若干年后，罗杰·史密斯真的成了通用公司的董事长。

假设你的能力可以达到10，而你在设定目标时只定在9或是8，以此来保证自己一定能够达到目标。长此以往，你确实可以达到预期的目标了，可是能力却止步不前，甚至会倒退。长久不去做完成10这个标准的目标，久而久之也就消磨了原本能够达到10的那些能力。反过来想，如果你的能力是10，你在设立目标时总是比10高，而且付出更多的努力去达成，那么你今后的目标就可以越来越有挑战性，你的能力随着目标的升高而提高，你自然会逐渐进步。

因此，不管你在什么行业，不管你有什么样的技能，也不管你目前的薪水多丰厚、职位多高，你仍然应该告诉自己："要做进取者，我的位置应在更高处。"当然，这里的"位置"是指对自己的工作表现的评价和定位，不仅限于职位或地位。

宁可损失也要坚持到底

稻盛之"道"

不论在何时何地遇到何事，宁可损失也要将原则坚持到底，也许一路走来会经历许多坎坷、损失很多小利，但最后往往能带给我们更大、更稳定和更长远的利益。

京瓷公司在经过艰苦卓绝的创业阶段之后，规模逐渐扩大，实力越来越强，积蓄了大量的现金存款。

当时，日本的泡沫经济还没有完全消退，很多企业争先恐后地投资房地产。只要将土地从这边转到那边，转让一下所有权，就能使资产不断升值。这样的好事谁都不想落下，一些实力不是非常强大的公司不惜从银行借贷巨款投入到房地产的投资当中。

在投资房地产的狂潮中，京瓷公司手上的大额现金储备招来了许多银行和投机者，他们劝说稻盛和夫加入房地产投资的大军。稻盛认为投机得来的利益不会长久，坚决不同意，以至于有些银行的人以为他没有理解其中的巨大利益而详尽地为他"讲解"具体的操作方法。但是，稻盛坚持"只有自己辛苦赚取的钱财才是真正的利益"，拒绝了所有关于投资的建议，当然，也将轻而易举就能得到的利益拒之门外了。

后来，当泡沫完全破灭之时，经济一落千丈，很多曾经财迷心窍、将大半身家都投进房地产的企业，损失惨重，有的甚至再无翻身的机会。

面对利益的诱惑时能够坚持正确的原则和信念，就能够保持清醒的头脑、做出正确的判断。

年轻人之"行"

为了坚持原则和信念，有时会让我们暂时受到损失，但是如果被利益所诱惑、被困难所吓倒，放弃了应该走的正确的路，那么后来选择的那条"捷径"很可能将你带入万劫不复的深渊。

1999 年阿里巴巴创建时，马云经过认真考虑，认为推动中国经济高速发展的是中小企业和民营经济，所以，阿里巴巴应该帮助那些真正需要帮助的企业，这是马云最早的构思。

马云说他不知道以后的阿里巴巴是什么样子，但是在未来的三年到五年，他仍然会围绕电子商务发展自己的公司，阿里巴巴绝对不会离开这个中心。

雅虎中国区总裁表示："B2B 这种模式在中国的发展之初并不被看好，很多人对于它的发展前景表示质疑，马云能够坚持下来，阿里巴巴能够坚持下来，并且做成规模上了市，马云的专注还是值得学习的。"

当你全心全意地做一件事时，你工作的效率就会节节攀升。成功不是偶然的，有些看起来很偶然的成功，实际上我们看到的只是表象，一个人如果想要成功，就必须具备一种锲而不舍的精神，一种坚持到底的信念，一种脚踏实地的态度，一种发自内心的责任心。

大胆敏锐，勇于尝试

稻盛之"道"

尝试需要有自信心，因为每当开始做一件事情，我们都不可能知道面临的困难有多大，会有多少不可料及的事情发生，这就需要有很强的自信心，相信自己有能力克服困难，战胜挫折。

创立京瓷公司之初，稻盛在陶瓷领域虽然是一位"门外汉"，但在长期从事研究工作的过程中，稻盛多次感觉到"伟大之物"实实在在的存在，并且大胆尝试各种新产品研发。京瓷公司最初着手做的陶瓷叫作"精密陶瓷"，就是尝试用计算机、手机等各种高科技产品的材料进行加工升级，在短暂的时间里成功地开发出的全新的材料。

稻盛先生从创立京瓷公司，到首次接受订单，再到如今取得世界500强的业绩，不是一时兴起的结果。稻盛先生年轻时在工作中遭遇多次不幸，他诅咒世道不公和自己命运之不济，抱怨自己怎么是这样一个不走运的人，但是他最终没有放弃，持着坚强的意志和勇气，不断地尝试新的挑战，大胆敏捷地探索新的陶瓷材料，通过无数次失败的考验，终于通过自己独特方法，首次在日本成功合成、开发了应用于电视机晶体管里电子枪上的精密陶瓷材料。

稻盛先生的成就，不仅仅是因为有足够的工作热情和坚定的信心，也是因为他具有大胆敏捷、勇于尝试的勇气，接受一次次失败的考验、无数次的开始尝试才取得的。

年轻人之"行"

人一生中，很多时候更习惯于因循守旧而不是大胆尝试，因此会错失许多超越的机会和可能，而当我们置身于这样一个竞争激烈，又充满挑战的社会，固守常规的心态已无法适应社会的需求，所以不论何事，我们都需要一个大胆敏锐、勇于尝试的心态，跟自己挑战，努力追求更好的业绩。任何一个有成就的人，都有勇于尝试的经历。尝试也就是探索，没有探索就没有创新，没有创新就不会有成就。成功人生自尝试开始。

成败得失并非关键，重要的是那份勇于尝试的精神，能够有助于你获得老板的认同。纵观事业上取得成功的员工，他们一般都不是那种从常规角度去考虑问题的人，而是能够站在创新的立场上考虑各种问题的人。

你去尝试做一些事情，从而把一切变得更美妙、更有效、更方便。喜剧表演家卓别林在他的自传中写道："要记住，历史上所有伟大的成就，都是由于战胜了看来是不可能的事情而取得的。"21世纪是一个充满机遇和挑战的社会，是一个需要人们不断开拓创新的社会，也是一个要想成功必须冒险的社会。只有敢于探索、敢于尝试的人，才能享受真正的激情人生。

心中充满希望

稻盛之"道"

人生就像是在大海上航行，不可能时时都风平浪静，难免会遇到波涛汹涌甚至是巨浪滔天。当挫折和痛苦如巨浪般袭来时，我们只要守住一颗充满希望和梦想的心，把握好航行的方向，毫不懈怠、永不放弃，在前方等待我们的必定是灿烂的阳光。

在稻盛和夫主讲的一次讲座上，一位听众向他提问：

"稻盛先生，我们都知道您年轻的时候并不顺利，好不容易毕业，却就职于一家经营情况糟糕的公司，后来自己创办公司时也遇到了很多困难，请问是什么力量让您战胜挫折、勇往直前而获得今天的成功呢？"

稻盛笑着回答说："确实啊，回想起我年轻时走过的路，确实不平坦。然而，我从未放弃过希望和梦想，即使是在最艰难的时候，我也坚守着那颗充满希望和梦想的心。"

"当年，公司给我安排的宿舍楼摇摇欲坠、又老又破，我在这个建筑的二楼度过每天的生活，能供我活动的范围是只有10平方米的榻榻米房间。榻榻米也残破不堪，连里面的稻草都露出来了。一日三餐是用一个可以移动的煤炉和一个锅来烹制的。那时候，我和同事的关系不是很好，研究工作也很不顺利。傍晚时分，我总是沿着宿舍后的小溪漫步，欣赏两岸灿烂的樱花，唱着家乡的歌谣，希望和梦想之光又重新照耀心田，第二天又开始努力地工作。"

稻盛说："我们无法避免挫折和痛苦，但是，即使在人生最低谷的时候，也不能放弃希望和梦想。"

如果稻盛先生当年因失意和打击而垂头丧气，失去希望、放弃梦想，那么今天的日本就少了一位经营大师。

让我们守住一颗单纯的、充满希望和梦想的心吧，把握住正确的人生航向，满怀信心地去为梦想而努力奋斗，终有一天我们也会到达成功的彼岸。

年轻人之"行"

这个世界不乏激情四射的人，也不乏才华横溢的人，但他们中的许多人并未获得成功，其中很重要的一个原因便是他们未能用执着的精神把激情延续下来，让才华得到最好的发挥。

梦想正是步入成功殿堂的动力源。许多精英俊杰都是出色的梦想者，他们无一不是笃信大梦能成真的。他们梦想的目标一旦确立，就会万难不屈、坚毅果敢，充分发掘自己的潜能，将自己的才华优势发挥到极致，以百倍的努力冲刺、攀登。

定期思考自己将向何处

稻盛之"道"

机会总是偏爱那些做好准备的人，所以要时常思考自己的人生目标，随时为机会的光顾做好准备。稻盛先生强调说——梦想和愿望就是人生的跳板。

早在京瓷公司还是乡村工厂时，由于公司不景气，好多职工对自己的工作环境不满意，对公司的发展没有了热情，稻盛和夫就反复多次对当时不满百人的职工抛下"豪言壮语"，说京瓷公司一定能成为世界一流公司。尽管这是一个遥远的梦想，但稻盛和夫内心有个强烈的愿望，就是渴望实现梦想并证明给大家看。

为这个明确的人生目标，他竭尽全力地努力付出。但是无论梦想和愿望是多么高远，现实中的每一天都要竭尽全力踏实重复简单的工作，为了不再继续昨日一成不变的工作，不得不挥洒汗水，一毫米、一厘米地前进，把横在眼前的问题一个个解决掉。

他无时无刻不在思考自己设下的目标，为了这个目标，他带领公司职员每一天都脚踏实地地不断积累，为了同一个目标，每位职员竭尽全力前进向前。不知不觉中，公司一点点壮大起来，终于成为了世界一流的公司，取得了今天的成绩。

也许从整个庞大的宇宙来看，一个人的存在实在渺小，但无论如何渺小，我们大家都有存在于宇宙的必然性。即使微小的、不值一提的生命，或非生物体，也因为被宇宙承认"有价值"才存在着，所以每个人都有自己的价值，有自己的人生目标。

思考自己的人生目标，以此作为前进的方向，胸中必须时刻有燃烧的愿望和激情，随时随地"极认真"地面对生活中的每一件事情。通过这些过程的反复、积累形成我们人类的价值，使我们人生这台戏更充实、更完美，结出丰硕的果实。

年轻人之"行"

员工如果没有明确的事业目标，就不会努力，不会有奋斗的动力，因为他不知道为什么要努力。没有目标，我们几乎会同时失去机遇、运气和别人的支持，因为我们不知道自己到底想要什么，所以也就不知道自己的价值在哪里，对工作失去热情，也就没有了奋斗的动力。对即将到来的机会，我们也不会做好准备。有了事业目标，奋斗就有了动力，行动就有了决心，对未来就有了信心，生命就有了方向。要想实现人生价值，就需要给自己设定一个明确的事业目标，思考自己需要的是什么，审视自己存在的意义。

设立了目标就要坚决执行，制订一个目标执行的详细进度计划是十分必要的，可以按照时间顺序，把目标分解到每个月、每一周甚至是每一天，这样分步骤走，既可以监督自己的工作效果，又不会偏离目标。

积极的人生目标，是卓绝的奋斗方向，在它的指引下，积极发挥主观能动性，就能在人生历程中写下光辉的一页。为了实现理想，实现人生目标，我们要一步一步、一天一天拼命、认真、踏实地积累，变梦想为现实，成就心中的理想。

不因背运而气馁

稻盛之"道"

所谓命运，不是人类力量无法抗拒的"宿命"，而是会因我们的内心而改变。人生是由自己创造的，能够改变命运的只有一个，就是我们的内心。

稻盛先生在他的创业之路上也经历了不少坎坷与挫折，有时是连续的不如意，有时是经过多年的努力也没有任何成功的可能，稻盛先生对这些挫折采取正确的态度，没有半途而废，没有在失败面前气馁，而是竭尽全力地认真研究，最终他走上了成功之路。

稻盛先生曾经对自己屡遭失败的命运感到困惑，为什么一切厄运都降临在自己身上？是不是自己生来就带有厄运？不是自己不努力，是命运确实对自己没有任何眷顾。值得庆幸的是，他在《生命的真相》一书中读到"每个人内心有个吸引灾难的磁石"，这使他改变了对自己厄运缠身的宿命的看法，使他懂得命运是掌握在自己手中的。

人的漫长一生，难免会有不如意的事情发生，各种坎坷使我们实现自己的目标更加困难，长时间处在逆境中，会让我们以为有背运时常降临，产生气馁情绪。这样就会让人犹豫踌躇，不敢前行，因而会使人疲于奋斗，疲于对成功的追求。

真正使人疲惫的并不是失败，而是失败后的气馁情绪，气馁才是人生道路上的一块绊脚石。其实它既有不可避免的一面，又有正向和负向功能。既可使人走向成熟、取得成就，也可能破坏个人的前途，关键在于你怎样面对挫折。

年轻人之"行"

员工追求事业成功有很漫长的路程要走，但是稻盛坚持的信念没有间断，面对困难没有气馁，在常人无法想象的考验下他努力坚持，周而复始地探索研究。他说，最终的成功回报的不止是合格的产品，更多的是一种磨砺，一种对精神的洗礼。这些对每个人都是无价的。

每个人都渴望自己的工作一帆风顺，都渴望获得成功，可是，在现实生活中，谁能是"常胜将军"呢？我们现今生活在纷乱如麻、前途未卜的"不安分的时代"，富裕却不知足，丰衣足食却礼节不周，充分享受自由却倍感闭塞。但只要有干劲，没有因为"背运而气馁"，再大的困难也可以克服，任何梦想也可以实现。适度的挫折有时也具有一定的积极意义，它可以帮助人们驱走惰性，促使人奋进。要想实现理想，要始终做好面对挑战的准备，不要因为暂时的背运而气馁，生活中我们必定会有所作为。

从现在开始，相信自己

稻盛之"道"

即使你的目标是短视与功利的，但如果不过完今天一天，那么明日也不会来访。到达心中向往的地点，没有任何捷径。

稻盛先生指出，每个人都在自己人生道路上如乌龟踱步，离成功看似遥遥无期，但只要每一天都脚踏实地地不断积累、不断探索，这样不知不觉中你就会一点点地成长起来。稻盛先生也是一样，凭着一点点的积累，一步一步向前迈进，才取得了今天的辉煌成就。自信心强的人，会重视工作、学习和生活中的种种机会，以便使自己得到提高和发展。只要我们坚定信心，从现在开始相信自己，大胆地尝试，就能创造精彩的人生。

面对创业路上的磕磕绊绊与曲折艰难，稻盛先生始终保持自信，相信自己一定能行，不断地尝试、探索，使他最终以巨大的成绩深刻阐释了自信的意义。

年轻人之"行"

自信是人类心理活动中最基本的内在品质之一，也是人格结构中的本质因素，它代表着一种优秀的心理品质和积极的人生态度。积极的人生态度意味着一种对自己的认可、肯定、接受和支持，也包含着对自己情绪、感觉、认识和评价。一个人不可能每时每刻都是自信的，漫长的一生不免会有各种考验对你的自信心产生冲击。常言道，"九十九次的失败，方能换来一次的成功"。可见，在这样的比例下，想要始终自信地勇往直前是多么艰巨。很多人在多次失败之后，无奈放弃努力，之前所做的努力也就化为泡影。或许成功离你就只有一步。许多伟人的巨大成就是在面对一次次考验时，没有退缩，而是以积极的态度自信地面对，最终得以惊人的成就。

每个人都有一种内在发展的需要，都有一种内在心理品质提高的需要。这也正如心理学家所强调的，自我完善是人一生的历程。在梦想与现实的巨大落差中，不免有挫折打击，甚至是屡受打击。面对困难，要有正确的态度迎接挑战，相信自己一定会实现所要达到的目标，而不是选择胆怯自卑。

给自己施加压力以求超越自我

稻盛之"道"

稻盛认为，上天没有在你前进的路上准备好你所需要的一切，一切都必须靠你自己奋斗得来。每行走一步，每一点经验，都是为你未来有所成就所做的储蓄。

京瓷创立之初，公司没有陶瓷方面的基础知识和基础技术，只有简陋的研究设备和装置。为了公司的生存，为了取得业绩，除了每天到现场想尽办法一心扑在研究和实验上之外别无他法。稻盛对完美进行了不同层次的定义，并一步步追求。他说，在想要做成一件事情时，我们必须要愿意付出比其他任何人都强烈、甚至粉身碎骨的热情，做到今天要比昨天好，明天要比今天好，只有这样才能一步步使自己走向成功。

要取得卓越成绩并不容易，但我们并不能因此而放弃追求卓越的努力。每一次对自我的超越，每一次辛勤的劳动，可能得不到最终的最好，却在一步步接近更好。如何才能使人生过得更美好，收获更幸福的果实，如何才能做到完美，稻盛先生用自己的亲身经历告诉我们，在追求完美的过程中，要强迫自己做到更好，以趋近完美，取得卓越成效。

年轻人之"行"

要想取得成功，我们就要有坚定强烈的愿望。也就是说，若没有强烈的愿望，就"看不到"办法，成功也就不会向我们靠近。

有强烈的愿望，这很重要。只有这样，愿望才能成为新的起点，最终一定能够成功。人生就如你内心描绘的一张蓝图，而愿望就是一粒种子，是在人生这个庭院里生根、发枝、开花、结果的最初的也是最重要的因素。

　　追求"卓越"是一种员工素养，它体现的是一个人绝不碌碌无为的敬业态度。随着职场竞争的加剧，企业对员工的要求会越来越高，一名"普通"的员工是没有竞争力的，重要的职位、优厚的薪金以及高级的职业荣誉，只会给予那些做得更好、追求最好的人。永远也不要认为自己已经做得够好了，追求"卓越"的梦想，追求"最好"的步伐，在我们整个职业生涯中，不要有片刻的停留。

第十八章
越成功越要谦恭行事

才识与诚心合二为一

稻盛之"道"

稻盛先生认为，一颗至真至诚之心对人来说最为重要。"诚"是所有道德的根本，不诚无以为善，不诚无以为君子。搞研究做学问如果没有诚心，那么就难以探求到真正的道理，所学知识也容易流于表面；做事情没有诚心，多半也成功不了；不以诚心对待他人，到最后也难以获得他人的真心，可能还会遭人埋怨；不以诚心对待自己，就等于自己放弃了对自己的忠心，自己欺骗自己。

稻盛先生非常认同日本著名政治家西乡隆盛的一些观点。西乡在遗训中说过："今之人以为，才识具则事业随心成。然任才为事，其危可见矣。有体方行用。"用现在的话说就是：当今之人误以为，只要具备足够的才能和学识就能使事业按照自己的心愿达成。然而，恃才傲物将使人陷于危机之中。唯有用一颗诚心去做事情方可成功。

西乡并非看轻了才能和学识的作用，只不过急功近利、唯才是论的人，没有一颗至诚之心，就算已经取得了一定的成绩，在以后的路上也很难一帆风顺。西乡生活在 19 世纪，他所说的"今之人"当然是指那时候的人们，但是这个道理对于 21 世纪的我们来说也同样适用。

年轻人之"行"

《复彭方伯》一书中写道："夫天下非诚不动，非才不治。诚之至者，其动也速。才之周者，其治也广。才与诚合，然后事成。"才能学识让人有能力去做更多的事情，而诚心可以打动别人、感动上苍，能够使事情顺利进行。将这两者结合在一起，那么万事皆可成。

如果员工没有一颗至诚之心，就算在工作中已经取得了一定的成绩，在以后的路上也很难一帆风顺。

从一个小小的麻辣烫店发展到如今拥有多家分店、年营业额上亿元的"海底捞"火锅，凭借的不但是领导人的过人能力，更重要的是全体职工的真诚。顾客在餐饮商家消费的不仅仅是美味的食品，更重要的还有服务。海底捞至真至诚的服务比它好吃的火锅更有名。每隔15分钟就更换的热毛巾，卫生间里的牙膏、牙刷，甚至护肤品、餐后的薄荷口香糖……从更多的小细节里，我们都能感受到海底捞给予顾客的真诚服务。真心实意地去为顾客着想，细致地考虑顾客的需要，真诚地去回应每一个细小的需求，这就是海底捞全体职工的责任。

才干、能力、学识，这些都是我们缔造事业大厦必不可少的建材，若是员工们以诚心作为坚固的基石，那么事业一定能够屹立不倒。

克己成，纵己败

稻盛之"道"

稻盛先生非常认同一个观点："凡人皆以克己成，以纵己败。"这里的"己"，指的是在欲望面前俯首称臣的自己，指的是忘记了自律、自诚的自己。

稻盛和夫有一位良师益友，名叫青山政次。稻盛大学毕业后在京都松风工业电瓷瓶制造厂任职，那时，青山是他的上司。后来，稻盛辞去松风的工作自主创业，创办了京瓷公司，青山和他一起离开了松风，加入京瓷的创业之中。

一次去外地销售产品，青山给稻盛讲了松风嘉定的故事。

"松风公司的创办人松风嘉定是一个经营高手，他将京都陶瓷文化提升至闻名于世，他把高压绝缘电瓷瓶销售给电力公司，扩大了公司的规模。战时，松风嘉定又成功开发出陶瓷滤水瓶，解决了军队的饮水问题。松风的事业如日中天，他急切地想要趁势继续扩大公司规模。禁不住别人的诱惑，他买下了一座矿山，结果上当受骗，挖来挖去，什么也没挖到。松风的事业就此急转直下，直到去世的时候还身欠巨款……"

青山年纪同稻盛的父亲一般大，这一番话，语重心长，前车之鉴、后事之师，督促稻盛引以为戒。稻盛将这番道理记在心间，虽然之后仍然积极拓展事业、扩大规模，却未见急功近利、铤而走险之举，使京瓷公司在平稳中慢慢壮大起来。

正如稻盛所言："人如果战胜了自己，不论是工作还是生活都将一帆风顺。"综观我们周围的人，在创业之初，多数人都能够克制自己不好的念头，如懒惰、懈怠、怯懦，并勤于律己、谨小慎微，十之八九都能取得不错的成绩。但是，能保持现有成果并一直发展下去的却为数甚少。这是什么原因呢？稻盛认为，很多人在获得一点成就之后就沾沾自喜、自以为了不起，渐渐地就忘记克制自我，涌起放纵自我的念头，忘乎所以，不觉已开始走了下坡路。

年轻人之"行"

每个人最大的敌人就是他自己，只有战胜自己才能战胜一切。但是，想要打败"自己"又谈何容易。人是血肉之躯，欲望扎根在本性之中，一旦疏于自律，心中就会涌起无穷的欲望，而过度的欲望只会让人陷入烦恼的泥沼当中，欲望无穷，烦恼不尽。在这个物欲横流的社会，如果每个人都能克制自己过度的、不该有的欲望，那么一切纷争和问题都将迎刃而解。

杰瑞·莱斯是家喻户晓的美式足球明星。他天赋异禀，可仅凭着天赋并不足以铸就传奇。杰瑞·莱斯的成功有着一个更重要的原因，那就是严于律己、不断挑战和战胜自我。美国职业足球联盟明星凯文·史密斯评价他说："他的确天赋过人，然而他的努力更是凌驾于他人之上，这正是好球员与传奇性球员的分别。"

人最大的胜利就是战胜自我，坚持自律、自制，不随意放纵自己，从而养成良好的习惯、坚持正确的道路，这必将收获精彩的人生。

我为人人，人人为我

稻盛之"道"

稻盛认为，事业发展的目标不能只是为了自身的利益，更多的是为社会做出贡献。企业的根本使命是给消费者提供高质量的产品和高水平的服务。仅凭借简单的合并并不能达到这个目标，为了唤起市场竞争机制从而给消费者和社会带来利益，合并后的新公司必须避免因争夺主导权而带来的精力分散和经营责任模糊，必须用最快的时间顺利开展业务、开始长期稳定的经营。

稻盛在主持第二电电公司（DDI）等三家公司合并的过程中，他认为三家公司中，DDI 的业绩最好，经营基础最扎实，由 DDI

掌握主导权对新公司最为有利。并且，稻盛还建议合并之后，让日本移动通信公司（IDO）和国际电信电话公司（KDD）的第一大股东丰田公司作为仅次于京瓷公司的第二大股东。

稻盛将他的这些想法开诚布公地向各方做了说明，大家对他的方案都表示非常认同，三家公司合并重组后成为了新的第二电电公司（KDDI）。现在，KDDI 已经发展成为仅次于日本电报电话公司（NTT）的日本第二大通信公司。

如果稻盛不是一心想着为消费者创造利益，而只是想着自己公司的利益，那么他就不能促成这次合并的成功，DDI 在行业巨头 NTT 的巨大垄断实力的挤压之下，恐怕难保稳定的生存。为着他人和社会的利益去努力，最终也成就了自己。"我为人人，人人为我"讲的也是这个道理。

年轻人之"行"

把自己放在后面，反而能领先；把自己置之度外，反而能保全自己。员工在工作中也应该秉持这样的观念，力求达到"己欲利而利人，己欲达人而达人"的境界。

帮助别人，别人快乐，我也会快乐起来。利人利己者把生活看作一个合作的舞台，而不是一个角斗场。其实，世界之大，人人都有足够的立足空间，他人之得不必视为一己之失。员工坚持如此才能拓展自己的职业格局，寻求更多的合作，达到共赢。

勿把人当对手，而与天常相对

稻盛之"道"

在稻盛先生看来，所谓与天常相对，就是指人生在世，事事顺应自然，如果事事强求硬索，千般计较，那么心态也就不会平静下来。与天常相对，能够保持一颗平常心态，则宠辱不惊，处变不惊，也不再患得患失。心境不被浮华所扰，不被误解所困。

稻盛先生曾说："每一个人和每一件事，活着就是一种最基本的享受。"但生活中，很多人却扭曲了这种最简单的定义，让活着成为一种累赘。其实褪掉那层华丽的外衣，人还是一个简单的人，人不能因为一层华丽的外衣而变得超越一切，凌驾于一切之上。之所以我们都痛恨这些人、这些事，就是因为我们每个人心中都有一个关于活着最基本的定义，任何超越它、诋毁它、凌驾于它之上的，我们生命的那条底线都会被深深地触动。

稻盛先生在创立京瓷和在以后企业的发展中，一直是以宽大的胸怀理解体谅下属，以"利他"之心处世并且经营他的企业。他的成就不是以损害对手的利益而取得的，而是以与天常相对的平常的心态脚踏实地干出来的。人们敬仰他不仅是因为他做出的成就，还因为他与世无争、淡泊名利的生活观念，也就是与天常相对的生活方式。

年轻人之"行"

报复会把一个好端端的人驱向疯狂的边缘，使他的心灵不能得到片刻安宁。唯有宽容，才能抚慰人暴躁的心绪，弥补不幸对自己的伤害，让自己不再纠缠于心灵毒蛇的咬噬，从而获得自由。

我们享受着太阳的恩赐，享受着自然的风风雨雨。每一个生命的契机都是那么的难能可贵，我们有权为我们自己的生命争取一些"辉煌和灿烂"，我们同样也应该为那些和我们共存的生命留一些温暖和光明。

在工作中，多留一些友爱和关心给身边的同事。等有一天我们都能在心里把"别人当成我们自己"的时候，到时候职场真的到处都是"阳光灿烂，温暖如春"了。

未雨绸缪才可成事

稻盛之"道"

我们安于现状，事到临头趁势而动，没有长远的计划与提前的准备，就会变得苟安，就会退步。

稻盛先生曾经指出，事到临头趁势而动，事业难持久。一个经营者或是领导者要想让自己的企业或是团队不断向前发展、不断壮大，就得学会提前准备，要做长远的计划、打算，不能事到临头，才采取措施。

在事业的提升过程中，不管是执行计划，还是在追求理想的过程中，我们一定要具备长远的眼光，以便进行深刻的思考、困苦和磨砺，从中获得一些创新的想法。在这个准备过程中，我们也能及时发现问题，及时解决问题。每一个问题分开解决，一次追踪一个问题，就能很快找到问题的根源，也就能以最简洁的方式解决问题。

员工之"行"

做事要懂得规划，要学会早做准备，谋划明天。明天是未来，是希望。在世一天，就有一个明天。要在以往经验教训的基础上，主动做好工作。

近代史上，有一群人特别成功，那就是第二次世界大战中，曾被囚禁于纳粹集中营而幸存的人。赫姆瑞可博士在一本著作中，拿这群人和战前即迁居美国的同龄犹太人做比较，结果发现，平均而言，这批幸存者的教育程度较低，但日后的事业成就较大，收入较高，较热心从事社会服务工作。赫姆瑞可探究原因，发现这些历经苦难折磨，却颇有成就的人，具有若干共同特质，其中最重要的两点是：随时准备主动展开新任务，且能针对环境变化，随时进行调整与调适。

查斯特·菲尔德爵士认为在制定目标的时候一定要保持一定的灵活性，以备我们在执行过程中不断地修正与调整。你将发现，如果你立下的目标更加灵活，那么一些美妙的事情就开始发生，你会觉得更放松，但你不会损失任何生产力。你甚至可能会更加多产，因为你不必花费太多的精力在焦虑和烦恼上。你已学会相信你会遵守最后期限，达到绝大部分的目标，并且完成你的责任——尽管事实是你可能必须轻微地改动你的计划（或甚至是完全地变更）。最后，你周围的人也会觉得更加轻松。如果万一你的计划必须要改动，他们将不会感觉像如履薄冰一样。

早谋划，早准备。不管做什么工作，制定一个详细的工作计划都是非常重要的，它可以帮你把工作的细节不断地量化。只有进行周密的计划，人们才能对工作中的细节有所准备，才能在碰到各种各样的细节问题时不慌不乱；只有进行周密的计划，你才能很明确自己该做什么工作，应该怎样去做。如果计划不能把每一个细节进行量化，计划就不可能达到目的。

永远保持创造性

稻盛之"道"

现在企业面临的时代，是科学技术日新月异、市场需求瞬息万变、市场竞争全球化的时代。

在稻盛先生的经营经验中如何更好地适应这一时代的要求，有一条就是，现代企业竞争中，知识和信息固然重要，但真正能决定胜负的是创造力。一个企业要更好地适应变化的时代，就必须不断进行管理变革，变传统管理为创新型管理，高度重视人的潜能和创造力的开发，最大限度地发挥人的创造性和主动精神，大力进行新技术开发与研究，提高资金运筹能力与资金效率，不断提供高质量的新产品，建立和完善现代营销体系，以及进行与此相关的制度与组织的创新等。

稻盛先生认为，永远保持创造性是企业得以提高核心竞争力的关键因素，而要使企业保持创造性，就要在企业内部营建一种富有创造性的文化氛围。而人才是先进企业文化和企业文化建设的重要创造者和传播者，人才在企业创造性文化中起着基础性和决定性的作用，因此要充分开发企业人才的创造性，这样才能使企业可持续发展。

员工之"行"

具有创造能力的人才是老板争抢的宠儿。通过创造，克服工作中的困难，既为企业实现经济效益的最大化，又为自己提供更广阔的发展空间，最终使自己成为那个不可替代的人。

在职场上，不敢向高难度的、创造性的工作挑战，是将自己的潜能画地为牢，只能使自己无限的潜能化为有限的成就。但是敢于创造，我们就会在职业生涯中做得更优秀。

创造实在是一门艺术，创造性思维是掌握这门艺术的必由之路。成功者都是令人羡慕的，然而只要我们掌握创造这门艺术，我们离成功也就不远了。在工作上，一定要发发挥自己的创造力，更要将精力集中于有创造性的工作上。

怎样才能集中精力地在工作中发挥自己的创造力呢？首先，要对自己充满自信，相信自己的能力，一个对自己都无法产生信赖感的人，是无法完成好工作的。其次，不要仅仅满足于一些没有难度的工作，只求无过，不求有功，没有创造的动力。再次，培养自己与众不同的思维模式，不要受到社会约定俗成的规定的影响。

综上，在工作中发挥我们的创造热情，才能提升我们的竞争力。让我们在工作中做得更出色。

经典教育

巴菲特
给儿女的一生忠告

李旭影 ◎ 编著

吉林出版集团股份有限公司
全国百佳图书出版单位

图书在版编目（CIP）数据

巴菲特给儿女的一生忠告 / 李旭影编著 . -- 长春：
吉林出版集团股份有限公司 , 2021.1

（经典教育）

ISBN 978-7-5581-9602-7

Ⅰ . ①巴… Ⅱ . ①李… Ⅲ . ①家庭教育 – 经验 – 美国
Ⅳ . ① G789.712

中国版本图书馆 CIP 数据核字 (2020) 第 270182 号

前言

　　2006年6月，世界第二富翁、被誉为"股神"的美国著名投资家沃伦·巴菲特宣布，捐出370亿美元投向慈善事业，这些财富约占其私人财富的85%。当时，《纽约时报》的一位记者问他："您把大部分财富都捐了出去，您会给您的儿女留下什么呢？"

　　沃伦·巴菲特说："我已经把最珍贵的财富留给了我的儿女啊。"

　　"儿女们小的时候，我并没有过多要求，而是让他们做自己喜欢做的事情，玩泥巴侍弄花草，听音乐唱歌，看摄影作品，在田野里疯跑，都是他们生活的内容。我所做的就是尽量使儿女们快乐，并给他们提供尽可能多的事物，让他们有更多的选择。我也从来没有要求过他们必须成为企业家，而是让他们选择自己喜欢的事情。

　　"我取得今天的成绩，很大程度上是因为我勤于思考，总结了一些规律。所以，我经常告诫儿女们要有思考的习惯，并在勤于思考中学会善于思考。

"活着，快乐最重要，亿万财富不会给人能力和成长，反而会消磨你的激情和理想。从一定意义上讲，金钱只是一串无意义的数字，只有拥有乐观、自信、勇敢、勤于思考的性格才能收获快乐而丰富的人生。因此，可以说，我已经把我最珍贵的财富都赠送给了我的儿女们。"

他被称为"股神"，是不少投资界大佬的人生导师；他是一个大慈善家，向全球需要帮助的人们伸出援助之手；他也是一个杰出的父亲，是三个儿女的好爸爸。作为投资人，被誉为"股神"的巴菲特是成功的；而作为父亲，他也是出类拔萃的。

尽管巴菲特的三个儿女没有继承巴菲特的衣钵成为金融界的弄潮儿，但他们都在各自所处的行业中取得了令自己满意的成绩。长女苏茜，成为一名基金管理人兼家庭主妇，热心于教育事业；长子霍华德，为解决全球饥饿问题做着自己的努力；小儿子彼得，则成了获得艾美奖的音乐家。

也许，你会认为巴菲特的三个儿女没有"长江后浪推前浪"，继续"股神"的传奇。但是你不得不承认，巴菲特的儿女们并没有因为父亲的杰出而丧失个性，他们过得很开心，都获得了属于自己的幸福人生。

与此相对的是，当下许多父母会给儿女大量的金钱支持，让他们过着衣食无忧的舒适生活；许多家长一味地给儿女讲美的一面，却只字不提恶的一面，当儿女走进社会后，就会变得茫然和无助，面对意外不知所措；许多父母会为儿女包办一切，让他们照自己的计划按部就班地过每一天……然而，父母憧憬的未来却未必是儿女想要的人生……

假如父母不尊重儿女的独特性，也不允许他们去发掘自己的天赋，这就会导致不幸的结果。儿女需要犯错，才能从中学习；儿女需要创造属于自己的成功，才能建立自尊。当善意的父母给儿女铺就的道路太过平坦时，同时也剥夺了儿女赢取自尊的机会，这也会让儿女们在塑造性格的过程中欠缺了战胜挫折的经历。对儿女们而言，只有战胜这些挫折才能拥有真正、持久的自信。即便是不富裕的家庭，父母也能以自己的言行影响儿女的人生走向，帮助发掘自身的潜能。每个人都有自己独一无二的故事，也有独一无二的生活方式，只有寻找到自己在世上要走的道路，才能走得更远，更有力。

目录

巴菲特给儿女的处世忠告

巴菲特给儿女的性格忠告

第九章　信任和包容是对孪生兄弟

巴菲特给儿女的事业忠告

第十章　管理的最高境界是管理自己

巴菲特给儿女的
人生忠告

第一章

做独一无二的自己

忠告1 你的人生由你打造

"去自己要去的地方，而不是自己现在所在的地方。"

巴菲特夫妇在教育子女方面目标非常明确，他们希望孩子能够作出自己的选择，在所做的每件事中，都能留下属于自己的特殊印记。

巴菲特告诉孩子："你的人生由你打造。"职位、地位或财富潜力并不重要，重要的是活出自己的风采，活得开心和快乐。所以，他的大女儿成为一位投身教育事业的家庭主妇；长子霍华德经营了一家农场还兼职做摄影师；而小儿子彼得则选择了音乐之路。他们没有一个人"子承父业"，进军金融界！

世界上没有两片相同的树叶，每个人的一生都有不同的活法，有的轰轰烈烈，流芳千古；有的平平淡淡，只在自己家人、朋友的脑海里画下一道符号。选择的钥匙就在你手里，你决定自己的路前往何方。

"什么？你要退学？"

"是的，妈妈，我想经营一座农场。"

当霍华德向母亲提出这个埋藏在自己心底多年的想法时，巴菲特夫人苏茜非常诧异，因为无论在什么社会，读完书再工作已经成为一条铁律。她决定和丈夫巴菲特商量一下再说。

一向对子女采取宽松教育的巴菲特，也开始犹豫了，他不知道这是霍华德一时的冲动还是深思熟虑的结果，他必须弄清楚这个问题。在一个夜晚，巴菲特找霍华德好好地谈了一次。原来霍华德自小就羡慕那种田园生活，希望在一片土地上播种希望，收获梦想。看到儿子讲起农场时发亮的眼睛，巴菲特不禁想起了年轻时候的自己。

年幼的巴菲特就对经济产生了浓郁的兴趣，满脑子都是如何做生意。他五岁时就摆地摊兜售口香糖，长大一些后带领小伙伴到球场捡用过的高尔夫球，然后转手倒卖，生意颇为红火。上中学时，除利用课余时间做报童外，他还与伙伴合伙将弹子球游戏机出租给理发店老板，挣取外快。当读到价值投资鼻祖格厄姆的《聪明的投资者》一书时，他就像一个迷茫的信徒受到神的指引一样，一下子顿悟，并不断学习，最终成就了自己的事业。

想到这里，巴菲特语重心长地告诉霍华德，人的能力有时候并不需要学校的一张毕业证书来证明，读大学也并不是所有人的必经之路，所以他不反对儿子的退学决定。不过这不是喝水吃饭这么简单的一件事，如果开农场真的是儿子的梦想，退学也无可厚非，但如果这只是霍华德一时兴起，那么退学将成为他人生永远的痛。

人生在世，不如意者十常八九。但一个人被迫从事自己不喜欢的事，绝对是最大的痛苦。不管别人的看法如何，你的生活都是自己经历，都是自己在感受。只有过上你自己喜欢的人生，你才能创造性地把它做好，你的主动性会不知不觉地发挥出来，你会享受自己的人生旅途，大部分人之所以过得不快乐，就是因为他们是为别人而活，他们的人生是被别人设计的。

所以巴菲特还是赞成儿子自己的选择，只要他能够完全把握好这件事的得失。不过霍华德毕竟以前没有开过农场，也许好好经营一块土地对那些从小就和泥土打交道的农夫来说，实在是简单得不能再简单的事情了，但对于他来说，就有理想和现实的差距了。当巴菲特在大学学习投资方面的内容时，有同学问他到底一天花多少时间来准备功课，巴菲特回答说自己无法精确知道自己花了多少时间，因为他一直在读书、温习功课，他认为"我已经准备得足够好了"这种事是对自己不负责任，天上不会无缘无故地掉下馅饼，任何事情都需要你去准备和了解。巴菲特把这个道理告诉了霍华德：要想实现自己这个梦想，必须付出极大的努力和艰辛。

于是霍华德卖了祖父给他的股票，买了一台推土机，开始务农。他按市价向父亲租用了一家农场，尝试协助农民生产更多的农作物。后来他更远赴非洲，致力于一场对抗贫穷与饥饿的战争。他最雄心勃勃的计划是，让非洲农民能够免费使用抗旱玉米生物科技。

　　真正的爱，不是约束，不是占有，而是让对方过得更好。在孩子们还非常小的时候，巴菲特就对他们进行宽松的教育，让他们喜欢什么就玩什么，他所做的就是让孩子们不接触毒品等真正伤害人一辈子的事物。因为人是社会动物，如果违背伦理道德，违背法律民风而追求自己的"个性"，终究会误人误己。他不因为自己的好恶左右孩子们的判断，他更多的时候只是一个守卫者，而不是一个领路者。要想孩子一生过得灿烂和充实，就必须让他们充分发挥自己的潜力，做自己喜欢的事情。

　　无独有偶，还有不少成功人士抱有和巴菲特一样的想法。大名鼎鼎的纽约市市长、"彭博资讯"创始人迈克尔·布隆伯格就是个典型的例子。乔治娜是布隆伯格最小的女儿，她不想进军商界和政界，而是喜欢体育。2003年，她在北美青年马术锦标赛上夺得人生第一块个人金牌，并准备进军2012年伦敦奥运会。多数时候，乔治娜和母亲住在纽约北部小镇的马场里，她在那里苦心练习马术，但付出的代价也很大：背部受伤，锁骨两处骨折，还曾摔成脑震荡。她的自立和顽强让她荣登福布斯"最迷人的亿万富豪千金"排行榜。

　　保·特纳在美国是一位颇有影响力的环保人士，然而他的父亲比他的名气更大：CNN创始人、前总裁泰德·特纳，福布斯财富榜上有名的亿万富翁。同样，父亲也没有强迫他子承父业，去新闻界或者商界大展手脚，而是尊重了他自己的意见。保·特纳成立了"特纳青年环保中心"，旨在培养年轻人的户外生存技能，向他们灌输尊重自然的意识，然后教会他们有关生态系统的知识。《纽约时报》将保·特纳称为美国最有影响力的环保人士。

"老甲壳虫"之女斯特拉·麦卡特尼也是一个例子。当斯特拉从伦敦的中央圣·马丁艺术与设计学院毕业的时候，她不过是人们眼中一个明星大腕的女儿罢了，但经过多年的努力，她现在已然是享誉世界时装界的先锋人物。出道后，她曾为一家著名时装公司设计了两款时装系列，在此之后便坐上了这家时装公司创意总监的宝座，当时年仅25岁。有传闻说，卡尔·拉格菲尔德对此曾做过这样的评价："这家时装公司应该向大人物伸出邀请之手。他们确实这样做的，我希望斯特拉能够像她的父亲一样才华横溢。"

霍华德最终靠自己的努力证明了自己的决定是正确的，过了几年以后，同样的情况再次发生，巴菲特的小儿子彼得也决定从斯坦福大学退学，从事自己的音乐事业。彼得后来说："我的父母总是鼓励我去找寻自己的幸福，我可以做自己喜欢的任何事情，他们在这一点上很真诚，但这是他们的真实想法吗？父母对孩子寄予着他们自己的喜好和自己的梦想，这难道不是朴素的人性吗？如果我选择音乐这个前途未卜的非主流行业，我会让他们失望吗？如果我选择一个与学历无关的领域，会不会浪费了斯坦福大学的优越教育机会呢？"

巴菲特没有让自己的孩子失望，在听取彼得详细的规划以后，他又一次支持了孩子的决定。他对彼得说："彼得，你知道吗？你和我其实在做同一件事情，音乐是你的画布，伯克希尔—哈撒韦公司是我的画布，我每天都在上面画上几笔。"

父亲的事业如此成功，却把自己的工作和彼得的音乐事业相提并论，这让彼得非常感动，也更加的尊重父亲，父亲能承认自己也在全力追寻自己选择的人生，这就是对自己最大的肯定。

果然，经过数十年的钻研，彼得成为一位优秀的音乐人，他推出了多张音乐专辑，获得无数荣誉，他在自己的人生画布上画出了精妙绝伦的图案。

巴菲特在投资领域享受了人生的快乐和趣味，同样，他的子女们也在各自的领域发挥着自己的特长与技能。人生其实就是一条长长的跑道，我们都在上面奔跑，每个人的选择不一样，所看见的风景也就不一样。找准自己真正热爱的事业，并全身心地投入进去，你会在彩虹的尽头找到金子。

你的人生由你打造，做独一无二的自己，抒写一个专属于自己的故事吧！

编者手记

父母教育孩子的时候，最喜欢挂在嘴边的一句话就是："这是为了你好。"殊不知，真正地为子女好，就是给他们选择的自由。

子女某种程度上是父母的影子，所以很多父母把自己的理想理所当然地设置为孩子的梦想，当孩子无法选择自己的生活时，他们就如同鸟笼里的小鸟，永远也不会快乐和自由。

让孩子们找到自己的兴趣，寻找自己的方向，把成才的钥匙把握在自己的手中，家长只需要给他们提供帮助和支持，这样就可以让很多孩子实现自己的梦想——说不定，你家的孩子，就是下一个朗朗呢。

忠告2　兴趣是最好的老师

"抛开其他因素，如果你单纯缘于高兴而做一项工作，那么这就是你应该做的工作，你会学到很多东西。"

在巴菲特成为世界上首屈一指的大富豪后，不少人开始探究他的成长历程，希望找到他成功的秘诀。

巴菲特出生在奥马哈这座普普通通的城市，他的祖父是一位普普通通的小商品经营者，他的父亲则是一位名不见经传的银行工作人员。可以说，他的出身极其普通，但并没有人强迫幼年的巴菲特去打工养家，他所有赚钱的想法完全是出于自己的爱好。

巴菲特小时候的第一个玩具，也是他最喜欢的玩具之一，就是一个绑在手腕上的金属货币兑换器。"他非常喜欢这个玩具。"他的姐姐，多丽丝·布赖恩特夫人回忆道。

小时候，巴菲特就对数字特别敏感。他常与小伙伴们这样消磨整个下午的时间：俯瞰着繁忙的路口，记录下来来往往的车辆牌照号码。暮色降临以后，他们就回到屋里，展开《世界先驱报》，计算每个字母在上面出现的次数，在草纸上密密麻麻地写满变化的数字。就像一个心情愉快的卖冰淇淋的人一样，巴菲特喜欢四处走动兑换零钱，他对兑换零钱的过程和拥有金钱的感觉非常着迷。做数学计算题，特别是涉及用极快的速度计算复利利息，是他从儿童时期就非常喜欢并全心投入的一种消遣娱乐方式。

年轻的巴菲特第一宗真正的生意是在软饮料行业，他母亲回忆说，当她的儿子第一次对自由企业产生兴趣时，还只是一个年仅六岁的孩子。他的冒险行为包括做一个卖可口可乐的小商贩。"那时我们住在爱荷华州的奥克波基湖。沃伦花25美分买了一个装有六瓶可乐的手提式厚纸板箱，他每瓶可乐卖5美分。沃伦对数字非常着迷，特别是涉及赚钱的数字时更是如此。"巴菲特夫人回忆说。后来在他整个的经商过程中，他的利润率一直保持在20%。这就是他能成为身价几十亿的富翁的原因了。

巴菲特还从他祖父在奥马哈经营的杂货店里购买可乐，然后再卖给邻居们。在1989年伯克希尔公司的年度报告中，巴菲特写道："我相信我是在1935年或1936年开始卖可口可乐的，确切地说，应该是在1936年。我以每箱25美分的价钱在爷爷的杂货店购买可乐，然后以每瓶5美分的价钱在附近兜售。这种高利润的零售方式使我及时注意到非同寻常的消费者的吸引力和这种产品的商机。"

10岁时，巴菲特最喜欢卖的软饮料是百事可乐。就像他跟伯克希尔公司的股东保罗·卡西迪解释的那样，"我是在1940年开始卖百事可乐的，因为那时每瓶百事可乐的容量是350毫升，而可口可乐却只有它的一半，但是，两种可乐的售价是相同的。

那是一个非常有说服力的理由。"而后，巴菲特开始在他父亲的经纪人业务办公室里做些张贴有价证券的价格，以及填写有关股票及债券的文件等工作。

到了 11 岁时，巴菲特开始小规模地购买股票：他以每股 38 美元的价格，购买了 3 股受欢迎的城市服务股票。当时，这就是他的资本净值。小巴菲特还说服他的姐姐多丽丝和他一起投资。

随着年龄的增长，他对股票市场的痴迷有增无减，他开始绘制股票市场价格升降的图表。"我对与数字和金钱相关的任何事情都非常感兴趣。"后来巴菲特把股票市场价格的升降图表叫作"小鸡走路的痕迹。"

在接受《福布斯》杂志采访时，巴菲特曾说，"我在 11 岁时就对股票非常感兴趣。那时，我在哈里斯·尤浦汉姆公司打工，负责在木板上做标记，我父亲是那里的股票经纪人。我负责全面工作，从股市行情提示到制图资料。当做完这一切后，我就拿起格雷厄姆的《证券分析》来读，阅读这本书就好像是在茫茫黑夜看到了来自远处的灯光。"

在大学毕业后，对股市无限痴迷的巴菲特恨不得马上就给偶像格雷厄姆干活。由于巴菲特当时还默默无名，所以格雷厄姆拒绝了他的请求。但巴菲特总是不停地"骚扰"他，同时巴菲特自己也卖了 3 年的证券，期间从不间断地给格雷厄姆写信，聊他自己的想法。

巴菲特的执着以及专业，最终打动了格雷厄姆，巴菲特因此为格雷厄姆工作了几年。而那几年为巴菲特积累了非常有益的经验，并让他对自己的投资之道有了一个系统的思考。

巴菲特说："我总是做我热爱的工作。抛开其他因素，如果你单纯缘于高兴而做一项工作，那么这就是你应该做的工作。你会学到很多东西，工作起来也会觉得有无穷的乐趣。可能你将来会变，但是做你热爱的工作，你会从工作中得到很多很多。刚开始的工作多寡无足轻重。

"如果你认为得到 2 个 X 比得到 1 个让你更开心，你可能就要犯错了。重要的是发现生活的真谛，做你喜欢做的。如果你认为得到 10 个或 20 个 X 是你一切生活的答案，那么你就会去借钱，做些短视以及不可理喻的事情。多年以后，不可避免地，你会为你的所作所为而后悔。"

巴菲特成功的秘诀在于他从事了自己喜欢的职业，只有喜欢一件事情，才能深入地探求和思考，才能得到理想的收获。"要做自己喜欢的事情，成功就会随之而来。"

在小儿子彼得还只有几岁的时候，就表现出了对音乐的喜欢。有一次，他邀请了一个名叫黛安娜的小朋友来家里玩，他在他们家的壁炉前为这个小女孩献上一首小夜曲，并唱着保罗·安卡的歌。

在彼得 5 岁的时候，甲壳虫乐队首次亮相，小彼得被彻底震撼了，于是和其他数以百万的家庭一样，巴菲特一家也跑到当地百货商店购买了一张维杰唱片公司发行的《介绍甲壳虫乐队》。很快，小彼得就陶醉其中，他学着约翰·列侬弯曲膝盖，还模仿保罗·麦科特尼在唱他的代表句"yeah，yeah，yeah"时伸脖子的动作，他不停地听着这张专辑，以至于唱针最后都断了。于是彼得用母亲的缝纫针来替换唱针，继续听了起来！

大学二年级时，彼得的一个朋友邀请他去听一个吉他手的演奏，没有华丽的指法，没有为表演而表演的技巧，可他的音乐却走进了彼得的内心深处。彼得忽然明白：这就是音乐，他完全可以做到！

于是，彼得在一种狂热的状态下创作乐曲，他写了两首歌，然后打开录音机，开始叠录其他部分，他边听边写，边试边删。他希望自己的音乐能够摆脱浮华和张扬，变成真正能抵达人灵魂本质的东西。第二天，彼得的一个朋友开车接他去沙滩玩，于是他带着自己新录制的这盘磁带在路上听，他经历了一生中最奇妙、最震撼的感觉——他被一种由责任和狂喜混合而成的引力，钉子一样地钉在了座位上。

用按彼得自己的话说："在那段短暂的行车旅途中，通过土褐色的二手本田扬声器，我听到了自己的未来。"

可以说，音乐一开始就选择了彼得，可是彼得到最后才选择了音乐。彼得对音乐无穷的兴趣最终使他成为一位成功的音乐人。2008年，彼得在佩利媒体中心位于纽约和洛杉矶的分会场进行演出，巴菲特不仅出席了演唱会，还加入了彼得的演出，他带来了那把小有名气的夏威夷吉他。在一曲《她是不是很甜美》的激情演奏后，巴菲特告诉观众，他来这里"为了看看我在钢琴课投资中获得的回报"，这一席话，逗得观众哄堂大笑。

爱因斯坦有句名言："兴趣是最好的老师。"古人亦云："知之者不如好之者，好知者不如乐之者。"兴趣对学习有着神奇的内驱作用，能变无效为有效，化低效为高效。有不少名人也都是从自己喜欢的事情做起，最后取得了令人羡慕的成绩。

从事我们真正感兴趣的事情，是我们人生的开始。也许你的兴趣不能带给你显赫的地位、殷实的收入，但它能让你快乐。

编者手记

兴趣是我们从事任何事业热情的源泉。

说起篮球，大家都会想到姚明。他在 9 岁的时候才开始对篮球感兴趣，而到 12 岁时，他已经非常喜欢篮球这项运动，并表现出极高的天赋。后来父母把他送到上海体育学院，每天都要打几个小时的篮球。由于姚明住校，离家的路途比较遥远，这使他有更多的时间打篮球，因此对篮球越发专注了。最后，姚明凭借着自己出色的球技，成了国人的骄傲。

相比之下，很多人一提起上班就无精打采，到了公司或单位也浑浑噩噩，无所事事。这又是为什么？因为他们没找到自己热爱的职业，他们的兴趣完全不在此。

人生其实就是匆匆几十载，为什么要活得麻木且痛苦，而不选择开心和快乐呢？大多数人都没有找到自己的兴趣所在。选择权其实在你手里，只不过你被太多的包袱压得喘不过气，而牺牲了自己的选择权！是的，我们生活中有太多的"被迫"，你还希望你的孩子也过这种生活吗？各种多如牛毛的"兴趣班"，做不完的"课外作业"……让孩子选择自己真正喜欢的"兴趣班"，过得愉快而且惬意吧。这才是真正地爱孩子。

忠告3 崇尚工作而非报酬

> **"吸引我从事工作的原因之一，是它可以让你过自己想过的生活。你没有必要为成功而打扮。"**

巴菲特曾说："现实是，工业社会的逐利性使我们认为，努力挣钱，再花钱买到你很少用到的东西，你就会得到满足，但你从中永远得不到快乐。多即是好的概念使我们成为金钱的奴隶，何不尝试一下少即是多呢？你会从中找到另一番天地。"

到底是一份你喜欢的工作重要，还是一份可观的薪水重要？

也许巴菲特的三个孩子苏茜、霍华德、彼得最有权力回答这个问题，因为只要他们愿意，就可以在华尔街大展身手，在父亲的帮助和指点下轻松地赚取大量的真金白银。这些在别人眼里唾手可得的机会却被他们放弃了，是他们不差钱？还是他们已经过上了极其富庶的生活？

答案是否定的，苏茜很多时候需要自己打工才能买上一两件漂亮的衣服；霍华德办农场找父亲借钱，还得给父亲支付和银行一样的利息；而彼得干脆直接向银行借贷买房子！

原来，巴菲特家族有独特的家族价值观——崇尚工作而非报酬。

首先，崇尚工作并不是很多人的错误理解。有些人认为，良好的工作态度就是每天加班加点地拼命工作，即使他对这份工作毫无激情，甚至心生厌恶，还要按照上述思路，单纯地努力、压制自己的喜好和时间上的付出。

其实这些只不过是自己在折磨自己罢了！或者毫不客气地说，这是惰性和缺乏想象力的表现。为什么不腾出一些时间和精力来干一些自己真正喜欢的事情，或者下定决心换一份自己喜爱的工作呢？

巴菲特告诉孩子们：良好的工作态度，首先在于发掘自我。当从事喜欢的工作时，就算工作多么艰辛，多么劳累，都会有一种开荒的快感，甚至产生一种完成任务的神圣感。

在孩子们的回忆里，父亲巴菲特大多数时间都是在家里工作。他会长时间待在书房里研究大量深奥的书籍。"后来我才知道，他读的是《价值线》和《穆迪投资》——数以千计的公司及其股票的统计分析等内容。"即使巴菲特研究的都是看起来很枯燥的课题，但他依然全神贯注，心无旁骛。就像彼得所说："他在研究那些内容的时候，可以轻松达到类似佛教僧人深思禅经那样的境界。"

这些在外人眼里乏味到极点的工作，为什么他自己能保持如此源源不断的激情呢？巴菲特给出了答案。因为他从不为钱而工作，虽然最后他也获得了金钱，但这是工作的副产品——对巴菲特投资才华的肯定。工作的真正实质是：激发他无穷的好奇心，验证他对实际业绩的预测能力，体验挖掘价值和新机遇的可能性。

巴菲特认为，崇尚工作报酬而非工作本身所带来的一个问题就是，报酬随时有可能被人夺走。有些人在谈论对待财富的态度时，会认为他们是在谈论工作态度。他们声称自己非常看重勤勉、自律和毅力，但他们并非真正推崇这些素质。他们真正推崇的是这些素质带来的财富。他们崇尚的是收益，而非过程。

凡是经历过经济危机的人，都知道获得金钱的机会其实很容易被人偷走。假如有人在自身无错的情况下公司倒闭了，那是否就能由此推断：他前一天很成功，后一天很失败呢？假如有杰出的企业家，因为国际大环境的动荡失手，是否就因此认定他已经一无是处了呢？

巴菲特曾经碰到过一个名校毕业的学生，他的成绩不错，人也很聪明。巴菲特问他："下一步你打算做些什么？"他回答说："可能继续读 MBA 吧，然后去华尔街的大公司，简历上看着漂亮点，钱也能挣得更多些。"

"那么你就不想出去旅游或者找个女朋友吗？而且据我观察，你对金融投资什么的一点都不感兴趣……"

"我倒是想去非洲拍摄野生动物，可是，您知道，我需要更多的钱来生活。"

巴菲特给他的意见是："等一下，你才这么年轻，你做了这么多事情，你的简历比我看到过最好的还要强十倍。现在你要再找一个你不喜欢的工作，你不觉得这就好像是把黄金埋进土壤里吗？而且你已经挣得不少了，你应该选择你真正热爱的行业。"巴菲特给他的告诫是，不要为了让自己的简历看上去风光无限而去做一些自己不喜欢的事情，选择那些自己热爱的工作才是最重要的。

所以我们要常常问自己：我们为什么要工作？工作到底意味着什么？我们每天日出而作、日落而息，一周五天连轴转，有时周末都要加班，究竟值不值得呢？无论是刚走出校门踏进职场的学生，还是已在职场打拼多年的上班族，都会被这类问题困扰。如果不把这些问题想清楚，我们便无法集中精力工作，以致在职业的道路上步履维艰。只有对此有了充分的认识，获得了完美的解答，我们才能满怀信心地奋然前行。

事实上，古今中外卓有贡献的人无不对此问题有着深刻的认识。正是领悟了工作的真谛，这些人才迸发出了超乎常人的热情；正是在正确工作观的激励和引导下，才取得了超越常人的卓越成就。所以，每个参加了工作的人，首先必须对工作有一个正确的认识。想从平庸走向卓越的人，尤其要对此有深刻的理解。因为只有正确的工作观才会使人产生持久而强大的工作热情，正确的工作观是成功路上的指路明灯。

但凡有所成就的人，都没有把薪水作为主要目的，而是把工作当做自身进步的阶梯。

英国著名科学家法拉第想进皇家科学院工作，知情人告诉他："在那里，工作是十分劳累的，报酬却很少。"法拉第毫不在乎地说："工作本身就是一种报酬。"总而言之，你是在为自己工作。在工作中，不断丰富自己、提高自己最为重要，薪水不是主要目标，发展才是工作之本，成功才是终极目标。

美国著名作家阿尔伯特·哈伯德说："工作所给你的，要比你为它付出的更多。如果你将工作视为一种积极的学习体验，那么，每一项工作中都包含着许多个人成长的机会。"一个人如果总是为自己到底能拿多少工资而大伤脑筋的话，他是看不到工作背后的成长机会的，当然也不会重视自己从工作中获得的技能和经验。事实上，决定他未来发展的恰恰是这些技能经验和成长的机会，而不是现在他可以拿到多少薪水。

卓越的人士都具备这样一种认识，在工作中他们都更加看重自己所做的工作能给自己带来什么成长和机会，能否实现自己的人生抱负，而不是去关注自己能挣多少钱。因为他们知道：从长远来看，获得挣钱的本领比挣钱本身更重要。正是这种正确的认识，使他们能够比同职位的其他人成长得更快，也将更早获得成功。

工作不仅是赚钱的一种方式，也是一个实现自我价值和个人爱好的平台。实际上，我们每个人的能力与价值都需要通过工作才能体现出来，在工作中获得完善和提高。哪怕你是旷世奇才，没有了工作的平台，你的才能也只能储存在体内而不能发光。工作可以使我们释放能量，让我们体验到实现自身价值的满足感。所以说，工作就是一个人实现自我价值的舞台。

巴菲特自己的行动感染了孩子们，彼得依然记得，当年，身穿卡其布裤子和破毛衣的父亲在书房里踱步，脸上带着一种近乎圣洁的平静表情，他说自己被深深地震撼了。这就是真正的快乐，工作的快乐。或许，从那个时候开始，父亲就在他心头埋下了一颗种子，让他一路奔向自己所钟爱的音乐事业。"他从来不教导我什么，他希望我学习的，都是他自己用行动表现出来的。"

生命本很短暂，我们工作、奋斗正是为了实现自我价值，能够把自己的才华淋漓尽致地发挥出来。如果把金钱当做唯一的指标，这样的生活是乏味而缺乏激情的。我们完全可以站得更高，看得更远，从更加高深的层面来看待问题。崇尚工作，而非报酬，让有限的生命发出璀璨的光芒。

编者手记

很多科学家都是为了实现自己的人生价值而工作的，比如爱因斯坦。

为了避免耗费人生有限的时光，爱因斯坦善于根据目标的需要进行学习，使有限的精力得到了充分的利用。他创造了高效率的定向选学法，即在学习中找出能把自己的知识引导到深处的东西，抛弃使自己头脑负担过重和会把自己诱离要点的一切东西，从而使他集中力量和智慧攻克选定的目标。

1952年，以色列国鉴于爱因斯坦科学成就卓越，声望颇高，加上他又是犹太人，当该国第一任总统魏兹曼逝世后，邀请他接受总统职务，他却婉言谢绝了，并坦然承认自己不适合担任这一职务。

但现在不少人，他们工作和研究的唯一目的就是赚钱或者权力与地位，我们是否也该思考一下我们工作的真正目的呢？

忠告4　技艺的练习没有捷径

"据我所知，不溺水的好办法就是会游泳。"

在孩子们长大的过程中，巴菲特喜欢带他们去海边游泳，去高尔夫球场打球，或者一起体验桥牌的乐趣。孩子们学起这些技艺来，通常很快，但都有一个通病：学会了就不爱再去尝试了，而去玩新玩意了。看到孩子这种"喜新厌旧"的习惯，巴菲特给孩子们讲了自己学习高尔夫的故事：

巴菲特擅长很多体育项目，高尔夫就是其中之一，不过打好高尔夫并不是件容易事。在巴菲特刚学的时候就出了不少洋相，可随着巴菲特生意越做越大，高尔夫已经成为社交、生意场上不可或缺的一部分，于是巴菲特决心好好练习一下。高尔夫中包括握杆的技巧、瞄准的技巧都需要不断的练习，不过巴菲特乐在其中，只要有充裕的时间就去球场里打上几杆，然后请教一些球技出众的球友。经过一段时间的练习，巴菲特摆脱了高尔夫新手的身份。

巴菲特告诉孩子们：任何一门技艺的熟练掌握都需要不断地练习，必须找一个引路人，然后不停地重复再重复，直到最终达到炉火纯青的地步才行。

巴菲特得知彼得对音乐十分感兴趣后，为了让彼得学好钢琴，巴菲特一共给彼得请了三位钢琴老师。

彼得的第一位钢琴老师比较中规中矩：读音符，数拍子，正确地把手指放到相应的琴键上。虽然不是很有创意，但这种做法完全正确而且十分必要，它包含了一个可能在各个领域普遍适用的真理：只有把基本功练扎实后，你的想象力才可能有质的飞跃。如果没有枯燥的磨炼做基础，创造力不会为你酿造杰作，只会带来残次品。

而第二位老师从五年级时开始教彼得，她采取的是一种巧妙而非常独特的策略。比起音符，她对声音更感兴趣。比如说，为什么西蒙和加芬克尔的歌曲不同于莫扎特的奏鸣曲？简单的 C 大调和弦可以发出多少种声音？如何用同一种乐器弹出肖邦或刘易斯的感觉？从第二位老师这里，彼得懂得了每次把手指放到琴键上时都会面临一个选择，不仅是弹奏哪个音符的问题，而是如何弹奏的问题——如何使它听起来像自己弹的东西，最重要的是，如何使它听起来有自己的风格。

第三位老师以此为基础将其提升到了一个完全不同的境界。对她而言，音符和规则只是最基本的原材料，我们学习它们的目的只是为了将其升华。声音只是一种手段，其目标是到达一个更为重要的终点：自我表达。

彼得的三个老师循序渐进，让彼得逐步步入了音乐殿堂，也让彼得明白了，要学好音乐，得首先打好基础，培养一种更广阔的思维，然后不停地练习。

在一次记者会上，有人问李嘉诚成功的秘诀，李嘉诚给这个提问者讲了一个故事：

日本"推销之神"原一平在 69 岁时的一次演讲会上，当有人问他推销的秘诀时，他当场脱掉鞋袜，将提问者请上讲台，说："请你摸摸我的脚板。"

提问者摸了摸，十分惊讶地说："您脚底的老茧好厚呀！"

原一平说："因为我走的路比别人多，跑得比别人勤。"

提问者略一沉思，顿然醒悟。

李嘉诚讲完故事后，微笑着说："我没有资格让你来摸我的脚板，但可以告诉你，我脚底的老茧也很厚。"

天下没有免费的午餐，要想掌握一门技能，就必须严格要求自己，不断练习，不断熟悉，这没有一点捷径可走。人类最深切的渴望是成为一个重要人物，每个人内心深处都在追求、渴望成功和快乐，都在逃避、拒绝失败和创伤，没有人希望自己是人群中可有可无的小角色。谁都想通过自己的努力，成为才华横溢、受人景仰的人。

然而，要想受人敬仰并不是一件轻而易举的事，只有掌握一门技能，才能干好一份工作，干好一份工作才能脱颖而出，脱颖而出以后，才有机会被更多的人熟知和了解。

古雅典卓越的政治家、演讲家德摩斯梯尼，年轻时口吃，说话气短，而且爱耸肩。这大概是最不适合学演讲的人了，所以他初学演讲时曾被听众哄下台。但他毫不气馁，为了练发音，他嘴含石子练朗诵；为了克服气短，他一面攀登陡坡，一面吟诗；甚至悬起两把剑来改正自己爱耸肩的毛病。经过坚持不懈地努力练习，他终于成为著名的演讲家。

不经常下厨房的人，永远掌握不了牛排的火候；不常在射击场训练的士兵，永远也不会成为神枪手；不经常读书的作者，永远也写不出针砭时弊的文章……就像有人说过："要想刺刀锋利，你就得经常擦拭它。"

有一天，巴菲特读到这样一篇报道以后，把它递给儿子，希望儿子从中学到什么：

巴伐洛夫，1926 年 5 月出生在莫斯科郊区的一个小村庄。很小的时候他就出来半工半读，一把约 20 斤的大铁锤成了他参加社会建设的主要工具，为此，乡亲们曾亲切地称他为"大铁锤"。

他热爱劳动，喜欢运动，一直想成为一个真正的英雄，17 岁那年，巴伐洛夫参军，经过短暂的训练后，他很快就随部队投入到对法西斯的大反攻作战中。在长达 4 个多月的会战中，巴伐洛夫随苏军主要突击兵团向法西斯匪徒勇猛进攻，顽强地突破了德军坚固设防的战略防御带，粉碎了德军所谓的"东方壁垒"。

在惨烈的登陆争夺战中，德军从西欧调来了大量的党卫军和坦克兵团进行疯狂反扑。巴伐洛夫和战友们用反坦克枪和燃烧瓶先后击毁了数辆敌军坦克。接着，他们又与进入阵地的纳粹党卫军展开了肉搏战。在几度易手的阵地上，身高 1.84 米、擅长摔跤的巴伐洛夫将凶恶反扑的法西斯匪徒一个个摔在烂泥里，并用冲锋枪和铁锤把他们送回了"老家"，因此，成为让敌人望而生畏的"战神"。

彼得听从父亲的安排与教育，无论什么时候都没有放弃对音乐的练习，因为只有不断熟悉，灵感才会如同泉水汩汩而出；只有不断练习，对音乐的理解才能更加深入。练习的过程是枯燥乏味的，但毛毛虫要想实现蝴蝶展翅的那一刻，它就必须承受结茧时的不见天日，要想自己能"独一无二"，就必须付出时间和耐心，以期有所作为。

编者手记

　　每个人都渴望自己能够成功，能够站在最高的领奖台上向世人挥手致意。要想美好的愿望不成为幻影，就需要我们脚踏实地地去劳动，去争取。

　　以前很羡慕篮球打得好的人，也希望自己有一天能够驰骋赛场，为集体争光。后来去学打篮球时才发现，要想运球过人，首先得把运球的基本功练好；要想飘逸地投三分，得锲而不舍地练习投篮；要想跳得高，就得不断地练习下肢力量。可谓是一句老话："台上三分钟，台下十年功。"

　　愿每个希望有所成就的人都能"功在平时"，那么我们才可能在特殊的时刻绽放光彩。

第二章

独立是成长的最高境界

忠告5　父母不能保护你一辈子

"父母是孩子们的引路人，而不是保姆。"

很多父母觉得爱孩子就要给孩子幸福，于是，父母对孩子关怀备至，唯恐委屈他们，从物质到精神，只要孩子需要便立刻满足。尽管孩子吃穿不愁，但是物质上的满足并不会给孩子带来多少幸福感，孩子只有在成长的过程中，通过自己的努力克服生活中遇到的困难，取得成功，才是真正的满足和幸福。

父母不可能一辈子都在孩子身边，终有一天，父母会老去，而孩子们又会成为新的父辈，这是历史的规律。也许每个孩子成长过程中必须经历一个阶段，在这个阶段，孩子一方面想独立自主，不希望父母对他的行动加以干涉；一方面又特别依赖父母的爱和关注。但是当孩子有了自立能力以后，家长必须放权，让孩子们自尊自爱。

巴菲特的女儿苏茜在很小的时候，就开始自己打工赚钱了，她送过外卖，还当过报童。早早的社会实践，让苏茜对经济问题可谓是"斤斤计较"，不过这种生活让她活得自在。她曾经表示"我父亲没有给我太多的钱，他只是告诉我，你做什么也许能赚着钱"，巴菲特给孩子们提供更多的建议和意见，而不是用翅膀把自己的孩子紧紧地聚拢在身边。

后来，苏茜运作基金会，在儿童保障和教育方面积极努力，去过很多发展中国家，她表示："在这么多年的教育工作中，我发现很多孩子的自立能力是比较差的，有些连基本的生活自理能力都没有，从小到大没洗过一次衣服，没做过一点家务，甚至每天去学校还要父母接送，一遇到什么事情，自己一点主见也没有，总是想着依靠父母、老师或者其他人帮助。这样的孩子不仅缺乏独立生活的能力，而且在心智上也很不成熟，以后长大了很容易成为'啃老族'。"

从小就摆脱温室教育的苏茜显然对这些父母的教育方法感到疑惑。她认为，尊重孩子，理解孩子，就应该让他们自己做主。不少家庭都是大人围着孩子转，父母把自己的想法直接实施到孩子身上，让孩子沿着父母设计好的成长轨道一步一步前进。是的，苏茜承认，在西方，父母也需要在某些情况下对孩子的行为进行限制，一些危险动作，或者犯罪行为，但在确保安全的情况下，父母还是需要放手让孩子自己做主，不管这些做法多么稀奇古怪或不可思议，也要让孩子亲手执行决定的过程，让孩子在实践中成长。

另外，培养孩子的独立能力，不是家长单方面的教育过程，而是与孩子互动的过程。通过与孩子的谈话、交流、沟通，更加尊重、理解、信任孩子，相信孩子的独立思想和独立人格，以平等的态度对待孩子，给孩子自由成长的空间，让孩子健康茁壮地成长。

巴菲特一直没把自己当成孩子们的保姆，而是自己当成一个引路人而已，教会孩子们看清人生的方向以及掌握谋生的技能。

我们总是想着要成功，要成为一个卓越的人，可是你有没有想过，要怎样才能实现自己的目标呢？倘若连最基本的自理自立能力都没有，又何谈成功、何谈卓越呢？在巴菲特看来，每个人都像是一个小宇宙，蕴藏着无穷的能量，一旦爆发，可能就会改变自己甚至是世界的未来。不过遗憾的是，很多人并没有发掘到自己的小宇宙，他们还不能及时认识自己、发掘自己，甚至还没有完全摆脱对父母、对身边人的依赖。从另一个方面来看，青少年之所以有着很强的依赖性，很重要的一个原因就是没能很好地发现和利用自己的能量。我们的潜能就像是一座深埋在底下的矿藏，如果不去挖掘，不好好利用的话，永远也无法实现它的价值。因此，我们就必须挖掘出自己的潜能，爆发出潜在的巨大的能量。

现在，许多孩子都是独生子女，是家里众星捧月的宝贝。虽然很多人都会做一些力所能及的事情，也能管理好自己的东西，但是在规划自己的生活方面还是有些问题的。

曾经有位父亲说，他的宝贝儿子已经上初一了，可还是喜欢睡懒觉。每天早晨都要父母三番五次地催他起床，他还总是磨磨蹭蹭赖着不起。可迟到后，他又会埋怨父母不想办法把他拽起来，害得他被老师批评。有什么好的解决方法呢？

其实上学是孩子自己的事，家长可以试着放手让孩子自主安排起床时间，如果再迟到就是他自己的事。孩子大了，他会懂得对自己的行为负责的。家长应该告诉孩子："你已经这么大了，从明天早晨开始，我们不再提醒你起床了，该几点起来你自己上好闹钟，如果闹钟响了你还赖床，我们也不会叫你，迟到了你也要自己负责。"

许多人在自己家人面前总是表现出撒娇和蛮横的一面，但是在其他人，尤其是老师和同学面前还是很在乎自己的形象的。如果很多事情孩子不亲自去做，而是只想着依赖和相信别人的话，那么时间一长，就很容易丧失自理自立的能力。

在日常生活中，理智清醒的父母绝对不会让孩子闲在一边而自己包揽一切，他们会让孩子做力所能及的事，让孩子学会独立。有教育家提出："凡是儿童自己能做的事，应该让他自己做，凡是儿童自己能想的，应该让他们自己想。"

巴菲特的小孙女在4岁的时候，有一天弯腰费力地系鞋带，有一个邻居准备去帮一下这个可爱的小孩子，却被这个孩子用脆生生的童声阻止道："你知道我多大了吗？""不知道，但我想你还小。""我已经不小了！我都4岁了！"巴菲特家族特别注重独立自主意识的培养，孩子的意思是她已经长大了，这种系鞋带的小事不需要别人帮助，自己就可以完成。

社会在不断的进步和发展，要求每个人必须具有健全的人格，强烈的自尊心和自信心，独立自主的意识，这样才能经受人生的挫折，才能符合现代社会选拔人才的标准。否则，即使智力超群，也可能会被激烈的竞争无情地淘汰。因此，爱孩子的父母，就应该学会让孩子自己做自己的事情，引导孩子学习并掌握独立自主的能力，只有这样，将来父母老去，孩子独自面对生活的时候，才能保持头脑清醒，灵活应对；面对千难万苦时，他们才能意志坚定，百折不挠。

自理自立是青少年成长和发展的首要前提，也是他们迈向卓越的第一步。缺乏自立能力的人，即使品学再好，也很难成为自己命运的主人。这样的人，就像是温室里的花朵，经不起一点风雨，只能等着别人来催化成长，却无法真正成熟起来。

其实，自理自立真的很简单，培养这方面的能力只需要从身边的一些小事做起，如主动整理自己的物品、自己的衣服自己洗、为自己做一份学习计划等。要相信自己，只要你肯去做，能坚持，就一定能够做到。

巴菲特的女儿苏茜认为，每个人都像是一个充满能量亟待爆发的小宇宙，倘若连最基本的自理自立能力都没有的话，那么你就无法实现自我独立，也就无法让自己的能量适时爆发，只能由着别人的推动来前进，而一旦你将自理自立的想法付诸行动的话，你就会发现自己充满了能量。要记住，及早学会自理自立，学会安排生活，我们才可以在一个自主的空间舒适地生活，才能在遇到困难时调动自己的能量妥善解决问题，才能做一颗能自由运行的"小行星"。

编者手记

在生活中，看到太多的父母"包办主义"，孩子只管专心读书，其他什么都不用管。可是，孩子终有一天要离开父母的庇护，拥有自己的生活。所以家长应该尽早教会孩子独立，让他们用自己的头脑和眼睛认识世界，从精神上给孩子"断奶"，斩断孩子对父母的过度依赖心理。

给孩子金山银山，不如教会他们一门谋生的技能。每位家长都希望自己的孩子能出人头地，赢得世人尊重，但是如果不让孩子早当家，早早进入社会，他们就会像玻璃一样易碎。所以，从现在开始吧，给你的孩子安上翅膀，让他们独立飞翔！

忠告6 独立思考，不让习惯左右你

"习惯的链条在重到断裂之前，它轻得难以察觉。"

巴菲特到华盛顿大学作演讲，当有学生请他谈谈致富之道时，巴菲特说："习惯就是力量。"巴菲特曾经对"习惯"做过非常恰当的论述。他认为："在公司中，令我最惊讶的发现是一种我们称之为'习惯的需要'——这种压倒一切的、看不见的力量的存在。在商学院里，我从不知道这种东西的存在，而且在我进入商界时，我还不能直观地理解它。那时候我想，正派的、聪明的而且富有经验的管理人员会自动地作出理性的业务决策。但是，

长期以来我意识到事实并非如此。相反，当'习惯的需要'起作用时，理性之花屡屡枯萎凋谢。"

巴菲特曾经讲过这样一个故事：

教士问："有两个人从高大的烟囱里掉下去，一个满身尘土，一个很干净，谁会去洗身子呢？"

年轻人说："当然是满身尘土的人！"

教士说："你错了！满身脏的人看着很干净的人想：我身上一定也是干净的；很干净的人看着满身脏的人想：我身上一定也是满身脏的。所以，是很干净的人去洗身子！"

教士接着问："两个人后来又掉进高大的烟囱，谁会去洗身子呢？"

年轻人说："当然是那个很干净的人！"

教士说："你又错了！很干净的人在洗澡时，发现自己并不脏；而那个满身脏的人则相反。他明白了那位干净的人为什么要洗澡，所以这次他跑去洗了。"

教士再问："第三次从烟囱掉下去，谁又会去洗澡呢？"

年轻人说："当然还是那脏身子的人。"

教士说："你又错了！你见过两个人从同一个烟囱掉下去，其中一个干净，另一个脏吗？"

巴菲特认为，不会独立思考、被自己习惯或者社会陋习左右的人是不值得尊敬的，真正的领导者一定是陈规陋习的粉碎者。一个不会独立思考的人，没有自己想法的人，无论多么有才干，都只能是一个追随者而不是领导者。无所畏惧和创新是所有开拓者的共同特征。

那些为人类文明的进步开辟新路的人，历来都是陈腐惯例的粉碎者，他们总是相信自己的观点，独立思考，不怕被孤立。他们有勇气涉足尚无人迹的荒野，也敢于成为第一个吃螃蟹的人。

巴菲特鼓励人们独立思考，他也要求自己的孩子必须融会贯通地发表自己的见解。所以，巴菲特家的厨房辩论热闹非凡，几个孩子唇枪舌剑，尽情抒发自己的见解。巴菲特深知，每个人都有自己的局限，之所以有人成绩卓然，有人碌碌无为，就是因为前者善于打破陈腐规则，突破自我局限，后者因循守旧，不敢轻易脱离既定环境。

有人曾做过这样一个实验：他往一个玻璃杯里放进一只跳蚤，发现跳蚤立即轻易地跳了出来。再重复几遍，结果还是一样。根据测试，跳蚤跳的高度一般可达它身体的 400 倍左右，所以说跳蚤可以称得上是动物界的跳高冠军。

接下来，实验者再把这只跳蚤放进杯子里，不过这次立即在杯子上加了一个玻璃盖，嘣的一声，跳蚤重重地撞在玻璃盖上。跳蚤十分困惑，但是它不会停下来，因为跳蚤的生活方式就是"跳"。一次次被撞，跳蚤开始变得聪明起来了，它开始根据盖子的高度来调整自己所跳的高度。过了一阵子，这只跳蚤没有再撞击到这个盖子，而是在盖子下面自由地跳动。一天后，实验者开始把这个盖子轻轻拿掉，跳蚤不知道盖子已经去掉了，它还是在原来的这个高度继续地跳。

三天以后，他发现这只跳蚤还在那里跳。

一周以后，实验者发现，这只可怜的跳蚤还在这个玻璃杯里不停地跳着——它已经无法跳出这个玻璃杯了。

这只跳蚤被"习惯"所束缚，玻璃杯"罩"在了跳蚤的潜意识里，也同时罩在了它的心灵上，于是它行动的欲望和潜能被扼杀了。这种依靠习惯的行为，不仅会发生在动物身上，也会发生在我们这些号称高智慧的人类身上。

现实生活中，有许多人也过着这样的"跳蚤人生"。他们年轻时意气风发，多次去尝试成功，但是往往事与愿违，在屡屡失败以后，他们便开始不是抱怨这个世界不公，就是怀疑自己的能力。他们没有不惜一切代价去追求成功，而是一再地降低成功的标准——即使原有的一切限制已取消。就像刚才的"玻璃盖"虽然已被取掉，但跳蚤早已经被撞怕了，不敢再跳，或者已习惯了，不想再跳了。人们往往因为害怕去追求成功，而甘愿忍受失败者的生活。难道跳蚤真的不能跳出这个杯子吗？绝对不是。只是它的心里已经默认了这个杯子的高度是自己无法逾越的。

让这只跳蚤再次跳出这个玻璃杯的方法十分简单，只需拿一根小棒子突然重重地敲一下杯子，或者拿一盏酒精灯在杯底下加热，当跳蚤热得受不了的时候，它就会跳出去。

人有些时候也是这样。很多人不敢去追求成功，不是追求不到成功，而是因为他们的心里也默认了一个"高度"，这个高度常常暗示自己的潜意识：成功不是可能的，这个是没有办法做到的。

"心理高度"是人无法取得伟大成就的根本原因之一。

要不要跳？能不能跳过这个高度？我能不能成功？能有多大

的成功？这一切问题的答案，并不需要等到结果的出现，而只要看看一开始每个人对这些问题是如何思考的，就能知晓答案了。

所以，如果我们经常给自己设限，按照习惯思维认为自己有些事情能做，有些事情确实做不来，那么，这种限制就会束缚我们的手脚。其实一个人的潜力是无穷的，就像一句广告词说的那样："一切皆有可能！"一个人想要取得非凡的成就，拥有精彩的人生，突破束缚自己的那个"心里高度"是首要问题。只有冲破了心中的牢笼，正确地认识自己，拥有足够的信心，才能取得成功。

在亿万年前，恐龙曾是地球上最强大、最活跃的物种之一，但不知道什么原因灭绝了，至今没有一个科学家能拿出确实的证据来证明。但有人曾提出一个观点，就是当环境发生剧烈变化的时候，长期安于现状的恐龙缺乏"应变"的能力，无法改变自己以适应环境的变化。

现实生活中，存在很多恐龙式的人，我们姑且称之为"恐龙族"。

"恐龙族"不喜欢改变，他们安于现状，没有野心，没有创新精神，没有学习热忱，满脑子是目前的状态，不设法改进自己，不让自己有机会进行更好的学习。"恐龙族"不肯承认改变的事实，他们不愿为自己制造机会，而情愿受所谓运气、命运的摆布。

在我们周围，你能发现许多类似的人：他们的生活状态不一定很好，可也不算很坏；他们的生活质量不一定高，可也不算太低；他们的人生说不上成功，可也算不上失败。他们一生最大的愿望就是能将目前的生活状态保持下去。他们也想过冒险，想使自己的人生更加丰富多彩，但他们又担心万一失败连自己现在的也失去了。也就是说，寻求一种生活的安全感成了他们所追求的最高的人生目标。

客观来说，随遇而安、过普通的生活也是一种人生。但是，如果事事随遇而安，把所谓的生活安全感放在人生的第一位，久而久之，我们就会产生一种惰性，机会来到面前也把握不住。

习惯和经验可以起到指导人们行动的作用。但是它既可以助人成功，同时也会束缚人前进的步伐。因此要想获得最大的成功，就不要给自己的人生设限，画地为牢的做法只会圈住自己，让自己发挥不出最大的潜能。

编者手记

有些孩子欠缺独立思考的能力，上学的目的就是应付考试，每天填鸭式地接受知识，然后上更高级别的学校，继续学习知识。如何把知识转化为生产力？如何创新？如何才能改变这个局面呢？习惯的力量让我们没法改变，因为我们都是这么一步一步走过来的。所以我们习惯了，从不深究这会有什么问题，如何改变？

一代又一代人就这么"习惯"下去，也许你在为自己现在的故步自封、墨守成规而忧虑和着急，那么就不要让这种悲剧继续延续到我们的孩子身上，让孩子独立思考，选择自己的心中所爱吧！别让"习惯"继续束缚他们！

忠告7 独立后才能走得更远

> "如果你能从根本上把问题所在弄清楚并思考它，你就永远也不会把事情搞得一团糟！"

巴菲特的三个孩子在成人后，巴菲特并没有在经济上过分帮助他们。他是他们的父亲，也是精神导师，他告诉孩子们，走入社会后，独立可以让他们更自由，活得更加精彩，如今是他们大显身手的时候了。

那些历史上革新世界、大有所为的名人，都乐于面对挑战，他们笑傲江湖，挥斥方遒，成就了自己的一方伟业。

温室里的花朵总是那么柔弱，只有经过暴风雨洗礼后的花儿，才能在春天里怒放，只有踏入社会，才能真正获得成长。

成功的因素有很多，但其中一个很关键的因素就是要有一种敢于冒险的精神，学会独立，自己的事情自己做主。这样才能解放自己的潜力，壮大自己的实力。

没有"温室"的照顾，也许你的生活中会充满风险，但是敢于向风险挑战，在风险面前不屈不挠，去追求一般人不敢去追求的目标，开拓创新，才能取得一般人不能取得的成功。相反，在风险面前畏惧的人，不敢做第一个吃螃蟹的人，不敢去攀登更高山峰的人，肯定不会享受到冒险时的刺激和成功后的喜悦，他们一生只能碌碌无为，甚至被社会淘汰。

青少年时期是人生的关键阶段，树立独立意识，才能真正做好自己命运的主人。为了加强这方面的培养，我们可以在如下方面加以注意：

首先，要学会独立观察和思考。我们应该有意识地锻炼这方面的能力，平时多观察，在观察中思考和领悟。在遇到事情的时候，应该先自己动脑筋，凡事自己先拿主意，实在想不到好的解决方法时再请求别人的帮助。

其次，加强行为方面独立意识的锻炼。这就是说，我们应该学会自理和自立，自己能做的事，就尽量先自己尝试着去做，不要总想着依赖他人。

最后，加强自我管理和自我评价等方面能力的培养。要学会对自己的目标、思想、心理和行为等进行管理和正确评价，学会自我约束和自我激励。

你是在等着别人的帮助，还是在期待上帝的"神奇力量"呢？别再等待了！只有你才是自己命运的掌舵者！

曾经有人问巴菲特："如果出现问题的话，你会去请教什么人？"巴菲特回答说："投资的成败一定源于思想层面。"所以，当真正出现问题的时候，只有对着镜子说话。巴菲特的回答告诉我们，要作一个决定的时候，真正能依靠的只有自己，你必须通过自己的思考去解决问题，把事情完美解决。

哲人说，"风险与机遇并存"，其实巴菲特自己的投资经历就是这样，只有独立，只有解放自己的潜力，挑战风险，才能获得巨额的利润。

早在上中学的时候，巴菲特就已经显示出前瞻的眼光和独立自主的操作能力。1945年，正在上高中的巴菲特，因为当报童时积累了一笔钱。他突然决定去内布拉斯加购买一个农场。这个农场有40多亩，还没有人开垦过。巴菲特决定投入1200美元。

巴菲特的投资举动几乎让所有同学都感到惊异，就连朋友和亲戚们也都劝他慎重。他的父亲老巴菲特只是把他的行为当成孩子般的游戏罢了，也没有过多去关注。他在孩子的投资上比较开放，主要是孩子根本不需要用他的钱来做事情，因此他无须考虑风险。但是巴菲特只是告诉了他这个决定，并不是来商量和征求他的意见。事实证明，霍华德的确多虑了，他的孩子几乎就是个商业神童。巴菲特既当学生又当农场主，之后把那农场出租给了当地的农民，不久就收回成本还赚了不少钱。

巴菲特不依附任何力量做事，包括自己家庭的力量，对亲人的支持也是讲究分寸的。

巴菲特还在上中学时，父亲有次去他的房间，看到他正在填写着什么，就询问他正在做什么。巴菲特兴奋地告诉父亲说，自己在填写报税单，他要给自己的收入缴纳相应的税款了。

听到这里，老巴菲特十分高兴。孩子这么小就已经拥有了如此强烈的社会责任感，能够自觉遵守社会秩序和法律规范，当然让他无比欣慰。他大声地对巴菲特说："好啊，沃伦！我看这次得好好奖励你一下了。这样吧，这次的税款由爸爸代你交了！"

"不！爸爸。这不是你的事情。我的这些收入是理应缴纳税款的。所以，还是由我自己来缴更合适。"巴菲特坚持道。

"呵，沃伦真的长大了。"老巴菲特由衷地赞扬孩子。

随着年龄的增长，巴菲特的独立自主意识和独立思考的能力更加成熟。大学刚刚毕业，巴菲特就到父亲的公司工作。他主要是负责向客户们推荐增值的股票，然后从股票的赢利中抽取自己应得的佣金。在这个岗位上，巴菲特依旧表现出不同凡响的独立判断能力和观察力。

在熟悉了具体业务之后，巴菲特就认真地研究和分析，选中了一支名为 GEICO 的股票，这是政府公务员保险公司的一只股票。为了保证自己的判断正确，巴菲特亲自跑到这个公司去打探消息，了解公司的实际状况，做到了心中有数。但是，当他向公司拿出购买意见的时候，除了公司内部不同意外，还几乎遭到了所有咨询专家们的反对。几位保险业的前辈认真地告诉他，他过高地估计了这只股票的价值。巴菲特再次严密地分析了这只股票，运算出股票的毛利率将能够达到五倍之多，从中获利是无疑的。巴菲特没有犹豫，在没有人相信他的时候，还是始终对自己保持自信。他为此以身示范，拿出了自己的资金，投入 10000 美元购买 GEICO 股票。幸好，他的姑姑爱丽丝也积极支持他投资这只股票。局面逐步打开，一些客户也开始投资 GEICO 股票。

果然，在不到两年的时间里，GEICO 股票攀升两倍之多。他也净赚 5000 多美元。1954 年 8 月，巴菲特如愿以偿地进入格雷厄姆—纽曼公司工作。这是他的导师格雷厄姆和罗姆·纽曼联合创办的投资公司。

在工作的第一年，巴菲特就充分发挥了自己独立思考的能力，展示了在投资上的才华。虽然是刚刚起步，但巴菲特对投资市场的敏锐眼光很早就表现出来。应该说，这是他将长期学习和市场的实践结合所产生的信心。

有一次，巴菲特看上一只名为家庭保险公司的股票。这只股票名不见经传，没有多少可以参考的资料，难以进行准确的评估。巴菲特专门跑到这家公司内部了解情况。最后他判断，这只股票每股 15 美元的价格几乎算是一支非常廉价的股票，其价格肯定会大幅攀升。于是向公司提出了购买的申请。

但是，巴菲特的意见遭到他上司霍华德的反对。他在听了巴菲特的研究和判断之后直摇头，并立即否决了巴菲特的想法。在霍华德看来，还是大家都在购买的一些股票更为可靠，大家都看好的股票是集体共同分析的结果，有着更为详细的市场数据和较小的风险。

面对这种局面，"我相信自己"，巴菲特还是保持个人的独立观点。在公司不予支持的情况下，他说服同事克纳普，在他和自己的账户中各买一部分。

不到一年，这只名为家庭保险公司的股票，价格从 15 美元一直上升到 370 美元，令巴菲特的上司和同事们目瞪口呆。他们都惊异于巴菲特怎么能够在众多的股票中发掘出这只股票来。

这只不过是开始。在纽曼公司的《投资手册》中，写着一条利用不同市场的价格来从中获利的原则。可是一直以来，这个方法还没有人去具体运用。而巴菲特很快就把它应用到实际中，他犹如一个老练的猎手，十分自如地在市场中捕获自己需要的"猎物"。

巴菲特到纽曼公司刚几个月的时候，巧克力股份公司宣布用本公司库存的可可豆来回购一部分公司的股票。巴菲特从中看到了商机。他走访了不同的市场，了解到可可豆在不同市场的价格，认为其间的差价非常可观。

这次公司认同了巴菲特的想法，并由他来具体执行。于是巴菲特一边用股票到巧克力公司换取可可豆，一边拉可可豆到另外的市场出售。由于可可豆的价格高昂，巴菲特为纽曼公司赚取了可观的利润。

然而，在纽曼公司工作不到三年，巴菲特就决定回到故乡奥马哈独自创业。这个时候的巴菲特已经胸有成竹，他相信自己的投资能力，决定从此之后就不再为任何公司和任何人去服务，他要自己做主来实现人生的理想。

1956 年 5 月 1 日，尽管手中没有多少资金，但巴菲特的合伙公司还是顺利成立了。他为公司投入了 100 美元 49 美分，其中 100 美元算真正的投资，那 49 美分只是到商店里购买了一本记账本的费用。

这个小小的企业总共有七位有限合伙人。由于人们对投资领域还是相当陌生，加上巴菲特那时还没有太大的影响力，所以他的企业成员主要以亲友为主，总共募集了十万五千美元。这些资金是他的亲友们因为对他无限信任而投入的，已经尽了他们所能。巴菲特却明确表示，他们这些合伙人都没有投票权，不能对公司的营运指手画脚，要始终以巴菲特的思想为指导。简单地说，一个投资人除了拿投资款项之外，一切其他的事情不能过问。根据奥马哈有关法院保留下来的有限合伙企业证明显示，这七位与巴菲特有着直接关系的合伙人，后来成为奥马哈整个金融市场上的大赢家。以下就是他们最初的投资情况：

如果你把1万美元交给巴菲特，它今天就变成了3亿多美元。得到实惠的最初投资人，当时只是知道巴菲特有能力做好，但的确没有想到，巴菲特竟然把他们带入一个举世闻名的产业中，让他们都变成千万富翁和亿万富翁。所以，随着巴菲特声名鹊起，投资的圈子也慢慢变大，来投资的人越来越多，最初的投资人也不断加码继续投资。他们无一例外都获得了利润。几十年中，巴菲特在30万忠实于他的股东之中，孕育了数以万计的千万、亿万富翁。据统计，在巴菲特居住的奥马哈市，在他的投资带动下产生了200名以上的亿万富翁。这让能够与他接近但又没有给他投资的一些邻居和朋友后来叫苦不迭，遗憾终生。巴菲特创造了股市神话，这已经是全球股市人尽皆知的事实。

倘若巴菲特不独立投资，而是在父母的荫庇下按部就班地生活，他可能只会是一个小有名气的人，而不是闻名世界的大投资家。可以说，早早的独立培养了巴菲特做事的积极性，让他拥有足够的自主权和选择权，这为他以后的财富生活打下了坚实的基础。

编者手记

其实中国的不少谚语讲明了"独立"的重要性，比如"穷人的孩子早当家"。穷人家的孩子往往没有什么可以依靠，所以往往什么事都得自己动手，有着很强的生存能力。很多出身贫寒的孩子，最终成就了自己的事业。

第三章

机遇总是青睐有准备的人

忠告8　以兴趣为选择行业的基点

"兴趣成就成功。"

为什么许多人拥有一份他人羡慕的工作，却始终感觉不到快乐？为什么薪水很高，工作成绩也很出色，却获得不了成就感？一个重要的原因就是职业与兴趣发生了冲突。职业和生活分离的时代正在过去，人们越来越倾向于将自己的个人生活与事业融合在一起。那些克制自己的情绪，努力去赚钱，然后再去享受的想法已经落伍了——人们开始追求全方位幸福的人生。

当巴菲特家的孩子们结束学业面临择业时，巴菲特都曾对他们提供过类似的参考意见：选择一个自己感兴趣的行业，比为了赚钱而投入一个无法激发你热情的行业要有意义得多。历史上曾经出现过许多职业，其中大多数已经消失了，留存下来都应该有其合理性和社会需求。因此，我们要相信，三百六十行，行行出状元，每个行业都有前途，都能创造出独特的价值。从某种意义上讲，所有行业都是有前途的。因此我们选择职业时首先应考虑自己的兴趣。

具体地说，兴趣对职业生涯的影响，主要表现在以下三个方面：

1. 兴趣是职业选择的重要依据。兴趣是最好的老师，是一种强大的精神力量。兴趣可以使人集中精力去获得所喜欢的职业知识，启迪智慧并创造性地开展工作。当一个人对某种职业发生兴趣时，他就能发挥整个身心的积极性；就能积极地感知和关注该职业的知识、动态，并且积极思考，大胆探索；就能情绪高昂、想象丰富；就能增强记忆效果，增强克服困难的意志。反之，"牛不喝水强按头"是不会取得良好效果的，当然也就很难在该职业上发挥个人的优势，作出巨大贡献了。正如你在日常生活中喜欢从事自己感兴趣的活动一样，具有一定兴趣类型的你更倾向于寻找与此有关的职业，特别是在外界环境限制较小时，你更倾向于选择自己感兴趣的职业。

2. 兴趣可以提高你的工作效率，充分发挥你的才能。一个人对某一方面的工作有兴趣时，枯燥的工作会变得丰富多彩、趣味无穷。兴趣使工作不再是一种负担，而是一种享受。因为兴趣可以调动人的全部精力，使人以敏锐的观察力、高度的注意力、深刻的思维和丰富的想象力投入工作，促进能力的发挥。兴趣和能力的合理结合会大大提高工作效率。曾有人进行过研究：如果一个人从事自己感兴趣的职业，则能发挥他全部才能的

80%～90%，而且长时间保持高效率且不感到疲劳；而对所从事工作没有兴趣，则只能发挥全部才能的20%～30%。

3. 兴趣是保证职业稳定、职场成功的重要因素——对某一职业有浓厚的兴趣，是智力开发的"孵化器"。 兴趣是工作动力的主要源泉之一。对于一个人来说，对工作感兴趣，就愿意钻研，就会做出成就——这正是兴趣的作用所在。一般来说，兴趣可以为职业选择提供有效的信息。兴趣主要用于预测一个人的工作满意感和工作稳定性。工作满意是职业适应的一大标志。在其他条件相似的情况下，从事自己感兴趣的职业不但让你感到满意，而且能够让你的工作单位感到满意，并由此促成工作的长期性和稳定性。

此外，多方面的兴趣可以使人善于应付多变的环境。如需变换工作，只要自己感兴趣，就能够很快地学会这门工作，求职成功，并能够在新的岗位很快地熟悉和适应新的工作。因此，兴趣是职场成功的一个重要因素，它能将你的潜能最大限度地调动起来，使你长期专注于某一方向，做出艰苦的努力，取得引人注目的成绩。

一个人如果能根据自己的爱好去选择职业，他的主动性将会得到充分发挥。即使十分疲倦和辛苦，他也总会兴致勃勃，心情愉快；即使困难重重也绝不灰心丧气，而能想尽办法，百折不挠地去克服它，甚至废寝忘食，如醉如痴。因此，在选择长期、稳定的职业时，不仅要知道自己有能力从事什么样的工作，更重要的是知道自己对哪类工作感兴趣。只有将能力和兴趣结合起来考虑，才能规划好职业生涯并取得职业生涯的成功。

俗话说"三岁看大，七岁看老"，这话用在巴菲特身上绝对没错。巴菲特对数字抱有高度兴趣，甚至还研究过每个英文字母在《圣经》和报纸上出现的频率。巴菲特拥有一目十行、过目不忘的记忆力，小学五年级那年，巴菲特就能背诵出1939年版《世界年鉴》上记录的每个城市的人口数。

巴菲特对数字的超强记忆力，对所有的商人来说不啻为一大利器，大部分的年轻人能从贩卖机买到汽水就很满足了，但巴菲特却从自贩卖机旁起被丢弃的瓶盖，并加以统计分析，然后找出最受欢迎的饮料。巴菲特有博闻强记的本能，能够正确记住听来的数字而非只是概略数字的能力，一直是他的"注册商标"。而他并不依赖所谓的传统智能，毕竟如他所言，传统智能可能是传统多于智能，而他总能与人相处融洽，正因为如此，他才能身兼可口可乐、吉列与华盛顿邮报的董事会成员，巴菲特总是维持一贯独处、独立的习性。

尽管年轻的巴菲特是个数学天才，但是，他对金融的痴迷程度仍让他虔诚、节俭的父亲感到非常吃惊。他父亲对为了积累财富而积累财富没有任何的兴趣。他希望他的儿子有朝一日能成为一名神职人员，但是，他却发现他的儿子对金钱非常着迷。对巴菲特来讲，重要的是合理性、事实、数字和金钱。

巴菲特8岁的时候，开始阅读有关股票市场方面的书籍。他曾说过，他在六七岁时就对股票产生了兴趣。"我心中一直有这样一种遗憾，那就是我没有早一点开始从事股票工作。"

10 岁的时候，他开始在他父亲的经纪人业务办公室里做些像张贴有价证券的价格、填写有关股票及债券的文件等工作。

1942 年春天，12 岁的巴菲特和姐姐合资以每股 38.5 美元买进 3 股"城市服务"优先股，但此后该股便一路下跌到 27 美元。姐姐每天上学的路上都会"提醒"巴菲特，股票被套牢了，巴菲特觉得自己压力好大。于是当股价后来回升到 40 美元时，就迫不及待全部卖掉，获利了结。但卖出之后，这只股票却一路飙到每股 202 美元。

由此，巴菲特学到了投资的第一堂课：不要过分重视买价；第二，绝对不要不加思考，看到眼前小利就落袋为安；第三，如果不能确定自己一定成功，就不要随便跟别人合伙投资。

21 岁时，巴菲特开始发挥侦探般的精神研究股票，他一页一页地仔细翻看穆迪手册，将一万页的穆迪工业、运输、银行与金融手册翻看了两遍，每 家企业他都没有放过——即使有些公司他只是一扫而过。这也奠定了巴菲特成功的另一关键所在："比其他人拥有更多信息——然后正确地分析，合理地运用。"

通过查阅大量公司资料，巴菲特找到了一家叫作 Union Street Railway（联合街铁路）的公司。根据巴菲特的计算，这家公司拥有 160 辆巴士、一个游乐园、为数众多的美国政府债，还有大把大把的现金在手。"大约每股拥有 60 美元的现金"，但股价却只要 30 ~ 35 美元。为了更深入了解，巴菲特还特意早上 4 点起床，从纽约开车前往麻省拜访该公司。这笔交易替当时 25 岁的巴菲特赚进了 2 万美金，几乎赚了一倍的利润。

　　成功需要全力以赴，全力以赴需要你对它有极大的热情与兴趣，而在这个过程中一定会遇到挫折。如果你现在做的事业不是你的兴趣，你不喜爱它，是很难坚持到底的。巴菲特家的孩子自小受到父亲的熏陶，都深谙此理，所以他们都以兴趣为指向标选择了自己的职业。

　　巴菲特的三个孩子中，大儿子霍华德·巴菲特无疑是"对世界最友好"的一个，因为他对农业、环保、公共事业可谓竭尽全力。而对公共事业作贡献，是他少年时代的夙愿。除了投身于公益、环保事业，霍华德还有一个重要的爱好就是农业，他买了台推土机投身农业，后来他又从父亲手里购买了一个农场，成为农场主。或许是因为对传统农业的热爱，霍华德似乎不愿意接受新科技，他从来不用电子邮件。在闲暇时，他就周游世界，拍摄各地的野生动植物，他拍摄的照片发表在《野生生物资源保护协会》《世界图书发行》等杂志上，还出版了一本名叫《生物形象》的摄影作品集。

　　霍华德很清楚自己的才能，知道自己不可能像父亲一样在商道上有很光明的前景，于是转向了政坛。在他任职期间，处处维护社会上弱小群体的利益，在国会中努力争取提高弱势群体的福利，因此在政界也是小有名气。

　　被人称赞为"小巴菲特小姐"的苏茜，继承了巴菲特家族对报业的热情。走出校园后，她先是为《新公众》杂志社工作了一段时间，接着又在华盛顿哥伦比亚特区担任《美国新闻与世界报道》节目编辑的行政助理，后来她在加利福尼亚一家21世纪公司担任执行总裁的助理，接着她回到了奥马哈，并致力于把罗丝·布拉姆金中心发展为表演艺术基金会。

生于1958年的彼得·巴菲特是一个音乐天才，姐姐苏茜说："彼得很轻松地就学会了一些乐器。7岁时，他连乐谱都不会识，但他坐在钢琴前开始弹奏时，比我这个已经上了8年钢琴课的姐姐弹得还要好。"

彼得也没有浪费如此好的音乐天赋，他在音乐中获得了物质和精神的双丰收。现在，彼得是一位著名的音乐家兼生意人，他创作音乐并以此来获得财富。

彼得成为一个成功的音乐家后，带着他的15人乐队在密尔沃基为群众演出时，巴菲特亲自到场观看演出。他对儿子的演出大加赞赏，并对儿子说："我们干得都一样。"彼得从父亲的话语中受到了很大的鼓舞，而且认为父亲在精神上的鼓励比物质上的要好得多。

巴菲特不但是一个成功的投资大师，还是一位成功的父亲。在他的熏陶下，三个孩子从事了自己喜欢的行业，走上了属于自己的成功的道路。他们在各行各业发挥着足够大的影响力，并为社会作出了巨大的贡献，这让"股神"感到很欣慰。

编者手记

一份职业是自己的兴趣爱好所在，该是多么惬意啊！在以往的人看来，这不过是一个梦想，而对于现代人而言，却变成了一种可能而且必须实施的现实了。

从事一份不喜欢的工作，会让你感觉度日如年，实力、水平得不到发挥。与其如此，还不如遵从巴菲特的建议，找一份自己喜爱的工作。这份工作也许工资不高，但至少是你钟爱的，能让你全心付出。它不仅能为你的人生带来快乐，而且能使你变得更有竞争力。兴趣之所在，往往就是成功之所在。

忠告 9　单纯碰运气的人往往一无所获

"不要等待运气为你解决问题。"

人的梦想就像播种在人生这块田园中的一粒种子，成功、收获，都需要我们持续耕耘，要求人们不断挥洒辛勤的汗水。有些人天天梦想拥有好工作，天天梦想发大财，天天梦想出人头地，可就是不愿踏踏实实地学，踏踏实实地干，结果只能是竹篮打水一场空。幸福的生活，不是靠虚幻的美梦得来的，任何时候都不要指望坐享其成，只有自己扎扎实实地去努力，去创造，才能把愿望变成现实。

世界上没有不付出耕耘就可以收获的事情，要实现心中的梦想，就要时时夯实奋斗。巴菲特被人尊称为"股神"，有人认为，这是运气的因素，称他是"被上帝祝福过的人"。

孩子们在年幼时可没有运气这个概念。在巴菲特的女儿苏茜小时候，同学们讨论自己的父亲靠什么谋生，苏茜模仿母亲的说法说："我的父亲是一名证券分析师。"结果同学们都以为巴菲特是检修报警系统的，苏茜对此也说不清楚，甚至糊里糊涂对同学们的看法表示了认同。等苏茜长大后，逐渐了解了父亲的伟大之处，也为父亲精准的投资感到非常惊奇。据苏茜回忆，她曾神秘兮兮地问父亲："您真的像大家传说的那样，受到上帝眷顾，所以才会运气特别好、赚了很多钱吗？"巴菲特哈哈大笑："亲爱的，我能保持好运，是因为我一直认真努力地对待自己的工作——一个人，如果总想靠运气成功，那么他最后一定一无所获。"

巴菲特所言不虚。他所作出的每一个投资决策，都是经过严肃认真的分析后得出的。研究他的经典投资案例就会发现，并非是幸运女神指引他的投资走向，严密的分析才是他买入卖出的指示牌。

找准时机投资那些著名的公司，是巴菲特最重要的投资理念之一，尤其是在经济发展出现下滑的情况下，最适合投资那些信誉度高，有长期投资价值的公司，就像投资可口可乐公司。20世纪80年代后期，巴菲特把目光又一次投向了名牌企业，吉列就是其中的一家。

巴菲特为什么将目标定位在以生产刮胡刀为主的大型企业上，而且毫不犹豫地采取行动呢？主要因为吉列公司有以下的优势：

第一，吉列是一个老牌公司。老到什么程度？百年老店。巴菲特发现，吉列刀片已经有100多年的历史。

美国人金·吉列于1895年发明了一次性剃须刀片，这是一个划时代的商业发明。巴菲特指出其创新在于："消费者需要不断更新自己的刀片，所以他们对吉列产品的消费支出也会不断增加。"吉列在 1901 年创立了美国安全刀片公司，20 世纪 50 年代更名为吉列。早在第一次世界大战之前，吉列就已经成为领导剃须刀行业的跨国公司，并一直保持领导地位至今。在消费品领域，几乎没有一个公司能够像吉列那样统治行业如此之久。历经百年风雨而更加强大，如此超级的稳定性，让巴菲特不由得心动。

第二，吉列刀片有很大的市场空间。因为他有足够大的可扩展性，这将会为其带来更多的价值和利润。

第三，吉列最大的优势在于它有创新的潜质。在创办以来的 100 多年间，它更新换代，靠创新赢得了行业第一：剃须刀架、双刀剃须刀、旋转刀头剃须刀、感应剃须刀，以及"锋速 3"剃须刀。

第四，吉列是剃须行业中的绝对老大。吉列公司多年来一直统治着全球剃须刀市场，在很多国家，吉列已经成为"剃须刀"的代名词。巴菲特用数字分析了吉列的市场地位："世界上每年剃须刀片消费量为 200 亿～210 亿片左右。其中 30% 是吉列生产的，但按市场份额计算，吉列在全球刀片销售额中占了 60%。"巴菲特对吉列发展前景充满信心："可口可乐与吉列公司可以说是当今世上最好的两家公司，我们预期在未来几年它们的获利还会以惊人的速度增长。"这正是巴菲特投资吉列的最重要原因。

第五，吉列属于超级明星企业。寻找超级明星企业是巴菲特投资理念的重要一环。他这样说："寻找超级明星，给我们提供了走向成功的唯一机会。"要成为巴菲特感兴趣的超级明星企业，必须满足以下 6 个条件，而当时的吉列公司满足了这些条件。

1. 大型公司。

2. 有稳定的赢利记录，若只有未来增长或趋势概念，并不能引起巴菲特的兴趣。

3. 股本回报良好，收益佳，没有负债或负债率低。

4. 管理层素质好。巴菲特曾说："我们持续受惠于这些所持股公司的超凡出众的经理人。他们品德高尚、能力出众、始终为股东着想，我们投资这些公司所取得的非凡投资回报，恰恰反映了这些经理人非凡的个人品质。"

5. 业务要简单。如果涉及大量与科技有关的项目，巴菲特认为难以明白。

6. 一个合理的价格。当时吉列公司因营销业务出了问题，陷入困境之中，面临多方的恶意收购，股价跌落，巴菲特低位入市，用 6 亿美元买下近 9900 万股吉列股票。

巴菲特认为，收购名牌企业只有在它经济效益不好的时候才是最佳出手时机，由于这种企业实力雄厚，生命力很强，抗风险的能力也很强，所以它在很短的时间内就能扭亏为盈。在这个关键性的时刻，巴菲特作出了收购吉列的选择。

在巴菲特有了收购吉列的意图之后，就非常关注它的每一个细节，一次他看到吉列公司 1988 年年报的时候，看到吉列正在花巨资回购自己的股票，就断定它急需一笔资金。于是他立即给吉列公司打电话，确定自己的判断后，巴菲特向吉列的董事长传达了他的投资意愿。此事进展得特别顺利，几个小时之后，他们就对投资的相关事宜达成了一致。巴菲特以"英雄救美"的姿态，投资 6 亿美元买下了 9900 万股吉列的优先股，不但实现了自己的愿望，而且成功抵挡住了投资者的恶意收购。

巴菲特购买的优先股随后可以转换成 11% 的普通股，每股是 50 美元，而当时在股市上的交易价格是 42 美元，吉列将会在十年内赎回这些优先股。根据业内人士的估算，巴菲特的投资价值要比实际成本大，巴菲特却认为其中有很多潜在的利益将会弥补这方面的损失，巴菲特加入吉列董事会后立刻带来了变化，吉列餐厅由百事可乐改为可口可乐。巴菲特说："吉列就是成功与国际行销的同义词，而且也是我们喜欢的，并且值得长期投资的跨国公司。"

2005 年 1 月 28 日，宝洁收购吉列，巴菲特把持股转化为宝洁股票，其股票价格每股猛涨 5.75 美元达到 51.60 美元。这一涨，让巴菲特持股总市值冲破了 5l 亿美元，从中获益匪浅。

投资吉列公司是巴菲特投资生涯中最满意的投资，也是他最典型的成功投资，不仅如此，巴菲特的投资理念和智慧也越来越成熟，越来越完善。

大多数人认为自己之所以受穷，之所以赚不到钱，是因为缺少运气的眷顾。所以，他们把运气看得相当重要，认为运气是决定他们一生的东西。没有机会，无论怎样努力，也是于事无补的。当他们看到巴菲特等成功人士，会忽视他们为工作付出的努力，只是认为他们能拥有丰裕的财富是运气的眷顾。这些人在实际生活中，往往也不会努力工作，而是坐等运气的来临。

他们过于相信机遇和命运，把自己一生与谁相遇看成是一种命运的安排，把自己找到什么样的工作当成一种命运的巧合，甚至把自己不如别人过得好也看成是机遇不好。他们常常对自己说："如果我有某某那样的好运气，我会比他做得更好。"富人大多是不迷信命运的，他们以最大的勇气面对生活，用最坚决的行动去追求财富。

人生创业、创富和成功，当然需要一些运气，但运气绝不是创富的唯一和首要条件。一个人的生活不是别人说了算的，更不是命运说了算的。今后你过哪种生活完全取决于现在的你。不要相信自己天生就不是赚钱的命的说法，不要相信自己天生就比不上富人。我们不能决定出身，但我们能掌控自己的命运。

编者手记

在这个天高仟鸟飞、海阔凭鱼跃的时代，所有人都面临各种各样成功的机会。千万富翁不是梦想，亿万富翁也不是神话。上天青睐每一个想成为富人的人，只要你不甘于贫穷，只要你渴望富有，只要你脚踏实地，那么你就有机会成为富人。

忠告 10　天使蕴藏于细节之中

> **"养成注重工作细节的习惯，不仅可以让我们脚踏实地地做事，还能够培养工作中的责任感。"**

天下大事，必作于细。细节就像人体的细胞一样举足轻重，在某些情况下确实可以决定成败，工作中耐心做好每一个平凡的细节，你就有机会先于别人走向成功。

巴菲特认为，对工作要给予百分之百的关注，这样才能把工作做好。为此，他经常提醒员工要关注工作中的细节，将每一个细微之处做到最好。巴菲特身体力行，在分析企业经营业务时，总会做到精益求精。

巴菲特曾经讲过，为了更好地投资，投资者在考察想要投资的企业经营业务时，一定要精益求精，不放过任何细节，不求最好，只求更好。

1997 年，伯克希尔公司收购星辰家具公司。当时，创立于1912 年的星辰家具，总共有十二家家具店，其中十家在休斯顿，一家在奥斯丁，另一家在布莱恩，每家的经营业绩都非常喜人。当谈到收购星辰家具公司的过程时，巴菲特非常激动。因为这桩收购案例充分体现了巴菲特收购企业时不求最好，只求更好的准则。

巴菲特有这样一个习惯，每当他涉足一个原本不熟悉的行业时，他总会询问他的新合作伙伴一个问题："在你们行业中还有没有像你们一样优秀的企业？"可千万别小瞧这个问题。就是这样一个问题，让巴菲特收购了很多优秀的企业。星辰家具公司就是这样一个例子。

1983年巴菲特开始涉足家具行业，他收购了内布拉斯加家具店。当最后和B太太洽谈收购协议时，巴菲特就询问B太太，在家具零售业，有没有其他像内布拉斯加家具店这样优秀的企业。B太太告诉巴菲特，在美国其他地方还有3家很优秀的家具零售商可以考虑收购。不过令巴菲特惋惜的是，当他和那3家公司洽谈时，当时没有任何一家愿意出售。令人没想到的是，多年之后，这三家家具企业中的威利家具公司有了出售的意愿。于是B太太马上把这个消息告诉了巴菲特。巴菲特非常高兴，因为他不但喜欢该公司的经营业绩，也非常欣赏该公司的明星经理人比尔蔡德，所以巴菲特立刻抓住这个难得的机会，很快就和威利家具公司谈好了这笔交易。同样的，巴菲特又问了比尔蔡德同样的问题，比尔蔡德的推荐名单中有一家和B太太推荐的一样，那就是星辰家具公司。虽然当时星辰家具公司不愿意出售，但巴菲特已经把星辰家具公司深深记在了心里，他一直在等待合适的机会。

在巴菲特收购威利家具公司一年后，所罗门公司的董事长告诉巴菲特，星辰家具公司有出售的意愿，而且该公司的总裁兼最大股东沃尔夫想和巴菲特见个面。巴菲特非常激动，终于让他等到了收购的机会。于是很快巴菲特就和沃尔夫见了面。经过两次短暂的会晤后，他们就谈妥了所有的交易。

可见，对于细节的注重，让巴菲特有机会与更多优秀的公司合作。那些优秀的、成就非凡的人，总是于细微之处用心，在细微之处着力。正因为有这些毫不起眼的小事的完成，才保证了以后大事的成功。老子曾说："天下难事，必作于易；天下大事，必作于细。"巴菲特在被要求用一句话来描述自己成功的原因时，风趣地讲："天使蕴藏于细节之中。"

工作中的细节看上去毫不引人注意，却恰恰是一个人工作态度的最好反映。那些百分之百关注现在的工作的员工，总是能够认真对待工作中的每一个细节，将工作做到尽善尽美。也正是这样的工作态度，才使他们获得了成长和发展的机会。

伯克希尔公司组织一年一次的股东大会，为了增加互动性，他们在现场设置了股东提问的环节，原来的做法是让文员裁几张白纸了事。可是，在现场，巴菲特看到的却是一沓整齐漂亮的便笺，上面还印了公司的标志，措辞礼貌。那次活动举办得十分成功，股东的反应也很好。而功劳自然少不了文员这个注重细节的举动。这样琐碎的小事让这个文员深得巴菲特的赏识，后来在公司需要新的办公室主任时，巴菲特第一个想到的就是这个文员。

一位在工作中十分注重细节的工程师的座右铭是：即使一个细节没有做好，也不算完成任务。一个尽心尽力、注重细节，把工作做到完美的员工得到提升自然是水到渠成的。而在职场中，许多细节之处，往往会被人们所忽视。其实，在竞争日益激烈的现代职场中，往往正是这些细节决定着一个人的工作及前途，也许稍有不慎便会有被淘汰出局的可能。

巴菲特女儿苏茜在奥马哈开了一家针织品商店，为了商店能够更好发展，她决定从员工中提拔一位能干的助手帮自己打理生意。凯普大学毕业后就来到了苏茜的商店工作，由于在工作业务方面的技能非常熟练，并且工作特别卖力，苏茜很看重他，感觉他是个可塑之才，准备委以重任。

在任命的前几天，苏茜无意中来到凯普的办公室，偶然发现凯普将掉在地上的废纸踢向一边，而不是捡起来扔进垃圾桶内。这可只是一件小事啊！于是苏茜开始更加留意凯普的举动。她发现每天凯普不但不擦桌子，还把餐具随便乱放，不摆放在指定地点，甚至还随地吐痰……苏茜从小受到父亲的熏陶，知道细节的重要性。她不禁怀疑，一个连最基本的工作细节都不注重的员工，怎么能成为一名出色的管理人员？又怎么能对企业高度负责呢？于是苏茜临时改变了她的想法，再也没有起用凯普。

从某种意义上讲，细节是对一个人综合素质最真实的考察，也是区别于他人的特点。很多时候，正是细节显出的奇特效果，使你在激烈的竞争中脱颖而出，成为人人羡慕的佼佼者。所以，要想成为一名好员工，细化工作，把每个环节都做到完美，竭尽全力做到百分之百是必需的前提。

很多人在工作时，对细节不屑一顾，他们认为有更高明的方式体现自己的能力。他们整日抱怨领导者有眼无珠，不满现在所从事的简单的工作，在工作中竭尽全力寻找机会证明自己的不平凡。他们对同事的失败冷嘲热讽，对手边的事情不屑一顾，最终的结果却是一败涂地。

实际上，每天的工作就是展现你不平凡的最好机会。商店的售货员将每一件商品擦得干干净净，公交车司机让自己的车保持整洁，书店的营业员把书架上的书摆得整整齐齐……这样的小事，如果能够天天坚持，就会变成习惯。当你习惯了在工作中把每一个细节做得尽善尽美的时候，你就是在为自己的前途储存更多的资本，你也能够更快地达到目标。

无数经验证明，唯有细节才能让人更出众。巴菲特谈到细节问题时讲道："一个由数以百万计的个人行动所构成的公司经不起其中 1% 或 2% 的行动偏离正轨。"大量成功和失败的企业案例都证明：我们不缺乏雄才伟略的战略家，缺少的是精益求精的执行者。

在我们的工作中，总有一些看上去无关紧要的小事，但正是这些小事却能决定了你的成败，正是对待小事的一丝不苟使你养成良好的工作习惯，从而为你的职业生涯开创出更广阔的明天。只有善始善终、不折不扣地工作的人才是职场的宠儿。应该意识到：你工作的质量往往决定你生活的质量。在工作中应该严格要求自己，能做到最好，就不能允许自己只做到次好；能完成百分之百，就不能只完成百分之九十几。不论工资是高是低，都应该保持这种良好的工作作风。

编者手记

世界上所有的人与事，最怕"认真"二字。所有学有所长的成功者，虽然一开始，他们与我们都是做着同样简单而微不足道的琐事，但是结果却大相径庭。细细分析，唯一的区别是，能成功者，他们从不认为他们所做的事是简单的小事。他们始终认为，现在所做的"小事"是为今后的"大事"做准备，他们目光所及之处，是十分辽阔的沃野，是浩瀚无边的大海，而在常人眼中，现在所从事的工作，只是毫无生机的衰草和茫茫无际的沙漠。

成功并非偶然，没有什么"随随便便的成功"，也没有什么结果是没有原因的。一些看似偶然的成功，其实是我们只看到了事物的表象，而其本质却巧妙地隐藏起来了。聪明人会透过现象，直抵事物的本质，所以他们能准确地把握自己，取得最终的胜利。

忠告 11　让机遇之神为你驻留

"机遇不是一个温文尔雅的来客，它并不会穿着燕尾服、头顶高帽登门拜访你。"

彼得小时候，有一次跟随父亲参观奥马哈当地的一个艺术展。在参观时，彼得看到一个雕像，它的脸被长发遮盖，腿上长了翅膀。他好奇地问父亲那是什么，巴菲特告诉他，这雕像叫机遇之神。因为当她走近人们的时候，很少有人能看清她的真面目，而她腿上之所以长了翅膀，那是因为她消逝得非常快，一旦离去就很难再被追上。巴菲特望着那尊雕像，感慨道："良机无处不在，无奈却总被人错过。"

每一个机遇都像稍纵即逝的流星，转眼便会消失踪影。如果想抓住机遇，就要提前做好准备，哪怕是万分之一的机会，也要拼尽全力去把握。

众所周知，可口可乐是巴菲特最为钟爱的股票之一。可是当年在收购可口可乐股票时，巴菲特并没有盲目出资，而是等待了一个巧妙的机会将可口可乐收入囊中。

可口可乐是世界上最大的软饮料生产和经销商。公司的软饮料早在 1886 年就已经问世，迄今畅销 120 年，遍布全球 190 多个国家和地区。可口可乐公司业务非常简单易懂。公司买入原料，制成浓缩液，再销售给装瓶商。由装瓶商把浓缩液与其他成分调配在一起，再将最终制成的可口可乐饮料卖给零售商，包括超市、便利店、自动售货机、酒吧等。可口可乐公司中，全球著名的品牌有可口可乐、雪碧、芬达等，除此之外，还有其他一些知名的品牌。

可口可乐公司的名声不仅来自于它的著名产品，还来自于它无可匹敌的全球销售系统。可口可乐公司在美国以外的国际市场上的销售额和利润分别占其销售总额的 67% 和利润总额的 81%。可口可乐公司拥有可口可乐企业（美国最大的装瓶商）44% 的股份以及可口可乐阿玛提公司 52% 的股份——该公司是一家澳大利亚的装瓶商，业务遍及澳大利亚、新西兰和东欧。1992 年，可口可乐公司销售了 100 多亿箱的饮料。

巴菲特对可口可乐公司非常熟悉，他与可口可乐公司的关系可以追溯到他的童年时代。在 20 世纪 80 年代买入可口可乐公司之前，巴菲特已经关注了它 52 年，等到可口可乐公司价格下跌形成足够的安全边际，他终于抓住了这绝好的投资机遇。巴菲特在 1989 年大笔买入可口可乐股票后，在 1989 年的年报中兴致勃勃地回顾了自己 52 年来持续长期关注可口可乐公司的过程：

"我记得大概是在 1935 年或 1936 年第一次喝了可口可乐。不过可以确定的是，我从 1936 年开始以 25 美分 6 瓶的价格从杂货店成批购买可口可乐，然后再以每瓶 5 美分卖给周围的邻居们。在我跑来跑去进行这种高利润零售业务的过程中，很自然地就观察到可口可乐对消费者非同寻常的吸引力及其中蕴藏的巨大商机。在随后的 52 年里，在可口可乐席卷全世界的同时，我也继续观察到可口可乐的这些非凡之处。直到 1988 年夏天，我的大脑才和我的眼睛建立了联系。一时之间，我对可口可乐的感觉变得既清楚又非常着迷。"

对机遇的主动把握，成就了巴菲特投资生命中最辉煌的一次战役。法国一位已故总统曾说过一句话："人是命运的，命运就是一种机会以及捕获机会的能力。"一个偶然的机会，就有可能使一个人的愿望变成现实。财富只偏爱那些有心人，只垂青那些深谙如何追求它的人，只赐给那些自信必成功的人。

所有遥远而艰难的诱饵都是虚假的，机会就在你面前所在之处。机遇是上天对每个渴望财富的人的恩赐，但是，她如同彼得在展览上看到的那位机遇之神，美丽而性情古怪，总是悄然降临在你身边。如果你稍有不慎，她又将悄然而去，不管你怎样扼腕叹息，她却从此杳无音讯，不再复返了。

世界上有很多事业有成的人，也有很多一事无成的人，成功之人与失败之人的区别在于，是否善于捕捉难得的机会。对于善于利用机遇的人，世界上到处都是门路，到处都有机遇。所有的奋斗者都应该谨记：要时刻寻找机会；在机会降临时要果断，及时地把握它；当机会握在手中时，要善于充分利用它并去争取成功——这是成功者必备的三种重要品质。而我们知道，巴菲特的做事原则是一有机遇就抓住。他曾在多个场合申明这一主张，譬如 1995 年他在致股东公开信里写道：

"伯克希尔目前积极寻求各类保险业务，包含'霹雳猫'与大型单一风险，因为我们无与伦比的财务实力，使投保客户可以确定不论在多糟的状况下，他们都可以顺利获得理赔；我们能以最快的速度向客户完成报价；我们可以签下比其他保险公司金额更高的保单。其他同行大多都有范围广阔的再保条款，并将大部分的业务分保出去，虽然这样的做法可以让他们避免重大的损失意外，却也破坏了他们的弹性与反应时间。

"大家都知道，伯克希尔抓住投资与并购的动作向来相当快，在保险业务方面我们的反应速度也是如此；另外还有很重要的一点，高额的保险上限吓唬不了我们，反而更能引起我们的兴趣，我们可以接受的最高理赔是 10 亿美元，相比之下，其他同业所能容忍的最高理赔仅为 4 亿美元。

"总有一天我们会碰上大麻烦，但是查理和我本人却相当可以接受这种变动剧烈的结局，只要长期来说我们的报酬可以令人满意。讲得再直白一点，我们比较喜欢上下变动的 15%，更甚于平淡无奇的 12%。而正因为大部分的经理人倾向平淡，这使得我们长期报酬极大化的目标享有绝对的竞争优势，当然我们会密切注意，避免让最坏的状况超越我们可以容忍的范围。"

巴菲特用自身的经历向我们证明，主动捕捉机遇是人生的一大智慧。可是，有些人偏偏对来到身边的机遇视而不见，尤其是刚刚走上社会的年轻人，他们充满了蓄势待发的豪情、青春的朝气、前卫的思想，梦想着丰厚的待遇和轰轰烈烈的事业。年轻人充满梦想，这是件好事，但年轻人往往不懂得，梦想只有在脚踏实地的工作中才能得以实现。因此，面对丰富复杂的社会，他们往往会产生浮躁的情绪。在浮躁情绪的影响下，他们常常抱怨自己的"文韬武略"没有机会施展，他们把人生的不如意都归结于缺少机遇。

实际上，生活和工作中到处充满着机遇：学校中的每一堂课都是一个机会；每次考试都是生命中的一个机会；报纸中的每一篇文章都是一个机会；每个客户都是一个机会；每次训诫都是一个机会；每笔生意都是一个机会。这些机会带来教养，带来勇敢，培养品德，结交朋友。

脚踏实地的耕耘者在平凡的工作中创造了机会，抓住了机会，实现了自己的梦想；而眼光不愿俯视手中工作，嫌其琐碎平凡的人，在等待机会的焦虑中，度过了并不愉快的一生。一个人在工作中，不可能总是一帆风顺，事事遂心，难免会遭受挫折，甚至是失败。比如，你的想法得不到上司的支持，公司里其他人阻挠你的工作，当你试图主动提建议时总是遭到白眼等，这些都是每个在职场上奋斗的人几乎都经历过的挫折，是很难避免的。

由于一部分人心理素质较差，情绪浮躁，经不起一点点的失败，在工作时一遇到挫折，就会对自己失去信心，一天到晚愁眉不展、怨天尤人，根本无法振作精神，即使有好机会使问题出现转机，也会被这拉长的苦脸吓跑了。

相比之下，优秀的员工在困难来临时，总是努力寻求新的机会，这样的员工在职业生涯中会比别人达到更高的高度。能否尽快学会摆脱浮躁是决定一个人能否顺利成功的关键。因此，每一天都要尽心尽力地工作，每一件小事情都要力争高效地完成。尝试着超越自己，努力做一些分外的事情。这样，即使在同一个公司或同一个职位上，机遇没有光临，但你在为机会的来临而时时准备的行动中，能力已经得到了扩展和加强。实际上，你已经为未来某一时间创造了另一个机遇。

编者手记

要把握时机确实要眼明手快，而不能坐在那里等待或因循拖延。

凡是懂得做事之道的人都善于把握时机，机遇来时当机立断。一旦对事情考察清楚，并制订了周密计划后，他们就不再犹豫、不再怀疑，而能勇敢果断地去做。因此，他们对任何事情都能做到驾轻就熟，马到成功。

巴菲特给儿女的
处世忠告

第四章

储存知识就是储存黄金

忠告 1　不懂的时候"查一查"

"我特别钟情于读传记，我的工作是阅读。"

巴菲特告诉孩子，一定要不断学习，因为一个人的知识面再广，也肯定有他不了解的东西。在信息爆炸的今天，海量的信息无时无刻不在冲击着我们，我们不懂不会的东西实在太多了，如果完全需要你自己来探索，那毫无疑问，你将从此就埋葬在信息的海洋里。

彼得的外祖父十分疼爱彼得，当外祖父陪彼得做拉丁文功课时，他们会一同翻书查找不认识的单词，在这种偶尔协作的瞬间，彼得体会了亲情的美好。彼得认为，教育的终极目标是为了满足好奇心。因此，父母能为孩子做得最好的事，就是不断地激发他们的好奇心。

巴菲特一家的做法就是广泛讨论各种问题，并经常提议"查一下"。当孩子们存有疑问时，当某一讨论或学校功课需要更多信息时，巴菲特就让孩子们求助于家里的《世界百科全书》或多年累积下来的《国家地理杂志》。彼得小的时候会花很多时间趴在地上，查找关于"东非鸟类""亚马逊原住民"的文章。查询资料就像是寻宝，虽然途中充满悬念和险阻，但最终找到宝藏时，就会无比的欣慰。在搜索框中点击几下的做法虽然很省时，但你不会获得满足感！很多时候，彼得临睡前都抱着好几卷百科全书，那些有关风土人情的故事常常令他着迷不已。

说起"查一查"，书本绝对是我们最好的朋友之一，因为那些知识都是前人总结出来的经验，这个时候，通过阅读书籍就可以掌握相关知识，而不用自己再去摸索。

牛顿曾经说过，他之所以看得比别人远，是因为他站在了巨人的肩上。所以我们也要善于站在巨人的肩上，前人已经总结了几千年的经验，而你只需要花上几年时间就可以让它们变成你自己的。

谦虚好学是一种态度，有这样精神的人往往是不自满，肯接受批评、虚心向人请教的人。巴菲特认为，这样随时愿意去"查一查"的人，往往也是有真才实学的人，只有那种不学无术、一知半解的人，才会常常自以为是，好为人师。古希腊的著名哲学家苏格拉底，每当别人赞叹他学习渊博、智慧超群的时候，他总是谦虚地说："我唯一知道的就是我自己的无知。"

爱因斯坦说过：人们解决世上所有的问题，是用大脑、能力和智慧，而智慧则来源于日常知识的积累。一个知识贫瘠的人，是不会主动开启智慧的大门，寻求成功之路的，就好像一只坐井观天的青蛙。

巴菲特曾经给孩子们讲过这样一个故事：

有一只青蛙长年住在一口枯井里。它对自己生活的小天地满意极了，一有机会就要当众吹嘘一番。

有一天，它吃饱了饭，蹲在井栏上正闲得无聊，忽然看见不远处有一只大海鳖在散步。青蛙赶紧扯开嗓门喊了起来："喂，海鳖兄，请过来，快请过来！"海鳖爬到枯井旁，青蛙立刻打开了话匣子："今天算你有运气了，我让你开开眼界，参观一下我的居室。那简直是一座天堂。你大概从来也没有见过这样宽敞的住所吧？"海鳖探头往井里瞅了瞅，只见浅浅的井底积了一汪长满绿苔的泥水，还闻到一股扑鼻的臭味。海鳖皱了皱眉，赶紧缩回了脑袋。青蛙根本没有注意到海鳖的表情，挺着大肚子继续吹嘘："住在这儿，我舒服极了！傍晚可以跳到井栏上乘凉；深夜可以钻到井壁的窟窿里睡觉；泡在水里，让水浸着两腋，托住面颊，可以游泳；跳到泥里，让泥盖没脚背，埋住四足，可以打滚。那些跟头虫、螃蟹、蝌蚪什么的，哪一个能比得上我呢！"

青蛙唾沫星儿四溅，越说越得意："瞧，这一坑水，这一口井，都属我个人所有，我爱怎么样就怎么样。这样的乐趣可以算到顶了吧。海鳖兄，你不想进去观光观光吗？"海鳖感到盛情难却，便爬向井口，可是左腿还没能全部伸进去，右腿的膝盖就被井栏卡住了。海鳖慢慢退了回来，问青蛙："你听说过大海没有？"青蛙摇摇头。海鳖说："大海水天茫茫，无边无际。用千里不能形容它的辽阔，用万丈不能表明它的深度。传说四千多年以前，十年九涝，海水没有加深；三千多年以前，八年七旱，海水也不见减少。海是这样大，以至时间的长短、旱涝的变化都不能使它的水量发生明显的变化。青蛙兄弟，我就生活在大海中。你看，比起你这一眼枯井、一坑浅水来，哪个天地更开阔，哪个乐趣更大呢？"青蛙听傻了，鼓着眼睛，半天合不拢嘴。

世界无限广阔，知识永无穷尽。如果把自己看到的一个角落当成整个世界，把自己知道的一点点知识看成人类文化的总和，那就会跟枯井里的青蛙一样，成为孤陋寡闻、夜郎自大和安于现状的角色。

当今世界科技发展瞬息万变，拘泥于单一环境、安于现状的人难成大事，只有放开眼光、不断去汲取新知的人，才有可能构筑和实现他人无法企及的梦想。

在大多数人都认为阿尔卑斯山无法跨越的时候，拿破仑却有信心能够将之征服，并在心中拟定好一套具体方案再加以实施，最终成功跨越了他人眼中的天险，出奇制胜地把奥地利军队打得落花流水。正是由于丰富的知识积累，才使得拿破仑敢于向阿尔卑斯山发出挑战，因为他在事前就看到了一般人所看不到的、跨越阿尔卑斯山的可能。

知识贫瘠的人不可能有多好的梦想，只有拥有了先进的观念，才有可能进行创新、先声夺人。知识的海洋没有边际，如果你在某方面有了丰富的知识，也别就此停止学习，因为虽然某方面的知识你掌握得比别人多，并不说明你全掌握了，况且还有太多的领域你不曾涉猎，所以要时刻告诫自己"学无止境"。在你懂得"不要骄傲自大，要谦虚勤奋，并不断地充实自己"以后，取得一番成绩就只是时间和机遇的问题，谦虚的态度会使你的人生像迎着风的帆船一样，一帆风顺。

编者手记

人生短暂，如白驹过隙。就算一个人不停地学习，他能掌握的知识也是极其有限的。学无止境，千万不可骄傲自大，必须谦虚谨慎，利用手头的工具不断充实自己。

如果有人说自己的水平已经足够，不需要再继续学习了，这其实是他走下坡路的开始。只有不断学习，利用各种条件提升自己的水平，我们才能不断进步。

忠告2 不断学习，查漏补缺

"一旦你停止学习，整个世界将从你旁边呼啸而过。"

苏茜辞掉报社的工作以后，做了一段时间的社区义工，忽然感觉自己应该充充电了，毕竟自己还年轻，可是，她应该学什么呢？是学一门外语还是继续自己新闻学的研究？时间是有限的，可是面对的选择实在太多了。她决定征求一下父亲的意见。

巴菲特听完女儿的讲述以后，很快有了答案。他告诉苏茜，人的学习无非有两个最重要的目的：一个是提升自己的优势，让自己的优势更加明显；另外一个就是弥补自己的劣势，让自己和别人的差距变得更小。你必须清楚地知道自己的优点和缺点，才能有的放矢。

听完父亲的话后，苏茜陷入了思索，显然父亲的生活阅历给她指明了方向。"尺有所短，寸有所长"，每个人都有优点和不足，关键要知道自己"长"在何处，"短"在哪里，这样才能扬长避短，学以致用。

人的一生中充满了荆棘，充满了困难，同时也充满了竞争。从孩提到晚年，从第一次考试到为升职做准备，都有竞争相随。有竞争才会有进步，在竞争中才能认清自己的优势和劣势，认清自己和别人的差距。比如在同一个单位中，总是有着不同学历的人，他们从事的工作，你一定是干不好的吗？答案是否定的。但就是这一点点的差距，也会影响到你的一生。

有一句话说得很好："差距是不可能避免的，但缩小和别人的差距，弥补差距，是有可能的。"所以要清楚地、准确地认清自己，弥补自己的不足，这便是在竞争中取得胜利最简单也是最直接有效的方法。

苏茜静静地想了很久，决定去学习一门外语，因为她很想去世界各地旅游，掌握一门外语十分重要。巴菲特很满意女儿的回答。

在竞争的社会中，失败的人永远是那些不会充实自己，不懂得成长的人，没有人生下来就是成功的，即使再聪明的人也需要学习别人的长处来弥补自己的不足。

由于每个人成长和生活的环境不一样，所以每个人的成长经历、思维习惯和看问题的角度、方法都各不相同。在生活中，处处有能人，处处有学问，同一个工艺品，能人制作起来，往往比一般人更快、更好。这是因为能人更善于发现别人的好处，吸收别人的经验，让自己的技艺更加精湛。

人的成长过程，就是一个不断发展自我、充实自我的过程，要想不断地成熟，要想不断地超越自我，就需要取长补短充实自己，让自己变得轻松的竞争法则就是获得更多的知识、能力和资本。

巴菲特告诉女儿，我们之所以要不断地学习，来弥补自己的不足，发扬自己的优势，就是为了让自己拥有丰富的知识储备，来应对层出不穷的问题。

巴菲特认为，一个人如果有极大的智力储备，极其稳定的判断力，以及沉着冷静的性格，那么当他陷入巨大的痛苦或者紧急事件的时候，他就不会动摇和颤抖。巴菲特给女儿举了这么一个例子：在军队里有这样一条不成文的规定，那些打算装备战舰的大炮，都要被运到一个港口，装填进超过其正常容量很多的火药，然后开火，看看它们会不会因此而爆裂，有很多大炮无法承受这种严格的测试，尽管在正常使用的情况下它们并不会爆裂，但是军队必须保证所装备的大炮能胜任任何突发的情况。

对于每一台发动机或者机车，在其正常使用所要求的功率以外，总是会有一个额外超出的保留量，如果你定制一个二十马力的发动机，制造者会提供给你一个三十马力的——多出十马力的发动机。这个超出的马力，并不是必需的，但是，制造者必须为紧急情况做准备，它们必须确保发动机拥有潜在的动力。

知识储备也是同样一个道理，如果没有强大的知识储备，在关键时刻就很容易出差错。歌德说："人不是生来就拥有一切的，人是靠从学习中所得到的一切来造就自己的。"凡是想要实现伟大目标的人，就必须不断地学习，学习，再学习。

同时，巴菲特认为，我们必须头脑清醒，知道自己应该学习和补充什么，炮弹里必须填充炸药，而不是水泥；发动机需要提高功率，你把发动机外观做得再漂亮，不改变内部线路也是无济于事。

睿智的人，能够看清自己的短板，不断查漏补缺，让自己的劣势不再拖自己的后腿。学习知识，补充自己的知识储备是人生必不可少的事情，不断学习更是人们取得成就的条件。用知识改造的不仅仅是你的头脑，更是你的生活。只有你的头脑到了相当的境界，你的人生才会过得和别人不一样，你对知识的驾驭能力、对问题的解决能力、对资源的整合能力，都会是你快速获得成功的法宝。而这些能力从何而来？从你的不断学习中来。

人们时刻都在竞争，而只有有了资本才能和别人竞争，资本越大，赢的机会当然也越大，而资本就是通过不断学习而储备的知识。如果你胸无点墨，那么给你再好的纸和笔，你也写不出一篇好文章。成功的人懂得不能放弃学习，因为放弃学习就等于选择与时代脱轨，那么必定会被社会所淘汰。当代社会是信息社会，要想比别人先一步成功，就必须用最快的速度把握最新的消息，而这消息也就是知识。

犹太人对于知识问题，有一个相当实际的认识：知识就是财富。巴菲特的一位犹太朋友曾经给他讲过这么一个典故，说明犹太人对知识的理解：

有一次，一艘大船出海航行，船上的旅客净是些大富翁，唯有一个人例外，他就是拉比。富翁们闲着没事，就互相炫耀自己所拥有的巨额财富。正当他们彼此之间争论得不可开交之时，拉比却说："我觉得还是我最富有，只是现在我的财富不能拿给你们看。"

途中，海盗袭击了这艘船，富翁们的金银财宝等全被抢掠一空。

海盗们离去后，这艘船好不容易抵达了一个港口，但已没有资金继续航行了。

下船后，拉比因其丰富的学识和高尚的人格，立刻受到居民的器重，被请到学校里教导学生。过了一段时间，拉比偶然遇上那些曾经同船旅行的富翁。如今，他们都已陷入朝不保夕的凄凉境地。

富翁们深有体会地对拉比说："你以前讲得一点不错，一个有学问的人，等于什么都拥有。"

从这则故事中，犹太人得出的结论是：由于知识可以不被抢夺且可以随身带走，所以教育是最重要的。

犹太人的这个结论，十分直观、十分实际。在当今世界上，知识就是财富，受教育程度同收入的关系是非常明显的。

掌握一门本领，扩充自己的知识面，找到自己的弱点，让自己变得越来越强。知识就是力量，这是一条亘古不变的真理，在任何时代，任何时候都不会动摇。

编者手记

笔者业余时间也想充充电，因为当今社会，人与人的差距越来越小，竞争却越来越激烈，要想做出点成绩来，你必须具有和别人的差异性。

现在社会上各种培训班数不胜数，让人目不暇接，究竟选择什么样的技能充电，能让自己的知识体系更加完备呢？这就得看你自身的短板在什么地方了。人无完人，金无足赤，每个人都有或大或小的缺点，只有通过学习和补充知识，我们才能不断地完善自己。

忠告3　知识是用来使用而不是炫耀的

"可能有虚伪的谦虚，但绝没有虚伪的骄傲。"

彼得退学以后，从家中搬了出来，租了一个小房间，醉心于自己的音乐创作。由于没有足够的资金，彼得常常拆了东墙补西墙，忙得焦头烂额。

有一天，彼得开着自己的二手小汽车出门办事，忽然看到一位曾经的同学，于是很愉快地和这个同学打了一声招呼。两个人寒暄了一会，那位同学问彼得现在做什么。"在筹备一个乐队，现在天天可把我忙坏了。对了，你现在做什么呢？"

这位同学扬起了眉毛，有些得意地说："我啊，我现在在当教授的助教，呵呵。"然后和彼得侃侃而谈自己最近正在做的项目，言语之中对彼得这种"不务正业"颇有一些揶揄之色。

和这位同学分手以后，彼得感到又好气又好笑，分明从这个同学的眼中看出了他把知识当成了狂妄的资本。巴菲特一直教育孩子们，低调做人，平等待人。对于巴菲特一家人来说，丰富的知识是帮助自身成功的工具，绝不是用来炫耀和看低别人用的。比如巴菲特自己，他也并不是什么高学历出身的人，所以常常在投资上被一群高高在上的专家冷嘲热讽：巴菲特投资只是运气好而已！

然而巴菲特丝毫不在意，他觉得学历是一种身份，并不能说明什么，知识如果不能用于现实生活，而只是成为孔雀羽毛一样五彩缤纷的装饰品，那么这个知识还有学的价值吗？

后来巴菲特不断地在投资市场上大杀四方，声名远传，这些高高在上的专家终于闭上了嘴巴。社会上，总有这么一群人，他们读书求学的目的，不是学到真正的本领，而是为了一个炫目的学历，一个炫耀的资本。知识并没有从根本上改变他们的思维结构，他们没有从书本上学到真正的本领，而是学会了虚荣和炫耀。

巴菲特从小就教育孩子，不要被一些虚幻的东西迷失了双眼，而是要踏踏实实地做事，"低调做人，高调做事"。爱慕虚荣、自吹自擂、眼高手低这种行为一直是巴菲特深恶痛绝的，所以彼得从小就明白了这个道理。

虚荣是自尊心的过分表现，也是我们生活中的常见现象。一些人总是喜欢谈论有名气的亲戚、朋友；热衷于时髦服装，对高学历过于迷信；饥肠辘辘，但不愿进普通餐馆；不懂装懂，事后又感到后悔；自己做的事情没有成功，多强调客观原因；热衷于追求一鸣惊人的成果；对名著等只求一知半解，用来应付谈论；对表扬沾沾自喜，记忆犹新；对人表面热情，内心冷漠，好在同学间讨好；谈话中爱打断对方讲话；当同学、朋友取得成就或某方面强于自己时，内心便感到不悦和不服气……就说明他是一个虚荣心偏多的人。

其实在人的一生中，能够自立根基的事不外乎两件：一件是做人，一件是做事。的确，做人之难，难于从躁动的情绪和欲望中稳定心态；成事之难，难于从纷乱的矛盾和利益的交织中理出头绪。而最能促进自己、发展自己和成就自己的人生之道便是：低调做人，高调做事。低调做人既是一种姿态，也是一种风度，一种修养，一种品格，一种智慧，一种谋略，一种胸襟。低调做人就是用平和的心态来看待世间的一切。低调做人，更容易被人接受。一个人应该和周围的环境相适应，适者生存。曲高者，和必寡；木秀于林，风必摧之；人浮于众，众必毁之。低调做人才能有一颗平凡的心，才不至于被外界左右，才能够冷静，才能够务实，这是一个人成就大事最起码的前提。

高调做事是一种境界，是做事的尺度。高调做事不仅可以激发人的志气和潜能，而且可以提升做人的品质和层次。高调做事也绝对不等于"我尽自己最大努力"去做事，而是应该有一个既定目标。一个人只有有了目标，才能全身心地投入，其成事必然顺理成章，其人生也必然恢弘壮丽。低调做人，高调做事，是一门精深的学问，也是一门高深的艺术，遵循此理能使我们获得一片广阔的天地，成就一份完美的事业，更重要的是我们能赢得一个内涵厚重、丰富充实的人生。

在巴菲特成为世界上数一数二的投资大师以后，他依旧保持着自己低调谦和的习惯。有时候有人来奥马哈拜访巴菲特，和他分享心得，巴菲特就会驾驶着他那辆蓝色的"林肯城市"轿车跑上1.5英里，穿过市区，到机场亲自迎接，没有丝毫的派头。

作为一个简单低调的人，都知道应该把聚光灯打到帮助自己的人身上，而不是使自己引人注目，他清楚地知道，没有别人的支持，自己什么也不是。

当客人离开的时候，巴菲特会在送他们去机场时，顺道带他们去麦当劳吃午餐，这可能又会令这些知名政客或大公司的CEO们大吃一惊。

第一次给巴菲特打电话的人会很震惊地听到一声亲切的"喂"，当他们发现巴菲特是自己接电话的时候，经常会对此大惑不解。

巴菲特把对人的谦和融入到自己的生活和工作理念中，并且时时按照这个标准去做，这也是巴菲特为什么具有良好的人缘和赢得世人以及合作伙伴乃至竞争对手广泛尊重的原因。

可以说，恃才傲物是做人的一个大忌。当你取得成绩时，你要感谢他人，与人分享，对人谦卑，这正好让他人吃下了一颗定心丸。如果你习惯了恃才傲物，看不起别人，那么总会有一天你会自食其果。

叔本华说："虚荣的人被智者所轻视，愚者所倾服，阿谀者所崇拜，而为自己的虚荣所奴役。"一语道出了虚荣者打肿脸充胖子的原因。人人都有自尊心，当自尊心受到损害或威胁时，就可能产生虚荣心，如珠光宝气招摇过市、哗众取宠等。克服虚荣心，先要认识到它的不可取之处。

狂妄是一种递增的发展事物，好像一只被吹起来的气球一样，总是希望越吹越大。

生命的狂妄是无限的，满足了一个愿望，随之又产生了两三个愿望。满足了这个细小的愿望，很快又新生了那些庞大的愿望。

狂妄不同于功名心。功名心是一种竞争意识与行为，是通过扎实的劳动取得功名的心向，是现代社会提倡的健康的意识与行为。而狂妄则是通过炫耀、显示、卖弄等不正当的手段来获取荣誉与地位。

狂妄的人往往是华而不实的浮躁之人。这种人在物质上讲排场、搞攀比，在社交上好出风头，在人格上很自负、嫉妒心重，在学习上不刻苦。

狂妄最大的后遗症之一是促使一个人失去免于恐惧、免于匮乏的自由；因为害怕羞辱，所以不定时地活在恐惧中，经常没有安全感，不满足；而狂妄的人，与其说是为了脱颖而出，鹤立鸡群，不如说是自以为出类拔萃，所以不惜玩弄欺骗、诡诈的手段，使狂妄得到最大的满足。

从近处看，狂妄仿佛是一种聪明；从长远看，狂妄实际是一种愚蠢。狂妄者常有小狡黠，却缺乏大智慧。狂妄的人不一定少机敏，却一定缺远见。

狂妄的心理与戏剧化人格倾向有关。爱狂妄的人多半为外向型、冲动型、善变、做作，具有浓厚、强烈的情感反应，装腔作势、缺乏真实的情感，待人处世突出自我、浮躁不安。狂妄的人，多存在自卑与心虚等深层心理的缺陷，狂妄只是一种补偿作用，竭力追慕浮华以掩饰心理上的缺陷。

知识是用来使用的，是用来改造、促使社会和人类文明进步的，而不是自吹自擂的资本。生活中事物在不断地变化，做好充分的准备，挑战一切新事物，这才是年轻人应该做的。现在的时代正是一个以知识、智力和创新能力为基础的知识经济时代，"知识变成能力才有用，能力作用于知识才有力量"。能力是人们成功地完成某种活动所必需的个性心理特征，人们常常在思索怎样有效地把知识变成能力，其实只有自己不断地学习，不断地创新，才能将自己所学的知识发挥到极致。

巴菲特认为，做事与做人，是硬币的两面，高调做事者，必须同时追求人际关系的和谐；低调做人者，也必须学会不避嫌怨，高调做事。要想做事，必须先做人，这是一门精深的学问，也是一门高深的艺术。遵循此理能使我们获得一片广阔的天地，成就一份完美的事业，更重要的是我们能赢得一个蕴涵厚重、丰富充实的人生。

"欲成事先成人"这也是人一生做人做事的准则，其中蕴涵的道理绝非三言两语就能说清，它需要生活的积累，需要生活的历练。

编者手记

巴菲特有这么一句名言："你能脱颖而出，不是因为你的智商可以达到200，而是因为行为举止。你能带来什么，你的精力，你的承诺，你做事的质量，你的为人处世之道。"知识改变我们的命运，但它绝不是我们贬低别人的资本，知识是一种伟大的力量，它应该让我们谦和、平静，而不是狂妄与自大。

第五章

找到一群值得信赖的朋友

忠告4　友情是生活不可或缺的调味品

> "他（接班人）必须具有独立思考，情绪稳定并深刻了解人类与机构行为等特质。"

十几年前，比尔·盖茨和沃伦·巴菲特是两个互不相干的人，彼此只闻其名，不识其人，甚至彼此还存有很深的偏见。盖茨认为巴菲特固执、小气，靠投资发财，不懂先进技术；巴菲特则认为盖茨不过是运气好，靠时髦的东西赚了钱而已。但是，后来他们成了商场上不多见的莫逆之交，巴菲特多次公开表示，此生最了解他的人就是盖茨，而盖茨尊称巴菲特为自己人生的老师。

在1991年春天，盖茨收到一张邀请他参加华尔街CEO聚会的请帖，主讲人就是巴菲特。在会议室里，巴菲特与盖茨相识了，两个人恰好坐在了一起。当巴菲特讲述自己的童年和对世界经济的看法时，两个人惊奇地发现，他们有太多的共同点：都是白手起家，热衷冒险，不怕犯错误。有一个有趣的情节，意犹未尽的巴菲特被催促着来到演讲台上，他的开场白竟然是："在开始讲话之前，我想说的是，今天我第一次和比尔·盖茨交谈，他是一个比我聪明的人。"

随着交往的深入，两个人都产生了惺惺相惜的感情，盖茨渐渐了解巴菲特并不是一个冥顽不灵的"老家伙"，而巴菲特也知道盖茨也不是一个"暴发户"，两个人对待财富的看法可谓是不谋而合。于是在2006年，盖茨宣布将逐步退出微软，专心从事慈善基金会的事业。6月25日，巴菲特决定将370亿美元的资产捐给盖茨的基金会，他动情地说："我之所以选择这个慈善基金会，一方面是因为我认为它是世界上最健全的慈善组织，另外就是因为我十分信任盖茨和梅琳达，他们是我最好的朋友。"

巴菲特告诉孩子们，人生不可能独行，你必须拥有自己的一群朋友。一个人生知己，不仅能在关键时刻为你指点迷津，还能在你春风得意的时候为你欢呼呐喊，在你沮丧失意的时候拍拍你的肩膀，为你分担忧愁。

所以巴菲特从小就让孩子们多和社区里其他的小朋友一起玩，童年纯真的友谊往往会让人一生难忘。在孩子们长大以后，巴菲特也教育孩子们经常结交良师益友，提升自己的修养。

有一句名言是这么说的："你把你的心灵交给了朋友，朋友回赠你的，同样是玫瑰的芬芳。"人是群居动物，孤独会让人寂寞。可以说，友谊是滋润人生的源泉。世界上没有人能够完全离群体而独居。在人类社会中，每一个人都像葡萄藤上的一根权枝，其生命完全依赖于主藤。权枝什么时候脱离了它的主枝，什么时候就要萎缩枯干。一簇葡萄之所以能味美色香，完全是因为依在葡萄的主枝上，单单靠分枝是无法办到的。假如把分枝从主枝上剪断下来，那么分枝上的葡萄就会枯萎。

在社会中有许多依靠朋友力量而成功的人，假如对他们的成功过程一一研究，是一件很有意义的事情。一位作家说过这样的话："现代社会人们完全靠一个规模庞大的信用组织在维持着，而这个信用组织的基础是建立在对人格的互相尊重之上，任谁也无法单枪匹马在社会的竞技场上赢得胜利，获得成功。"

为什么我们要结交朋友呢？有些心理学家认为，朋友间能互相取长补短，因为朋友之间能互相照顾，即使像帮对方从头发里拨出一只虫子这种小举动，也是互相关心与体贴的表现。确实，复杂、微妙却美好的人际关系是难以解释清楚的，但千万不要忽略了其中一个因素：满足。为什么别人能吸引你呢？因为他们是供给你快乐的源头。如果想在二人所形成的人际关系中发觉每样事物都尽合心意是不太可能的，但一个成功的相处关系必定存在着某种程度的互相满意。朋友扩大了你的生活圈与见闻，并且协助你探索世界，引领你接近更多的想法。就像一位朋友邀请你到他私人的俱乐部打网球，或是将全套的露营用具慷慨借给你，或是告诉你一些好玩的游戏或介绍你读些好书，或是带你到能以低价买到好酒及漂亮衣服的地方——也许他有些你能利用的技能或知识，也许他能教你一些做生意的窍门或是帮助你替孩子选择一所优秀的学校。

在事业上，能找到一个志同道合、相互扶持和相互信赖的搭档无疑是幸运的，这比起在单打独斗的困顿中艰难跋涉要轻松得多，而且取得的成功也将是更大的。在投资方面，巴菲特也有这样一个值得信赖的搭档——查理·芒格，他甚至将这个搭档看作自己的英雄。

在投资圈里，也许芒格的威望要逊于巴菲特。但是，必须承认，只要芒格一开口，巴菲特就会认真倾听。正如巴菲特的长子评价芒格时所说："我爸爸是我所知道的'世界上第二聪明的人'，第一是谁？查理·芒格。"芒格在巴菲特的投资事业上起了至关重要的作用，巴菲特创造的许多经典投资案例，以及他买入的种种牛股中，其实有相当一部分是芒格帮他物色的。

在成功的道路上，自身的努力拼搏当然是最重要的力量，但是如果旁边没有人为你摇旗呐喊，摔倒时没有人伸手将你扶起，孤军奋战的你一定会被痛苦压倒，被孤独打败。所以，人活在世上几十年，拥有朋友的日子是幸福的，我们应当对朋友的关怀、信任、宽容、善待心怀感激。

人们常说"知音难遇"。真正的友谊非常难得，一旦被你遇到，请千万不要错过，友谊不仅能使人有心灵的寄托，更能化解心中的阴影。交友贵在交心、交人品。酒肉朋友不交，势利小人不交，阳奉阴违者不交，为富不仁者不交，倚权仗势者不交，欺小恶老者不交，口是心非者不交，无信无德者不交，恃强凌弱者不交。

如果能珍惜每一次与别人接触的机会，积极主动地关怀别人，那你一定会有一个和谐融洽的人际关系，你的生活也会因此而受益。

无论是谁，都会遇到与自己合得来或合不来的人。跟与自己合得来的人当然能很好地进行交流和沟通，即便不交流也能建立良好的人际关系，问题是如何与和自己性格合不来的人建立起和谐的人际关系。

为了与和自己性格合不来的人建立起良好的人际关系，自己平时多用心、多留神是非常必要的。在掌握了人际关系基本常识的基础上，在遇到什么事的时候，要试着改变一下自己的思维，改变一下自己的观点、看法。做这些努力对彼此之间关系的好转大有用处。

感恩朋友，因为他可能在我们人生道路上的关键之处起到推动作用，即使并非如此，朋友的言行也是我们的一面镜子，可以暴露我们的缺点，让我们认识自己的才能，反省自己的言行。感恩朋友，善待朋友，便是给自己架设一座通往未来的桥梁，同时也是为自己构筑一个幸福的平台。

编者手记

我们常看到这样的人，不论遇到什么事情，他的周围总会站着很多朋友。但也有这样的人，他就像一个套中人，在他的身上总是有一层厚厚的"隔膜"，人们总是避而远之，这种人不要说肝胆相照的知己朋友，就是一般的朋友也没有。

为什么有人能够生活在朋友的关怀和温暖之中，而有的人却不能？原因很简单，你以真诚待人，必定换来真诚，你对人毫无私心，别人对你也不会斤斤计较。相反，你若对朋友缺乏真诚，不能真心待人，你永远都不会有真正的朋友。所以，在生活中，如果想获得美好的友谊，就要常做"赠人玫瑰，手留余香"的事情，这包括朋友有难时的慷慨解囊，朋友困惑时的心灵帮助，朋友快乐时的共同分享。

忠告5　取人之长，补己之短

"任何一位卷入复杂工作的人都需要同事。"

霍华德在投入农场建设以后，深切地感受到自己知识和经验两方面的不足，如何规划好季节蔬菜，如何进行渠道销售，如何管理，这都让初出茅庐的霍华德感到焦头烂额。

正当他一筹莫展的时候，忽然想起了自己的一个好朋友大卫，大卫如今在联合国粮食及农业组织担任技术人员，为何不找他来给自己出点主意呢？

很快，霍华德给大卫打了一个电话，两个人在电话里相谈甚欢，大卫决定周末的时候来霍华德的农场帮忙。

周末，大卫开着车来到霍华德的农场，他仔细分析了霍华德目前遇到的发展瓶颈以及解决方案，并推荐自己的助手给霍华德。在大卫助手的协助下，霍华德的农场很快走入了正轨。

在成年人的世界中，流传着这样一个不成文的定律：你周围6个人的价值的平均水平，就是你的价值。这个规则说明的是，身边的朋友对我们而言，就是衡量自身价值的一个重要指标——你周围的朋友优秀，可想而知你也是不错的，你周围的朋友毫无理想和追求，那你可能在放纵自己。

谁都不是单独生活在社会中的个体。在生活中，我们难免会形成这样或者那样的关系，比如师生关系、父子关系、朋友关系、同事关系等。这些关系显示出我们的人生是和怎样的人度过的。亲人父母不能选择，但朋友都是我们自己选择的。选择朋友的眼光，就是你自己的人生标准。

但是不是因为朋友异乎寻常的重要，我们就不交朋友了呢？特别是那些认为自己的能力强，个性独特的人，认为自己是不需要拥有朋友的。其实这样的想法非常危险，社会的法则就是："只依靠个人的力量取得成功的人，一定会付出超乎常人的代价。"

每个人身上都有优点，如果身边的每一个人都能将自己的优势利用在你的身上，那么你的力量将是无穷的。可是，生活中很多人并没有认识到这一点，他们紧紧地锁住自己，为的是能够全神贯注地拼搏。可是，他们不知道，当他们集中了精神只守着自己的那一小块天地的时候，已经失去了更为广阔的沃土。

巴菲特举过这样一个例子：

有一个女孩叫凯丽，她出生于贫穷的波兰难民家庭，在贫民区长大。她只上过6年学，只有小学文化程度。她从小就干杂工，命运十分坎坷。但是，她13岁时，看了《全美名人传记大成》后突发奇想，要直接和许多名人交往。她的主要办法就是写信，每写一封信都要提出一两个让收信人感兴趣的具体问题。许多名人纷纷给她回信。此外，还有另外一个方法，凡是有名人到她所在的城市参加活动，她总要想办法与她所仰慕的名人见上一面，只说两三句话，不给人家过多的打扰。就这样，她认识了许多社会各界的名人。成年后，她经营自己的生意，因为认识很多名流，他们的光顾让她的店人气很旺。最后，她不仅成了富翁，还成了名人。

和有名的人成为朋友，凯丽也变得出名了。我们虽然不主张借别人的名气来提高自己，但与优秀的人结交，至少能知道什么是优秀，知道自己与优秀的距离有多远。

个人大部分的成就总是蒙他人之赐、借他人之力，保持周围人的高水平，就是保持自己的高水平。

苏茜也碰到过同样的问题。苏茜曾经开过一个小商店，卖一些饰品、玩具等小玩意，可是，生意一直半红不火。越来越少的客户让她感到异常焦急，于是她去请教父亲，询问她该怎么办。

巴菲特笑了，他对女儿说："你是不是背着你的朋友开着这个商店？并没有告诉他们这个消息？"

女儿惊讶极了，因为她的确没告诉朋友们她开店的事情，巴菲特告诉女儿，就算你做再好的生意，刚开始起步的时候，很难会有好的经济效益。在城市中不管是什么样的店面，刚刚开业的时候都应该靠自己的朋友给自己做一些宣传，这样朋友才会带他的朋友来，而且朋友的意见和看法也是十分重要的。这样发展下去，你的铺子不就盘活了？

有人说，朋友是最好的助手。因为他们了解你，知道你的优点和缺点，"当局者迷，旁观者清"，朋友们给你的帮助有时候会超出你的想象。

荀子说："假舆马者，非利足也，而至千里。假舟楫者，非能水也，而绝江河。"荀子有"君子性非异也，善假于物也"的东方智慧，牛顿也有"踩在巨人肩膀上"的西方智慧。

而朋友，就是我们最需要借鉴和依靠的"他人"。"利用"并不是完全丑恶的，它来源于人们在现实生活中各取所需的关系。一个人，无论在事业、爱情，还是生活等各个方面，都离不开人与人之间的相互帮助。借朋友之力，正是一个人高明的地方。

人人都渴望精彩的生活，人人都想有个尽情挥洒的舞台，但每个人都有自知之明，在这个巨大的舞台之中，"自我表演"并不是人人都可以一炮而红的。很多人雄心壮志，为自己定下了努力的目标：立志要出人头地，做事标新立异。然而结果却不尽如人意，没有你想要的那份惊喜；或许有些人根本就找不到路，既心急又郁闷，活得很累。但是，也不乏成功的典范，他们并没有超人的能力，对于他们至关重要的就是，有着一生受益的财产——朋友！

朋友，是不会枯竭的资源；朋友，是能创出效益的资本；朋友，是你一生受用的财产，在你忍冻受饿的时候，他总会热情无私地支助你，帮你渡过难关；在你因没有资本扩大规模的时候，他也会无私借款给你，帮你走向辉煌。

当你看到这里，发现自己并没有几个优质朋友的时候，先不要忙着去给你的朋友找缺点。也许，是我们自己在选择的时候迷失了方向，交友不慎，重要的责任还在交友者自己没有坚持原则。虽然我们说三人行必有我师，但能与最优秀的三个人一起走路，岂不更好？

他山之石，可以攻玉。作为一名生活于现代社会中的人，在拓展自己的人脉时，要做到取长补短，广交朋友。我们不应过分计较他人身上的缺点，不应计较他人的身份、辈数、阅历等，而是应多看看别人的优点和专长，在需要时，把别人的优点和专长拿来为己所用，既弥补了自身能力的不足，又为自己事业的发展添砖加瓦。

编者手记

话说在东汉末年的乱世之中，刘备、关羽、张飞相遇，桃园结义，成就了千古美谈，也奠定了西蜀国的根基。以后三分天下，刘备始为皇帝，关羽、张飞也成开国元勋、西蜀重臣。回头看看，刘备、关羽、张飞结义之时，三人均是草民。刘备虽是汉室皇亲，却落得流浪街市，贩席为生。张飞只是一个屠夫，粗人。关羽杀人在逃，无处立身。三人结义后，彼此借势，相得益彰。董卓之乱时，吕布为枭雄。刘备、关羽、张飞大战吕布，却只打成平手，可见吕布何等英雄。但吕布匹夫无助，枉自豪勇，最终为曹操所杀。而刘备、关羽、张飞却彼此相仗，日益得势，最终立国树勋。

还有句俗话说"三个臭皮匠，抵得过一个诸葛亮"，几个好朋友聚在一起的力量，远远大于一个孤胆英雄。用你的长处弥补我的短处，用我的优点修正你的缺点，相得益彰，共同进步，岂不快哉？

没人能独立成就霸业，比如吕布孤身一人，就算武力第一，最终也只能含恨沙场。任何时代，任何国家，独行侠都只会是人们津津乐道的一个传说。相反，真正在现实生活中取得一番成就的人，都是有很多人帮助和扶持的。如果你也想拥有自己的一片天空，那么，就必须首先拥有一群优质的朋友。

忠告6 有的时候要会说"不"

"我有一个内部得分牌，如果我做了某些其他人可能不喜欢但自我感觉良好的事，我会很高兴，如果其他人称赞我做过的事，但我自己却不满意，我会不高兴的。"

巴菲特投资有自己的一套标准，他重仓锁定集中持有的股票基本上都集中在金融、消费品、传媒等日常生活中常见的领域，比如可口可乐、华盛顿邮报、吉列刀片、富国银行等都是每日所见的熟悉产品。他的不少好朋友都是从事网络行业的大亨，比如盖茨，可是巴菲特却对这些股票不是很感兴趣，对不少这些朋友的请求，他都予以拒绝。因为巴菲特通常只投资那些现在的经营方式与5年前甚至10年前几乎完全相同的企业。对于网络类的股票，巴菲特一直持谨慎和怀疑态度。

你可以说巴菲特老顽固，也可以说他看不到网络世界的前景，但是，面对这么多朋友的建议，他可以说不，坚持自己的原则，试问有几个人能办到？

说"好"和"不"是一个人在工作时必须作出的重要回应。这不仅是一种表明自我的重要方式，更可以让别人了解我们生活的态度及能力，从而对我们有一个精准的评价。

拒绝是一门学问，有些时候我们本想拒绝，可碍于一时的情面，心里很不乐意也点了头，却给自己留下长久的不快。所以，我们学好说"不"至关重要，有利于提高我们的工作效率和生活质量。

巴菲特告诉孩子们，每个人都应该有自己的底线，不要因为朋友们的建议或者请求而干扰了自己的判断。高尔基曾经说过，每个人都是自己的统帅和主宰，要清楚一个人的人生剧本，不是父母的续集，也不是子女的前传，更不是朋友的外篇，所有人生的主角只有一个，那就是我们自己。

朋友的确可以给你提供很多帮助，但是千万不要以为朋友就是帮自己承担任何事情的支柱，或者是你的主心骨。真正的主意必须由自己来拿，朋友只是一种心灵倾诉的对象，是在成功和失败时分享喜悦和悲伤的载体。

一位朋友因为经济拮据，向你借钱，尽管当时自己也很紧张，但你并没有勇气拒绝。等到自己需要钱的时候，却因为无法张口要回而异常烦恼。后来终于鼓足勇气去要时，却遭到了朋友的冷眼与责怪。这时候，你会怎样想？

其实，朋友的做法是可以理解的，人往往在极端情况下不会正常思考。造成这种局面的主要责任人，还是你自己。因为你的不会拒绝和别人的拒绝，你可能会失去朋友，失去快乐。同时因为不会拒绝，你失去了当时的宁静。

大部分人都认为拒绝是一种迫不得已的选择，实际上，拒绝更是一种主动的选择。

拒绝平庸的同时我们就选择了伟大；拒绝名利的同时我们选择了实干与奉献；拒绝卑微，就是选择高贵；拒绝虚荣，拒绝装模作样，就是选择了真实；拒绝冷酷，就选择了热情；拒绝无所事事、虚度时日，就选择了丰富的生活；拒绝责备，就选择了宽容与鼓励；拒绝懒惰，就选择了奋起奔跑；拒绝黑暗，就选择了阳光……

人的一生有多少次选择，就会有多少次的拒绝。拒绝是一种艺术，它让我们在善待自己的同时，也善待了别人。

很多人面对朋友的请求时，感到无法说出"不"字，而这些请求往往触碰了底线。当然，为朋友两肋插刀的义气也是必备的，面对朋友，牺牲一下自己的利益也是可以的。但是，如果他的请求是错误，是违反法律的呢？你是否还会为面子而帮助他呢？

是的，拒绝自己的朋友，是一件很尴尬的事情，但我们有时候不得不这么做。

其实，真正的朋友并不是为了索取，而是为了奉献和付出，不是为了要被爱，而是要去爱。就像我们很少会向真正的朋友借钱，很少让朋友帮忙找工作，很少让朋友出面去解决困境。我们找的往往都是与自己有利益关系的人。友谊，很多时候是那么晶莹剔透，纯洁美丽，不希望因为个人原因而让朋友承担起功利的作用。

1. 不要立刻就拒绝。立刻拒绝，会让人觉得你是一个冷漠无情的人，甚至觉得你对他有成见。

2. 不要轻易地拒绝。有时候轻易地拒绝别人，会失去许多帮助别人、获得友谊的机会。

3. 不要盛怒下拒绝。盛怒之下拒绝别人，容易在语言上伤害别人，让人觉得你一点同情心都没有。

4. 不要随便地拒绝。太随便地拒绝，别人会觉得你并不重视他，容易造成反感。

5. 不要无情地拒绝。无情地拒绝就是表情冷漠，语气严峻，毫无通融的余地，这会令人很难堪，甚至反目成仇。

6. 不要傲慢地拒绝。一个盛气凌人、态度傲慢不恭的人，任谁也不会喜欢与他亲近。何况当他有求于你，而你以傲慢的态度拒绝，别人更是不能接受。

7. 要能婉转地拒绝。真正有不得已的苦衷时，如能委婉地说明，以婉转的态度拒绝，别人还是会感动于你的诚恳。

8. 要有笑容地拒绝。拒绝的时候，要面带微笑，态度要庄重，让别人感受到你对他的尊重、礼貌，就算被你拒绝了，也能欣然接受。

9. 要有代替地拒绝。你跟我要求的这一点我帮不上忙，我用另外一个方法来帮助你。这样一来，他还是会很感谢你的。

10. 要有出路地拒绝。拒绝的同时，如果能提供其他的方法，帮他想出另外一条出路，实际上还是帮了他的忙。

11. 要有帮助地拒绝。就是说你虽然拒绝了，却在其他方面给他一些帮助，这是一种善良而智慧的拒绝。

更多的时候，对朋友说"不"是对我们对自己的一种保护，是维持我们自己人生价值观和道德底线的一种选择。朋友毕竟不可能完全代表你的想法，不能事事为你做主，很多时候他们也是出于自己的利益而对你发出请求和邀请。而你，必须为自己负责。每个人面对的人生都不同，人生道路上所遇到的事物也不尽相同。这个世界上没有谁可以帮另外一个人一辈子，即便是自己的父母也有老去的时候，而我们的朋友也是一样，即使关系再亲密，能力再大也不可能事事替我们操心，时时刻刻陪着我们自己。

编者手记

笔者见过很多人由于放不下面子，答应朋友一些违背自己意愿甚至是违背法律的事情，最后自己也被牵连，不仅朋友没帮上，自己也深受其害。其实我想，这样的"仗义"，这样所谓的友谊，不要也罢。试想真正的朋友，会让你如此以身犯险么？我们的心里必须有一杆秤，孰是孰非必须清清楚楚。

如何面对朋友的要求？是举手赞成，竭尽全力，还是有所保留，将信将疑？每个人都自己的选择，总之有一点是亘古不变的：你的路始终是自己在走。

第六章

时间是最昂贵的稀有商品

忠告 7　管理不好时间的人将一事无成

> **"市场只帮助那些积极主动的人；但不会宽恕一个不清楚自己在干什么的人。"**

　　巴菲特认为，金钱能够储蓄，而时间不能储蓄。金钱可以从别人那里借，而时间不能借。人生这个银行里还剩下多少时间也无从知道。因此，时间更重要。

　　投入多少不能用金钱来衡量，而是要用时间来计算。而且在时间和金钱这两项资产中，时间是最宝贵的。当你认识到时间的宝贵和时间亦有价格的那一刻开始，你将变得更富有。许多人努力工作，并想通过节俭来储蓄更多的钱，但他们却浪费了很多时间。比如在百货商店里，很多购物的人，他们花了很多小时仅仅就是为了节约几块钱。他们可能节约了一点点钱，却浪费了很多的时间。

你能够通过节俭来变得富有，你也可以通过吝啬来变得富有，但这要花很长的时间。比如，花2个小时和320美元坐飞机或花2天时间和48美元乘火车都可以从美国东海岸到达加州。穷人用金钱衡量价值，而富人用时间衡量价值所在。

当然，节约和勤俭应该提倡，但变富的关键是价值。很多人都认为价值是用金钱来计算的，实际上，价值是要用时间来计算的，因为时间比金钱更重要。很多人都想致富或去做富人进行的投资，但他们都不愿意投资时间。这就是为什么一百个美国人中只有三个富人的原因，而这三个人中还有一个人是因为继承遗产而变得富有的。

你可以用一种自动的体系或投资计划来创造安全和舒适的生活。很多人只需要工作，然后把钱交给专业经纪人或机构去管理，由他们代为进行长期投资。以这种方式投资的人，可能要比自认为是华尔街高手的人强。遵循一个计划有步骤地用钱投资，对大多数人来讲是最好的投资方式。

但是如果想获得财富，就必须投资比金钱更有价值的东西，那就是时间。大多数人想变得富有，但他们不愿意首先投资时间，他们宁愿去经营一些当前的热点投资项目或热衷于迅速致富的计划。或者，他们想匆忙地开始一项业务，而又没有任何的基本业务知识。然后，你就不会奇怪为什么95%的小企业会在5～10年之内以失败告终了吧。他们匆匆忙忙地去挣钱，最后反而失去了金钱和时间。他们只想靠自己去干一番事业，而从未想过先投资学一些东西，或者按照一个简单的长期计划进行。如果一个人能简单地遵循一个长期计划的话，几乎每个人都很容易成为百万富翁，但还是有很多人不愿去投资时间，他们只想一夜暴富。

并且，他们还会说"投资是有风险的"，或"要先有钱才能赚到钱"或"我没时间去学投资，我太忙了，我要工作还要付账单"。

这些常见的观点和借口，就是为什么只有少数的人能抵达充满财富的世界的原因。这些观念，也可以用来解释为什么90%的人都有缺钱的财务问题，而不是钱太多的财务问题。正是这些对金钱和投资有偏差的观念，导致了他们的财务问题。他们要做的就是改变一些想法、改变一些观念，这样他们的财务状况就会像变戏法一样发生变化。但大多数人工作太忙了，根本没有时间去思考他们究竟在忙些什么。他们经常说："我对学习投资不感兴趣，这个题目也不吸引我。"他们这样说着，同时也失去了实现富有的机会。他们成了金钱的奴隶，整日为金钱所累，钱控制着他们的生活，他们勤俭节约，过着量入为出的生活。他们宁愿这样做，也不愿去投资一点时间，制订一个计划，让钱为他们工作。

如果你想进入富有的投资阶层，你就应该打算投资更多的时间。很多人不能超越安全和舒适这两个生活层次，就是因为他们不愿投资时间，然而这是我们都必须作出的个人决定。一个人至少应该有一个安全稳定或舒适宽裕的财务计划，如果没有这个基本计划，而致力于富有这个计划，真的是很危险的。当然也会有极少数人取得成功，但大多数人不会。你可以看到在他们晚年的生活里，穷困潦倒，储蓄已耗尽，只能沉溺于他们过去的辉煌，谈论他们曾经几乎要成功的交易和曾经拥有的金钱。当他们结束一生时，既没有金钱也没有时间。

时间的价值就像金钱的价值一样，完全体现在如何使用上。舍不得花费时间去获取更多幸福的人，就是虚度年华。

编者手记

人生匆匆几十年，岁月如同白驹过隙，很快就从我们的指尖划过。管理好时间，我们才能支配好人生，让我们的生活与工作都能有效分配。只有懂得珍惜时间，我们才可能珍惜其他东西，因为时间过去就过去了，不可能回到过去。

在有限的时间里，有的人可以做出很多事，获得很大的成功，而大多数人却碌碌无为，平庸一生，区别就在于对时间的应用和把握上。其实，我们自己也可以思考，如何让我的一天过得更加有效率？

忠告8　零星的时间同样由分秒构成

"无所事事真是一种罪过。"

巴菲特是一个雷厉风行的人，做事不喜欢拖泥带水。

在孩子们小的时候，他就教育孩子们要做事果断，不要总把事情留在一大段时间里去做，而应该抽出平时有空的时间来完成这些琐事。

"毫不迟疑，马上开始"，这是一个成功者应该有的座右铭。这条座右铭将会使很多年轻人免于灾难，拖延的习惯是非常危险的。巴菲特认为，零星的时间其实也可以用来做很多有意义的事情，如果把这些时间拖延浪费，这种习惯是极其可耻的。

由于拖延、懒散和吊儿郎当而遭到失败的人，巴菲特见过很多，唯一可能的补救措施，就是毫不迟疑地开始面前的工作。要像抵御犯罪的诱惑一样，去避免拖延的习惯，充分利用零碎的时间。在你感觉到诱惑袭来的那一刻，马上集中全力去做必须要做而且是最困难的工作，千万不要从最容易的工作开始，而应迎难而上，坚持到底。

时间往往不是一小时一小时浪费掉的，而是一分钟一分钟悄悄溜走的。

人类对时间的意识和控制，随着社会的进步而逐渐加强。现代人计量时间的单位由时、刻、分、秒逐步精确到毫秒、微秒。

巴菲特曾说过一项令全世界懒汉瞠目结舌的声明："我的成就归功于一点，我一生中从未浪费过一分钟。"

军事家苏沃格夫也曾说："一分钟决定战局。我不是用小时来行动，而是用分钟来行动的。"

时间是构成生命的材料，谁了解生命的重要，谁就能真正懂得时间的价值。我们最宝贵的不过是几十年的生命，而生命是由一分一秒的时间累积起来的。

不善加利用每一分钟，日积月累会造成不可估量的损失，因为时间是永远无法返回的。

"事情就怕加起来。"这一古老的谚语说的也是这个道理。在事业上有成就的人，在他们的传记里，常常可以读到这样一些句子："利用每一分钟来读书。"

运动场上，以十分之一秒或百分之一的时间差，决定谁是纪录的创造者；在航海中，使用6分仪的海员，1秒钟的差错，将使他的观测相差1/4英里；人造卫星每秒钟飞行11.2公里，电子计算机每秒钟可以运行百万次、千万次、上亿次、几十亿次；高能物理实验，要求高能探测器在千分之一毫秒内精确地记录下高能带电粒子的径迹……

总之，对现代科学来说，"争分夺秒"已经不够了。

对时间计算得越精细，事情就做得越完美。如果在学习上你能以分为单位，对那些看起来微不足道的零碎时间也能充分加以利用，那么你在学习中必将有所收获。

古往今来，一切有成就的学问家都是善于利用零碎时间的。中国古代有位学者叫董遇，幼时双亲去世，但他好学不倦，利用一切可以利用的时间。他曾经说："我是利用'三余'来学习的。""三余"，即"冬者岁之余，夜者日之余，阴雨者晴之余。"也就是说在冬闲、晚上、阴雨天不能外出劳作的时候，他都用来学习，这样日积月累，终有所成。

许多人往往认为那些零散的时间没什么用处，其实几分几秒的时间，看起来微不足道，但集腋成裘，汇合在一起就大有可为。其实用零散的时间记忆零散的知识是很多成功人士的秘诀。

就拿学习来说，零散的知识主要是英语单词和语法，语文的语音、词语、标点、熟语等基础知识。大块的读书时间可以用来读文章，记忆政史地等系统性很强的知识，而把那些零碎的知识写在小纸片上，随身携带，在零散的时间记忆是最好不过的了。

其实，在你的日常生活中，有许多零星、片断的时间，如：车站候车的三五分钟，医院候诊的半个小时等。如果珍惜这些零碎的时间，把它们合理地安排到自己的学习中，积少成多，就会成为一个惊人的数字。

巴菲特教育孩子，一定要善于利用零散的时间，要知道，一个人总是将今天就应该清偿的债务拖到明天，今天应该做的事情拖到后天……这样的人怎么还能指望他能成功呢？一个有准备的年轻人，或者一个坚决果断的人，会立刻着手准备必要的准备工作，时刻为进一步的行动做好准备，这样的人才是最可能胜利的人。巴菲特认为，在人的社会力量中，能力与果断，这两种品质对于成功是极其重要的。

前者是后者的结果，一个重视时间价值的人，会让自己的每一分钟都具有这样的意义，以至于他的生命，不可避免会打上能力的印记。

对于时间，人们经常会自己原谅自己，你说要抓紧时间学习，他却说"等明天吧"；你说今天的事要今天做，不要推诿，他又说"有的是时间，明日做也不迟"。这种不珍惜时间的人其实会付出很大的代价。

时间是吝啬的，也是慷慨的。勤奋的人是时间的主人，懒惰的人是时间的奴隶。赢得了时间，就赢得了财富。抛弃时间的人，时间也会抛弃他。

珍惜时间，时间会把你的生活打扮得分外美丽；浪费时间，时间会将你的人生变得黯然失色。

珍惜时间就是在延长自己的生命，把零散的时间利用好，你会发现自己变得更加有效率。处理问题也将越来越自信，事业也能越来越成功。

编者手记

人生就像一首歌，有前奏、高潮，也有尾声，时间总是在眨眼之间就过去了。很多人年轻时碌碌无为，等到自己无力去改变自己生活的时候，才感叹自己的一生是多么平庸。

人的一生是短暂的，我们的精力也是有限的，要用这些有限的精力和时间去取得最大的成功，就必须珍惜每一天，从小事做起。哲学家说，人生的波澜壮阔不是别人给的，而是自己给的。当我们利用起那些从手指缝间溜走的时间，渐渐地，你会发现，自己所做的每一件事都是成功的垫脚石。

巴菲特给儿女的
性格忠告

第七章

不要忽略细节的力量

忠告 1 微笑是一种微妙的砝码

> "世界上最无价的东西是人心，要想赢得别人的心，只有拿自己的心去交换。"

在纽约的一个高级宴会上，一位刚获得遗产的妇女急于给每一个人留下良好的印象，于是在黑貂皮大衣、钻石和珍珠上面浪费了好多金钱。但是她对自己的表情却没下什么工夫，表情冷漠。她没有发现，事实上每一个人注意一个女子面部的表情要比注意她身上穿戴的衣饰多得多。

微笑作为一种表情，它不仅是形象的外在表现，而且也往往反映着人的内在精神状态。一个奋发进取、乐观向上的人，一个对本职工作充满热情的人，总是微笑着走向生活、走向社会的。在交际中，微笑的魅力是无穷的。它就像巨大的磁铁一样，吸引着你周围的人们。

关于微笑的艺术，我们应该具备正确的心理态度，要对这个世界和世人充满关切。要想取得巨大的成功，就必须如此，哪怕是例行公事般的微笑仍是有益的，因为那会在别人心中产生快乐，别人也会等价地回报你。在别人心中创造快乐的感觉，会使你自己心中也感到快乐。久而久之，你就能学会真心地微笑了。

在微笑时，任何的不愉快或不自然的感觉都在你心中趋向静止和平衡。向别人微笑时，你是在以一种巧妙而高尚的方式向别人袒露你喜欢他的心迹，他会理解你的意思而去加倍喜欢你；微笑的习惯，带给你的是完美的个人形象和愉快的生活环境。

你喜欢接触性情乖戾、忧郁、不快乐的人，还是喜欢接触快乐而活力四射的人？这些神情和态度在人群中是有感染性的。因此，你应该用灿烂的微笑来影响你周围的人。

微笑的力量是巨大的，孩子们天真的微笑使我们想起了天使；父母的微笑让我们感到温馨；祖父的微笑让我们感到慈爱。拿最常见的事情来说，小狗见到主人时，那副欣喜若狂的样子就让人觉得小狗是最忠实的伙伴了。

所以在 2008 年的北京奥运会开幕式上，我们看到了来自世界各地的孩童笑脸的图片出现在大屏幕上；在奥斯维辛集中营的纪念馆内，也有大量受难儿童的照片——他们不是在哭泣，而是在微笑，而这微笑更加令人心痛。

加利福尼亚大学心理学教授詹姆斯说，微笑永远有魅力。这是有科学依据的：当你在微笑时，你的精神状态最为轻松，全身的肌肉处于松弛状态，而且，你的心理状态也就相对稳定。当你那充满笑意的眼光与别人的目光相遇时，你的笑意会通过这道"无形的桥"传递给他，他会被你的快乐情绪所感染。自然而然，你们之间的气氛会变得和谐。你们相处得融洽，交流起来也容易多了。反过来如果你老是皱着眉头，挂着一副苦瓜脸，没有人会欢迎你的。想获得交往的乐趣，首先就必须使对方和自己快乐才行。

巴菲特的朋友杰克有一段"微笑改变生活"的经历：

"我结婚已18年，以前在家中，从没有对妻子展露笑容，可说是世上最难伺候的丈夫了。为了完成关于笑的试验，我就试着笑一个礼拜看看。就在隔天的早上，我边整理头发，边对镜中板着脸孔的自己说：'比尔，今天收起这种不愉快的表情吧，让我看看笑容，赶快去笑吧！'早餐的时候，我就一面对太太说早安，一面对她微微一笑。

"我太太非常吃惊。事实上，不但如此，她简直是深受震撼。从此我每天都这样做。到目前为止，已经持续了两个月。

"态度改变以来的两个月，前所未有的那种幸福感，使我们的家庭生活十分愉快。

"现在，每天走入电梯我会对服务生微笑道早安，对守卫先生也以微笑招呼，在地铁窗口找零钱也是这么做的。即使在交易所，对那些没看过我笑脸的人，也都报以微笑。

"不久我发现，大家也都还我一笑，而对于那些有所不满、烦忧的人，我也以愉快的态度与其相处。在带着微笑倾听他们的牢骚后，问题也变得容易解决多了。而且笑容也能使人增加很多财富。

"我也不再责备人，相反的，懂得去褒扬别人；绝口不提自己所要的，而时时站在别人的立场体贴人。正因为如此，生活上也整个发生了变化。现在的我和以前的我完全不同，是一个收入增加、交友顺利的人了。我想，作为一个人，没有比这更幸福的了。"

出门时抬头挺胸，然后做个深呼吸，呼吸一下新鲜空气。笑脸迎人，诚心和人握手，即使被误会也别担心，且不要浪费时间去设想你的敌人，认真决定想做的事情，然后向目标勇往直前。并且把心放在那些伟大光明的工作上。心理的活动是微妙的。而正确的精神状态就是经常保持勇气、率直和明朗。正确的精神状态也具有优越的创造力。一切的事物都是由愿望所产生，而祈求者的愿望会得到回应。正确的思想就是创造，所有事情都来自欲望。昂起你的头，露出你的笑容吧！

如果你不善于微笑，那么，强迫自己露出微笑吧。如果是单独一个人，那么就强迫自己吹口哨或哼一支小曲，表现出你似乎很愉快，这就容易使你愉快。按照巴菲特的说法，"行动似乎是跟随在感觉后面，但实际上行动和感觉是几乎平行的。而控制行动就能控制感觉。"因此，如果我们不愉快的话，要使自己愉快起来的积极方式就是愉快地行动起来。

有一则圣诞节的广告说微笑在圣诞节的价值是：它不花什么，但创造了很多成果。它使接受它的人满足，而又不会使给予它的人贫乏。它在一刹那间发生，却会给人永远的记忆。没有人富得不需要它，也没有人穷得不拥有它。它为家庭创造了快乐，在商业界建立了好感，并使朋友间感到了亲切。它使疲劳者得到休息，使沮丧者看到光明，给悲伤的人带来希望。但它却无处可买、无处可求、无处可偷，因为在你给予别人之前，它没有实用价值。

当你不知道自己和新朋友、新老师见面的时候带怎样的见面礼，就带上一个真诚的微笑，那将成为最好的语言。

编者手记

面带微笑的人，他的敌人一定不会太多。而不少人却不懂得这个道理，用冷峻的外表掩盖自己的内心，或者让生活的苦难遮盖了自己的笑容。俗话说："全壶摇不响，半壶响叮当。"装了半壶水的人一直在喋喋不休地抱怨不公平，而那些懂得在生活中微笑的人，却默默不语地忍受着、前进着、努力着……在工作中一味地抱怨，只会让自己离优秀越来越远。

尝试着微笑吧，让笑容撕裂天空的阴霾，让你的内心不再乌云密布，让和煦的阳光也能照耀你的心底。

忠告 2　抱怨只会让事情越来越糟

"抱怨是一种恶习，越抱怨越退步。"

银行的信用卡广告中经常有这样一句广告语：让你提前享受明天的生活。从经济学的角度看，合理的"预支"会让你的生活更加美好。在我们学习如何运用秘密的法则的过程中，"预支"就是其中的一个关键所在，只不过我们要学会预支的，不是我们的金钱和其他有形物质，而是我们"相信已经得到"时的那种快乐的感觉。

巴菲特认为："快乐的脚步不会因为我们承受了太多的痛苦而到来。"当你学会预支快乐的时候，内心就会受到强烈的鼓舞，整个人散发出一种愉悦的状态，所有的痛苦和霉运就自然远离你的生活了。

"生年不满百，常怀千岁忧，昼短苦夜长，何不秉烛游？"我们的先人早在两千多年前就已经透漏给了我们快乐的奥秘。但是我们常常缺乏的，正是预支快乐的勇气，我们不敢——就像我们不敢刷爆我们的信用卡，哪怕只有一次。我们总习惯于积谷防荒，这个道理当然没有错，问题是你需要积多少谷才能有效防止人生的灾年呢？

巴菲特曾经给孩子们讲过这样一个故事：

一个刚入寺院的小沙弥，心有旁骛，忍受不了寺院的冷清生活，甚至有了轻生的念头。这一天，他独自一人走上了寺院后面的悬崖，就在他紧闭双眼，准备纵身跳下时，一只大手按住了他的肩膀。他转身一看，原来是寺院的老方丈。

小沙弥的眼泪马上流了出来，他如实告诉方丈，自己已看破红尘，只想一死了之。

老方丈摇摇头，对小沙弥说："不对，你拥有的东西还有很多很多，你先看看你的手背上有什么？"小沙弥抬手看了看，讷讷地说："没什么呀！""那不是眼泪吗？"老方丈语气沉重地说。小沙弥眨眨眼睛，又是热泪长流。老方丈又说："再看看你的手心。"

小沙弥又摊开双手，对着自己的手心看了一阵，不无疑惑地说："没什么呀！"

老方丈呵呵一笑，对小沙弥说："你手心里不是捧着一把阳光吗？"

小沙弥怔了一下，心有所悟，脸上也泛起丝丝笑容。

小沙弥心中的阴霾阻碍了阳光的渗入，于是他满心灰暗，但换个角度来看，即使手中空无一物，也可以抓住一捧阳光。

巴菲特是这样告诉孩子们的：快乐是源于内心，由自己主宰的，没有人能够剥夺我们感受快乐的权利。即使在现实生活里，一时之间没有值得快乐的事情，也不可以消极颓废。这个时候不妨预支一下将来的快乐，充分去感受那种梦想已经实现所带来的快乐的感觉。当你成功预支到来自未来的快乐的时候，你就可以在生命的轨迹上找到属于自己的轨道了。

当斯嘉丽的第一部电影席卷全球的时候，她还只有 20 岁，转眼二十多年过去，在这些年中，她患了脑出血，之后又离婚，真可谓一路坎坷。可正当她就快被世界遗忘的时候，她竟出人意料地再次站了起来。在接受美联社的采访时，斯嘉丽这样说道："起初我想，我的 40 岁会是什么样的呢？人老珠黄，无人理睬，而且还是个单身妈妈！难道不是地狱吗？可事实并非如此。我对现在的生活很满意，对于过去的感情，即便不能共偕白首，但我仍然很快乐。至于将来，我不去猜测，我不要在我的快乐上施加那么多的压力和阴影。"

斯嘉丽懂得如何去感受和预支未来的快乐，所以她的人生还可以再次辉煌。相信自己已经得到，快乐的感觉就会加大你的磁场，从而更为有力地把你想要的东西吸引到你的面前。如果你还是苦于找不到"相信已经得到"这种感觉的话，不妨试着用一下"假装"的方法，告诉自己"这个已经摆在我的眼前了""我已经得到了我想要的东西"。当你成功地做到了"假装"以后，你就能充分感受到那种得来的愉悦，对未来也就充满了快乐的憧憬，最终做到以快乐的心态去做好眼前的一切。

不管走到哪里，我们都能发现许多才华横溢的失业者。当你和这些失业者交流时，你会发现，这些人对原有工作充满了抱怨、不满。要么怪环境不够好，要么就怪老板有眼无珠、不识才，总之，牢骚一大堆，积怨满天飞。殊不知，这就是问题的关键所在——抱怨的恶习使他们丢失了责任感和使命感，只对寻找不利因素兴趣十足，从而使自己发展的道路越走越窄，在自己的抱怨声中不断退步。

我们可以发现，几乎在每一个公司里，都有"牢骚族"或"抱怨族"。他们每天把"枪口"指向公司里的任何一个角落，埋怨这个、批评那个，而且从上到下，很少有人能幸免。他们的眼中处处都能看到毛病，因而处处都能看到或听到他们的批评、发怒或生气。

他们可能只是想发泄一下，但后来一发不可收拾。他们理直气壮地数落别人如何对不起他们，自己如何受到不公平待遇，牢骚越讲越多，他们也越来越相信，自己是遭受别人践踏的牺牲品。他们的抱怨只会自乱阵脚，终究受害最大的还是自己。

事实上，你很难找到一个会经常大发牢骚、抱怨不停的成功人士，因为成功人士都明白这样的道理：抱怨如同诅咒，越抱怨越退步。

彼得有一位同窗，是一个女孩，她在读书期间，数学差到不能再差，她的父亲总是吓唬她——你考不上大学就找不到工作，找不到工作就没有稳定的收入，没有稳定的收入你这辈子怎么办？这个女孩没有因此沮丧，反而理直气壮地对她的父亲说："我就去嫁人！"数年以后，她依然数学不好，但是她嫁给了自己所爱的人并且从事着一份令人羡慕的工作——年薪百万，担任跨国广告公司的美术总监。有一次，当她和彼得谈到这个话题时，她大笑着说："其实我并没有过人之处，只有一个简单的想法，那就是与其痛苦不如预支快乐——虽然数学是不好，可与其把自己的青春埋没在习题集里，不如快快乐乐地做自己喜欢的事情。我喜欢的事情就是画画，虽然为此也并不一帆风顺，但为自己喜欢的事情付出再多，心里也是喜欢的。"

当你每次忙到焦头烂额，或是遇到一件极难处理的麻烦事情的时候，都可以偷空想想：等这段时间过了以后，事情了结以后，我就可以想做什么就做什么，想怎么玩就怎么玩，想多开心就有多开心，不管结果如何。这样想着想着，不知不觉中就已经提前进入了以后的快乐世界，于是这种快乐的感觉就激发了你体内的潜能，更快地渡过眼前的难关。

宇宙就像一张快乐的信用卡，你可以无限制地从中提取快乐的感觉，而且当下预支的快乐并不会减少以后的快乐，这个快乐的信用卡是永远预支不完的，也不用事先预存。这世界就是有这么好的事儿！

编者手记

抱怨的人很少积极想办法去解决问题，不认为主动独立完成工作是自己的责任，却将诉苦和抱怨视为理所当然。任何一个聪明的员工都应该明白这样的道理：一个人一旦被抱怨束缚，不尽心尽力地工作，只会自毁前程。如果希望改变自己的处境，希望自己能够不断取得进步，那么从不抱怨开始吧。

第八章

暴风雨才能使树木深深扎根

忠告3 挫折只会磨砺勇者的心

> **"卓越的人的一大优点是：在不利和艰难的遭遇里百折不挠。"**

在音乐事业初期，彼得遭受过很大的挫折。在失败和沮丧中，他却从没有放弃过成功的希望。因为巴菲特从小就教育他，挫折只是成功前的甜点，只会让人越挫越勇。

在彼得小时候，巴菲特给他讲过这样一个故事：历史上最有名的死亡，其中就有苏格拉底的死亡。相信千秋万世之后，人们还会欣赏柏拉图的不朽叙述——那是一篇绝妙动人的文章。那篇文章记述了雅典市内的一小撮人——羡慕与嫉妒苏格拉底的人，他们控告苏格拉底。苏格拉底受审之后被判了死刑，当和善的狱卒把毒药交给苏格拉底时，对他说："请轻饮这必饮的一杯吧！"苏格拉底果然如此做了，什么也没说，平静地喝了下去。

面对死亡，他如此沉静而柔和，这显示了他高贵的一面。说这句话的时候，是公元前 399 年，但今天这个纷扰的世界似乎更需要这句话："请轻饮这必饮的一杯吧！"

在我们的日常生活中，也许你常常会这样感慨自己：

"我从来就未曾真正有过一个奔向美好前程的机会。你知道，我的家庭环境很糟。"

"我是在农村长大的，从你的社会结构中绝对领会不到那种生活。"

"我只受过小学教育，我们家很穷。"

"我机遇不好。"

于是你想不明白为什么身边的人都如此一帆风顺，而你却有如此多的艰难险阻，你开始失望，迷惑，甚至沉沦，最终没能到达成功的彼岸。

阳光明媚的早晨，你起床太晚，急急忙忙地收拾东西赶着去上学，可是出门的时候却不小心把牛奶碰倒洒了一地；快要迟到了，可是你却发现你的自行车胎漏气了。这时候，你可能烦躁无比，然后愤愤地想了一天，晚上回到家连吃饭的胃口也没有。

牛奶洒了可以收拾，自行车坏了可以坐别的车去学校，迟到了可以和老师解释一下，这一天又是新的一天。何必因为那些坏事而忽略了灿烂的太阳或丰盛的晚餐？这不值得，甚至有点愚蠢。

人们总是为不期而来的意外烦恼不已，他们悲观失望，结果让自己的生活变得更糟。这样做真的很愚蠢，我们既然不能改变既成事实，为什么不改变面对事实，尤其是坏事的态度呢？

心向着太阳，就能开花。

只有在风雨中走过的人们，才能在泥泞中留下自己的印迹，才能证明自己的价值。"梅花香自苦寒来，宝剑锋从磨砺出。"任何一种本领的获得都要经过艰苦的磨炼。

平静、安逸、舒适的生活，往往使人安于现状，耽于享受；而挫折和磨难，却能使人受到磨炼和考验，变得坚强起来。"自古雄才多磨难，从来纨绔少伟男。"痛苦和磨难，不仅会把我们磨炼得更坚强，而且能扩大我们对生活的认识范围和认识的深度，使我们更成熟。所以，巴菲特说："世界上的事情永远不是绝对的，结果完全因人而异。苦难对于天才是一块垫脚石……对于能干的人是一笔财富，对弱者是一个万丈深渊。"的确如此，感恩生活中的逆境，挫折让我们更加勇敢地前行。

中国有句古话："天将降大任于斯人也，必先苦其心志，劳其筋骨，饿其体肤，空乏其身，行拂乱其所为，所以动心忍性，增益其所不能。"勇于面对工作和生活中的挫折，不怕失败，在磨难中永不屈服。

世界上没有人终生一帆风顺，任何一个人都会遇到逆境。得不到信任、无端遭受打击和排斥、经济拮据、事业不畅等种种的困难和不如意，使许多人心存抱怨。其实，这些人忽视了一条真理：逆境是磨炼人的最高学府。纵观古今，逆境几乎是所有伟人成功的基石。

彼得知道，虽然人生可能并不公平，但它呈现出惊人的矛盾性，塞翁失马，焉知非福？

所以，当自己已经尽力，可因为个人无法控制的所谓"天命"而使事情变糟时，恐慌、着急、悔恨都无济于事，不如坦然面对——清除坏心情，保持自己的轻松心态。

你不可能改变环境，你只能换一个角度来理解世界。同样，就算是一样的环境，也可能造就两个完全不同的人。改变你的心态，很可能就会改变你的世界。所以，成功之路漫长，有多少高山需要你去翻越，有多少荆棘需要你去跨越，此时你应该从容面对无可避免的艰难险阻，轻饮这苦涩的一杯。

编者手记

笔者看过这样一个故事：一位名叫汤姆森的女士随军到丈夫的驻地。那实在是个可憎的地方，她简直没见过比那儿更糟糕的地方。她丈夫出外参加演习时，她就只好一个人待在那间小房子里。那里热得要命，没有一个可以谈话的人；风沙很大，到处都充满了沙子。

汤姆森太太觉得自己倒霉到了极点，于是她写信给她父母，告诉他们她放弃了，准备回家，她一分钟也不能再忍受了。她父亲的回信只有三句话，这三句话常常萦绕在她的心中，并改变了汤姆森太太的一生："有两个人从铁窗朝外望去，一人看到的是满地的泥泞，另一个人却看到满天的繁星。"

后来，她开始和当地的居民交朋友。他们都非常热心。她开始研究各式各样的仙人掌及当地的其他植物，试着认识土拨鼠，观赏沙漠的黄昏，寻找300万年以前的贝壳化石。

是什么给汤姆森太太带来了如此惊人的变化呢？沙漠没有改变，改变的只是她自己。因为她的心态变了，正是这种改变使她有了一段精彩的人生经历，她发现的新天地令她既兴奋又刺激。汤姆森太太的故事告诉我们这样一个朴素的道理：人可以通过改变自己的心境来改变自己所要面对的生活。

忠告4 暴风雨后的彩虹最绚丽

"并非每一种灾难都是祸，早临的逆境往往是福。"

巴菲特认为："人生布满了荆棘，我们知道的唯一办法是从那些荆棘上面迅速踏过。"的确，只有笑对那些艰难困苦，感谢曾经折磨过自己的人或事，才能体会出实际上短暂而有风险的生命意义；只有宽容自己不可能宽容的人，才能看见自己胸怀的广阔，才能重新认识自己……

苏茜在慈善活动中，得知了有一个世界上最倒霉的人，在50年的时间里，他经历了很多人的欺辱和刁难，而且每一次的经历都那么的悲惨，但也许正是这些经历，使他成为世界上最坚强的人。

从他出生开始，他的倒霉生涯也就开始了，他出生后14个月，摔伤了后背；之后又从楼梯上掉下来，摔残了一只脚；因为残疾，整个童年岁月总有同龄人嘲笑他；再后来，爬树时又摔伤了四肢；一次骑车时，忽然不知从何处刮来一阵大风，把他吹了个人仰车翻，膝盖又受了重伤，拒绝和他玩耍的人越来越多；13岁时掉进了下水道，差点窒息；一次，一辆汽车失控，把他的头撞了一个大洞，血如泉涌；少年岁月里，他遇到的同学更多地把他当作了怪物，但他却仍然有几个知心的朋友；一直到老，他都一直在倒霉，一直被人们看成是怪物，但他的脸上从来没有乌云。

他一生遭遇无数灾祸，不同的人生阶段遇到不同的人，受到不同的取笑。令人惊奇的是，老人至今仍旧健康而快乐地活着，心中充满着自信。他总是说历经了那么多磨难的洗礼，还怕什么呢？经历了那么多人的取笑，意志怎能不坚强呢？应该感谢一切折磨他的人还有事，是他们让他愈发坚韧。

人们常常抱怨磨难，抱怨那些让我们的生活变得艰苦的事情，抱怨那些让我们的内心承受煎熬的经历。可是，人们在抱怨的时候并没有想到，这些磨难就像烈火，我们只有在经过锤炼之后，才会变得更加坚韧、更加刚强。

别人折磨你的时候，你会觉得很沮丧甚至很失望。可是，如果静下心来想一想：在你承受对方给你的压力之后，你是否成长了？你得到的仅仅是一顿谩骂或者凌辱吗？你全然没有从中受益吗？

巴菲特的好朋友，美国独立企业联盟主席杰克·弗雷斯从13岁起就在父母的加油站工作。弗雷斯想学修车，但他父亲却让他在前台接待顾客。当有汽车开进来时，弗雷斯必须在车子停稳前就站到司机门前，然后去检查油量、蓄电池、传动带、胶皮管和水箱。

　　弗雷斯注意到，如果他干得好的话，顾客大多还会再来。于是弗雷斯总是多干一些，帮助顾客擦去车身、挡风玻璃和车灯上的污渍。有一段时间，每周都有一位老太太开着她的车来清洗和打蜡。这个车的车内踏板凹陷得很深很难打扫，而且这位老太太极难打交道。每次当弗雷斯把车清洗好后，她都要再仔细检查一遍，让弗雷斯重新打扫，直到清除掉每一缕棉绒和灰尘，她才满意。

　　终于有一次，弗雷斯忍无可忍，不愿意再待候她了。他的父亲告诫他说："孩子，记住，这就是你的工作！不管顾客说什么或做什么，你都要记住做好你的工作，并以应有的礼貌去对待顾客。"

　　父亲的话让弗雷斯深受震动，许多年以后他仍不能忘记。弗雷斯说："正是在加油站的工作使我学到了严格的职业道德和应该如何对待顾客，这些东西在我以后的职业生涯中起到了非常重要的作用。"

　　"吃一堑，长一智"，人不能总停留在原地，而是要努力向前，那些带给你磨难的人正是你成长的客观条件。其实对于弗雷斯来说，顾客每"折磨"他一次，他就向前迈了一步。弗雷斯的成功与他懂得感谢那些折磨自己的人有着莫大的关系。

　　有勇气面对一切令你困苦的人和事，淡然地面对别人的折磨，才能不断磨炼自己，才能不断取得进步，同时这也显示了自己莫大的勇气和自信。相反，一个听到别人的批评就暴跳如雷、反唇相讥的人，往往都缺乏涵养、心胸狭窄、毫无远见。

　　彼得年轻的时候曾在暑期打工，做过服务生，他的老板常常很严厉地责骂他。每次挨骂，他心里总是很难过的，可是他发现自己每次挨了责骂后都会得到一些启示，学会一些事情。

人生不是平坦的，但这也说明生命需要磨炼，铁石经历百般的烧冶和敲打才能愈来愈坚硬；燧石受到的敲打越厉害，发出的光就越灿烂，正是这种敲打才使它发出光来。人也一样，感谢折磨你的人，你就是在感恩命运。

那些折磨你的人，为什么不对他心存感激呢？不管出于什么样的原因，他们都用了一种特殊的方法，也许他们放大了你的缺点和不足甚至无中生有。当然，正是这些"放大"和无中生有，才让你认识到自己的缺点并改变它，磨炼了你的意志，让你变得坚强。所以，在批评和讽刺之下，不气馁，用自信做支撑，用实力说话，这样你注定会与成功结缘。

编者手记

人在一生中，随时都会遇到困难和险境，如果我们仅仅盯着这些困难，看到的只会是绝望。在人生路途上，谁都会遭遇逆境，逆境是生活的一部分。逆境充满荆棘，却也蕴藏着成功的机遇。只要勇敢面对，就一定能从布满荆棘的路途中走出一条阳光大道。正如培根所说："奇迹多是在厄运中出现的。"其实，我们不应该在逆境中抱怨，因为抱怨逆境无疑是在遗弃成功。想成为一名生活中的强者，就要勇敢地向逆境宣战，像一名真正的水手那样投入生命的浪潮。

忠告5　跌倒是学会走路前的必修课

> "顺境使我们的精力闲散无用，使我们感觉不到自己的力量，但是障碍却唤醒这种力量而加以运用。"

在人生的盆路口面前，若选择了一条平坦的大道，你可能会拥有一个舒适而享乐的青春，但却会失去一个很好的历练机会；若选择了坎坷的小路，你的青春也许会充满痛苦，但也许你会因此体会到人生的真谛。

生命是一次次的蜕变过程，唯有经历各种各样的苦难，才能拓展生命的宽度。通过一次又一次与各种苦难握手，历经反反复复的较量，人生的阅历才能在这个过程中日积月累、不断丰富。

小时候的彼得是一个调皮鬼，常常在公园里抓蝴蝶，玩蚂蚁，巴菲特饶有兴趣地看着小彼得玩得不亦乐乎。当彼得抓住一只蝴蝶时，巴菲特抚摸着彼得的小脑袋："彼得，你知道蝴蝶的一生吗？"

蝴蝶的幼虫是在一个洞口极其狭小的茧中度过的。当它的生命要发生质的飞跃时，这个狭小的通道对它来讲无疑成了"鬼门关"，那娇嫩的身躯必须竭尽全力才可以破茧而出。许多幼虫在向外冲杀的时候力竭身亡，不幸成了飞翔的悲壮祭品。

有人怀了悲悯恻隐之心，企图将那幼虫的生命通道修得宽阔一些。他们用剪刀把茧的洞口剪大，这样一来，所有受到帮助而见到天日的蝴蝶都不是真正的精灵——它们无论如何也飞不起来，只能拖着丧失了飞翔功能的双翅在地上笨拙地爬行！原来，那"鬼门关"般的狭小茧洞恰恰是帮助蝴蝶幼虫两翼成长的关键。穿越的时候，通过用力挤压，血液才能被顺利输送到蝶翼的组织中去；唯有两翼充血，蝴蝶才能振翅飞翔。人为地将茧洞剪大，蝴蝶的双翅就没有了充血的机会，爬出来的蝴蝶便永远与飞翔绝缘。

巴菲特告诉彼得，人成长的过程恰似蝴蝶的破茧过程，在痛苦的挣扎中，意志得到磨炼，力量得到加强，心智得到提高，生命在痛苦中得到升华。当你从痛苦中走出来时，就会发现，你已经拥有了飞翔的力量。如果你没有经受挫折，你就会像那些受到"帮助"的蝴蝶一样，萎缩了双翼，平庸一生。

巴菲特热爱钓鱼，在他最喜欢去的一个码头，有个渔夫有着一流的捕鱼技术，被人们尊称为"渔王"。依靠捕鱼所得的钱，"渔王"积累了一大笔财富。然而，年老的"渔王"却一点儿也不快活，因为他三个儿子的捕鱼技术都极其一般。

于是他经常向巴菲特倾诉心中的苦恼："我真想不明白，我捕鱼的技术这么好，我的儿子们为什么这么差？我从他们懂事起就传授捕鱼技术给他们，从最基本的东西教起，告诉他们怎样织网最容易捕捉到鱼，怎样划船最不会惊动鱼，怎样下网最容易'请鱼入瓮'。他们长大了，我又教他们怎样识潮汐、辨鱼汛……我多年辛辛苦苦总结出来的经验，都毫无保留地传授给他们，可是他们的捕鱼技术竟然赶不上技术比我差的其他渔民的儿子！"

巴菲特听了他的诉说后，问："你一直手把手地教他们吗？"

"是的，为了让他们学会一流的捕鱼技术，我教得很仔细、很有耐心。"

"他们一直跟随着你吗？"

"是的，为了让他们少走弯路，我一直让他们跟着我学。"

巴菲特说："这样说来，你的错误就很明显了。你只是传授给了他们技术，却没有传授给他们教训，对于才能来说，没有教训与没有经验一样，都不能使人成大器。"

人们往往把苦难看作人生中纯粹消极的、应该完全否定的东西。当然，苦难不同于主动冒险，冒险有一种挑战的快感，而我们总是迫不得已忍受苦难。但是，人生中的苦难总是完全消极的吗？并非如此。有些苦难对人生不但不是消极的，还是一种促进你成长的积极因素。如果一路都是坦途，那只能像渔夫的儿子那样，沦为平庸之人。

如果你现在正在经历这样那样的折磨，你就该庆幸，因为命运给了你战胜自我、升华自我的机会。人不能总停留在原地，而要努力向前。

对于生活中的各种折磨，我们应时时心存感激，只有这样，我们才会常常有一种幸福的感觉，纷繁芜杂的世界才会变得鲜活、温馨和动人。一朵美丽的花，如果你不能以一种美好的心情去欣赏它，它在你的心中和眼里也永远娇艳妩媚不起来，而是如你的心情一般灰暗、毫无生机。

只有心存感激，我们才会把折磨放在背后，珍视他人的爱心，才会享受生活的美好，才会发现世界原本有太多的温情。心存感激，是一种人格的升华，是一种美好的人性。只有心存感激，我们才会热爱生活、珍惜生命，以平和的心态去努力地工作与学习，使自己成为一个有益于社会的人。

要在心中时常想着蝴蝶的故事，想象自己有一天，也能蜕变成轻盈的蝴蝶飞过苦难之海！

编者手记

任何人都会或多或少遇到坎坷与颠簸，这是正常的，无须悲伤，无须抱怨，更无须绝望。世上没有绝望的处境，只有对处境绝望的人。只要勇敢面对，世界上没有过不去的坎。

在我们陷入逆境时，一味地埋怨是无济于事的，那只会让我们变得更加沮丧而觉得无望。与其苦苦等待，不如点燃自己手中仅有的"火种"和希望，去战胜黑暗，摆脱困境，为自己创造一个光明的前程。

在灰色的逆境中，不要让冷酷的命运窃喜，我们应该处之泰然。命运从来不相信抱怨，只相信抗争命运的人。强者的生活就是面对和克服那些像潮流一样涌来的逆境，他们不会放过磨炼的机会。

第九章

信任和包容是对孪生兄弟

忠告6 想要成功，先要学会信任

> "信任是合作的基础，相互合作的人就像战场上同一沟壕的战友，你要相信你的'战友'。"

人之所以会成功，是因为有他人的帮助。中国有句俗语："一个篱笆三根桩，一个好汉三个帮。"优秀的管理者和企业员工，必然是协调人际关系的高手。如何在工作中建立和谐的人际关系，会是你成为成功人物最重要的武器。

信任自己的合作者，是巴菲特成功的一大秘诀。无论是霍华德、苏茜还是彼得，在进入职场前都收到过巴菲特的忠告：信任同伴，是走向成功的第一步。巴菲特能将事业做大，与他的合作者们的辛苦付出密不可分。而这些人肯倾尽全力，也与巴菲特用人不疑的管理之道密不可分。

1988年，巴菲特在给股东的信里写道："1988年费切海默想要进行一项规模颇大的并购案，查理·芒格和我对他相当有信心，所以我们马上就同意了这项并购案，连相关协议都没看。很少有人能得到我们这样的信任，就连很多世界 500 强企业的领导者也不能。由于这项并购案会推动公司内部的成长，所以我预计费切海默的营业额会有很大增长。"

巴菲特认为，优秀的企业之所以能产生源源不断的自由现金流，与该企业拥有优秀的经理人密不可分。只有足够优秀的经理人，才能够为企业创造如此佳绩。

通常巴菲特在选择投资或者并购对象时，都会充分考察该企业的管理层是否优秀。在巴菲特看来，一个优秀的企业经理人非常重要。巴菲特非常希望他在购买企业的同时能够同时购买下企业优秀的管理层。有时，如果管理层不愿意留下来继续工作，巴菲特甚至会考虑放弃收购这个企业。巴菲特觉得，由原来的管理层来管理企业是再合适不过的事情了。在巴菲特的伯克希尔王国中，拥有很多优秀的企业经理人。巴菲特通常不会过多干涉子公司的业务，给予这些经理人充分的自主经营权。

20 世纪 70 年代末，巴菲特大量买入政府雇员保险公司的股票。用巴菲特的话来说，他之所以购买该公司股票，主要就是看中以杰克·拜恩为首的公司管理层的能力。巴菲特觉得他们能够带领公司走出困境，实现业绩的稳定增长和自由现金流的持续充沛。事实上，也幸亏有杰克·拜恩。要不是杰克·拜恩，政府雇员保险公司能不能走出困境都是个未知数。20 世纪 70 年代初期，该公司管理层管理不善，保险理赔成本被错误低估，使得对外销售保单价格过低，公司做了很多赔钱的生意，让公司濒临破产，也使得公司股票价格越来越低。1976 年，杰克·拜恩开始掌管该公司。他临危不惧，马上采取一系列紧急补救措施，最终使公司幸免于难。正是看到了杰克·拜恩的杰出表现，伯克希尔公司于 1976 年下半年开始大量买入政府雇员保险公司股票，然后持续增持，到 1980 年末共投入 4570 万美元，取得该公司 33.3% 的股权。在接下来的 15 年中，伯克希尔公司一直持股不动。而由于政府雇员保险公司在此期间进行了股票回购，使得伯克希尔公司的持股份额达到了 50%。1995 年，巴菲特又以近乎天价的 23 亿美元买下另一半原来不属于伯克希尔公司的股份。

与杰克·拜恩这种十足的信赖合作关系在巴菲特的管理经历中很常见。关于信任，我们还有一个好例子——B 太太。

B 太太是巴菲特特别爱提及的一个经理人。B 太太家族在 1983 年把内布拉斯加家具店 80% 的股权卖给伯克希尔时，B 太太继续留下来担任负责人并经营地毯生意，其营销策略就是"价格便宜，实话实说"。1984 年，该店业绩达到 1.3 亿美元，是 10 年前的 3 倍，独霸了整个奥马哈地区。1994 年，该店年销售额增至 2.09 亿美元。B 太太从未上过学，但她创立了一个企业。巴菲特不止一次说过，商学院的学生从 B 太太那里几个月能学到的东西比在商学院待几年学的还要多。

翻阅巴菲特 1984 年的信件，可以看到这样的字句："很多人常常问我，B 太太到底有什么经营诀窍。其实她的诀窍也没什么特别的，首先就是她和她的整个家族，对事业怀抱的热忱与干劲；其次，踏踏实实去实施她所决定要做的事情；再次，能够抵御诱惑；最后，拥有高尚的人格。我们对 B 太太家族的人格信任可从以下收购过程中反映出来：在没有找会计师查核，没有对存货进行盘点，没有核对应收账款或固定资产的情况下，我们就交给了她一张 5500 万美元的支票，而她给我们的只是一句口头承诺。"

通过这封信我们可以看到，巴菲特对 B 太太的"信任尺度"大得令人咋舌。

为什么巴菲特对他的合作者们会如此信任？这与他的管理观念有关。巴菲特认为，企业管理层对企业的影响非常重大。优秀的管理者可以把平庸的公司变成伟大的公司，而糟糕的管理者可以把伟大的公司变成平庸的公司。所以，他需要足够的信任，给予管理者足够的自由让他们发挥最大能力。企业的管理层是否优秀，巴菲特通常从公司的业绩和管理层的品质这两个方面来衡量。

1. 公司的业绩。巴菲特认为，公司的业绩是衡量企业管理层是否优秀的重要指标。公司业绩的高低，能够在一定程度上反映出公司管理层的管理才能。一方面，优秀的公司管理层能够给股东创造更大的收益回报；另一方面，更大的收益回报又只有在优秀的公司管理层身上才能实现。

B 太太和她的家族都是优秀的经理人，而这也体现在内布拉斯加家具店的经营业绩上。B 太太在世时，每年她一个人在家具店销售的地毯，比奥马哈地区所有同行销售的地毯加起来还多很多。在金融危机严重的 2008 年，内布拉斯加家具店在奥马哈和堪萨斯城的店的销售额不仅没有减少，反而分别增加了 6% 和 8%，两个店的销售额双双达到约 4 亿美元。巴菲特在 2008 年年报里说，这些非凡的业绩主要归功于其优秀的经理人。

2. 管理层的品质。 巴菲特认为，一个优秀的管理层，不仅要具有非凡的管理才能，更重要的是要有优秀的人格品质。

B 太太就是一个具有优秀品质的人。她有高尚的人格，对朋友真诚以待，对事业充满激情，对生活满怀热忱。1984 年 5 月是一个特殊的日子，这一天 B 太太获得了纽约大学的荣誉博士学位，而在此之前获得此项殊荣的有埃克森石油公司总裁、花旗银行总裁、IBM 公司总裁等企业精英。也许你会以为 B 太太是名校商学院毕业的，其实不然。B 太太从来没有真正上过学。所以从这一点上看，B 太太一点儿也不逊于这些国际知名公司的总裁。而令巴菲特庆幸的是，B 太太的儿子们也遗传了她的优秀品质。

显而易见，巴菲特认为，B 太太这样的合作者不仅能力卓越，还道德高尚，值得他信任、托付重任。

职场中，我们无时无刻不在与人打交道。有了友人的帮助，你会减少很多阻碍；吸收他人的成功经验，你也会迈向成功。如何与人建立和谐的合作关系，就成了一门紧要任务。要想取信于人，可尝试以下方法：

1. 让你的微笑成为招牌。 在培养吸引人的个性时，千万别小看经常保持诚挚微笑的重要性。这种微笑的习惯，对你自己的影响也是很大的。当你生气时试着保持微笑，这个简单的动作，可使人保持冷静，而且还能提醒你时时不忘保持积极的心态。

2. 自信地表述自己的观点。受压抑的人说话声明显细小，表现得自信心不足。尽量提高你的音量，但不必对别人大声喊叫或使用愤怒的声调，只要有意识地使声音比平时稍大就行。

3. 向他人说出你的赞扬。受压抑的人既害怕表现坏的情感，也害怕表现好的情感。如果他表示爱情，就担心别人说他自作多情；如果表示友谊，又怕被当作阿谀奉承；如果称赞某人，又怕人家把这当作虚伪逢迎，或者怀疑他别有用心。正确的做法应当完全不必考虑这些否定的反馈信号，你不妨每天至少夸奖三个人，如果喜欢某人的行事风格、衣着打扮或举止言谈，你就让他知道。

想取信于人、保持和谐的人际关系，从建立自我形象开始，你必须让自己充满自信、活力，使人乐于和你亲近。这一点，巴菲特可说是典范。认识他的人几乎都对他的风趣幽默、自信和活力留下了深刻的印象。此外，你希望别人如何待你，你就必须先如何待人。良好的人际关系，来自于用善待他人的方式，赢得别人的信任和喜爱。卡耐基也指出："如果你想采集蜂蜜，就别踢翻了蜂巢。只有不够聪明的人才会批评、指责和抱怨别人。"

编者手记

合作伙伴就得统一战线，齐心协力才能打败你的对手。轻易怀疑你的合作伙伴等于是自乱阵脚，就会不战自溃。没有信任的团队，是无法形成强大的向心力和凝聚力的，在竞争中，他们总会被对手找到漏洞，然后被各个击破，落得失败的下场。

所谓兄弟齐心，其利断金。在商场中，最聪明的做法就是相信伙伴，共同努力，不把精力消耗在互相猜疑上。其实，有很多很有前途的合作者最终没能一起走到成功的彼岸，并不是因为他们的实力不如人，或者运气不佳，往往是因为他们在前进过程中互相猜忌、互相打击。这种失败，恐怕是我们最不想看到的最愚蠢的失败了。

忠告7 站在对方的立场看问题

"我们没有必要把自己的想法强加给别人，但是却必须学会从他人的角度思考问题。"

"站在对方的立场看问题"就是我们通常所说的"换位思考"，它是建立良好人际关系的一个重要原则。因为如果我们不了解对方的立场、感受及想法，我们便无法正确地思考与回应。"换位思考"需要一点儿好奇心，但是不幸的是，许多人都缺少了这个要素。他们或是站在自己的位置上去"猜想"别人的想法及感受，或是站在"一般人"的立场上去想别人"应该"有什么样的想法和感受。

"我的经理就是偏心，因此，我对他很有意见。"这种说法是不是很熟悉？有时候当事情的结果不如我们所想象或期待的那样好时，我们也多半会觉得委屈，发出"好心没好报"的感叹。那么，是别人真的不明白我们吗？仔细地分析，我们会发现，这种换位思考并不是真的换位思考，而是以个人本位来理解别人，这并非真正地站在对方的立场上为他着想，因为你忽略了对方真正的想法及感受。

想要培养高情商就必须学会换位思考。换位的通俗说法就是将心比心，也就是设身处地地为他人着想。站在对方的角度看问题是巴菲特惯常的原则，为此，朋友们都赞扬他善解人意。即使当前妻苏茜决定离开他，开创自己的演唱事业时，巴菲特依然没有丧失冷静。他真正做到了站在苏茜的角度思考问题，对苏茜的选择表示了理解与尊重。他的这一风格被几个孩子争相模仿。

幼子彼得认为，从父亲那里学到的换位思考思想对他影响很大。其实，换位思考远非只能限定在人与人相处的狭小圈子内，它更多的是一种人生理念，在不同的领域引入这种理念，都能对自我产生积极的影响。

彼得能成为知名的广告配乐人，他就是用一种换位思考的策略成就了事业。他的广告配乐工作在起步时并不顺利。委托方认为他的音乐虽然技巧娴熟并且灵性十足，但是与市场流行并不完全契合。于是，彼得接到一个广告音乐的编辑工作后，不再如以前一样闷在工作室里冥思苦想。他常常混在市区里熙熙攘攘的人群中，或者漫步在阶石旁，或者驻足休息在旅店、商场的大厅里，敏锐地静听人们的谈话，了解观众的心理和嗜好，并以此确定他的配乐方针。

但凡成功的人，都是这样运用不同的方法去观察、研究他所要影响的一些人，然后反过来按照他们的心理需求去满足他们。

每个人天生都会有一定程度的体察他人情感的敏感性。一个人如果没有这种敏感性，就会产生情感失聪。这种失聪会使他在社交场合不能与其他人和谐相处，或是误解别人的情绪，或是说话不考虑时间场合，或是对别人的感受无动于衷。所有这些，都将破坏人际关系。

换位思考不仅对保持人与人之间的和睦关系非常重要，而且对任何与人打交道的工作来说，都是至关重要的。无论是做销售，还是从事心理咨询，或给人治病，以及在各行各业中从事领导工作，体察别人的内心，常进行换位思考，都是取得优秀业绩的关键因素。

有趣的是，巴菲特与彼得这对父子在一起讨论换位思考这个主题时，一致认为好奇心是"站在对方的立场上思考问题"的重要元素。只有好奇心才能使我们真正体会对方的心情，有一点儿好奇心，才会使我们谦虚地弯下腰，看看他人的内心世界到底是什么样的。好奇心使我们暂时放下自己的主观想法来理解别人，理解后才能真正地开始"换位"，换位之后，才能开始比较正确地思考，这也是建立良好人际关系的第一步。

当我们和别人商谈什么事情时，我们习惯将自己的想法和意见强加给他人，而没有站在对方的立场仔细想想，这种说话方式其实是有碍沟通的。在与对方沟通时，站在对方立场，才能让别人听着顺耳，觉得舒服。站在对方立场，设身处地地想，设身处地地说，不仅能使他人快乐，也能使自己快乐。站在对方的立场考虑问题，你会发现，你跟他有了共同语言，他所思所想、所喜所恶，都变得可以理解甚至显得可爱。在各种交往中，你都可以从容应对，要么伸出理解的援手，要么防范对方的恶招。许多人不懂得如何站在对方立场思考和说话，这是导致很多事情做不成功的一大原因。

站在他人的立场说话，能给他人一种为他着想的感觉，这种投其所好的技巧常常具有极强的说服力。要做到这一点，"知己知彼"十分重要，唯先知彼，而后方能从对方立场上考虑问题。成功的人际交往语言，有赖于发现对方的真实需要，并且在实现自我目标的同时给对方指出一条可行的路径。

伯克希尔公司下属某精密机械工厂生产一项新产品，将其部分部件委托另外一家小型工厂制造。当该小型工厂将零件的半成品呈示总厂时，不料全不符合该厂要求。由于迫在眉睫，总厂负责人只得令其尽快重新制造，但小厂负责人认为他是完全按总厂的规格制造的，不想再重新制造，双方僵持了许久。

总厂厂长也是一位换位思考的高手。见到这种局面，他在问明原委后，便对小厂负责人说："我想这件事完全是由于公司方面设计不周所致，而且还令你吃了亏，实在抱歉。今天幸好是由于你们帮忙，才让我们发现竟然有这样的缺点。只是事到如今，事情总是要完成的，你们不妨将它制造得更完美一点，这样对你我双方都是有好处的。"那位小厂负责人听完，欣然应允。

也许你会质疑："站在对方的立场说来容易，实际要做的时候却很难。"没错，站在对方立场来说话确实不容易，却不是不可能。一个擅长沟通的人善于努力地从他人的角度来设想，并且乐此不疲。然而，他们也并非一开始就能做得很好，而是从一次次的说服过程中吸收经验、吸取教训，不断培养自己养成这种习惯,最后才达到这样的境界。因此,只要你愿意,这并不是件太难的事。

了解巴菲特的商场经历的人都知道,他是一位谈判高手。之所以能在高手如云的谈判桌上端坐,并不是因为他的口才有多么卓越,而是因为他拥有换位思考的意识。谈判可以说是一场顽强的性格之战。因为我们要接触的谈判中的对手千差万别,无论经验如何丰富,要做到万无一失都很难。因此,对于各种不同的谈判对象,巴菲特会积极进行换位思考,视其性格的不同而加以调整,采取不同的策略:

1.**霸道的对手**。巴菲特认为,由于具有自身的优势,这种人常十分注意保护其在对外经济贸易以及所有事情上的垄断权,在拨款、谈判议程和目标上受许多规定性的限制。与这种人打交道,一般应做到:准备工作要面面俱到;要随时准备改变交易形式;要花大量讨价还价的精力,才能压低其价格;最终达成的协议要写得十分详细。

这种人的性格使得他们能直接向对方表示出真挚、热烈的情绪。他们十分自信地步入谈判大厅,不断地发表见解。他们总是兴致勃勃地开始谈判,乐于以这种态度取得经济利益。在磋商阶段,他们能迅速把谈判引向实质阶段。他们十分赞赏那些精于讨价还价,为取得经济利益而施展手法的人。他们自己就很精于使用策略去谋得利益,同时也希望别人也具有这种才能。他们对"一揽子"交易怀有十足的兴趣。作为卖者,他希望买者按照他的要求做"一揽子"说明。所谓"一揽子"意指不仅包括产品本身,而且要介绍销售该产品的一系列办法。

2. 死板的对手。这种人谈判特点是准备工作做得完美无缺。他们直截了当地表明他们希望做成的交易、准确地确定交易的形式、详细规定谈判中的议题，然后准备一份涉及所有议题的报价表，陈述和报价都非常明确和坚定。他们不太热衷于采取让步的方式，讨价还价的余地大大缩小。巴菲特总结出，与这种人打交道的最好办法，应该在其报价之前进行摸底，阐明自己的立场，尽量提出对方没想到的细节。

3. 好面子的谈判对手。这种人顾面子，希望对方把他看做是大权在握、起关键作用的人物。他喜欢对方的夸奖和赞扬——这正是巴菲特所擅长的。彼得某次接受采访时回忆，父亲说过，遇到此类谈判对手，如果送个礼物给他，"即使是一个不太高级的礼物，往往也能取得良好的效果"。

4. 热情的对手。这类人的特点是，在业务上有些松松垮垮，他们的谈判准备往往不充分又不过于细致。这些人较和善、友好、好交际、容易相处，具有灵活性，对建设性意见反应积极。巴菲特认为，与这类谈判对手打交道要多提建议性意见，并友好地表示意图，必要时做好让步。

5. 犹豫的对手。在这种人看来，信誉第一重要，他们特别重视开端，往往会在交际上花很长时间，其间也穿插一些摸底。经过长时间的、广泛的、友好的会谈，增进了彼此的敬意，也许会出现双方共同接受成交的可能。巴菲特在某次公司培训会时专门向员工强调，与这种人做生意，首先要防止对方拖延时间和打断谈判，其次必须把重点放在制造谈判气氛和摸底阶段的工作上。一旦获得了对方的信任，就可以大大缩短报价和磋商阶段的时间，尽快达成协议。

6. 冷静的对手。他们在谈判的寒暄阶段，表现沉默。他们从不激动，讲话慢条斯理。他们在开场陈述时十分坦率，愿意使对方得到有关他们的立场。他们擅长提建设性意见，作出积极的决策。"在与这种人谈判时，应该对他们坦诚相待，采取灵活和积极的态度。"巴菲特这样总结道。

换位思考在人与人之间的沟通和交往上占有非常重要的地位，因为不了解对方的立场、感受及想法，我们就无法正确地思考与回应，沟通便被阻断。简而言之，无论与哪种人打交道，只要做到了换位思考，把握住对方的心理和需求，就能做到顺畅沟通。

编者手记

懂得换位思考，是人与人沟通的前提。很多时候，我们认为某个人行事让别人无法理解、做事让人觉得不可理喻，这很可能只是我们单方面的看法。如果我们设身处地地站在对方角度上思考，会发现他们"怪异的想法"很可能只是一种理所当然的想法！

一个人最大的痛苦之一就是没人理解，如果我们能习惯于站在对方的立场说话，对人对己，恐怕都是一种莫大的幸福。而我们要想把事情办好，换位思考必不可少。

忠告8 不要揪住别人的错误不放

> **"对于所受的伤害，宽容比复仇更高尚。因为宽容所产生的心理震动，比责备所产生的心理震动要强大得多。"**

彼得十几岁时，在一个礼拜天为一件小事和邻居的小孩查理争吵起来，两人争论得面红耳赤，谁也不让谁。最后，彼得只好气呼呼地去找父亲，因为在年幼的彼得心中，父亲是最有智慧、最公道的人，他肯定能断定谁是谁非。

"您来帮我们评评理吧，查理简直不可理喻！他竟然……"彼得怒气冲冲，一见到巴菲特就开始了他的抱怨和指责。但当他正要大肆讲述查理的不是时，被巴菲特打断了。巴菲特说："对不起，亲爱的，正巧我现在有事，你过一会儿再说吧。"

过了一刻钟，彼得又愤愤不平地来了，不过，显然没有刚才那么生气了。"您一定要帮我评评理，那家伙简直是……"他又开始数落起查理的恶劣。巴菲特不紧不慢地说："你的怒气还没有消退，等你心平气和后再说吧。正好我刚才的事情还没有办完。"

接下来的几个小时，彼得没有再来找巴菲特。晚饭的时候，巴菲特在餐桌旁见到了儿子，他正耐心地把盘子里的牛排切成小块，心情显然平静了许多。巴菲特问道："现在你还需要我来评理吗？"说完，微笑着看着彼得。彼得羞愧地笑了笑，说："不需要了。现在想来那也不是什么大事，不值得生那么大的气。"

巴菲特仍然心平气和地说："这就对了，我不急于和你说这件事情就是想给你思考的时间，让你消消气啊！记住，任何时候都不要在气头上说话或行动。"

巴菲特告诉彼得，遇事发怒是最不明智的一种选择。正如莎士比亚所说，不要因为你的敌人燃起一把火，你就把自己烧死。发怒烧到的只有你自己。每个人都避免不了生气动怒，留心四周，我们随时可以找到正在生气发怒的人们：商店里，也许顾客正在和营业员吵架；出租车上，司机也许正因交通堵塞而满脸怒色；公共汽车上，也许两人正在为抢占座位而大打出手……此种情形，举不胜举。那么你呢？是否动辄勃然大怒？是否让发怒成为你生活中的一部分？可你是否知道：这种情绪根本无济于事。也许，你会为自己的暴躁脾气大加辩护："人嘛，总有生气发火的时候。""我要不把火发出来，非得憋死不可。"在这种借口之下，你不时地跟自己生气，也冲着他人发火，你似乎成了一个只会生气、发火的人。

我们要清楚，我们每一个人，面对生活中的各种困惑、烦扰时，都应该学会宽容、学会理解、学会忍让、避免生气。牢记"气大伤身"，用宁静的、博爱的心态，对待世间事，烦恼自会远离。哲人说："生气，就是拿别人的错误来惩罚自己。"不错，何必为别人背沉重的包袱，何必为别人犯下的错误承担责任，只要肯换个想法，转移一下视角，就能让自己有新的心境。

在巴菲特家孩子的印象中，父亲的脸上总是挂着笑容。巴菲特时常会对孩子们讲"生气是一种毒药！"他告诉孩子们，不能让自己的情绪只停留在问题的表面，必须学会少点怨恨，多点宽容，让负面情绪远离自己。

宽容是一种非凡的气度、宽广的胸怀，是对人对事的包容和接纳。人学会了宽容，他就多了一份高贵的品质、崇高的境界，他的精神就变得成熟，心灵就变得丰盈。宽容是一种仁爱的光芒、无上的福分，是对别人的释怀，也是对自己的善待。

宽容是生存的智慧、生活的艺术，是看懂了社会人生以后所获得的那份从容、自信和超然。学会了宽容，能使自己保持一种恬淡、安静的心态，去做自己应该做的事情。而那些整日为一些闲言碎语、磕磕碰碰的事情郁闷、恼火、生气，总去找人诉说，与对方辩解，甚至总想变本加厉地去报复的人，他们将会贻误自己的事业，失去更多美好的东西。所以，要成为一个生活的强者，就应豁达大度，笑对人生。有时一个微笑、一句幽默，也许就能化解人与人之间的怨恨和矛盾，填平感情的沟壑。

学会宽容是一个人成熟的标志。宽容的人常常表现出勇于承担责任的作风，如果肯检讨一下自己，就可以从失败和差错中找到自己所应负的责任。当一个人心平气和的时候，才可能保持清醒的头脑，找出失败的原因，采取避免差错的有效措施，以便更加努力地工作。

生活中总有一些人，得理不让人，就算无理也要争三分，总怕自己会吃亏；与之相反，巴菲特认为，真理在握也要让人三分，这样才能显出君子风度。由此我们可以理解，为什么前者往往是生活中的不安定因素，而巴菲特却能形成一种天然的向心力。

有理没理，饶人不饶人，一般都是在是非场上，论辩之中。假如是重大的或重要的是非问题，自然应该不失原则地论个青红皂白，甚至为追求真理而献身也值得。但日常生活或工作中，一些人往往会因为一些非原则问题、皮毛问题争得不亦乐乎，谁也不肯让步，说着论着就较起真来，以至于非得决一雌雄才算罢休，结果严重到大打出手，或者闹个不欢而散、鸡飞狗跳的结局而影响了和谐，而且越是这样的人越对甘拜下风的人瞧不顺眼。争强好胜者未必掌握真理，而谦卑的人，原本就把出人头地看得很淡，更不消说一点小是小非的争论了。越是有理越表现得谦卑，往往越能显示出一个人的胸襟之坦荡、修养之深厚。

在生活中，人都会有难堪的时候、做错事的时候、有求于人的时候，如果这时你处在评判的一方，尤其是他们的那些错处或什么事情牵涉到你的利益时，甚或他们与你有深仇大恨时，你会怎样做呢？不同的人可能有不同的做法。一般来说，愚昧的人或心胸狭窄的人爱为难别人，他们不愿意帮助人，不为人遮掩难堪，不包容或原谅人。他们甚至会乘人之危，鸡蛋里挑骨头，抓住把柄不放，且洋洋自得。这种不良行为正是他们愚昧阴暗心理的下意识表露。至于和他们有深仇大恨的人，就更不可能息事宁人了。但是在生活中，你也会经常处在难堪、有错、有求于人的位置上，比如你不巧弄脏了别人的衣裤，违反了交通规则，为讲义气与别人结了仇等。在这种情况下，你极需他人的包容。

将心比心，同情他人，宽容他人，不为难他人是一种美德。这种美德能够感化人，巩固人们之间互助亲善的关系，让社会形成一种宽厚的向善风气，小人就可能不会产生，阴暗的东西就会更少一些，在自己有了不幸的时候，也更容易得到他人的帮助。不要抓住他人的错误或缺点不放，得饶人处且饶人。这样不仅可以减少矛盾，也会提升自己谦卑善良的品质。这种与人为善的品德，正是人类生存所需要的美德。

要有气量，宽容他人，就必须做到互谅、互让、互敬、互爱。

互谅就是彼此谅解，不计较个人得失。人都是有感情和尊严的，既需要他人的体谅，也有义务体谅他人。互让，就是彼此谦让，不计较得失。心底无私天地宽，淡泊名利，摒弃私心杂念，做到以整体利益为重，把好处让给别人，把困难留给自己，相互之间的矛盾就容易化解。争名于朝，争利于市，一事当前先替自己打算，对个人得失斤斤计较，是难以与他人和睦相处的。互敬，就是彼此尊重，不计较你高我低。尊重别人是一种美德，"敬人者，人自敬之"，尊重别人，自然会获得别人的好感和尊重。如果无视他人的存在，不尊重他人的人格，就不会有知心朋友。互爱，就是彼此关心，不计较相互间的差异。爱能包容大千世界，使千差万别、迥然不同的人和谐地融为一个整体；爱能融化隔膜的坚冰、抹去尊卑的界线，使人们变得亲密无间；爱能化解矛盾，消除猜疑、嫉妒和憎恨，使人间变得更加美好。一个人是否拥有气量，关键看三点：一是平等的待人态度，不自认高人一等，保持一颗平常心，平视他人，尊重他人；二是宽阔的胸襟，胸怀坦荡，虚怀若谷，闻过则喜，有错就改；三是宽容的美德，能够仁厚待人，容人之过。由此，气量实际上反映了一个人的素养和品性。巴菲特在金融业纵横多年，一方面是其投资手段高明，另一方面就是因为他的气量赢得了大家的尊重，大家都愿意与他合作，共同发展壮大。

编者手记

人们时刻都要管理好自己的情绪，尤其在人生的一些关键时刻。

宽容是一种气度，更是一种智慧。斤斤计较、回回戳中别人的痛处，虽一时痛快，却在无意中埋下被人怨恨的种子。其实，大家都是成年人，自己犯了错误，未必全无察觉。与其戳穿真相让人尴尬，不如宽容以对，一笑置之。相信这样做你自己不仅少动肝火，还会让那犯错的人对你心生敬意。

巴菲特给儿女的
事业忠告

第十章

管理的最高境界是管理自己

忠告1 事必躬亲的优与劣

"领导者应将主要精力集中在统筹全局上，应该以结果为导向，而不是浪费自己的精力去做一些没有长远价值的事。"

在正式开始讨论这个话题之前，我们先来看看巴菲特在大量购买股票之前通常都会做些什么。"你可以选择一些尽管你对其财务状况并非十分了解，但你对其产品非常熟悉的公司。然后找到这家公司的大量年报，以及最近5～10年间所有关于这家公司的文章，深入钻研，让你自己沉浸其中。当你读完这些材料之后，问问自己：我还有什么不知道却必须知道的东西吗？很多年前，我经常四处奔走，对这家公司的竞争对手、雇员等相关方面进行访谈……我一直不停地打听询问有关情况。这是一个调查的过程，就像一个新闻记者采访那样。最后你想写出一个故事。一些公司故事容易写出来，但一些公司的故事很难写出来，我们在投资中寻找的是那些故事容易写出来的公司。"

在投资与经营决策的过程中，巴菲特总是能够作出正确的分析判断，很少犯错，这与他善于亲自调查、凡事亲力亲为的投资习惯是分不开的。巴菲特一直有收集年报的习惯。在他的办公室里没有报价机，但档案间的很多抽屉里装满了年报，所以，在巴菲特的脑海里，存有许多人想象不到的关于美国大企业的信息，并且他还一直更新着这些信息。

1985 年，巴菲特致股东的信中写道："我和芒格都对世界百科全书非常感兴趣。事实上，我读他们的书已有 25 年了，现在连我的孙子也拥有一套。所有的老师、图书馆与读者都称赞它为最有用的百科全书，而且它比同类型的其他书卖得便宜。这种质优价廉的产品，促使我们愿意以按照该公司提出的价格进行收购，即使近几年其直销业的表现并不太好。"

巴菲特向来都是亲自考察所投资的企业。既然已决定对斯科特公司投资，那么他就会全面地了解斯科特公司的经营状况。

在进行收购之前，巴菲特认真了解了斯科特公司的业务。斯科特公司最主要的业务就是世界百科全书。而世界百科全书对于巴菲特和芒格来说，再熟悉不过了。因为他和搭档芒格平常就对世界百科全书特别感兴趣。在阅读世界百科全书的过程中，他发现世界百科全书的内容和编排的质量非常高。当然也不仅仅他这么认为，这本世界百科全书被所有的读者评选为最有用的百科全书。由此可见，这本书的声誉很好。而且难能可贵的是，这本书卖的价格比其他同类书的价格还低。高质又低价的产品，自然人人都喜欢。世界百科全书的销售额比其他4家同行加起来的总销售额还要多，大约占斯科特公司总销售额的40%。

当然，巴菲特也没有忽视斯科特公司的其他业务。除了世界百科全书外，斯科特公司还经营着克比家护系统、空气压缩机、瓦斯炉等16项业务。而这些业务在其行业中也大多处于佼佼者的地位，能够获得很高的投资回报率，年销售额在7亿美元。

另外，巴菲特也没有忘记考察斯科特公司的管理层。毕竟，巴菲特是想收购一家企业加一个优秀的管理层。虽然在决定收购前，巴菲特并没有见过斯科特的总裁拉尔夫舒伊。但是拉尔夫舒伊已经在该公司当了9年的总裁，通过这9年经营业绩，巴菲特了解到拉尔夫舒伊是个非常出色的管理者。

正因为巴菲特对斯科特公司的一切都非常满意，所以他按照斯科特公司提出的3.2亿美元的价格收购了斯科特公司。事实证明巴菲特的投资眼光没有错，斯科特公司后来屡创佳绩，为巴菲特赚取了丰厚的利润。

巴菲特在作股票分析、投资决策时，从来不会不加证实就全盘接受，一切投资策略都要经过自己的调查后才作出决定。作为专业投资者，每天都有人向他推荐各种各样的股票，他收到的材料更是应有尽有，可是他基本上对此置之不理，婉言拒绝这些材料。通过亲自调查，巴菲特能够了解到一些只有该企业内部才清楚的信息，这也是巴菲特每次能够充满信心地投资自己选中的公司的原因。

巴菲特这种凡事亲力亲为的态度习惯，使他能够获得别人难以知晓的信息，也能够清晰正确地解释那些他看见的东西。这是每个投资者都应该学习的：不相信任何股评、不受外来信息的干扰、不迷信理论。因为在巴菲特看来，任何股票操作的理论，都不可能十全十美，在它的优点背后一定有其缺点。迷信内幕消息，容易吃亏上当。股票市场相关消息，每天都会有很多，有实也有虚，有影响深远的，也有作用甚微的。因此，他认为作为一个成功的投资人，重要的一点就是去深度了解市场情报。

巴菲特说："你必须做到亲自调查并且认真思考，但令我惊讶的是，高智商的人总是倾向于盲目地听从别人的意见，而我从未在和别人的交谈中获得好的投资想法。如果联邦储备委员会的前主席艾伦·格林斯潘私底下对我说未来两年里他的货币政策将会是怎样的，即便如此，也不会改变我所要做的事情。"巴菲特只相信自己的调查研究。

然而大多数的投资人对投资对象的了解不多，也无法评估其价值，经常受到别人的意见影响而抢进杀出，没有经过亲自调查和独立的思考判断。这种盲目的投资方式是极容易失败的。"一个令百万富翁破产的最好方法之一，就是听小道消息并据此买卖股票。"

"投资方法和投资策略是很相似的，因为你要尽可能多地去收集信息。接下来，随着事态的发展，在原来信息的基础上，不断添加新的信息。不论什么事情，只要根据当时你所拥有的信息，你认为自己有可能成功的机会，就去做它。但是当你获得新的信息后，你应随时调整你的行为方式。"巴菲特认为，亲自调查掌握大量的信息并合理地调整运用才是投资取胜的关键。

显然，在投资方面，事必躬亲是巴菲特的原则。不过，在公司管理方面他却不会这么做。他在收购了新公司之后，极少干涉公司的运营管理，而是把管理大权交到合格的领导团队手中。之所以这么做，是因为凡事具有两面性，事必躬亲也是如此。

在收购这种公司重大决策方面，他绝对事必躬亲；但是涉及琐碎的管理问题，他会毫不犹豫地放权。在很多人眼中，巴菲特是悠闲的，他很少发号施令。在企业中，管理者在授权后就应退居幕后，尽量减少干扰，这样才能充分发挥出员工的能力，以此拓展业务。

彼得曾经向父亲请教如何以高效率管理员工，巴菲特回答，管理就是借助别人的手去完成任务。管理者要想提高工作效率，就必须学会将日常的事务交给下属去完成。如果一个领导者总是对下属的能力持怀疑态度，迟迟不肯把任务交给他们，那么他就永远也无法证明自己的工作能力。

在现实中，我们经常看到许多忙忙碌碌的领导，就和热锅上的蚂蚁一样，每天忙得团团转，可是却不见成效。其实，他们已经陷入了一种不可自拔的旋涡：干得越多，就越是有更多的工作需要自己亲手去做；忙得越厉害，就感觉越来越忙。因为，他们总是担心自己的下属做不好工作，总是担心失去对下属的控制，总是认为只有自己才知道如何干，所以不得不一次又一次地亲自做。相反，如果能给予下属足够的信任，把任务交给下属去完成，并且为下属提供自由的空间，就可以使自己摆脱那些繁琐的日常事务。

领导者在用人时，要做到既然给了下属职务，就应该同时给予其职务相称的权力，放手让下属去干，不能大搞"扶上马，不撒缰"，处处干预，只给职务不给权力。

领导者用人只给职不给权，事无巨细都由自己定调、拍板，实际上是对下属的不尊重、不信任。这样，不仅使下属失去独立负责的责任心，还会严重挫伤他们的积极性，难以使其尽职尽力。所以，放手让你的下属去施展才华，当他确实违背你的工作主旨之时，你再出手干预，将他引上正轨。只有这样才能充分调动起下属的积极性，提升他们的工作业绩，而你最终也将赢得下属的真心拥护。

编者手记

成功领导者要明确自己应该做什么。要不断地思考"我应该为组织做什么"，而不是"我能做什么"。领导者应该做自己最擅长的事，成功领导者要认清自己的优势，要相信自己的判断，千万不要轻易改变自己的决策，更不要邯郸学步、东施效颦。每个领导者都有自己的风格和特色，不要改变自己的做事风格，不要轻易尝试自己根本不相信的事，应该学会用自己现有的主观能力，来努力确保任务完成、目标实现。

忠告2　疑人不用，用人不疑

> **"当一位领导懂得充分信任自己的下属时，下属们做起工作来就能最大限度地发挥自己的潜力。"**

　　猎头为彼得的公司物色了一个音乐人。此人非常有才华，能让彼得的公司在业务水平上更上一层楼。但是在是否雇用他的问题上，彼得犹豫了。这个人因为才华横溢而过于自傲，曾经因为各种原因连续从几家公司跳槽。

　　彼得在与父亲聊天时提及此事，征求父亲的意见。巴菲特告诉他，如果对他抱有怀疑，那就重新物色一个更合适的人选吧。彼得认为父亲的话有道理，想照着去做。没想到，此时公司突然涌入一大批业务，现有人手根本无法完成，彼得只好先雇用了这个人。

　　这时问题又出现了，其中有一个重要项目需要经验丰富的人带领团队完成，彼得认为这个人很合适，但是鉴于他之前的"劣迹"，他不想轻易把任务交给这个人。巴菲特听说了这件事，说应该让这个人试试。

　　彼得有些吃惊："之前建议我不要雇用他的人是您，为什么现在您还要我将这么重要的任务交给他呢？"巴菲特笑答，疑人不用，用人不疑。

　　"疑人不用，用人不疑"是巴菲特一贯的用人原则。熟悉他

的人都知道，他非常重视人才，而且是一位知道如何使用人才的
"伯乐"。他认为，如何用人在公司管理中有重大意义。他说过：
"在进行控股收购和股票买入时，我们要像购买目标公司那样，
不仅需要该公司的业务要优秀，还要有非凡出众、聪明能干并且
是受人敬爱的管理者。"

巴菲特根据多年的投资经历，所得的经验是：他只选择那
些他喜欢、信任和他敬佩的经理人管理的优秀企业，他觉得这样
才有机会获得良好的投资回报。巴菲特把这称为与伟人一起才能
成就伟业。

1989年，巴菲特公开宣布他已持有可口可乐公司6.3%的股
份。当被问到为什么没有更早的持有该公司股票时，巴菲特回答
是因为过去他对可口可乐的长期发展前景缺乏信心。

至于为什么后来又买进可口可乐公司的股票，巴菲特给出的
解释是他看到了可口可乐公司在20世纪80年代在罗伯托·郭思
达和唐·基奥领导下所发生的巨大变化。并且自1962年起一直
担任公司总裁的保罗·奥斯汀1971年被任命为董事长，他被任
命为董事长后，就开始了大规模的多元化经营，比如投资于众多
与可乐无关的项目，包括水净化、白酒、养虾、塑料、农场等。

巴菲特认为这些举措是在浪费宝贵的资金。在股东的压力
下，奥斯汀被迫辞职，1981年，可口可乐公司第一位外籍总裁罗
伯托·郭思达上任。郭思达上任后，全力以赴转向美国可乐市场
上与百事可乐的竞争。1985年，可口可乐放弃了已使用100多年
的老配方，推出了新的可乐配方。这一惊人的失误付出了惊人的

代价。在无数可口可乐忠实消费者的压力下，又不得不恢复了老配方。郭思达渐渐放弃了与可乐无关的业务。1984年～1987年，即巴菲特投资前，可口可乐在全世界的销量增加了34%，每加仑边际利润也从22%上升到27%，国外的总利润从6.66亿美元涨到了几十亿美元。报告中更吸引人的是重新调整后的公司本身。1984年，可口可乐公司的国外利润只勉强占总利润的52%，到1987年，它的利润的3/4来自于美国本土以外。这巨大的变化吸引了巴菲特的注意。

罗伯托·郭思达是非常难得的天才，将市场销售与公司财务两方面的高超技巧整合在一起，不但使公司产品销售增长最大化，也使这种增长带给股东的回报最大化。

1997年，罗伯托·郭思达在被诊断出肺癌，消息对外公布后不到两个月不幸去世。罗伯托具有卓越且清晰的战略远见，他总是将公司目标定位于促进可口可乐股东价值不断增长，罗伯托很清楚他要将公司引向何方、如何到达目的地、为什么这是适合所有股东的最佳路径。而罗伯托这种领导者，正是巴菲特所需要的。

巴菲特看重公司的管理者更甚于公司的眼前效益。当他认为一个人有能力完成管理大任时，会毫不犹豫地将公司交给他，所谓用人不疑即是如此。

聪明的管理者擅长充分授权——既然将权力下放给员工，就要对员工充分信任，让员工在其职权范围之内，拥有足够的自主权，这样才能充分发挥其主观能动性。实现授权的一个重要平衡点就是相互信任。这里所指的信任，就是中国传统的"用人不疑，疑人不用"之道。

不可否认，有效的授权必须是以领导者与员工之间相互信任为基础的，一旦已经决定把某项职权授给某个员工，就应该充分信任他，不得处处干预其决定；而员工在接受职权之后，也必须尽可能做好分内的工作，不必再事事向上级请示。相反，若是领导者不信任被授权者，在工作中不断地去询问其进度、方法、措施，如果下属没有给出满意的答案，就在未通知下属的情况下，独自去将事情处理完毕，这样的授权还有什么意义？还不如领导者自己做了。而且这样做，必然会造成自己与下属间的隔阂和矛盾，久而久之，就会在部门内养成一种不良风气，以后不管遇到什么任务，都不会有下属主动参与了。这种企业领导会累死自己，部门绩效也一定不会彰显。

互信才能合作，分享才能共赢。任何成功都是建立在互信合作的基础上，任何成功都是团队智慧的结晶，是共同劳动的结果。为了打造优质团队，为了成就常青企业，我们必须学会信任和分享。

信任他人是团队合作的前提。如果团队成员之间对彼此的个人品质产生怀疑，很难想象他们能够为了某个团队的共同目标毫无猜忌地竭诚合作。当然，我们对这种组织中的信任应做广义的理解，不仅包括对个人品质的信任，而且包含对专业能力的信任。

如果团队成员对彼此的个人品质产生怀疑，他们之间就很难建立坦诚、互信的合作关系；同样，如对彼此的专业能力不放心，他们也势必不敢全身心地投入到合作的事业上。要赢得他人的信任，必须具备优秀的个人品质及过硬的专业技能。作为团队成员，必须诚信、负责，对自己所经手或承办的事诚信、负责，也对团队其他成员诚信、负责。时刻牢记自己是团队的一员，时刻牢记自己所从事的工作关系到整个团队目标的实现与否，关系到其他成员事业的成功与否。

在一个企业中，随着知识型员工的增加，每个成员的专长可能都不一样，每个人都可能是某个领域的专家。所以，任何成员都不能自恃过高，都应该保持足够的谦虚，并时常检查自己的缺点，不断完善自我。一个狂妄自大的员工很难获得他人的认可，难以融入整个团队。诚信、负责、谦虚的个人品质或许足以赢得他人对你人品的信任，但不足以获得他人对你工作的信任。要获得他人对你工作的信任，还必须具备优秀的专业技能，故团队成员除了应修身养性外，还必须不断学习，提高工作技能，以便更好更快地实现团队目标。

信任是相互的，对于企业中的每个人来说，在赢得他人信任的同时也要信任他人。每个人都应具备豁达的胸襟，充分信任他人，认可他人的个人品质及专业素养。或许你认为他人在某些方面不如你，但你更应该看到他人的强项和优点，并对他人寄予希望。每个人都有被别人重视的需要，特别是那些具有创造性思维的知识型员工更是如此。有时，一句小小的鼓励和赞许就可以使他释放出无限的工作热情。

除了要信任别人外，身为组织的一员，还应当养成与别人形成互惠互助、一起分享胜利果实的好习惯，只有这样，才能够形成通力合作的组织氛围。我们都不是孤立地存在于社会之中的，人与人之间有着各种各样的密切联系，都需要直接或间接的给予和接受，无论少了哪个环节，都必将影响到整体，而自己也必然受到一定的影响。只有当自己能够信任别人并能够与别人分享时，自己不仅获得了财富，也帮助别人获得了财富，取得了双赢的成果。

编者手记

权力的下放可以使员工相信，他们正处在企业的中心而不是外围，他们会觉得自己在为企业的成功作贡献，积极性会空前高涨。得到授权的员工知道，他们所做的一切都是有意义、有价值的。这样会激发员工的潜能，使他们表现出决断力，勇于承担责任，并在一种积极向上的氛围中工作。在这样愉悦、上进的氛围中，员工不需要通过层层的审批就可以采取行动，参与的主动性就增强了，企业的目标也会更快得以实现。

忠告3 让公司成为大家的公司

> "作为企业的一员，首先要有'公司是我家，发展靠大家'的思想，只有让自己的企业不断壮大，个人价值才能得以充分的体现。"

当孩子们长大成人、有自己的事业后，巴菲特不时会向他们传授一个理念：公司不是某个人的，而是大家的。举例来讲，公司就是你的船，当你加盟了一家公司，你就是这条船的一员。这条船是满载而归抑或触礁搁浅，取决于船上的每一个人能否齐心协力、同舟共济。在船上，所有的人都肩负着进退存亡的重任。而领导者所担负的使命，就是让大家凝聚在一起，为了同一个目标而努力。

大儿子霍华德在这方面没少向他的朋友乔丹取经。霍华德曾经花了18个月的时间筹备活动，请迈克尔·乔丹到奥马哈进行为期两天的比赛。他安排了很多活动，看到那条长长的表单，乔丹说："老兄，我不会做这么多事的。"霍华德惊呼："你要逼我跳河呀！"乔丹哈哈大笑——这只是一个玩笑。乔丹卖力地配合霍华德的团队活动，高质量地完成了两天的活动安排，为青少年机构筹款4.7万美元。

通过这次与乔丹合作，霍华德见识到了乔丹传闻中卓越的团队配合能力，对其赞不绝口。

NBA那些优秀的球员，之所以能在球队里安身立命，能够带领球队在国际篮坛中领域独领风骚，正是因为他们以优秀的技能和卓越的职业精神，带动自己的队友向着同一个方向共同努力，不但使自己具有了独特的竞争力，更打造了组织的核心竞争力。

作为篮球界的"精英"，如果乔丹仅凭天生的身体素质，或许会成为一流球星，但绝不会成为一个伟大的人物。乔丹能征服人心的是他那出神入化、令人叹为观止的球技。他打起球来是那么地流畅、那么地自然，又是那么地活跃、那么地富于变化，你永远无法预期他下一个动作会是什么。每一场比赛，他都在争取发挥出自己最佳的实力，打出最漂亮的球。

虽然乔丹自身的优势很明显，但他也总会巧妙地配合自己的队员，帮队友助攻，也给他们创造投篮得分的机会。他的职业道德在整个球队里也是有口皆碑的。乔丹有一句名言："一名伟大的球星最突出的能力就是让周围的队友变得更好。"同样，在企业里，一名优秀的员工最突出的能力就是把团队置于自己之上，让同事变得更好，让团队变得更好——团队是他人的，也是你的，你有必要为它付出。需要特别指出的是，能够协调配合好其他人并不是全部，还要有一种积极主动参与公司各项事务的主人翁精神。

无论你是一名普通员工，还是一名高层主管，一旦加入了公司，就应当把自己看成公司的主人。你必须以主人的心态来管理、照料公司，而不是以一种看客的心态袖手旁观。作为公司的一员，不管你是司机，还是库管员；也不管你是技术开发人员，还是部门经理；哪怕你仅仅是一名清洁工，只要你在这个公司里，你就必须和公司共命运。你必须和所有的员工同舟共济，乘风破浪，驶向共同的目的地。公司之所以与你息息相关，是因为它承载着你的光荣与梦想，它是你的工作，它是你的公司！事实上，从你加入公司的那一天起，公司的发展就和你息息相关了。

2001年年底，伯克希尔公司下属的一个电脑公司推出了新的产品，需要宣传这一子品牌。那时候，公司所有员工都在为更换品牌的事情忙得不亦乐乎，而更换品牌的花费也非常高。其中有一段小插曲，公司在全国的宣传路牌都要更换，一共有七八十块路牌需要更换刷新。所有计划都在进行中。有一天，品牌更换计划的负责人苏茜跑来跟总经理说，她认为有一笔3万元的经费可以省下来，因为这七十几块路牌大小都不一样，本来是要找广告公司来帮公司设计七十多种图案，要花3万元，但其实只要找公司内部的美工同仁加班加点做一两天，就可以做完，那这笔钱就可以省下来了。

其实在这个品牌更换的过程中，这笔钱是在预算内的，可是苏茜以一种"把钱花在刀刃上"的态度，提出这样的建议。她觉得这件事情好像是她自己的事情，本来就应该帮公司把最少的资源用在价值最大的地方。

当时她还主管了一个电脑显示器促销方案，原来的预算是100万元，后来追加到300万元，这个方案做了以后，销售额增长很快。所以，不管是省下3万元，或者是多花出去200万元，这同样是出于一种主人翁意识。

在这个社会里，绝大多数的人都必须从一个普通员工做起，在公司中奠定自己职业生涯的基础。只要你是公司的一员，你就应抛开任何借口，投入自己的忠诚和责任，将身心彻底融入公司，尽职尽责，处处为公司着想。倘若如此，那么任何一个老板都会助你成为公司的支柱。

苏茜所表现出来的主人翁精神，正是巴菲特一贯赞赏的。众所周知，伯克希尔公司给予员工的待遇非常优厚，而巴菲特之所以如此大手笔，也正是为员工的主人翁精神创造硬件条件：公司的效益好，我的收入就高，我为公司努力工作，实际是在为我自己工作。

主人翁精神对于一个企业的竞争力来讲，是非常重要的。如果每一个员工都有主人翁精神，都把公司的事当成自己的事来做的话，公司无形当中会产生强大的竞争力。大家会把所有可能降低的成本，包括信息的成本、合约的成本、监督的成本、实施的成本，实现大幅度地下降；对于公司的发展，大家也能够献计献策，对自己的工作，也能够尽职尽责，这一切，都保证了企业的竞争力。

在同一个公司里，每个人还都肩负着排除任何潜在危险的责任。原因显而易见，在激烈的市场竞争中，小差错都可能酿成大灾难。一旦我们赖以生存的公司发生危机，那么公司的每个人都会受到影响。同样，在公司中，每个人的岗位都是至关重要的，任何一个地方出了疏漏，都可能导致整个企业的问题。作为公司的一员，我们应该努力对自己的工作认真地负起责任，不疏忽每一个可能在工作中出现的错误。

此外，合理化建议是员工参与企业经营的一个积极的表现，它不只起到"好产品、好主意"的作用，而且还是发动员工参与管理、促进上下沟通的良好形式。现在很多企业把合理化建议活动的开展和企业的兴衰联系在一起。一个企业要兴旺发达，单靠自上而下的指导是不够的，必须要与自下而上的建议相结合。企业应尽力启发、引导和组织员工提合理化建议。通过合理化建议运动，企业能调动广大员工参与企业管理的积极性和主动性，增强企业员工对企业的感情，增强企业的向心力和凝聚力。

长久以来，职业经理人们一直在提倡主人翁精神、事业心、忠诚、责任、激情、团队意识等现代企业所必需的职业精神和职业素养。任何一个人都有责任为公司的发展积极行动、献计献策，把自己当做公司发展的参与者和推动者，从而让自己成为公司发展的重要推动力量。

家庭是靠亲情来维护的，有了亲情人们才会去关注它、爱护它，公司也应该是员工的另一个家。把公司当做家应当是领导者和员工共同追求的目标，这也是一种最好理解的职业精神。家让我们可以毫无保留地为之付出。假如一个员工没有把公司当做自己的家，那是因为他只是为了养家糊口，只是为了自己的生存，才迫不得已到公司里去的。如果是这样的话，员工和领导者、其他同事之间就会存在隔阂，和公司的关系就像旅客寄居一样，没有丝毫的感情联系。领导者应该让员工在工作中找到归属感，把公司当做自己的家，这样员工才能对工作产生无限热爱，迸发更多的激情，从而能为公司的发展创造更多的价值。

编者手记

作为公司的一员，公司的命运就是你的未来，公司的方向亦是你的人生。

公司的发展与每个员工的行动息息相关，任何一个员工的辛勤努力都要为公司的进步与发展增添一分力量。作为企业的一员，每个员工都有责任和义务去用自己的实际行动来推进公司的发展。

忠告 4　给予你的团队最大的自由

> "能不能随时离开这个部门，是你是否已经管理好这个部门的唯一标准；能不能随时离开这个公司，是你是否已经管好这个公司的唯一标准。"

投资者要投资公司必然选择优秀的公司，这毋庸置疑。但是优秀的标准是什么，很多人都持有不同的观点。熟悉巴菲特的人都知道，他特别看重公司的管理团队。

巴菲特在 1994 年致股东信里写道："我们的投资组合持续保持集中、简单的风格，真正重要的投资概念通常可以用简单的话语来做说明，我们偏爱具有持续竞争优势并且由才能兼备、以股东利益为导向的经理人经营的优秀企业。只要它们确实拥有这些特质，而且我们也能够以合理的价格买进，那么投资出错的几率可说是微乎其微。"

巴菲特认为，优秀的管理层对公司的发展至关重要。在他的投资生涯中，非常注重公司管理层的素质。如果公司的管理层足够优秀，哪怕对方提出的价格稍微高了点，只要管理层愿意留下来继续工作，巴菲特也会愿意收购。如果公司的管理层不愿意留下来继续工作，通常巴菲特就会放弃这项收购。在伯克希尔下属的子公司中，有很多非常优秀的经理人。巴菲特常说，正因为有这些优秀的经理人存在，公司的业绩才会如此出色。

当他收购了这些公司之后，会给经理人最大的自由度，不会对他们的决策横加干涉。由此我们也可以理解，为何伯克希尔公司麾下能聚集如此多的优秀经理人。在巴菲特手下，能完全施展自己的才华，这些精英们有什么理由不为他工作呢？

不论在哪个公司、哪个团队，给员工以足够的自由度都是十分重要的。

现代企业作为社会经济生活中最具活力的领域和组织形式，往往被员工视为展示自我、实现自身价值的最佳平台。企业管理者要在人事安排上多费心思，力求做到尽善尽美；要充分考虑员工个人的兴趣和追求，帮助他们实现职业梦想。管理者必须营造出某种合适的氛围，让所有员工了解到，他们可以从同事身上学到很多东西，与强者在一起只会让自己更强，以此来帮助他们充满激情地投入工作——而不是停在那里，对他们的际遇自怨自艾。

爱因斯坦说过："通常，与应有的成就相比，我们只能算是'半醒者'，大家往往只用了自己原有智慧的一小部分。"因此，对于领导者来说，最好的管理之道就是鼓动和激励下属，让他们了解自己所拥有的宝藏，善加利用，发挥它最大的功效。其实，从某种意义上来说，下属的成功就是领导者的成功，帮助下属成功也是领导者赢得下属追随的最好办法。巴菲特为何总能如此地潇洒，手中掌控着多家公司还有空闲时间去打桥牌？因为他给了他的经理人们足够的自主权。因为他敢于放权，才能从具体繁琐的事务性劳动中解脱出来，有足够的时间去考虑更为宏观的事情。

只有当事情没法分派给别人做的时候，巴菲特才亲自做。彼得有了自己的公司后，巴菲特告诉他，要对自己的长短认识清楚，承认自己的能力缺陷。如果自己并不是一个最好的领导者，就应该寻找能力互补的人建立职业管理团队。巴菲特自己就是这样做的，他善于找到每项业务的最佳管理者并使该项业务达到极致。

人们都喜欢完成工作的过程没有受他人强迫的感觉，这是人们的本性使然。人有趋利避害的本性；有被习惯左右行为的本性；有依靠共通的文化习俗求生存的本性；有创新，适时改变自己的习惯和习俗以适应外界环境的本性。顺着这些本性去完成工作，人们会觉得原本就如此，很顺当，不会有牵强和被强迫的感觉和不满，完成工作也就自然而然。他们会觉得自己是企业的一分子，积极性会达到空前的高涨。巴菲特恰恰善于在这方面做文章。

很多人对管理的认识非常浅显，流行的管理观点有两种：一种认为管理是上层人的事，好像管理只和老板有关；另一种则认为管理就是指挥别人工作。第一种观点其实只告诉我们谁属于管理层，而并没有说明管理是什么。管理不仅仅是投资者的事，随着现代管理的深入发展，投资者和管理层在逐渐分离。企业一旦建立，那就不仅仅属于投资者，而是属于社会。第二种观点只看到了现象，并没有认识到管理的实质，管理是个互动的过程，管理是"人"的工作，管理的使命是为了实现企业的使命和宗旨。

而在巴菲特看来，管理是一门艺术，并且是一门宽泛的艺术。管理是管理者和管理对象之间的一种交流，管理者的精神面貌、气质乃至处世的方式等都会对管理对象产生影响。同样，管理双方能够进行互动，就需要在知识层次、价值观、自觉性、处世的经验等各个方面产生一种平衡。如果管理者对他的下级采取蛮横、蔑视的态度，那么这种交流的平衡和契合点就不存在了，管理对象会因为失去自尊而抱怨，甚至产生抵触情绪。这种情况长期持续下去，就会大大削弱组织的向心力，进而影响到组织的绩效，以及组织目标的实现、使命的完成。

之所以说管理是宽泛的，因为它涉及知识、自觉性、智慧，亦即领导等有关人的各个基本方面；之所以说它是艺术，因为它需要各种实践与运用。作为管理者，必须掌握各种知识，充分激发人的主观能动性，使管理对象能充分挖掘自己的潜能并且乐于工作。但有一点需要注意，管理所需要的那些知识必须集中到管理的成效上去，不能为了艺术而艺术。因为对企业而言，管理是为了有更好的成效，如果不能提供更好的产品或者服务，那么这种艺术便没有任何意义。

在管理方面，巴菲特做得很成功。他通过给予自主权的方式让员工知道，任何员工的努力都是有价值的。员工的潜能得到激发，他们表现出决断力，敢于担当责任并在一种积极向上的氛围中工作。在这样愉悦、上进的氛围中，员工不需要通过繁文缛节般的审批就可以采取行动，参与的主动性就增强了，企业的目标也会更快得以实现。

巴菲特一直主张授权要坚持信任原则的，他让公司的经理人在职权范围内自主处理问题。有一次，运输公司为加收一笔3万美元的运输费，打电话找到伯克希尔公司一个子公司的部门经理，这位年轻的经理当即拍板同意。运输公司的人听了大吃一惊，一再问是不是要请示一下你们的总经理，得到的回答是："在我职权范围内的业务，我说了算！"结果，这件事很快办成了。假如巴菲特在授权中不坚持信任原则，被授权者不敢这么干，恐怕这件事就很难办成了。或者即使办成了，效率也不会这么高。

其实，不管从事什么行业，想要成功，管理者都必须创造出一种使员工能有效工作的环境。作为一名管理者，要正确地利用员工的力量，充分地相信自己的员工，给予他们充分创造的条件，让员工感觉到领导对他的信任。士为知己者死，一个员工一旦被委以重任，必定会产生责任感，为了让领导相信自己的才干和能力去努力达到目标。

巴菲特非常愿意给予员工充分的空间，发挥他们的最大作用和潜能。他采取的领导方式就是放权，不用任何规章去束缚经理人，让他们在无拘无束的信任氛围中，发挥每个人的创意和潜能。

他喜欢把复杂的事情简单化，因为他相信自己的经理人有足够的经验和智慧，他很信任经理人，让他们自行作决策。如果有经理人不守法，他会单独针对这个经理人进行处理，而不是把所有经理人都一视同仁。

伯克希尔公司的人才引进标准很高，因此伯克希尔的经理人素质都非常高，员工在自主状态下彼此激发，使整个团体的表现都极其出色。伯克希尔的经理人有权对他们进行的工作作任何决定，因此他们的决策和行动非常迅速，工作非常有效率。信任员工，让员工放手去做，这也是伯克希尔始终保持成功的原因之一。

编者手记

管理者应借力而行，放手让员工自己去干，为下属搭建"舞台"，给员工以充分实现个人价值的发展空间。

管理者必须有这样一种胸怀，为别人的成就打上聚光灯，而不是为自己的成就打灯。他们应让别人成为组织里人人皆知的英雄。正如一位成功企业家所说的，"如果最高领导者从来都不让他的员工分享权力、分享成功荣誉，而是把功劳全往自己身上堆，那谁还会跟着他干呢？除非是傻瓜。"

忠告5 拒绝拖延，果断的人才能把握住机会

"要是不能把握时机，就要终身蹭蹬，一事无成。"

巴菲特在股票买卖中，以出手果断著称。

众所周知，巴菲特注重长期持有股票的策略，如果一家公司持续拥有竞争优势，那么就不应该减持手中的股票。道理很简单，对于一家效益优秀的公司股票，持有的时间越长，得到的回报也就越多。但是在三种情况下，卖出手中股票是更为明智的做法。第一种情况是，当你需要更充足的资金用于投资一个更优秀、价格更便宜的公司；第二种情况是，当你所持有的公司股票，其公司持续竞争优势地位逐渐消失；第三种情况则是，在牛市期间股价远远高于其长期的内在价值。

对于前两种情况，也许普通投资者能够容易做到。但是第三种情况，许多投资者往往因为恐惧或是担心错过更大利益的心理，而丧失了对出售时机的把握，这也是许多投资者在牛市过后遭受严重损失甚至是一贫如洗的苦果。许多人都害怕自己在出售股票后会迎来新的高点，以致造成利益损失。

巴菲特认为，一个简单的原则可以判断什么时候是出手的好时机：当优秀公司达到40倍甚至更高的市盈率时，这就是应该出手的时机了。

1999年，巴菲特在《财富》杂志撰文道："投资者不要被

股市飙涨冲昏了头，股市整体水平偏离内在价值太远了。"巴菲特在文中预测，美国股市不久就将大幅下跌，重新向价值回归。他提醒投资者，在股市处于全盛时期，一定要保持清醒的头脑，看清楚市场的状态。在股价上涨的同时，市场的风险性也越来越高，当市场膨胀到一定的程度，股价势必急转下跌。一旦股市大幅下跌，其下跌至什么程度也不好预测，而等到股市回升需要一段调整时间，并存在潜在的风险。所以，当投资者手中持有的股票无法体现出它的内在价值时，与其长期持有，倒不如立即出售。

1969 年，随着 20 世纪 60 年代美国股市的狂飙突进，巴菲特解散了合伙人企业。1972 年，伯克希尔的保险公司的证券组合价值 1 亿 1 百万，其中只有 1700 万用于投资股票。1987 年，道·琼斯指数飙升到令人吃惊的 2258 点，股市正值全盛时期。就在这时，巴菲特判断当前的股市是个危险地带，所以立即将手中大部分股票予以抛售。

在很多投资者看来，这种举动是疯狂的，是在将美金拒于门外。当时公司其他领导者劝巴菲特不要抛售，即使是缓一缓抛售也是好的。巴菲特断然拒绝了他们的建议，果断地将股票售出了。

事实证明，巴菲特的果断是正确的。

巴菲特经手的另一个著名案例发生在 1987 年。那一年 10 月 18 日清晨，美国财政部长在全国电视节目中说的话让人震惊：如果联邦德国不降低利率以刺激经济扩展，美国将考虑让美元继续下跌。结果，就在第二天，华尔街掀起了一场震惊西方世界的经济风暴：纽约股票交易所的道·琼斯工业平均指数狂跌 508 点，

6个半小时之内，5000亿美元的财富烟消云散！第三天，美国各类报纸上那黑压压的通栏标题压得人喘不过气来：《10月大屠杀》《血染华尔街》《黑色星期一》《道·琼斯大崩溃》……华尔街笼罩在阴霾之中。

投资人们疯狂抛售持股，这时巴菲特却毫不迟疑地做出一个令人吃惊的举动：大量购入股票。他以极低的价格买进他中意的股票，并以一个理想的价位吃进10多亿美元的可口可乐公司的股票。不久，股市回升，巴菲特又抓住机会抛售手中的股票，其获得的巨大利润让人咋舌。

这一役，巴菲特做得干净利索，获利极丰。

股市中流传着这样一句话：会买是徒弟，会卖是师傅，要保住胜利果实，应该选准卖出的关键时机。在股市中，不但要出手快，而且收手要更快。拖拉与犹豫，只会使人错失良机。一旦看准机会，就要毫不犹豫地出手。

从孩子们小的时候开始，巴菲特就告诉他们做事要果断，不犹疑。

霍华德小时候发生过这样一件事。霍华德有次跟着巴菲特和一些朋友去树林中野餐。这片树林中有兔子，一位朋友专门带来了捕兔子的工具。他们把木箱子用木棍支起，在木棍上系上绳子一直接到藏身的草丛之中。兔子飞下来去啄食撒在箱子下面的谷粒，只要一拉绳子就可以把兔子罩起来了。

霍华德和几个小孩隐藏起来，观察动静。一会儿，飞来了一群兔子，共有11只。大概是兔子太饿了，不一会儿就有8只兔子走到了箱子下面。一个小朋友让霍华德拉绳，可他犹豫地说："再等一会儿，这样更稳妥一些。"他们等了一会儿，非但那3只没有进去，反而又走出了4只。其他孩子劝他拉绳子，霍华德说再有一只走进去才拉绳子。但是接着却又走出来2只。如果这时候拉绳子，还能套住一只，但是霍华德担心剩下了1只，拉绳子也未必能罩住它。不幸的是，最后一只兔子好像也感到不妙，也走出来了。

霍华德那一次，一只兔子也没捕到。霍华德非常沮丧。巴菲特宽慰他，虽然没能捕到兔子，但是他至少从这次教训中得出一个道理：优柔寡断，只会使机会稍纵即逝。

犹豫不决的人，在机遇面前，没有果断力、没有信心，他们的一生也就注定要平庸。成功的人能迅速地作出决定，并且不会经常变更；而失败的人作决定时往往很慢，且经常变更决定的内容。

凡事都要果断。一切的失败，都可以从拖延、犹豫不决和恐惧中找到一些答案。"果断"二字，看似容易，做起来很难。在没有想好对策之前犹豫不决还可以理解，想清楚了还在犹豫，这就是失败的一大诱因。五心不定，输得干干净净。任何莫名的踌躇、犹豫和毫无主见、优柔寡断，都将使你的才干和智慧受到莫大的损失。

而那些意志坚定的人，任何困难挫折，都不能稍稍改变他的立场和决定，他宁愿做一只寂寞的鸵鸟，一个人在沙漠孤独地奔跑。外来的风吹雨打，对他来说，只是一种暂时的困苦，一种磨炼，在与之抗争的过程中，他由衷地感到了生命的乐趣。对他的讥讽，也丝毫不能使他发生动摇。犹豫不决，只能使我们的行动受到无限期的拖延，最终使我们什么都做不了，根本谈不上成功，结果是只能望洋兴叹。

机遇的产生和利用都与主、客观条件有关，而主观条件则更为重要。一个能当机立断的人，一个有主见、善决断的人，在面对重大事件时，他绝不会方寸大乱，落伍于时代，绝不会为任何事物所阻碍。他们具有高超的判断力和坚强的决心，他们生来就是要做高尚事业的，他们明察善断，使他们能轻易获得成功。他们总是言出必行，事情做完还有余裕。他们对自己的运气很有把握，所以能以更大的信心去创造辉煌。

要做一个果断的人，培养良好的决策能力，可以从以下几个方面入手：

1. 不怕作错决定。一个人要想好好运用决定的力量铲除一个个障碍，就得克服对"作错决定"的恐惧。在一些必须作出决定的紧急时刻，果断决策者会集中全部心智来作一个决定，尽管他当时意识到这个决定也许不太成熟。在那样的情况下，他必须把自己所有的理解力和想象力激发出来，立即投入紧张的思考中，并使自己坚信这是在当时的情况下所能作出的最有利的决定，然后马上付诸行动。对于成功者来说，有许多重要决定都是在未经充分考虑的情况下迅速作出的。

2. 先策划再决定。作决定永远比以后的行动困难得多，所以在作决定的时候要多动动脑子，不过也不能太花时间，更不要一味担心怎么去作或作了之后会有什么后果。对于比较复杂的局面需要从各方面权衡和考虑，一旦打定主意，就不要怀疑，不要更改。

3. 保持决定弹性。作好决定不表示不能变更，不要死守一个做法。万事都在变，那未必是最佳方法。做事不要太死板，要学习怎样保持弹性，听听其他人善意的建议。

4. 实施决定行动。世界顶尖潜能大师安东尼·罗宾认为，是我们的决定而不是我们的遭遇，主宰着我们的人生。唯有真正的决定才能发挥改变人生的力量，这种力量任何时间都可支取，只要我们真正去实施。

如果你发现了已经来临的机会，那么千万不要犹豫，该出手时就出手，果断出击抓住它，那么收获就会伴随而来。

编者手记

果断这种良好的意志品质，并非与生俱来，更非一日之功，它是与聪明、学识、勇敢、机智有机结合起来的，与个体思维的敏捷性、灵活性密不可分。谁都知道机会对人的意义。在生命中许多重要的转折点，如果我们有果断的决策和行动，我们还会缺少机会吗？

经典教育

洛克菲勒
写给儿子的38封信

李旭影◎编著

吉林出版集团股份有限公司
全国百佳图书出版单位

图书在版编目（CIP）数据

洛克菲勒写给儿子的 38 封信 / 李旭影编著 . –– 长春：
吉林出版集团股份有限公司 , 2021.1

（经典教育）

ISBN 978-7-5581-9602-7

Ⅰ . ①洛… Ⅱ . ①李… Ⅲ . ①洛克菲勒 (
Rockefeller, John Davison 1839–1937) – 书信集 Ⅳ .
① K837.125.38

中国版本图书馆 CIP 数据核字 (2020) 第 270185 号

前言

历史上最富有的美国人究竟是谁？世界著名财经杂志《福布斯》给出了答案——他就是约翰·D.洛克菲勒（1839－1937）。福布斯排行榜所引用的个人资产总额均为上榜富豪巅峰期的数据，为了更准确地反映出他们对于美国经济的影响，福布斯对照当时的美国国内生产总值（GDP），将所有人的个人资产转化为当年的美元标准。因此，如果洛克菲勒今天仍然健在，他的个人资产将是比尔·盖茨的数倍。

美国早期的富豪，多半靠机遇成功，唯有洛克菲勒例外。他精明而富有远见，冷静而又具备胆略，他的成功绝不是偶然，而是凭借自己独有的魄力和手段，白手起家，一步一步地建立起他那庞大的石油帝国。

洛克菲勒家族从发迹至今已绵延六代，仍未出现颓废和没落的迹象。这与他们的财富观念和从小对子女的教育息息相关。他们的家族崇尚节俭并热衷创造财富。

1937年5月23日，98岁的洛克菲勒去世。他留下的巨额财富和石油帝国事业由子孙们承接下去，洛克菲勒家族也成了美国最负盛名的财富家族。这个家族对美国的经济和政治都有着巨大的影响。由洛克菲勒创建的石油帝国在后辈子孙的经营下，其辉煌一直在持续着。

从一个小小的经纪人到全球石油业的霸主，洛克菲勒成就了一个传奇。作为美国第一家工业托拉斯企业的创建者，他成功地造就了美国历史上一个独特的时代，被誉为"窥见上帝秘密的人"。洛克菲勒的创业史在美国早期富豪中也颇具代表性，是美国梦的典型代表，并且已经成为美国国家精神的杰出代表。

本书收录的"洛克菲勒留给儿子的 38 封信"，是洛克菲勒一生的思想精华，饱含了一位父亲对儿子浓浓的爱以及殷切的希望，真实、完整地记录了洛克菲勒在其 98 年的峥嵘岁月中的人生智慧和成功之道，展示了一位商业巨子是如何从无到有创造财富，又是如何抓住每一分钱来赚取更多的财富的。这些信毫无保留地总结和浓缩了他的人生经验和处世感悟，通过深情的教诲和极富文学魅力的笔触，毫无保留对儿子在学识、品格、仪表、交际、事业、生活等方面提出了极其宝贵的人生忠告，并且给年轻人许多深刻的教诲，在获取财富、成就事业等方面更是提出了许多中肯的指导，是每一个有志追求成功的人都应该学习的人生指南。接受正确有益的忠告，不但可以帮助你树立正确的人生观、价值观，还能给你力量和指引，让你站在巨人的肩上，更快更顺利地获得人生的成功。

目录

第1封信
起点不决定终点

　　每个人的人生起点不尽相同，但这并不意味着，其人生的最后结果就被出身定型。在这个世界上，永远不存在穷富世袭，也不存在成败周替，有的只是"我奋斗，我成功"的真理。我坚信，我们的命运由我们自己的行动决定，而绝对不是完全由我们的出身决定。

1897.7.20

亲爱的约翰：

　　你希望我能始终与你一起出航，虽然听起来很不错，但我不可能永远做你的船长。上帝为我们创造双脚，是要让我们靠自己的双脚走路。

　　踽踽独行，也许你尚未做好准备，但你必须知道，我身处的那个商业世界充满挑战与神奇，而你的新生活将从那里开始。

1

在那里，你将参加完全陌生而又关乎未来的人生盛宴。至于你如何使用摆放在面前的刀叉、如何品味每一道菜肴，那完全要靠你自己。

当然，我期望你在不远的将来就能卓尔不群，并且比我更胜一筹。而我决定将你留在我身边，无非是想让你的事业生涯有个高起点，让你无须艰难跋涉便可享有迅速腾达的机会。

这当然没有什么值得你去庆幸和炫耀的，更用不着感激。美利坚合众国的建国信念是人人生而平等，但这种平等是权利与法律意义上的平等，与经济和文化优势无关。想想看，我们这个世界就如同一座高山，当你的父母生活在山顶时，注定你不会生活在山脚；当你的父母生活在山脚时，注定你不会生活在山顶。在多数情况下，父母的位置决定了孩子的人生起点。

每个人的人生起点不尽相同，但这并不意味着，其人生的最后结果就被出身定型。在这个世界上，永远不存在穷富世袭，也不存在成败阄替，有的只是"我奋斗，我成功"的真理。我坚信，我们的命运由我们自己的行动决定，而绝对不是完全由我们的出身决定。

正如你所知道的那样，在我小的时候，家境十分贫寒，记得我刚上中学时所用的书本都是好心的邻居买给我的。我的人生起点也只是一个周薪只有 5 美元的记账员，但是经过不懈的努力奋斗，我却建立了一个令无数人艳羡的石油王国。在旁人眼里，这似乎是个传奇，而我却认为这是对我持之以恒、积极奋斗的回报，是命运之神对我艰苦付出的奖赏。

约翰，机会永远都不平等，但结果却可能平等。历史上，无论是在政界还是在商界，尤其在商界，白手起家的事例俯拾皆是，他们都曾因贫穷而少有机会，然而都因努力奋斗而功成名就。同样，拥有一切优势在手的富家子弟最终走向失败的事例也比比皆是。马萨诸塞州的一项统计数字表明，17 个有钱人的孩子中，竟然没有一个是以富翁的身份离开这个世界。

在很久以前，社会上便流传着一个讽刺纨绔子弟无能败家的故事，大意是说在费城的一个小酒吧里，一位客人谈起某位百万富翁，心生羡慕地说："他是白手起家的百万富翁。""是啊，"旁边一位比较精明的先生回答说，"他继承了 2000 万，然后他把这笔钱变成了 100 万。"

这是一个令人沮丧的故事。但在我们今天这个社会，家族的荣耀与辉煌的过去，并不能保证其子孙后代有美好的未来。我承认早期的优势的确大有帮助，但这不是最后赢得胜利的保障。我曾经不止一次地思考这个对富家子弟而言带有悲哀性的问题，我似乎觉得，在富家子弟继承优势的同时，也减少了他们学习和发展生存技巧的机会。而出身窘迫的人因为解救自身的迫切需要，他们便会积极发挥创意和能力，并且珍惜和把握各种机会。我还注意到，富家子弟缺乏贫困出身者的那种想要拯救自己的野心。

因此，在你和你的姐姐们很小的时候，我就有意识地不让你们知道你们的父亲是个富人，我向你们灌输最多的是诸如节俭、个人奋斗等价值观念，因为我知道给人带来伤害最快捷的途径就是金钱，它可以让人腐化堕落、飞扬跋扈、不可一世，失去最美好的快乐。我不能用财富埋葬我心爱的孩子们，愚蠢地让你们成为不思进取、只知道依赖父母成果的无能之辈。

一个真正快乐的人，是能够享受自己创造的人。那些像海绵一样，只懂得索取而不知道付出的人，永远也体会不到真正的快乐。

我相信没有人不渴望过上快乐而高贵的生活，但是对于高贵快乐生活从何而来这一问题，很少人能说明一二。在我看来，高贵快乐的生活，不是来自高贵的血统，也不是来自高贵的生活方式，而是来自高贵的品格——自立精神。看看那些赢得世人尊重、处处施展魅力的高贵人士，我们就知道自立的可贵。

约翰，你的每一个举动都将成为我心头的牵挂。但与这种牵挂相比，我更对你充满信心，我相信你优异的品格——比世界上任何财富都更有价值的品格，将帮助你铺设出一条美好的前程，并将助你拥有成功而又充实的人生。但你需要强化这样的信念：起点可能影响结果，但不会决定结果。能力、态度、性格、抱负、手段、经验和运气等各种因素，在人生和商业世界里扮演着极为重要的角色。你的人生刚刚开始，但一场人生之战就在你面前。我能深切地感觉到你想成为这场战争的胜者，但你要知道，每个人都有追求胜利的意志，只有做好准备的人才会赢得胜利。

我的儿子，享有特权而毫无力量的人是废物，受过教育而毫无影响的人是一堆一文不值的垃圾。找到自己的路，命运就会帮你！

爱你的父亲

第2封信
相信自己是重要人物

我们不能左右风的方向，但我们可以调整风帆——选择我们的态度。一旦你们选择了看重自己的态度，那些"我是个没用的人，我是个无名小卒，我算老几，我一文不值"等贬低自己、消磨意志、削弱信心和自暴自弃的懦夫的想法就会消失殆尽，取而代之的，是心灵的复活，思维和行为方式的积极改变，信心的增强，以"我能！而且我会！"的心态面对一切。

1897.7.21

亲爱的约翰：

享受别人给予的热烈而真挚的爱戴，这种感觉真是棒极了。今天，芝加哥大学的学生让我体验到了这种美妙的感受。姑且把这种行为看作是对我创建该校的回报，不过，这的确让我喜

5

出望外。

说实话，在我决定投资创建这所大学之前，我从未奢望在那里受到圣人般的礼遇。我最初的想法只是希望能为我们的青年一代做些什么，为了给他们传承我们最优秀的文化并造就自己的美好未来提供一些力所能及的帮助。现在看来，我的目的达到了，这是我一生中最明智的投资。

芝加哥大学的青年学生非常可爱，他们对美好未来无限向往，都拥有成就一番事业的愿望和决心。他们当中几个一脸稚气的男孩跑来跟我说，我是他们的榜样，真诚地希望我能给他们一些建议。我接受了他们的请求，我忠告那些未来的洛克菲勒：

成功不是以一个人的身高、体重、学历或家庭背景来衡量的，而是由他思想的"大小"来决定。我们思想的大小决定我们成就的大小。这其中最重要的一条就是我们要看重自己，克服人类最大的弱点——自卑，千万不要廉价出卖自己。你们比你们想象中的还要伟大，所以，要将你们的思想扩大到你们真实的程度，绝对不要看轻自己。

这时掌声突然响起，我显然被它彻底俘虏了，以致得意忘形，管不住我的舌头，我继续说：

几千年来，很多哲学家用他们的智慧忠告我们：认识自己。但是，大部分人都把它解释为仅仅认识自己消极的一面。大部分的自我评估都包括太多的缺点、错失与无能。认识自己的缺点固然是一件好事，我们可以借此谋求改进。但是，如果我们仅仅认识自己消极的一面，就会陷入混乱，使自己变得没有任何价值。

对那些渴望得到别人尊重的人来说，现实是很残酷的，因为别人对他的看法，与他对自己的看法相同。我们都会受到那种"我们自认为是怎样"的待遇。那些自以为比别人差一截的人，结果也一定会是比别人差一截，不管他的实际能力到底如何，因为人的思想本身具有调节并控制其各种行为的能力。

如果一个人觉得自己比不上别人，他就会表现出"真"的比不上别人的各种行为，而且这种感觉无法掩饰或隐瞒。那些自以为"不是很重要"的人，就真的会成为"不是很重要"的人。

而另一方面，那些相信自己具有"承担重大责任的能力"的人，就真的会变成一个"很重要"的人物。所以，如果你们真想成为重要人物，就必须首先使自己承认"我确实很重要"，而且要真诚的肯定，如此别人才会跟着这么想。

每个人都无法逃脱这样一个推理原则：你如何思考将会决定你采取什么样的行动，你的行动方式将决定别人对你的看法，就像你们的成功计划一样，要获得别人的尊重其实很简单。为了得到他人的尊重，首先你们必须觉得自己确实有值得别人尊敬的地方，而且你们越尊重自己，别人对你们的敬意也将越发强烈。

请你们想一想：你们会不会尊重那些成天游荡在破旧街道的人？当然不会。为什么？原因就在于那些人根本不看重自己，他们只会让自卑感腐蚀他们的心灵从而自暴自弃。倘若他们看重自己，便不会这么自甘堕落。

一个人的思想观念是人格的核心。你们认为自己是什么样的人，你们就真的会成为什么样的人。

不管他是谁，无论他身居何处，他究竟是无名之辈还是身世显赫，是文明还是野蛮，也不论他是年轻还是年老，他都有成为重要人物的强烈欲望。请仔细想一想你们身边的每一个人——你的邻居、你自己、你的老师、你的同学、你的朋友，他们当中谁会没有想成为重要人物的强烈愿望？全都有，这种愿望是人类最强烈、最直接的一种目标。

但是，为什么很多人却将这个本可以实现的目标，永远地变成了无法实现的美梦呢？在我看来，态度起到了决定性作用。态度是我们每个人思想和精神因素的物化，它决定着我们的选择和行动。从这个意义上说，态度是我们最好的朋友，也会是我们最大的敌人。

我承认，我们不能左右风的方向，但我们可以调整风帆——选择我们的态度。一旦你们选择了看重自己的态度，那些"我是个没用的人，我是个无名小卒，我算老几，我一文不值"等等贬低自己、消磨意志、削弱信心和自暴自弃的懦夫的想法就会消失殆尽，取而代之的，是心灵的复活，思维和行为方式的积极改变，信心的增强，以"我能！而且我会！"的心态面对一切。

小伙子们！如果你们中有谁曾经自己骗自己，请就此停止，因为那些不觉得自己重要的人，都是自暴自弃的普通人。任何时候都不要贬低自己，你首先要做的就是选出自己的各种资产——优点。这要问你自己："我有哪些优点？"在分析自己的优点时，不能太客气。

你们要专注自己的长处，告诉自己"你比你想象的还要好"。你要让自己的眼光注视到更远的未来，对自己充满期待，而不能只将眼光局限于现状。要随时记住这个问题："重要人物会不会这么做呢？"做到这些的话，成为重要的伟大人物也就离你们不远了。

　　孩子们，通往成功的道路上铺满了黄金，然而这条道路却只是一条单行线。此时此刻，我们需要一种乐观的态度。乐观常被哲学家称为"希望"。首先让我来告诉你们，这是对乐观的曲解！乐观是一种信念，拥有这种信念的人他会相信，生活终究是乐多苦少，即使不如人愿的事情屡屡发生，好事也终将占得上风。

　　约翰，你知道吗，在我短短十几分钟的即兴演讲中，我竟获得了8次掌声。遗憾的是过多的掌声干扰了我的思路，我有一个重要的观点被掌声赶跑了，那就是提高思考能力，这会让他们的行为水准得以提高，使他们更有作为。但我还是很高兴，我的舌头居然有那么大的魅力。

　　　　　　　　　　　　　　　　　　　　　　　爱你的父亲

第3封信
隐瞒你的聪明

装傻带给你的好处有很多很多。装傻的含义，是摆低姿态，变得谦虚，换句话说，就是瞒住你的聪明。越是聪明的人越有装傻的必要，因为就像那句格言所说的——越是成熟的稻子，越垂下稻穗。

1897.10.9,

亲爱的约翰：

明天，我要回老家克利夫兰处理一些我们家族内部的事情。我希望在此期间，你能代我打理一些事务。但我提醒你，如果你遇到某些棘手或自己拿不定主意的事情，你要多向盖兹先生请教和咨询。

盖兹先生是我最得力的助手，他忠实真诚、直言不讳、尽职尽责，而且精明干练，总能帮我做出明智的抉择，我非常信任他，我相信他一定会对你大有帮助，前提是你要尊重他。

儿子，我知道你是布朗大学的优秀毕业生，你在经济学与社会学方面的知识算得上优秀。但是，你应该清楚，知识原本是空的，除非把知识付诸行动，否则什么事都不会发生。而且，教科书上的知识，几乎都是那些皓首穷经的知识匠人在象牙塔里编撰出来的，它难以帮你解决实际问题。

我希望你能摆脱对知识、学问的依赖心理，这是你走上人生坦途的关键。你需要知道，学问本身并不代表能力。你需要将你所具备的学问巧妙地运用到实践中，这样才能发挥学问的作用。要成为能够活用学问的人，你必须首先成为具有实行能力的人。

那么实行能力从哪里来呢？在我看来它就潜藏在吃苦的过程中。我的经验告诉我，走过艰难之路——布满艰辛、不幸、困难和失败的道路，不仅会铸就我们坚强的性格，我们赖以成就大事的实行能力也将从中得到锻炼。在苦难中向上攀爬的人，知道什么叫千方百计地去寻找方法、手段，让自己得救。处心积虑地去吃苦，是我笃信的成功信条之一。

也许你会讥讽我，认为没有什么想法比吃苦更傻的了。不！一个人没有不幸的体验，反而是他的不幸。很多事情都是来得快去得也快，那些实现了一夜成名、一夜暴富梦想的人们，有谁不是很快就销声匿迹了？吃苦所得到的，是将你的事业大厦建立在坚实的地面上，而不是流沙里。人要有远见，只有长时间地吃苦，才有长时间的收获。我相信你已经发现了，自从你到我身边工作，我并没有让你去承受重担。但这并不表明我怀疑你的能力，我只是希望你善于做小事而已。

11

　　做好小事是做成大事的基石，如果你从一开始就高高在上，就无法体贴部属的心情，也就不能真正地活用别人；在这个世界上要活下去、要创造成就，你必须借助于人力，即别人的力量，但你必须从做小事开始，才会了解当部属的心情，等你有一天走上更高的职位，你就知道如何让他们贡献出全部的工作热情了。

　　儿子，世界上只有两种聪明人：一种是活用自己的聪明人，例如艺术家、学者、演员；另一种是活用别人的聪明人，例如经营者、领导者。后一种人需要一种特殊的能力——抓住人心的能力。但很多领导者都是聪明的傻瓜，他们以为要抓住人心，就得依据由上而下的指挥方式。在我看来，这非但不能得到领导力，反而会使其领导力大打折扣。要知道，每个人对自己受到轻视都非常敏感，被看矮一截会丧失热情。这样的领导者只会使部属无能化。

　　善于驱使别人的经营者、领导者或大有作为的人，一向宽宏大量，他们懂得高看别人和赞美他人的艺术。这意味着他们要有感情的付出，而付出深厚的感情的领导者最终必赢得胜利，并获得部属更多敬重。

　　没有知识的人终无大用，但有知识的人很可能成为知识的奴隶。每个人都需要知道，一切的知识都会转化成先入为主的观念，结果是形成一边倒的保守心理，认为"我懂""我了解""社会本来就是这样"。有了"懂"的感觉，就会缺乏想要知道的兴趣，没有兴趣就将丧失前进的动力，等待他的也只剩下百无聊赖了。这就是因为不懂才成功的道理。但是，受自尊心、荣誉感的支配，很多有知识的人对"不懂"总是难以启齿，好像向别人请教，表示自己不懂，是见不得人的事，甚至把"不懂"当罪恶。这是自作聪明，这种人永远都不会理解那句伟大的格言——每一次说不懂的机会，都会成为我们人生的转折点。

自作聪明的人是傻瓜，懂得装傻的人才是真聪明。如果把聪明视为可以捞到好处的标准，那我显然不是一个傻瓜。

直到今天我都能清晰记得一次装傻的情景，当时我正为如何筹借到1.5万美元大伤脑筋，走在大街上我都在苦苦思索这个问题。说来有意思，正当我满脑子闪动着借钱、借钱的念头时，有位银行家拦住了我的去路，他在马车上低声问我："你想不想借用5万美元，洛克菲勒先生？"我交了好运吗？我有点不相信自己的耳朵。但在那一瞬间我没有表现出丝毫的急切，我看了看对方的脸，慢条斯理地告诉他："是这样……你能给我24小时考虑一下吗？"结果，我以最有利于我的条件与他达成了借款合同。

装傻带给你的好处有很多很多。装傻的含义，是摆低姿态，变得谦虚，换句话说，就是瞒住你的聪明。越是聪明的人越有装傻的必要，因为就像那句格言所说的——越是成熟的稻子，越垂下稻穗。儿子，有了爱好，然后才能做到轻巧。现在，就开始热爱装傻吧！我料想得到，在我离开的日子里，让你独当一面对你而言绝非易事，但这没有什么。"让我等等再说"，是我在经商中始终奉行的格言。我做事总有一个习惯，在做决定之前，我总会冷静地思考、判断，但一旦做出决定，就将义无反顾地执行到底。我相信你也能行。

爱你的父亲

第 4 封信
现在就去做

我一直相信，机会是靠争取得来的。再好的构想都存在缺陷，即使是再普通不过的计划，只要你确实执行并且继续发展，所取得的效果都会比半途而废的好计划要好得多，因为前者会贯彻始终，而后者却前功尽弃。所以，成功没有秘诀，要在人生中取得正面结果，有过人的聪明智慧和一技之长自然好，没有也无须沮丧，只要肯积极行动，你就会越来越接近成功。

1897.12.24

亲爱的约翰：

聪明人说的话总能让我记得很牢。有位聪明人说得好："教育涵盖了许多方面，但是他本身不教你任何一面。"这位聪明人向我们展示了一条真理：如果你不采取行动，世界上最实用、最美丽、最可行的哲学也无法行得通。

我一直相信，机会是靠争取得来的。再好的构想都存在缺陷，即使是再普通不过的计划，只要你确实执行并且继续发展，所取得的效果都会比半途而废的好计划要好得多，因为前者会贯彻始终，而后者却前功尽弃。所以，成功没有秘诀，要在人生中取得正面结果，有过人的聪明智慧和一技之长自然好，没有也无须沮丧，只要肯积极行动，你就会越来越接近成功。

遗憾的是，很多人并没有汲取这个最大的教训，结果让自己沦为了平庸之辈。看看那些庸庸碌碌的普通人，他们都在被动地活着，他们说的远比做的多，甚至只说不做。但他们几乎个个都是找借口的行家，他们会找各种借口来拖延，直到最后他们证明这件事不应该、没有能力去做或已经来不及了为止。

与这类人相比，我似乎聪明、狡猾了许多。盖茨先生吹捧我是个主动做事、自动自发的行动者。我很喜欢这样的吹捧，因为我没有辜负它。积极行动是我身上的另一个标识，我从不喜欢纸上谈兵。因为我知道，没有行动就没有结果，世界上没有哪一件事不是由一个个想法付诸实施所得来的。人只要活着，就必须考虑行动。

很多人都承认，没有智慧作为基础的知识是没用的，但更令人沮丧的是即使空有知识和智慧，如果没有行动，一切仍属空谈。行动与充分准备其实可视为物体的两面。人生必须适可而止。做太多的准备却迟迟不去行动，最后只会徒然浪费时间。换句话说，事事必须有节制，我们不能落入不断演练、计划的圈套，而必须承认现实：不论计划有多周详，我们仍然不可能准确预测最后的解决方案。

我当然不否认计划非常重要，计划是获得有利结果的第一步，但计划并非行动，也无法代替行动。就如同打高尔夫球一样，如果没有打过第一洞，便无法到达第二洞。行动解决一切。没有行动，什么都不会发生。我们无论如何也买不到万无一失的保险，但我们可以做到的是下定决心去实行我们的计划。

缺乏行动的人，都有一个坏习惯：喜欢维持现状，拒绝改变。我认为这是一种极具欺骗和自我毁灭效果的坏习惯，因为一切都在变化之中，正如人会生死一样，没有不变的事物。但因内心的恐惧——对未知的恐惧，很多人抗拒改变，哪怕现状多么不令人满意，也都不敢向前跨出一步。看看那些本该事业有成，却一事无成的人，你就知道不同情他们是件很难的事。

是的，每个人在决定一件大事时，心里都会或多或少有些担心、恐惧，都会面对到底要不要做的困扰。但"行动派"会用决心燃起心灵的火花，想出各种办法来完成他们的心愿，更有勇气克服种种困难。

很多缺乏行动的人大都很天真，喜欢坐等事情自然发生。他们天真地以为，别人会关心他们的事。事实上，除了自己以外，别人对他们不大感兴趣，人们只对自己的事情感兴趣。例如一桩生意，我们获利比重越高，就要越主动采取行动，因为成败与别人的关系不大，他们不会在乎的。这时候，我们最好推它一把，如果我们怠惰、退缩，坐等别人采取主动来推动事情的话，结果必定会令人失望。

一个人只有依靠自己，他才不会让自己失望，并能增加控制命运的机会。聪明人只会去促使事情发生。

人生中最令人感到挫折的，莫过于想做的事太多，结果不但没有足够的时间去做，反而想到每件事的步骤繁多，而被做不到的情绪所震慑，以致一事无成。我们必须承认，时间有限，任何人都无法做完所有的事情。聪明人知道，并非所有的行动都会产生好的结果，只有明智的行动才能带来有意义的结果，所以聪明人只会做以后能获得正面效果的工作，做与完成最大目标有关的工作，而且专心致志，最后总能做出最有价值的贡献，并捞到很多好处。

要吃掉大象需要一口一口地吃，做事也是一样，想完成所有的事情，只会让机会溜掉。我的座右铭是，洛克菲勒对紧急事件采取不公平的待遇。

很多人都是自己使自己变成一个被动者的，他们想等到所有的条件都十全十美，也就是时机对了以后才行动。人生随时都是机会，但是几乎没有十全十美的机会。那些被动的人平庸一辈子，恰恰是因为他们一定要等到每一件事情都百分之百的有利、万无一失以后才去做。这是傻瓜的做法。我们必须向生命妥协，相信手上的正是目前需要的机会，才会将自己挡在陷入行动前永远痴痴等待的泥沼之外。

我们追求完美，但是人类的事情没有一件绝对完美，只有接近完美。等到所有条件都完美以后才去做，只能永远等下去，并将机会拱手让给他人。那些要等到所有事情都已经准备妥当才出发的人，将永远也离不开家。要想变成"我现在就去做"的那种人，就是停止一切白日梦，时时想到现在，从现在就开始做。诸如"明天""下礼拜""将来"之类的句子，跟"永远不可能做到"意义相同。

每个人都有失去自信、怀疑自己能力的时候，尤其是在逆境中。但真正懂得行动艺术的人，却可以用坚强的毅力克服它，会告诉自己每个人都有失败的时候，有失败得很惨的时候，会告诉自己不论事前做了多少准备、思考多久，真正着手做的时候，都难免会犯错误。然而，被动的人并不把失败视为学习和成长的机会，却总在告诫自己：或许我真的不行了，以致失去了积极参与未来的行动。

很多人都相信心想事成，但我却将其视为谎言。好主意一毛钱能买一打，最初的想法只是一连串行动的起步，接下来需要第二阶段的准备、计划和第三阶段的行动。在我们这个世界上从来不缺少有想法有主意的人，但懂得成功地将一个好主意付诸实现比在家空想出一千个好主意要有价值得多的人却很少。

人们用来判断你的能力的真正基础，不是你脑子里装了多少东西，而是你的行动。人们都信任脚踏实地的人，他们都会想：这个人敢说敢做，一定知道怎么做最好。我还没听过有人因为没有打扰别人、没有采取行动或要等别人下令才做事而受到赞扬的。那些在工商界、政府、军队中的领袖，都是很能干又肯干的人、百分之百主动的人。那些站在场外袖手旁观的人永远当不成领导人物。

不论是自动自发者还是被动的人，都是习惯使然。习惯有如绳索，我们每天纺织一根绳索，最后它粗大得无法折断。习惯的绳索不是带领我们到高峰就是引领我们到低谷，这得看是好习惯或是坏习惯了。坏习惯能摆布我们、左右成败，它很容易养成，但却很难伺候；好习惯很难养成，但很容易维持下去。

要有现在就做的习惯，最重要的是要有积极主动的精神，戒除精神散漫的习惯，要决心做个主动的人，要勇于做事，不要等到万事俱备以后才去做，永远没有绝对完美的事。培养行动的习惯，不需要特殊的聪明智慧或专门的技巧，只需要努力耕耘，让好习惯在生活中开花结果即可。

儿子，人生就是一场伟大的战役，为了胜利，你需要行动，再行动，永远行动！这样，你的安全就能得到保障。

祝圣诞节快乐！我想此时送给你的这封信，是再好不过的圣诞礼物了。

爱你的父亲

第 5 封信
天堂与地狱比邻

失去工作就等于失去快乐。但是令人遗憾的是，有些人却要在失业之后，才能体会到这一点，这真不幸！我可以很自豪地说，我从未尝过失业的滋味，这并非我运气好，而在于我从不把工作视为毫无乐趣的苦役，总能从工作中找到无限的快乐。

1897.12.25

亲爱的约翰：

有一则寓言很有意味，也让我感触良多。那则寓言说：

在古老的欧洲，有一个人在他死的时候，发现自己来到了一个美妙而又能享受一切的地方。他刚踏进那片乐土，就有个看似侍者模样的人走过来问他："先生，您有什么需要吗？在这里您可以拥有一切您想要的：所有美味佳肴，所有可能的娱乐以及各式各样的消遣，都可以让您尽情享用。"

这个人听了以后，感到有些惊奇，但非常高兴，他暗自窃喜：这不正是我在人世间的梦想嘛！一整天他都在品尝所有的佳肴美食，同时尽享悠闲的滋味。然而，有一天，他却对这一切感到索然无味了，于是他就对侍者说："我对这一切感到很厌烦，我需要做一些事情。你可以给我找一份工作吗？"

他没想到，他所得到的回答却是摇头："很抱歉，我的先生，这是我们这里唯一不能为您做的。这里没有工作可以给您。"

这个人非常沮丧，愤怒地挥动着手说："这真是太糟糕了！那我干脆留在地狱好了！"

"您以为，您在什么地方呢？"那位侍者温和地说。

约翰，这则很富幽默感的寓言，似乎告诉我：失去工作就等于失去快乐。但是令人遗憾的是，有些人却要在失业之后，才能体会到这一点，这真不幸！

我可以很自豪地说，我从未尝过失业的滋味，这并非我运气好，而在于我从不把工作视为毫无乐趣的苦役，总能从工作中找到无限的快乐。

我认为，工作是一项特权，它带来比维持生活更多的事物。工作是所有生意的基础，所有繁荣的来源，也是天才的塑造者。工作使年轻人奋发有为，比他的父母给予得更多，不管他们多么有钱。工作奠定了幸福的基础，是增添生命味道的食盐。但人们必须先爱工作，工作才能给予最大的恩惠，让你获得最大的结果。

我初进商界时，时常听说，一个人想爬到高峰需要很多牺牲。然而，岁月流逝，我开始了解到很多正爬向高峰的人，并不是在"付出代价"。他们努力工作是因为他们真正地喜爱工作。任何行业中往上爬的人都是完全投入正在做的事情，且专心致志。衷心喜爱从事的工作，自然也就成功了。

热爱工作是一种信念，怀着这个信念，我们能把绝望的大山凿成一块希望的磐石。一位伟大的画家说得好，"痛苦终将过去，但是美丽永存"。

但有些人显然不够聪明，他们有野心，却对工作过分挑剔，一直在寻找"完美的"雇主或工作。事实是，雇主需要准时工作、诚实而努力的雇员，他只将加薪与升迁机会留给那些格外努力、格外忠心、格外热心、花更多时间做事的雇员。因为雇主是在经营生意，而不是在做慈善事业，他需要的是那些更有价值的人。

不管一个人的野心有多么大，他至少要先起步，才能到达高峰。一旦起步，继续前进就不太困难了。工作越是困难或不愉快，越要立刻去做。如果他等的时间越久，就变得越困难、可怕，这有点像打枪，你瞄准的时间越长，射中的机会就越渺茫。

我永远也忘不了做第一份工作——记账员时的经历，那时每天天刚亮就得去上班，并且办公室里点着的鲸油灯又很昏暗，但那份工作从未让我感到枯燥乏味，反而很令我着迷和喜悦，甚至办公室里的一切繁文缛节都不能让我对它失去热心，而结果是雇主不断地为我加薪。

收入只是你工作的副产品，做好你该做的事，出色完成你该完成的工作，理想的薪金必然会来。而更为重要的是，我们劳苦的最高报酬，不在于我们所获得的，而在于我们会因此成为什么。那些头脑活跃的人拼命劳作绝不是只为了赚钱，使他们工作热情得以持续下去的东西要比只知敛财的欲望更为高尚——他们是在从事一项迷人的事业。

老实说，我是一个有野心的人，从小我就想成为巨富。对我来说，我受雇的休伊特—塔特尔公司是一个锻炼我的能力、让我一试身手的好地方。它代理各种商品销售，拥有一座铁矿，还经营着两项让它赖以生存的技术，那就是给美国经济带来革命性变化的铁路与电报。它把我带进了妙趣横生、广阔绚烂的商业世界，让我学会了尊重数字与事实，让我看到了运输业的威力，更培养了我作为商人应具备的能力与素养。所有的这些都在我以后的经商中发挥了极大效能。可以说，如果没有在休伊特—塔特尔公司的历练，在事业上我或许要走很多弯路。

现在，每当想起休伊特和塔特尔两位先生时，我的内心就不禁涌起感恩之情，那段工作生涯是我一生奋斗的开端，为我打下了奋起的基础，我永远对那三年半的经历感激不尽。

所以，我从未像有些人那样抱怨他的雇主，说："我们只不过是奴隶，我们被雇主压在尘土上，他们却高高在上，在他们美丽的别墅里享乐；他们的保险柜里装满了黄金，他们所拥有的每一块钱，都是压榨我们这些诚实的工人得来的。"我不知道这些抱怨的人是否想过：是谁给了你就业的机会？是谁给了你建设家庭的可能？是谁让你得到了发展自己的可能？如果你已经意识到了别人对你的压榨，那你为什么不结束压榨，一走了之？

工作是一种态度，它决定了我们快乐与否。同样都是石匠，同样在雕塑石像，如果你问他们："你在这做什么？"他们中的一个人可能就会说："你看到了，我正在凿石头，凿完这块我就可以回家了。"这种人永远视工作为惩罚，在他嘴里最常吐出的一个字就是"累"。

另一个人可能会说："你看到了，我正在做雕像。这是一份很辛苦的工作，但是酬劳很高。毕竟我有太太和 4 个孩子，他们需要温饱。"这种人永远视工作为负担，在他嘴里经常吐出来的一句话就是"养家糊口"。

第三个人可能会放下锤子，骄傲地指着石雕说："你看到了，我正在做一件艺术品。"这种人永远以工作为荣、工作为乐，在他嘴里最常吐出的一句话是"这个工作很有意义"。

天堂和地狱都由自己建造。如果你赋予工作意义，不论工作大小，你都会感到快乐，自我设定的成绩不论高低，都会使人对工作产生乐趣。如果你不喜欢做的话，任何简单的事都会变得困难、无趣，当你叫喊着这个工作很累人时，即使你不卖力，你也会感到精疲力竭，反之就大不相同了。事实就是这样。

约翰，如果你视工作为一种乐趣，人生就是天堂；如果你视工作为一种义务，人生就是地狱。审视一下你的工作态度，那会让我们都感到愉快。

很多人为了钱而工作，甚至对工作本身厌恶，那么上班对于他们来说就是种惩罚，很痛苦。但也有人从工作中找到了乐趣，享受工作带来的成就感。开心的人是会解决问题的人。在工作中遇到挑战的时候，要学会直面挑战，调动全身力量寻找解决办法。变成一个解决问题的人，你会建立自己的自信心，提高直面挑战的能力。

如此，你会爱上你的工作，你也会充实快乐。

爱你的父亲

第 6 封信
幸运之神眷顾勇者

　　经验告诉我，自信果敢的人，能完成最好的交易，能吸引他人的支持，结成最有力的盟约；而那些胆小、犹豫的人却难以制造这样的效果。不仅如此，大胆的方法对自己也大有裨益，有自信的人期望成功，他们会配合自己的期望，设计所有的计划以追求成功。

1898.10.7

亲爱的约翰：

　　几天前你的姐姐塞迪兴高采烈地告诉我，她一头栽进了幸运里，说她手里的股票就像百依百顺听她使唤的奴隶，正在帮她将大把大把的钱拿回家。我想，现在的塞迪可能已经快乐疯了，但我不希望她被那些钱弄得得意忘形以致乱了分寸，我给她以警示：过度相信运气会把你扔到失败的田野上。几乎每一位事业有成的人都在警告世人：你不能靠运气活着，尤其不能靠运气来建立事业生涯。有趣的是，大部分的人对运气深信不疑，我想他们是错把机会当运气了，没有机会就没有运气。

约翰，想一想你认识的那些幸运儿，你几乎可以确定，他们都不是温良恭俭的人，你也几乎可以确定，他们总是表现出自信的光辉和天下无难事的态度，甚至会显得非常大胆。这其中潜藏着一个鸡生蛋、蛋生鸡的问题——幸运儿是因为幸运才表现得自信和大胆，还是他们的"运气"是自信和大胆的结果呢？我的答案是后者。我从未见过有谁不欣赏自信果敢的人，每个人都会用极大的热情去支持自信果敢的人，期望这样的人担任领袖。我们之所以如此迷信这样的人，就在于他们有着强大的吸引力。所以，勇敢的人常常会比较成功，会较容易担任领袖、总裁和司令官，那些迅速升职的人都属于这样的人。

经验告诉我，自信果敢的人，能完成最好的交易，能吸引他人的支持，结成最有力的盟约；而那些胆小、犹豫的人却难以制造这样的效果。不仅如此，大胆的方法对自己也大有裨益，有自信的人期望成功，他们会配合自己的期望，设计所有的计划以追求成功。当然，这样做不能保证会成功，却能自然而然地推出对成功的展望。换句话说，如果你觉得自己是赢家，你的行为就会像个赢家；如果你的行为像个赢家，你就很可能去做更多赢家要做的事，从而改变你的"运气"。

真正的勇者并非是不可一世的狂妄之徒，更不是没有脑子的莽撞汉。勇者知道运用预测和判断力，计划每一步和做好每一个决定，这种做法就像军事策略家所说的那样，会让你力量大增，也就是拥有一种武器，能立刻形成明显的优势，帮你战胜对手。这让我想起了十几年前，我大胆决定买下莱玛油区的事情。

在此之前，原油将会枯竭的恐惧的阴云始终笼罩在石油界，甚至连我的助手都开始担心在石油行业已经无利可图，因此他悄悄地卖着公司的股票；而有的人甚至建议，公司应该及早退出石油业，转行做其他更为稳妥的生意，否则我们这艘大船就将永远不能返航。作为领袖，面对悲观做出的反馈应该永远是希望而不是哀叹。再次看到希望是人们在俄亥俄州莱玛镇发现了石油的时候。只是莱玛的石油散发着一股特殊的臭味，用常规方法无法祛除，这让许多本想从中大捞一把的人感到失望。但我对莱玛油田充满信心，我可以预见到一旦我们独占莱玛，我们就将具有统治石油市场的强大力量。机会来了，如果让它悄然溜走，洛克菲勒的名字就会与愚蠢联系在一起。我郑重地告诉公司的董事们：这是千载难逢的一个大好时机，是该把钱投到莱玛的时候了！

非常遗憾的是，我的意见遭到了胆小怕事者的反对。

强加于人不符合我的性格，我寄希望于通过和颜悦色地讨论，让大家最终能统一到我的意见上来。

那是一次漫长而没有结果的等待。我心急如焚，我们建起了全球最具规模的巨型炼油厂，它就像一个饥饿的婴儿对母亲的奶汁贪得无厌一样，需要吃掉源源不断的原油，但宾州的油田正在凋敝，其他几个小油田也已开始减产，长此下去我们只得依赖俄罗斯的原油。几乎可以肯定，俄国人一定会利用他们对油田的控制，削弱我们的力量，甚至彻底击败我们，把我们赶出欧洲市场。但是，一旦我们拥有了莱玛的石油资源，我们就会继续做赢家。

不能再等了，是我该行动的时候了！

正如我所预想的那样，在董事会上，保守派的意见依然是"不"。但我以令反对派大吃一惊的方式，降伏了他们，我说："先生们，如果不想让我们这艘巨轮沉下去，我们必须保证我们的原油供应。现在，蕴藏在莱玛地下的石油正向我们招手，它将带来令我们目眩的巨额财富。请不要说那带有臭味的液体没有市场，我相信这些东西都有其价值，我相信科学会扫除我们的疑虑。所以，我决定用我自己的钱进行这项投资，并情愿承担两年的风险。如果两年以后成功了，公司可以把钱还给我；如果失败了，就由我自己承担一切损失。"

我的决心与诚意打动了我最大的反对者普拉特先生，他眼中闪动着泪光，激动地对我说："约翰，我的心被你俘虏了，既然你认为应该这样做，我们就一起干吧！你能冒这个险，我也能！""一荣俱荣、一损俱损"的合作精神，是我们不断强大的精神支柱。我们成功了。我们倾尽全力将巨资投到了莱玛，其回报更是巨大，我们将全美最大的原油生产基地牢牢地控制在了自己的手中。而在莱玛的成功又增强了我们的活力，驱使我们开始发动在石油业前所未有的大收购战。结果正像所预想的那样，我们成为石油领域最令人畏惧的超级舰队，取得了不可动摇的统治地位。约翰，态度有助于创造运气，而机遇就在你的选择之中。如果你有 51% 的时间做对了，那么你就会变成英雄。

这是我关于幸运的最深体会。

爱你的父亲

第 7 封信
为前途抵押

借钱是为了创造好运。如果抵押一块土地就能借得足够的现金让我独占一块更大的地方，那么我会毫不迟疑地抓住这个机会。

人生就是不断抵押的过程，为前途我们抵押青春，为幸福我们抵押生命。因为如果你不敢逼近底线，你就输了。为了成功，我们抵押冒险不值得吗？

1899.4.18

亲爱的约翰：

你用向我借来的钱去股市闯荡的同时感到有些不安，这我能够理解。因为你想赢，却又怕在那个冒险的世界里输，而输掉的钱不是你的，是借来的，需要支付利息。

这种输不起的感受，在我创业之初，乃至较有成就之后，似乎一直都在支配着我，以致每次借款之前，我都会在谨慎与冒险之间徘徊，苦苦挣扎，甚至夜不能寐，躺在床上就开始算计如何偿还欠款。

常有人说，冒险的人容易招致失败。但谁又何尝不是如此？在我恐惧失败过后，我总能打起精神，决定去再次借钱。事实上，为了取得进步我没有其他道路可走，我不得不去银行贷款。

儿子，呈现在我们眼前的，经常是巧妙化解棘手问题的大好良机。借钱不是件坏事，它不会让你破产，只要你不把它看成像救生圈一样，只在出现危机的时候使用，而应该把它看成是一种有力的工具，你就可以用它来开创机会。否则，你就会陷入恐惧失败的泥潭，让恐惧束缚住你本可大展宏图的双臂，以致终无所成。

我所熟知或认识的富翁中，只靠自己一点一滴、日积月累挣钱发达的人少之又少，更多的人是因借钱而发财，这其中的道理并不深奥，一块钱的买卖远远比不上一百块钱的买卖赚得多。

不论是要赢得财富，还是要赢得人生，优秀的人在竞技中想的不是输了我会怎样，而是要成为胜利者我应该做什么。

借钱是为了创造好运。如果抵押一块土地就能借得足够的现金让我独占一块更大的地方，那么我会毫不迟疑地抓住这个机会。在克利夫兰时，我为扩张实力、夺得克利夫兰炼油界头把交椅地位，我曾多次欠下巨债，甚至不惜把我的企业抵押给银行，结果我成功了，我创造了令人震惊的成就。

儿子，人生就是不断抵押的过程，为前途我们抵押青春，为幸福我们抵押生命。因为如果你不敢逼近底线，你就输了。为了成功，我们抵押冒险不值得吗？

谈到抵押，我想告诉你，在我从银行家手里接过巨款时，我抵押出去的不光是我的企业，还有我的诚实。我视合同、契约为神圣的东西，我严格遵守合同，从不拖欠债务。我对投资人、银行家、客户，包括竞争对手，从不忘记以诚相待，在同他们讨论问题时我都坚持讲真话，从不捏造或含糊其词，我坚信谎言在阳光下就会显形。

付出诚实的回报是巨大的，在我没有走出克利夫兰前，那些了解我品行的银行家们，曾一次次把我从难以摆脱的危机中拯救出来。

我清楚地记得，有一天，我的一个炼油厂突然失火，损失惨重。由于保险公司迟迟不能赔付保险金，而我又急需一笔钱重建企业，因此我不得不向银行追加贷款。现在一想起那天的情景就让我激动不已。本来在那些缺乏远见的银行家眼里，炼油业早已是高风险行业，向这个行业提供资金不亚于是在赌博，再加上我的炼油厂刚刚被毁于一炬，所以有些银行董事对我追加贷款犹豫不决，不肯立即放贷。

就在这时，他们中的一个善良的人——斯蒂尔曼先生，让一名职员提来他自己的保险箱，向着其他几位董事大手一挥说："听我说，先生们，洛克菲勒先生和他的合伙人都是非常优秀的年轻人。如果他们想借更多的钱，我恳请诸位要毫不犹豫地借给他们。如果你希望更保险一些，这里就有，想拿多少就拿多少。"我用诚实征服了银行家。

儿子，诚实是一种方法，一种策略。因为我支付诚实，所以我赢得了银行家乃至更多人的信任，也因此渡过了一道道难关，踏上了快速成功之路。

今天，我无须再求助于任何一家银行，我就是自己的银行，但我永远都感激那些曾经鼎力帮助过我的银行家们。

你的未来可能是管理企业，你需要知道，经营企业的目的是赚钱。扩大企业能够赚钱，但是把企业拿出去抵押也是管理和运用金钱的重要手段。如果你只注重一种功能，而忽视另一种功能，就会招致失败：在最糟糕的情形下，可能会财务崩溃，即使在较好的情形下，可能也会因此错失很多机会。

管理和运用金钱跟决心赚钱不同，需要有不同的信念。要管理和运用金钱，你必须乐于亲自动手、亲自管理数字，不能只是在管理和策略上纸上谈兵。机会往往隐藏在细节之中。如果你忽视这些细节，或是超脱细节，把这种"杂事"授权给别人去做，就等于你至少忽视了事业经营的一半重要责任。细节永远不应该妨碍热情，成功的做法要求你牢记两点：一个是战术，另一个是战略。

儿子，你正朝着成功人生的方向前进，这是你一直以来的目标，你需要勇敢，再勇敢。

爱你的父亲

第 8 封信
别让精神破产

人始终要保持活力，保持坚强，不论遭遇怎样的失败与挫折，这是我唯一能做的事情。我非常明白，做什么事情才会让自己感到快乐，什么东西值得自己为之效命。根本的期望，就像清洁工用手中的扫把，扫尽成功路上所有的垃圾。儿子，你自己根本的期望在哪里？只要你不丢掉它，成功必将到来。

1899.11.19

亲爱的约翰：

你近来的情绪过于低落，这种表现让我感到非常难过。我能真切地感受到，你还在为那笔让你赔进 100 万美元的投资而感到耻辱和羞愧，因此终日闷闷不乐、忧心忡忡。其实，这大可不必，一次失败并不能说明什么，失败更不会在你的脑门上贴上无能者的标签。

乐观起来，我的儿子。你需要知道，在这个世界上，任何人的一生都不可能自始至终保持顺利；相反，却要时刻与失败比邻而居。也许正因为这个世界上有太多无奈的失败，追求卓越才变得魅力十足。人们对成功竞相追逐，甚至不惜以生命为代价。但即便如此，失败还是无可避免的。

我们的命运也是如此，只是与有些人不同，我把失败当作一杯烈酒，咽下去的是苦涩，吐出来的却是精神。

在我雄心勃勃进入商界，希望我们的新公司一路顺风之时，一场灾难性的风暴袭击了我们。当时我们签订了一笔合同，要购进一大批豆子，本来可以从中大赚一把，但没有想到一场突然"来访"的霜冻击碎了我们的美梦，到手的豆子毁了一半，而且有失德行的供货商还在里面掺加了沙土和细小的豆叶、豆秸。这注定是一笔要做砸了的生意。但我知道，我不能沮丧，更不能沉浸在失败的痛苦当中，否则，我就会离我的目标越来越远。

天下没有白吃的午餐，更不可能一直维持现状，如果静止不动，就是退步，但要前进，必须乐于做决定和冒险。那笔生意失败之后，我再次向我的父亲借债，尽管我很不情愿这么做。而且，为使自己在经营上胜人一筹，我告诉我的合伙人克拉克先生，我们必须宣传自己，通过报纸广告让我们的潜在客户知道，我们能够提供大笔的预付款，并能提前供应大量的农产品。

结果让人非常满意，胆识加勤奋拯救了我们，那一年我们非但没有受"豆子事件"的影响，反而赚到了一笔可观的纯利。

人人都厌恶失败，然而，一旦避免失败变成你做事的动机，你就走上了怠惰无力之路。这非常可怕，甚至是种灾难。因为这预示着你可能会丧失原本可能有的机会。

儿子，机会是稀少的东西，人们因机会而发迹、富有，看看那些穷人你就知道，他们不是无能的蠢材，他们也不是不努力，他们是苦于没有机会。你需要知道，我们生活在弱肉强食的丛林之中，在这里，你不是"吃人"就是被别人"吃掉"，逃避风险几乎就是放弃成功；而如果你利用了机会，那别人的机会就相应减少了，这样才能更好地保全自己。

害怕失败就不敢冒险，不敢冒险就会错失眼前的机会。所以，我的儿子，为了避免丧失机会，保住竞争的资格，我们为失败与挫折买单是值得的！

失败是迈向更高地位的开始。可以说，我今天的地位，是踩着失败的螺旋阶梯升上来的，是在失败中崛起的。我是一个聪明的"失败者"，我知道向失败学习，从失败的经验中汲取成功的因素，用自己不曾想到的手段，去开创新事业。所以我想说，只要不变成习惯，失败是件好事。

我的座右铭是：人始终要保持活力，保持坚强，不论遭遇怎样的失败与挫折，这是我唯一能做的事情。我非常明白，做什么事情才会让自己感到快乐，什么东西值得自己为之效命。根本的期望，就像清洁工用手中的扫把，扫尽成功路上所有的垃圾。儿子，你自己根本的期望在哪里？只要你不丢掉它，成功必将到来。

乐观的人在苦难中会看到机会，悲观的人在机会中只会看到苦难。儿子，记住我深信不疑的成功公式：梦想＋失败＋挑战＝成功。

当然，失败有它的杀伤力，它会打击人的意志力，使人变得萎靡。但最重要的是你对待失败的态度。天才发明家托马斯·爱迪生先生，在用电灯照亮摩根先生的办公室前，共做了一万多次实验，在他那里，失败是成功的试验田。

十年前，《纽约太阳报》一位年轻记者对爱迪生进行了一次采访，那位少不更事的年轻记者问道："爱迪生先生，您目前的发明曾经失败过一万次，您对这些有什么看法？"爱迪生对"失败"一词很不受用，他以长者的口吻对那位记者说："年轻人，你的人生旅程才刚刚开始，所以我告诉你一个对你未来很有帮助的启示，我没有失败过一万次，我只是发明了一万种行不通的方法。"精神的力量永远如此巨大。

儿子，如果你宣布精神破产，你就会输掉一切。你需要知道，人的事业就如同浪潮，如果你踩到浪头，功名随之而来；而一旦错失，则终其一生都将受困于浅滩与悲哀。失败是一种学习经历，你可让它变成墓碑，也可以让它变成垫脚石。

没有挑战就没有成功，不要因为一次失败就停下脚步，战胜自己，你就是最大的胜者！

我对你很有信心。

爱你的父亲

第 9 封信
你只能相信自己

> 我只有在对自己有利无害的情况下，才表现自己
> 的感情；我可以让对手教导我，但我永远不教导对手，
> 无论我对那件事了解有多深；凡事三思而行，不管别
> 人如何催促，不考虑周全决不行动；我有自己的真理，
> 只对自己负责；小心那些要求我以诚相待的人，他们
> 是想在我这里捞到好处。

1899.11.29

亲爱的约翰：

最近心情好一点儿了吗？如果还没有，我想，你需要了解点
儿什么。

你需要知道，在这个世界上，绝大多数的人都难免受到一种
特殊力量的驱使，这种力量可以轻而易举地剥落紧裹着我们人性

的外衣，将我们完全暴露在阳光下，并公正地将我们圈定在纯洁或肮脏的范围里，以致让我们所有的辩护都变得苍白无力，无论我们多么伶牙俐齿。它就是检验我们人性的试金石——利益。

换句话说，利益是一面映照人性的镜子，在它面前，一切与道德、伦理有关的人性本质都将现形，而且一览无遗。也许你认为我的话太过绝对，但我的经历告诉我事实确实如此。

我不是人类史学家，对于人所表现出的高尚与丑恶，我不知道他们将做出何种解释，但我的人生经历让我坚信：利益似乎无坚不摧，本来彼此相安无事的人、种族、国家，因为利益的关系纠缠杂糅在一起，彼此尔虞我诈，乃至刀枪相向。在那些骗局、陷阱乃至诽谤、污蔑和诋毁，以及残酷无情的血腥斗争和强盗式的掠夺中，你都会发现追逐利益的影子。在这个意义上，与其说我们是自己心灵的主人，倒不如说我们是利益的奴隶来得更为准确。

我可以断言，在这个世界上，没有谁不去追逐利益。商业世界里的所有活动都只有人与人的往来，自从你进入商业世界的那一刻起，一场旷日持久的谋利游戏就开始了。在这场游戏中，人人都是你的敌人，包括你自己，你需要与自己的弱点对抗，而且那些把快乐建立在你痛苦之上的人更是你必须面对的敌人。所以，当我看破这一切后，我一直坚守着一个原则：我可以欺骗敌人，但决不欺骗自己。给那些正在伤害我的人以回击，这永远不会让我的良心不安。

儿子，请不要误会我，我无意要将我们这个世界涂上一层令人压抑、窒息的灰色；事实上，我渴望友谊、真诚、善良和一切能滋润我心灵的美好情感，我也相信它们一定存在。然而，很遗憾，在追名逐利的商场中，我难以得到这种满足，却要经常遭遇出卖和欺骗的打击。直到今天，数次被骗的经历还历历在目。

最令我痛心的一次发生在克利夫兰。当时炼油业因产能过剩几乎无利可图，很多炼油商已经跌落到破产的边缘。更值得一提的是，克利夫兰远离油田，这意味着与那些处在油田的炼油厂相比，我们必须要付出高昂的长途运输费用，这让我们处于非常被动的局面。我决心改变这种局面，开始计划大规模收购在死亡线上挣扎的炼油厂，形成合力、统一行动，让每个人的钱包都鼓起来。

我告诉那些濒临倒闭的炼油厂主：我们在克利夫兰局势被动，为共同保护自己，我们必须要做些什么。我认为我的计划很好，请认真想一想。如果你感兴趣，我们会很高兴与你共同磋商。也由于善良的愿望和战略上的考虑，我买下了许多毫无价值的工厂，它们就像陈旧的废铁毫无利用价值，只配扔到废铁堆里。

但有些人竟然如此邪恶、自私和忘恩负义，他们拿到我的钱后便与我为敌，肆无忌惮地撕毁与我达成的协议。他们卷土重来，用一堆废铁换来的金子购置设备，重操旧业，并公开敲诈我，要我买下他们的工厂。这些人都曾要求我以诚相待，让我出个好价钱收购他们瘫痪的工厂，我做到了，然而，结果却令人痛心。在那一刻我的心情糟透了，我甚至自责我不该太诚实，不该太善良，否则我也不会落到被处处掣肘的境地。

最令我不可接受的是，在谋利游戏中，今天的朋友会变成明天的敌人。这种情形常有发生，我认识的两个人就曾无节制地多次蒙骗我。看在认识一场的份儿上，我不想历数他们的罪恶。但我可以告诉你，当我知道我一直被他们欺骗的时候，我震惊了，我不明白他们竟何以卑鄙到如此地步！

历经种种欺骗与谎言，我无奈地告诉自己：你只能相信自己，只有如此，你才不会被人蒙骗。我知道这种略带敌意的心态不好，但这个世界有太多的欺骗，提防是我们不可或缺的生存技能。

跟混蛋打交道，会让你变得聪明。那些邪恶的"老师"教会了我许多东西，如果现在谁要想欺骗我，我估计会比翻越科罗拉大峡谷还要艰难，因为那些魔鬼帮我建立了一套与人打交道的法则，我想这套法则对你会有所帮助：

我只有在对自己有利无害的情况下，才表现自己的感情；我可以让对手教导我，但我永远不教导对手，无论我对那件事了解有多深；凡事三思而行，不管别人如何催促，不考虑周全决不行动；我有自己的真理，只对自己负责；小心那些要求我以诚相待的人，他们是想在我这里捞到好处。

我知道，欺骗只是谋利游戏中的策略，并不能解决问题。但我更知道，谋利游戏无时无刻不在进行，所以，我必须从早到晚保持警惕并且明白：在这场游戏中，每个人都首先顾及自己的利益，不管是否对他人有利。重要的是如何保护自己，并随时随地做好战斗准备。

儿子，命运给予我们的不是失望之酒，而是机会之杯，振作起来！发生在华尔街的那件事，并没有什么了不得，那只是你太相信别人而已。不过，你需要知道，好马不会在同一个地方跌倒两次。

爱你的父亲

第10封信
运气靠策划

　　我承认，就像人不能没有金钱一样，人不能没有
运气。但是，要想有所作为就不能只是等待运气光顾。
我的信条是：我不依赖天赐的运气，但我靠策划运气
平步青云。我相信好的计划会左右运气，甚至在任何
情况下，都能成功地影响运气。我在石油界实施的变
竞争为合作的计划恰恰验证了这一点。

1900.1.20

亲爱的约翰：

　　有些人凭借着他们非凡的才能，注定会成为令人瞩目的王者
或伟人，比如，老麦考密克先生，他拥有一颗能制造运气的脑袋，
知道如何将收割机变成收割钞票的镰刀。

　　在我看来，老麦考密克永远是位野心勃勃且具有商业才能的
实业巨子，他用收割机解放了美国农民，同时也把自己送入全美

最富有者的行列。法国人似乎更喜欢他，盛赞他为"对世界最有贡献的人"。这真是一个意外的收获。

这位原本只能做个普通农具商的商界奇才，说过一句深奥的名言："运气是设计的残余物质。"

这句话听起来的确让人费解，它是指运气是策划和策略的结果，还是指运气是策划之后剩余的东西呢？我的经验告诉我，这两种意义都存在，换句话说，我们创造自己的运气，我们任何行动都不可能把运气完全消除，运气是策划过程中难以摆脱的福音。

麦考密克洞悉了运气的真谛，打开了幸运之门。所以，我对麦考密克的收割机能畅销全球，成为日不落产品，丝毫不感到奇怪。

然而，在我们这个世界上，很难找到像麦考密克先生那样善于策划运气的人，也很难找到不相信运气的人和不误解运气的人。

在凡夫俗子的眼里，运气永远是与生俱来的，只要发现有人在职务上得到升迁、在商海中势如破竹，或在某一领域内取得成功，他们就会很随便、甚至用轻蔑的口气说："这个人的运气真好，是好运帮了他！"这种人永远不能窥见一个让自己赖以成功的伟大真理：每个人都是他自己命运的设计师和建筑师。

我承认，就像人不能没有金钱一样，人不能没有运气。但是，要想有所作为就不能只是等待运气光顾。我的信条是：我不依赖天赐的运气，但我靠策划运气平步青云。我相信好的计划会左右运气，甚至在任何情况下，都能成功地影响运气。我在石油界实施的变竞争为合作的计划恰恰验证了这一点。

在那项计划开始前，炼油商们各自为战，利欲熏心，结果引发了毁灭性的竞争。这种竞争对消费者来说当然是件好事，但油价下跌对炼油商来说却是个灾难。那时候绝大多数炼油商做的都是亏本生意，一个个跌入破产的泥潭。

我很清楚，要想重新攫取利益并将钱永远地赚下去，就必须驯服这个行业，让大家理智地做生意。我把这视为一种责任，然而这很难做到，这需要一个计划——将所有炼油业务都收置在我的手中。

约翰，要在获取利益的猎场上成为好猎手，你需要勤于思考、谨慎行事，能够看到事物中一切可能存在的危险和机遇，同时又要像一个棋手那样研究所有可能危及你霸主地位的各种战略。我彻底研究了形势并评估了自己的力量，决定将大本营克利夫兰作为我发动石油工业战争的第一战场，等到征服那里的二十几家竞争对手之后，再迅速行动，开辟第二战场，直至将那些对手全部征服，建立石油业的新秩序。

就像战场上的指挥官选择攻击什么样的目标，要首先知道选择什么样的武器才最奏效，要想成功实现将石油业统一到我麾下的计划，需要一个彻底解决问题的手段，那就是钱，我需要大量的钱去买下那些生产过剩的炼油厂。但我手头上的那点资金不足以实现我的计划，所以我决定组建股份公司，把行业外的投资者拉进来。很快我们以百万资产在俄亥俄州注册成立了标准石油公司，第二年资本大幅扩张了 3.5 倍，但何时动手却是个学问。

目光长远的商人总善于从每次灾难中寻找机会，我就是这样做的。在我们开始征服之旅前，石油业一片混乱，境况江河日下，克利夫兰 90% 的炼油商已经快被日益激烈的竞争压垮，如果不把厂子卖掉，他们就只能眼睁睁地看着自己走向灭亡。这便是收购对手的最好时机。

在此时采取收购行动，似乎不太道德，但此时不能有妇人之仁。商场如同战场，战略目标的意义就是要形成对己方最有利的状态。出于战略上的考虑，我选择的第一个征服目标不是不堪一击的小公司，而是最强劲的对手克拉克－佩恩公司。这家公司在克利夫兰很有名望，而且野心勃勃，和我的想法一样，他们也想要吞并我的明星炼油厂。

但在对手做出行动之前，我决定先下手为强。我主动约见克拉克－佩恩公司最大的股东，我中学时代的老朋友——奥利弗·佩恩先生，我告诉他，石油业混乱、低迷的时代该结束了，为保护无数家庭赖以生存的石油行业，我要建立一个庞大、高绩效的石油公司，并邀请他入伙。我的计划打动了佩恩，最后他们同意以40万美元的价格出售公司。

我知道克拉克－佩恩公司根本不值这个价钱，但我没有拒绝他们，吃掉克拉克－佩恩公司就意味着我将取得世界最大炼油商的地位，将为迅速把克利夫兰的炼油商捏合在一起充当强力先锋。

这一招果然十分奏效。在以后不到两个月的时间里，就有22家竞争对手归于标准石油公司的麾下，并最终让我成了那场收购战的大赢家。而这又给我势不可当的动力，在此后3年的时间里，我连续征服了费城、匹兹堡、巴尔的摩的炼油商，成了全美炼油业的唯一"主人"。

今天想来，我真是幸运，如果当时我只感叹自己时运不济，选择随波逐流，或许我早已被征服，但我策划出了我的运气。

世界上什么事都可以发生，就是不会发生不劳而获的事，那些随波逐流、墨守成规的人，我不屑一顾。他们的大脑被错误的思想所盘踞，以为能全身而退就沾沾自喜。

约翰，要想让我们的好运气持续下去，我们必须要精心策划运气，而策划运气，需要好的计划，好的计划一定是好的设计，好的设计一定能够发挥作用。你需要知道，在构思好的设计时，要首先考虑两个基本条件，第一个条件是知道自己的目标，比如你要做什么，甚至你要成为什么样的人；第二个条件是知道自己拥有什么资源，如地位、金钱、人际关系，乃至能力。

这两个基本条件的顺序并非绝对不可改变，你可能先有一些资源，才开始寻找适于这些资源的目标。还可以把它们混合一处，形成第三和第四种方法，例如拥有某种目标和某种资源，为实现目标，你必须选择性地创造一些资源，也可能拥有一些资源和某个目标，你必须根据这些资源，提高或降低目标。

你根据资源调整目标或根据目标调整资源后，就有了一个基础——可以据此构思设计的结构，剩下的东西就是用手段与时间去填充和等待运气的来临了。

你需要记住，我的儿子，设计运气，就是设计人生。所以在你等待运气的时候，你要知道如何引导运气。试试看吧。

　　　　　　　　　　　　　　　　　　爱你的父亲

第11封信
忍耐是一种策略

不管任何时候，冲动都是我们最大的敌人。如果忍耐能化解不该发生的冲突，这样的忍耐永远是值得的，但是，如果一意孤行，非但不能化解危机，还会带来更大的灾难。

1900.9.2

亲爱的约翰：

非常感谢你对我的信任，把你退出花旗银行董事会的事情告诉我。我当然理解你这样做的理由，你已经无法继续忍受同事们的某些做法，更不想继续屈从于他们。

但是，你的决定是否明智，似乎还有待证实，这要一段时间后才能见分晓。理由很简单，如果你不主动放弃花旗银行董事的职位，而是选择留在那里，或许你会得到更多。

我知道，屈从是思想的大敌，也是自由的狱吏。然而，对于一个胸怀大志的人而言，保持必要的屈从与忍耐，恰恰是一种屡试不爽的成功策略。追溯过往，我曾经忍耐过许多，也因忍耐得到过许多。

在我创业之初，由于资金缺乏，我的合伙人克拉克先生邀请他昔日同事加德纳先生入伙，对此我举双手赞成，因为有了这位富人的加入，就意味着我们可以做我们想做、有能力做、只要有足够资金就能做成的事情。

然而，出乎意料的是，克拉克带来了一个钱包的同时，却送给了我一份屈辱，他们要把克拉克—洛克菲勒公司更名为克拉克—加德纳公司，而他们将洛克菲勒的姓氏从公司名称中抹去的唯一理由是：加德纳出身名门，他的姓氏能吸引更多的客户。

这极大地伤害了我的尊严！我当时怒火中烧！我同样是合伙人，加德纳带来的只是他那一份资金而已，难道他出身贵族就可以剥夺我应得的名分吗？但是，我忍下了，我告诉自己：你要控制住你自己，你要保持心态平静，这只是开始，路还长着呢！

我故作镇静，装作若无其事的样子告诉克拉克："这没什么。"事实上，这完全是谎言。想想看，一个遭受不公平对待、自尊心受到严重伤害的人，他怎么能如此宽宏大量！但是，我用理性浇灭了心头燃烧着的熊熊怒火，因为我知道这会给我带来好处。

忍耐不是盲目地容忍，你需要冷静地考量情势，要知道你的决定是否会偏离或者阻碍你的目标。对克拉克大发雷霆不仅有失体面，更重要的是，这会给我们的合作制造裂痕，甚至招致一脚把我踢出去、让我从头再来的恶果。而团结则可以形成合力，让我们的事业越做越大，我的个人力量和利益也必将随之壮大。

我知道自己的目标在哪里。在这之后我继续一如既往、不知疲倦地热情工作。到了第三个年头，我就成功地把那位穷奢极欲的加德纳先生请出了公司，让克拉克－洛克菲勒公司的牌子重新竖立起来！那时人们开始尊称我为洛克菲勒先生，我已成为富人。

我崇尚平等，厌恶居高临下发号施令。然而，克拉克先生在我面前却总要摆出趾高气扬的架势，这令我非常反感。他似乎从不把我放在眼里，把我视为目光短浅的小职员，甚至当面贬低我除了记账和管钱之外一无是处，要不是有他这个合伙人，我更会变得一文不值。这是公然的挑衅，我却装作充耳不闻，我知道自己尊重自己比什么都重要，但是，我在心里已经同他开战，我一遍一遍地叮嘱自己：超过他，你的强大是对他最好的羞辱，是打在他脸上最响亮的耳光。

结果正像你所知道的那样，克拉克－洛克菲勒公司永远成为了历史，取代它的是洛克菲勒－安德鲁斯公司，我就此搭上了成为亿万富翁的特快列车。能忍人所不能忍之处，才能为人所不能为之事。

如果忍耐能化解不该发生的冲突，这样的忍耐永远是值得的，但是，如果一意孤行，非但不能化解危机，还会带来更大的灾难。安德鲁斯先生似乎并不明白这个道理。

安德鲁斯先生是一个没有商业头脑却自以为是的人，他缺乏成为伟大商人的雄心却有着邪恶的偏见。这种人与我发生冲突毫不意外。导致我们最终分道扬镳的那场冲突，源于公司发放股东的红利。那一年我们干得不错，赚了很多钱，可是我不想把公司赚到的钱全都让股东们拿回家，我希望能将其中的一半收益再投入到公司的经营中去。但安德鲁斯坚决反对，这个自私自利的家伙想把赚来的钱全分了，甚至怒气冲冲地威胁我说，他不想在公司继续干下去了。我不能忍受任何阻止公司强大的想法，我只能向他摊牌，请他给他所持有的股票开价。他的报价是 100 万，我说没问题，第二天我就用 100 万买下了。

钱一到手，安德鲁斯兴奋极了，他以为自己交了好运，认为他手里持有的股票根本不值 100 万。但他没有想到的是，我很快一转手就赚了 30 万。这事传到他那里，他竟然指责我手段卑鄙。我不想因为区区 30 万就落得个卑鄙的名声，就派人告诉他可以按原价收回，但懊恼中的安德鲁斯拒绝了我的好意。事实上他拒绝的是一次成为全美巨富的机会，如果他能把他价值 100 万的股票保留到今天，就会成为当时的千万富翁。但为赌一时之气，他丧失了终生再也抓不住的机会。

约翰，在这个世界上，存在着许多需要我们去忍耐的人和事，而引诱我们感情用事的人和事也太多太多。所以，你要修炼管理情绪和控制感情的能力，要注意在进行决策制定时不受情绪左右，而是完全根据需要来做决定，要永远知道自己想要什么。

爱你的父亲

第 12 封信
侮辱有时可以催人奋进

我知道任何轻微的侮辱都可能伤及尊严。但是，尊严不是天赐的，也不是别人给的，是你自己缔造的。

1901.2.21

亲爱的约翰：

你与摩根先生谈判时的表现，令我和你的母亲感到惊喜，我们没有想到你竟然有勇气同那个盛气凌人的华尔街最大的"钱袋子"对抗。你当时的表现相当出色，应对沉稳，言词得体而不失教养，最令人感到惊喜的是你彻底控制住了对手。感谢上帝，能让我们拥有你这样出色的孩子。

在来信中你告诉我说，摩根先生待你粗鲁无礼，是在有意侮辱你，我想你是对的。事实上，他是想报复我，把恶意攻击施加在你身上，是想让你代我受辱。正如你知道的，此次摩根提出与我结盟的动机，是担心我会对他构成威胁。我相信他并不情愿与我合作，因为他知道我和他是跑在两条路上的马车，彼此谁都不喜欢谁。我一见到他那副趾高气扬、傲慢无理的样子就感到恶心；我想他一见到我肯定也是同样的感受。但必须承认一点，摩根是位商界奇才，他知道我不把华尔街放在眼里，更不惧怕他对我的威胁，所以他要实现他的野心——统治美国钢铁行业，就必须与我合作，否则，等待他的就将是一场你死我活的竞争。

善于思考和善于行动的人，都知道必须除去人性中的傲慢与偏见，都知道永远不能让自己的个人偏见妨碍自己的成功，摩根先生就是这样的人。所以，尽管摩根先生不想同我打交道，但他还是向我提出建议，是否可以在标准石油公司总裁办公室与他会面。

在谈判中能坚持到最后一刻的人一定会捞到好处，所以我告诉摩根："我已经退休了，如果你愿意，我很乐意在家中恭候你。"他果真来了，这对他而言显然是有些屈尊。但他做梦都不会想到，当他提出具体问题时我会说："很抱歉，摩根先生，我退休了，我想我的儿子约翰会很高兴同你谈那笔交易。"即便是傻瓜也看得出来，这对摩根是一种轻蔑，但他很克制。他告诉我，希望你能去他在华尔街的办公室进行会谈。我答应了。

对他人的报复，就是对自己的攻击。摩根先生似乎不懂得这个道理，为了解心头之恨，对你实施报复，结果反倒让你给控制住了。但不管怎么说，尽管摩根先生对我公然地侮辱他耿耿于怀，但始终将眼睛盯在要达成的目标上，对此我颇为欣赏。

我的儿子，我们生长在追求尊严的社会，我知道对于一个热爱尊严的人来说，蒙受侮辱意味着什么。但在很多时候，不管你是谁，即使是美利坚合众国的总统都无力阻止来自他人的侮辱。

那么，我们该怎么办呢？是在盛怒中反击，捍卫尊严呢？还是宽容相待，一笑而过呢？还是用其他什么方式来回应呢？

你或许还记得，我一直珍藏着一张中学同学的多人合照。那里面没我，有的只是出身富裕家庭的孩子。几十年过去了，我依然珍藏着它，更珍藏了拍摄那张照片的情景。

那是一天下午，天气不错，老师告诉我们说，有一位摄影师跑来要求拍学生上课时的情景照。我是照过相的，但很少，对一个穷苦家的孩子来说，照相是种奢侈。摄影师刚一出现，我便想象着要被摄入镜头的情景，多点微笑、多点自然，让效果看上去帅一点，甚至开始想象如同报告喜讯一样回家告诉母亲："妈妈，我照相了！是摄影师拍的，棒极了！"

我用一双兴奋的眼睛注视着那位弯腰取景的摄影师，希望他早点把我拉进相机里。但我失望了，那个摄影师好像是个唯美主义者，他直起身，用手指着我，对我的老师说："你能让那位学生离开他的座位吗？他的穿戴实在是太寒酸了。"我是个弱小并且听命于老师的学生，我无力抗争，我只能默默地站起身，为那些穿戴整齐的富家子弟"制造"美景。

在那一瞬间我感觉我的脸在发热，但我没有动怒，也没有自哀自怜，更没有抱怨我的父母为什么不让我穿得体面些，事实上他们已经竭尽全力地让我有机会接受良好的教育。看着在那位摄影师调动下的拍摄场面，我在心底攥紧了双拳，我向自己郑重发誓：总有一天，你会成为世界上最富有的人！让摄影师给你照相算得了什么？让世界上最著名的画家给你画像才是你的骄傲！

　　我的儿子，我那时的誓言已经变成了现实！在我眼里，侮辱一词的词义已经转换，它不再是剥掉我尊严的利刃，而是一股强大的动力，势如排山倒海，催我奋进，驱使我去追求一切美好的东西。如果说那个摄影师把一个穷孩子激励成了世界上最富有的人，似乎并不过分。每个人都有享受掌声与喝彩的时候，或者是在肯定我们的成就，或者是在肯定我们的品质、人格与道德；也有遭受攻击的侮辱的时候，除去恶意，我想我们之所以会遭受侮辱，是因为我们的能力欠佳，这种能力可能与做人有关，也可能与做事有关，总之不构成他人的尊重。所以，我想说，蒙受侮辱不是件坏事，如果你是一个知道冷静反思的人，或许就会认为对待侮辱的不同态度或采取的行动，也可以体现人的能力高低。

　　我知道任何轻微的侮辱都可能伤及尊严。但是，尊严不是天赐的，也不是别人给的，是你自己缔造的。尊严是你自己享用的精神产品，每个人的尊严都只属于他自己，你自己认为自己有尊严，你就有尊严。所以，如果有人伤害你的感情、你的尊严，你要不为所动。如果你死守你的尊严，就没有人能伤害你。

　　我的儿子，你与自己的关系是所有关系的开始，当你相信自己，并与自己和谐一致，你就是自己最忠实的伴侣。也只有如此，你才能做到宠辱不惊。

　　　　　　　　　　　　　　　　　　　　　　　　爱你的父亲

第 13 封信
明白交易中的价值与价格

交易的真谛是交换价值，用别人想要的东西来换取你想要的东西。

要完成一笔好交易，最好的方法是强调其价值。而很多人会犯强调价格而非价值的错误，常说"这的确很便宜，再也找不到这么低的价格了。"之类的话。不错，没有谁愿意出高价，但在最低价之外，人们更希望得到最高的价值。

1901.3.7

亲爱的约翰：

今晚我会晤了调解人亨利·弗里克先生，我告诉他："正如我的儿子告诉摩根先生的那样，我并不急于卖掉联合矿业公司。但又像你所猜测的那样，任何有价值的企业我都乐于接受并为之付出。但是，我坚决反对买主居高临下，定下企图将我们排斥在外的价格，我宁可血战到底也不会做这样的生意。"我请弗里克先生转告摩根先生，他想错了。

约翰，看来你还得同摩根先生继续打交道，尽管你讨厌那个家伙。在这里，我想给你一些建议，让那个不可一世的家伙知道，他那我行我素的态度即将招致的后果。

儿子，很多人都犯有同样一个错误，他们不知道自己到底是干什么的。其实，不论你从事哪一个行业，譬如经营石油、地产、做钢铁生意，还是做总裁、做雇员，都是在从事一个行业，那就是跟人打交道的行业。谈判更是如此，与你展开斗争的不是某桩生意，而是人！

所以，真实了解自己、了解对手，是保证你取得大胜的前提。你需要知道，准备是游戏心理的一部分，你必须知己知彼。如果你要拥有实质性的优势，你必须知道：

第一，整体环境。市场状况如何，景气状况如何。

第二，你的资源。你有哪些优势（优点）和弱势（弱点），你有哪些资本。

第三，对手的资源。对手的资产状况如何，他的优势、劣势在哪里。在任何竞争中，谋划大策略的重要因素之一，就是了解对手的优势。

第四，你的目标和态度。太阳神阿波罗的座右铭只有短短的一句话——"人贵自知。"你要知道自己在干什么、有什么目标，实现目标的决心有多坚决，认为自己像个赢家还是在怀疑自己，在精神与态度上有什么优点和缺点。约翰，你要记住我的一句话：

越是认为自己行，你就会变得越高明，积极的心态会创造成功。

第五，对手的目标和态度。要尽量判断对手的目标，同样重要的是，要设法深入对手的内心，了解他的想法和感觉。

毫无疑问，最后这一条——预测和了解对手——是最难实现和利用的，但你要去力争实现。那些伟大的军事将领大多有一个习惯，他们总是尽力了解对手的性格和习惯，以此来判断对手可能做出的选择和行动方向。在所有的竞争活动中，能够了解对手和竞争者也总是很有功效的，因为这样你就可以预测对手的动向。主动、预期性的措施总比被动反应有效，而且更有力量，俗话说，预防胜于治疗就是这个道理。

在有些时候，你的竞争对手可能是你熟知的人，那你就要对这个优势多加利用。如果你了解他是一个很谨慎的人，或许你自己最好也应该小心一点；如果你觉得他总是很冲动，或许这是在暗示你，要大刀阔斧，否则你就可能被他逼上绝路。但是，不是只与对手熟识才能了解对手，只要你能明察秋毫，在谈判桌上你同样可以发现很多有价值的东西。善于谈判的人应该能够观察一切。你甚至不必等到开始走出第一步，才开始了解对手。

我们说的话可能会透露或掩饰自己的动机，但我们的选择几乎总是会泄露自己内心的秘密——想法，这是每个人所做的第一个选择，也是泄露真相的第一个动作。在谈判中你必须了解自己在说什么，如果你真的能掌控一切，就应该能够掌控自己所说的话，这会给自己带来极大好处。

同样的，你必须随时保持警惕，以便收到对手发出的信息，如果是这样，你就可以持续掌控明确的优势，做不到这一点，你就可能丧失另一个机会。你要知道，在一场竞争激烈的谈判中失败，意味着下次赢得谈判的机会将会降低。

做交易的秘诀在于，你要知道不能交易什么和可以交易什么。摩根先生视我们为墙角里的残渣，要清扫出去，但我们必须留在地板上。这是不能谈判的。同时，他还必须给出一个好价钱。但你也要知道，在做生意时，你绝对不能想把钱赚得一干二净，要留一点给别人。

约翰，你知道，我们愿意做这笔交易，是因为我们认为这笔交易对我们有利，这是显而易见的。然而，你不要受制于这种明显而狭隘的观点。

有太多的"聪明人"认为自己的目的不是要交易，而是要捡便宜，希望用最低的价格买到东西。这次摩根一方给出的价格比实际价值低过百万。如果他只想做这种交易，那么他会因此而丧失这次登上美国钢铁行业霸主地位的机会。交易的真谛是交换价值，用别人想要的东西来换取你想要的东西。

要完成一笔好交易，最好的方法是强调其价值。而很多人会犯强调价格而非价值的错误，常说"这的确很便宜，再也找不到这么低的价格了。"之类的话。不错，没有谁愿意出高价，但在最低价之外，人们更希望得到最高的价值。

约翰，在你与摩根先生谈判中，当涉及金钱的时候，你绝对不要先提金额，要提供他宝贵的价值，强调他从你这里能够买到什么。

我相信，人经过努力可以改变世界，达到新的、更美好的境界。祝你好运！

爱你的父亲

第 14 封信
合作是一种获利战术

> 合作可以压制对手或让对手出局，让自己向目标
> 阔步迈进的目的得以实现，换句话说，合作并不见得
> 是追求胜利。遗憾的是，只有为数不多的人才了解其
> 中的奥妙。

1901.5.16

亲爱的约翰：

你与摩根先生的手终于握到了一起，这是美国经济史上最伟大的一次握手，我相信后人一定会慷慨记住这一伟大时刻。正如《华尔街日报》所说，它标志着"一艘由华尔街大亨和石油大亨共同打造的超级战舰已经出航，它将势不可当，永不沉没"。

约翰，你知道这叫什么吗？这就是合作的力量。

合作，在那些妄自尊大的人眼里，它或许是件软弱或可耻的

事情，但在我看来，合作永远是聪明的选择，前提是必须对我有利。现在，我很想让你知道这样的事实：

对于我今天所成就的伟业，我很愿意将其归功于三大力量的支持：第一支力量来自按规则行事，它能让企业得以持续性经营；第二支力量来自残酷无情的竞争，它会让每次的竞争更趋于完美；第三支力量则来自于合作，它可以让我在合作中取得利益、捞得好处。

我之所以能够跑在竞争者的前面，就在于我擅长走捷径——与人合作。在我创造财富之旅的每一站，你都能看到合作的站牌。因为从我踏上社会那一天起我就知道，在任何时候，任何地方，只要存在竞争，谁都不可能孤军奋战，除非他想自寻死路，聪明的人会与他人包括竞争对手形成合作关系，借助他人的力量使自己存活下去或强大起来。

当然，我可以做出一个假设，如果我们不与摩根先生联手，这个假设很有可能成为现实，我们双方就很可能会拼个两败俱伤，而我们的对手卡内基先生则会从中坐收渔利，让他在钢铁行业始终以一枝独秀的姿态继续下去。但现在，卡内基先生一定要捶胸顿足了，想想看，谁会在对手蚕食自己领地的时候还能泰然自若呢？除非他是躺在坟墓里的死人。

合作可以压制对手或让对手出局，让自己向目标阔步迈进的目的得以实现，换句话说，合作并不见得是追求胜利。遗憾的是，只有为数不多的人才了解其中的奥妙。

但是，合作并不等同于友谊、爱情和婚姻，合作的目的不是去经营情感，而是要捞到利益和好处。我们应该知道，成功有赖于他人的支持与合作，我们的理想与我们自己之间有一道鸿沟，要想跨越这道鸿沟，必须依靠他人的支持与合作。

当然，我永远不会拒绝与生意伙伴建立友谊，我相信建立在生意上的友谊远胜过建立在友谊上的生意。例如我与亨利·弗拉格勒先生的合作。亨利是我永远的知己，最好的助手；我与他结盟，他让我得到的不只是投资，更多的是智慧和心灵上的支持。亨利同我一样，从不自满而且雄心勃勃，成为石油行业的主人是他的梦想。直到现在，我还记得我们开始合作时的情景，那时候除去吃饭和睡觉，我们几乎形影不离，我们一起上班、下班，一同思考，一同制订计划，相互激励，彼此坚定决心。那段时间，就如同欢度蜜月一样，是让我永远感到愉快的记忆。

如今，几十年过去了，我们依然亲如兄弟，这份情感给多少钱我都不卖。这也是我一直让你叫他亨利叔叔而不要叫他亨利先生的原因。

我从不尝试去买卖友谊，因为友谊不是能用金钱买来的。友谊的背后需要真情的支持。我与亨利之所以有不悔的合作和永远的友谊，不仅仅在于我们是追逐利益的共谋者，更重要的是，我们都是严于律己的人，我们都知道要想让别人怎么待你，你就怎么待别人并从现在做起的价值。

"己所不欲，勿施于人"，既是我的行为准则，又是我对合作所保有的明智态度。所以，我从不仗势欺凌处于弱势的对手，我情愿与他们促膝谈心，也不愿意摆出盛气凌人的姿态去压服他们，否则，我会毁了我们之间的合作，让目标停止在中途。

当然，遇到傲慢无礼的人，我也有总忘不了要羞辱他一番的时候，例如我就曾教训过纽约中央铁路公司的老板范德·比尔特先生。

范德·比尔特出身贵族，在南北战争中立过战功，享有将军头衔，但他把战场上得到的荣誉当作了他生活中不可一世的资本，并自以为把持着运输大权，就可以把我们当成打短工的。

有一次，亨利找到他要谈运输的事情，可谁知道这个傲慢的家伙竟然说："年轻人，你要与我谈？你的军阶似乎低了些！"亨利从未受到过这样的侮辱，但在那一刻，良好的教养帮了他，他并没有失态，但回到办公室，他那个漂亮的笔筒却遭了殃，被他摔了个粉身碎骨。

我赶快安慰他："亨利，忘掉那混蛋说了什么，我一定会为你讨回尊严。"后来范德·比尔特急着要与我们做生意，请我们到他那里去谈判，我派人告诉他："可以，但你要到我们办公室来谈。"结果，这位习惯了被人巴结、讨好的将军，只能屈尊来见比他小40多岁的年轻人，同时还要屈从两个年轻人提出的条件。我想，在那一刻，范德·比尔特将军一定明白了这样一个道理：往上爬的时候要对别人好一点，因为你走下坡的时候会碰到他们。

我厌恶以粗暴的态度对待别人，更知道耐心、温和对待下属和同事的价值 —— 有利于实现目标。我知道用钱可以买到人才，却买不到人心，但如果在付钱的时候又送上一份尊重，我就会让他们为我忠心地服务。这就是我能建立起高效管理队伍的成功所在。

但我不希望因此产生错误的判断，认为合作就是做好人。不！合作不是做好人的问题，而是好处和利益的问题。没有任何结盟是永远持久的，合作只是一种获利战术。当环境发生变化的时候，战术将随之改变，否则，你就输了。现实很严厉，你必须更严厉，但是，显然也要当个好人。

约翰，生命的本质就是斗争和竞争，它们激动人心。但是，当它们发展为冲突时，就往往具有毁灭性和破坏性，而适时的合作则可予以化解。

爱你的父亲

第15封信
做目的主义者

我是一个目的主义者，尽管我从不像有些人那样夸大目标的作用，但目标的功能确实在我这里得到了异常重视。在我看来，目标是激发我们潜能的关键，它拥有主导一切的力量。它可以左右我们的行为，激发我们完成任务所必须具备的创造力。明确而坚定的目标，更能让我们专注于所选择的方向，并奋力前进。

1902.3.15

亲爱的约翰：

成为标准石油的核心，不仅是你的荣耀，也是我的荣耀。然而，你需要知道，当你在享受这个荣耀的同时，你需要肩负起与之相伴的责任，这毫无疑问。如果你不能做到，你就将有愧于这个荣耀，更会辜负众人对你的希望和信任。别忘了，你是标准石油公司的核心，我们事业的最终成败与你有着莫大的关联，你应当以更高的标准来要求自己做出努力和牺牲。

坦白说，你要想在那个位置上干得出色，得到大家的认同与尊重，你需要学习的东西还有很多。现在，一个迫切需要思考的问题摆在你面前：你自己是否能成功掌控这个角色。

每一位领导者都是一位希望大使，是一个向导。面对眼前无法避免的荆棘坎坷，他要肩负起带领部属安全渡过的重任。完全不辜负重任，这很难做到。作为领导者，无论是谁，都会面临诸多难题，譬如，堆积如山的工作，排山倒海般滚滚而来的资讯，突发的变故，最高管理层、投资人和客户无止境的要求，难以调教的雇员，始终在变动的挑战，这些会让你分身不暇、疲于奔命。挫折、恐惧和焦虑感会让你茫然失措，以至于你的个人成就和梦想轰然坍塌。

但是，有时成为一个充满信心与活力的卓越领导者，比成为一个毫无生气、在无助中挣扎度日的领导者更容易，前提是他需要知道如何让部属甘心卖命。注意，是甘心，而不是被迫。

作为标准石油公司的领袖，我既享有权威又享有愉悦，因为我知道，找到可以保证完成任务的人，就等于给自己创造了时间，换句话说，这不仅会让我精力充沛，更重要的是，它会让我有更多的时间去思考怎么能为公司赚更多的钱。

这里面有一个态度问题，行动受态度支配，我们选择什么样的态度，也就决定了我们要采取什么样的行为，至于结果，很快就能见分晓。要改变自己的人生，首先改变自己的态度。改变态度不是一件无法办到的事，你只要始终相信能够做到，你就成功了一半。

　　明智的人总会选择对自己最有利的态度。懂得驾驭部属的人，总会自问：怎样的态度才能帮助自己实现真正想要的结果？是鼓舞激励的态度？还是抱持同情的态度？他们永远不会选择冷淡或者敌对的态度。

　　如果你把自己视为高高在上、"顺者昌，逆者亡"的专制君主，你很可能会成为下一个法国国王路易十六。就我而言，为了避免冲突我从不专横跋扈，或者给自己施加过大的压力。为了达到我所期望的商业成就，我养成了给予部属充分信任和鼓舞士气的习惯，这个习惯能很好地帮助我驾驭部属，达到我想要的目的。要做到这一点，关键的方法在于，你是否真正懂得如何去设定目标。

　　我是一个目的主义者，尽管我从不像有些人那样夸大目标的作用，但目标的功能确实在我这里得到了异常重视。在我看来，目标是激发我们潜能的关键，它拥有主导一切的力量。它可以左右我们的行为，激发我们完成任务所必须具备的创造力。明确而坚定的目标，更能让我们专注于所选择的方向，并奋力前进。

　　我的经验告诉我，一个人的最终表现，很大程度上取决于他所制定的目标的本质和大小，而这个过程中他所做的所有事情几乎与之无关。试着想想看，一场高尔夫球比赛，不可能一杆完成。你需要一洞一洞打过去，你每打出一杆的目的就是使球尽量靠近球洞，越近越好，直到把球送进去。

　　我领导部属的基本依据就是我的目标，目标就是一切。我习惯在做任何事情之前，都先确立目标，而且我每天都会设定无数的目标，譬如设定与合伙人谈话的预期效果，制定召开会议的成效标准，制订计划实施后达到的预期效果，等等。当然，在做事之前，我会首先考虑自己设定的目标的合理性。这些事前准备，通常都会在我到达公司之时，就已经妥善处理好了。所以，在我心里从未出现过诸如"我没有办法""我不管了""没有希望了"等具有吞噬性的声音。每一天确立的目标，完全消弭了这些招致失败的因素。

如果你不去主动明确制订自己的目标，那么你就会被动或不自觉地选择其他目标，这样做的结果很可能会导致你丧失掌控全局的能力，同时，你也将受制于使你分心或搅乱你的人或事。

没有明确制订目标的情况就好比停泊在码头的一艘游艇，解开了绳索却忘记了启动引擎。如此，你只能随波逐流，海风、巨浪或其他船只随时都会让你葬身海底。也许对岸有美好的事情在等着你，但是你无法顺利到达对岸去获取它，除非有奇迹出现，但是只等待奇迹出现的人无疑是愚蠢的。如果你确立了目标，那么游艇的引擎同时开启，如此它才能载着你向你选择的方向前进。目标能为人的努力指明方向并增加动力。

想要成为目的主义者，确立目标仅仅是走了一段路程，你还需要走另外的路程，将你的目标透明化。你需要毫无保留地向你的部属说明你的目标——你想要取得的成就、其动机以及战略谋划。我正是这样做的，如果我认为谁有必要了解我制订的目标，我便会毫无顾忌地对他加以说明。在每次会谈、会议、报告的过程中或者开始阶段，我都会先表达出我的动机、想法以及期望。

这样做，取得的效果会让你大喜过望。它不仅能使部属清楚你的意图，了解正确的前进方向，更重要的是，当你勇于将目标开诚布公之后，你将收获情感上的忠诚。要知道忠诚是甘心效命的开始。

出色的领导者都善于使用两种无形的力量：信任和尊重。当你诚实地说出你的目标，你的部属就收到了你传递出的信息："因为我对你有足够的信任，所以我愿意向你表白。"它有着神奇的效果，它将开启信任的大门，而在大门外，你拥抱的不仅是部属的能力，还有来自他们无价的忠诚——凝聚所有力量来帮助你的忠诚。信赖别人并使别人也信赖我，是我一生取得成就的重要原因。

公开你的目标，更能避免有害无利的猜测。如果不把你的目标明确地告诉给你的部属，他们便会花时间去臆测你的目标。这无疑会影响办事效率，更为重要的是，他们会根据所能搜集到的蛛丝马迹进行推测，而这些信息很容易受到扭曲，以致与事实相悖。如果部属不必花时间去解读你的动机，他们的士气和能力才有机会获得提升。所以，从这个角度上讲，把部属当成"傻瓜"似乎更有利。

公开目标，其力量是无可取代的，它所传达出的不仅是一项声明，同时也是领导者对于个人行为发出的勇敢而坚决的誓言。出自坚决意志与绝对坚韧的目标，往往能够激励部属，使他们带着更杰出的表现投入到工作中去。

领导者的工作就是发现企业经营中的问题，而解决问题的力量主要来自部属。如何把部属调动起来，让他们相互配合完成职责、解决问题是领导者必须思考的首要问题。我认为，将你的目标透明化，热情地对待每个部属，实现自己所期望的目标就不是什么难事了。

目标就好比钻石，如果要体现它的价值，那它就必须是真实的。公开不诚恳的目标只会让事情适得其反。如果一个人滥用这种手段而不加制止的话，那么等待他的苦果就是丧失部属的信赖。这就是公开目标的风险，但是如果你做到了真诚，也就避开了这种风险。

约翰，通往失败的道路，是由善意铺成的。除非你已经将准备工作做得万无一失，否则这句话很可能成为现实。

爱你的父亲

第 16 封信
拒绝与消极人士来往

消极人士只会哀叹时运不济，从不用欣赏的眼光把自己看成是更有分量、更有价值的人，他们失去了让自己全力以赴的念头以及自我鼓励的能力，反让消极占满了自己的内心。明智的人绝不会停顿在对时运不济的哀叹中。

1902.5.11

亲爱的约翰：

我想你已经有所觉察，因为受你那些朋友的影响，你的某些思想和观念正在发生转变。我当然不反对你扩大自己的社交圈，这可以增加你的生活情趣，扩展你的生活领域，甚至可以帮你找到知己或者帮你实现人生理想的人。但有些人显然不值得你与之交往，比如，那些拘泥于卑微、琐碎的人。

在我年轻的时候，我就有明确的想法，有两种人是我坚决拒绝与之交往的。

第一种人是那些完全对现实投降以及安于现状的人。他们深信自己完全没有足够的条件去创造伟大的成就，那只是幸运儿的专利，而自己不具备这个福气。这种人愿意守着一个有一定保障但是却平凡无奇的职位，他们得过且过，年复一年，最终只能碌碌无为。他们也知道自己需要一份更有挑战性的工作，这样才能得到更好的发展与成长，但是碍于许多的阻力与挫折，他们在打击中悲观地认为自己不适合做大事，最终选择敷衍一生。

第二种人是不能坚持挑战到底的人。这些人曾经有着成就大事的决心和希望，也曾为此做过多方面的准备和筹划。但是过去十几年或几十年后，随着工作阻力的慢慢增加，为更上一层楼需要艰苦努力的时候，他们就会觉得这样下去实在不值得，因而放弃努力，变得自暴自弃。

这两种人身上有着共同的思想毒素，极易感染他人，那就是消极。

我一直以为，一个人的个性与野心，以及目前的身份与地位，同与什么人交往有关。经常跟消极的人来往，他自己也会变得消极；跟小人物交往过密，就会产生许多卑微的习惯。反过来说，经常受到大人物的熏陶，会提高自己的思想水准；经常接触那些雄心万丈的成功人士，也会养成迈向成功所需要的野心。

我喜欢同那些永远也不屈服的人做朋友。有个聪明人说得好：我要挑战令人厌恶的逆境，因为智者告诉我，那是通往成功最明智的方向。只是这种人少之又少。这种人绝不让悲观来左右一切，绝不屈从各种阻力，更不相信自己只能浑浑噩噩虚度一生。他们活着的目的就是获得成就，这种人都很乐观，因为他们一定要完成自己的心愿。这种人很容易成为各个领域的佼佼者。他们懂得享受真正的人生，也真正了解生命的可贵与价值。他们盼望着每一个新的日子，以及跟别人之间的新接触，因为他们把这些看成是丰富人生的历练，因此热情地接受。

我相信人人都希望跻身其中，因为只有这些人才能成功，也只有这些人才真正做出实际行动，并且能得到他们期盼的结果。

在我们的周围，人人平等，但并不是每个人都相同，有些消极保守，有些则积极进取。在曾与我共事的人中，有的只是满足于解决温饱之忧，而有的则胸怀大志，想让自己的地位变得举足轻重，他们当然知道，在成为大人物前，必须先做好追随者的角色。在成功的路上，布满着各式各样的陷阱，要想到达成功的终点就必须避免它们。在任何一个地方，总有自不量力的人来螳臂当车，偏要出现在路上阻挡你前进的步伐。他们嫉妒你的表现和成就，会想尽办法来捉弄你并使你难堪，有许多满怀雄心壮志的人竟因为奋发图强而被人嘲笑甚至被恐吓。

我们不能阻止他人成为那些无聊的消极分子，但我们要保证自己不被那些消极人士影响，进而使我们的思想水准有所降低。你要让他们自然溜过，就像水鸭背后的水一样自然滑过。要时时跟随思想积极前进的人，跟着他们一起成长、一起进步。

我并没有"消极者就是坏人"的想法，消极者中有些人心地善良，可有的却用心险恶。他们自己不知上进，还想把别人也拖下水，他们自己没有什么作为，所以想使别人也一事无成。记住，约翰，说你办不到的人，都是无法成功的人，也就是说，他个人的成就顶多普普通通而已。因此这种人的意见，对你有害无益。

你要多加防范那些说你办不到的人，你只能把他们的看法当成一种挑战，证明他们的看法是愚蠢可笑的。你还要特别防范那些破坏你实施成功计划的消极人士，这种人随处可见，他们似乎只为破坏别人的进步与努力而努力，并以此为乐。千万要小心，要多多提防那些消极的人，千万不要让他们破坏你的成功计划。不要让那些思想消极、度量狭窄的人妨碍你的进步。那些幸灾乐祸的人都想看到你失败的惨景，不要给他们机会。

当你遇到任何无法应付的困难而要寻求帮助时，明智的做法是找第一流的人物。如果向一个失败者请教，就跟请求庸医治疗绝症一样可笑。你的前途很重要，千万不要在喜好搬弄是非的人那里征求意见，因为这种人一辈子都没有出息。难道这种人会给出什么明智的意见吗？

你要重视你的环境，就像食物供应身体一样，精神活动也会滋润你的心理。要使你的环境为你的工作服务，而不是拖累你。不要让那些专门扯你后腿的消极人士成为你前进的阻力，让环境在你成功的过程中起到正面作用的办法是：多接近那些积极的成功人士，拒绝同消极人士来往。

每一件事情都要做到尽善尽美。因小失大所导致的种种额外负担，你无暇承担也承担不起。

爱你的父亲

第 17 封信
要有竞争的决心

　　每一场至关重要的竞争都是一场决定命运的大战，"后退就是投降！后退就将沦为奴隶！"战争既然不可避免，那就让它来吧！在这个世界上，竞争一刻都不会停止，我们也不会有休息的时候。我们所能做的，就是带上钢铁般的决心，接受纷至沓来的各种挑战和竞争，而且要情绪高昂并乐在其中，否则，就不会产生好的结果。

1903.2.19

亲爱的约翰：

　　我有一个不好的消息要告诉你，就在昨天晚上，本森先生去世了。这让我感到难过。

　　本森先生是我昔日的劲敌，是一个让我尊重的竞争对手。

他卓尔不群的才干、顽强的意志和优雅的风度都给我留下深刻的印象。

直到现在，我还记得在我们结盟之后，他跟我开的那个玩笑，他说："洛克菲勒先生，您是一个毫不手软而又完美的掠夺者。如果我输给那些坏蛋，会让我非常难过，因为那就像遭遇了抢劫。但与您这种循规蹈矩的人交手，不管输赢，都会让人感到快乐。"

当时，我分不清本森是在恭维我还是在赞美我，我告诉他："本森先生，如果你能把'掠夺者'换成'征服者'，我想我会乐意接受的。"他笑了。

我非常敬佩那些大敌当前依然英勇奋战的勇士，本森先生就是这样的人。本森在与我结成联盟之前，我刚刚击败了全美最大的铁路公司——宾州铁路公司，并成功制服了全美第四家也是最后一家大型铁路公司——巴尔的摩·俄亥俄铁路公司。就这样，连同我最忠实的盟友——伊利铁路公司和纽约中央铁路公司，全美四大铁路公司全都成了我手中掌控的"工具"。

与此同时，标准石油公司的输油管道正一步步延伸到油田，更让我感到高兴的是获得了连接油井和铁路干线所有主要输油线的绝对控制权。

坦率地说，那时我的势力已经触及采油、炼油、运输、市场等石油行业的各个角落。如果说我手中握有采油商、炼油商的生杀大权，这绝非大话。我可以让他们腰缠万贯，也可以让他们一钱不值。但的确有人无视我的权威，例如本森先生。

本森先生是个雄心勃勃的商人，他要铺设一条从布拉德福德油田到威廉斯波特的输油管道，去拯救那些唯恐被我击垮，而急欲摆脱我束缚的独立石油生产商们，当然，想从中大捞一把的念头更驱使着他勇闯我的领地。

这条连接宾州东北部与西部的输油管道，从一开始就以惊人的速度向前铺进。这引起我极大的关注。约翰，任何竞争都不是一场轻松的游戏，而是活力十足、需要密切注意、不断做出决定的游戏，否则，稍不留神你就输了。

本森先生在制造麻烦，我必须让他住手。起初我用了一套显然并不高明的手法与本森开始较量：我用高价买下一块沿宾州州界由北向南的狭长土地，企图阻止本森前进的步伐，但本森采取绕行的办法，化解了我打出的重拳，结果我成了无所作为的地主，却让那里的农民一夜暴富。接着我动用了盟友的力量，要求铁路公司绝不能让任何输油管道跨越他们的铁路，本森如法炮制，再次成功突围。最后我想借助政府的力量来阻止本森，但没有成功，只能眼睁睁地看着本森成为英雄。

我知道，我遇到了难以征服的劲敌，但他无法动摇我竞争的决心，因为那条管道是我最大的威胁，如果任由原油在那里毫无阻碍地流淌，流到纽约，那么本森他们就将取代我成为纽约炼油业的新主人，同样也将使我失去对布拉德福德油田的控制。这是我不能允许的。

当然，我并不想赶尽杀绝。我真正的目标是希望不用太高的价格，就能得到我想要的东西——不能让本森他们胡来，破坏我费尽心机才建立起来的市场秩序，毁了我对石油业的控制权，这可是我的生命。所以，当那条"巨蛇"即将开始涌动的时候，我向本森提议，我想买他们的股票。但很不幸，我遭到了拒绝。

这激怒了我们很多人。主管公司管道运输业务的奥戴先生提出用武力破坏他们的管道，以惩罚那些不知好歹的家伙。我厌恶这种简单粗暴的想法，只有无能的人才会做出这类令人不齿的勾当。我告诉奥戴：忘了你那个愚蠢的想法！我从来没有想到会输，即使输了，唯一该做的就是光明磊落地输。

如果谁能在背后搞鬼而没有被人抓到，他可能占据绝对的竞争优势。但是，邪恶和不道德的行为非常危险，它会让他丧失尊严，甚至带来牢狱之灾。而任何欺骗和不道德的行为都无法持久，都不能成为可靠的企业策略，这只会破坏大局，使未来变得愈发困难，甚至失去一切发展的机会。我们一定要讲究规矩，因为规矩可以创造关系，关系会带来长久的业务，好的交易会创造更多的交易，否则，我们将提前结束我们的好运。

就我本性而言，我不欢迎竞争，我想做的就是彻底摧毁竞争者。但我不需要不光彩的胜利，我要赢得美满、彻底而体面。就在本森洋洋得意，享受成功带来的喜悦之时，我向他发动了一系列令他难以招架的攻势。我派人给储油罐生产商送去大批订单，要求他们保证生产、按时交货，令他们无暇顾及其他客户，包括本森。没有储油罐，采油商只能将开采的原油倾泻到荒野上，那么等待本森先生的就不会是待运输的石油，而是大声地抱怨。与此同时，我大幅降低管道运输价格，将大批靠本森运送原油的炼油商们吸引过来，变成我们的客户。而在此前我已迅速收购了在纽约的几家炼油厂，以阻止它们成为本森一伙的客户。

一个优秀的指挥官，不会攻打与他毫无利害关系的碉堡，而是要全力摧毁那个至关重要、关乎攻城行动的碉堡。我的每一轮攻击都打在本森先生的致命关节，让他无油可运，最终我成了胜利者。在那条被称为全球最长的输油管道建成未足一年之时，本森先生投降了，他主动提出与我讲和。我知道这不是他的本意，但他很清楚，如果再与我继续对抗下去，等待他的就只有更加悲惨的失败。

约翰，每一场至关重要的竞争都是一场决定命运的大战，"后退就是投降！后退就将沦为奴隶！"战争既然不可避免，那就让它来吧！在这个世界上，竞争一刻都不会停止，我们也不会有休息的时候。我们所能做的，就是带上钢铁般的决心，接受纷至沓来的各种挑战和竞争，而且要情绪高昂并乐在其中，否则，就不会产生好的结果。

要想在竞争中获胜，较为关键的是你要保持警觉，当你不断地看到对手想削弱你的时候，那就是竞争的开始。这时你需要知道自己拥有什么，也需要知道友善、温情可能会害了你，而后就是动用所有的资源和技巧，去赢得胜利。

当然，要想在竞争中获胜，勇气只是赢得胜利的一方面，还要有实力。拐杖不能取代强健有力的双脚，我们要靠自己的双脚站起来。如果你的双脚不够强壮，无法支持你做出迅速而稳健的行动，这时你要做的不是放弃和认输，而应该是努力去磨炼、强化你的双脚，让它们发挥力量。

我想本森先生在天堂里也会同意我的观点的。

爱你的父亲

第18封信

坚定不移的信心
足可撼动山峦

信心的大小决定了成就的大小。庸庸碌碌、得过且过的人，自认为做不成什么大事，所以他们仅能得到很少的报酬。他们相信无法创造伟大的壮举，他们便真的不能。他们认为自己人微言轻，所做的每一件事也显得无足轻重。久而久之，连他们的言行举止也会表现得缺乏自信。如果他们不能将自信抬高，他们就只能在自我评估中萎缩，变得愈来愈渺小。而且他们怎么看待自己，也会使别人怎么看待他们，于是这种人在众人的眼光下又会变得更加渺小。

1903.6.7

亲爱的约翰：

你说得很对，拥有实现伟大抱负的智慧可以创造奇迹。然而，现实中创造奇迹的人总是寥若晨星，而庸庸碌碌之辈却如过江之鲫，不可胜数。

耐人寻味的是，人人都想大有一番作为。每一个人都想要获得一些最美好的东西。谁都不喜欢曲意逢迎，过着唯他人马首是瞻的平庸日子；也没有人乐意把自己当作二流人物看待，或不情愿地认为自己是被迫无奈才成为二流人物。

难道我们没有实现伟大抱负的智慧吗？当然不是！可为什么还有那么多失败者呢？我想那是因为真正相信自己能够"撼动山峦"的人不多，结果，真正做到的人也自然不多。

绝大多数的人都认为那句圣言是荒谬的想法，认为那是根本不可能的。我认为这些无可救药的人犯了一个常识性的错误，他们错把信心当成了"希望"。不错，我们无法用"希望"撼动一座高山，也无法只凭借"希望"获得成功，也不能只靠"希望"带来财富和地位。但是，信心的力量却能帮助我们撼动一座山峦，换句话说，只要我们自信能够成功，就可以创造奇迹。你也许认为我将信心的威力神奇或神秘化了，不！信心产生相信"我确实能够做到"的态度，相信"我确实能够做到"的态度能创造出成功所必备的能力、技巧与精力。每当你相信"我能做到"时，自然就会想出"如何解决"的方法，成功就诞生在成功解决问题之中。这就是信心发挥效用的过程。

每一个人都"希望"有一天能登上成功的顶峰，享受随之而来的成功果实。但是绝大多数人偏偏都不具备必需的信心与决心，他们也便无法达到顶峰。也因为他们不相信能够到达，以致找不到登上顶峰的途径，他们的作为也就一直停留在一般人的水准。但是，有少部分人真的相信他们总有一天会成功，他们抱着"我就要登上顶峰"的心态来进行各项工作，并且凭着坚强的信心实现目标。我认为我就是他们中的一员。当我还是一个穷小子的时候，我就自信我一定会成为天下最富有的人，强烈的自信激励我想出各种可行的计划、方法、手段和技巧，一步步攀上了顶峰。

我从不相信失败是成功之母，我相信信心是成功之父。胜利是一种习惯，失败也是一种习惯。如果想成功，就得取得持续性的胜利。我不喜欢取得一定量的胜利，我要的是持续性胜利，只有这样我才能成为强者。信心激发了我成功的动力。我曾与许多在生意场上失败过的人进行谈话，听到的是无数失败的理由与借口。这些失败者在说话的时候，时常会在无意中说："老实说，我并不以为它会行得通。""我在开始进行之前就感到不安了。""事实上，我对这件事情的失败并不会太惊奇。"以"我暂且试试看，但我想还是不会有什么结果"的态度行事，毫无疑问最后一定会招致失败。"不信"是消极的力量。当你心中不能确定甚至产生怀疑时，你就会想出各种理由来支持你的"不信"。怀疑、不信、潜意识里的失败倾向，以及不是很想成功，都是失败的主因。心中存有怀疑，就会失败；相信会胜利，就必定成功。

信心的大小决定了成就的大小。庸庸碌碌、得过且过的人，自认为做不成什么大事，所以他们仅能得到很少的报酬。他们相信无法创造伟大的壮举，他们便真的不能。他们认为自己人微言轻，所做的每一件事也显得无足轻重。久而久之，连他们的言行举止也会表现得缺乏自信。如果他们不能将自信抬高，他们就只能在自我评估中萎缩，变得愈来愈渺小。而且他们怎么看待自己，也会使别人怎么看待他们，于是这种人在众人的眼光下又会变得更加渺小。

那些积极向前的人，会肯定自己有更大的价值，于是他就能得到很大的回报。他相信自己能处理艰巨的任务，他就真的能做到。他所做的每一件事情，他的待人接物，他的个性、想法和见解，都显示出他是专家，是一位不可或缺的重要人物。

每个人迈向成功的第一个步骤，也是不可或缺的基本步骤，就是要相信自己。要相信自己一定能够成功，要让关键性的想法"我会成功"支配我们的各种思考过程。成功的信念会激发我们的心智和勇气去创造出获得成功的计划。失败的意念正好相反，它往往会驱使我们去想一些导致失败的念头。

我定期提醒自己：你比你想象的还要好。成功的人并不是超人。成功不需要超人的能力，不是看运气，也没有什么神秘之处。成功者是一个平凡的人，只不过他相信自己、肯定自己的所作所为。永远不要廉价出售自己。

那些能够在商业、写作、演戏，以及其他领域追求并达到最高峰的人，都是因为他们能够脚踏实地、持之以恒地奉行一个自我发展与成长的计划。这项训练计划会为他们带来一系列的报酬，如家人的尊敬、朋友与同事的赞赏、收入的增加与生活水平的提高，同时他们还能感受到自己的重要性和存在的价值。

成就辉煌就是生命的最终目标。它需要我用积极的思考去小心对待。当然，在任何时候都不能让信念出问题。

爱你的父亲

第 19 封信
欲得完美想法，
必先具备许多想法

世界上不可能有绝对完美的计划，这意味着一切事物永远都有改良的余地。我非常清楚这一点，所以我经常会再寻找一些更加妥善的办法。我不会问自己：我能不能做得更好？对于这个问题，我的答案非常肯定，我相信自己一定能做得更好，所以我通常这样问自己：我要怎样才能做得更好？

1903.12.4

亲爱的约翰：

对于你认为罗杰斯能担当重任、独当一面的观点，我不能赞同。事实上，我曾为此做过努力，但结果颇令我失望。我的用人原则是，被委以重任的人是能找出更好地解决问题的办法的人。

但罗杰斯显然不够格，因为他是个懒于思考的人。

在我有意启用罗杰斯之前，我对他做过一番考察，当时我向他提出了一个问题："罗杰斯先生，你认为政府怎么做才能在 30 年内废除所有的监狱？"他听了显得很困惑，怀疑自己听错了，一阵沉默过后，他开始反驳我："尊敬的洛克菲勒先生，您的意思是要把那些杀人犯、强盗以及强奸犯全部释放吗？您知道这样做会有什么后果吗？如果真是那样，我们就别想得到安宁了。不管怎样，一定要有监狱。"

当时我希望能把罗杰斯那颗铁板似的脑袋砸开一道缝，我提醒他："罗杰斯，你只说了不能废除的理由。现在，你来试着相信可以废除监狱。假设可以废除，我们该如何着手？"

"这太让我为难了，洛克菲勒先生，我无法相信，我也很难找出废除它的方法。"这就是罗杰斯的办法——没有办法。

我想象不出，如果让他承担重任，当机会或危难来临的时候，他是否会动用他所有的才智去积极应对。我不信任罗杰斯，他只会将希望变成失望。

找出更好解决问题的办法，是出色完成任何事情的保证。这不需要超人的智慧，重要的是一种信念——相信自己能把事情做好。当我们相信某一件事不可能做到的时候，我们的大脑就会为我们找出各种做不到的理由。但是，当我们相信——真正地相信，某一件事确实可以做到，我们的大脑就会帮我们找出各种能做到的方法。

确信自己能做成某事，会激发出我们潜在的各种创造力，我们也会因此得到创造性的解决办法。相反，对某件事情的成功与否存在怀疑或者直接否定，就等于关闭了自己的心门，不但会阻碍潜在创造力的发挥，同时我们的美好梦想也会随之破灭。

我厌恶我手下的人说"不可能"。"不可能"是失败者的用语，一个人一旦被"那是不可能的"想法所支配，他就能生出一连串的想法证明他想得没错。罗杰斯就犯了这种错误，他是个传统的思考者，他的心灵是麻木的，他的理由是：监狱制度已经实行一百年了，因此一定是个好办法，必须维持原样，又何必冒险去改变呢？而事实往往是，如果你能用心去想办得到的方法，那么事情也将会做得出色。然而"普通人"总是憎恶进步。

人都相信，任何事情都不可能只有一种最好的解决方法，最好的方法就如创造性的想法那样多。没有任何事是在冰雪中生长的，如果我们让传统的想法冻结我们的心灵，新的创意就无从生长。

传统的想法是禁锢我们创造力的头号敌人。传统的想法会冰冻我们的心灵，阻碍我们发挥成功所必需的创造力。罗杰斯就犯了这样的错误，他应该乐于接受各种创意，丢弃那些"不可行""办不到""没有用""那很愚蠢"等思想的渣滓；他还要具备实践精神，勇于尝试新的东西，这样他才能扩展他的能力，为他承担更大的责任做好准备。同时，他还要主动前进，他的想法不能只停留在以前：这是我平常做事的方式，所以在这里我也要用这种方法。他的想法必须有所改变，他应该有这样的觉悟：比起我们惯用的方法，有什么方法能更好地解决问题呢？

世界上不可能有绝对完美的计划，这意味着一切事物永远都有改良的余地。我非常清楚这一点，所以我经常会再寻找一些更加妥善的办法。我不会问自己：我能不能做得更好？对于这个问题，我的答案非常肯定，我相信自己一定能做得更好。所以我通常这样问自己：我要怎样才能做得更好？

要找出完美想法的最佳途径，就是拥有许多想法。我会不断地为自己和别人设定较高的标准，不断地寻求提高效率的各种方法，以较低的成本获得较多的报酬，以较少的精力做成更多的事情。因为我知道，有"我能把事情做得更好"这种态度的人才能取得伟大的成就。

这种"我能做得更好"的态度，需要培养，要每天思考：我今天要怎样把工作做得更好？今天我该如何激励员工？我还能为公司提供哪些特殊的服务？我该如何使工作更有效率？……这项练习很简单，但很管用。你可以试试看，我相信你会找到无数创造性的方法来赢得更大的成功。

我们的态度决定我们的能力。我不止一次地说过，只要我们相信自己能做多少，我们就能做到多少。因为在充分相信的背后是巨大潜能的挖掘，我们就会因此创造性地思考出各种解决问题的方法。

拒绝新的挑战是非常愚蠢的行为。我们要集中思想去考虑如何才能做得更好、更多。在此过程中，许多富有创造性的方法都会不期而至。例如，改善目前工作的计划，或者处理例行工作的捷径，或者删除无关紧要的琐事。换句话说，那些使我们做得更好的方法多半在你积极思考的时候出现。

约翰，你可以跟罗杰斯谈谈，我希望他能有所改变，到那时候他也许就有好日子过了。

爱你的父亲

第 20 封信
永远做策略性思考

不论是为公司或是为单一部门拟定计划，我们都必须确认自己所拟定的是策略，而非手段。策略的本质是弹性的、长远的、多面向的、大格局的。它们强调的是如何成长或扩大利润这类的成果，而不是某个可衡量的目标。同时策略所提供的是一个大方向，而非达到成功的唯一方式。

1904.10.14

亲爱的约翰：

汉密尔顿医生又发福了，看来高尔夫运动已无法阻止他腰围向外扩张的态势，他只能求助于其他运动方式来减少脂肪的含量了。不幸的是，能防止他增重的运动还没被发明，这令他很痛苦。不过，他倒总能用他脑子里各种稀奇古怪的故事为我们带来快乐。

今天，汉密尔顿医生用一个渔夫与垂钓者的故事，好好地让我们娱乐了一把。或许是大家捧腹大笑的场景让汉密尔顿医生颇为得意，他笑着问我："洛克菲勒先生，您是想做渔夫呢，还是想做垂钓者？"

我当时告诉他，如果我选择做垂钓者，或许我就没有资格站在这里与诸位一同打高尔夫了。因为我所创造的商业利益，是来自于有效的行为策略，垂钓者的行为方式不能作为我事业成功的保证。

当然，我的意思并不是垂钓者只会愚蠢到丢下鱼饵而不进行事先的思考与计划，每一个垂钓者都会做出他们的思考与决定，譬如要钓哪种鱼，用什么样的饵料，需要将鱼线抛到一个什么样的位置，而后他们才坐等大鱼上钩。就过程而言，他们没有任何出错的地方，但结果是否如愿却没人知道。

花上一段时间后，他们也许会钓到鱼，也可能会徒劳无功、两手空空，而那条他们理想中的鱼，也许永远不会上钩。因为他们太执着于自己的方式，尽管他们很清楚自己的目标，但是成功的可能性被他们的方式加以限制——除了那条鱼线所能触及的地方，他们捕鱼的范围几乎等于零。但是，如果能像渔夫那样用网捕鱼，捕鱼的范围将大大增加，而丰富的鱼量也为他们提供了众多的选择机会，捕获他们想要的鱼的概率就大大增加了。

我告诉汉密尔顿先生和我的球友们，我不是刻板固执、按部就班、以简单方式来解决问题的垂钓者，而是渔夫，我能够创造多种选择直至挑选出最能创造商业利益的鱼。他们都笑了，说我泄露了赚钱的秘密。

约翰，不论你做什么，要找出完美想法的最佳途径，就得拥有许多想法。在做出最完美的决定之前，我会致力于寻找具有创意与功效的各种可能性选择，考量多种可能性方案，并积极尝试各种选择，然后才将重点放在最好的选择上。

这种做法总能帮助我捕获到我想要的大鱼。当然，在执行计划的过程中，我也会保持开放策略，顺应时势，不断地进行调整或修正我的计划。所以，即使计划进展并不顺利，我也不会惊慌失措，总能沉着应对。

很多人都认为我有着非凡的能力，是一位充满效率与行动能力的领导者。如果真是这样，我想你也可以获得这样的赞誉，只是你需要克制找寻简单、单向解决方案的冲动，乐于尝试能达成目标的各种可能性办法，拥有在困难面前付诸行动的耐心、勇气和胆略，以及不达目的决不罢休的执着精神。

把计划单纯地固定成模式的人只配给策略者提鞋。作为总裁，我只为部属设立清楚明确的方向或策略，但不会让自己陷于过分僵化的行动计划中。相反地，我会持续探索能够实现策略的各种可能性。

许多人都坚持认为，成功的关键在于扎实而清晰的策略计划，而这项计划必须由具体、可衡量、可达成以及实际的行动目标作为依据。我承认这样做很重要，但它有致命的缺陷。计划强调的是判断的标准与预设的成果，人们所采取的行动也是认为可达成目标的固定方法。由于这些方案依据的是预期能达成目标的已知方法，因此我们在开始行动之前，其实已经局限了范围。

尽管在我们提笔拟定计划之际，该计划看起来似乎天衣无缝，但是局势在计划定稿之前可能已经转变了，也就是说，不仅市场的状况早已改变，客户改变，就连所能支持计划的资源也已改变。

难怪这些成本高昂又耗时费力的策略，仅有极少的部分能真正被执行。

要如何应对这种状况呢？不论是为公司或是为单一部门拟定计划，我们都必须确认自己所拟定的是策略，而非手段。策略的本质是弹性的、长远的、多面向的、大格局的。它们强调的是如何成长或扩大利润这类的成果，而不是某个可衡量的目标。同时策略所提供的是一个大方向，而非达到成功的唯一方式。

要成为杰出的领导者，我们必须让自己成为一位策略性的思考者，而不仅是手段的设计者。我们还得避免将自己局限于既定的流程中，我们的座右铭将是专注，但是具有弹性空间。我们着重于探索的过程，每时每刻，我们都能开创有助于达成长远目标的可能方向。

我们不会固守三五种方式来达成远程目标，而是无时无刻都能发掘获取利润的机会——不论是在与对手交谈，或与部属进行脑力激荡的会议中。

为了远离危机风暴，我们必须不断地拟定新的策略，同时调整旧的计划。在应对每天都在改变的商业环境的同时，我们也必须依据情势的变化来修正长远的计划。这样，在短期内我们不但能维持弹性的作风，从长期来看，我们对一个能符合最新经济环境的弹性理想目标，也有了清楚的概念。我们可将陈腐的策略计划束之高阁，并且精力充沛、满怀希望地在朝气蓬勃的环境中步调一致地向前迈进。

要做一名乐观主义者，无论情况看起来或是实际上有多糟糕，请擦亮眼睛找出其中蕴含的无限希望——永远不要放弃寻找，因为希望永远存在。

我相信所有的领导者都担负着提供希望的责任，而且不但要替自己，也要为雇员指引出一条发展道路。回想一下生命中你感到最没有希望的那段时日，那很可能是因为你觉得自己已经走投无路，或者相信自己没有任何其他选择，你被困住、被放弃，找不到出路。

克服绝望的方式只有一种，面对障碍，你必须持续创造出各种可能的解决办法。简单地说，希望源自相信有其他可能的存在。

杰出的领导者具备能够应付特定商业状况的腹案、创造新市场的机动计划、应对危机的应急智慧，以及为自己与员工发展事业的蓝图。当局势似乎跌到谷底而无可挽回时，他们就像骁勇善战的摔跤手一样，即使被对手压制在地难以脱身，他们也永远不会放弃能够翻身的任何机会。

凭借着他们的才能、灵活的身段，以及随机应变的智慧，他们巧妙地找到空隙并逃脱险境。他们在别无选择的劣势下，硬是杀出一条生路。

如果你能在一开始就勇于发挥创意，就能够避免无止境的疲于奔命、挫折与痛苦。

当你看到绝境时，事情似乎到了无可挽回的地步。如果我们始终抱持着坚定的希望，我们就能超越自我设定的界限，并且可以为自己的部属提供选择的机会。所以，在面对困境时，我们要做的就是坚信自己能找到机会并借此开拓一条生路。

爱你的父亲

第 21 封信
只为成功找方法，
不为失败找借口

一个失败者一旦找出一种"好"的借口，他就会抓住不放，然后总是用这个借口对自己和别人解释：为什么我无法再做下去，为什么我无法成功。起初，他还能自知他的借口多少是在撒谎，但是在不断重复后，他就会越来越相信那完全是真的，相信这个借口就是他无法成功的真正原因，结果他的大脑就开始怠惰、僵化，让想方设法要赢的动力化为乌有，但他们从不愿意承认自己是个爱找借口的人。

1906.4.15

亲爱的约翰：

斯科菲尔德船长又输了，失利让他有些气急败坏，一怒之下他把自己那根漂亮的高尔夫球杆扔上了天，结果他不得不再买一个新球杆了。

坦率地说，我比较喜欢船长的性格，人生奋斗的目标就是求胜，打球也是一样。所以，我准备买个新球杆送给他，但愿这不会被他认为是对他发脾气的奖赏，否则他要一发不可收拾的话，那我可就惨了。

斯科菲尔德船长还有一个令人称道的优点，尽管输球会令他不高兴，但他认为赢本身并不代表一切，而努力去赢的做法才是最重要的。所以在输球之后，他从不找借口。事实上，他可以以年龄太大、体力欠佳来作为他输球的理由，为自己讨回颜面，但他从来不这样做。

在我看来借口是一种思想病，而染有这种严重病症的人，无一例外的都是失败者，当然一般人也有一些轻微的症状。但是，一个人越是成功，越不会找借口，处处亨通的人，与那些没有什么作为的人之间最大的差异，就在于借口。

只要稍加留意你就会发现，那些没有任何作为，也不曾打算创造一番作为的人，经常会有一大堆的借口来解释：为什么我没有做到，为什么我不做，为什么我不能做，为什么我不是那样的。失败者为自己料理"后事"的第一个举动，就是为自己的失败找出各种理由。

我鄙视那些爱找借口的人，因为那是懦弱者的行为，我也同情那些爱找借口的人，因为借口是制造失败的病源。

一个失败者一旦找出一种"好"的借口，他就会抓住不放，然后总是用这个借口对自己和别人解释：为什么我无法再做下去，为什么我无法成功。起初，他还能自知他的借口多少是在撒谎，但是在不断重复后，他就会越来越相信那完全是真的，相信这个借口就是他无法成功的真正原因，结果他的大脑就开始怠惰、僵化，让努力想方设法要赢的动力化为乌有。但他们从不愿意承认自己是个爱找借口的人。

偶尔，我见过有人站起来说："我是靠自己的努力得到成功的。"到目前为止，我还未见过任何男人或女人，敢于站起来说："我是使自己失败的人。"失败者都有一套失败者的借口，他们将失败归咎于家庭、性格、年龄、环境、时间、肤色、宗教信仰、某个人乃至星象，而最坏的借口莫过于健康、才智以及运气。

最常见的借口，就是健康的借口，一句"我的身体不好"或"我有这样那样的病痛"，就成了不去做或失败的理由。事实上，没有一个人是完全健康的，每个人多少都会有生理上的毛病。

很多人会完全或部分屈服于这种借口，但是一心要成功的人则不然。盖茨先生曾为我引荐过一位大学教授，他在一次旅行中不幸失去了一条手臂，但就像我所认识的每一个乐观者一样，他还是经常微笑，经常帮助别人。那天在谈及他的残障问题时，他告诉我说："那只是一条手臂而已，当然，两个总比一个好。但是切除的只是我的手臂，我的心灵还是百分之百的完整而且正常。我实在是要为此表示感谢。"

有一句老话说得好："我一直在为自己的破鞋子懊恼，直到我遇见一位没有脚的人。"庆幸自己拥有健康比抱怨哪里不舒服要好得多。为自己拥有的健康所庆幸，能有效地预防各种病痛。

我经常提醒自己：累坏自己总比放着朽坏要好。生命是要我们来享受的，如果浪费光阴去担忧自己的健康而真的想出病来，那才是真正的不幸。

"我不够聪明"的借口也很常见，几乎有 95% 的人都有这种毛病，只是程度不同而已。这种借口与众不同，它通常默不作声。人们不会公开承认自己缺少足够的聪明才智，多半是在自己内心深处这么想。

我发现大多数人对"才智"有两种基本错误的态度：太低估自己的脑力和太高估别人的脑力。这些错误的态度，使许多人轻视自己。他们不愿面对挑战，因为那需要相当的才智。认为自己愚蠢的人才是真正愚蠢的人，他们应该知道，如果有一个人根本不考虑才智的问题，而勇于一试，就会发现自己完全可以胜任。

我认为真正重要的，不在于你有多少聪明才智，而是如何使用你已经拥有的聪明才智，要成为一个好的商人，不需要有闪电般的灵敏，不需要有惊人的记忆，也不需要成绩在学校名列前茅，唯一的关键，就是对经商要有强烈的兴趣和热心。兴趣和热心是决定成败的重要因素。

事情的结果往往与我们的热心程度成正比。热心能使事情变好一百倍一千倍。很多人并不知道什么叫热心，所谓热心就是"这是很了不起的"这种热情和干劲而已。

我相信才智平平的人，如果有乐观积极与合作的处世态度，将会比一个才智杰出却悲观消极并且不愿合作的人，赚得更多的金钱，赢得更多的尊敬，并获得更大的成功。一个人不论他面对的是烦琐的小事、艰巨的任务还是重要的计划，只要他执着热忱地去完成，成果会远胜于聪颖但是懒散的人。因为，专注与执着占了一个人 95% 的能力。

有些人百思不得其解：为什么很多非常出色的人物会失败呢？我可以让他们得到确切的答案，如果一个绝顶聪明的人总在用他惊人的脑力去证明事情为什么无法成功，而不是用他的脑力引导自己去寻找迈向成功的各种方法，失败的命运就会找上他。消极的思想牵制他们的智力，使他们无法施展身手以致一事无成。如果他们能改变心态，相信他们会做出许多伟大的事情。

想成大事却不懂得思考的大脑，也就是一桶廉价的糨糊而已。

引导我们发挥聪明才智的思考方式，远比我们才智的高低重要。即使是学历再高也无法改变这项基本的成功法则。才智的好坏不在于受教育程度的高低，而是在于思想管理。那些最好的商人从不杞人忧天，而是充满热忱。要改善天赋的素质绝非易事，但改善运用天赋的方法却很容易。

很多人都迷信所谓的"知识就是力量"。在我看来，这句话只说对了一半。拿才智不足当借口的人，也是错解了这句话的意义。知识只是一种潜在的力量，只有将知识付诸应用，而且是建设性地应用，才会显出它的威力。

标准石油公司永远不会为"活字典"式的人物提供职位，因为我不需要只会记忆、不会思考的"专家"。我要的人是真正能够解决问题，能想出各种点子的人，是有梦想而且勇于实现梦想的人。有创意的人能为我赚钱，只能记忆资料的人则不能。

一个不以才智为借口的人，绝不低估自己的才智，也不高估别人的才智。他专注地运用自己的资产，发掘他拥有的优异才能。他知道真正重要的不在于才智的多少，而在于他如何使用现有才智的方法以及如何使用自己的脑力。他会常常提醒自己：我的心态比我的才智重要。对建立一种"我一定赢"的态度，他有强烈的渴望。他知道要运用自己的才智积极创造，用他的才智寻找成功的方法，而不是用来证明自己会失败。他还知道思考力比记忆力更有价值，他要用自己的头脑来创造、发展新观念，寻找更好的做事新方法，随时提醒自己：我是用我的心智创造历史呢，或只是在记录别人创造的历史？

每一件事的发生必定有其原因，所以，有很多人总会把自己的失败怪罪于运气太坏；而看到别人成功时，就认为那是因为他们运气太好。我从不相信什么运气好坏，我只认为精心筹备的计划和行动叫"运气"。

如果由运气决定谁该做什么，每一种生意都会瓦解。假设标准石油公司要根据运气来彻底进行改组，就要将公司所有职员的名字放入一个大桶里，第一个被抽出的名字就是总裁，第二个是副总裁，就这样顺序下去。很可笑吧？但这就是运气的功能。

我从不屈从运气，我相信因果定律。看看那些看似好运当头的人，你会发现并不是运气使然，而是准备、计划和积极的思想为他们带来好的气象。再看看那些"运气不好"的人，你会发现背后都有明确的因素。成功者能面对挫折，从失败中学习，再创契机。平庸者往往就此灰心丧志。

一个人不可能只靠运气成功，他必须付出努力的代价。我不妄想靠运气获得胜利等生命中的美好事物，所以我集中全力去发展自我，修炼出使自己变成"赢家"的各种特质。

借口把绝大多数的人挡在了成功的大门之外，99% 的失败都是因为人们惯于找寻借口。所以在追求事业成功的过程中，最重要的一个步骤就是：防止自己找借口。

爱你的父亲

第 22 封信
谁都有机会成为大人物

思考最多、感觉最高贵、行为也最正当的人，
生活也过得最充实！

1906.6.8

亲爱的约翰：

盐食之有味，又能洁物、防腐。人们来到世上来就是要净化、美化他们所在的世界，他们要让这个世界免于腐败，并给予世人更新鲜、更健康的生活气息。

那么，我们应该用我们的财富、原则和信仰做什么呢？无疑，我们要做世上的盐，去积极地服务社会，使世人得福。这是我们每个人的社会责任。

我们现在的责任，就是完全献身于周围的世界和众人，专心致志于我们的艺术。我想没有比这个更伟大的了。

谈到伟大，我想起了一篇伟大的演讲词，那是我一生中不多见的伟大的演讲词。它告诉我，人没有什么了不起，但也没有什么比人更了不起的了，这要看你为你的同胞和国家做了什么。

现在，我就把这篇伟大的演讲词抄录给你，希望它能对你大有裨益。

女士们，先生们：

今天我很荣幸能在这里会晤一些大人物。尽管你们会说这个城市没有什么大人物，大人物都出生在伦敦、旧金山、罗马或其他大城市，就是不会出自本地，他们都来自这个城市以外的地方。如果是这样，你们就大错特错了。事实是我们这里的大人物和其他城市一样多。在座的听众里面就有许多大人物，有男也有女。

现在，请允许我大胆放言，在判断一个人是不是大人物时，我们常常犯的最大错误就是，我们总是认为大人物都有一间宽敞的办公室。但是，我要告诉你们，这个世界根本不知道什么样的人是世上最伟大的人物。那么，谁才是世界上的伟大人物呢？青年人或许会急于提出这样的问题。我告诉你们，大人物不一定就是在高楼大厦里设有办公室的人，人之所以伟大是在于他本身的价值，与他获得的职位无关，谁能说一个靠吃粮食才能生存的君王比一个辛勤耕作的农夫更伟大呢？不过，请不要责备那些位居某种公职便以为自己将成为大人物的年轻人。

现在，我想请问在座的各位，你们有谁打算做个伟大的人物？

那个戴西部牛仔帽的小伙子，你说你总有一天要成为这个城市的大人物。真的吗？

你打算在什么时候实现这个心愿呢？

你说在发生另一场战争的时候，你会在枪林弹雨中冲锋陷阵，从旗杆上扯下敌人的旗帜，你将在胸前挂满勋章，光荣归国，担任政府褒奖给你的公职，你将成为大人物！

不，不会的！年轻人，你这样做并不是真正的伟大，但我们不应该责备你的想法，你在上学时就受到这样的教导，那些担任官职的人都曾经英勇地参战。

我记得，美国与西班牙的战争刚结束时，我们这个城市有过一次和平大游行。人们告诉我，游行队伍走上布洛大街时，有辆四轮马车在我家大门口停下来，坐在马车上的是霍普森先生，所有人都把帽子抛向天空，挥舞着手帕，大声地叫："霍普森万岁！"如果我当时在场，也会这样叫喊，因为他应该获得这份伟大的荣誉。

但是，假设明天我到大学讲坛上问大家："小伙子们，是谁击沉了'梅里马克号'？"如果他们回答："是霍普森。"那么他们的回答是7/8的谎言，因为击沉"梅里马克号"的总共有8个人，另外7个人因为职位的关系，一直暴露在西班牙人的炮火攻击之下，而霍普森先生身为指挥官，很可能置身于炮火之外。

我的朋友们，今晚在座的听众都是知识分子，但我敢说，你们当中没有一个人能说得出与霍普森先生在一起战斗的那7个人是谁。我们为什么要用这种方式来教授历史呢？我们必须教导学生，不管一个人的职位多么低微，只要善尽职责，美国人民颁给他的荣耀，应该和颁给一个国王的一样多。

一般人教导孩子的方式都是这样的，她的小儿子问："妈妈，那栋高高的建筑物是什么？""那是格兰特将军的坟墓。"

"格兰特将军是什么人？""他是平定叛乱的人。"

历史怎么可以这么教授呢？各位想一想，如果我们只有一名格兰特将军，战争打得赢吗？哦，不会的。那么为什么要在哈德逊河上造一座坟墓呢？那不是因为格兰特将军本人是个伟大人物，坟墓之所以建在那里是因为他是代表人物，代表了 20 万名为国捐躯的英勇将士，而其中许多人和格兰特将军一样伟大。这就是那座美丽的坟墓耸立在哈德逊河岸边的真正原因。

我记得一件事，可以用来说明这种情况，这也是我今晚所能想到的唯一一个例子。这件事令我很惭愧，无法将其忘掉。我现在把眼睛闭上，回溯到 1863 年，我可以看到位于伯克郡山的老家，看到牛市上挤满了人，还有当地的教堂和市政厅也都挤满了人。

我听到乐队的演奏声，看到国旗在飞扬，手帕在迎风招展。我对当天的情景记忆犹新。人群是来迎接一连士兵的，而那连士兵也正在列队前来。他们在内战中服完一期兵役，又要再延长一期，现在正受到家乡父老的欢迎。我当时只是个年轻小伙子，但我是那个连的连长。在那一天，我洋洋得意，像个吹足了气的气球——只要一根细细的针，就可以将我扎破。我走在队伍前列，我比世上任何一个人都骄傲。

我们列队走入市政厅，他们安排我的士兵坐在大厅中央，我则在前排就座，接着镇上的官员列队从拥挤的人群中走出来，他们走到台上，围成半圆形坐下，市长随后在那个半圆形的位子中央坐下来。他是个老人，头发灰白，以前从未担任过公职。他认为，既然他担任公职，他就是一个伟大的人物。当他站起来的时候，他首先调整了一下他那副很有分量的眼镜，然后以无比威严的架势环视台下的民众。突然，他的目光落在我的身上，接着这个好心的老人走向我，邀请我上台和那些镇上的官员坐在一起。

邀请我上台！在我从军之前，没有一个市府官员注意到我。我坐在台前，让我的佩剑垂在地板上。我双手抱胸，等待接受欢迎，觉得自己就像是拿破仑五世！骄傲总在毁灭与失败之前出现。

这时市长代表民众发表演说，欢迎我们这批凯旋的军人，他从口袋里拿出演讲稿，小心翼翼地在讲桌上摊开，然后又调整了一下眼镜。他先向讲坛后面退了几步，然后再走向前。他一定很用心地研究过演讲稿，因为他采取了演说家的姿态，将身体重心放在左脚，右脚轻轻向前移，两肩往后缩，然后张开嘴，以 45 度的角度伸出手。

"各位亲爱的市民，"他开口说，"我们很高兴欢迎这些英勇参战的……不畏流血的…战士回到他们的故乡。我们尤其高兴，在今天看到跟我们在一起的，还有一位年轻的英雄（指的就是我）……这位年轻的英雄，在想象中，我们曾经看到他率领部队与敌人进行殊死搏击。我们看到他那把闪亮的佩剑……在阳光下发出耀眼的光芒，他对着他的部队大叫，'冲锋'。"

这位好心的老头子对战争一无所知。只要他懂一点战争，就会知道一个事实：步兵军官在危险关头跑到部属前面是极大的错误。我竟然拿着在阳光下闪闪发光的指挥刀，对部下大喊："冲锋！"我从来没有这样做过。你们想一想，我会跑到最前面，被前面的敌人和后面己方部队夹击吗？军官是不应该跑到那地方去的。在实际的战斗中，军官的位置就在士兵身后。因为是参谋，所以当叛军从树林中冲出，从四面八方向我方攻来时，我总是要骑着马对我方军队一路叫喊："军官退后！军官退后！"然后，每个军官都会退到战斗区后面，而且军阶愈高的人退得愈远。这不是因为他没有勇气，而是因为作战的规则就是这样。如果将军跑到前线，而且被打死了，这仗也就必输无疑，因为整个作战计划都在他的脑子里，他必须处在绝对安全的地方。

我居然会拿着"那把在阳光下闪闪发光的佩剑"。啊！那天坐在市政大厅的士兵当中，有人曾以死来保护我这名半大不小的军官，有人背着我横渡极深的河流。还有些人并不在场，因为他们为国捐躯了。讲演的人也曾提到他们，但他们并未受到注意。是的，真正为国捐躯的人却没有受到注意，我这个小男孩却被说成当时的英雄。我为什么被当作英雄？很简单，因为那位演讲者也掉进同样愚蠢的陷阱。这个小男孩是军官，其他的人只是士兵。我从这里得到了一个终生难忘的教训。一个人之所以伟大，并不是因为他拥有某种官衔。他之所以伟大，是因为他以些微的工具创下大业，以默默无闻的平民身份完成了人生目标。这才是真正的伟大。

如果你真正理解世界的运行规则，你会知道伟大从来不是一个人，而是一群人创造的；而一个伟大的人物，当然是为了众人的福祉毫无保留地付出自己的全部热情和心血的人。

一个人只要能向大众提供宽敞的街道、舒适的住宅、优雅的学校、庄严的教堂、真诚的训诫、真心的幸福，只要他能得到当地居民的感谢，无论他到哪里，都是伟大的。但如果他不被当地居民所感谢，那么不管他到地球的哪个角落，都不会是个伟大的人物。我希望在座的各位都知道，我们是在有意义的行动中活着，而不是在无聊的岁月里；我们是在感觉中活着，而不是电话按键上的数字中；我们是在思想中活着，而不是空气里；我们应该在正确的目标下，以心脏的跳动来计算时间。

　　如果你忘记我今晚所说的话，请不要忘记我下面的话：思考最多、感觉最高贵、行为也最正当的人，生活也过得最充实！

　　　　　　　　　　　　　　　　　爱你的父亲

第23封信
花时间让自己富裕起来

> 我之所以是我，都是我过去的信念创造出来的。
> 坦率地说，自我感觉到人世间贫穷和疾苦的时候，我
> 就萌发了一个信念：我应该是富翁，我没有权利当穷人。
> 随着时间的推移，这个信念变得有如钢铁般坚硬。

1906.7.26

亲爱的约翰：

有很多悲剧都是因为偏执和骄傲而引发的，制造贫穷的人也是一样。

许多年前，我在第五大道浸礼会教堂里，曾偶遇一个叫汉森的年轻人，一个在节衣缩食中悲惨度日的小花匠。也许汉森先生自以为坚守贫穷是种美德，他摆出一副品格高尚的样子对我说："洛克菲勒先生，我觉得我有责任同你讨论一个问题——'金钱

是万恶之源’。"

就在那一瞬间，我知道汉森先生为什么与财富无缘了，但他却浑然不觉。

我不希望让这个可怜的年轻人在他心胸狭隘的沼泽中越陷越深，我告诉他："年轻人，我从小就不断接受各种格言的熏陶，并且以此作为自己的行为准则，我想你也是一样。但我的记忆力似乎要比你好一些，你忘了，在那句话的前边还有一个词语——喜爱，'喜爱金钱是万恶之源'。"

"你说什么？"汉森的嘴巴大张着，好像要吞下一条鲸鱼。真希望他赚钱的胃口能有那么大。

"是的，年轻人，"我拍拍他的肩头说，"喜爱金钱只是崇拜的手段，并不是目的。如果你没有手段，就无法达成目标，也就是说，你只知道当个守财奴，那么金钱就是万恶之源。"

"想想看，年轻人，"我提醒汉森，"如果你有了钱，你就可以惠及你的家人、朋友，给他们快乐、幸福的生活，甚至可以惠及社会，拯救那些孤苦无助的穷人。"

"年轻人，手里每多一分钱，就增加了一份决定未来命运的力量，去赚钱吧，"我劝导他，"你不该让那些偏执的观念锁住你有力的双手，你应该花时间让自己富裕起来，因为有了钱就有了力量。而纽约充满了致富的机会，你应该致富，而且能够致富。记住，小伙子，你虽是尘世间的匆匆过客，却也要划出一道人生的光亮。"

我不知道汉森能否接受我的规劝，如果不能，我会为他感到遗憾，他看上去很结实，脑袋也不笨。

　　我一直以为，每个人都应该花时间让自己富裕起来。当然，有些东西确实比金钱更有价值。当我们看到一座落满秋叶的坟墓时，就不免感到一种难以言喻的悲伤，因为我知道有些东西的确比金钱崇高。尤其是那些受过苦难的人，他们更能深深地体会到，有些东西比黄金更甜蜜、更尊贵、更神圣。然而，有常识的人都知道，那些东西没有一样不是用金钱来大幅提升的。金钱不一定是万能的，但在我们这个世界，很多事情是离不开金钱的！

　　爱情是生命赐予我们最伟大的礼物，但是，拥有很多金钱能使爱情更加幸福，金钱就具有这样的力量！

　　一个人如果说"我不要金钱"，那就等于是在说："我不想为家人、友人和同胞服务。"这种说法固然荒谬，但要断绝这两者关系同样荒谬！

　　我相信金钱的力量，我主张人人都应该去赚钱。

　　我可以说，如果某个原本应该很富有的人，却因为贫穷而懦弱无能，那他必然犯下了极端严重的错误，他不仅对自己不忠实、忠诚，也亏待了他的家人！

　　我不能说，财富的多少可以用来当作衡量人生成功与否的标准，但几乎毫无例外的是，你可以利用财富的多少来衡量一个人对社会所做的贡献。你的收入愈多，你的贡献也愈大。一想到我已经使无数国民永远走向了富裕之路，我便感觉到自己拥有了伟大的人生。

　　唯一的告诫是：我们不能在有违道德的情况下赚钱，或赚取别的东西。那样做只会让我们平添罪恶感。要获得金钱，大量的金钱，无可厚非，只要我们以正当的方法得来，而不是让金钱牵着我们的鼻子走。

某些人之所以没有钱，是因为他们不了解钱。他们认为钱既冷又硬，其实钱既不冷也不硬——它柔软而温暖，它会使我们感觉良好，而且在色泽上也能跟我们所穿的衣服相配。

我之所以是我，都是我过去的信念创造出来的。坦率地说，自我感觉到人世间贫穷和疾苦的时候，我就萌发了一个信念：我应该是富翁，我没有权利当穷人。随着时间的推移，这个信念变得有如钢铁般坚硬。

在我小的时候，正是拜金思想神圣化的时期，当时数以万计的淘金者怀揣着发财梦从各个地方蜂拥至加利福尼亚，尽管事后发现那场淘金热只是个圈套，但它却大大激起了数百万人的发财欲望，这其中就包括我——一个只有 10 多岁的孩子。

那时我的家境窘迫，时常要接受好心人伸出的援手。我的母亲是一个非常有自尊的人，她希望我能肩负起做长子的职责，建设好这个家庭。母亲的厚望与教诲，养成了我一种终身不变的责任感，我立下誓言：我不能沦为穷人，我要赚钱，我要用财富改变家人的命运！

在我少年时代的发财梦中，金钱对我而言不只是一种工具，它不仅能让家人过上富足无忧的生活，而且通过给予——明智地花出去，金钱更能换来道德上尊严的社会地位，这些东西远比豪华、气派的住宅和漂亮的服饰更令我激动不已！

金钱是我们为世界贡献价值的砝码，是我们造福人类的工具。

我对金钱的理解，坚定了我要赚钱、我要成为富人的信念，而这个信念又给予我无比的斗志去追逐财富。

我的儿子，没有比为了赚钱而赚钱的人更可怜、更可鄙的，我懂得赚钱之道：要让金钱当我的奴隶，而不是让自己沦为金钱的奴隶。我就是这样做的。

爱你的父亲

第 24 封信
财富是勤奋的副产品

> 财富是意外之物，是勤奋工作的副产品。每个目标的达成都来自勤奋的思考与勤奋的行动，实现财富梦想也是如此。

1907.1.25

亲爱的约翰：

很高兴收到你的来信。在你的信中有两句话让我非常欣赏，一句是"你要不是赢家你就是在自暴自弃"，一句是"勤奋出贵族"。这两句话是我不折不扣的人生座右铭，如果骄傲一点的话，我愿意说，这两句话正是我人生的缩影。

那些不怀好意的报纸，在谈到我创造的巨额财富时，常把我比作一台很有天赋的赚钱机器，其实他们对我几乎一无所知，更对历史缺乏洞见。

　　作为移民，满怀憧憬和勤奋努力是我们的天性。而我尚在孩童时期，母亲就将节俭、自立、勤奋、守信和不懈的创业精神等美德植入了我的骨髓。我真诚地笃信这些美德，将其视为伟大的成功信条，直到今天，在我的血液中依然流淌着这些伟大的信念。而所有的这一切结成了我向上攀爬的阶梯，将我送上了财富之巅。

　　当然，那场改变美国人民命运与生活的战争，让我获益匪浅，真诚地说，它将我造就成了令人啧啧称奇而又望而生畏的商业巨人。是的，南北战争给民众带来了前所未有的巨大商机，它让我提前变成了富人。有利的资本支持，让我在战后抢夺机会的竞技场上占据绝对优势，以致后来的财源不断。

　　但是，机会如同时间一样，对每个人都是平等的。可为什么偏偏我能抓住机会成为巨富，而很多人却与机会擦肩而过、不得不与贫困为伍呢？难道真的像诋毁我的人所说，是因为我贪得无厌吗？

　　不！是勤奋！机会只留给勤奋的人！自我年少时，我就笃信一条成功法则：财富是意外之物，是勤奋工作的副产品。每个目标的达成都来自勤奋的思考与行动，实现财富梦想也是如此。

　　我极为推崇"勤奋出贵族"这句话，它是让我永生敬意的箴言。无论是过去还是现在，无论是在我们立足的北美还是在遥远的东方，那些享有地位、尊严、荣耀和财富的贵族，都有一颗永不停息的心，都有一双坚强有力的臂膀，在他们身上都凸显出顽强意志的光芒。而正是这样的品质或者说是财富，让他们成就了事业，赢得了尊重，成了顶天立地的人物。

　　约翰，在这个无限变幻的世界中，没有永远的贵族，也没有永远的穷人。正如你所知道的那样，在我小的时候，我穿的是破衣烂衫，家境贫寒到要靠好心人来接济。但今天我已拥有一个庞大的财富帝国，已将巨额财富注入慈善事业之中。如同万物盛衰，起伏变幻，如同沧海桑田，生生不息。出身卑贱和家境贫寒的人，通过自己的勤奋工作、执着的追求和智慧，同样能功成名就、出人头地，成为一个新贵族。

一切成功和荣誉都必须靠自己的创造去获取，这样的成功和荣誉才能永葆活力。但在我们今天这个社会，富家子弟正处在一种不进则退的情况之下。不幸的是，他们中的大多数都缺乏进取精神，它们好逸恶劳，挥霍无度，以至有很多人虽在富裕的环境中长大，却不免在贫困中死去。

所以，你要教导你的孩子，要想在与人生风浪的博击中完善自己，成就自己，享受成功的喜悦，赢得社会的尊敬，高歌人生，只能凭自己的双手去创造；要让他们知道，荣誉的桂冠只会戴在那些勇于探索者的头上；告诉他们，勤奋是为了自己，不是为了别人，他们自己是勤奋的最大受益者。

我自孩提时代就坚信，没有辛勤的耕耘就不会有丰硕的收获，作为贫民之子，除去靠勤奋获得成功、赢得财富与尊严之外，别无他法。上学时，我不是一个一教就会的学生，但我不甘人后，所以我只能勤恳地准备功课，并持之以恒。在我 10 岁时我就知道要尽我所能地多干活，砍柴、挤奶、打水、耕种，我什么都干，而且从不惜力。正是农村艰苦而辛劳的岁月，磨炼了我的意志，使我能够承受日后创业的艰辛，也让我变得更加坚忍不拔，并塑造了我坚强的自信心。

　　这些经历使我知道，哪怕在以后身陷逆境，也要泰然处之。包括我的成功，在很大程度上都得益于我从小建立的自信心以及勤奋踏实的品质。

　　勤奋能修炼人的品质，更能培养人的能力。我受雇于休伊特—塔特尔公司时，我就获得了具备非同一般的能力和出众的年轻记账员的名声。在那段日子里，我可谓是日夜辛劳、孜孜不倦。当时我的雇主就对我说，你一定会成功，以你这非凡的毅力。尽管我不明白将来会是什么样子，但有一点我相信，只要我用心去干一件事，我决不会失败。

　　今天，尽管已年近 70，但我依然搏杀于商海之中，因为我知道，结束生命最快捷的方式就是什么也不做。人人都有权力选择把退休当作开始或结束。那种无所事事的生活态度会使人中毒。我始终将退休视为再次出发，我一天也没有停止过奋斗，因为我知道生命的真谛。

　　约翰，我今天的显赫地位、巨额财富不过是我付出比常人多得多的劳动和创造换来的。我原本是普普通通的常人，原本没有头上的桂冠，但我以坚强的毅力、顽强的耕耘，孜孜以求，终于功成名就。我的名誉不是虚名，是血汗浇铸的王冠，些许浅薄的嫉恨和无知，都是对我的不公。

　　我们的财富是对我们勤奋的嘉奖。让我们坚定信念，认定目标，继续努力吧，我的儿子。

爱你的父亲

第25封信
财富是种责任

> 我没有将自己视为拯救者，更没有自命不凡、不可一世，只有傻瓜才会因为有钱而自命不凡，因为我是公民。我知道，我拥有巨大财富，我也因它而承担着巨大的公共责任，比拥有巨大财富更崇高的是，按照祖国的需要为祖国服务。

1907.11.20

亲爱的约翰：

非常高兴，一场险些酿成毁灭性灾难的金融危机终于过去了！

现在，我想我们那位美利坚合众国总统西奥多·罗斯福先生，可以继续到路易斯安那心安理得地打猎了，尽管在这场危机中，他表现出了令人吃惊的无能。当然，总统先生并非什么都没有做，他用"担忧"支持了华尔街。我们纳税人真是瞎了眼，竟然把这么一位纽约混混送进了白宫。

坦率地说，一提到西奥多·罗斯福的名字，以及他对标准石油公司所做的一切，就令我感到愤懑。他是我见过的最狭隘、最富有报复心的人。是的，这个人得逞了，他用手中的大权策动一场不公平的竞争，并让自己成为了胜者。他让联邦法院开出了那张美国历史上前所未有的巨额罚单，并下令解散我们的公司。看看这个卑鄙的人都对我们做了什么！

然而，我相信，他所谓的惩戒终归不会得逞，反倒会使他感到大为懊丧，因为我相信我们公司所有的人不是毫无能力的垃圾。我们有杰出的管理队伍、有充足的资金，我们可以抵御任何风险与打击，公司的健壮体质依然能为我们带来源源不断的财富。等着瞧吧！我们会有暗自窃喜的时候。

但是，我们的确受到了伤害，受到了极不公正的对待。西奥多指责我们是拥有巨富的恶人，那位法官大人侮辱我们是臭名昭著的窃贼，好像我们的财富是密谋掠夺来的。错！那些愚蠢的家伙对大企业的建立过程毫不知情，他们也不想知道。我们每一分钱都渗透着我们的智慧，我们每前进一步都付出了辛勤的汗水，我们事业大厦的基石是我们用生命做奠基的。但他们不想听，却要像偏执狂一样，只相信他们自己低能的判断，带有侮辱性地贬低我们的经商才能，更无视这样一个事实，是我们用最廉价、最优质的煤油照亮了整个美国。

我知道，不到大有斩获，西奥多是不会停止挥舞他手中的长剑的，因为他拒绝了我们和解的建议。但我无所畏惧，因为我问心无愧，而最坏的结果也只不过是我们辉煌而快乐的大家庭不得不迫于他手中的强权而遭到拆散。但快乐不会停止，辉煌也不会消失，建立在现实基础上的未来将证明这一切。

毫无疑问，我们正在承受着前所未有的迫害，来自罗斯福政府的迫害。但是，我们不能感情用事，不能用愤怒闭塞了心智，当危机来临时我们永远不能袖手旁观，那会让我们感到耻辱和良心不安，我们应该挺身而出。因为我们是美利坚合众国的公民，我们有使国家和同胞免于灾难的职责。而作为富人，我知道，巨大的财富也是巨大的责任，我肩负着造福人类的使命。

这次金融危机席卷华尔街，处于恐慌之中的存款人排起长队要从银行取走存款。一场将导致美国经济再次进入大萧条的危机来临的时候，我预感到国家已陷入双重危机：政府缺乏资金，民众缺乏信心。此时此刻，"钱袋先生"必须要为此做些什么，我打电话给斯通先生，请美联社引用我的话，告诉美国民众：我们的国家从不缺少信用，金融界的有识之士更视信用为生命，如果有必要，我情愿拿出一半的证券来帮助国家维持信用。请相信我，金融地震不会发生。

幸运的是，危机已经过去，华尔街已经走出困境。

而我为这一刻的到来，做了我该做的事情，就像《华尔街日报》评论的那样，"洛克菲勒先生用他的声音和巨额资金帮助了华尔街"。只是，有一点永远都不会让他们知道，在克服这次恐慌的过程中，我是掏钱最多的人，这令我非常自豪。

当然，华尔街能成功渡过此次信用危机，摩根先生可谓功勋卓著，他是这场战争中不折不扣的指挥官，他将一群商界名士聚集起来共同应对危机，用他不可替代的金融才能和果敢的个性拯救了华尔街。所以我说，美国人民应该感谢他，华尔街的人应该感谢他，西奥多·罗斯福更应该感谢他，因为摩根替他做了本该他做却因无能而没有做的事。

如今，很多人，当然还有报纸，都对慷慨解囊的人们大加赞誉，但在我这里它一文不值。良心的平静才是唯一可靠的报酬，国难当头，我们本该当仁不让、勇于承担。我想那些真诚伸出援手的人们同我一样，我们只是想用自己的力量、信仰与忠诚照耀我们的祖国。

但我并非没有可耻的记录。在 46 年前，当许许多多的美国青年听从祖国召唤，忠诚奔赴前线，为解放黑奴、维护联邦统一而战的时候，同样作为青年，我却以公司刚刚开业、我的家人要靠它养活为由，未去参战。

这似乎是一个让人心安理得的理由，但那时国家需要我们，需要我们流血。这件事一直让我良心不安，直到十几年前那场经济危机的到来，我才得有救赎的机会。当时，联邦政府无力保证黄金储备，华盛顿转而向摩根先生求助，但摩根无能为力，是我拿出巨款资助政府才平息了那场金融恐慌。这让我非常高兴，比赚到巨额资金都让我高兴。

但我没有将自己视为拯救者，更没有自命不凡、不可一世，只有傻瓜才会因为有钱而自命不凡，因为我是公民。我知道，我拥有巨大财富，我也因它而承担着巨大的公共责任，比拥有巨大财富更崇高的是，按照祖国的需要为祖国服务。

约翰，我们是有钱，但在任何时候，我们都不该恣意花钱，我们的钱只用在给人类创造价值的地方，而绝不能给任何有私心的人一点点好处。

名誉和美德是心灵的装饰，如果没有它，即使肉体再美，也不应该称之为美。

爱你的父亲

第 26 封信
只有放弃才会失败

　　我们可以在每一级的阶梯上停留足够长的时间和足够多的次数，但它的用处不是供我们休息，而是让我们有机会踏上更高一层的阶梯。我们在途中不免疲倦与灰心，但就像一个拳击手所说的，你要再战一回合才能得胜。碰到困难时，我们要再战一回合。每一个人都有无限的潜能，除非我们知道它在哪里，并坚持利用它，否则它毫无价值。

1909.2.12

亲爱的约翰：

　　今天是伟大的一天！

　　今天，美利坚合众国举国上下怀着一种特有的感恩之情，来纪念那颗伟大而又罕有的灵魂——前总统亚伯拉罕·林肯先生。

我相信林肯受之无愧。

在我真实的记忆中，没有谁能比林肯更伟大。他书写了一段成功而又令人动容的美国历史，他用不屈不挠的精神与勇气以及宽厚仁爱的心，使 400 万黑奴获得解放，同时击碎了 2700 万另一肤色的美国公民灵魂上的枷锁，结束了因种族仇恨而使灵魂堕落、扭曲和狭隘的罪恶历史。他化解了国家被毁灭的灾难，将一切不同语言、宗教、肤色和种族的人民团结到一个崭新的国家里。美利坚合众国因他获得了自由，因他而幸运地踏上了正直公平的康庄大道。

林肯是上一个世纪最伟大的英雄，今天，在他百年诞辰之际，举国上下追思他为美国所做的一切，就是一个最好的证明。

然而，当我们回顾并由衷感激他的光辉伟业时，我们应当汲取并发扬其人生所具有的特殊教益——执着的决心与勇气。我想我们纪念他的最好方式就是效法他，让他永不放弃的精神光照美国。

在我心中，不屈不挠的林肯永远是无惧困难的化身。他出身贫寒，还曾被赶出家园。他第一次经商的结果是失败，第二次的从商经历比第一次更惨痛，以至于他不得不用十几年的时间去偿还他的债务。他的从政之路同样坎坷，第一次竞选州议员遭受的结果是失败，他因此丢掉了工作。幸运的是，他第二次竞选成功了。然而接下来的是丧失亲人的痛苦以及州参议员发言人竞选的失败在等待着他。但是他依然没有灰心，尽管在以后的竞选中曾六度落败，但每次失败过后，他仍是力争上游，直至当选美国总统。

每个人都有历尽沧桑和饱受无情打击的时候，却很少有人能像林肯那样百折不挠。每次竞选失败后，林肯都会激励自己："这不过是滑了一跤而已，并不是死了爬不起来了。"这些词汇是克服困难的力量，更是使林肯最终享有盛名的利器。

林肯的一生书写了一个伟大的真理：除非你放弃，否则你就不会被打垮。

功成名就是一连串的奋斗。那些伟大的人物，几乎都受过一连串的无情打击，他们每个人都险些宣布投降，但是他们还是选择了坚持到底，因此终于获得了辉煌的成就。例如伟大的希腊演说家德莫森，因为口吃，所以生性害臊羞怯。他父亲死后给他留下一块土地，希望他能过上富裕的生活，但是按照当时希腊法律的规定，他必须在声明拥有土地权之前，先在公开的辩论中赢得所有权。很不幸，口吃加上害羞使他惨败，他丧失了那块土地。但他没有被击倒，而是发愤努力战胜自己，结果他创造了人类空前未有的演讲高潮。历史忽略了那位取得他财产的人，但几个世纪以来，整个欧洲都记得一个伟大的名字——德莫森。

有太多人高估他们所欠缺的，却又低估他们所拥有的，以至丧失了成为胜利者的机会。这是个悲剧。

林肯的一生就是化挫折为胜利的伟大见证。没有不经过失败就获得成功的幸运儿，重要的是不要因失败而变成一位懦夫。如果我们尽了最大努力仍然与成功失之交臂，那么我们唯一要做的就是吸取教训，力求在接下来的努力中表现得更好。

坦率地说，我无心与林肯总统比较，但我自认拥有些许与他同样的精神，我痛恨生意失败、亏损金钱，但是比起这个，更让我关心的是，因为害怕失败而在以后的生意中变成缩手缩脚的懦夫。如果真是那样，那我的损失就更大了。

对一般人而言，失败很难使他们坚持下去，而成功则容易继续下去。但在林肯那里是个例外，他会利用种种挫折和失败，来驱使自己更进一步。因为他有钢铁般的毅力，正如他自己所说："你无法在天鹅绒上磨利剃刀。"

世界上没有一样东西可取代毅力。才干不可以，怀才不遇者比比皆是，一事无成的天才很普遍；教育也不可以，世上充满了学无所用的人。只有毅力和决心无往不利。

当我们继续迈向高峰时，我们必须记住：我们可以在每一级的阶梯上停留足够长的时间和足够多的次数，但它的用处不是供我们休息，而是让我们有机会踏上更高一层的阶梯。我们在途中不免疲倦与灰心，但就像一个拳击手所说的，你要再战一回合才能得胜。碰到困难时，我们要再战一回合。每一个人都有无限的潜能，除非我们知道它在哪里，并坚持利用它，否则它毫无价值。

绝妙的机会不会自动降临，我们必须努力工作才能把握它。俗话说："打铁趁热。"的确不错，毅力与努力都重要。每一个"不"的回答都使我们愈来愈接近"是"的回答。"黎明之前总是最黑暗"，这句话并非口头禅，我们努力工作发挥技巧与才能时，成功的一天终会到来。

今天，我们在感激和赞美林肯总统的时候，不能忘记的是要用他一生的事迹来激励自己。即使这样做了，我们顶天立地的一天仍未到来，我们依然是个大赢家。因为我们已经有了知识，也懂得面对人生，那是更大的成功。

爱你的父亲

第 27 封信
抱怨只会让优秀沦丧

在抱怨声中，一支精锐之师也会变成乌合之众！

1910.7.24

亲爱的约翰：

如果我告诉你，那位一直不甘示弱、自认为是世界第一富豪的安德鲁·卡内基先生来拜访我，并向我讨教了一个非常严肃的问题，你会不会感到惊讶？事实上，那位伟大的铁匠确实这么做了。

两天前，在我们的基奎特，卡内基先生不期而至。或许是我友善的态度和我们之间轻松的谈话气氛，熔化了卡内基先生钢铁般的自尊，他放下架子问了我一个问题：

"约翰，我知道，你领导着一群很能干的人。不过，我不认为他们的才干无可匹敌，但令我疑惑的是，他们似乎无坚不摧，总能轻松击败你们的竞争对手。我想知道，你究竟施了什么魔法，能让他们拥有那种精神，难道是金钱的力量？"

我当时告诉他，金钱的力量固然不可低估，但比之更强大的是责任的力量。有时，行动并非源于想法，而是源自担负的责任。标准石油公司的每一个人都拥有责任感，他们都知道"我的责任是什么，什么办法能让我把事情做得更出色"。我从不对责任或义务发表空泛的谈论，我只是通过我的领导方式来创造具有负责精神的企业。

我本以为，这个话题到此就应该结束了，但我的回答显然挑动了卡内基先生的好奇心，他表情严肃地进一步追问："约翰，那你能告诉我你是怎么做到的吗？"

看着卡内基先生谦逊的神态，我无法拒绝，我必须如实相告。我告诉他，如果我们想要永久持续生存下去，那么这就意味着，不管任何理由，我们领导者都要断然拒绝去责难任何一个人或任何一件事。责难就如同一片沼泽，一旦失足跌落进去，你便失去了立足点和前进的方向，你会变得动弹不得，陷入憎恨和挫折的困境之中。这样的结果只有一个：失去部属的尊重与支持。一旦落到这步田地，那你就好比是一个将王冠拱手让人的国王，从此失去了主宰一切的权力。

我知道，在摧毁领导能力的众多敌人中，责难是头号敌人；我还知道在这个世界上没有常胜将军，不管是谁都将遭遇挫折和失败。所以，当问题出现时，我不会因此感到愤懑不已，我思考的问题只有一个：怎么做才能让情势好转起来？采取什么行动可以补救或是修复我们的失误？积极地选择朝向更高的生产力和满意度前进。

当然，我不会放过我自己。当坏事降临到我们头上时，我会先停下来问自己一个问题："我的职责是什么？"抛开一切，对自身角色进行完全坦诚的评估，这样可以避免窥探他人做了什么，或是要求其他人改变什么等毫无意义的行为。事实上，只有将焦点专注在自己身上，我才能将无意中拱手让出的王冠重新收回。

但是，分析"我的职责是什么"并不意味着自责。自责是一种最阴险狡猾的责难陷阱，诸如"那真是一个愚蠢的错误"等自我责难。自责与其他责难一样，只会使我陷入愤恨与不满的圈套之中。事实上，"我的职责是什么"是一个步骤，一个具有强大分析力和自我肯定的步骤。真正的问题不在于他们应该要做什么，而在于我应该要做什么，当我真正明白这点时，我不会选择自怨自艾，我只会让自己变得更强大。自己的强大，就能削弱别人的影响，看来这不是件坏事。

如果我能将每一个阻碍视为了解自己的一个机会，而不是纠缠于他人对我做了什么的问题上，那么我就能在领导危机的围墙外找到新的出路。

当然，我从不把自己视为救世主，也没有救世主的心态。我自问：我在哪些方面应该对自己负责？在哪些方面，部属们要为我负责？领导者并不是一个全知全能的圣人，因此不可能对所有的事情一概负责。如果我视自己为英勇的正义使者，准备去拯救这个世界，那就只会让自己陷入领导危机之中。在我的责任中，很大一部分是让其他人明白，他们必须承担起他们应有的责任。如果一个雇员对于事关自己切身利益的事情都不在乎的话，我不相信这样的雇员能对出色完成工作有强烈的渴望，那他就应该离开，去为别人服务。

感觉重任在肩，这种压力和使命感能让人不自觉地兴奋起来。

责任感可以激发并强化做事的能力，其他任何一件事情都不会有这样的功效。将重大责任托付给部属，并让他了解我给予的充分信任，无疑是对他最大的帮助。所以，我不会将部属必须并且能够负担的责任全部揽在自己身上。

我不只靠示范作用来营造公司负责的氛围与风气，我的部属都知道我的基本原则：在标准石油公司没有责难、没有借口！这是我坚持的理念，每一个人都知道。我不会因为他们犯错而对他们做出惩罚，但是我决不能容忍不负责任的行为存在。我们的信念就是要彻底奉行。我们的箴言是支持、鼓励和尊重将被全心接受与加倍颂扬。只会找借口而不提供解决方式，在标准石油公司是无法容忍的。

我们很少犯错误，因为我办公室的大门随时为部属敞开，他们可以提出明智的意见，或是纯粹的发牢骚，但是要用一个负责任的方式。这样的结果会让我们彼此信任，因为我们了解所有的事都需要摊在阳光下来讨论。

卡内基先生是位优秀的老学生，他没有让我的时间白白地浪费。在我结束这个话题时，他说："在抱怨声中，一支精锐之师也会变成乌合之众！"他真聪明。

约翰，几乎所有的人都有推脱真正责任的防御心理，以致推脱责任的现象处处可见。它贻害无穷，避免和防御其危害的方法就是倾听。

如何创造一个舒适的环境，让大家觉得开诚布公远比隐藏虚实好，这是作为一个领导者必须面对的最大挑战。主动邀请其他人陈述他们的想法，用一些诸如"再多说一点"，或是"我真的想听听你的意见"的话语来鼓励他们说出自己的想法。和一般人所相信的恰恰相反，在对话中，拥有权力的人是聆听者，而非陈述者。

难以置信吧？想想看，陈述者的语调、焦点还有内容，事实上都取决于你倾听的方式。试想一下，和一个面露敌意且肢体呈现侵略性姿态的人以及一个对你表示全神贯注的人说话时，两者之间的差异。当你单纯地聆听其他人说话时，你卸下了你的防卫。你会得到这些好处：你对有攻击性或愤怒的语言背后隐含的议题，会有着更透彻的了解；你可以得到更多的信息，而这些资讯可以改变你对整个事件来龙去脉的假设；你会有更多的时间来整理思绪。

陈述者会感觉你重视他们的观点。最令人兴奋的是，当你专注地倾听之后，原来的陈述者也会更愿意聆听你的意见。

真实的倾听是不具任何防御性的。即使你不喜欢这个信息，你也应该倾听了解，而非立即做出回应。专注地倾听不太像是一种技巧，它比较像是一种态度。滑雪的人在遭遇障碍时，他们每一秒钟都在投注百分之百的注意力，绝对不会分神去思考一会儿他要对伙伴说什么。同样的，作为一名积极的倾听者，你贡献百分之百的注意力给另外一个人，不会出现想到什么就脱口而出的情况。如此一来，你去除了先入为主的观念，并敞开胸襟开始一段更有意义和更有效果的对话。

长久以来，我们塑造了生活也塑造了自己。这个过程将会持续下去，我们最终都将为自己的选择负责。就如"目的"决定你的方向，拒绝责难将开拓一条实现目标的大道。

爱你的父亲

第 28 封信
天下没有免费的午餐

任何一个人一旦养成习惯，不管是好或坏，习惯就一直占有了他。吃免费午餐的习惯不会使一个人步向坦途，只能使他失去赢的机会。而勤奋工作是唯一可靠的出路，工作是我们享受成功所付出的代价，财富与幸福要靠努力工作才能得到。

1911.3.17

亲爱的约翰：

我已经注意到那条指责我吝啬、说我捐款不够多的新闻了，这没什么。我被那些不明就里的记者骂得够多了，我已经习惯了他们的无知与苛刻。我回应他们的方式只有一个：保持沉默、不加辩解，无论他们如何口诛笔伐。因为我清楚自己的想法，我坚信自己站在正确的一方。

　　每个人都需要走自己的路，重要的是问心无愧。有一个故事或许能够解释，为什么我很少去理会那些乞求我出钱来解决他们个人问题的人，更能解释让我出钱比让我赚钱更令我紧张的原因。

　　有一天，一个老人赶着一头拖着两轮车的驴子，车上拉着许多木材和粮食，走进了野猪经常出没的村庄。当地居民很好奇，就走向前问那个老人："你从哪里来，要干什么去呀？"老人告诉他们："我来帮助你们抓野猪呵！"众乡民一听就嘲笑他说："别逗了，连优秀的猎人都做不到的事你怎么可能做到？"但是，两个月以后，老人回来告诉那个村子的村民，野猪已被他关在山顶上的围栏里了。

　　村民们感到非常惊讶，追问那个老人："是吗？真不可思议，你是怎么抓住它们的？"

　　老人解释说："首先，就是去找野猪经常出现的地方。然后我就在空地上放一些粮食作陷阱的诱饵。那些野猪起初吓了一跳，最后还是好奇地跑过来，闻粮食的味道。很快一头老野猪吃了第一口，其他野猪也跟着吃起来。这时我就知道，我肯定能抓到它们了。

　　"第二天，我又多加了一点粮食，并在几尺远的地方竖起一块木板。那块木板像幽灵般暂时吓退了它们，但是那免费的午餐很有诱惑力，所以不久它们又跑回来继续大吃起来。当时野猪并不知道它们已经是我的了。此后我要做的只是每天在粮食周围多竖起几块木板，直到我的陷阱完成为止。

　　"然后，我挖了一个坑立起了第一根桩。每次我加进一些东西，它们就会远离一些时间，但最后都会进来吃免费的午餐。围栏造好了，陷阱的门也准备好了，而不劳而获的习惯使它们毫无顾虑地走进围栏。这时我就出其不意地收起陷阱，那些白吃午餐的野猪就被我轻而易举地抓到了。"

这个故事的寓意很简单，一只动物要靠人类供给食物时，它的机智就会被取走，接着它就麻烦了。同样的情形也适用于人类，如果你想使一个人残废，只要给他一对拐杖再等上几个月就能达到目的。换句话说，如果在一定时间内你给一个人免费的午餐，他就会养成不劳而获的习惯。别忘了，每个人在娘胎里就开始有被"照顾"的需求了。

是的，我一直鼓励你要帮助别人，但是就像我经常告诉你的那样，如果你给一个人一条鱼，你只能供养他一天，但是你教他捕鱼的本领，就等于供养他一生。这个关于捕鱼的老话很有意义。

在我看来，资助金钱是一种错误的帮助，它会使一个人失去节俭、勤奋的动力，而变得懒惰、不思进取、没有责任感。更为重要的是，当你施舍一个人时，你就否定了他的尊严，你否定了他的尊严，你就夺走了他的命运，这在我看来是极不道德的。作为富人，我有责任成为造福于人类的使者，却不能成为制造懒汉的始作俑者。

任何一个人一旦养成习惯，不管是好或坏，习惯就一直占有了他。吃免费午餐的习惯不会使一个人步向坦途，只能使他失去赢的机会。而勤奋工作是唯一可靠的出路，工作是我们享受成功所付出的代价，财富与幸福要靠努力工作才能得到。

在很久很久以前，一位聪明的老国王，想编写一本智慧录，以飨后世子孙。一天，老国王将他聪明的臣子召集来，说："没有智慧的头脑，就像没有蜡烛的灯笼，我要你们编写一本各个时代的智慧录，去照亮子孙的前程。"

这些聪明人领命离去后，工作了很长一段时间，最后完成了一本 12 卷的皇皇巨著，并骄傲地宣称："陛下，这是各个时代的智慧录。"

老国王看了看，说："各位先生，我确信这是各个时代的智慧结晶。但是，它太厚了，我担心阅读它的人得不到要领。把它浓缩一下吧！"这些聪明人费去很多时间，几经删减后，把原书裁定成了一卷。但是，老国王还是认为太长了，又命令他们再次浓缩。

这些聪明人把一本书浓缩成一章，然后减至一页，再变为一段，最后则变成一句话。聪明的老国王看到这句话时，显得很得意。"各位先生，"他说，"这真是各个时代的智慧结晶，而且各地的人一旦知道这个真理，我们大部分的问题就都可以解决了。"这句话就是："天下没有免费的午餐。"

智慧之书的第一章，也是最后一章，是"天下没有免费的午餐"。如果人们知道想出人头地，就必须以努力工作为代价，大部分人就会有所成就，同时也将使这个世界变得更美好。而吃免费午餐的人，迟早会连本带利付出更为惨痛的代价。

一个人活着，必须在自身与外界创造足以使生命和死亡有点尊严的东西。

爱你的父亲

第 29 封信

让合适的人
出现在合适的地方

我的目的是要在每位部属身上找出我所重视的价值，而不是那些我不愿意看到的缺点。我找出每个员工值得重视的优点，并致力于将员工的优点转化成出色的才能，而不会试图修正他们的缺点。所以，我总是拥有能力健全而又乐意奉献的部属。

1912.11.17

亲爱的约翰：

收到你的来信让我非常兴奋，因为对于一直帮助我成就事业的处世哲学——"做你喜欢做的事情，至于其他的事情，就交给喜欢做这件事的人去完成"，你似乎已经读懂它了。

就我而言，做自己喜欢做的事情，是一项无可非议的定论。如果要想激发部属发挥胜任工作的能力，你绝对不能依赖某些管理技巧，而是要采用一种更具效能的宏观调控方式。在这一方面，做自己喜欢做的事情，这一定论给了我不少启发。

具体而言，就是不让部属拘泥在程序刻板的工作职务上，而是要想办法利用每个人的长处并诱发他们将热情倾注在工作之中，来创造高效的生产力。这就是我的制胜之道。

在我读书时，有这样一句话让我印象深刻，它说："最完美的人就是那些彻底投身于自己最擅长的活动的人。"后来，我对这句话略加改造，使其成为我的一个管理理念：最能创造价值的人就是那些彻底投身于自己最喜欢的活动的人。

我说过，每个人都有忠于自己的天性，都渴望成为理想中的自己，而他们实现忠于自己的方式就是做自己喜欢做的事。遗憾的是，很多管理者并没有注意到这一点，他们对于员工忠于自己的祈求置若罔闻，结果往往是事倍功半，因小失大。

其实这很好理解，如果你不将时间投入到你喜爱的事情上，你就绝不可能感到自我满足；如果你得不到自我满足，你就将失去生活的热情；生活的热情一旦消失，那么生活的动力也将随之而去。对一个失去工作热情和生活动力的人，你要指望他去出色地完成工作任务，就好比期望一个停摆的闹钟去准确报时一样可笑至极，你的期望只会换回失望。

所以，每时每刻我都不忘给手下忠于自己的机会——燃烧他们的热情，让他们的特别才干在自己喜欢的领域内发挥到极致，而我自己从中收获的，恰恰是财富与成就。忠于自己就意味着有机会去赢得人生中最伟大的一场战役，谁会放过这样的机会呢？

要让自己的部属发挥工作热情，你必须知道自己作为领导者的职责所在。你的职责就在于关注与激励部属的优点与才干并让这些优势得以充分发挥，而不是紧紧盯住他们的弱点。挑出部属最脆弱的特质，我没有这种恶习，相反，我总乐意去寻找他们最坚强的特质，让他们的才干充分地展现在工作的挑战与需求上。我重用阿奇博尔德先生就很好地证明了这一点。

与有些人不同，我不以自己感情上的喜恶作为选拔人才的标准。选拔人才，我并不会在乎他身上贴着什么标签和头衔，我看中的是他在工作中展示出来的能力。我喜欢自己的喜好，但更喜欢效率。

阿奇博尔德绝不是一个完美的人，他嗜酒如命，这点大大地忤逆了我，因为我是个禁酒主义者。但是，阿奇博尔德具备非凡的领导才能和天赋：他头脑机敏、乐观幽默，而且在激烈的竞争中，他那出众的口才和胆大心细的性格无疑是对胜利的保证。所以在从对手变为合伙人之后，我一直对他兴趣浓厚，我不断地委之以重任，直至提拔他接替我的职务。

他已经证明了自己是一名天才的领导者，他的职业生涯是那样特殊。如果不是不良习惯有所掣肘，他的成绩将更加出色。

我的目的是要在每位部属身上找出我所重视的价值，而不是那些我不愿意看到的缺点。我找出每个员工值得重视的优点，并致力于将员工的优点转化成出色的才能，而不会试图修正他们的缺点。所以，我总是拥有健全能力而又乐意奉献的部属。

约翰，没有人是无所不能的，现在你是一位管理者，你的成就依赖于你领导能力的发挥，依赖于你部属做事才能的发挥。你需要知道，在你的部属身上也许可以挑出许多毛病，但这并不是你应该关注的地方。你要专注于发掘每个人潜在的优点，注意他们在每个细节上的杰出表现，以及他们为了将事情做得出色，而对完美主义近乎苛求的坚持。这是你领导力的优势所在。

一个人不能主宰一个集体。我不否认领导者的巨大作用，但就整体而言，取胜的关键还在于依靠集体的力量。我所取得的任何荣誉，其背后都站着一个集体，而绝非我个人。也只有众人都付出努力、发挥自己的才干，才能相信并期待奇迹的出现。

祝你好运！我的儿子。

爱你的父亲

第 30 封信
结束是另一个开始

> 每一个伟大的成功者，都是用一个个小的成功把
> 自己堆砌上去的，他们用结束欢庆梦想的实现，又用
> 结束欢送新梦上路，这是每一个创造了伟大成就的人
> 的品质。

1912.11.31

亲爱的约翰：

安德鲁·卡内基先生又接受了记者的专访，我一直弄不明白，他为什么总喜欢在报纸上抛头露面，我猜想他准是患上了遗忘恐惧症，生怕人们忽视了他的存在。

但不管怎样，我还是比较欣赏这个常与我竞争的家伙，因为他勤奋、雄心勃勃，像个不知疲倦的铁汉，总将前进视为他第一、第二、第三重要的事情。也许正是因为如此，当他被问及成功的

秘诀时，给出的答案是：结束只是开始。

真让人难以置信，这个铁匠竟会说出如此精辟的话语。我相信这个仅由 3 个单词组成的短句，很快就会远播出去，或许卡内基先生也会因此得到个商界哲学家的头衔。事实上，他值得人们如此称道，能将自己成功的一生浓缩成一个短句，不正体现了这位商业巨人的非凡智慧吗？

不过，卡内基先生只给出了一个成功者的成功公式，却没有给出其中的演算过程，看来这个家伙还是不能改变其自私的本性，总怕别人窥见他成功的秘密。我倒想试着替铁匠解一解那个公式，但你不要外传，否则，他会因我泄密，在圣诞节时就不光送我威士忌了，他一定还会送来雪茄，他知道我滴酒不沾，更知道我是个禁烟主义者，这个有趣的家伙。

"结束只是开始"，在我看来，"铁匠"是在试图表明成功是一个不断繁衍的过程，这就像一个多产的母牛，当它生下一个牛崽之后，马上又怀上了另一个牛崽，如此往复，生生不息。结束是一段路程的最后一站，又是新梦想的开始。每一个伟大的成功者，都是用一个个小的成功把自己堆砌上去的，他们用结束欢庆梦想的实现，又用结束欢送新梦上路，这是每一个创造了伟大成就的人的品质。

但是，如何开始新梦呢？卡内基先生"忘"了说，而这恰恰是期望能否顺利冲到最后一站的关键，更是开始下一个新梦的关键。其实，答案很简单，那就是从一开始你就要千方百计地掌握优势。我的经验告诉我，有 3 种策略能让我拥有优势。

第一个策略：一开始就要下定决心，关注竞争状况和竞争者的资源。这个策略表示，我要注意自己和别人都拥有什么，还表示，要了解降低机会的基本面。从事新事业时，在了解整个状况之前，不应该采取初步行动，成功的第一步是了解达成目标所需要的资源在哪里，数量有多少。

从一开始，我就设法预测会出现什么机会，当它出现的时候，我会像狮子一样扑向它。而且我还知道，"最好"是"好"的敌人。很多人总喜欢追求最好的东西，而放弃好的东西。这样做不是聪明的策略，因为"好"总是胜过"不好"。而现实是，理想的机会很少自动上门，但常常有很多还算好的机会，尽管它不尽如人意、尚有不足之处，但这绝对远胜过完全没有机会。

第二个策略：研究对手的情况，然后善用这种知识，以形成自己的优势。了解对手的优点、弱点、做事的风格和性格特点，总能让我在竞争中拥有优势。当然，我也要知道自己是谁。我用这个策略就曾经让那个"结束只是开始"的发明者卡内基先生甘拜下风。

卡内基先生是当之无愧的钢铁巨人，挑战他就如同挑战死亡。但是他的弱点却能帮上对手的大忙，他固执己见，也许他钱包太鼓了，他总喜欢俯视、低估别人。他不把我放在眼里，愚蠢地认为只有石油行业才是我的舞台，而且他固执地认为只有愚蠢的人才会去干采矿那一行，因为他认为矿石的价格太过低廉，而且矿石取之不尽。

所以，当我投资采矿业时，他几乎逢人就对我讥讽一番，说我对钢铁业一窍不通，是全美最失败的投资者。事实上，卡内基是个只能看到山腰却望不到山顶的人，他不知道价格是没有什么神圣的，重要的东西是价值，如果不能控制采矿业，他那些引以为豪的炼钢厂就只能变为一堆废铁。

当别人认为把你看作对手等于是在抬举你，并因此忽视你的时候，就是你为未来竞争积攒竞争资本的时候。所以，从一开始，我便放心大胆地全面投资。冒险胜过慎重，很快这个高傲的铁匠就发现，那个"以最差投资者而闻名于世的人"控制了铁矿业，成为了全美最大的铁矿石生产商，一举取得了支配地位。在我取得了和他分庭抗礼的资格后，他才如坐针毡，只能向我求和。

在竞争中，首先发现对方弱点并发起致命一击的人，常常是最后的胜者。

第三个策略：你必须拥有正确的心态。从一开始，你就必须下定决心，不获成功绝不罢休。这表示你必须在道德的限制下，表现得积极无情，因为这种态度直接来自残酷无情的竞争。

既然决心追求胜利，就必须全力以赴。也只有全力以赴才能取得辉煌的成就。在竞争开始时更应如此。说得好听一点，这是努力取得早期优势，希望建立独占的地位；说得难听一点，付出努力取得优势等于削弱别人的机会。而与此同时，我们还要积极果敢，要有气吞山河的雄心与胆量。我相信，天才竞争者的角色总是由勇士来扮演，这是亘古不变的规律。

在每一个新梦的初始阶段，最重要的是追求胜利的决心。没有追求胜利的态度，其他所做的一切如关注竞争状况和了解对手都将是徒劳的。获得知识、保持控制力、评价竞争状况，正是帮助你建立信心，协助你达成追求胜利最高目标的东西。

看看那些失败的人，你就会发现，其中大多数的人招致失败的原因不是因为犯错，而是因为他们没有全心投入，企业也是一样。

约翰，别忘了卡内基先生那句即将广为传诵的名言，"结束只是开始"，当然，还有我那 3 个策略。

哦，我不是在营救一个不需要营救的谋略家吧？

爱你的父亲

第 31 封信
让每一分钱都物有所值

无论一个人积储了多么丰富的妙语箴言，也无论他的见解有多么高明，假使不能利用每一个确实的机会去行动，其性格终不能受到良好的影响。失去美好的意图，终是一无所获。

1914.6.21

亲爱的约翰：

查尔斯先生永远地离开了我们，这让我很难过。查尔斯先生一直是一位非常善良的富人，他乐善好施，不断用自己辛勤赚到的钱去救助那些处于贫困噩梦中的同胞。

与真挚的灵魂相伴，是天赐的福气。我能有像查尔斯先生这样的合伙人，是我一生的荣幸。当然，查尔斯先生谨小慎微的性格常常导致我们之间发生龃龉，但这丝毫不会影响我对他的尊重。失去对高尚者的尊重，也是在剥夺自己做人的尊严。

当年，公司最高管理层有共进午餐的习惯，每次用餐的时候，查尔斯先生都坐在象征公司核心的座位上。尽管我是公司第一人，但为了对他的高尚人格表示敬意，我便把座位让给了他。是的，这不足为道，高尚的道德本该受到褒奖。而就一个整体而言，虽然这只是很小的细节，但这样一个细节可能影响到整个公司，影响到公司的成绩。

事实上，标准石油公司的合伙人都是正直的人，我们每个人都懂得彼此尊重、信任、团结一心对合作有多么重要，我们努力使之成为现实。所以，即使出现分歧，我们只会直言不讳、就事论事，从不钩心斗角、搬弄是非。我相信，在这种纯洁的氛围中，即使有人心术不正，他也会把心术不正的恶习留在家里。但这只是标准石油公司强大到令对手敬畏的原因之一，而视精诚协作为我们的生命才是最重要的因素。在这方面，查尔斯先生身体力行，堪为表率。

作为公司的引领者，我曾在一次董事会上真诚倡议："我们是一家人，我们荣辱与共，我们坚强的手掌托起的是我们共同的事业。所以，我建议大家，请不要说我应该做什么，要说我们应该做什么。千万别忘了，我们是合作伙伴，无论做什么事都是为了我们大家的利益。"

我的发言感染了查尔斯先生，他第一个回应我："先生们，我听懂了，约翰的意思是说，比起'我'来说，'我们'更重要，我们是一家人！没错！是应该说我们！"

在那一刻，我看到了我们伟大的未来，因为我们已经开始忠于"我们"。别忘了，人人自私，每个人的天性都是忠于自己。当"我们"取代"我"的时候，它所焕发出的力量将难以估量。我之所以能取得巨大成就，就在于我首先经营的是人，所有的人。

我与查尔斯先生有着共同的信仰。我喜欢查尔斯先生最喜欢的一句格言："珍惜时间和金钱。"我一直以为这是一则凝聚着伟大智慧的箴言。我相信绝大多数的人都会喜欢它，但他们却难以将其变成自己的思想信念和价值信条，并永远融入自己的血液中。

是的，无论一个人积储了多么丰富的妙语箴言，也无论他的见解有多么高明，假使不能利用每一个确实的机会去行动，其性格终不能受到良好的影响。失去美好的意图，终是一无所获。

事实上，这没有哥伦布先生发现美洲那么难。要利用好自己的时间，最重要的是我们对每一天甚至是每一刻都做好计划，思考自己应该思考什么，并采取怎样的行动。计划是我们按照每天情况去如何生活的依据，它能显示什么是可行的。要制订完美的计划，首先要确认自己想要什么。还有，每项计划都要有实施措施，并要监督成果。能付诸行动、有成果的计划才是有价值的计划。当然，创造力、自发精神和信念可以化不可能为可能，并突破计划的限制，所以，不要让计划成为束缚自己的枷锁。

赚钱不会让你破产，是查尔斯先生的致富圣经。在一次宴会上，查尔斯先生公开了他的赚钱哲学，那天他用一种演讲家般的激情，激励了我们每个人，他告诉我们大家：世界上有两种人永远不会富有。

　　第一种是及时行乐者。他们喜欢过着光鲜亮丽的日子，像苍蝇叮臭肉那样，对奢侈品兴趣盎然，他们挥霍无度，竭尽所能地收揽精美的服饰、昂贵的汽车、豪华的住宅，以及价格不菲的艺术品。这种生活的确迷人，但它缺乏理性，及时行乐者缺乏这样的警惕：他们是在寻找增加负债的方法，他们会成为可怜的车奴、房奴，而一旦破产，他们就完了！

　　第二种人是喜欢存钱的人。把钱存在银行里当然保险，但它跟把钱冷冻起来没什么两样，要知道靠利息不能发财。

　　但是，有一种人会成为富人，比如在座的诸位，我们不寻找花钱的方法，我们寻找、培养和管理各种投资的方法，因为我们知道财富是可以拿来滋生更多的钱财，我们会把钱拿来投资，创造更多的财富。但我们还要知道，让每一分钱都能带来效益！这正如约翰一贯的经商原则——每一分钱都要让它物有所值！

　　查尔斯先生的演讲博得了热烈掌声，我被他燃烧起来，鼓掌时太过用力，以致饭后还觉得两个手掌在隐隐作痛。如今，再也听不到那种掌声了，也没那种鼓掌的机会了。但"珍惜时间和金钱"一直与我相伴。我没有理由浪费生命，浪费生命就等于糟蹋自己，世界上没有比糟蹋自己更大的悲剧了。我也不把安逸和享乐看作是生活的目的，因为那是我称之为不当的理想。

　　　　　　　　　　　　　　　　　爱你的父亲

第 32 封信
充实你的心灵

引领人们爬向高峰的动力，是一种定期滋润与强化心灵因而日趋旺盛的驱动力。那些拥有成功人生的人，无疑都能体会到，高峰有很多空间，但是没有足够的空间供人坐下停留。他们了解，心灵像身体一样，必须定期供给营养才行，身体、心理与精神方面的营养，都要分别照顾到。

1914.8.1

亲爱的约翰：

就像我们有身体上的食欲一样，我们也有精神上的食欲。但许多人却常常以没有时间为借口，忍心让自己的心灵忍受饥饿的痛苦。他们只在意外或偶然的情况下才去充实一下自己的头脑，但却时刻不忘满足他们脖子以下的需求。

也许我的看法有些悲观，我们所处的时代，人人都在无限制地满足脖子以下却忽视脖子以上的需求。事实上，你会经常听到有人说：漏吃一顿午餐是件大事；却听不到这样一种声音：最后一次满足心灵饥渴是在什么时候。难道我们每个人都精神富足吗？当然不是。

在我们这个世界上，精神匮乏的人随处可见，那些生活在沮丧、消极、失败、忧郁中的人，他们都迫切需要精神的滋养和灵感的召唤，但他们几乎全都排斥充实他们心灵的机会，任由心灵黯淡无光。

如果空虚的头脑能像空虚的肚子一样，要填满一些东西才能让主人满足的话，那该有多好。可惜，没有这么便宜的事情，人们反而要接受心灵空虚的惩罚。

心灵是我们每个人真正的家园，我们是好是坏都取决于它的抚育。因为进入这个家园的每一件东西都有一种效用，都会有所创造，为你的未来做准备，或者会有所毁灭，降低你未来可能的生命成就，例如积极。

每一个达到高峰或快达高峰的一流人物都是积极的，他们之所以积极，是因为他们定期地以良好、清洁、有力、积极的精神思想充实心灵。就像食物成为身体的营养一般，他们不忘每天为心灵提供精神食粮。他们知道如果能充实颈部以上的部分，就永远不愁填饱颈部以下的部分，甚至不必忧愁老年的财务问题。

一个人必须找到自己的家，才不至于去流浪或沦为乞丐。首要的，即使你要出卖心灵，也要卖给自己。我们要接纳自己。其次我们要有积极的态度。

两年前，卡尔·荣格先生与我不期而遇，这位心理学家给我讲过一个故事：

有一个人被洪水困住了，他只得爬到屋顶上避难。邻居中有人漂浮过来说道："约翰，这次大水真是可怕，难道不是吗？"

约翰回答道："不，它并不怎么坏。"

邻居有点吃惊，就反驳说："你怎么说不怎么坏？你的鸡舍已经被冲走了。"

约翰说："是的，我知道，但是 6 个月以前我已经开始养鸭了，现在它们都在附近游泳。每一件事情都还好。"

"但是，约翰，这次的水毁了你的庄稼。"邻居坚持说。

约翰回答说："不，并没有。我种的庄稼因为缺水而受损，就在上周，还有人告诉我，我的土地需要更多的水，所以这下就解决了。"

那位悲观的邻居再次对满脸微笑的约翰说："但是你看，约翰，大水还在上涨，就要涨到你的窗户了。"

乐观的约翰笑得更开心了，说道："我希望如此，这些窗户实在太脏，需要清洗一下。"

这听起来像个玩笑，但显然这是一种境界——决定以积极的态度来应对这个纷繁复杂、顺逆起伏的世界。一旦达成这种境界，即使遇到消极的情况，我们也能使心灵自动地做出积极的反应。为达到这种境界，我们只有充实、洁净我们的心灵。

每个人都能改变或被改变。荣格先生说，只要改变一个人的词汇，就能增加他的收入并改善他的生活，乃至改变他的人生。例如"恨"字，要把它从你的字汇中除去，不要想它，而是以代表感觉与梦想的"爱"字来代替它。显然，除去与取代的文字，几乎是永无止境的，但心灵却会在除取中变得更加纯净、积极。

我们心灵的行为，以供应它的事物为根据。我相信，放进心灵中的事物对我的未来非常重要。所以问题显然是：我们要怎样喂养我们的心灵——找什么时间去补充什么精神食粮。

你是否听到过这样一件事情，伐木者的伐木产量下降，是因为他没有抽出时间来磨利他的斧头？我们花钱以及大量时间，去修饰脑袋的外表，刮胡须、理头发，我们有没有必要花同样的时间和金钱，来对我们脑袋的内部进行装饰呢？答案是肯定的，而且可以做到。

事实上，精神食粮随处可得，例如阅读书籍就是一个很好的途径。由伟大的心灵撞击而写成的书籍，没有一本不是洗涤并充实我们心灵的食粮，它们早已为后人指明了方向，而我们可以任意挑选我们想要的。伟大的书籍就是伟大的智慧树，是伟大的心灵之树，我们将在其中得以重塑，学会谦逊，变得聪明。

当然，我们不能读那些文字商人的书，他们的书就像瘟疫一般，散布无耻的邪念、讹误的消息和自负的愚蠢，他们的书只配捧在那些浅薄、庸俗的人的手里。我们需要的是能给我们带来行动的信心与力量，能够将我们的人生推到另一个新高度，能引导我们行善的书，例如《奋力向前》。

它是一部激荡我们灵魂、激发我们生命热情的伟大著作，我相信美国人民都将因它的问世而备受惠泽，并在它的指引下，以最积极的方式运用自身的力量，抵达梦想的生命之境。我甚至相信，谁错过读它的机会，谁就很可能错过伟大的人生。我希望我的子孙都能去读这本书，它能为所有的人开启幸福快乐之门。

引领人们爬向高峰的动力，是一种定期滋润与强化心灵因而日趋旺盛的驱动力。那些拥有成功人生的人，无疑都能体会到，高峰有很多空间，但是没有足够的空间供人坐下停留。他们了解，心灵像身体一样，必须定期供给营养才行，身体、心理与精神方面的营养，都要分别照顾到。

约翰，没有谁可以阻挡我们回家的路，除非我们不想回来。让心灵之光照耀我们前进的路。

爱你的父亲

第33封信
给贪心留好一个位置

> 那些虚伪的人，总视贪心为恶魔。但在我看来，打开我们贪心之锁，并不同于打开潘多拉盒子。释放出无时无刻不在跳动的贪心，就等于释放出了我们生命的潜能。我由一个周薪只有5美元的记账员到美国最富有的人，是贪心让我实现了这个奇迹。贪心是推动我创造财富的力量，正如它是推动社会演进的强大动力一样。

1918.5.6

亲爱的约翰：

不要理会说我贪心的那些人。

多少年来我都在享受着这个在别人看来似乎并不太美妙的"颂扬"——贪心。这份对我特别的颂扬，最早出现在我的事业

151

如日中天之时，那时洛克菲勒的名字已不再仅仅是代表一个人的符号，而是财富的象征，一个庞大的商业帝国的象征。

我记得当时有很多人、很多报纸都加入了"颂扬"我的行列。但这样的"颂扬"并没有让我的心跳加快，尽管我知道这样的"颂扬"无非是要诋毁我，无非是要给我亲手缔造的商业帝国刷上一层令人生厌的铜臭。

但我知道，在人的本性中早就潜藏着一种力量，它丛生于能力与意志都极为匮乏的土地，那就是嫉妒。当你超越了他们的时候，他们就会嫉恨你，就会用带有贬义的字眼指责你，甚至用编造谎言的手段来诋毁你，同时还要在你的面前表现出一副高傲的神态——在我看来，那并非是高傲，它恰恰是虚伪与懦弱。有意思的是，当你远不如他们，生活潦倒不堪时，他们又会讥笑你，讥笑你无能、愚蠢，甚至会把你贬低到没有任何做人的尊严。我的儿子，这就是人的本性！

我没有被赋予改变人类本性的使命，也没有闲心去阻止某些人"恭维"我贪心，我所能做的就是让嫉妒我的人继续嫉妒！尽管我知道，如果能用我创造的财富把那些如此"恭维"我的人带走，那么这些人也会带走那份"恭维"。但是我不能，我相信，除非中了什么魔法，否则任何人都不能！

聪明人永远不会与无知者争辩，我当然不会同那些"恭维"我贪心的人论战，但我抑制不住蔑视他们无知的情绪。冷静地回溯历史，检视人类的脚印，我们就能得出这样的结论：没有一个社会不是建立在贪心之上的。那些要诋毁我的人，看似道德的守望者，他们有谁不想独占自己拥有的东西？有谁不想掌控所有美好的事物？有谁不想控制每个人都需要的一切？虚伪的人总是那么多。

没有不贪心的人。如果你有一颗橄榄，你就会想拥有一整棵的橄榄树。我行走于人世已近八十年，我见过不会吃牛排的人，却没有见过一个不贪心的人，尤其是在商界，功利、拜金的背后只印着一个词语，那就是贪心。我相信，在未来，不贪心的人仍将是地球上的稀有者。谁会停止对美好事物的追求和占有呢！

阿奇博尔德先生把我比作一匹赛马，一匹能够闻到终点线味道的赛马。他说我一旦发现终点线在哪，便会开始全力冲刺。我知道这多少有点奉承我的味道，但在我心里，我的确早就给贪心留好了位置。

在我读商业学校时，我的一位老师说过一句让我终生难忘的话，这句话可以说改变了我的命运，他说："贪心没有什么不好，我认为贪心是件好事，人人都可以贪心。从贪心开始，才会有希望！"

当我的老师在讲坛上喊出这番极具煽动性和刺激性的话语时，台下的同学们一片哗然。因为只要想一想"贪心"的意义，就知道这个字眼完全违背大多数人从小习得的道德观念，这种道德观融于宗教、社会、伦理、政治和法律等各个层面，它所具有的标尺般的作用，无疑要给这个字眼打上肮脏的烙印。

但当我走向社会，开始踏上创造财富之旅，我才深深地体会到，那份学费花得真是值得，老师的主张相当具有洞见性。就像那些生物进化学家所告诉我们的那样，自然界不是仁慈、无私的地方，而是强者为王、适者生存的天地，我们这个所谓的文明社会也同样如此。如果你不贪心，或许就会被别人吃掉，毕竟可口的"甜点"不是很多。

如果你要想创造财富成就，创造非凡的人生，我的感受已不是"贪心是件好事"能够加以概括，而是贪心大有必要！

贪心的潜台词，就是我要，我要的更多，最好是独自占有！有谁不曾在心底做此呐喊？为政者会说，我要掌权，我要由州长再做总统；经商者会说，我要赚钱，我要赚更多的钱；为人父母者会说，我希望我的儿子能有所成就，永远过着富足、幸福的生活……诸如此类，不一而足。只是囿于道德、尊严、顾及脸面，人们才将贪心紧紧地遮掩起来，才使得贪心成为禁忌的观念。

事实上，只要追逐名利的世界一天不被毁灭，只要幸福一天不变得像空气那样唾手可得，人类就一天不能停止贪心。

那些虚伪的人，总视贪心为恶魔。但在我看来，打开我们贪心之锁，并不同于打开潘多拉盒子。释放出无时无刻不在跳动的贪心，就等于释放出了我们生命的潜能。我由一个周薪只有五美元的记账员到美国最富有的人，是贪心让我实现了这个奇迹。贪心是推动我创造财富的力量，正如它是推动社会演进的强大动力一样。

在我使用贪心一词时，你或许希望我把它换成抱负。不，我们都处在一个贪心的世界之中，我认为使用贪心比使用抱负更纯朴、更真实。纯朴是灵魂中一种正直无私的素质，它与真诚不同，比真诚更高尚。

在与山姆·安德鲁斯先生合办石油公司之初，我的贪心就在膨胀，每天晚上在睡觉前，我都在勉励自己：我要成为克利夫兰最大的炼油商，让流淌的油溪化成一捆捆的钞票，我要让每一个念头都服从于利益动机，帮我成为石油之王。在最初的那段日子里，我事必躬亲，终日劳碌。我指挥炼油，组织铁路运输，苦思冥想如何节省成本，如何扩大石油副产品市场。我永远忘不了那段让我忍饥挨饿、夜以继日奔波在外的日子。

我的儿子，命运要由自己去开创，真心希望的东西一定要想方设法去得到。成功与失败的间距并不像人们想象的那样，仅仅只在一念之间而已。成功就是看谁有强烈的贪心，谁具有这种力量，谁就能焕发并施展出自己的全部力量，尽力而为，超越自己。我前进的每一步都能让我感受到贪心的力量！贪心不仅能让一个人的能力发挥到极致，也逼得他献出一切，排除所有障碍，全力前进。

很多人都曾问我同一个问题："洛克菲勒先生，是什么支持你走上了财富之巅？"我不能表露真实心声，因为贪心为人们所不齿。然而事实上，支撑我成为一代巨富的支架，就是我唤起了我的贪心，并让它不断地膨胀。

每个人的内心都深藏着一颗活泼、灵敏、有力量的贪心。但你必须热爱它，告诉自己我要贪心，叮嘱自己我要，我要的更多，它才会出来玩耍，助你成功。

没有任何力量可以阻止我解禁贪心，因为我要追求成功。贪心之下实现的成功并非罪恶，成功是一种高尚的追求，如果能以高尚的行为去获得成功，对人类的贡献会远比贫困时所能做得更多，我做到了！

看一看今天我们所做的善举吧，将巨额财富投向教育、医学、教会和那些穷困的人，绝不是我一时心血来潮的个人施舍，那是一项伟大的慈善事业，世界正因为我的成功而变得美好。看来贪心很不错，更不是罪恶。

就此而言，如果那些说我贪心的人不是出于诋毁我的不良动机，我会欣然接受他们对我做出的如此评判。

约翰，我是我生命的重心，我知道什么适合我，所以我不在乎那些人说什么，我的心依然安宁。在有些人那里我似乎永远都是一个动机卑鄙的商人，即使我投资于惠泽民众的慈善事业，也会被他们视为一种诡计，怀疑我有追逐私利的动机，而丝毫看不到我无私的公益精神，更有甚者说我如此乐善好施是为什么赎罪，这真是滑稽。

我想非常真诚地告诉你，你的父亲永远不会让你感到羞愧，装在我口袋里的每一分钱都是干净的，巨额的财富，是对我超群的心智和强烈的事业心的一种回报。

今晚的夜色真美，每颗明亮的星星都似乎在说："干得好！约翰。"

爱你的父亲

第 34 封信

重视对手，勇于竞争

> 我喜欢胜利，但我不喜欢为追求胜利而不择手段。
> 不计代价获得的胜利不是胜利，丑恶的竞争手段让人
> 厌恶，那等于是画地为牢，可能以后永远无法逃脱。

1918.8.11

亲爱的约翰：

今天，在去打高尔夫球的路上，我遇到了久违的挑战：一个年轻人开着他那部时髦的雪佛兰高傲地超过了我的车子。他刺激了我这个老头子好胜的本性，结果他只能看我的车屁股了。这让我很高兴，就像我在商场上战胜了我的对手一样。

约翰，好胜是我永不磨损的天性，所以我说那些谴责我贪欲永无止境的人都错了，事实上我不喜欢钱，我喜欢的是赚钱，我喜欢的是胜利时刻的美好感觉。

　　当然，让别人输掉的感觉有时会触动我的恻隐之心，但是，经商是一场严酷的竞争，没有什么东西比设法迫使别人出局更无情的了，可是你只能想方设法战胜对手，否则被迫出局、接受悲惨命运的人就是你自己。有竞争出现的地方，都是这样。

　　坦率地说，我不喜欢竞争，但我努力竞争。每当遇到强劲的对手时，我心中好胜的本性就会燃烧，而当它熄灭时，我便收获了胜利和快乐。波茨先生就曾为我带来这种快感，而且非常巨大。

　　与波茨先生开战，源于我的一个错误，一个因好心而酿成的错误。在 20 世纪 70 年代，石油都集中在宾州西北部一个不大的地方，如果在那里建设一张输油管道网络，将所有油井连接起来，我只需要借助一个阀门，便可以控制整个油区的开采量，从而彻底独霸这一行业。可是我担心，用管道长途运输会引起与我合作的铁路公司的不安与恐惧，所以为维护他们的利益，我一直没有启动铺设输油管道的计划，更何况他们都曾帮助过我。

　　但是，那个曾经戏耍过我、又向我妥协了的宾州铁路公司此时却野心勃勃，他们努力想取代我，要将炼油业彻底置于他们的掌控之中。他们把油区两条最大的输油管道并入了自己的铁路网络，想借此扼住我们的咽喉。而肩负这一使命的人，就是宾州铁路的子公司帝国运输公司的总裁波茨先生。

　　坐视对手发展，哪怕是潜在对手的实力增强，都是在削弱自己的力量，甚至会颠覆自己的地位，我可没那么愚蠢。我的信念是抢在别人之前达到目的。我迅速起用精明强干的奥戴先生组建了美国运输公司，与帝国公司展开了一场自卫反击战。我们的努力获得了应有的回报，不出一年，我们控制了油区四成的石油运输业务，压制住了波茨先生的进攻。但这只是我与波茨先生较量的开始。

在这个世界上能出人头地的人，都是那些懂得去寻找自己理想环境的人，如果他们不能如愿，就会自己创造出来。

两年后，在宾州布拉德福又发现了一个新油田，奥戴先生迅速带领他的人扑向那个激起千万人发财梦想的地方，不分昼夜把输油管道铺向新油井。但开采油田的那帮家伙个个都很疯狂，毫无节制，恨不得一夜之间就把油全部采光，然后面带喜悦揣着钞票走人。所以，不管奥戴他们怎么努力，都无法满足运输和储存石油的需要。

我不想看到辛辛苦苦的采油商们自掘坟墓，毁灭自己，我请奥戴警告采油商，他们的开采能力已经远远超过了我们的运输能力，他们必须缩减生产量，否则，他们开采出来的黑金就将变成一文不值的黑土。但没有人接受我们的好意和忠告，更没有人欣赏我们的努力，反来声讨我们，说竟敢不运走他们的石油。

就在布拉德福德的采油商们情绪激动达到顶点的时候，波茨先生动手了。他先在我们的炼油基地——纽约、费城、匹兹堡向我示威，收购我们竞争对手的炼油厂。接着，又开始在布拉德福德抢占地盘，铺设输油管道，要将布拉德福德的原油运到自己的炼油厂。

我很欣赏波茨先生的胆量，更愿意接受他意欲撼动我在炼油业的统治地位而发起的挑战，但我必须将他赶出炼油行业。

我首先拜会了宾州铁路公司的大老板斯科特先生，我直言不讳地告诉他，波茨先生是个偷猎者，他正在闯入我们的领地，我们必须让他停下来。但斯科特非常固执，决心让波茨的强盗行为继续下去。我没有选择，我只能向这个强大的敌人应战。

首先我们终止了与宾铁的全部业务往来，我指示部属将运输业务转给一直坚定地支持我们的两大铁路公司，并要求它们降低运费，与宾铁竞争，削弱它的力量，同时命令关闭依赖帝国公司运输的所有在匹兹堡的炼油厂；随后指示所有处于与帝国公司竞争的己方炼油厂，以远远低于对方的价格出售成品油。宾铁是全美最大的运输公司，斯科特先生是握有运输大权的巨头，他们以前从未被征服并以此为荣。但在我立体、压迫式的打击下，他们只有臣服。

为与我对抗，他们忍痛给予我们竞争对手巨额折扣，换句话说，他们为别人服务还要付给别人钱。接着他们使出了不得人心的一招——裁减雇员、削减工资。斯科特和波茨没有想到，这很快招致了惩罚，愤怒的工人们为发泄不满，一把大火烧了他们几百辆油罐车和一百多辆机车，逼得他们只得向华尔街银行家们紧急贷款。结果，当年宾铁的股东们非但没有分得红利，而且股票价格一落千丈。他们与我决斗的结果，就是他们的口袋越来越干净。

波茨先生不愧是个军人，在你死我活的硝烟中拼出了上校的军阶，有着令人钦佩的不屈不挠的意志力，所以，在已经分出胜负的情况下，他还想继续向我战斗下去。同样有着军旅生涯的斯科特先生，尽管此前曾是最有统治欲、最独裁的实力派人物，但他更懂得什么叫识时务，他果断地低下了不可一世的脑袋，派人告诉我，非常希望讲和，停止炼油业务。

我知道，波茨上校想要证明自己是伟大的摩西，可惜他失败了，他彻底失败了。几年后，波茨放弃了与我对抗的欲望，这个精明又滑得像油一样的油商，成了我属下一个公司积极勤奋的董事。

傲慢通常会让人垮台。斯科特和波茨自以为出身高贵，一直目空一切，所以，成功驯服这些傲慢的倔驴，我的心都在跳舞。

约翰，我喜欢胜利，但我不喜欢为追求胜利而不择手段。不计代价获得的胜利不是胜利，丑恶的竞争手段让人厌恶，那等于是画地为牢，可能以后永远无法逃脱。即使赢得一场胜利，也可能失去以后再获胜的机会。而循规蹈矩并不表示降低了追求胜利的决心，而是表示用合乎道德的方式去赢得明确的胜利，也表示在这种限制下，全力公平、无情地追求胜利。我希望你能做到这一点。

爱你的父亲

第 35 封信
始终把部属放在第一位

薪水和奖金的确非常诱人，然而对一些人来说，金钱并不能激起他们为之效命的欲望，但给予重视却能达到这个目的。在我看来，每个人都渴望受到重视、赢得他人的尊重，希望自己的价值得到肯定，每个人的脖子上都挂着一幅无形的标志，上面写着：重视我！

1925.9.19

亲爱的约翰：

想象一下这样一个场景：一位交响乐团的指挥，准备让买票进场的观众欣赏一场高水准的演出，但是他却转身面向观众，留下音乐家们独自奋战、辛苦演奏，结果会怎么样？

是的！这注定是一场最糟糕的音乐会。因为指挥没把音乐家们放在眼里，后者就会用消极怠慢的态度来回应他，事情注定会搞得一团糟。

每个雇主都像是一位乐团的指挥，做梦都想激励、调动起所有雇员的力量，使之尽可能多地做出贡献，帮助他演奏出华丽乐章，让他赚到更多的钱。然而，对许多雇主而言，这注定是一场难以实现的梦，因为他们就像那位愚蠢的指挥一样，忘了善待雇员，以致轻松地关闭了雇员们情愿付出的大门。

同他们一样，我期望所有的雇员都能像忠实的仆人那样，全心全意为我做出更多的贡献。但是，我比他们聪明许多，我非但不会无视雇员的存在，反而会认真看待他们，准确地说，在我的脑子里始终把为我卖命的雇员摆在第一位。

坦白地说，我没有理由不善待那些雇员，是他们用双手让我的钱袋鼓了起来；我也没有理由不去感激他们，因为他们为我的事业做出了努力与牺牲，更何况我们这个世界本来就应该充满温情。

我爱我的雇员，我从不高声斥责、侮辱谩骂他们，也不会像某些富人那样在他们面前颐指气使、不可一世，我用温情、平等与宽容来对待我的雇员，所有这些合成一个词就叫"尊重"。尊重别人是满足我们道德感的需要，但我发现它还是激发雇员努力工作的有效工具。标准石油公司的每个雇员都为公司竭尽全力地工作，这一事实让我坚信：给予人们应得的尊重，他们就能彻底发挥他们的潜能。

人性最基本的一面，就是渴望获得慷慨。我本人克勤克俭，却从没忘了要慷慨地向他人施以援手。记得在那次经济大萧条时，我曾数次借债给那些走投无路的朋友，让他们的工厂和家人平安渡过了危机。而在我的记忆中，我从来没有催债和逼债的记录，因为我知道心地宽容的价值。

至于对雇员，我同样慷慨和体恤，我不但发给他们比任何一家石油公司都要高的薪金，还让他们享受退休金制度，这能保证他们老有所依。此外，我还给予他们每年约见老板要求为自己加薪的机会。我不否认，在付出慷慨的援助时，我怀有功利心，但我更知道我的慷慨将换来雇员生活水准的提升，而这恰恰是我的职责之一，我希望每一个为我做事的人都因我而富有。

雇主就是雇员的守护神，雇员的问题就是我的问题，我握有选择权，我可以选择忽略他们的需求，也可以选择满足他们的需求，但我喜欢选择后者。我总试图了解雇员需要什么，接着就想办法满足他们的需求。我不断询问他们两个问题："你需要什么？"和"我可以帮上什么忙？"我随时都在旁边关心他们。对我来说，这个职务最大的乐趣之一，就是我能为雇员提供一臂之力。

薪水和奖金的确非常诱人，然而对一些人来说，金钱并不能激起他们为之效命的欲望，但给予重视却能达到这个目的。在我看来，每个人都渴望受到重视、赢得他人的尊重，希望自己的价值得到肯定，每个人的脖子上都挂着一幅无形的标志，上面写着：重视我！

我无法想象一个人在工作或在家庭中不被重视的痛苦，我的目的是要让每个人在工作时都能如沐春风。所以，我就像个要侦查出破案线索的侦探，不停地搜索每个雇员引以为豪的才能。当我了解他们认为自己最值得重视的才能后，我就会给予他们重任。一个善于激励雇员做出最大贡献的雇主，要让雇员看到，追随或者效忠于你是有希望、有前途的，你要时刻提醒自己，给予重视、委以重任其实是能让雇员发挥工作热情的关键。

做和善、体贴的雇主，可以使雇员精力充沛，斗志昂扬。而对雇员时常表示谢意，似乎也很有作用。没有一位雇员会记得 5 年前得到的奖金，但是对雇主的赞美之词，有许多人会永远铭记在心，我会毫不吝惜向他们表达心中的感激之情。没有一件事的影响力，比及时而直接的感谢来得更为深远。

我喜欢在部属桌上留一张便条，上面写着我的感谢词。对于我一两分钟信手写来的感激之语，我可能早已不记得。但是我的感激之意却会产生鼓舞人心的效果，多少年后，他们还都能记得我这个慈爱的领导者留给他们的温暖鼓励，并视其为一个珍贵的箴言。一个简单的感谢申明，能够展现强大的力量，这就是一个很好的证明。

我绝对会认真看待我的部属，包括他们在工作和个人方面的问题。我了解每个人的能力毕竟有限，因此当我尽力为部属解决问题的同时，相对地，他们就可以做出更多的贡献。

约翰，现在你已经是一位领导者，你的成就来自你的领导能力，也来自雇员们的能力的发挥，我相信你知道该怎么做。

爱你的父亲

第 36 封信
成功的希望就在自己手中

从贫穷通往富裕的道路永远是畅通的，重要的是
你要坚信：我就是我最大的资本。你要锻炼信念，不
停地探究产生迟疑的原因，直到肯定取代了怀疑。你
要知道，连你自己都不相信的事情，你是无法达成的，
信念是带你前进的力量。

1926.5.29

亲爱的约翰：

昨天，就在昨天，我收到一个立志要成为富翁的年轻人的来
信。他在信中恳请我帮忙解答一个问题：他缺少资本，该如何去
创业致富？

他是想让我给他指明生命的方向，可是教诲他人似乎不是我
的专长，而我又无法拒绝他的诚恳，这真令人痛苦。但我还是回

信告诉他，你需要资本，但你更需要常识。常识比金钱更重要。

对于一个要去创业的贫寒子弟来说，他们常常因为资本匮乏而感到苦恼。如果他们再恐惧失败，他们就会表现得犹豫不决，以蜗牛般的速度缓慢行进，甚至止步于成功之路并永无出头之日，所以我在给那个年轻人的回信中特别提醒他："从贫穷通往富裕的道路永远是畅通的，重要的是你要坚信：我就是我最大的资本。你要锻炼信念，不停地探究产生迟疑的原因，直到肯定取代了怀疑。你要知道，连你自己都不相信的事情，你是无法达成的，信念是带你前进的力量。"

每一个渴望成功的人都应该认识到，成功的希望就隐藏在他自己身边。只要认识到这一点，他就能得到自己想要得到的东西。在信中我给那个年轻人讲了一个故事，我相信这个故事定将惠泽于他，乃至所有的人。

这个故事也是我从他人那里听来的，讲述这个故事的人是这样说的：

从前有个名叫阿尔·哈菲德的人，住在离印度河不远的地方。他拥有一大片兰花园，另外还有数百亩良田和繁盛的园林。他是个知足的人，而且十分富有——因为他很富有，所以他十分知足。有一天，一位老僧人来拜访他，坐在他的火炉边跟他说："你富有，你的生活舒适而安逸。但是，你如果拥有满满一手钻石，你就可以买下整个国家的土地；要是你能拥有一座钻石矿，你就可以利用这笔财富的影响力，把孩子送上王位。"

哈菲德听了老僧人这番极具诱惑力的话之后，当天晚上躺在床上，他仿佛变成了一个穷人——不是因为他失去了一切，而是他开始变得不满足，他开始觉得自己很贫穷；也因为他认为自己很贫穷，所以得不到满足。"我要一座钻石矿"的想法在他的脑海里萦绕不断，以致整晚都辗转难眠。第二天一大早他就跑去找那位僧人。

老僧人一大早就被叫醒，非常不高兴。但哈菲德完全不顾及这些，他满不在乎地对他说："你能告诉我什么地方可以找到钻石吗？"

"钻石？你要钻石做什么？"

"我想要拥有庞大的财富，"哈菲德说，"但我不知道哪里可以找到钻石。"

"哦，"老僧人明白了，他说，"你只要在山里找到一条在白沙上穿流的河，就可以在沙子里找到钻石。"

"你真的认为有这样一条河吗？"

"多得很，多得很呐！你只要出去寻找，一定会找到。"

"我会的。"哈菲德说。

于是，他卖掉农场，收回借款，把房子交给邻居看管，就出发寻找钻石去了。

哈菲德先是去了月光山区寻找，而后到了巴勒斯坦，接着又跑到欧洲，最后他花光了身上所有的钱，变得一文不值，并在遗憾中终结了一生。

在哈菲德死后不久，他的财产继承人拉着骆驼去花园喝水，当骆驼把鼻子伸到花园那清澈见底的溪水中时，那个继承人发现，在浅浅的溪底白沙中闪烁着奇异的光芒，他伸手下去，摸到一块黑石头，石头上面有一处闪亮的地方，发出了彩虹般的色彩。他将这块怪异的石头拿进屋子，放在壁炉的架子上，又继续去忙他的工作，完全忘记了这件事。

几天后，那个告诉哈菲德在哪里能找到钻石的老僧人来拜访哈菲德的继承人。当他看到架子上的石头发出的光芒，立即奔过去，惊讶地叫道："这是钻石！这是钻石！哈菲德回来了吗？"

"没有，他还没有回来，而且那也不是钻石，那不过是一块石头，是我在我家的后花园里发现的。"

"年轻人，你发财了！我认识钻石，这真的是钻石！"

于是，他们一起奔向花园，用手捧起溪底的白沙，发现许多比第一颗更漂亮、更有价值的钻石。

这就是人们发现印度戈尔康达钻石矿的经过。那是人类历史上最大的钻石矿，其价值远远超过南非的金佰利。英王皇冠上镶嵌的库伊努尔大钻石，以及那颗镶在俄皇王冠上的世界第一大钻石，都采自那座钻石矿。

约翰，每当我记起这个故事，我就不免为阿尔·哈菲德叹息，假如哈菲德能留在家乡，挖掘自己的田地和花园，而不是去异乡寻找，他也就不会沦为乞丐，贫困挨饿并在遗憾中过世。他本来就拥有遍地的钻石。

并非每一个故事都具有意义，但这个故事却给我带来了宝贵的人生教诲：你的钻石不在遥远的高山与大海之间，如果你决心去挖掘，钻石就在你家后院。重要的是要真诚地相信自己。

每个人都有一定的理想，这种理想决定着他的努力方向和价值取向。从这种意义上来说，我以为，不相信自己的人就跟窃贼一样，因为任何一个不相信自己而且未充分发挥自身能力的人，可以说是向自己偷窃的人；而且在这个过程中，由于创造力低落，他也等于是从社会中偷窃。由于没有人会从他自己那里故意偷窃，那些向自己偷窃的人，显然都是无意中偷窃了。然而这种罪状仍很严重，因为其所造成的损失，跟故意偷窃一样大。

只有戒除这种向自己偷窃的行为，我们才能爬向高峰。我希望那个渴望发财的年轻人，能思索出其中所蕴含的教诲。

爱你的父亲

第 37 封信

第二名与最后一名
没什么两样

很大程度上，人的境遇就像骑上一部脚踏车，你
只能向上、向前朝着目标移动，否则你就会摇晃跌倒，
永远不可能只停留在原地。

1931.3.15

亲爱的约翰：

"没有野心的人不会成就大事。"这是我那位汽车大王朋
友 —— 亨利·福特先生，昨天来看我时向我吐露的成功秘密。

我非常钦佩这个来自密歇根的富豪，他是一个执着而又坚毅
的家伙。他几乎与我有着同样的经历，做过农活儿，当过学徒，
与人合伙开办过工厂，通过不懈的奋斗最终让自己跻身于这个时

代全美最富有者的行列。

在我看来，福特先生是一个新时代的缔造者，没有任何一个美国人能像他那样，完全改变了美国人的生活方式。看看大街上来往穿梭的汽车，你就知道我绝不是在恭维他，他使汽车由奢侈品变为了几乎人人都能买得起的必需品，而他创造的奇迹也使自己变成了亿万富翁。当然，他也让我的钱袋鼓起了很多。

人活着就得有目标或野心，否则，就会像一艘没有舵的船，永远漂流不定，只会到达失望、失败与丧气的海滩。福特先生的野心超过了他的身高，他要缔造一个人人都能享用汽车的世界。这似乎难以想象，但他成功了，他成了全球小汽车市场的主人，并为福特公司赚得了惊人的利润，用这个家伙的话说，"那不是在制造汽车，那简直是在印刷钞票"。不难想象，既腰缠万贯，又享有"汽车大王"的盛誉，对此福特会是怎样的快乐。

福特创造的成就，证明了我的一个人生信条：财富与目标成正比。如果你胸怀大志、目标高远，你的财富之山就将直冲云霄，如果你只想得过且过，那你就只有沦为平庸之辈，以致一事无成，即使财富近在咫尺，你也只能获得一点点而已。在福特成功之前，有很多汽车制造商都比他有实力得多，但最后，他们当中破产的也大有人在。

人被创造出来是有目的的，一个人不是在计划成功，就是在计划失败。这是我一生的心得。

我似乎从不缺少野心，从我很小的时候开始，成为最富有的人，就一直是驱使我不断向前的抱负与梦想。对一个穷小子来说，这种梦想好像有些大。但我认为目标必须伟大才行，因为想要有成就，必须有刺激，伟大的目标能使你发挥全部的力量，也才会有更加强烈的刺激。失去刺激，也就等于失去了一股强大的推动你向前的力量。不要做小计划，因为它不能激励心灵，我经常这样提醒自己。

当然，成就伟大的机会并不像湍急的尼亚加拉大瀑布那样倾泻而下，而是慢慢地一次一滴。伟大与接近伟大之间的差异就是要领悟到，如果你期望伟大，你必须每天朝着目标努力。

但对于一个穷小子而言，如何才能将这个伟大的梦想变成触手可及的现实呢？难道去靠努力为别人工作来实现它吗？这是个愚蠢的主意。

我相信为自己勤奋工作会带来财富，但不相信努力为别人工作就一定成功。在我住进百万富翁大街前，我就发现在我身边，很多穷人都是工作最努力的人。现实就是如此残酷，不管雇员努力与否，替老板工作而变得富有的人少之又少。替老板工作所得的薪金，只能在合理预期的情况下让雇员活下去，尽管雇员可能会赚到不少钱，但变得富有却很难。

我一直视"努力工作定会致富"为谎言，从不把为别人工作当作积累可观财富的上策，相反，我非常笃信为自己工作才能富有。我采取的一切行动都忠于我的伟大梦想和为实现这一梦想而不断达成的各个目标。

在我离开学校、寻找工作的时候，我就为自己设定了一个目标：要到一流的公司去，要成为一流的职员。因为一流的公司会给我一流的历练，塑造我一流的能力，让我增长一流的见识，还会让我赚到一笔丰厚的薪金——那是开创我未来事业的资本，而这一切无疑是我通往成功之路的最坚实的基石。

当然，在大公司做事，能让我以大公司的方式思考问题，这点很重要。所以，我仰慕大公司，我要去的是高知名度企业。

这注定要让我吃些苦头。我先到了一家银行，很不走运，被拒绝了；我又去了一家铁路公司，结果仍是饮恨而归。当时的天气似乎有意要跟我作对，酷热难耐。但我不顾一切，继续不停地寻找。那段日子，寻找工作成了我唯一的职业，每天早上 8 点，尽我所能地把自己打扮一番，然后离开住地开始新一轮的预约面试。一连几个星期，我把列入名单的公司跑了一遍，结果仍一无所获。

这看起来很糟，不是吗？但没人能阻止你前进的道路，阻碍你前进的最大敌人就是你自己，你是唯一能永久阻止自己进行下去的人。我告诫自己：如果你不想让别人偷走你的梦想，那你就在被挫折击倒后立即站起来。我没有沮丧、气馁，连续的挫折反而更坚定了我的决心。我接着从头开始，一家一家地跑，有几家公司甚至让我跑了两三次。

这场不屈不挠的求职之旅终于在 6 个星期后的一个下午结束了，1855 年 9 月 26 日，我被休伊特—塔特尔公司雇用。

这一天似乎决定了我未来的一切。直到今天，每当我问起自己，要是没有得到那份工作会怎么样，我常常会浑身颤抖不停。因为我知道那份工作给我带来了什么，失去它我又将如何。所以，我一生都把 9 月 26 日当作"重生日"来庆祝，对这一天抱有的情感远胜过我的生日。

写到这儿，我自己都被自己感动了。

很大程度上，人的境遇就像骑上一部脚踏车，你只能向上、向前朝着目标移动，否则你就会摇晃跌倒，永远不可能只停留在原地。3 年后，我带着超越常人的能力与自信，离开了休伊特—塔特尔公司，与克拉克先生合伙创办克拉克—洛克菲勒公司，开始了为自己工作的历史。

盲目地努力工作很可能在付出巨大艰辛之后仍一无所获，但是，如果把替老板努力工作视为铸就有朝一日为自己效劳的阶梯，那无疑就是创造财富的开始。给自己当老板的感觉真是棒极了，简直无以言喻。当然，我不能总沉浸在年仅 18 岁就跻身贸易代理商行列的得意之中，我告诫自己："你的前程就系于一天天过去的日子，你的人生终点是全美首富，你距离那里还很远很远，你要继续为自己努力。"

做最富有的人，是我努力的依据和鞭策自己的力量。在过去的几十年中，我一直是追求卓越的信徒，我最常激励自己的一句话就是：对我来说，第二名跟最后一名没有什么两样。如果你理解了它，你就会认为，我以无可争辩的王者身份统治了石油工业也是在情理之中。

我们每一个人都生活在希望之中，但我更多的是生活在目标的实现过程中。我的人生目标就是要成为第一，这也是我设法制定并努力遵守的人生规划，我所付出的所有努力和行动，都忠于我的人生目标与人生规则。

命运赋予我们聪明的头脑和健硕的肌肉，不是让我们成为失败者，而是让我们成为伟大的赢家。20 年前的今天，联邦法院解散了我们那个欢乐的大家庭，但每当想起我创造的成就，我就兴奋不已。

伟大的人生就是征服卓越的过程，我们必须向这个目标前进，不怕痛苦，态度坚决，准备在漫长的道路上跌跤。

爱你的父亲

第 38 封信
冒险才能利用机会

不管我们做什么，乃至我们的人生，我们都必须
在冒险与谨慎之间做出选择。而有些时候，靠冒险获
胜的机会要比谨慎大得多。

1936.11.2

亲爱的约翰：

明天，也许等不到明天，就有一个人要过上富人生活了。报
上说他叫大卫·莫里斯，与美国独立战争时期的财政总监、费城
商业王子罗伯特·莫里斯先生同姓。他刚刚在赌场上交上了好运，
赢了一大堆钱。另外报上还说，他是一位赌场上的高手，同时登
出了这位赌徒的一句人生格言——"好奇才能发现机会，冒险才
能利用机会"。

你知道，我对嗜赌的人一向不以为然，但对这位先生却不能

不刮目相看，我甚至相信，以他这等近乎哲学家般的智慧和头脑，如能投身商界，他或许会成为一个职业上的成功者——一个优秀的赌徒。

我做如此带有欣赏性的假设，并不是说优秀的赌徒就会成为优秀的商人，事实上，我厌恶那些把商场视为赌场的人，但我不拒绝冒险精神，因为我懂得一个法则：风险越高，收益越大。而驰骋商海，对每一个人来说，都是生活提供给他的最伟大的历险活动。

我的人生轨迹就是一趟丰富的冒险旅程，如果让我找出哪一次冒险对我最具有意义、最关乎我的未来，那莫过于打入石油工业了。

在投资石油工业之前，我们的本行——农产品代销，也是做得有声有色，如果继续做下去，我完全有望成为大中间商。但这一切让那位安德鲁斯先生打破了，他是照明方面的专家，他告诉我："约翰，煤油燃烧时发出的光亮比任何照明油都亮，它必将取代其他的照明油。想想吧，约翰，那将是多么大的市场，如果我们的双脚能踩进去，那将是怎样的一个情景啊！"

我拥有的东西越多，力量就越大。机会来了，放走它不仅仅是金钱的损失，更是在削弱你在致富竞技场上的力量。我告诉安德鲁斯：我干！我们投资了 4000 美元，对我们来说那可是一大笔钱，我们做起了炼油生意。既然钱已经投下去了，我就不去考虑失败，尽管那个时候，石油在造就许多百万富翁的同时，它也在使更多人沦为穷光蛋。

我一头扎进炼油业，苦心经营。不到一年时间，炼油工作为我们赢得了超过农产品的利润，成为了公司第一大生意。在那一刻我意识到，是胆量，是冒险精神，为我开通了一条新的生财之道。

当时没有哪一个行业像石油业那样能令人一夜暴富，这样的前景大大刺激了我赚大钱的欲望，更让我看到了盼望已久、可以让我大展抱负的机会。我告诫自己："你一定要紧紧抓住它，它可以把你带到梦想之境。"

但我随后大举扩张石油业的经营战略，令我的合伙人克拉克先生大为恼怒。克拉克是一个无知、自负、软弱、缺乏胆略的人，他害怕失败，主张采取谨慎的经营策略，这与我的经营观念完全背离。在我眼里，金钱像粪土一样，如果你把它散出去，就可以做很多的事，但如果你要把它藏起来，它就会臭不可闻。克拉克不是一个好商人，他不知道金钱的真正价值。

当我们因重要的事情产生巨大分歧时，我们的合作也就走到了尽头。克拉克已经成了我成功路上的绊脚石，我必须踢开他——和他分手。这是一个重要时刻。

想获胜必须了解冒险的价值，而且必须有自己创造运气的远见。对我来说，与克拉克先生分手无疑是一场冒险，在我决定放开一切大举进入石油业之前，我必须确信石油不会消失。在那个时候，很多人都认为石油是一朵盛开的昙花，难以持久。我当然希望油源不会枯竭，可一旦没有了油源，那些投资将一文不值，我的下场可能连赌场上的赌徒都不如。但我收到的信息让我乐观，油源不会消失。是时候说分手了。

在向克拉克先生摊牌前，我先在私下把安德鲁斯先生拉了过来，我跟他说："我们要走运了，有一笔大钱在等着我们，那可是一笔大钱呐。我要终止与克拉克先生的合作，如果我买下他们的股份，你愿意和我一起干吗？"安德鲁斯没有让我失望。几天后，我又拉到几家支持我的银行结成联盟。

那年二月，在经过一系列准备之后，我向克拉克先生正式提出分手，尽管他很不情愿，但我去意已决。最后，我们大家商定把公司拍卖给出价最高的买主。

直到今天，一想起那次拍卖的情景，就让我激动不已，那感觉就像在赌场上赌钱一样，让人惊心动魄，全神贯注。那是一场豪赌，我押上去的是金钱，赌出来的却是人生。

公司从 500 美元起拍，很快就攀升到几千元，而后又慢慢爬到 5 万美元，这个价格已经超出了我对炼油厂的预估价值。但竞拍价格一直在上涨，开始突破 6 万美元，接着飙升到 7 万美元。这时我开始恐惧，我担心自己是否能买下这个公司——一个由我亲手缔造的企业，是否出得起那么多钱。但我很快镇静下来，我闪电般地告诫自己："不要畏惧，既然下了决心，就要勇往直前！"竞争对手报价 7.2 万美元，我毫不迟疑，报价 7.25 万美元。这时，克拉克先生站起来，大喊："我不再加了，约翰，它归你了！"

亲爱的约翰，那是决定我一生的时刻，它对我有着超乎寻常的意义。

当然，与克拉克先生的分手让我付出了高昂的代价，我把代理公司的一半股份和 7.25 万美元都给了克拉克，但我赢得的却是自由和光辉的未来。我成了自己的主人，自己的雇主，从此不再担心那些目光短浅的平庸之辈挡我的路。

在我 21 岁时，我就拥有了克利夫兰最大的炼油厂，已经跻身于世界最大炼油商之列，今天想来，这个每天能吃掉 500 桶原油的家伙，是我走向石油霸主之路、征服石油王国的利器。感谢那场竞拍，它是我获得人生成功的开始。

几乎可以确定，安全第一不能让我们致富，要想获得报酬，总是要接受随之而来的必要的风险。人生又何尝不是这样呢？

你无法做到永远维持现状，不进则退，事情就是这么简单。我相信，谨慎并不是完美的成功之道。不管我们做什么，乃至我们的人生，我们都必须在冒险与谨慎之间做出选择。而有些时候，靠冒险获胜的机会要比谨慎大得多。

商人都是利润与财富的追逐者，要靠创造资源和取得他人的资源、甚至逼迫他人让出资源来使自己富有，所以，冒险是商人征战商场不可或缺的手段。

如果你想知道既冒险而又不招致失败的技巧，你只需要记住一句话：大胆筹划，小心实施。

爱你的父亲

经典教育

犹太人
教子枕边书

李旭影 ◎ 编著

吉林出版集团股份有限公司
全国百佳图书出版单位

图书在版编目（CIP）数据

犹太人教子枕边书 / 李旭影编著 . —— 长春 : 吉林
出版集团股份有限公司 , 2021.1

（经典教育）

ISBN 978-7-5581-9602-7

Ⅰ . ①犹… Ⅱ . ①李… Ⅲ . ①犹太人 - 家庭教育
Ⅳ . ① G78

中国版本图书馆 CIP 数据核字 (2020) 第 270183 号

前　言

犹太民族一直以人才辈出而闻名于世界。伟大的政治思想家马克思、无产阶级革命导师列宁、著名心理学家弗洛伊德、伟大科学家爱因斯坦、西班牙画家毕加索、英国经济学家大卫·李嘉图、美国石油大王洛克菲勒、金融大亨索罗斯、华尔街金融巨头摩根……这些在各领域成就辉煌、享誉国际的名人都是犹太裔。犹太人自称是"上帝的选民"，从某种程度上说，这并不是自大。二战后，美国诺贝尔奖的获得者大约有一半是犹太人，从诺贝尔奖设立以来，全世界的获奖者中大约有22%是犹太人，而从人口总数来看，全世界犹太人最多的时候只有1500万。可见犹太人非凡的创造力。

在从小教育孩子尊重知识的同时，犹太人更注重培养孩子的智慧。犹太人家庭的孩子，小时候几乎都要回答这个问题："假如有一天你的房子被烧毁了，你的财产被抢光了，你将带着什么东西逃命呢？"如果孩子回答是金钱和珠宝，母亲就会十分耐心地告诉孩子："孩子，你要带走的不是金钱也不是珠宝，而是智慧。因为智慧是任何人都无法抢走的，你只要活着，智慧就永远伴随着你。"这样富有智慧的观念深深扎根在犹太人的心中。随着社会的进步，人们对教育尤其是素质教育越来越重视，作为孩子的家长更是关心孩子的成长。对于正在成长中的孩子来说，如何去设计、创造未来的成长之路，从很大程度上来讲，决定权掌握在孩子的父母手中。正如一句名言说的那样："与其说国家的命运掌握在政治家手里，不如说国家的命运掌握在父母手里，推动摇篮的手也在推动人类的未来。"家庭是人生的第一所学校，父母是子女的第一任老师。父母对孩子的家庭教育，将会影响孩子的一生。"他山之石，可以攻玉。"犹太人家庭教育的成功经验，正值得我们每一个中国父母学习和借鉴，也是当前我们家庭素质教育的最好参考。

为了给广大中国父母提供一册优秀的教子读本，我们精心编写了这本《犹太人教子枕边书》，从真爱、品质、信念、习惯、求知、交友、金钱等方面全面而系统地总结了犹太人家庭教育的精髓，没有泛泛的理论堆砌，而是从头到尾都由引人入胜的有关犹太人的故事所组成，故事所要表达的思想直接、鲜明地体现了犹太人独特的家庭教育理念。经过时间的历练和成功的实践，这些教育理念已经成为最有效、最受欢迎的教育宝典。全球已有数百万家长和他们的孩子从中受益，相信聪明的父母一定能从书中发现适合自己孩子的完美教育指南，让孩子成为德才兼备的有用之材。这是一部科学教子的真经，培养孩子的品质，让他们由平凡走向杰出；这是一份成功人生的向导，熏陶孩子的灵魂，让他们由普通变得卓越——它是您枕边、案头不可或缺的教子读本。

目　录

第六卷　习惯：决定未来的力量

第七卷　情谊：与人为善，广交朋友

第八卷　进取：塑造完美的自我

第九卷　勤奋：重视人生的奋斗

第十卷　学习：孜孜以求的求知精神

第一卷　真爱：成就明天的源泉

布朗尼蛋糕

> 教育孩子要尊重孩子自己的选择，而不能把自己的意志强加给孩子，要求他们做自己不愿做的事，成为自己不愿成为的人。

罗伊先生是犹太民族中的传奇人物之一，他赤手空拳、艰苦奋斗，成为一名成功的金融家。

罗伊先生40岁时有了独子雷特。因为罗伊先生经历过贫困和艰苦的生活，所以，他愿意给儿子创造一个优越的生活环境，让其顺利地成长为一个卓越不凡的人。

雷特6岁时，罗伊先生问儿子："长大以后你希望做什么呢？"当时雷特刚刚获得了一个儿童绘画大奖，罗伊先生特意推掉事先计划好的商务会谈，父子俩一起到酒店庆祝。小圆桌上摆着香喷喷的甜点，雷特嘴巴塞得满满的，眨巴着眼睛对父亲嘟囔道："我想当个糕点师，给您做最棒的布朗尼蛋糕。"罗伊先生被逗乐了，顺着话头夸了儿子几句，但打心眼里没把儿子的回答当真。

时光荏苒，天真的小雷特已长成一个英俊少年，他是学校里最出类拔萃的学生。高中快毕业的时候，学校的老师和罗伊先生的朋友热情地为雷特推介了许多优秀的高等学府，甚至有些大学提前给他寄来了报考材料。

罗伊先生把所有资料交给儿子，微笑着对他说："一切由你自己决定。"但雷特却出人意料地推开那些东西，笃定地说："我想考烹饪学院，以后当一名很棒的糕点师。"

罗伊先生的微笑有点僵硬了，他回忆起儿子当年说过的话，看来那不是孩子气。平心而论，罗伊先生觉得自己并不是一个想把自己的意愿强加给儿子的父亲，多年来，他一直给儿子最大的自由，但他不曾料到会是这样一个结果。

面对优秀的儿子，他即使从不苛求儿子去做他金融帝国的继承者，但也希望儿子成为某个领域里的优异者，比如医生、艺术家、学者等，而糕点师算什么？

心里这样思忖，但罗伊先生的脸上很是平静，他拍了拍雷特的肩膀说："啊，这个理想有点特殊，那就好好干吧。"

不久，雷特踌躇满志地报考了3所烹饪学院。可接踵而来的都是坏消息，那些学院无一例外地拒绝了雷特，不仅因为他的考试成绩不理想，甚至有的专业老师给他下了"缺乏烹饪资质"的评语。

这对一直一帆风顺的雷特实在是个不小的打击，他把自己关在屋子里好些天。一天夜晚，他沮丧地打开房门，看见父亲就站在门外，脸上满是怜惜。罗伊先生朝儿子伸出双臂轻声说："来吧，一切都会过去的。"雷特扑向父亲温暖的怀抱，伤心地哭泣起来。而罗伊先生紧紧抱住儿子，他很清楚，儿子哭过之后，一切都会过去的。果然，翌日，雷特主动向罗伊先生要回了当初推掉的那些高等学府的资料。

几年以后，雷特以优异的成绩从大学毕业，然后进了罗伊先生的公司工作。好像有先天遗传似的，雷特不仅很快熟悉了金融业务，而且以他的才能很快在业内崭露头角。

有这样一个出色的儿子，罗伊先生高兴得能从梦里笑醒。但是，在另一方面，他又凭着父亲的敏感察觉到雷特身上的某种忧郁。为什么呢？他想不透，也找不出理由。

毕竟岁月不饶人，罗伊先生病倒了，是老年人常见的心脏病。虽然不严重，但医生还是叮嘱他卧床休养。

休养的第三天晚上，罗伊先生悄悄从床上爬起来，打算到楼下找几份报纸。那是周末，家里的佣人都回了家。可是，厨房里却透出灯光，还有轻微的动静。罗伊先生蹑手蹑脚地走过去，看见儿子雷特正有条不紊地将奶油、巧克力、香草精、新鲜鸡蛋分类化开、混合，又将雪白的面粉和苏打粉一起均匀搅拌，然后倒入模具放进电烤箱。他的动作娴熟又专注，仿佛在创作一件艺术品。

"嗨，你在干什么？"罗伊先生好奇地问，他从不知道儿子还会这么一手。雷特回头看了一眼父亲，回答说："我在给您做一块布朗尼蛋糕。"

过了一会儿，雷特从烤箱里拿出烘焙好的布朗尼蛋糕。棕色的糕体散发着巧克力香味，看上去松软可爱。雷特捧着蛋糕，朝父亲顽皮地鞠个躬，脸上洋溢着得意的笑容。

那笑容是罗伊先生很久不曾看见的。他记起儿子孩提时的理想，当年那个小毛孩子的脸上不就是洋溢着如此灿烂的笑容吗？可是后来……

罗伊先生的眼睛湿润起来，他接过蛋糕，认真地问雷特："这么多年，你工作得并不快乐，对不对？"雷特怔了一下，并不正面回答，只是道："可我一直干得很出色。"罗伊先生低头咬了一口布朗尼蛋糕，细细地咀嚼半天，最后说："我一直为拥有一个出色的儿子自豪，但是吃了你亲手做的布朗尼蛋糕，我才发现，原来拥有一个快乐的儿子更重要。"

说罢，罗伊先生带着儿子到书房，他从保险柜里拿出当年雷特考烹饪学院的成绩单，全是优秀——当时是他用金钱提供了那些不合格的成绩。

书房门在父子俩身后关上，没有人知道那晚究竟发生了什么。不过，第二天雷特就宣布辞去公司所有职务。几个月后，罗伊先生向许多朋友发出了晚会邀请，请柬上没有说明缘由。所有人都没想到，晚会上，罗伊先生微笑着向众人宣布："今天请诸位来，是庆祝我的儿子雷特正式经营一家糕点店，他能做出世界上最棒的布朗尼蛋糕……"

望子成龙，给孩子设定宏伟的蓝图，是许多家长乐此不疲的事。在此，我们确实都要感谢父母对我们的关爱。但正如故事中所说的，智慧的犹太人能让孩子做自己喜欢的"布朗尼蛋糕"，因为那样，孩子才能真正得到快乐。

打开窗户，但别开错了

我们在人生道路上遭遇失败，或许是因为我们"开错了窗户"，试一试打开另一扇窗户吧，或许成功的阳光霎时就会把我们的心灵照亮。

19世纪末在法国犹太人中流传着这样的一个故事：

两个小女孩在阳台上跑来跑去，乐此不疲。

妈妈问她们在干什么，小女孩说："屋子里太暗，我们想拿点阳台上的阳光进来。"

妈妈乐了，站在一旁看两个可爱的小家伙如何完成这件事。她们先撩起衣襟，等阳光落在衣襟里，便飞快地把衣襟包起来，然后跑进屋，打开衣襟，却发现什么也没有。她们又找出簸箕和扫把，姐妹俩一个扫，一个盛，依然没把阳光弄进来。她们想，阳光大概也喜欢零食吧，也喜欢玩具吧，于是分头将好吃的、好玩的，都摆在阳台上。阳光果然落了零食和玩具上，她们乐了，过了一会儿又将零食和玩具移到屋子里，她们想阳光也许会像小花狗一样跟进来。

折腾了大半天，妹妹问姐姐："太阳真的不饿吗？真的不喜欢做游戏吗？"

姐姐想了一会儿说："它肯定也饿，也想玩游戏，但它就是不肯进屋子来。"

妈妈这时候笑着说："你们知道太阳为什么不肯进屋子来吗？"

姐妹俩都表示不知道。妈妈接着说："太阳也怕黑。你们如果打开屋子的窗户，让屋子亮起来，太阳就会进来了。"姐妹俩高兴极了，飞快地跑去开窗户。打开窗户，阳光没有进来，小女孩却趴在窗户上大哭起来。妈妈凑近一看，楼底下花园里，几个人正在捕杀女儿的小花狗。是的，作为妈妈她也无法阻止这件事，因为狂犬病实在来势凶猛，政府已下令捕杀这个城市中所有的狗。

妈妈把哭泣的女儿抱到一边，怜爱地说："宝贝，你们开错了窗户。"

她牵着女儿的手，来到另一扇窗前并打开它，屋子里顿时布满阳光。

如果你初为人母，或者初为人师，你不觉得故事中的"妈妈"是智慧的吗？如果你对一切满怀抱怨，对生活充满了沮丧，那你不觉得应该"打开心灵的窗户，让阳光驱散你心中的黑暗"吗？如果你在人生的道路上屡屡失败，正在伤心绝望、准备放弃时，你不觉得你"开错了窗户"吗？这时候你应该果断地打开另一扇窗户，因为成功往往在失败的旁边——而不仅仅是前面。

回家

家庭是最温暖的地方，我们要以自己的实际行动教育孩子，用真心加耐心去呵护家庭的幸福。

科尔在机场等着接一个朋友时，他正在从空桥走出的旅客中找朋友，却注意到一个男人带着两个轻便的袋子向前迎着他的家人走去。

他放下袋子后先走向他最小的儿子（可能是6岁），并给了对方一个长久的拥抱。放开时两个人互望着对方，科尔听到这位父亲说："能见到你实在太好了，儿子，我实在好想你。"儿子笑得很羞涩，眼神有点闪躲，只是轻轻地回答："我也是，爸爸！"

然后男子站直，注视着大儿子（也许9或10岁），把儿子的脸捧在手心里说道："你已经是个年轻小伙子啦！我亲爱的柴克！"接着他也给了对方一个温暖又温柔的拥抱。这时，一个小女孩（可能是一岁多）开始在她母亲怀里兴奋地蠕动着，她从没把她小小的眼眸从她归来的父亲那张神奇的脸上移开，男子说道："嗨，小姑娘。"当他从妻子手中温柔地接过女儿时，很快地把女儿的小脸都亲了个遍，又把她贴近自己的胸膛摇啊摇，小女孩很快就放松了，满足地把头静静地靠在父亲肩上。

过了一会儿，他牵着小儿子和大儿子的手宣布："我把最好的留在最后。"然后给了他的妻子一个科尔从未看过的最长、最热情的吻，男子深情地望着妻子，然后静静地说："我好爱你。"

他们凝视着对方的眼睛，握着彼此的手相视而笑。那一刻，科尔觉得他们是新婚夫妻，但根据他们孩子的年龄判断，又不太可能，科尔被眼前发生的一切感动了，科尔不禁问道："你们结婚多久啦？"

"在一起14年，结婚12年了。"他顺口答道，眼睛还是盯着他亲爱的妻子不放。

"那么，你离开多久了呢？"科尔继续问道。这男人终于转了过来，看着他，露出愉悦的微笑，答道："整整两天。"

两天？科尔着实吃了一惊，以这般热烈的欢迎仪式看来，他几乎已认定男子离开了几个月。

科尔轻轻叹了一声，说道："我希望我的婚姻在12年后还能像你们那般热情！"

这男人马上收敛了笑容，直直地看着科尔，说："别只是希望，朋友，要下决心。"

科尔一直看着这个特殊的家庭走出自己的视线。科尔的朋友走到他身边时问道："你在看什么？"科尔毫不迟疑、坚定地回答他："我的未来！"

《塔木德》中说：幸福生活的获得有时候就像在酿酒，想要酿造出那愈久弥香的美酒，并不仅仅是希望，还需要有耐心操作淘米、蒸料、麦芽糖化、制酒曲、发酵等每一道工序的决心，因为稍有一两道工序疏忽，便会前功尽弃。家庭幸福的常青树是需要我们用真心加耐心呵护的！

嫉妒是人生的毒药

对于心怀嫉妒的人而言，折磨他的不仅是自己的失败和挫折，还有别人的成功和幸福。在这内外交加的双重折磨中，嫉妒者亲手毁掉了自己的一生。

在远古时代，有个国王与约瑟的领地相邻，国王饲养了一群象。象群中，有一头象长得很特殊，全身白皙，毛柔细光滑。后来，国王将这头象交给一位驯象师照顾。这位驯象师不只照顾它的生活起居，还很用心教它。这头白象十分聪明、善解人意，过了一段时间之后，他们之间的配合已经非常默契。

有一年，这个国家举行一个大庆典。国王打算骑白象去观礼，于是驯象师将白象清洗、装扮了一番，在它的背上披上一条白毯子后，交给国王。

国王就在一些官员的陪同下，骑着白象进城看庆典。由于这头白象实在太漂亮了，民众都围拢过来，一边赞叹、一边高喊着："象王！象王！"这时，骑在象背上的国王，觉得所有的光彩都被这头白象抢走了，心里十分生气、嫉妒。他很快地绕了一圈后，就不悦地返回王宫。一入王宫，他问驯象师："这头白象，有没有什么特殊的技艺？"驯象师问国王："不知道国王您指的是哪方面？"国王说："它能不能在悬崖边展现它的技艺呢？"驯象师说："应该可以。"国王说："好。那明天就让它在悬崖上表演。"

隔天，驯象师依约把白象带到那处悬崖。国王说："这头白象能以三只脚站立在悬崖边吗？"驯象师说："这简单。"他骑上象背，对白象说："来，用三只脚站立。"果然，白象立刻就缩起一只脚。

国王又说："它能两脚悬空，只用两脚站立吗？""可以。"驯象师就叫它缩起两脚，白象很听话地照做。国王接着又说："它能不能三脚悬空，只用一脚站立？"

驯象师一听，明白国王存心要置白象于死地，就对白象说："你这次要小心一点，缩起三只脚，用一只脚站立。"白象也很谨慎地照做。围观的民众看了，热烈地为白象鼓掌、喝彩！

国王愈看，心里愈不平衡，就对驯象师说："它能把后脚也缩起，全身悬空吗？"

这时，驯象师悄悄地对白象说："国王存心要你的命，我们在这里会很危险。你就腾空飞到对面的悬崖吧。"不可思议的是，这头白象竟然真的把后脚悬空飞起来，载着驯象师飞越悬崖，进入约瑟的领地。

约瑟领地里的人民看到白象飞来，全都欢呼了起来。约瑟很高兴地问驯象师："你从哪儿来？为何会骑着白象来到我的国家？"驯象师便将经过一一告诉约瑟。约瑟听完之后，叹道："人为何要与一头象计较并嫉妒它呢？"

人生在世，一定要有一颗平静和睦的心，切不可心怀嫉妒。俗话说："己欲立而立人，己欲达而达人。"别人有所成就，我们不要心存嫉妒，应该平静地看待别人所取得的成功，这是拥有幸福人生的秘诀！嫉妒是一种卑下的情感，嫉妒会使人失去理智，甚至造成不可估量的损失。而对于嫉妒者的中伤，最妙的回击是置之一笑。

母亲给出的答案

当孩子遭遇失败时，他们需要的不是生硬的说教，更不是指责，而是正面的鼓励和耐心的引导。

有个犹太孩子对一个问题一直想不通：为什么他的同桌想考第一就考了第一，而自己想考第一却只考了全班第二十一名？

回家后他问妈妈："妈妈我是不是比别人笨？我觉得我和他一样听老师的话，一样认真地做作业，可是，为什么我总比他落后？"妈妈听了儿子的话，感觉到儿子开始有自尊心了，而这种自尊心正在被学校的排名伤害着。她望着儿子，没有回答，因为她不知道怎样回答。

又一次考试后，孩子考了第十七名，而他的同桌还是第一名。回家后，儿子又问了同样的问题。她真想说，人的智力确实有三六九等，考第一的人，就是比一般人聪明。然而这样的回答，难道是孩子真想知道的答案吗？她庆幸自己没说出口。

应该怎样回答儿子的问题呢？有几次，她真想重复那几句被上万个父母重复了上万次的话——你太贪玩了；你在学习上还不够勤奋；你和别人比起来还不够努力……来搪塞儿子，哪怕一次。然而，像她儿子这样脑袋不够聪明、在班上成绩不甚突出的孩子，平时活得还不够辛苦吗？所以她没有那么做，她想为儿子的问题找到一个完美的答案。

儿子小学毕业了，虽然他比过去更加刻苦，但依然没有赶上他的同桌，不过与过去相比，他的成绩一直在提高。为了对儿子的进步表示奖励，她带他去看了一次大海。就是在这次旅行中，这位母亲回答了儿子的问题。

现在这位做儿子的再也不担心自己的名次了，也再没有人追问他小学时成绩排第几名，因为他去年以全校第一名的成绩考入了国际一流大学。寒假归来时，母校请他给同学及家长们做一个报告。其中他讲了小时候的一段经历："我和母亲坐在沙滩上，她指着前面对我说：'你看那些在海边争食的鸟儿，当海浪打来的时候，小灰雀总能迅速地起飞，它们拍打两三下翅膀就升入天空；而海鸥总显得非常笨拙，它们从沙滩飞入天空总要很长时间。然而，真正能飞越大海横过大洋的还是海鸥。'"这个报告使得很多母亲流下了眼泪，其中包括他自己的母亲。多年之后，这个儿子所取得的成就更是让母亲流下了欣慰的眼泪，他就是著名哲学家哈耶克。

孩子的成功并非仅在于母亲的答案告诉了他持之以恒的重要性，还有他所体会到的母亲答案中传递的爱和支持，母亲是用她的答案宣告她对孩子的信心和对孩子自尊的维护。我们不妨相信是爱让这个世界转动！

你总会和我在一起

我们每个人都是平凡的，然而当我们拥有爱并发挥出爱的力量时，却可以超越平凡。正是爱激活了沉睡的生命。

1989 年发生在美国洛杉矶一带的大地震，在不到 4 分钟的时间里，使 30 万人受到伤害。

在混乱和废墟中，一个年轻的犹太父亲安顿好受伤的妻子后，便冲向他 7 岁儿子上学的学校。他眼前，那个昔日充满孩子们欢声笑语的漂亮的三层教学楼，已变成一片废墟。

他顿时感到眼前一片漆黑，大喊："阿曼达，我的儿子！"跪在地上大哭了一阵后，他猛地想起自己常对儿子说的一句话："不论发生什么，我总会跟你在一起！"他坚定地站起身，向那片废墟走去。

他知道儿子的教室在楼的一层左后角处。他疾步走到那里，开始动手。

在他清理挖掘时，不断地有孩子的父母急匆匆地赶来，看到这片废墟，他们痛哭并大喊："我的儿子！""我的女儿！"哭喊过后，他们绝望地离开了。有些人上来拉住这位父亲说："太晚了，他们已经死了。"这位父亲双眼直直地看着这些好心人，问道："谁愿意来帮助我？"没有人给他肯定的回答，他便埋头接着挖。

救火队长挡住他："太危险了，随时可能起火爆炸，请你离开。"

警察走过来："你很难过，难以控制自己，可这样不但不利于你自己，对他人也有危险，马上回家去吧。"

这位父亲总是只有一句话："谁愿意帮助我？"

人们都摇头叹息着走开了，都认为这位父亲因失去孩子而精神失常了。

而这位父亲心中只有一个念头："儿子在等着我。"

他挖了 8 小时、12 小时、24 小时、36 小时，没人再来阻挡他。他满脸灰尘，双眼布满血丝，浑身破烂不堪，到处是血迹。到第 38 小时，他突然听见底下传出孩子的声音："爸爸，是你吗？"

是儿子的声音！父亲大喊："阿曼达！我的儿子！"

"爸爸，真的是你吗？"

"是我，是爸爸！我的儿子！"

"我告诉同学们不要害怕，说只要我爸爸活着就一定会来救我，也就能救出大家。因为爸爸说过：'不论发生什么，我总会和你在一起！'"

"你现在怎么样？有几个孩子活着？"

"我们这里有 14 个同学，都活着，我们都在教室的墙角，房顶塌下来架了个大三角形，我们没被砸着。"

父亲大声向四周呼喊："这里有 14 个孩子，都活着！快来人！"

过路的几个人赶紧上前来帮忙。

50分钟后，一个安全的小出口被开辟出来。

父亲声音颤抖地说："出来吧！阿曼达。"

"不！爸爸。先让别的同学出去吧！我知道你会跟我在一起，我不怕。不论发生了什么，我知道你总会和我在一起。"

这对了不起的父子在经过巨大灾难的磨砺后，无比幸福地紧紧拥抱在一起。

这是一对平凡的犹太父子在生死考验时所表现出的真挚感情，所展现出来的深切信任，所收获的巨大幸福。还有什么比这让我们更相信这个世界，更相信我们周围，更相信我们自己在这种爱的包围下所拥有的能量，所创造的奇迹呢？我们是平凡的，但我们又是不平凡的，当我们拥有爱！

苹果的两种分法

母亲对孩子的成长有着至关重要的影响。作为母亲，要教育孩子从小诚实地说出自己的心声，而不是为了达到目的伪装欺骗。

一个人一生中最早受到的教育来自家庭，来自母亲对孩子的早期教育。美国一位著名犹太心理学家为了研究母亲对人一生的影响，在全美选出50位成功人士，他们都在各自的行业中获得了卓越的成就，同时又选出50位有犯罪记录的人，分别去信给他们，请他们谈谈母亲对他们的影响。有两封回信给他的印象最深，一封来自白宫一位著名人士，一封来自监狱一位服刑的犯人。他们谈的都是同一件事：小时候母亲给他们分苹果。

那位来自监狱的犯人在信中这样写道：

小时候，有一天妈妈拿来几个苹果，红红的，大小各不同。我一眼就看见中间的一个又红又大的苹果，十分喜欢，非常想要。这时，妈妈把苹果放在桌上，问我和弟弟：你们想要哪个？我刚想说想要最大最红的一个，这时弟弟抢先说出我想说的话。妈妈听了，瞪了他一眼，责备他说：好孩子要学会把好东西让给别人，不能总想着自己。

于是，我灵机一动，改口说："妈妈，我想要那个最小的，把大的留给弟弟吧。"

妈妈听了，非常高兴，在我的脸上亲了一下，并把那个又红又大的苹果奖励给我。我得到了我想要的东西，从此，我学会了说谎。以后，我又学会了打架、偷、抢，为了得到想要得到的东西，我不择手段。直到现在，我被送进监狱。

那位来自白宫的著名人士是这样写的：

小时候，有一天妈妈拿来几个苹果，红红的，大小各不同。我和弟弟们都争着要大的，妈妈把那个最大最红的苹果举在手中，对我们说："这个苹果最大最红最好吃，谁都想要得到它。很好，现在，让我们来做个比赛，我把门前的草坪分成三块，我们三人一人一块负责修剪，谁干得最快最好，谁就有权得到它！"

我们三人比赛除草，结果，我赢了那个最大的苹果。

我非常感谢母亲，她让我明白一个最简单也最重要的道理：想要得到最好的，就必须努力争第一。她一直都是这样教育我们，也是这样做的。在我们家里，你想要什么好东西都要通过比赛来赢得，这很公平，你想要什么，想要多少，就必须为此付出多少努力和代价！

推动摇篮的手，就是推动世界的手。母亲是孩子的第一任教师，你可以教他说第一句谎话，也可以教他做一个诚实的永远努力争第一的人。正如《塔木德》上所说：世界上一切光荣和骄傲都来自母亲。

第二卷　品质：美好人生的基石

摆脱不了诱惑

诱惑之所以存在，是因为我们的人性中存在着贪婪的弱点。因此，我们要教育孩子从小锤炼正直的品德，不为小利所动，这样才不会误入歧途。

1856 年，亚历山大商场发生了一起盗窃案，共失窃 8 只金表，损失 16 万美金，在当时，这是相当庞大的数目。

就在案子尚未侦破前，有个纽约来的犹太商人到此地批货，随身携带了 4 万美元现金。当他到达入住的酒店后，先办理了贵重物品的保存手续，接着将钱存进了酒店的保险柜中，随即出门去吃早餐。

在咖啡厅里，他听见邻桌的人谈及此事，他们还说有人用 1 万美元买了两只金表，转手后即净赚 3 万美元，其他人纷纷投以羡慕的眼光说："如果让我遇上，不知道该有多好！"

然而，商人听到后，却怀疑地想："哪有这么好的事？"

到了晚餐时间，金表的话题居然再次在他耳边响起，等到他吃完饭，回到房间后，忽然接到一个神秘的电话："你对金表有兴趣吗？老实跟你说，我知道你是做大买卖的商人，这些金表在本地并不好脱手，如果你有兴趣，我们可以商量看看，品质方面，你可以到附近的珠宝店鉴定，如何？"

商人听到后，不禁心动，他想这笔生意可获取的利润比一般生意优厚许多，所以他便答应与对方会面详谈，结果以4万美元买下了传说中被盗的8只金表中的3只。

但是第二天，他拿起金表仔细观看后，觉得有些不对劲，于是他将金表带到熟人那里鉴定，没想到鉴定的结果是，这些金表居然都是假货，全部只值2000美元而已。直到这帮骗子落网后，商人才明白，打从他一进酒店存钱，这帮骗子就盯上了他，而他一整天听到的金表话题，也是他们故意安排设计的。

贪婪自私的人往往目光如豆，所以他们只瞧见眼前的利益，看不见身边隐藏的危机，也看不见自己生活的方向。贪欲越多的人，往往生活在日益加剧的痛苦中，一旦欲望无法获得满足，他们便会失去正确的人生目标，陷入对蝇头小利的追逐。不想自陷于危险之中，我们便要开阔自己的视野，打开心胸，如此才能看见前方的美丽风景。

宝贵的回报

无私的奉献往往会让我们得到意想不到的回报。

荷兰的一个小渔村里，曾经有位勇敢的犹太少年以实际行动，让全世界的人们懂得了什么是"无私奉献的报偿"。

那是一个漆黑的夜晚，巨浪击翻了一艘渔船，船员们的性命危在旦夕。他们发出了求救信号，而救援队的队长正巧在岸边，听见了警报声，便紧急召集救援员，立即乘着救援艇冲入海浪中。

当时，忧心忡忡的村民们全部聚集在海边祷告，每个人都举着一盏提灯，以便照亮救援队返家的路。

一个小时之后，救援艇冲破了浓雾，向岸边驶来，村民们喜出望外，欢声雷动，当他们精疲力竭地跑到海滩时，却听见队长说："因为救援艇的容量有限，无法搭载所有遇难的人，无奈只得留下其中的一个人。"

原本欢欣鼓舞的人们，听见还有人危在旦夕，顿时都安静了下来，所有人的情绪再次陷入慌乱与不安中。

这时，来不及停下喘息的队长开始组织另一队自愿救援者，准备前去搭救那个最后留下来的人。

16 岁的汉斯立即上前报名，然而，他的母亲听到时，连忙抓住他的手，阻止说："汉斯，你不要去啊！10 年前，你的父亲在海难中丧生；而 3 个星期前，你的哥哥保罗出海，到现在也音讯全无啊！孩子，你现在是我唯一的依靠，千万不要去！"

看着母亲，汉斯心头一酸，却仍然强忍着心疼，坚强地对母亲说："妈妈，我必须去，如果每个人都说'我不能去，让别人去吧'，那情况将会怎么样呢？妈妈，您就让我去吧，这是我的责任，只要还有人需要帮助，我们就应当竭尽全力地救助他。"

汉斯紧紧地拥吻了一下母亲，然后义无反顾地登上了救援艇，和其他救援员一起冲入无边无际的黑暗中。

一小时过去了，虽然只有一个小时，但是对忧心忡忡的汉斯的母亲来说，却是无比漫长的煎熬。忽然，救援艇冲破了层层迷雾，出现在人们的视野中，大家还看见汉斯站在船头，朝着岸边眺望，岸边的众人不禁向汉斯高喊："汉斯，你们找到留下来的那个人了吗？"

远远地，汉斯开心地朝人群挥着手，大声喊道："我们找到他了，他就是我的哥哥保罗啊！"

16岁的汉斯秉持着一份对生命的爱与热情以及那份"我为人人"的奉献精神，让我们看见最耀眼的人性之光。特别是在母亲的哀求声中，他仍然坚持前往救援的决心，最后救回来的人竟是他的哥哥，更让人倍感温馨。这也让我们懂得无私奉献也许会让我们得到意想不到的回报。

犹太科学家波普尔曾经劝告我们："人只有献身于社会，才能找出那短暂而有风险的生命的意义。"只要我们肯付出，终究会得到应有的回报，不必计较付出了多少，也不必计较等待了多久。

被拆掉两次的亭子

诚信是人的立身之本。作为父母，不论付出多大的代价，都要以自己的实际行动教育孩子养成践行自己诺言的良好习惯。

犹太政治家福克斯以诚实守信的品德而受到国人的尊重，他一生做人的原则就是两个字：诚实。正是这样的人格品质，使他从一个普通的推销员成为一个国家的元首。

一次，福克斯受邀到一所大学演讲，一个学生问他："政坛历来充满欺诈，在你从政的经历中有没有撒过谎？"福克斯说："不，从来没有。"

大学生在下面窃窃私语，有的还轻声笑出来，因为每一个政客都会这样讲。他们总是发誓，说自己从来没有撒过谎。福克斯并不气恼，他对大学生说："孩子们，在这个社会上，也许我很难证明自己是个诚实的人，但是你们应该相信，这个世界上还有诚实，它永远都在我们的周围。我想讲一个故事，也许你们听过就忘了，但是这个故事对我很有意义。"

福克斯讲述道："有一位父亲是一个农场主。有一天，他觉得那座亭子已经太破旧了，就安排工人们准备将它拆掉。他的儿子对拆亭子的事很感兴趣，于是对父亲说：'爸爸，我想看看你们怎么拆掉这座亭子，等我从寄宿学校放假回来再拆好吗？'父亲答应了。可是，等孩子走后，工人们很快就把亭子拆掉了。孩子放假回来后，发现旧亭子已经不见了。他闷闷不乐地对父亲说：'爸爸，你对我撒谎了。'父亲惊异地看着孩子。孩子继续说：'你说过的，那座旧亭子要等我回来再拆。'父亲说：'孩子，爸爸错了，我应该兑现自己的诺言。'这位父亲重新召来工人，让他们按照旧亭子的模样在原来的地方再造一座亭子。亭子造好后，他将孩子叫来，然后对工人们说：'现在请你们把它拆掉。'"

福克斯说："我认识这位父亲，他并不富有，但是他在孩子的面前实现了自己的诺言。"学生们听后问道："请问这位父亲的名字叫什么？我们希望认识他。"福克斯说："他已经过世了，但是他的儿子还活着。""那么，他的孩子在哪里？他应该是个诚实的人。"福克斯平静地说："他的孩子现在就站在这里，就是我，福克斯。"接着说："我想告诉大家的是，我愿意像我父亲一样对待这个国家，对待这个国家的每一个人。"台下掌声雷动。

将一座亭子拆建两次，绝不仅仅是为了满足一个孩子的愿望，更是为了满足一个成人自我完善的道德要求。在社会生活中，失信会增大交际成本，会使许多简单的事变得艰难甚至不可能。所以，犹太人坚信：一个希望得到社会尊重和支持的人，是不愿意牺牲诚信原则的。在园子里重新拆掉一座亭子，就是在孩子的心里重建了一座亭子，这座亭子就是一个信念——对诚信的信念。

给予比接受更令人快乐

生命真实的意义在于给予，因为给予才是强者的表现。你的人生给予了多少，也就相应地获得了多少价值。

这一年的圣诞节，保罗的哥哥送给他一辆新车作为圣诞节礼物。圣诞节的前一天，保罗从他的办公室出来时，看到街上一名男孩在他闪亮的新车旁走来走去，触摸它，满脸羡慕的神情。保罗饶有兴趣地看着这个小男孩，从他的衣着来看，他的家庭显然不能给他买这样一辆车。就在这时，小男孩抬起头，问道："先生，这是你的车吗？"

"是啊，"保罗说，"我哥哥给我的圣诞节礼物。"

小男孩睁大了眼睛："你是说，这是你哥哥给你的，而你不用花一枚硬币？"

保罗点点头。小男孩说："哇！我希望……"

保罗认为他知道小男孩希望的是什么：有一个这样的哥哥。但小男孩说出的是："我希望自己也能当这样的哥哥。"

保罗深受感动地看着这个男孩，然后他问："要不要坐我的新车去兜风？"

小男孩惊喜万分地答应了。逛了一会儿之后，小男孩转身向保罗说："先生，能不能麻烦你把车开到我家前面？"保罗微微一笑，他理解小男孩的想法，坐一辆大而漂亮的车子回家，在小朋友的面前是很神气的事，但他又想错了。

"麻烦你停在两个台阶那里，等我一下好吗？"小男孩跳下车，三步两步跑上台阶，进入屋内，不一会儿他出来了，并带着一个显然是他弟弟的小男孩。小男孩因患小儿麻痹症而跛着一只脚。他把弟弟安置在下边的台阶上，紧靠着坐下，然后指着保罗的车子说："看见了吗，就像我在楼上跟你说的一样，很漂亮对不对？这是他哥哥送给他的圣诞礼物，他不用花一枚硬币！将来有一天我也要送给你一辆一模一样的车子，这样你就可以看到我一直跟你讲的橱窗里那些好看的圣诞礼物了。"

保罗的眼睛湿润了，他走下车子，将小弟弟抱到车子前排的座位上，他的哥哥眼睛里闪着喜悦的光芒，也爬了上来。于是三人开始了一次令人难忘的假日之旅。

在这个圣诞节，保罗明白了一个道理：给予真的比接受令人更快乐。

人要学会付出。付出真诚的心和爱，才会使你的生活变得更有意义。在这个拥挤不堪的世界里，能够多付出一点爱和宽容的人，总会找到一片广阔的天地。犹太著名作家茨威格指出："如果你帮助其他人获得他们需要的东西，你就会因此而得到想要的东西，而且你帮助的人越多，你得到的也越多。"

海马的焦虑

成功需要靠脚踏实地的行动去实现，而不会无缘无故地从天上掉下来。我们要教育孩子从小树立可行的目标，丢掉那些不切实际的幻想，这样孩子的人生才会有坚实的根基。

犹太人时常给小孩讲述小海马的故事：

小海马有一天做了一个梦，梦见自己拥有了7座金山。

从美梦中醒来，小海马觉得这个梦是一个神秘的启示：它现在全部的财富是7个金币，但总有一天，这7个金币会变成7座金山。

于是它毅然决然地离开了自己的家，带着仅有的7个金币，去寻找梦中的7座金山，虽然它并不知道7座金山到底在哪里。

海马是竖着身子游动的，游得很缓慢。它在大海里艰难地游动，心里一直在想：也许那7座金山会突然出现在眼前。然而金山并没有出现。出现在眼前的是一条鳗鱼。鳗鱼问："海马兄弟，看你匆匆忙忙的，你干什么去?"海马骄傲地说："我去寻找属于我自己的7座金山。只是……我游得太慢了。""那你真是太幸运了。对于如何提高你的速度，我恰好有一个完整的解决方案。"鳗鱼说，"只要你给我4个金币，我就给你一个鳍，有了这个鳍，你游起来就会快得多。"海马戴上了用4个金币换来的鳍，发现自己游动的速度果然提高了一倍。海马欢快地游着，心里想，也许金山马上就出现在眼前了。

然而金山并没有出现，出现在海马眼前的，是一个水母。水母问："小海马，看你急匆匆的样子，你想要到哪里去?"海马骄傲地说："我去寻找属于我自己的7座金山。只是……我游得太慢了。""那你真是太幸运了。对于如何提高你的速度，我有一个完善的解决方案。"水母说，"你看，这是一个喷气式快速滑行艇，你只要给我3个金币，我就把它给你。它可以在大海上飞快地行驶，你想到哪里就能到哪里。"海马用剩下的3个金币买下这个小艇。它发现，这个神奇的小艇使它的速度一下子提高了5倍。它想，用不了多久，金山就会马上出现在眼前了。

然而金山还是没有出现，出现在海马眼前的，是一条大鲨鱼。大鲨鱼对它说："你太幸运了。对于如何提高你的速度，我恰好有一套彻底的解决方案。我本身就是一艘在大海里飞快行驶的大船，只要搭乘我这艘大船，你就会节省大量的时间。"大鲨鱼说完，就张开了大嘴。

"那太好了。谢谢你，鲨鱼先生!"小海马一边说一边钻进了鲨鱼的嘴里，向鲨鱼的肚子深处欢快地游去……

犹太人用这个寓言教育子女：金山不会无缘无故地出现在

我们面前，不要幻想某天的奇遇来改变自己的生活。我们需要的是自己一步一步脚踏实地朝着目标前进，只有这样，成功才会有到来的一天。

海涅的课

一个人不论想要在哪一行有所作为，获得别人的尊敬，首先必须做一个有修养的人、一个守信并能同情和宽容他人的人。

莱德勒少尉服役的海军炮艇停泊在岸边。这天，他兴致勃勃地参加当地举办的一种碰运气的"不看样品的拍卖会"。

那位拍卖商是以恶作剧而出名的，所以当拍卖一个密封的大木箱时，在场的人都肯定箱里装满了石头。然而，莱德勒开价30元，拍卖商随即喊道："卖了！"

打开木箱，里面竟是两箱威士忌酒——当时极其珍贵的酒。

于是，众人大哗，那些犯酒瘾的人出价30元买1瓶，却被莱德勒回绝了，他说他不久要被调走，正打算开一个告别酒会。

在当地暂住的著名作家海涅也犯了酒瘾，他来到炮艇对莱德勒说："听说你有两箱醉人的美酒，我买6瓶，要什么价？"

莱德勒婉言拒绝了。

海涅掏出一大卷钞票，说："给我6瓶，你要多少钱都行！"

莱德勒想了一想说："好吧，我用6瓶酒换你6堂课，教我成为一个作家，如何？"

作家做了个鬼脸，笑道："老兄，我可是花了好几年功夫才学会干这行，这价可够高的。好吧，成交了！"

如愿以偿的莱德勒连忙递上6瓶威士忌。

接着的5天里，海涅不失信用地给莱德勒上了5堂课，莱德勒很为自己的成功得意，他以6瓶酒得到德国最出名的作家的指点。海涅眨眨眼说："你真是个精明的生意人。我只想知道，其余的酒你曾偷偷灌下多少瓶？"莱德勒说："1瓶也没有，我要全留着开告别会用呢。"

海涅有事要提前离开，莱德勒陪他去码头，海涅微笑道："我并没忘记，这就给你上第6课。"

在轮船的轰鸣声中，他说："在描写别人前，首先自己要成为一个有修养的人……"

作家接着说："第一要有同情心，第二能以柔克刚，千万别讥笑不幸的人。"

莱德勒说："这与写小说有什么相干？"

海涅一字一顿地说："这对你的生活是至关重要的。"

正在向轮船走去的海涅突然转过身来，大声道："朋友，你在为你的告别酒会发请柬前，最好把你的酒抽样检查一下！再见，我的朋友！"

回去后，莱德勒打开一瓶又一瓶酒，发现里面装的全是茶。他明白，海涅早就知道了实情，然而只字未提，也未讥笑他，依然遵诺践约。此时，莱德勒才懂得，海涅教导他要做一个有修养的人的涵义。

文如其人，文由心生。一个作家首先应该是一个有修养的人，只有这样，他才能用一颗同情的心去体会别人的苦难，用一颗真挚的心去感受他人的艰辛，才能写出真正感人的文章，才能谱出真正美妙的人世乐章。而对于我们来说，也应该是一样的，"修身治国平天下"，如果想要有所作为，想获得别人的尊敬，首先让我们从自己做起，让自己成为一个有修养的人。

第三卷　信念：生命的支柱

别让任何人偷走你的梦

对孩子的梦想要支持，不可用冷嘲热讽将之摧毁。鼓励孩子坚持自己的梦想，不因他人而轻易改变。

美国某个小学的作文课上，老师给小朋友的作文题目是"我的志愿"。一位犹太小朋友非常喜欢这个题目，在他的本子上，飞快地写下他的梦想。他希望将来自己能拥有一座占地十余公顷的庄园，在壮阔的土地上植满如茵的绿草。庄园中有漂亮的小木屋、烤肉区及一座休闲旅馆。除了自己住在那儿外，还可以和前来参观的游客分享自己的庄园，有住处供他们歇息。

写好的作文经老师过目，这位小朋友的本子上被画了一个大大的红"×"，发回到他手上，老师要求他重写。小朋友仔细看了看自己所写的内容，并无错误，便拿着作文本去请教老师。

老师告诉他："我要你们写下自己的志愿，而不是这些如梦呓般的空想，我要实际的志愿，而不是虚无的幻想，你知道吗?"

小朋友据理力争："可是，老师，这真的是我的梦想啊！"

老师也坚持："不，那不可能实现，那只是一堆空想，我要你重写。"

小朋友不肯妥协："我很清楚，这才是我真正想要的，我不愿意改掉我梦想的内容。"

老师摇头："如果你不重写，我就不让你及格了，你要想清楚。"

小朋友也跟着摇头，不愿重写，而那篇作文也就得到了大大的一个"E"。

30年之后，这位老师带着一群小学生到一处风景优美的度假胜地旅行，在尽情享受无边的绿草、舒适的住宿及香味四溢的烤肉之余，他望见一名中年人向他走来，并自称曾是他的学生。这位中年人告诉他的老师，他正是当年那个作文不及格的犹太学生，如今，他拥有这片广阔的度假庄园，真的实现了儿时的梦想。老师望着这位庄园的主人，想到自己30余年来，不敢梦想的教师生涯，不禁感叹："30年来因为我自己，不知道用成绩改掉了多少学生的梦想。而你，是唯一保留了自己的梦想没有被我改掉的。"

《塔木德》中说：不要让任何人偷走你的梦想，因为只有你才对自己的梦想享有发言权。你认为它值得追随，值得实现，它便具有了那份意义。并且，不要让现实篡改了你的梦想，不要因为困难轻易放弃。经过努力而没有实现梦想的人并不失败。因为他心底的坚持使他更值得尊敬。

不害怕，人生才会精彩绝伦

怯懦者安于平凡，不敢跨越雷池一步，因此永远无法享受精彩的生活。克服生命中的恐惧，勇敢地活出自己吧。

《不带钱去旅行》的作者麦克·英泰尔是一个犹太人，他原本只是个平凡的上班族，就在37岁那一年，他做了一个疯狂的决定。他放弃了收入丰厚的记者工作，在将身上仅有的3美元捐给街角的流浪汉后，只带了干净的内衣，从阳光明媚的加州出发，以搭便车的方式走遍了整个美国。

然而，这竟是他在精神快崩溃时所做的仓促决定，而这趟旅程的目的地，是美国东岸北卡罗莱纳州的恐怖角。

一切缘起于某个午后，他莫名地哭了起来，因为他问了自己一个问题："如果有人通知我，今天就要死了，我会不会后悔？"

停顿了一会儿，英泰尔肯定地说："会！"

面对一直以来平顺的日子，他发现，生活从来没有激起过丁点儿火花，甚至连一场小赌注都玩不起。

继续回想这30多年的时光，他又发现，因为个性懦弱，即使有机会做自己想做的事，也因为"害怕"两个字而一再退缩。

不断地回想、反省，他懊恼地对自己说："什么都怕，活着能干什么？什么都听别人的，活着有什么意义？"

当他强烈质疑着自己的存在价值时，忽然鼓起勇气下定决心："我一定要突破这一切！"

一个什么事都担心、害怕的人，要独自来到传说中的恐怖角，确实需要很大的勇气与决心，特别是当亲友们还语带恐吓与嘲讽地说："你确定自己行吗？这一路你恐怕会遇到各种麻烦，你一定很快就会退缩。"

"不会的！"英泰尔对亲友们说，也向自己保证。

凭着一个冲动的决心和一份坚强的毅力，从来没有独立完成过一件事的英泰尔，真的成功了。他依赖82位从小到大最害怕面对的陌生人，完成了4000多英里的路程，终于抵达了目的地。

一毛钱也没有花的英泰尔，在成功抵达目的地时，立即对着那些等待他的人们说："我不是要证明金钱无用，这项挑战最重要的意义是，我终于克服了心理的恐惧！"

望着恐怖角的路标，英泰尔若有所悟地说："原来恐怖角一点儿也不恐怖，这就像我的恐惧一样，现在我终于明白了，过去实在太胆小怕事了。"

我们都希望梦想能够实现，更希望能拥有精彩的人生，然而，当我们准备迈出步伐时，难免会像英泰尔一般，犹豫半天，想着："万一失败了怎么办？万一出现问题，要怎么解决？"

步伐都还没有迈出去，心中就开始想象跌倒的姿势，当然只能在原地踏步，然后一再地懊恼机会的错失。

别再给自己那么多恐惧，唯有亲自体验，你才会明白英泰尔的体会，"原来，一切不是我想象中的那样困难。"

德国犹太诗人海涅曾经写道："命运并非是一种选择，我们不应该期待命运的安排，必须凭自己的努力创造命运。"

俗话说："世上无难事，只怕有心人。"只要有心，勇于突破，就没有难得倒自己的事。同时，也不要害怕未来的不可预测，生活中最大的乐趣不在于预知，而在于一再地挑战未知。

成功并不像你想象的那么难

并不是因为事情难我们不敢做，而是因为我们不敢做事情才难的。

1965年，一位犹太学生到剑桥大学主修心理学。在喝下午茶的时候，他常到学校的咖啡厅或茶座听一些成功人士聊天。这些成功人士包括诺贝尔奖获得者，某一些领域的学术权威和一些创造了经济神话的人。这些人幽默风趣，举重若轻，把自己的成功都看得非常自然和顺理成章。时间长了，他发现，在国内时，他被一些成功人士欺骗了。那些人为了让正在创业的人知难而退，普遍把自己的创业艰辛夸大了，也就是说，他们在用自己的成功经历吓唬那些还没有取得成功的人。

作为心理系的学生，他认为很有必要对犹太成功人士的心态加以研究。1970年，他把《成功并不像你想象的那么难》作为毕业论文，提交给现代心理学的创始人威尔·布雷登教授。布雷登教授读后，大为惊喜，他认为这是个新发现，这种现象虽然在世界各地普遍存在，但此前还没有一个人大胆地提出来并加以研究。惊喜之余，他在给某国首脑的信中说，"我不敢说这部著作对你有多大的帮助，但我敢肯定它比你的任何一个政令都能产生震动。"

这本书鼓舞了许多人，因为它从一个新的角度告诉人们，只要你对某一事业感兴趣，长久地坚持下去就会成功，因为你的时间和智慧够你圆满地做完一件事情。

人生中的许多事，只要想做，都能做到，该克服的困难，也都能克服，用不着什么技巧或谋略。告诉你的孩子：只要一个人还在朴实而饶有兴趣地生活着，他终究会发现，只要坚持，任何事都是水到渠成的。

成功路上的相对论

把长远的目标分成一个个短期小目标，这样实行起来就不会感到过于艰难，可以轻松地从一个胜利走向另一个胜利。

美国专栏作家弗兰克·A. 格拉顿年轻时深受英国作家威廉·科贝特的影响，辞掉了报社的工作，一头扎进创作中去。由于没有收入，他连房租都交不起。白天，为了躲避房东催交房租，只好漫无目的地在马路上走来走去。何时才能写出自己的鸿篇巨著呀，他感到有些绝望。

一天，他在 42 号街遇到了他当记者时曾采访过的俄国著名犹太歌星夏里宾先生，没想到这位名噪一时的人物还记得他。格拉顿忍不住向夏里宾倾诉了自己的苦恼，夏里宾听过之后，对他说："我的旅馆在 103 号街，跟我一同过去，好不好？"

"什么，103 号街？我怎么可能一下子走这么远的路？"格拉顿惊叹道。

"是呀，从这里到 103 号街要过 60 个街口，少说也要走上两个多小时！"夏里宾换了一种口气说，"我们不到我的旅馆了，咱们向前走，过 6 条街，到贝里射击游艺场玩玩怎么样？"

夏里宾的这番话打消了格拉顿的顾虑，他们到了游艺场门口，看了一会儿两名屡次射击不中目标的水兵的射击。然后继续前进，不一会儿就到了长纳奇大戏院，"现在离中央公园只有 5 条横马路了，我们去看看那只奇怪的猩猩吧！"夏里宾愉快的话语让格拉顿感到说不出的轻松……就这样走走停停，不知不觉间已到了 103 号街。原该精疲力竭的他，却并没感到累。格拉顿掏出怀表看了看，时间已过去了将近 4 个小时。

夏里宾先生满意地对他说，"并不太远吧。现在我们到我旅馆附近的餐馆去吃饭吧。"在餐桌上，格拉顿听到了让他终生难忘的一席话，"今天走的路你要记在心里，你无论与目标之间有多远，也要学会轻松地走路。只有那样，在走向目标的过程中，才不会感到烦闷，才不会被遥远的未来吓住。"

轻松地走路，轻松地享受生活。我们没有必要不断告诫自己马不停蹄、夜以继日地朝目标赶路，有时候我们树立目标本身就只是为了确定一条我们到达它的线，怎样去走，才是我们真正要思考的。生活并不是为了追求赶路的疲惫，那样无异于南辕北辙，赶得再累，也难以得到生活的真谛。让我们的生活变得轻松而自在，生活并不是沉重的负担。

登山人的选择

人生就是一次登山旅程，从哪条路上山，完全在于你自己的选择。每一条路上都有自己独特的风景，既然走过了，就不必后悔。

在迦南，有一座山，高耸入云，飞鸟难越，没有人知道它有多高。山前山后有两条路可供攀登，前山大路石级铺就，笔直坦荡；后山小路，荆棘丛生，蜿蜒曲折。

一天，父子三人来到山脚。父亲举手遮阳，眺望峰顶，声如洪钟："你俩比赛爬上这山，上山有两条路，大路平而近，小路险而远——选择哪条路，你们自己裁夺。"哥俩思忖再三，各自凭着自己的选择，踏上征程。

时间过去了两个月，一个身着亮装的身影出现在峰顶，哥哥走来了。他面色潮红，略显发福，头发油光可鉴。他骄傲地掸了一下笔挺的襟袖，走向充满期待的父亲，说："我赢了，我赢了！这一路真是春风得意。在坦荡的大路上我只需向前，向前！舒缓的坡度让我走得从容，平整的石阶使我心旷神怡。这里没有岔道让我伤神，没有突出的山石给我绊脚。我的心灵没有欺骗我，是英明的选择助我胜利。实践证明：在平坦和崎岖间，只有傻瓜才会放弃平坦，选择崎岖。聪明的选择使我有了多么得意的旅程啊。我获得了胜利，我理当获得胜利！"

父亲慈祥地看着他："你选择得的确聪明，一路走得也十分风光，我的好儿子……"

这之后不知过了多久，又一个身影出现了：他步伐稳健，全身充满着生命的活力。他尽管瘦削，衣衫褴褛，但双目炯炯有神，透着聪慧与睿智。弟弟微笑着走向父亲和哥哥，从从容容地讲起路上的故事："哦，这是多么有意义的一次旅程！感谢您，父亲，感谢您给我选择的机会。一路上陡峭的山崖阻挡着我攀爬的脚步，丛生荆棘刺破了我裸露的臂膊，疲惫的身心增添着孤独的酸楚。但我坚持住了，终于我学会了灵活与选择，学会了机敏与自护，学会了独立与坚忍。路边的美丽景色，使我放慢脚步享受自然的馈赠。在山脚下，我看见山花烂漫，彩蝶翩翩，于是我与山花同歌，伴彩蝶共舞。在山腰，我看见绿草如茵，华木如盖，清澈的小溪静静流淌在林间，朝圣的百鸟尽情欢歌于林梢。我拥抱自然的和弦，追逐欢快的节奏。这些往往是我最快乐的时光。可更多的时候是阴冷浓雾的环抱，荆棘丛生的阻隔。放眼望去，黄叶连天，衰草满路，但我在黄叶林中看到丰硕的果实，从衰草丛内悟出新生的希望。

"我感觉自己在成熟，一寸寸地成熟。再往上，是没有一点儿生机的寒风和石砾，我曾想放弃，但曾经的艰辛温暖着我，启迪着我，给我力量，给我信心，使我忘掉比艰险更艰险的死寂，抛掉比痛苦更痛苦的迷茫！我最终到达了这里！一路上，我阅尽山间春色，也饱尝征途冷暖，为此，我感谢您，父亲，感谢您给我选择的权利，我从自己心灵的选择中懂得了很多很多……"

哥哥眼中露出不解，但旋即消失，他不无轻蔑地说："可是你输了！""是的，"父亲遗憾地说，"孩子，你输掉了比赛……"

弟弟极目远方，脸上露出平和的微笑："但，我赢得了人生!"

　　凡走过，必留下痕迹。人生，没有任何过程是白费的，包括所有的辛苦、泪水、心酸，每一次都会增加你未来成功的光彩。人生就是这样，正是因为崎岖才更多了几分韵味，才更显得其丰富。平坦纵然快捷，但无法与崎岖之丰富相比。人生之崎岖往往于其崎岖之中包含智慧和成熟。顺境和逆境是书写人生的两张纸，相互承载了人生的酸甜苦辣。顺境和逆境共同承托着追求人生的更高境界。

第四卷 智慧：成功大门的钥匙

1+1>2

成功离不开超常的智慧，当别人只看到 1 加 1 等于 2 时，你应该敏锐地发现其实存在着使 1 加 1 大于 2 的办法。

多年以前，一个犹太人对他的儿子说："当别人说 1 加 1 等于 2 的时候，你应该想到它也可以大于 2。"

1946 年，他们来到美国，在休斯敦做铜器生意。某日，父亲问儿子一镑铜的价值是多少，儿子回答说 35 美分。父亲却说："对，这里的人都知道每镑铜的价格是 35 美分，但作为犹太人的儿子，你应该说 3.5 美元。不信，你就试着把铜做成门把手看看。"

20 年后，父亲死了，儿子独自经营那家铜器店。他始终牢记着父亲的话，做过铜鼓，做过瑞士钟表上的弹簧片，做过奥运会的奖牌。他甚至把一镑铜卖到了 3500 美元，这时他已经是麦考尔公司的董事长了。然而，真正让他扬名的是纽约州的一堆垃圾。

1974 年，美国政府为清理给自由女神像翻新扔下的一大堆废料，向社会广泛招标，但几个月过去了没人应标。当时正在法国旅行的他听到这个消息后，立即终止休假，飞往纽约。在看过自由女神像下堆积如山的铜块、铅丝和木料后，他毫不迟疑，当即与政府部门签下了协议。

纽约的许多运输公司对他的这一举动都暗自发笑，因为在纽约州，垃圾的处理有严格规定，弄不好就会受到环保组织的起诉。他的许多同僚也认为废料回收吃力不讨好，能回收的资源价值十分有限，都觉得他此举实在愚蠢至极。就在很多人都等着要看这个犹太人的笑话时，他已经开始组织工人对废料进行分类加工了。他让人把废铜熔化，然后做成一些小的自由女神像，把废铅、废铝做成纽约广场的钥匙，他甚至把从自由女神身上扫下的灰尘也包装起来，出售给那些花店。结果，自然就可想而知了：在不到3个月的时间里，他就让那堆废料变成了350万美金，每镑铜的价格翻了10000倍。

生活中没有一成不变的等式。当你在抱怨生活时，也许别人正在享受成功的喜悦，其中的奥妙就在于：你只知道1加1等于2，而别人明白1加1可以大于2的道理。没错，不单是犹太人，世上大多数人都知道任何东西都是有价的，都能失而复得，只有智慧才是人生无价的财富。智慧可以提升，可以创造，可以化无为有，化不利为有利，可以最大限度地改变一个人甚至千千万万人的命运。可以这样说，正是智慧，引导我们一步步走向自由。

智慧因爱而生，智慧改变命运

当你的心中充满爱，就会主动热情地寻找各种办法帮助他人解决困难，而智慧由此产生，你在帮助他人的过程中也会获得丰厚的回报。

一天夜里，已经很晚了，一对年老的夫妻走进一家旅馆，他们想要一个房间。犹太侍者回答说："对不起，我们旅馆已经客满了，一间空房也没有剩下。"但是侍者不忍心深夜让这对老人出门另找住宿。而且在这样一个小城，恐怕其他的旅店也早已客满了，这对疲惫不堪的老人岂不要在深夜流落街头？于是好心的侍者将这对老人引领到一个房间，说："也许它不是最好的，但现在我只能做到这样了。"老人见眼前其实是一间整洁又干净的屋子，就愉快地住了下来。

第二天，当他们来到前台结账时，侍者却对他们说："不用了，因为我只不过是把自己的屋子借给你们住了一晚——祝你们旅途愉快！"原来如此。侍者自己一晚没睡，他在前台值了一个通宵的夜班。两位老人十分感动。老翁说："孩子，你是我见到过的最好的旅店经营人。你会得到报答的。"侍者笑了笑，说这算不了什么。他送老人出了门，转身接着忙自己的事，把这件事情忘了个一干二净。没想到有一天，侍者接到了一封信函，打开看，里面有一张去纽约的单程机票并有简短附言，聘请他去做另一份工作。他乘飞机来到纽约，按信中所标明的路线来到一个地方，抬眼一看，一座金碧辉煌的大酒店耸立在他的眼前。原来，几个月前的那个深夜，他接待的是一个有着亿万资产的富翁和他的妻子。富翁为这个侍者买下了一座大酒店，深信他会经营管理好这个大酒店。

吃亏即是占便宜

有些事情，从常规的角度看，似乎是吃了大亏，但从另一个角度看，是占了天大的便宜——这就是智慧。

一个犹太人走进纽约的一家银行，来到贷款部，大模大样地坐了下来。

"请问先生，我可以为你做点什么？"贷款部经理一边问，一边打量着这个西装革履、满身名牌的来者。

"我想借些钱。"

"好啊，你要借多少？"

"1 美元。"

"只需要 1 美元？"

"不错，只借 1 美元，不可以吗！"

"噢，当然，不过只要你有足够的保险，再多点儿也无妨。"经理耸了耸肩，漫不经心地说。

"好吧，这些做担保可以吗？"犹太人接着从豪华的皮包里取出一堆股票、国债等，放在经理的写字台上。"总共 50 万美元，够了吧？"

"当然，当然！不过，你真的只要借 1 美元吗？"经理疑惑地看着眼前的怪人。

"是的。"说着，犹太人接过了 1 美元。

"年息为 6%，只要您付出 6% 的利息，一年后归还，我们就可以把这些股票退还给您。"

"谢谢。"

犹太人说完准备离开银行。一直站在旁边冷眼观看的分行长，怎么也弄不明白，拥有 50 万美元的人，怎么会来银行借 1 美元，于是他慌慌张张地追上前去，对犹太人说："啊，这位先生……"

"有什么事吗?"

"我实在弄不清楚，你拥有 50 万美元，为什么只借 1 美元呢? 你不以为这样做你很吃亏吗? 要是你想借三四十万美元的话，我们也会很乐意……"

"请不必为我操心。在我来贵行之前，问过了几家金库，他们保险箱的租金都很昂贵。所以嘛，我就准备在贵行寄存这些东西，一年只需要花 6 美分，租金简直是太便宜了。"

打破自己的思维定式，换个角度去想问题，往往会有意想不到的收获。家长从小培养孩子思维能力时，最重要的莫过于让他多角度思考问题。

财富与智慧

有财富而无智慧，财富是不能永久的，而有了智慧就不愁没有财富，因为智慧是财富的源泉。

在犹太人心中，学者是人们尊敬的中心。把学者置于一切

人甚至国王之上，就可以看出犹太民族是多么注重智慧。这一点是犹太人可引以自豪的传统。

犹太儿童中间流传着这样一则寓言：

在远古的耶路撒冷有一种精灵，他们干着仆役的事情，做家务，打扫房屋，有时还兼管花园。其中有一个精灵，给一个小康之家管理花园。他干活不声不响，相当熟练，热爱主人，还特别热爱那个花园。他工作非常卖力，主人对他也很满意。尽管他和他的同伴一样，可以随时去各种地方，但为了更好地表明他是个忠实的仆役，他始终住在这家主人那里。但可怕的是，他的同行——其他精灵对他百般诽谤，以至于精灵的头目很快下令，把他调到北极去照料一所终年被雪覆盖的房屋。动身前，精灵对他的主人说："我不知道自己犯了什么错误，别人逼着我离开你们。在这里，我只能再待很短的一段时间，可能是一个月，也可能是一个星期。请你们抓紧时机说出三个愿望，我帮你们实现这三个愿望，但是只能三个，不能再多。"主人和夫人合计了一下，第一个愿望就是要求财富。果然，立即便有大堆的金钱装满了他们的钱柜和大大小小的箱子，仓库里全是小麦，地窖里全是酒，一切都装得满满的。但究竟怎样来管理这些财物呢？该设立多少账本，耗费多少时间和心血？两个人都感到十分为难，贼人要来算计他们，王公大人要来借贷，国王要来征税，这对可怜的夫妇因为太过富有而感到痛苦。"快来帮我们摆脱这些因钱财而引起的麻烦吧！"他们两个人请求说，"穷人是多么幸福，他们无忧无虑！贫困远远胜过财富。财富，快走开！而贫穷女神，快回来吧！"说完这些话，所有的一切都消失了，他们又和原来一样了。他们重新获得了安宁和平静。精灵因他们的觉悟而和他们同声大笑。最后他们请求精灵赐给他们智慧。他们明白，这才是一种从不引起麻烦的财富。

犹太人告诉孩子一般的学习只是一味模仿，而不具有创新性。实际上，学习应该是思考的基础。正因为如此，《塔木德》上说："学识及能力，都像是最昂贵的怀表。"

动脑的结果

事在人为，积极的人只为成功想办法，不为失败找借口。

佛瑞迪只有 16 岁。在暑假即将来临的时候，他对父亲说："爸爸，我不要整个夏天都向你伸手要钱，我要找个工作。"

父亲从震惊中恢复过来之后，对佛瑞迪说："好啊，佛瑞迪，我会想办法给你找工作，但是恐怕不容易。现在正是人浮于事的时候。"

"你没有弄清我的意思，我并不是要您给我找个工作。我要自己来找。还有，请不要那么消极。虽然现在人浮于事，我还是可以找到工作，毕竟有些人总是可以找到工作的。"

"哪些人？"父亲带着怀疑问。

"那些会动脑筋的人。"儿子回答说。

佛瑞迪在广告栏上仔细寻找，找到了一个很适合他专长的工作，广告上说找工作的人要在第二天早上 8 点钟到达 42 街的一个地方。佛瑞迪并没有等到 8 点钟，而在 7 点 45 分就到了那儿。可他看到已有 20 个男孩儿排在那里，他只是队伍中的第21名。

怎样才能引起特别注意而竞争成功呢？这是他的问题，他应该怎样处理这个问题呢？根据佛瑞迪所说，只有一件事可做——动脑筋思考。在真正思考的时候，总是会想出办法的，佛瑞迪想出了一个办法。他拿出一张纸，在上面写了一些东西，然后折得整整齐齐，走向秘书小姐，恭敬地对她说："小姐，请你马上把这张纸条转交给你的老板，这非常重要。"

她是一名老手，如果他是个普通的男孩儿，她就可能会说："算了吧，小伙子。你回到队伍的第21个位子上等吧。"但是他不是普通的男孩儿，他散发出一种自信的气质。她把纸条收下。

"好啊！"她说，"让我来看看这张纸条。"她看了不禁微笑了起来。她立刻站起来，走进老板的办公室，把纸条放在老板的桌上。老板看了也大声笑了起来，因为纸条上写着：

"先生，我排在队伍的第二十一位，在你没有看到我之前，请不要做决定。"

他是不是得到了工作？他当然得到了工作，因为他很早就学会了动脑筋。一个会动脑筋思考问题的人总能掌握住问题的核心，也能够解决它。

在激烈的竞争中，如何使自己脱颖而出，又如何体现自己与他人的不同？你不能只是傻傻地等着，等着别人来证明你或是等着时间来证明你。你需要的是自己积极主动的行动，而这个时候开动你的脑筋吧，它会告诉你最好的方法！

看不懂的故事

很多可能的事会成为不可能，不可能的事却会成为可能……

胡塞尔教授每天都要给临睡前的孙子讲个故事，但一个杂志上的一篇叫作《三个猎人》的故事，让胡塞尔教授讲不下去了。故事是这样的：

从前有三个猎人，两个没带枪，一个不会打枪。他们碰到三只兔子，两只兔子中弹逃走了，一只兔子没中弹，倒下了。

他们提起一只逃走的兔子朝前走，来到一幢没门没窗没屋顶也没有墙壁的屋子跟前，叫出房屋主人，问："我们要煮一只逃走的兔子，能否借个锅？"

"我有三个锅，两个打碎了，另一个掉了底。"

"太好了！我们正要借掉了底的。"三个猎人听了特别高兴！他们用掉了底的锅，煮熟了逃走的兔子，美美地吃了个饱。

胡塞尔教授琢磨了好几天，也没有琢磨出这个故事是什么意思。于是给杂志社写了封信，指出这篇故事让人瞠目结舌的逻辑性错误：其一，中了弹的兔子怎么能逃走，没中弹的兔子又如何会倒下？其二，既然兔子逃走了，猎人如何能将它提起煮着吃？其三，没底的锅怎么能煮熟逃走的兔子，且美美地吃了个饱？

胡塞尔教授的信刊出之后，多家报刊做了转载，胡塞尔教授也收到了大量的读者来信。来信当然都支持胡塞尔教授的观点，胡塞尔教授深受鼓舞，对幼儿读物成人也看不懂的现象，又一连发表了多篇批评文章。

一年以后，胡塞尔教授的家里来了位客人。客人与胡塞尔教授一见如故，相谈甚洽。谈到某重点大学毕业生因为害怕失去一份高收入的工作，考上研究生之后却放弃读研究生的机会，到储蓄所去做了储蓄员；劣迹斑斑、臭名昭著的黑社会分子却做了警察局局长等现象，两个人更是唏嘘不已、再三叹惜。

不知不觉大半天过去，醉眼蒙胧中，客人突然举杯问教授："你还记得《三个猎人》的故事吗？你现在能读懂《三个猎人》了吗？"胡塞尔教授愣了愣，默然无语。客人止住谈兴，端起酒杯，咂了咂嘴，又终于放下。良久，教授又喊："喝酒、喝酒。"两个人便再喝酒，边喝边谈，边谈边喝。突然，胡塞尔教授眼睛一亮，"哎哟"一声，端起酒杯顿了顿，说："最简单的真理往往最难发现。《三个猎人》就是为了让孩子们从小就懂得，有很多可能的事会成为不可能，不可能的事却会成为可能……"

最简单的真理往往最难发现，最没逻辑的故事也许隐含最深刻的道理。真实往往是通过一种夸张表现出来的，最荒诞的论断正是以它的光芒让我们看到其中我们曾过分忽略的事物，正像文中《三个猎人》的故事，它以它独特的角度告诉我们：生活的逻辑与思维的逻辑是不同的，生活才是真实的。

第五卷　心态：一面生活的魔镜

永远乐观的詹姆斯

生活乐趣的大小是随我们对生活的关心程度而定的。总是乐呵呵的人最能说明其聪明。如果把人生比喻成一条时而宁静时而波涛汹涌的大河，那么彼岸的灿烂烟火注定只有乐观的摆渡者才能看到。

詹姆斯是美国一家餐厅的经理，他总是有好心情。当别人问他最近过得如何，他总是有好消息可以说。他总是回答说："如果我再过得好一些，我就比双胞胎还幸运！"

当他换工作的时候，许多服务生都跟着他从这家餐厅换到另一家，为什么呢？因为詹姆斯是个天生的激励者，如果有某位员工今天运气不好，詹姆斯总是适时地引导那位员工往好的方面想。

这样的情景真的让约翰很好奇，所以有一天约翰到詹姆斯那儿问他："没有人能够老是那样地积极乐观，你是怎么办到的？"

詹姆斯回答："每天早上我起来告诉自己，我今天有两种选择，我可以选择好心情，或者选择坏心情，我总是选择好心情。即使有不好的事发生，我也可以选择做个受害者，或是选择从中学习，我总是选择从中学习。每当有人跑来跟我抱怨，我可以选择接受抱怨或者指出生命的光明面，我总是选择生命的光明面。"

"但并不是每件事都那么容易啊！"约翰抗议地说。

"的确如此，"詹姆斯说，"生命就是一连串的选择，每个状况都是一个选择——你要选择如何回应，你要选择人们如何影响你的心情，你要选择处于好心情或是坏心情，你要选择如何过你的生活。"

数年后，约翰听到詹姆斯意外地做了一件令人想不到的事：有一天他忘记关上餐厅的后门，结果次日早上有 3 个武装歹徒闯入抢劫，他们要挟詹姆斯打开保险箱。由于过度紧张，詹姆斯弄错了一个号码，造成抢匪惊慌，开枪射击詹姆斯。幸运的是，詹姆斯很快被邻居发现了，被送到医院紧急抢救，经过 18 小时的外科手术以及长时间的悉心照顾，詹姆斯终于出院了，但还有个子弹片留在他身上。

事件发生 6 个月之后，约翰遇到詹姆斯，问他最近怎么样。他回答："如果我再过得好一些，我就比双胞胎还幸运了。要看看我的伤痕吗？"约翰婉拒了，但约翰问他当抢匪闯入的时候，他的心路历程时，詹姆斯答道："我第一件想到的事情是我应该锁后门的。当他们击中我之后，我躺在地板上，还记得我有两个选择：我可以选择生，或选择死——我选择活下去。"

"你不害怕吗？"约翰问他。

詹姆斯继续说："医护人员真了不起，他们一直告诉我没事，放心。但是在他们将我推入紧急手术间的路上，我看到医生跟护士脸上忧虑的神情，我真的被吓到了，他们的脸上好像写着——他已经是个死人了！我知道我需要采取行动。""当时你做了什么？"约翰问。

詹姆斯说："当时有个护士吼叫着问我一个问题，她问我是否会对什么东西过敏。

"我回答：'有。'

"这时，医生跟护士都停下来等待我的回答。我深深地吸了一口气喊着：'子弹！'

"等他们笑完之后，我告诉他们：'我现在选择活下去，请把我当作一个活生生的人来开刀，不是一个活死人。'"

詹姆斯能活下来当然要归功于医生的精湛医术，但同时也由于他令人惊异的态度。我们从他身上可以学到，每天你都能选择享受你的生命，或是憎恨它。这是唯一一件真正属于你的权利。没有人能够控制或夺去的东西，就是你的态度。如果你能时时注意这件事实，你生命中的其他事情都会变得容易许多。

以微笑面对不幸

- -
　　一颗高尚的心应当承受灾祸而不是躲避灾祸，因为承受灾祸显示了意志的崇高，而躲避灾祸显示了内心的怯懦。
- -

在美国艾奥瓦州的一座山丘上，有一座不含任何合成材料、完全用自然物质搭建而成的房子。住在里面的人需要依靠人工灌注的氧气生存，并只能以传真的形式与外界联络。

这个房子里的主人叫辛蒂。1985年，辛蒂还在医科大学念书。有一次，她到山上散步，带回了一些蚜虫。回来后，她拿起杀虫剂为蚜虫去除化学污染，就在这时，她突然感觉到一阵痉挛。她原以为那只是暂时性的症状，却没有料到自己的后半生从此发生改变。

原来，这种杀虫剂内所含的一种化学物质使辛蒂的免疫系统遭到破坏，使她对香水、洗发水以及日常生活中可接触的所有化学物质一律过敏，甚至连空气也可能使她的支气管发炎。这种"多重化学物质过敏症"是一种奇怪的慢性病，到目前为止仍无药可医。

患病的前几年，辛蒂一直流口水，尿液变成绿色，有毒的汗水刺激背部形成了一块块疤痕。她甚至不能睡在经过防火处理的床垫上，否则就会引发心悸和四肢抽搐——辛蒂所承受的痛苦是令人难以想象的。1989年，她的丈夫吉姆用钢和玻璃为她盖了一座无毒房子，一个足以逃避所有威胁的"世外桃源"。辛蒂所有吃的、喝的都得经过选择与处理，她平时只能喝蒸馏水，食物中不能含有任何化学成分。

多年来，辛蒂没有见到过一棵花草，听不见一声悠扬的歌声。阳光、流水和风等正常人可以拥有的美好东西，她都无法享有。她躲在没有任何饰物的小屋里，饱尝孤独之苦。更可悲的是，无论怎样难受，她都不能哭泣，因为她的眼泪跟汗液一样也是有毒的物质。

坚强的辛蒂并没有在痛苦中自暴自弃，她一直在为自己，同时更为所有化学污染物的牺牲者争取权益。辛蒂在生病后的第二年就创立了"环境接触研究网"，以便为那些致力于此类病症研究的人士提供一个窗口。1994 年辛蒂又与另一组织合作，创建了"化学物质伤害资讯网"，保证人们免受化学物质威胁。目前这一资讯网已有 5000 多名来自 32 个国家的会员，不仅发行了刊物，还得到美国参议院、欧盟及联合国的大力支持。

在最初的一段时间里，辛蒂每天都沉浸在痛苦之中，想哭却不能哭。随着时间的推移，她渐渐改变了生活的态度，她说："在这寂静的世界里，我感到很充实。因为我不能流泪，所以我选择了微笑。"因为她知道每一种生命都有自身的价值，在绝境中，她仍然能看到自己的价值所在。

不要试图和自己过不去

人，就是一条河，河里的水流到哪里都还是水，这是无异议的。但是，河有狭，有宽，有平静，有清澈，有冰冷，有混浊，有温暖等现象，而人也一样。

有两个都有着亚洲血统的犹太孤儿，后来都被来自欧洲的外交官家庭所收养。两个人都上过世界各地有名的学校。但他们两个人之间存在着不小的差别：其中一位是 40 岁出头的成功商人，他实际上已经可以退休享受人生了；而另一个是学校教师，收入低，并且一直觉得自己很失败。

有一天，他们在一起吃晚饭。晚餐在烛光映照中开场了，不久话题进入了在国外的生活。因为在座的几个人都有过周游列国的经历，所以他们开始谈论在异国他乡的趣闻逸事。随着话题的一步步展开，那位学校教师开始越来越多地讲述自己的不幸：她是一个如何可怜的孤儿，又如何被欧洲来的父母领养到遥远的瑞士，她觉得自己是那么孤独。

开始的时候，大家都表现出同情。随着她的怨气越来越重，那位商人变得越来越不耐烦，终于忍不住在她面前把手一挥，制止了她的叙述："够了！你说完了没有？你一直在讲自己有多么不幸。你有没有想过如果你的养父母当初在成百上千个孤儿中挑了别人你现在又会怎样？"

学校教师直视着商人说："你不知道，我不开心的根源在于……"然后接着描述她所遭遇的不公正待遇。

最终，商人朋友说："我不敢相信你还在这么想！我记得自己25岁的时候无法忍受周围的世界，我恨周围的每一件事，我恨周围的每一个人，好像所有的人都在和我作对似的。我很伤心无奈，也很沮丧。我那时的想法和你现在的想法一样，我们都有足够的理由报怨。"他越说越激动，"我劝你不要再这样对待自己了！想一想你有多幸运，你不必像真正的孤儿那样度过悲惨的一生，实际上你接受了非常好的教育。你负有帮助别人脱离贫困旋涡的责任，而不是找一堆自怨自艾的借口把自己围起来。在我摆脱了顾影自怜，同时意识到自己究竟有多幸运之后，我才获得了现在的成功！"

那位教师深受震动。这是第一次有人否定她的想法，打断了她的凄苦回忆，而这一切回忆曾是多么容易引起他人的同情。

商人朋友很清楚地说明他们二人曾在同样的环境下历经挣扎，而不同的是他通过清醒的自我选择，让自己看到了有利的方面，而不是不利的方面。"凡墙都是门"，即使你面前的墙将你封堵得密不透风，你也依然可以把它视作你的一种出路。

至少我还有腿

总有一些人觉得自己很不幸，这个不如意，那个不顺心，每天都在怨天尤人。而或许，在你面前的风景其实并没有想象中那么差，只是眼前的障碍物挡住了你的视线。

希望是苦难的唯一药方。

卡特曾经是一个对一切都不满意的人，所以整天都不快乐。但是在 1934 年春天，当他在威培城道菲街散步的时候，目睹了一件事，使他的一切烦恼从此消解。这件事发生在 10 秒钟内，而他自称在这 10 秒钟里所学到的东西，比从前 10 年还要多。

当时卡特在威培城开了一家杂货店，经营了两年，不但把所有的积蓄都赔掉了，而且还负债累累。在一个星期六，他这家杂货店终于关门了。当时，他正在向银行贷款，准备回老家找工作。连他走路的样子看起来都像是一个毫无生气的人，因为他已经失去了信念和斗志。

这时，卡特突然瞧见一个没有腿的人迎面而来，他坐在一个木制的有轮子的木板上，他两只手各撑着一根木棒，沿街推进。卡特恰好在他过街之后碰见他，他正朝人行道滑去，他们的视线刚好相碰了。他微笑着，向卡特打了个招呼："早安，先生！天气很好，不是吗？"他的声音是那样富有感染力，那样有精神，好像根本就不是一个身体有缺陷的人。

面对那个坐在轮椅上的先生的自信的目光，卡特觉得自己才是一个残疾者！他对自己说："既然他没有腿也能快乐高兴，我当然也可以。至少我还有腿！"

卡特感到豁然开朗，他想："我本来只想向银行借100元钱，但是，我现在有勇气向银行借200元了。我本来想到的只是回老家求人帮忙，随便找一件事做，但是，现在我自信地宣布，我要到堪萨斯城获得一份好工作。"最后他钱也借到了，工作也找到了。

后来，卡特把这次经历中的感想写了下来，贴在自己浴室的镜子上，每天早晨刮脸的时候，他都要大声地朗读一遍：

"我苦恼，因为我没有鞋。直到在街上遇见一个人——他没有脚！"

医生与喜剧演员

面对一成不变的生活，我们有时会失去耐性，认为自己所从事的事情既无聊又无趣，甚至会因此而产生厌世的心理。这时候，如果能让自己尝试另外一个角色，站在别人的立场上来审视自己的生活，你就会重新发现生活的意义和乐趣。

弗洛姆是一位著名的犹太心理医生，他每天要看许多病人，并且要很有耐心地倾听病人述说心中的忧郁和焦虑。他每天所接触的都是一张张愁苦的脸，所以被那些不快乐的情绪感染得也很不快乐，日子一久，他觉得心理压力非常大。为了稳定自己的情绪、缓解压力，他时常去看喜剧，让自己开怀大笑一番。

有一天，弗洛姆的病人又是一个接一个，他正低头在一位病人的病历卡上记录诊断结果，却听到一个很熟悉的声音说："医生，我很不快乐，生活中没有能够让我开心的事情，活着实在是没有什么意义，我真想死。"

弗洛姆抬头一看，却看到一张熟悉的面孔，他居然是让自己捧腹大笑的喜剧演员。

这样的巧遇，让弗洛姆不禁哑然失笑。他低头想了一下说："这样吧！你我交换，我当一天喜剧演员，你当一天心理医生，怎么样？"

喜剧演员原本以为弗洛姆在开玩笑，但是看他一脸认真的表情，又不像是开玩笑，于是考虑片刻，接受了这个建议。

喜剧演员扮演了一天"代理医师"，除了药方由在幕后的弗洛姆开列之外，他有模有样地询问病人的病情，并且努力开导病人要寻找一个正确的人生方向。

弗洛姆在喜剧演员的教导之下，也在剧院表演了一幕喜剧。他忘却了自己的医师身份，在舞台上装疯卖傻，惹得观众捧腹大笑。弗洛姆站在舞台之上，看到台下有这么多的笑脸，他的心情也好极了。

之后两个人又恢复各自的身份。有一天，喜剧演员又来看心理医师。

"医生，我找到了平衡点。现在我知道了，其实我的工作非常有意义，我的每一个喜剧动作所引起的每个笑容都是我的成就。我不想死了，因为我的存在可以帮助那么多不快乐的人，让他们获得生活上的平衡。"喜剧演员容光焕发地说。

弗洛姆微笑着点了点头说："是啊！我也要谢谢你让我有机会知道，我也有能力制造许多的笑脸。"

从此以后，当病人坐在候诊室等候看病时，都能听到由弗洛姆的诊疗室中所传出来的幽默话语和病人的哈哈大笑声。

第六卷 习惯：决定未来的力量

把最重要的事情放在前面

在安排时间时，要永远把重要的事情放在第一位，在没有完成重要的事情之前，决不着手做次要的事情。

萨缪尔森教授在给即将毕业的 MBA（工商管理硕士）班的学生上最后一次课。令学生们不解的是，讲桌上放着一个大铁桶，旁边还有一堆拳头大小的石块。"我能教给你们的都教了，今天我们只做一个小小的测验。"教授把石块一一放进铁桶里。

当铁桶里再也装不下一块石头时，教授停下了来，问："现在铁桶里是不是再也装不下什么东西了？""是。"学生们回答。"真的吗？"教授问。

随后，他不紧不慢地从桌子底下拿出了一小桶碎石。他抓起一把碎石，放在已装满石块的铁桶表面，然后慢慢摇晃，然后又抓起一把碎石……不一会儿，这一小桶碎石全装进了铁桶里。

"现在铁桶里是不是再也装不下什么东西了？"教授又问。"还……可以吧。"有了上一次的经验，学生们变得谨慎了。

"没错!"教授一边说一边从桌子底下拿出一小桶细沙,倒在铁桶的表面。教授慢慢摇晃铁桶。大约半分钟后,铁桶的表面就看不到细沙了。"现在铁桶装满了吗?""还……没有。"学生们虽然这样回答,但其实心里没底。

"没错!"教授看起来很兴奋。这一次,他从桌子底下拿出一罐水。他慢慢地把水往铁桶里倒。

水罐里的水倒完了,教授抬起头来,微笑着问:"这个小实验说明了什么?"

一个学生马上站起来说:"它说明:你的日程表排得再满,你也能挤出时间做更多的事。"

"有点道理。但你还是没有说到点子上。"

萨缪尔森教授顿了顿,说:"它告诉我们:如果你不是首先把石块装进铁桶里,那么你就再也没有机会把石块装进铁桶里了,因为铁桶里早已装满了碎石、细沙和水。而当你先把石块装进去,铁桶里会有很多你意想不到的空间来装剩下的东西。在以后的职业生涯中,你们必须分清楚什么是石块,什么是碎石、细沙和水,并且总是把石块放在第一位。"

最没有效率的人就是那些以最高的效率做最没用的事的人。总是做重要且紧迫的事的人,常常有很多的剩余时间。做完"正事"之后,他们有相当多的时间去做"重要而不紧迫""不重要且紧迫"甚至"不重要且不紧迫"的事,就像装石块的铁桶里有意想不到的剩余空间来装碎石、细沙和水。犹太人总是告诉自己的孩子:集中精力在能获得最大回报的事情上,别花费时间在对成功无益的事情上。

创新的作用

要从小培养孩子的创新性思维习惯，一个人只有不断创新，才可能超越前人，有所成就。

1926 年，有着犹太血统的兰德才 17 岁就成了哈佛大学一年级的学生。一天晚上，他走在繁华的百老汇大街，从他面前驶过的汽车车灯刺得他眼睛睁都睁不开。他突然灵机一动：有没有办法既让车灯照亮前面的路，又不刺激行人的眼睛呢？他觉得这是很有实用价值的课题。兰德说干就干，第二天便去学校办了休学手续，专心研究发明偏光车灯。

1928 年，兰德的第一块偏光片终于制成了。他匆匆赶去申请专利，不料已有 4 个人申请此项专利。他辛辛苦苦做出的第一项成果就这样白费了。3 年后，经过改进的偏光片研制成功，专利局终于在 1934 年把偏光片的专利权给了兰德，这是他获得的第一项专利。

1937 年，兰德成立了"拍立得"公司。有人把他介绍给华尔街的一些大老板，他们对兰德的才能和工作效率十分赏识，向他提供了 37.5 万美元的信贷资金，希望他把偏光片应用到美国所有汽车的前灯上，以减少车祸，保证乘车人的安全。

1939 年，"拍立得"公司在纽约的世界博览会上推出的立体电影轰动一时。观众必须戴上该公司生产的眼镜才能入场，这又为"拍立得"赚了一大笔钱。

有一次，兰德给他的女儿照相。小姑娘不耐烦地问："爸爸，我什么时候才能看到照片？"这句话触动了兰德，经过多年高效率的研究，他终于发明了瞬时显像照相机，取名为"拍立得"相机。这种相机能在60秒钟洗出照片，所以又称"60秒相机"。

"拍立得"公司1937年刚成立时，销售额为14.2万美元，1941年就达到100万美元，1947年则达到150万美元，为10年前的10倍。"拍立得"相机投入市场后，使公司销售额从1948年的150万美元猛增至1958年的6750万美元，10年里增长了40倍。

然而兰德并没有就此停步，后来他又制造出一种价格便宜、能立即拍出彩色照片的新相机。兰德说："一个企业，不仅要不断地推出新产品，改善人们的生活，给人们带来方便，而且要考虑下一步该怎么办。这样，企业才不会停滞不前，永远充满活力。"

当人们问兰德有什么成功奥秘时，他只是笑笑说："我相信人的创造力，它的潜力是无穷的，我们只要把它挖掘出来，就无事不成。"

创造力是我们最珍贵的财富，它能给我们带来许多意想不到的惊喜。但是怎样发掘你的创造力呢？兰德的经验告诉我们：创造并非遥不可及；只要你处处留心，你就会发现在我们日常生活中处处充满创造的灵感，创造就在我们身边。

独木桥的走法

一个人的习惯性心态对其性格的形成有着决定性的作用，可以说习惯形成性格，性格决定命运。

曾有几个学生向一个智者请教：心态对一个人会产生什么样的影响？

智者微微一笑，什么也不说，就把他们带到一间黑暗的房子里。在他的引导下，学生们很快就穿过了这间伸手不见五指的神秘房间。接着，他打开房间里的一盏灯，在这昏黄如烛的灯光下，学生们才看清楚房间的布置，不禁吓出了一身冷汗。原来，这间房子的地面是一个很深很大的水池，池子里蠕动着各种毒蛇，包括一条大蟒蛇和三条眼镜蛇，有好几条毒蛇正高高地昂着头，朝他们"嘶嘶"地吐着芯子。就在这蛇池的上方，搭着一座很窄的木桥，他们刚才就是从这座木桥上走过来的。

智者看着他们，问："现在，你们还愿意再次走过这座桥吗？"大家你看看我，我看看你，都不作声。

过了片刻，终于有3个学生犹犹豫豫地站了出来。其中一个学生一上去，就异常小心地挪动着双脚，速度比第一次慢了很多；另一个学生战战兢兢地踩在小木桥上，身子不由自主地颤抖着，才走到一半，就挺不住了；第三个学生干脆弯下身来，慢慢地趴在小桥上爬了过去。

"啪"，他又打开了房内另外几盏灯，强烈的灯光一下子把整个房间照耀得如同白昼。学生们揉揉眼睛再仔细看，才发现在小木桥的下方装着一道安全网，只是因为网线的颜色极其暗淡，他们刚才都没有看出来。智者大声地问："你们当中还有谁愿意现在就通过这座小桥？"

学生们没有作声，"你们为什么不愿意呢？"智者问道。"这张安全网的质量可靠吗？"学生心有余悸地反问。

智者笑了："我可以解答你们的疑问了，这座桥本来不难走，可是桥下的毒蛇对你们造成了心理威慑，于是，你们就失去了平静的心态，乱了方寸，慌了手脚，表现出各种程度的胆怯——心态对行为当然是有影响的啊。"

其实人生又何尝不是如此呢？在面对各种挑战时，也许失败的原因不是势单力薄，不是智能低下，也不是没有把整个局势分析透彻，反而是把困难看得太清楚、分析得太透彻、考虑得太详尽，才会被困难吓倒，举步维艰。倒是那些没把困难完全看清楚的人，更能够勇往直前。如果我们在通过人生的独木桥时，能够忘记背景，忽略险恶，专心走好自己脚下的路，我们也许能更快地到达目的地。

父亲和儿子

很多道理，我们每个人都懂，但却没有将其贯彻在我们日常的生活习惯之中，因此，我们也无法从这些道理中获得真实的人生收益。

很久以前，有个流浪的犹太艺人，虽然才四十几岁，但是骨瘦如柴，面容枯槁，医生的诊断结果是肝癌末期。临终前，他把年仅 16 岁的独子找来，叮咛着："你要好好读书，不要像我少壮不努力，老来没成就。我年轻时好勇斗狠，日夜颠倒，嗜好烟酒，正值壮年就得了绝症。你要谨记在心，不要再走我的老路。我没读什么书，没什么大道理可以教你，但你要记住：把'少壮不努力，老来没成就'这句话传下去。"

说完，他咽下最后一口气，16 岁的儿子却懵懵懂懂地站立一旁。

长大后，他的儿子仍然在酒家、赌场闹事，有一次与客人起冲突，因出手过重而闹出人命，被捕坐牢。出狱后，人事全非，发觉不能再走老路，但是无一技之长，无法找个正当的工作，只好下定决心，回到乡下，靠做一些杂工维生。

由于他年轻时无法体会父亲交代的遗言，耽误终身大事，年近半百才成婚。虽然年事渐长，逐渐能体会父亲临终前交代的话，但似乎为时已晚。他的体力一天不如一天，一年不如一年，面对着无法撑持起来的家，心里有着无限的忏悔与悲伤。

有一天夜晚，他喝了点酒，带着酒意，把 16 岁的儿子叫到跟前。他先是一愕，这不就是当年 16 岁的我吗！父亲临终前交代遗言的景象在脑海中显现。他有些自责地喃喃自语："我怎么没把那句话听进去啊。"

说着，眼泪直滴脸颊，儿子站在面前，懂事地安慰着：

"爸爸，您喝醉了，早点休息吧！"

"我没有醉，我要把你爷爷交代我的话告诉你，你要牢牢记住。"

"爸爸！什么话这么慎重呀！"

"当年你爷爷临终时交代我'少壮不努力，老来没成就'，我没听进去，也没听懂。结果我费尽一生才体会出这一句话的道理，但为时已晚。"

"这句话不是人人都知道吗？"

"是啊。但是，并不是每个人都愿意从年轻时就努力奋发向上。一定要年轻时就学好，不然老了就像我一样一无是处。你一定要认真对待这句话。希望你好好做人，将来儿孙都能成才，再不必把这句话当遗言交代了。"

懂道理的人很多，可是真正明白并将其作为指导自己行为准则的人就太少了。所以，人在年轻时一定要懂得珍惜时间，懂得运用自己的时间多做一些有意义的事情，才不至于年老时悔恨，只能将自己的失败教训告诫给后辈。

勇于尝试

当孩子认为自己"不行""办不到"时，要鼓励孩子勇于尝试，或许你会由此发现孩子真正的天赋所在。

犹太人经常强调这一点：父母是孩子最早的老师，父母的言传身教对孩子的影响非常大。父母应当鼓励孩子勇于尝试，让孩子不断提升自我。

他们经常给孩子们讲这个故事：

18世纪下半叶，本杰明·韦斯特在英国画坛被称为"艺术奇才横空出世"。这位英国皇家学院的院长，1738年10月出生于美国，不到20岁就已经是纽约市颇有名气的肖像画家了。关于自己的成功，他说是母亲的一个吻才使他有了今天的成就。

本杰明·韦斯特的母亲年轻时叫萨拉·皮尔森，是一个贵格会信徒的女儿，她嫁给了一个贵格会信徒韦斯特，之后就一直定居在宾夕法尼亚州的印第安人居住地。他们共有 10 个孩子，本杰明·韦斯特是 10 个孩子中最小的一个。韦斯特的家庭很清贫，10 个孩子的大家庭的重担几乎都压在了萨拉一个人的身上。

1745 年，本杰明·韦斯特 7 岁。这年夏天的一天，母亲让本杰明去照看一个亲戚家的婴儿，让他用扇子赶走婴儿脸上的苍蝇。那天中午，在本杰明的细心呵护下，婴儿慢慢地进入了梦乡。小本杰明·韦斯特被熟睡着的婴儿的异常美丽吸引住了。他用手在扇子上比画着，好像要画下婴儿美丽的脸庞。这一切被母亲萨拉捕捉到了。"你想画下宝宝的脸吗？"萨拉微笑着问本杰明。"我不会画画，我画不出。"本杰明说。"可是你不画怎么知道你画不出呢？"萨拉指着桌子上的一红一蓝两瓶墨水说，"你试试。"母亲说完便走了。本杰明拿出一张纸，打开墨水瓶，画了起来。过了好一会儿，画是画好了，可是在他的脸上、衣服上都沾了很多的墨水，桌子上也是一片狼藉。他担心如果母亲看到这个脏乱的局面的话可能会骂他。哪知母亲走来后，用她特有的慈爱目光看了一眼那张画，声音颤抖着惊叫起来："哦，天哪，这简直就是小萨莉的照片啊！"然后她搂着本杰明的脖子，亲吻了他一下，并且说："总有一天你会成为一个伟大的艺术家。"

孩子的成长过程也是认知的过程，大人的经验固然对孩子的成长有很大的帮助，但孩子的亲身体会要比大人的"教诲"深刻得多，即使孩子在亲身体会的过程中犯错误，我们也要允许他们犯错误，因为他们有能力去犯错误，也同样有能力去改正自己的错误。在犯错误中得到正确的答案，那是最珍贵的。

黄油狮子

生命中的一次小小的机会就可能改变人生。

一天，在西格诺·法列罗的府邸正要举行一个盛大的宴会，主人邀请了一大批客人。就在宴会开始的前夕，负责餐桌布置的点心制作人员派人来说，他设计用来摆放在桌子上的那件大型甜点饰品不小心被弄坏了，管家急得团团转。

这时，西格诺府邸厨房里干粗活的一个仆人走到管家的面前怯生生地说道："如果您能让我来试一试的话，我想我能造另外一件来顶替。"

"你？"管家惊讶地喊道，"你是什么人，竟敢说这样的大话？"

"我叫安东尼奥·卡诺瓦，是雕塑家皮萨诺的孙子。"这个脸色苍白的孩子回答道。

"小家伙，你真的能做吗？"管家将信将疑地问道。

"如果您允许我试一试的话，我可以造一件东西摆放在餐桌中央。"小孩子开始显得镇定一些。

这时仆人们都显得手足无措了。于是，管家就答应让安东尼奥去试试，他则在一旁紧紧地盯着这个孩子，注视着他的一举一动，看他到底怎么办。这个厨房的小帮工不慌不忙地要人端来了一些黄油。不一会儿工夫，不起眼的黄油在他的手中变成了一只蹲着的巨狮。管家喜出望外，惊讶地张大了嘴巴，连忙派人把这个黄油塑成的狮子摆到了桌子上。

晚宴开始了。客人们陆陆续续地被引到餐厅里来。这些客人当中，有高贵的王子，有傲慢的王公贵族们，有威尼斯最著名的实业家，还有眼光挑剔的专业艺术评论家。但当客人们一眼望见餐桌上卧着的黄油狮子时，都不禁交口称赞起来，纷纷认为这是一件天才的作品。他们在狮子面前不忍离去，甚至忘了自己来此的真正目的是什么了。结果，这个宴会变成了对黄油狮子的鉴赏会。客人们在狮子面前情不自禁地细细欣赏着，不断地问西格诺·法列罗，究竟是哪一位伟大的雕塑家竟然肯将自己天才的技艺浪费在这样一种很快就会溶化的东西上。法列罗也愣住了，他立即喊管家过来问话，于是管家就把小安东尼奥带到了客人们的面前。

当这些尊贵的客人们得知，面前这个精美绝伦的黄油狮子竟然是这个小孩仓促间做成的作品时，都不禁大为惊讶，整个宴会立刻变成了对这个小孩的赞美会。富有的主人当即宣布，将由他出资给小孩请最好的老师，让他的天赋充分地发挥出来。

西格诺·法列罗果然没有食言，但安东尼奥没有被眼前的宠爱冲昏头脑，他依旧是一个淳朴、热切而又诚实的孩子。他孜孜不倦地刻苦努力着，希望把自己培养成为皮萨诺门下一名优秀的雕刻家。

也许很多人并不知道安东尼奥是如何充分利用第一次机会展示自己才华的。然而，没有人不知道后来著名雕塑家卡诺瓦的大名，也没有人不知道他是世界上最伟大的雕塑家之一。

这个世界上有才能的人不在少数，但并非一切有才能的人都一定会成功，这往往是因为有些人没有把握住成功的机遇。对于这种关键的时刻，人们都会很重视甚至会有点紧张，这些都是可以理解的。但我们要意识到，人只有在关键的时刻发挥出自己的才能才能够成功。这便是人与人之间能力的真正差距，这便是有的人能够成功、有的人不能成功的原因。

第七卷 情谊：与人为善，广交朋友

5万人的名字

记住别人的名字并正确地称呼，能帮助你处处受人欢迎，获得良好人缘。

吉姆·佛雷10岁那年，父亲就意外丧生，留下他和母亲及另外两个弟弟。由于家境贫寒，他不得不很早就辍学，到砖厂打工贴补家用。他虽然学历有限，却凭着犹太人特有的精明和坦率，处处受人欢迎，进而转入政坛。

他连高中都没读过，但在他46岁那年已有4所大学颁给他荣誉学位，并且高居政府要职。

有一次有记者问起他成功的秘诀，他说："辛勤工作，就这么简单。"记者有些疑惑，说道："你别开玩笑了！"

他反问道："那你认为我成功的原因是什么？"

记者说："听说你可以一字不差地叫出1万个朋友的名字。"

"不，你错了！"他立即回答道，"我能叫得出名字的人，少说也有5万人。"

这就是吉姆·佛雷的过人之处。每当他刚认识一个人时，他定会先弄清他的全名、他的家庭状况、他所从事的工作以及他的政治立场，然后据此先对他建立一个简略的印象。当他下一次再见到这个人时，不管隔了多少年，他一定仍能迎上前去在他肩上拍拍，嘘寒问暖一番，或者问问他的家庭，或是问问他最近的工作情形。有这份能力，也难怪别人会觉得他平易近人、和善可亲。

吉姆很早就已发现，牢记别人的名字，并正确无误地唤出来，对任何人来说，都是一种尊重、友善的表现。

对别人的尊重、友善不仅要放在心里，更要表现在行为中。只要你有真诚的关注，哪怕只是你一个小小举动，也会让人深深感动！

爱你的仇人

以恨对恨，恨将永无休止；以爱对恨，恨将消弭。

1944年冬天，苏军已经把德军赶出了国门，成百万的德国兵被俘虏。每天，都有一队队的德国战俘面容憔悴地从莫斯科大街上穿过。当德国兵从街道走过时，所有的马路都挤满了人。苏军士兵和警察警戒在战俘和围观者之间。围观者大部分是妇女。她们当中的每一个人，都是战争的受害者，或者是父亲，或者是丈夫，或者是兄弟，或者是儿子，都让德国兵杀害了。她们每一个人，都和德国人有着一笔血债。

妇女们怀着满腔仇恨，当俘虏们出现时，她们把一双双勤劳的手攥成了拳头，士兵和警察们竭尽全力阻挡着她们，生怕她们控制不住自己的冲动。

这时，最令人意想不到的事情发生了：一位上了年纪的犹太妇女，穿着一双战争年代的破旧的长筒靴。她走到一个警察身边，希望警察能让她走近俘房。警察同意了这个老妇人的请求。

她来到了俘房身边，从怀里掏出一个用印花布方巾包裹的东西。里面是一块黑面包，她不好意思地把这块黑面包塞到了一个疲惫不堪的、两条腿勉强支撑得住的俘房的衣袋里。看着她身后那些充满仇恨的同胞们，她开口说话了："当这些人手持武器出现在战场上时，他们是敌人。可当他们解除了武装出现在街道上时，他们是跟所有别的人，跟'我们'和'自己'一样具有共同外形和共同人性的人。"

于是，整个气氛改变了。妇女们从四面八方一齐拥向俘房，把面包、香烟等各种东西塞给这些战俘。

面对敌人，普通人的情感是恨不得杀之而后快，这种被我们视为再正常不过的感情，有时恰恰最具毁灭性，它使我们冤冤相报。故事里的犹太老妇恰恰看到了这一点，才能善待自己的敌人。其实，仇恨对于问题的解决根本没有任何作用，它只会激化已有的矛盾。而任何矛盾要想解决，前提就是忘记仇恨，淡化差异，找到双方的共同点。

把金牌熔掉

在人生的竞技场上，除了你输我赢的激烈竞争之外，还有更加珍贵的东西，那就是友谊。

运动员为奥运会上的一枚金牌，付出的太多了。他们从很小的时候起，就开始进行专项训练，以至于人生最美好的时光都在训练场度过。他们所做的一切努力只有一个目的：金牌。金牌凝聚了他们几乎全部的注意力。他们为金牌执着，为金牌所累。

而发生在 1936 年柏林奥运会上的一件事，则值得我们深思。当时最有希望夺得跳远金牌的是美国选手杰西·欧文斯。他是当时的一位田径天才，一年前，他曾跳出 8.13 米的好成绩。

预赛开始后，一位名叫卢茨·朗格的德国选手第一跳就跳出了 8 米的不俗成绩。卢茨·朗格的出色发挥使欧文斯很紧张——这次比赛对他有着非同寻常的意义，当时，希特勒的"非犹太民族白种优越论"甚嚣尘上，欧文斯太想用成绩证明这是谬论了！

由于心急，第一次试跳，欧文斯的脚超过了起跳板几厘米，被判无效。第二次试跳还是如此。如果第三次仍然失败，他将不得不被淘汰出局，无缘真正的决赛。可欧文斯显然还是无法使自己平静下来。只要欧文斯被淘汰，可以说冠军就非卢茨·朗格莫属了。

可卢茨·朗格没有选择金牌，他选择的是友谊——他走上来，拍了拍欧文斯的肩膀说："你闭上眼睛都能跳进决赛。你只需跳 7.15 米就能通过预选，既然这样，你就根本用不着踩上跳板再起跳——你为什么不在离跳板还有几厘米的地方做个记号，而在记号处就开始起跳——这样，你无论如何也不会踩线了。"

欧文斯恍然大悟，照卢茨·朗格的话做了，轻松进了决赛。在决赛中，他发挥出了应有的水平，夺得冠军。夺冠后第一个上来向他祝贺的是卢茨·朗格。

后来，欧文斯在他的传记中深情地写道：把我所有的奖牌熔掉，也不能制造出我对卢茨·朗格的纯金友谊。而在我熔掉奖牌之前，卢茨·朗格在心中早已把他的金牌熔掉了。

生活有时犹如比赛，目的就像挂在远处的金牌，不断吸引着我们的注意力，使我们无暇顾及目的之外的路边的风景。

把最后一碗粥留给自己

信任一种有效的制度比信任个体的人更可靠。

有这样7个犹太人，命运安排他们必须住在一起。他们每天都会得到一桶粥，这桶粥勉强可以维持他们7个人的生命。

开始他们一看见装粥的桶，就争先恐后地去抢，唯恐少了自己那份。后来大家觉得这样会伤和气，就聚拢起来商量，最后他们想出一个办法：轮流分粥，每人负责一天。这样做，当然比争来抢去好多了，但是每个礼拜，只有自己负责分粥的那天才能吃饱，其余六天还是饿肚子——毕竟，给自己尽量多分一点粥的权力，每个人每周也就那么一次。时间久了，他们觉得这个办法不妥，于是决定选一个德高望重的人出来，由他负责每天的分粥事务。

开始还好，可没过多久，大家就跟当初抢粥那样，抢着巴结讨好那个德高望重的人——这其间当然会产生腐败，分粥仍然没有公正可言。最后，他们决定：选出三个人组成分粥执行委员会，另四个人组成分粥评议委员会。这样大家互相监督，权力制衡，谁也不能轻易给自己多分一点儿粥。这个精妙的办法导致的直接结果是：每到粥桶送到的时间，大家都围着粥桶喋喋不休，互相争辩，等最终分到大家都满意的程度时，粥显然已经凉了。虽然这样谁也不能轻易占到别人的便宜，但每次都喝凉粥显然还是令人很不愉快的。

最终，他们还是放弃了这个看似不失民主的办法，而重新选择了那种古老的分法：轮流分粥，每人负责一天。但他们给这条规则后加了一条限制语：负责分粥的那个人，只有等别人挑完后，最后一碗粥才是他的。这条限制语的聪明之处在于：负责人为了不让自己拿到最少的那碗粥，会尽可能把粥分得一样多——这样，他虽然在行使权力时无法为自己牟取比他人更多一点儿的粥，但至少能保证自己不吃亏。"不吃亏"这时候已经成了负责人的目标，而不是像以前那样仅仅是他人的目标。从此以后，他们便和和气气地住在一起，谁也没有因为分粥的事跟他人闹过不愉快。

如今，我们生活在一个分工非常细化的时代，每个人都不可能脱离了他人而存在，这样，如何与人相处就是令许多人非常头疼的事情。之所以头疼，是因为每个人潜意识里都认为那桶粥是不变的，而他人多分去一份，也就意味着自己少了一份，于是他人变成自己的敌人——设防是当然的了，不信任也是当然的了。在这种心理机制下，快乐离我们越来越远。要重获那种久违了的快乐，犹太人总结出的办法之一就是：把最后一碗粥留给自己。

第八卷 进取：塑造完美的自我

自己爬台阶

自己的事情一定要亲自去做。哪怕你完成得没有别人好，那也是你自己的劳动成果。只有一次一次的不好，才能换来以后的完善。孩子有了自己的能力和地位后，与家人和社会的沟通才会变得更容易，才更能适应周围环境的变化。

洛克菲勒家族仅在 1974 年资产总额就已经达到 3305 亿美元。纵观创始人约翰·戴维森·洛克菲勒的成长历程，他所取得的成就无不归功于其父母的严格要求和其自身的独立。洛克菲勒从小家教严厉，平时靠给父亲做"雇工"挣零花钱。清晨他便到田里干农活，有时还帮着母亲挤牛奶。他有一个专门用于记账的小本子，将自己的工作按每小时 0.37 美元记入账本，然后再与父亲结算。他做这件事做得很认真，因为感到既神圣又趣味无穷。更有意味的是，洛克菲勒的第二代、第三代乃至第四代，都严格照此方法获得零花钱，而且还要定期接受检查，否则，谁也别想得到一分钱的零花钱。

洛克菲勒的家长让孩子这样做并非家中一贫如洗，也不是父母有意苛待孩子，而是为了从小培养孩子艰苦自立的品格和勤劳节俭的美德。那小账本上记载的不仅仅是孩子打工的流水账，更是孩子接受考验和磨难的经历！

犹太父母从小便教育孩子，自己的事情自己做，只有这样才能适应环境变化，使自己不断成熟起来，从而走向成功。

从前有一个犹太商人，有两个儿子。父亲宠爱大儿子，他想把自己的全部财产都留给他。但是母亲很可怜小儿子，她请求丈夫先不要宣布分财产的事。她总想找个办法让两个儿子分得平均一些。商人听从了妻子的劝告，暂时没有宣布分财产的决定。

有一天，母亲坐在窗前哭泣，一位过路人看见了，就走上前来，问她为什么哭得这么伤心。她说："我怎么能不伤心呢？对我来说，两个儿子都一样亲，可是我的丈夫却想把全部财产留给大儿子，而小儿子什么也得不到。在我还没想出帮助小儿子的办法以前，我请求丈夫先不要向儿子们宣布他的决定。但是我到现在也不知道怎样才能解决这个烦恼。"过路人说："你的烦恼其实很容易解决。你只管让丈夫向两个儿子宣布，大儿子将得到全部财产，小儿子什么也得不到。但以后他们将各得其所。"小儿子一听说自己什么也得不到，就离开家到耶路撒冷去谋生了。他在那里学会了许多手艺，增长了知识。而大儿子一直依赖父亲生活，什么也不学，因为他知道，他是富有的。父亲去世后，大儿子什么都不会干，最后把自己所有的财产都花光了；而小儿子在外面学会了挣钱的本事，变得富裕起来。

实际上，在不少国家，对在校学习的孩子的要求也是非常"刻薄"的。在日本，许多学生利用课余时间，在饭店端盘子、洗碗，做家教，在商店售货或照顾老人等，以此挣钱交学费及买零用。美国人一贯教育孩子自主自立，七八岁的小孩就成了"小商人"，出售他们的"商品"来挣零用钱。美国中学生有个口号："要花钱自己挣。"每逢假期，他们就成了打工族，自食其力。

今天的孩子是 21 世纪的主人。这个充满竞争的快节奏的现代社会，要求每一位社会成员都要具备较强的应变能力。而现在家庭里的孩子大多是独生子女，物质生活相对优越，许多事情都由大人包办，衣来伸手，饭来张口，孩子在这样的环境中免不了失去独立生活的能力。这对以后孩子参与社会竞争是十分不利的。因此为人父母者要从小就培养孩子的独立能力。家长应该让孩子成长为一棵能独立支撑、独当一面的大树，而不是靠大树遮风挡雨的、经不起风吹雨打的脆弱小草。

有一个 1 周岁左右的小男孩，被年轻的妈妈牵着小手来到公园的广场前，等到要上有十几个阶梯的台阶时，小男孩一下子挣脱开了妈妈的手，要自己爬上去。他用胖胖的小手向上爬，他的妈妈也没有抱他上去的意思。当他爬上两个台阶时，他就感到台阶很高，回头看一眼妈妈，妈妈没有伸手去扶他，只是眼睛里充满了慈爱和鼓励。小男孩又抬头向上看了看，他放弃了让妈妈抱的想法，还是手脚并用小心地向上爬。他爬得很吃力，小屁股抬得很高，小脸蛋也累得通红，那身娃娃服也被弄得都是土，小手也脏乎乎的，但他最终爬上去了。年轻的妈妈这才上前拍拍儿子身上的土，在他那通红的小脸蛋上亲了一口。这个小男孩就是后来的美国第 16 届总统——林肯。他的母亲便是南希·汉克斯。

不言而喻，人的一生有无数级台阶——学习、工作和生活。可是如何面对和攀登这些人生的台阶呢？对于孩子，是牵着手、搀扶着上，还是抱着上？不同的父母会有不同的答案。显而易见，如果家长牵着、搀扶着孩子，就会使孩子产生依赖性，常常把父母当成拐棍而难以自立。如果家长抱着孩子上台阶，把孩子揽在襁褓里，那么，孩子就会成为"被抱大的一代"，不经风雨，不见世面，更难立足于社会。平时，孩子饭来张口，衣来伸手，上学接送，晚上陪读，甚至考上大学父母还要跟着做"保姆"……这样，孩子是很难自立、大有作为的。

犹太父母认为，再富也不能富孩子，我们也不妨让孩子吃点苦，有"台阶"让他自己爬。这样，孩子才能"一鼓作气"，攀上光辉的顶点。

我要负责任

责任感，是一个人日后能够立足于社会、获得事业成功与家庭幸福至关重要的人格品质。不论孩子有什么过失，只要他有一定的能力，就应当让他承担责任。自瞒自欺其实很容易，但是却无法逃离世人锐利的眼睛。因此，自己的责任一定要自己负。

古代的智者说过："好事可以分享，但是自己的责任一定要自己负。"因为不管是把事情推给别人，还是归咎于环境；自己的责任仍然存在而无法消失，所以犹太人从不把责任推给别人，而是自己动手去做。

关心和爱护孩子是所有父母的天性。可是，很多父母在关心、爱护孩子的同时，却忽略了孩子是需要学会承担责任的。他们总是怕孩子为难，怕孩子辛苦。于是，有的家长替孩子做值日，有的替孩子洗衣服、洗袜子，更有甚者替孩子做家庭作业……长期这样，孩子不知道怎样自己照顾自己，更谈不上对他人、对社会的责任感了。犹太人认为在这种家庭环境中长大的孩子，由于从小就受到过多的呵护，不会动脑筋，一方面他们会变得自我意识很强，处处都以自我为中心；而另一方面，他们对周围的人和事经常表现出漠不关心的态度，缺乏基本的责任感。

70多年以前，有一位11岁的美国男孩儿，踢足球时一不小心踢碎了邻居家的玻璃，人家向他索赔12.5美元。那个时候，12.5美元可不是个小数目，可以买125只鸡蛋。闯了大祸的美国男孩儿向父亲认错后，父亲让他对自己的过失负责。儿子为难地说："可是我没有钱赔人家。"父亲说："我先借给你12.5美元，一年后你必须把钱还我。"从这以后，这位美国男孩儿开始了自己艰苦的打工生活。经过半年的努力，小男孩儿终于挣足了这12.5美元，把钱还给了父亲。这位男孩儿就是已经故去的美国前总统里根。他在回忆这件事时说，通过自己的劳动来承担过失，使他懂得了什么叫责任。

犹太人认为，孩子有了过失的时候，恰好是父母对其进行教育的良机。因为内疚和不安使他急于救助，而此时明白的道理更有可能刻骨铭心。不论孩子有什么过失，只要他有一定的能力，就应当让他承担责任，这才是现代父母的真正爱心。同时，犹太父母还经常给孩子们讲这个故事，以告诉他们具有责任感能为别人，同时也能为自己带来幸福。他们让自己的孩子切记："我应该负责任。"

从前，有个犹太人开设的公司招聘员工，他们在面试的房间里故意把一个椅子放倒在地上，用以观察应聘人员的反应，是否能把椅子扶起来成了能否进入复试的第一道题目。可见，缺乏责任感的人是不可能在现代社会立足的。也许有的家长会说："孩子还小，长大后他们就知道该怎么做了，不要对孩子要求太高。"然而，他们却忽略了孩子的责任感是在生活中一点一滴地形成的。平时把所有事情都为孩子安排好的家长，希望孩子能在某一天突然变得有责任感，这无异于白日做梦。

犹太人在现实的生活中，从不逃避自己的责任。为了负起自己的责任他们甚至可以倾家荡产，可以牺牲性命。正是因为犹太人在任何时候都不会放弃自己的责任，所以他们在别人心中讲究诚信，在商场注重契约。

有一个犹太人，接到美国芝加哥一个食品公司的3万套刀叉餐具的订货单，双方商定的交货日期是9月1日。这个商人必须在8月3日从本港运出货物，才能在9月1日如期交货。但是，由于发生一些意外，这个商人没能在8月3日赶制出3万套刀叉餐具。这位犹太商人陷入了困境，但他丝毫没有想到要给对方写封情真意切的信，要求延期交货并表示歉意，因为这本身就是违背契约，并且也是逃避责任的做法。后来，这位犹太商人花巨资租用飞机送货，3万套刀叉如期交货了，这位犹太商人也因此损失了1万美元。

　　在犹太人眼中，人是永远无法逃避责任的。但是责任感不是天生的，孩子的"先天"不足，不应该责怪孩子，应归咎于我们的家庭教育。许多父母在生活上对孩子呵护备至，对责任感的教育却严重不足。他们认为孩子还小，长大会慢慢意识到的。有一位年轻的母亲因为儿子自私、不合群发愁，她去请教生物学家达尔文。达尔文问："你的孩子多大啦？"她回答说："快4岁了！"达尔文马上严肃地说："对不起，你对孩子的教育已经晚了快4年了！"这则故事告诉我们，对孩子责任感的教育应从小抓起。

　　不逃避责任，自己的责任自己负，这是犹太人为人处世的一个原则。也正是因为他们这样做了，犹太人才在世界赢得了良好的声誉。孩子是一张纯净的白纸，他一来到世界，就观察大人的一言一行、一举一动。家长们应像犹太父母那样，严格要求自己，做有责任感的好家长，好公民，并时刻以身作则。要求孩子办到的事，自己首先要做到，为孩子树立一个好的榜样。从平时抓起，从点滴做起，让孩子们时时处处去体验。让他们学会去关心他人、热心公益、热爱集体、尊敬师长，使这些行为成为孩子们日常生活的一种习惯，把这些教育作为责任感培养过程中由浅入深、由低到高、由表及里的阶梯。父母应该让孩子学会为自己的行为负责，以培养他们的责任感。要让孩子懂得，如果是自己办错了的事，就该自己负责任，从而引以为戒，不犯或少犯类似的错误。

美感教育

美感教育又称审美教育。它主要是通过艺术手段，或者借助于大自然和社会生活中一切美好的事物对人们进行有计划、有目的的教育。

犹太人是这样认为的，也是这样来教育其子女的。犹太孩子经常听家长讲下面这个故事。

德国法学家卡尔·威特的父亲很讲究住宅的布置，在住宅里，决不放置任何没有情趣和不和谐的东西。墙上贴着使人心情舒畅的壁纸，上面挂着经过自己精心挑选的有镜框的画。室内摆设的各种器具都很有情趣，决不摆设与周围物品不搭配的东西。如果人们赠送的礼品和自家的陈设不和谐就决不摆出来。穿衣服也是这样，父亲反对花哨的服装，不仅要求自己这样，而且要求孩子也穿着朴素、雅致，衣帽整齐，打扮得干净朴素。在住宅的周围，父亲砌上雅致的花坛，里面种上四季常开不败的花卉，但同样不种植没有情趣和与周围环境不和谐的花卉。父亲十分注意培养威特的文学素养，使威特成了了不起的文学通，几乎背下了所有的名诗，而且很早就会写诗，后来又成了研究但丁的权威。父亲还注意陶冶孩子的情操。威特三岁时的一天，他看到一条狗跑过，他像其他孩子喜欢做的那样，一把拽住狗的尾巴，把它拉到自己身边，这个举动正巧被父亲看见。于是父亲拽住威特的头发，脸色吓人，揪住不放。威特吃了一惊，把拽着狗尾巴的手放开了。这时他父亲也把手放开了。然后说："威特，你喜欢被人拽着头发吗？"威特红着脸说："不喜欢。""如果是这样，那么对狗也不应当那样。"在父亲的教导下，威特终于成为一个感情丰富、心地善良、情趣高雅的人。

犹太人认为，孩子大部分时间是在家庭中度过的，因此对孩子进行美感教育应先从家庭开始。日常生活中，只要我们对孩子进行细致的观察就会发现：刚出生几个月的孩子就喜欢看色彩鲜艳的会动的物体，他们听到有韵律的乐曲会停止哭声。1 至 2 岁的孩子对颜色好看的新衣服会流露出愉快的表情，喜欢听别人夸奖他好看之类的话。学龄前儿童则多半以新奇作为评判美与丑的标准。儿童表现出的对某一事物的喜爱度，是他们最初的对美的感受能力的原始反应。因而对儿童进行审美教育应该从出生后不久就开始。当孩子处在婴儿时期时，家长应有目的地在他视觉所能触及的范围内，悬挂一些色彩艳丽的气球、形象可爱的玩具、简洁明快的图片，这虽对孩子的审美教育不可能有即时效果，但对他形成原初的对美的感受能力有着不可低估的作用。

在日常生活中，家长要经常帮助孩子提高鉴赏、评判美的能力，告诉孩子什么东西是美的，什么是丑的。同时家长在平时不论是与成年人交谈，还是和孩子说话，都要注意自己的言语对孩子产生的影响。行为举止要符合社会文明规范，待人接物要彬彬有礼，不要说粗话、脏话。从小就对孩子进行文明礼貌教育，使孩子养成良好的习惯。

随着孩子的成长，知识的逐渐积累，生活经验的不断丰富，他们对美的感受能力也会有所提高，但毕竟还不成熟，在感知美的过程中具有表面性、情绪性和模仿性的特点。即他们对事物的认识往往停留在物体外表的形状、色彩上，不能理解美的内在涵义。他们经常以是否认识感知对象或是否对它感兴趣作为评判的依据。儿童善于模仿的特点，导致他们在感受美的过程中出现严重的从众心理。鉴于孩子的这些特点，家长在对孩子的教育中，须从孩子的生活实际出发，具体地加以培养和指导。

对学龄前儿童的美感教育，是不能一蹴而就的，家长必须身体力行，时时做有心人。首先，在家庭的室内布置上要注意色彩协调而不繁杂，整洁而有条理，美观而不入俗套，让孩子在其中享受到一种协调的美。全家和睦相处，尊老爱幼，给孩子充分的安全感，产生愉悦的情绪体验，时时体味到家庭所特有的温馨，这些对于孩子审美情趣的形成和发展、高尚情操及健康审美能力的形成都有很大的帮助。

随着孩子年龄的增长，家长也要逐步扩充审美的内容。带孩子走出家门到大自然中领略自然风光和造型优美的建筑，参加有特色的音乐会，阅读优秀的儿童作品，欣赏五彩缤纷的展览等，激发孩子对美的事物的情感流露，启发他们把对事物现象美的认识发展到对事物本质美的认识。

犹太家长认为，培养孩子的审美意识，既能丰富孩子的精神生活，陶冶情操，也能起到发展孩子智力的作用。

美是到处都有的，对于我们的眼睛来说，不是缺少美，而是缺少发现。如果我们不想让孩子成为"美盲"，那么仅仅带他们到自然环境中去是很不够的，还要引导、培养他们热爱自然的兴趣。

有人认为，自然美是客观存在的，只要有眼睛和耳朵，就都能感受和理解美了。其实不然。试想一下，如果一个人置身于枫林夕照、画眉清音、美丽如画的境界中，却视而不见，听而不闻，对此美景无动于衷。是否可以说明人们对自然美的欣赏确实需要具备一定的审美能力和艺术修养呢？既然这样，那么如何使孩子有一双审美的眼睛呢？

犹太人认为，幼儿思维的主要特征是通过具体形象来认识事物进行联想的。培养孩子认识自然美的能力，要从他们思维的特点出发，采取由表及里、由浅入深的方法引导。

首先，让孩子认识自然界外部的特征美。拿颜色美来说，自然界中可谓是五光十色。黄菊花、红玫瑰、粉杜鹃、白水仙，争妍斗奇，媚态百生。不同种类的动物也以特有的色彩装扮自己，金龟子金光闪烁，红蜻蜓通透鲜红，大熊猫黑白分明，孔雀开屏更是灿烂夺目。节假日带孩子到公园或郊外，以自然界提供的天然色彩为教材，给孩子讲解颜色的种类、特点、相互的关系，以及各种颜色构成的自然画，能给孩子以美的享受，提高孩子感受自然美的能力。自然界形态美也极其丰富：挺拔的青松、巍峨的山峰，给人以不同的造型美；奔腾的江河、咆哮的大海，给人以锐不可当的力量，表现出磅礴的气势美……面对自然界各处独具一格的形态美，只要家长引导得法，孩子必将从中汲取美的养料。

其次，运用知识提高孩子的审美能力，这可从多方面入手。比如：建筑美的欣赏。建筑艺术历来被称作"凝固的音乐"。那些造型精巧、风格多样的古今中外建筑，以其巧夺天工的技术而被世人赞叹。我国是建筑艺术驰名世界的国家，在辽阔的国土上，有数不胜数的宫殿、寺院、石碑、桥、塔、楼、台、亭、阁、轩、廊，像明珠一样灿烂夺目。平时，家长只要有机会就可以进行审美教育。在观赏时，先让孩子看到建筑物的全貌，讲解建筑物的布局、功能、结构、色彩、造型上的特点，使孩子真正感受到古代建筑的宏伟气势。有的古代建筑和风景胜地还有动人的神话传说，让孩子了解这些故事和传说，既可以增长知识，又能激发孩子的想象力，使审美有一定的广度和深度。

家长们要积极利用并创造各种条件，用知识启迪孩子感受美、发现美、欣赏美的能力，全面提高孩子的审美能力。

不要胆小怕黑

胆量、勇气和魄力无疑是这个时代重要的品质。许多成功人士都是依靠勇气在事业上胜人一筹、取得成功的。

居里夫人被称为"镭的母亲"，是世界著名的科学家。她不仅在事业上取得了辉煌成就，而且在对女儿的教育上也非常成功，她的长女也曾经获得过诺贝尔奖。居里夫人一心钻研科学，很晚才结婚。婚后她生了一个女儿叫绮瑞娜。绮瑞娜出世后，居里夫人把她当作掌上明珠，疼爱地叫她"我的小皇后"。每天她都把女儿的体重、饮食和乳齿的生长情况记录下来，就像观察镭一样细致地观察女儿的生长发育情况。绮瑞娜的胆子很小，连雨天响雷她都害怕。居里夫人心想：一个人要在科学上有所发明创造，胆小怕事肯定是不行的。于是她便有意识地注意培养她不怕雷鸣的勇气。一次夜里下着大雨，居里夫人悄悄地到女儿房里一看，绮瑞娜正用被子蒙住头呢！居里夫人掀开被子，把她领到窗前，给她讲雷电的原理。从此，女儿的胆子渐渐大了起来。居里夫人不喜欢孩子们轻率鲁莽，也并不鼓励她们进行杂技式的冒险，但是鼓励她们勇敢尝试。她教育女儿们不要"胆小怕黑"，不许她们在打雷下雨的时候用枕头遮住头，不许怕贼或怕生病。虽然她的丈夫死于车祸，可是她仍旧放心地让孩子们从十一岁起就单独出门。

一般来讲，胆小的孩子可能有很强的自尊心，他总担心自己受到别人的训斥而不敢去做；胆小的孩子可能有完美主义倾向，他总怕自己做错了什么而不敢去做；胆小的孩子还可能有着强烈的不安全感，他总担心自己会受到伤害而不敢去做。胆小在很大程度上来自于先天，但后天的教育也有着很大的影响。所以，如果能给胆小的孩子一个适宜的家庭环境，他们同样也可以勇敢地去面对生活的挑战。

做父母的都希望自己的孩子具备勇敢的品质，但有些孩子胆子很小。比如有些孩子，父母不在身边时就会感到害怕，有的孩子怕黑，有的孩子怕"鬼怪"，等等。这些都会影响到孩子的个性发展，使他们缺乏独立性，甚至会导致某些心理疾病的发生。有些父母往往会在这种情况下训斥孩子，说孩子是"胆小鬼"，甚至给以处罚，这些做法是极不明智的，会对孩子的自尊心造成极大伤害。不但改变不了孩子的胆小状况，反而可能使孩子的惧怕心理更加严重。

一位儿童心理学家说过："儿童产生惧怕心理的原因与成年人一样，关键的问题是成年人懂得如何去应付恐惧，而孩子们却还不知道如何应付。"因此，父母应细心观察，找出孩子产生恐惧的原因，并帮助他们消除恐惧，从而培养孩子的自信心和勇敢的品质。犹太父母在这方面是从以下几个方面做的：

1. **注重父母的榜样力量。**孩子特别爱模仿自己父母的言行，因而，父母的榜样作用对孩子影响极大，父母应该以自己无所畏惧的形象来影响孩子。此外，父母还应该坦率地承认自己也曾害怕过某些东西，但现在已经不再害怕它们了。这样，孩子就会明白，他并不是世界唯一害怕这些事物的人。让孩子从你的身上知道，这些事物并不那么可怕，是可以被征服的，恐惧的心理便会得到克服。

2. **按照孩子的方式消除他们的惧怕心理。**孩子们从小就从童话故事和漫画书里知道了"鬼怪"的故事，因而他们惧怕"鬼怪"。但是这时给他们讲唯物论是没用的。最有效的办法是对孩子说他是勇敢的孩子，当他在屋里时，"鬼怪"是不敢跑进来的，或者说"鬼怪"怕好孩子等。这样，孩子便很容易接受你的话，并消除惧怕心理。

3. **了解孩子真正害怕的事。**有些时候，孩子们往往言行不一地掩盖他们真正所害怕的事情。比如一些孩子每当父母要外出时总是哭闹不止，不让父母出去，实际上他们是怕一个人待在屋子里。因此，要细心观察孩子的日常言行，了解他真正害怕的事情，然后对症下药加以解决。

4. **从小就培养孩子的独立性，树立他们的自信心。**父母不要对孩子过分呵护，相信他们自己能够做到很多我们认为他们难以做到的事情。要经常鼓励孩子自己去面对困难，使其克服依赖性，使他们感到自己有能力、有办法应付遇到的问题和困难。

5. **不要强迫孩子否认令他们感到害怕的事物及掩盖他们的恐惧感。**做父母的要正确对待孩子所害怕的事物。心理学家认为只有当孩子感到你承认他们害怕的东西是客观存在的时候，他才会相信你对解除他的害怕所做的解释。一种非常有效的方法是教给孩子关于某些事物的知识。如有的孩子害怕猫、狗等小动物，父母就可以给孩子讲一些有关这些动物的小故事，并告诉他们这些动物一般不会伤害人，但要学会与它们相处的方法。这样，就可以帮孩子增强安全感。

从以上犹太家长教育孩子的方法上看，要培养出勇敢的孩子，父母们就要从自身做起，并经常与孩子进行沟通，了解他们的真实想法，有意识地锻炼他们的独立性。坚持下去，你就会发现自己的孩子正渐渐成为一个勇于面对困难的勇敢的孩子！

从小爱劳动

只有那些既学到了智慧又能维持生计的人，才算是选择了人生的正道。那是一条能给选择者以他人之赞誉和荣耀的道路。

从前，在一个城镇里有个人，上无片瓦遮身，下无立锥之地，自己又无一技之长，没有谋生的手段，每天只有靠在城里乞讨度日，生活十分困窘。那时的城市不大，他天天走的都是那几条街巷，讨的总是那几户人家。开始，人们出于一种同情心，还给他一点残菜剩饭；时间长了以后，人们就觉得他来的次数太多了，令人生厌，于是谁也不愿意再给他一些食物了。为此，他只有忍饥挨饿的份儿了。恰在此时，有个马医因工作太多，忙不过来，需要找一个帮手。这个乞丐便主动找上门去，请求在马厩里给马医打打杂工，以此换取一日三餐。这样，他再也不用沿街乞讨，晚上也不必漂泊流浪。安定的生活使他的日子变得充实起来，干活也格外卖力。可是，又有人在一旁取笑他了："马医本来就是一个被人瞧不起的职业，而你不过是为了混口饭吃，就去给马医打杂、当下手，这不是你莫大的耻辱吗？"这个昔日的乞丐平静地回答："依我看，天下最大的耻辱莫过于寄生虫，靠乞讨度日。过去，我为了活命，连讨饭都不感到羞耻；如今能帮马医干活，用自己的劳动养活自己，这又怎么能说是耻辱呢？"

故事中这个人的生活态度是正确的，劳动没有高低贵贱之分，在任何情况下，都是自食其力最好。

犹太人认为只有具备精明和勤奋的人才能有所建树。因此他们把培养孩子爱劳动作为孩子全面发展的一种重要手段，当作早期幼儿教育的重要组成部分。他们要利用幼儿期这个人类身心发展的重要阶段，对他们进行早期劳动教育，让他们在轻松愉快、多种多样的劳动中获得全面发展。让孩子从小就"自己能做的事情自己做"，这样能增强他们动手做事的能力和克服困难的信心，而且有助于培养他们的独立意识。随着孩子年龄的增长，犹太父母还会培养他们为大家做事的良好意识。这样还可以促使孩子的神经系统、骨骼、肌肉及各部分器官都得到锻炼，同时培养孩子良好的社会公德。

犹太儿童经常听家长讲这个故事。在炎热的夏天，蚂蚁们仍是辛勤地工作着，每天一大早便起床，随后就一个劲儿地工作。蟋蟀呢？天天"叽哩叽哩，叽叽、叽叽"地唱着歌，游手好闲，养尊处优地过日子。每一个地方都有吃的东西，满山遍野正是花朵盛开的时候，真是个快乐的夏天啊！蟋蟀对蚂蚁的辛勤工作感到非常奇怪。"喂！喂！蚂蚁先生，为什么要那么努力工作呢？偶尔稍微休息一下，像我这样唱唱歌不是很好吗？"可是，蚂蚁仍然继续工作着，一点也不休息地说："在夏天里积存食物，才能为严寒的冬天做准备啊！我们实在没有多余的时间唱歌、玩耍！"蟋蟀听蚂蚁这么说，就不再理蚂蚁。"啊！真是笨蛋，干吗老想那么久以后的事情呢！"快乐的夏天结束了，秋天也过去了，冬天终于来了，北风呼呼地吹着，天空中下着绵绵的雪花。到处都是雪，一点食物都找不到，蟋蟀消瘦得不成样子。"我若像蚂蚁先生一样，在夏天里贮存食物该多好啊！"蟋蟀蹒跚地走在雪地上，眼看就要倒下来似的。一直劳动着的蚂蚁，冬天来了也不在乎。它们积存了好多食物，并且建了温暖的家。当蟋蟀找到蚂蚁的家时，蚂蚁们正快乐地吃着东西呢！"蚂蚁先生，请给我点东西好吗？我饿得快要死了！"蚂蚁们吓了一跳。"你不是在夏天里见过面的蟋蟀先生吗？你在夏天里一直唱着歌，我们还以为你到了冬天会是在跳舞呢！来吧！吃点东西，等恢复健康，再唱快乐的歌给我们听好吗？"面对着善良亲切的蚂蚁，蟋蟀忍不住留下欣喜的眼泪。

培养孩子从小爱劳动是孩子早期教育的重要组成部分，也是孩子全面发展的一种重要手段。让孩子像故事中的蚂蚁那样，从小就"自己能做的事情自己做"，能增强他们动手做事、克服困难的能力和信心，而且有助于培养他们的独立意识。

列宁爱劳动的习惯就是在父母的教育和影响下养成的。列宁的父亲能够熟练地使用碹工工具和木工工具。他教列宁和其他孩子手工劳动，男孩儿大一点，就教他们使用凿子、刨子和其他工具。男孩儿用小锯锯出盛菜的盘子、相框，用硬木头、纸板、箔和锡制作玩具，几乎所有玩具都是孩子自己制作的。成功使孩子们感到劳动的愉快，也使他们更加热爱劳动。母亲教女孩儿使用针线，简单地缝补衣服。等女孩儿稍大一点就教她们刺绣、编织和缝纫等手工艺活。列宁的妹妹玛利亚总是觉得为手帕镶边这种工作没有趣味，想到院子里去玩。于是妈妈就一边干活一边用温柔的话劝她留下来做，并给她讲故事增添劳动中的趣味。最后，玛利亚终于顺利地完成了。此外，母亲还从玩玩具、做游戏开始，让孩子自己收拾玩具和书本，当然也让他们自己穿衣服、自己吃饭；等孩子稍大一点就让他们帮忙做家务，照顾弟弟妹妹。

每年，列宁的母亲都要和孩子一起用彩纸和硬纸板为圣诞树做装饰品。在制作五彩缤纷的装饰物的过程中需要孩子互相帮助、齐心协力才能完成得好，这里还包含着劳动竞赛，看谁更有创造性，手更巧，制作更精美。集体劳动的方式很多，如帮助大人打扫屋子、整理果园、打扫院子等。整理果园的劳动更具有乐趣，孩子在这里观察昆虫的生活习性和植物的生长过程。各种各样绿色的果树、彩色的花朵，使孩子心旷神怡。所有的孩子都参加为树木花草浇水的劳动，用木桶在井里打水，提着喷壶将水送到指定的地方，既快又好，谁也不叫苦，谁也不甘落后。

劳动教育的目的在于培养孩子做人的基本能力和基本品质。列宁父母的做法就很值得各位家长借鉴。家长应该意识到：如果家长忽视了劳动教育，就是忽视了孩子学做人的最重要的内容和机会。另外，进行劳动教育，家长在提高认识的同时，还要解放思想。有的家长怕耽误孩子学习，不让他们劳动，但是这些孩子未必会把时间真正用在专心学习上，何况劳动不仅可以养成好习惯、好品德，还对发展智力有很大好处呢！一旦孩子成了懒人，想让他变勤奋就非常困难了。

一个犹太家长这样讲道："我有七个孩子，家里条件很优越，但为了给孩子更多机会学习各种劳动技能，每年我都要在夏季带孩子到山里去住一段时间，让他们过山里人的生活：喂牛、砍柴、挖水渠、建牛栏、给马洗澡。每天要给他们布置劳动任务，为了在劳动中培养他们的责任心，每个人分配不同的工作，让大一点的孩子挖水渠、建牛栏，让小一点的孩子照顾比他更小的孩子，让他们在自己工作的范围内去发现问题，解决问题，学会并懂得如何战胜困难。孩子从山里回来之后增加了许多生活经验，认识了各种植物，他们比其他孩子知道得多，还会把在山里劳动学会的技巧和解决问题的方法用到学习中去。还有重要的一点就是孩子不怕吃苦了。我的七个孩子都已读完大学参加工作，从他们的成长看，我认为我带他们在山里生活的经历对他们有着积极的影响。"

随着孩子年龄的增长，还应培养他们为大家做事的良好意识，这样可以使孩子神经系统、骨骼、肌肉及各部分器官都得到锻炼，同时培养他们的良好的社会公德。所以，要利用幼儿期这个身心发展的重要阶段，对他们进行早期劳动教育，让他们在轻松愉快、多种多样的劳动中获得全面发展。具体来讲，重视劳动教育要注意三个层面：

首先，劳动岗位应固定。给孩子确定一个长期固定的劳动岗位，如洗碗、铺自己的床等，并规定具体的标准。完成得好应给予一定的奖励。有意逃避劳动的，应与孩子交谈，了解其心理状况，视具体情况加以解决。

其次，随时教授孩子劳动技能。孩子做事常常会越帮越忙，比如洗碗反而打破了碗等，这时不应责备，更不要由此不让孩子做事，而应教给他一些技巧。如有进步，及时鼓励。

再次，选择劳动岗位应有的放矢。这里有两个原则值得借鉴：一是"推进"，孩子有哪方面特长，可以为他选择相关联的劳动活动。如孩子喜欢看母亲做菜，家长可以让孩子试试手。二是"弥补"，孩子若有哪方面弱点，则可以选择一些对他弱点进行锻炼的劳动活动。如孩子胆小羞涩，就可以安排让孩子上街购物等。

犹太人认为，无论孩子是聪明早慧还是大器晚成，他们所取得的成绩都和环境有直接的关系，他们所受的教育也与个人是否勤奋努力都有着密切的联系。因此，有意识地培养孩子的劳动习惯，对于今后的发展也是大有裨益的。

尽我所能帮助你

能适时付出点点滴滴的爱，关怀他人、帮助他人，如此才会有美好幸福的人生。一般人常常觉得自己所拥有的太少，永远不满足，也吝于付出。然而求助者也许所求不多，只需要微少的东西而已！若不肯及时帮助遇到困难、逆境的人，往往会造成无法弥补的悔恨。

犹太儿童从小就常听父母"日行一善""积善之家必有余

庆”"施比受幸福"等庭训，每每都是在鼓舞善良的民风，希望能持之以恒并发扬光大。

在法兰德斯的一个小村庄里，有一个名叫约翰的小男孩，他跟着爷爷住在一起。爷爷靠着为村民们运送牛奶到安特瓦普的小镇的工作来维持祖孙两人的生活。约翰的爷爷因为年纪已大，脚部有些毛病，不可以走太远的路或用太多的力气，所以约翰常常在后面推着车，减轻爷爷的负担。他们就这样努力地工作着。

有一天当他们将工作都做完了之后，正准备早些回家的途中，约翰突然发现有一只狗，非常痛苦地倒在路边呻吟。"好可怜啊！如果没人理会，这样下去一定会死掉的，让我来帮助它吧！爷爷！"约翰回过头征求爷爷的同意。老爷爷便把小狗放在他们的板车上，带回了家中。祖孙俩亲切地为这只狗治病，喂它吃东西。贫穷的他们，将他们所吃的面包、牛奶全都给小狗吃，一点儿也不吝啬！小狗在他们的亲切照顾之下，渐渐恢复了体力。约翰和老爷爷看着健康的小狗，心里都很高兴。约翰决定帮小狗取个好听的名字，他想了又想，终于决定叫它"汉思"，小狗好像也很喜欢被叫"汉思"一般，高兴地摇了摇尾巴。

汉思在被约翰祖孙救起以前，每天必须拖着沉重的板车。如果稍微走慢一点，就会被主人的鞭子毒打。可怜的汉思就这样日复一日地工作着，身子变得非常虚弱，终于病倒在路旁，于是便被主人丢弃在路边了。汉思受约翰和老爷爷的爱护，心里十分的感激和快乐。有天早上，约翰和老爷爷像往常一样，将牛奶搬上了板车，正准备运送到镇上的时候，汉思忽然跑了过来，钻到板车的手把前，就再也不愿意走开。"噢！汉思，是不是想帮约翰和爷爷的忙呀？"老爷爷呵呵地笑了起来，汉思听了爷爷的话，赶忙摇了摇尾巴，老爷爷便将皮绳系在汉思的身上，让它可以轻松地拉动板车。汉思的力气非常大，它一站起来之后，就很快地将车子拉动了。如此一来，真的是帮了老爷爷一个大忙了呢。可是好景不常，老爷爷因为年纪大了，生了病，脚也无法走路了，只好躺在床上休养。

约翰便和汉思一起去搬牛奶，虽然老爷爷不在身边，但有汉思的帮忙，约翰一样可以工作得很好。每天把工作做好之后，约翰总会到镇上的教会去为老爷爷祷告，汉思总是乖乖地在外面等。可是有一天，当汉思像往常一样在外面等的时候，小主人约翰却一面叹着气一面自言自语地说"我真想看看那个啊……"汉思看到了约翰叹气的样子，也很心疼，他不禁想着："小主人到底想些什么啊？"原来这教会里面陈放着许多幅名字叫"达·芬奇"的画家的作品。约翰从小时候便非常地喜欢画画，尤其是达·芬奇，这是他最喜欢的一个画家。可是尽管只是看一眼，也不可能啊，因为约翰没有钱。教会的人是很现实的，约翰没捐钱是不被允许去观赏那些名画的。教会的人曾大声地赶约翰说："没有钱就赶快出去吧！"

约翰和村子里的一个叫作"阿萝"的女孩非常要好，常常在一块玩耍。有一天，正当约翰在草地上为阿萝画像的时候，正巧被阿萝的父亲看见了，便很不高兴地责怪着阿萝："阿萝！你不可以跟那穷小子在一起，赶快跟我回家去！"阿萝的父亲强拉着阿萝的手，把她带回家去了，剩下约翰和汉思呆立着。约翰的爷爷自从生病后，一直躺在床上，无法工作。而且病况似乎越来越不乐观，为了爷爷的病，约翰已经花去了所有的积蓄，如今就连为爷爷买药的钱也没有着落。约翰被安特瓦普镇所举行的一个盛大的绘画比赛吸引了，他想拿自己所画的图去比赛，以争取那些奖金。"汉思，如果我能得到第一名，那么爷爷的药和你的食物便没有问题了。"约翰打定了主意之后，便利用送完牛奶后的空档时间，赶紧画图，好赶上绘画比赛的时间。

终于，寒冬降临了大地，而约翰的图也已经完成了，约翰望着自己的图，心里默默地祈祷着："上帝啊，请你赐给我力量，为了生病的爷爷，我一定要争取最好的成绩，这样才能够为爷爷买最好的药来治病啊！"汉思坐在一旁默默地望着小主人。当约翰做完了工作，在回家的途中，捡到了一个可爱的布娃娃。"这个布娃娃送给阿萝的话，阿萝一定会很高兴的。"约翰想到这里，便很快地跑到阿萝的家门前，他站在阿萝房间的窗下小声地叫着："阿萝！阿萝！我是约翰啊！"阿萝听见了约翰的声音，很快地打开了窗户，约翰便将布娃娃送给了阿萝。那一天夜晚，阿萝家的仓库发生了大火，村子里的人都纷纷跑过来救火。约翰听到了这个消息之后也赶过来帮忙。可是，阿萝的父亲看见了约翰，便很生气地抓住他，并且大骂着："你这小子刚才是不是跑到我家附近，贼头贼脑的，是不是你放的火？快点给我招来。"阿萝的父亲无理的态度，把约翰吓得不知所措。"各位，一定是约翰放的火，请各位以后不要再给他工作，好吗？"因为阿萝的父亲是村子里很有影响力的人，所以他所说的话，没有一个人出来反对。可怜的约翰从这件事发生了以后，再也没有人愿意让他搬运牛奶了。如此一来，原本就很穷的约翰，失去了工作后，就完全没有钱过活了。

圣诞节即将来临，村子里的人都纷纷准备着食物和圣诞节礼物，村里面一片欢乐的景象。可是，可怜的约翰家，因为没钱买食物，也没钱买药为爷爷治病，老爷爷的病越来越严重了，最后终于去世了。"呜……爷爷，不要死啊！……"不管约翰怎么伤心地哭泣，老爷爷只是紧闭着眼睛，约翰知道再也唤不回爷爷了，便抱着爷爷不停地哭。隔天早上，约翰便和汉思草草地为老爷爷做了一个简单的墓地，让老爷爷安静地躺在地底下。埋葬了爷爷后的约翰，连房租的钱也付不出来了，只好搬离了那个房子。这时候，风雪呼呼地下个不停，道路全被掩在一片白雪之中。

约翰带着汉思，孤独地走在街上，肚子非常饿，以至于连抬起脚的力气都没有了，就这样走着走着。到了圣诞节的早上，也就是安特瓦普镇所举行的绘画大赛公布入选的日子。约翰带着汉思，一早便来到了会场。会场里，早已有很多人在那里等待着名单的公布，约翰一走进去以后，便看到了入口处最醒目的墙壁上挂着一幅入选的作品，可是，这并不是约翰花了好几天所完成的作品。"唉！汉思，我真的不行呢！那作品不是我的！"约翰说到这里，眼泪不停地流了下来。他盼望已久，第一名的美梦终于被无情地粉碎了。约翰很失望地离开了会场，这时候雪却越下越大，约翰又饿又累地走在寒冷的街上，好像要体力不支倒地似的。汉思的肚子虽然也很饥饿，可是却鼓起精神，一步不离地跟在小主人后面。"汪！汪！"突然间，汉思好像发现什么似的，停了下来。汉思不停地用脚挖着雪堆。约翰蹲了下来，从雪堆中发现了一个钱包，约翰便把它拾起来，打开一看："哇！好多钱啊！咦！这皮包上面还写着阿萝父亲的名字。我得赶快把皮包拿去还给人家。"约翰就加快脚步，向着阿萝家的方向走了过去。约翰将皮包交给了阿萝的母亲。此刻，阿萝和她的母亲正在为这个皮包不见了而烦恼着呢！约翰很有礼貌地对阿萝的母亲说："是汉思发现的！请你们给汉思一点食物好吗？拜托！"

约翰说完话以后，就赶紧跑出去，走回原来的路。"等一等！约翰，你的肚子一定也饿了吧！"阿萝的妈妈在背后叫着。可是汉思面对眼前的食物，一点儿也不心动。它急忙冲了出去，在风雪之中寻找着它一向敬爱的小主人。风雪实在太大了，以至于饥饿的汉思支持不住跑到教会去避风雪时，意外地发现倒在一旁的小主人约翰。约翰看见了汉思，非常高兴地说："汉思，你还是跑来了！你真是个忠心的伙伴呢！"约翰感动得泣不成声。汉思疼爱地舔了舔小主人的脸，并且用力地拉开了布幔。这时候月光从窗口照了进来，正巧照在墙上的"达·芬奇"的名画上，约翰看到画，不禁睁大了眼睛："那是我长久以来盼望见到的画啊！一定是神听到了我的祷告，特地让我看的吧！感谢上帝，此刻我觉得非常的幸福呢！……"约翰的眼中流下了喜悦的眼泪。第二天早上，约翰抱着汉思，静静地躺在教会的地板上，永远地睡着了。

这个情形，被到教会来祷告的人发现了，约翰的脸上还依然留着一个甜美的微笑。以前曾经责骂过他的人，心里都很惭愧。尤其是阿萝的父亲，当他知道了约翰和汉思的死后心里更是羞愧万分。从此以后变成一个乐善好施的人。

不仅阿萝的父亲，我们大家都应该像约翰和老爷爷那样，乐善好施。其实大多数的人都能做到乐善好施。

那么在日常生活中，怎么样才能做到乐善好施呢？犹太人在这方面是这样教育子女的：

首先，个人必须妥善处理好自己的事情，在经济能力许可的情况下，无后顾之忧后，才能安心地对他人伸出援手。

其次，必须用智能来衡量施舍的对象，是否值得帮助。正确的选择才不会被不肖之徒利用人性的弱点来骗取财物，满足自私贪婪的欲望，助长不良的风气。

再次，直接将爱心送达，不必借助他人，更不要因为一时的挫折而降低爱心的热度。

思考敏于行

想要事情做得好，就必须善用你的头脑。人的一生，难免会经历许多困难和危险，假如在事前能有周密的思虑，想出万全的办法来加以防范，就可以化解很多麻烦。

犹太人认为，做任何事情，都要勤于思考敏于行。他们也是这样教育子女的。孩子经常听家长讲下面这个故事。

有一户人家住着婆媳两人，儿子经常外出，很长时间才能回家一次。这个婆婆在家专横跋扈，经常对媳妇横挑鼻子竖挑眼，媳妇不能申辩，更不敢反抗，总是偷偷地伤心。幸亏隔壁有位好心的大妈，十分同情这位媳妇，常常安慰这位媳妇并暗中帮助她。一次，婆婆外出走亲戚，下午回到家里，忽然发现家里的肉少了。婆婆心里顿时来了气，她怎么想都觉得是媳妇偷吃了，于是不问青红皂白就劈头盖脸地骂起来："你这个好吃懒做的女人，我不在家你就无法无天了，竟敢在家偷吃东西！"媳妇觉得实在冤枉，忍不住说："老天爷在上，我偷没偷吃东西，他看得最清楚。"还没等媳妇说完，婆婆就气得要跳起来，她指着媳妇大声喊道："这还了得，敢顶撞我！算是我冤枉了你，我瞎了眼睛！我家养不起你这个媳妇了，你马上给我滚回你娘家去，我家不要你了！"就这样，婆婆把媳妇给赶走了。

媳妇无可奈何，只得服从婆婆的命令。她在回娘家之前，去向隔壁的大妈告别，哭着向大妈讲了这件事。大妈听了，很替这位媳妇难过，但大妈也知道那位婆婆的为人，如果现在马上去替媳妇解释，恐怕婆婆是不会听的。于是大妈安慰了媳妇一阵后，对她说："你先慢慢地走，我这就去想办法让你婆婆把你叫回来。"媳妇擦了擦眼泪，慢慢朝村外走去。

大妈待媳妇一走，马上在家里搜寻了一把乱麻，她将乱麻扎在一个小棍上做了一个火引子，然后到这个媳妇家里去找婆婆借火。婆婆问："现在不是做饭的时候，借火做什么？"大妈对婆婆说："我家的狗不知从哪里叼来一块肉，几条狗为争这块肉，互相咬得很凶，我想借个火回去治治它们。"婆婆一听，恍然大悟，肉原来是被狗叼走了。她心里感到有几分愧疚。因此赶紧找来一个人，让他马上去追赶媳妇，把她接回来。

这则故事告诉我们：一个有想法的人，在解决人与人之间的矛盾纠纷时，必须讲究策略。要想弄明真相、息事宁人，既要抓住问题的症结，又不可急于求成。

从前，有一个人要过河，他穿了一套新衣服，腰上佩着一把宝剑，来到渡口，找到一个船夫替他撑船过河。船夫看他穿着新衣，以为他一定装了不少金银财宝，便想等船到河中央时，谋财害命。这个人坐在船尾，看船夫不住飘过来不怀好意的眼光，知道他心中有邪念，便故意叫着说："哎呀！好热哟！要不要我来帮你撑一会儿船？"说着，当着船夫的面，把身上的衣服一件件脱下来放在船板上。船夫看他放下衣服时，并没有钱币的声音，知道他身上没有财宝，便打消抢劫的坏主意了。

孩子的年龄小，在这个充满迷惑的世界里容易由于无知而受到伤害，因此在他们成长过程中需要与一些敏感的、有责任感的、了解他们的身心发展的成人在一起以获得安全，逐渐地一步一步学会做事。这样他们才能像故事中的这个人一样，机智地逃避生活中遇到的灾难。如果父母对孩子的控制太多，孩子将很难有机会发展独立性，他们会更多地依靠父母告诉他们该做什么、如何做以及什么时候做、怎么做。我们在生活中常常会看到一些孩子不管做什么事之前总是不能离开父母的眼神或指导，这样如何才能真正地敢于去尝试，掌握做事的技能呢？

古埃及有一位将军，曾经降服了一个叫科西亚的山贼做他的侍卫。科西亚力大无穷，可惜生性粗心大意，不爱思考。这一天，将军骑马，科西亚步行，两人来到一片树荫下休息。见树下有一群蚂蚁在爬，将军便对科西亚说："科西亚，你打这些蚂蚁看看。"科西亚伸出拳头，第一次用力，地面凹进一块，蚂蚁却没事；再用力，痛得哇哇大叫，蚂蚁还是毫发无损。科西亚眼见小小蚂蚁打不死，急得满面通红。将军说："看我的。"只见他伸出食指，轻轻一揉，蚂蚁一下死了好几只。科西亚看得目瞪口呆，将军便对他说："有很大的勇气和力量，还要懂得运用谋略和智慧，只有这样才能做大事、成大器。"

这则故事告诉我们：做事情若靠蛮力，而不懂得运用技巧，效果就会大打折扣。

犹太人认为，人做事是需要勇气的，但在勇气之前更需要思考的智慧。通常，在孩子的幼儿时期，成人总是容易把自己放在发号施令的位置上，一会儿让孩子干这个，一会儿指使干那个。对孩子来说，玩什么、怎么玩似乎都被大人限制住了，孩子自身的主动性思考常常无从体现。因而父母在培养孩子做事能力之前最重要的在于训练孩子学会自己独立思考。别看孩子年纪小，可是他们也有自己的思维能力和规划能力。父母怎么在做事中培养孩子的自主思考呢？犹太家长是这样做的：

1. 分享孩子做事的快乐。良好的情绪是促进孩子智力发展的重要因素。与孩子分享做事的快乐能够使孩子经常处于正向的情绪中，并且增加他的做事热情和积极性。譬如当孩子即使做成一件很小的事时，爸爸妈妈都会真诚地邀请孩子展示一下，或者和孩子一起重新体验一遍他做事的过程，这种情绪将极大激发孩子做事的热情。

2. 父母要学会平衡自己的权威和孩子自主之间的关系。比如妈妈在洗衣服的时候，孩子也想凑凑热闹，在旁边转来转去，这时妈妈不要怕麻烦或担心孩子弄湿衣服，可以拿一块小手巾给孩子，问孩子"手巾该怎么洗啊"，有意识地让孩子用行动或语言来展示一下，这样孩子就会细心观察、模仿学习、产生思考的兴趣。

3. 多鼓励孩子的探索行为。孩子的探索行为是一种主动的适应性行为。由于孩子在很小的时候就表现出内在兴趣，随着孩子年龄的增长，用于探索的时间逐渐延长，在这种情形下，妈妈千万不要急躁，急于让孩子做自己认为有用的活动，其实孩子此时正是处于发挥想象力、思维能力和创造力的时候。

可以说，孩子在做事的过程中总是在无意识地深化自己对世界的认识，逐渐形成自己的一套经验和知识系统，并从中抽象出一定的规律和模式，进而增强自己的做事能力。所以，家长要培养孩子的做事能力，还是要像犹太家长那样，从让孩子学会思考开始吧！

第九卷　勤奋：重视人生的奋斗

榜样的力量是无穷的

犹太人在教育子女时，总是鼓励他们树立自己可以效仿的榜样，像他们一样拼搏奋斗实现自己的目标。被视为榜样的既包括犹太传统中的成功商人，也包括各个领域的专家学者，但不管是谁，犹太父母都会辅导孩子结合自己的天赋和能力，树立恰当的榜样。

犹太父母告诉孩子树立榜样时首先观察要被作为榜样的这个人是否真的值得学习、效仿，一旦发现自己的榜样盛名之下，其实难副，孩子幼小的心灵会受到极大的伤害，影响他们正常世界观的形成。犹太儿童经常听大人们讲这个故事：

在一个寂静的夜晚。黑暗中，一只色彩绚烂的流浪汉——蝴蝶，没有目标地乱闯。忽然，它发现远方有一点点火光。"那是什么啊？"被火光迷惑的蝴蝶好奇地问。它想都不想就向火光快速地飞去。它靠近了火光，兴奋地绕着火焰飞翔。啊，多么美丽！不过，蝴蝶不满足于只欣赏一下火焰，它还想品尝一下，就像吮吸田野上的花蜜一样。它姿势优美地停在了半空，准备落在火焰上。啊！多么可怕的教训！它惊恐地一跳，逃开了。在火光的照耀下，蝴蝶发现自己缺了一条腿，还有非常漂亮的翅膀尖儿也被烧焦了。"这是怎么了？我遇到了什么事？"蝴蝶不知道是什么原因导致这一切的发生。这么美丽的"光亮"还能令人感到遗憾？真是难以想象！蝴蝶带着这种疑虑，休息了一会儿，等恢复了力气，又重新开始"品尝"。被火光迷惑的蝴蝶，眼睛紧紧地盯着火焰，怀着占有它的决心，一头扎进了火焰。蝴蝶没有遇到任何东西的阻拦，一下子跌在油灯的油盆里。生命弥留之际，蝴蝶低声地嘀咕："可恶的火焰！我渴望你给我带来光亮、带来幸福，而你却只给我死亡！我现在唯一能做的就是为自己疯狂的梦想哭泣！可惜，我明白得太晚了，是你使我遭遇不幸！"火焰听见蝴蝶的抱怨，心平气和地回答道："可悲的蝴蝶，我可不是你想象的太阳！我是火焰，你知道吗？火焰！不谨慎的人不但不会使用我，而且还会自焚！"

犹太父母用这则寓言教育孩子们：崇拜带光环的偶像，可能跟蝴蝶一样跌跟头。告诉他们无论在学习，还是在自己的成长过程中，都要选对榜样，不能像故事中的蝴蝶一样，错把火焰当作自己的偶像，结果送了性命。选对榜样并且从自己做起，从身边做起，才能离目标越来越近。

从很古老的时候起，鹰王就被认为是价值、尊严和权力的象征。它的形象被很多国家运用到国徽中。

有一只高傲的鹰王，在它年老的时候，选择了最高峰作为住所，并在那里独居多年。一天，它感到死期将近，就把所有的孩子叫到自己身边。等它们聚齐了，鹰王一个一个地看过它们，说："我养育你们，目的是为了让你们从小就有能力看太阳。我把那些视力低下的孩子——你们的兄弟们都饿死了，因此，你们有资格，也有能力比其他鸟类飞得更高。所有不愿意送死的鸟，从来不会靠近你们的巢。"孩子们恭恭敬敬地听着鹰王的教诲，不断地点着头。停了片刻，鹰王继续说道："所有的野兽都应该惧怕你们，但是，你们不能伤害尊敬你们的野兽，并且应该把你们吃剩的食物让给它们吃。""是的，我们遵命……"所有的鹰一齐低声回答。"我马上就要离开你们了，"鹰王说，"但是，我绝不会死在巢里，我要飞向那辽阔的苍穹，飞到双翅能把我带到的天空，我要飞向那万能的太阳。假如能飞到那里，就让太阳的光焰焚烧我的羽毛，我再飞速地冲向地面，跃进大海。在大海中，我会神奇地复活和恢复青春，获得新生。这就是鹰的天性，这就是我们高贵的命运。"讲完之后，鹰王就开始飞行。它庄重、威严地先围绕孩子们居住的高峰飞了一圈。接着，它猛然向高空飞去，以便让太阳的光辉焚烧那一双疲劳的翅膀。

从鹰王那里，孩子们学到了宝贵的尊严。故事中的鹰王选择最高贵、最勇敢的方式结束自己的生命，它用自身的行动为后来的山鹰们树立一道丰碑，成为它们的楷模。

"榜样的力量是无穷的。"对青少年来说这一点尤为重要，孩子的年龄越小，榜样的感染力就越大。犹太人对这个问题是这样看的。他们认为，孩子出生以后，首先接触的就是父母及其家庭成员，其最初形成的行为习惯几乎都是从模仿家长而来的。因此，家长要特别重视榜样对孩子的巨大影响作用，时时处处给孩子树立好榜样。苏联的著名教育家马可连柯曾经讲过："一个家长对自己的要求，一个家长对自己家庭的尊重，一个家长对自己每一行为举止的注重，就是对子女最首要的、也是最重要的教育方法。"如果家长处处以身作则，其一言一行就会成为子女的表率，这不仅可以树立和提高家长在子女心目中的威信，而且可以使家长牢牢地把握住教育、管理子女的主动权。

所以，在日常的具体生活中，家长要时时严格要求自己，事事起模范带头作用。要求孩子做到的，家长首先要做到；要求孩子好好学习，做一名好学生，父母首先要在本职岗位上兢兢业业，做出一番成绩来；要求孩子在思想品德上和同学团结友爱，互相帮助，家长自己首先要与邻里和睦相处，友好往来，不在一些鸡毛蒜皮的小事上斤斤计较，不占小便宜，公正无私。

如果家长能始终如一地这样严于律己，就会给孩子以耳濡目染、潜移默化的影响，也就会赢得孩子的信赖与尊敬，因为家长本身的言行就是一种实实在在的巨大的教育力量。

试一试才知道

鼓励孩子勇于尝试，让孩子不断提升自我。

有一个故事叫《小马过河》，说的是从前有一匹小马驹，它第一次过河，但是不知道河的深浅，就去请教正在河旁的老水牛和小松鼠。老水牛对小马驹说：这条河的水很浅，可以过得去。而小松鼠对小马驹说：这条河的水很深，过不去的。小马驹听它们这么一说就没了主意，跑去问妈妈，妈妈建议它自己下水去试试。小马驹听了妈妈的话，跑到河边小心地趟了过去。原来河水并不像老水牛说的那么浅，也没有小松鼠说的那么深。

这个故事中的小马妈妈教育小马的方法就很得当。小马妈妈不是直接告诉小马可不可以过河，而是让小马自己去"试一试"，让它在这个过程中自己得出结论。这种方法与我们很多父母的"训诫"教育相比，能使孩子更深刻地体验到实践的重要性。

犹太人经常强调这一点：父母是孩子最早的老师，父母的言传身教对孩子的影响非常大。但很多父母在教育孩子时，往往只是直接灌输自己的过往经验，代替孩子回答问题，而不是启发孩子，让孩子在亲身实践中得出自己的答案。

孩子的成长过程也是认知的过程，大人的经验固然对孩子的成长有很大的帮助，但孩子的亲身体会要比大人的教诲深刻得多，即使孩子在亲身体会的过程中犯错误，我们也要允许他们犯错误，因为他们有能力去犯错误，也同样有能力改正自己的错误，在犯错误中得到正确的答案，那才是最珍贵的。

犹太儿童还经常听长辈们讲这样一个故事：

很久以前，森林中的动物，不论是足智多谋的，还是勇猛强悍的，谁也弄不清楚森林里到底发生了什么灾祸，摸不清楚在那棵粗壮繁茂的古树下面隐藏着什么可怕的动物。这个消息传开之后，传闻变得越来越捉摸不定，大家议论纷纷，最后，大家都说古树下面出现了可怕的怪兽，森林动物的末日到了！动物们胆战心惊地聚在一起商量，一个个苦思冥想，最后，它们不得不求助于狐狸。它们说："狐狸老兄，你是森林动物中最善于思索最聪明的天才，请你发发善心，设法弄清楚到底发生了什么事，探听一下，古树下面到底藏着什么怪兽。"

动物们苦苦恳求，狐狸推辞了很久，最后，它才答应去看看。但是，狐狸根本不想为了别人的安危去冒生命危险。因此，它迟迟不肯动身。狡猾的狐狸思索了半天，决定先派自己的朋友、好奇心极强的喜鹊去看个究竟。喜鹊在古树四周飞来飞去，观察了半天，才发现在茂密的古树树叶中有两颗闪闪发光的亮点，还听到不停扇动翅膀的声音。喜鹊急急忙忙地飞回来，把所见所闻告诉狐狸，喜鹊自己则吓得胆破心惊。狐狸立刻召集森林中的动物开会，说："朋友们，我们大难临头啦！森林要毁灭啦！古树下面出现了个大怪物。目前，我们还没法看清怪兽的獠牙和鬼脸，也无法听清它的鸣叫和怒吼。不过，我可不想拿自己的生命当儿戏，我也奉劝各位，别拿自己的生命开玩笑！"狐狸的话音刚落，就夹起大尾巴，窜入密林深处逃命去了，其他动物也一窝蜂似地跟着它逃进了森林。

其实，那棵古树下并没有什么怪兽，只不过是一只大眼睛的猫头鹰在茂密的叶丛中栖息着。此时此刻的猫头鹰也感到莫名其妙，它不知为什么森林中的动物都惊恐地逃跑，也不知为什么森林变得死一般的沉寂。动物们不能做到身体力行，不能探究问题的究竟，结果弄得自己惶惶不可终日。

孩子也是一样。孩子在日常的学习和生活当中会有许许多多的疑问，做家长的要意识到疑问是孩子求知的动力。犹太家长在孩子有了疑问的时候，先不忙着给孩子正确的答案，他们会因势利导，让孩子在疑问中探求事情的真相，借此启发孩子的探求欲望，这样，孩子的分析问题能力和解决问题能力将会得到加强。家长们都应该像犹太家长那样，鼓励孩子勇于尝试，让孩子不断提升自我。

失败了，重新再来

人生就是一种挣扎与奋斗，只有受过一次打击就一蹶不振的人才是真正失败的人，而只要敢于从失败中重新认识自己，汲取经验和教训，就可以达到新的起点，最终就会取得成功，我们周围充满着困难与障碍，也充满着希望与绝望，我们要做的就是坚定信念，培植希望。

雨后，一只蜘蛛艰难地向墙上已经支离破碎的一张网爬去，由于墙壁潮湿，它爬到一定的高度，就掉下来，它一次次地向上爬，一次次地又掉下来……第一个人看到了，他叹了一口气，自言自语："我的一生不正如这只蜘蛛吗？忙忙碌碌而无所得。"于是，他日渐消沉。第二个人看到了，他说："这只蜘蛛真愚蠢，为什么不从旁边干燥的地方绕一下爬上去？我以后可不能像它那样愚蠢。"于是，他变得聪明起来。第三个人看到了，他立刻被蜘蛛屡败屡战的精神感动了。于是，他变得坚强起来。

犹太人四处流浪，他们从险象环生的黑暗丛林中突围出来，身临困厄与逆境，他们从不畏缩和气馁；他们坚信只要自己不失去信念，不停止奋斗就最终会取得胜利；他们把逆境和打击看作是检验自己信念与意志的机会，也把它们看成是下一次成功的垫脚石。他们已经历了太多的不幸与风浪，习惯了十之八九都是不如意之事的人生，深知世上绝没有一帆风顺。

罗森沃德是美国最大的百货公司西尔斯——娄巴克公司的最大股东，他也是美国 20 世纪商界风云人物。然而，这个做服装生意起家的富翁却也经历了许多创业时的失败与艰辛。罗森沃德 1862 年出生在德国的一个犹太人家庭，少年时随家人移居美国，定居在伊利诺伊州斯普林菲尔德市。罗森沃德的家境不大好，为了维持生活，中学毕业后，他就到纽约的服装店当跑腿，做些杂工。罗森沃德从年幼时就受犹太人的教育影响，确立了艰苦奋斗的精神。他确信凡人皆有出头日，一个人只要选定了目标，然后坚持不懈地往目标迈进，百折不挠，胜利一定会酬报有心人的。罗森沃德本着这种精神，十分卖力地赚了几百块钱。

"我要当一个服装店老板。"这是罗森沃德的奋斗目标。为了实现这个目标，他除了在工作中留心学习和注意动态外，把全部的业余时间用于学习商业知识，找有关的书刊阅读。到 1884 年，他自认为有些经验和本金了，决定自己开设服装店。可是，他的商店门可罗雀，生意极不佳，经营了一年多，把多年辛苦积蓄的一点点血汗钱全部亏光了，商店只好关门，罗森沃德垂头丧气地离开纽约，回伊利诺伊州去。痛定思痛，罗森沃德反复思考自己失败的原因。最后，他找出了原由：服装是人们的生活必需品，但又是一种装饰品，它既要实用，又要新颖，这才能满足各种用户的需求。而自己经营的服装店，没有自己的特色，也没有任何新意，再加上自己的商店未建立起商誉，没有销售渠道，那注定要失败的。针对自己出师不利的原因，罗森沃德决心改进，他毫不气馁继续学习和研究服装的经营办法。他一边到服装设计学校去学习，一边进行服装市场考察，特别是对世界各国时装进行专门研究。一年后，他对服装设计很有心得，对市场行情也看得较为清楚。于是，决定重振旗鼓，向朋友借来几百美元，先在芝加哥开设一间只有 10 多平方米的服装加工店，他的服装店除了展出他亲自设计的新款服饰图样外，还可以根据顾客的需求对已定型的服式改进，甚至完全按顾客的口述要求重新设计。因为他的服装设计款式多，新颖精美，再加其灵活经营，很快博得了客户的欣赏，生意十分兴旺。两年后，他把自己的服装加工店扩大了数十倍，改为服装公司，大批量生产各种时装。从此以后，他财源广进，名声鹊起。

罗森沃德的成功经验告诉我们：相信信心是成功之父。犹太人历来相信这个观点。他们认为：胜利是一种习惯，失败也是一种习惯，如果想成功，就得取得持续性的胜利。不能贪图一时的胜利，要的是持续性胜利，只有这样才能成为强者。信心会激发人们成功的能力。信心会有伟大的结果，它是所有伟大的事业、书籍、剧本，以及科学新知背后的动力，信心会使人成功，是已经成功的人所拥有的一项基本而绝对必备的要素，但失败者丢掉了这些。失败者经常会说："老实说，我并不以为它会行得通。""我在开始进行之前就感到不安了。""事实上，我对这件事情的失败并不会太惊奇。"采取"我暂且试试看，但我想还是不会有什么结果"的态度。最后一定会导致失败。"不信"是消极的力量。当你心中不以为然或产生怀疑时，你就会想出各种理由来支持你的"不信"。怀疑、不信，潜意识里有要失败的倾向，不是很想成功，这些都是失败的主因。心中存疑，就会失败；反之，相信胜利，就会成功。

1832 年，林肯失业了，这显然使他很伤心，但他下决心要当政治家，当州议员，糟糕的是他竞选失败了。在一年里遭受两次打击，对他来说无疑是痛苦的。他着手自己开办企业，可一年不到，这家企业又倒闭了。在以后的 17 年间，他不得不为偿还企业倒闭时所欠的债务而到处奔波，历尽磨难。他再一次决定参加竞选州议员，这次他成功了。他内心萌发了一丝希望，认为自己的生活有了转机："可能我可以成功了！"第二年，即 1835 年，他订婚了，但离结婚还差几个月的时候，未婚妻不幸去世。这对他精神上的打击实在太大了，他心力憔悴，数月卧床不起。在 1836 年他还得过神经衰弱症。1838 年他觉得身体状况良好，于是决定竞选州议会议长，可他失败了。1843 年，他又参加竞选美国国会议员，但这次仍然没有成功。

他虽然一次次地尝试，但是一次次地遭受失败：企业倒闭、情人去世、竞选败北，他没有放弃，他也没有说："要是失败会怎样？" 1846 年，他又一次参加竞选国会议员，最后终于当选了。两年任期很快过去了，他决定要争取连任。他认为自己作为国会议员表现是出色的，相信选民会继续选举他、但结果很遗憾，他落选了。因为这次竞选他赔了一大笔钱，他申请当本州的土地官员。但州政府把他的申请退了回来，上面指出"作本州的土地官员要求有卓越的才能和超常的智力，你的申请未能满足这些要求"。接连又是两次失败。在这种情况下，你会坚持继续努力吗？你会不会说"我失败了"？然而，他没有服输。1854 年，他竞选参议员，但失败了；两年后他竞选美国副总统提名，结果被对手击败；又过了两年他再一次竞选参议员，还是失败了。

在林肯大半生的奋斗和进取中，有九次失败，只有三次成功，第三次成功就是当选为美国的第十六届总统。那屡次的失败并没有动摇他坚定的信念，而是起到了激励和鞭策的作用。每个人都难免要遇到挫折和失败。亚伯拉罕·林肯面对失败没有退却、没有逃跑，他坚持着、奋斗着。他始终有充分的信心向命运挑战，压根就没想过要放弃努力，他可以畏缩不前，不过他没有退却，所以迎来了辉煌的人生。

《塔木德》上记载着这样一个故事。有三只青蛙掉进了鲜奶桶中，第一只青蛙说："这是神的意志。"于是盘起后腿，一动不动，静静地等待着。第二只青蛙说："这桶太深，没有希望出去了。"于是绝望地慢慢死去。第三只青蛙说："糟糕，怎么掉到鲜奶桶里了，但我的后腿只要还能动，我就要奋力上跳。"这只青蛙一边划一边跳，慢慢地，青蛙的后腿碰到了硬硬的东西，于是它奋力一跃，出了奶桶。原来，鲜奶在他的搅拌下渐渐变成了奶油。

第一只青蛙相信宿命，第二只青蛙毫无信念可言，第三只青蛙坚守信念，顽强努力，充满希望，它便是犹太人的写照。犹太人顽强而坚韧的精神意志和挑战风险、永不气馁的进取意识，恰恰构成了犹太人成功的又一重要精神积蕴，从而使他们在充满竞争的世界舞台上纵横捭阖，卓尔不群。犹太人不但敢于冒险，更能在逆境当中从容镇定，自由应付。他们不怕风险，更善于在风险中施展自己的智慧和生存技巧。他们面对失败，决不气馁，而是汲取教训，重新再来。

在人生的游戏中，失败时常发生，每个人都不要悲观，因

— 117 —

为失败并不意味着没有希望，相反"失败"是成功之母，活用失败与错误，是自我教育和提高的有效途径。成功的背后可能有更多的失败的辛酸，面对失败，就应该像爱迪生那样坦然而决不气馁。爱迪生一生有很多项科技发明，当有人问他经过许多试验而失败时是否会感到心灰意冷，他回答说："不，我抛弃了错误的试验，重新采取别的方法，决不沮丧！"的确，面对失败一定要记住，决不气馁！现代管理学的说法就是：失败就是我们的学习曲线和经验曲线的自变量，只有经历失败，才会汲取教训和积累经验，为下一次做准备。总结起来，犹太人教育孩子面对失败和挫折时，遵循的法则就是：首先，遇到失败时，千万不能气馁，要坚忍不拔，矢志不移；其次，焦点不要对着过错与失败！应对准远大的目标，活用自己的过错或失败。再次，对"失败"持正确健康的态度，不要恐惧失败，要懂得失败乃是成功必经的过程。最后，要善于伺机，巧于乘势，等待机遇，发现此路不通时，要设法另谋出路，使自己顺应环境，适应潮流。

命运掌握在自己手里

每个人的命运都掌握在自己手里。翻开那些成功的犹太人士的奋斗史，我们总会看到：他们都是将自己命运掌握在自己手中，从自我做起，不断超越自己，而最终成为强者。

在犹太社会中，个体的存在是高于家庭，乃至家族的存在的。但这并不是说家族的存在不重要。在个人的成功方面，家庭或家族并不是重要的因素，最重要的因素是自己，是个人的努力与奋斗。正是基于此种认识，我们才有马克思、弗洛伊德、奥本海姆、爱因斯坦等这样伟大的智慧头脑，而他们并没有来自一个显赫的家族，他们唯一的依靠是自己。就犹太商人而言，那些威仪四方、名震天下的巨贾富商们，更是白手起家，从无到有，不断积累，不断壮大自身实力，最终功成名就的。

所谓"天生我材必有用"，人来世间，都有各自的使命，唯有尽量发挥自己的优点，才能展现生命的妙用。

从前有位哲人，有一天，这位哲人的朋友告诉他："君主给了我一些大葫芦的种子，我把它们拿去种，长出来的葫芦果然很大，可以容纳五升的水，但是装满水后拿起来就破了。既然无法装水，我就把葫芦剖成两半当勺子，可是因为它太宽，深度又浅，所以也不方便使用。我一气之下就把它打破了。"这位哲人听了，惋惜地说："哎呀！多可惜，既然不能用来装水，那你为何不编一个网把葫芦网住，然后系在腰间，这样不就可以在水上载浮载沉、优哉游哉吗？多逍遥自在啊！若懂得使用它，它就是很好的东西，可惜你不会用，竟然把它毁坏了。"

这位哲人说的这番话，和人生的道理很相似，人各有优缺点，我们要了解自己的优点在哪里，尽量发挥它的妙用来为我所用，这样的人生才有价值。所以，能够真正认识自己，才是最有用的人生。所谓"欲知人，先知己"，若不认识自己，只想了解别人，是本末倒置，也是很痛苦的事。想认识自己，就要反观自心，一定要多用心！

海伦·凯勒女士在一岁多的时候，因为生病，从此眼睛看不见，并且又聋又哑了。由于这个原因，海伦的脾气变得非常暴躁，动不动就发脾气摔东西。她家里人看这样下去不是办法，便替她请来一位很有耐心的家庭教师沙莉文小姐。海伦在她的熏陶和教育下，逐渐改变了自己的态度。她了解每个人都很爱她，所以她不能辜负他们对她的期望。她利用仅有的触觉、味觉和嗅觉来体会周围的环境，努力充实自己，后来又进一步学习了写作。几年以后，当她的第一本著作《我的一生》出版时，立即轰动了全美国。海伦·凯勒虽然遭遇不幸，但是她能克服不幸，完成大学教育。以后更致力于残疾儿童的社会教育工作，这种努力上进的精神，实在值得孩子们效法，海伦·凯勒真可算是个残而不废的人。海伦·凯勒不因残废而自暴自弃，反而更加努力上进，所以最后才有卓绝的成就。小朋友既聪明又健康，如果能够明白命运掌握在自己手里这个道理，那么他们的未来一定是光明的。

美国连锁店先驱卢宾，最早也是一个穷光蛋。他17岁时随着"西部大淘金"的浪潮去加利福尼亚，但淘金并没有为他挣来多少钱。后来他做一些小商小贩的买卖，才开始赚一些钱。后来他的钱越赚越多，并且将自己的生意扩大到城市，直到发明连锁经营的方式。他的生意更是越做越大，以致像滚雪球一样，历经数年的时间，终于成了大富翁。

金融世家罗思柴尔德家族的第一代创始人迈耶·罗思柴尔德是一个出生于德国法兰克福一条脏乱街道的穷小子。开始时他贩卖古钱币，并苦苦经营了20多年，终于因得到世人对古钱币的认可而命运陡转，成了富翁，并最终进入金融领域，从此一发不可收拾，最后成了威震欧洲乃至全球的金融大亨。

牛仔裤的创始人利维·施特劳斯、服装大王罗森沃德、美国电报大王萨尔诺夫、股票神人孔菲德等都是以自己为起点，白手起家，从一无所有，最终成为富翁大亨的犹太人。

法国名画家纪雷有一天参加一个宴会，宴会上有个身材矮小的人走到他面前，向他深深一鞠躬，请求他收自己为徒弟。纪雷朝那人看了一眼，发现他是个缺了两只手臂的残疾人，就婉转地拒绝他，说："我想你恐怕不太方便画画吧？"可是那个人并不在意，立刻说："不，我虽然没有手，但是还有两只脚。"说着，便请主人拿来纸和笔，坐在地上，就用脚趾头夹着笔画了起来。他虽然是用脚画画儿，但是画得很好，足见是下过一番苦功的。在场的客人，包括纪雷在内，都被他的精神所感动。纪雷很高兴，马上便收他为徒弟。这个矮个子自从拜纪雷为师之后，更加用心学习，没几年的工夫便名闻天下，他就是有名的无臂画家杜兹纳。没有手竟然能成为画家，岂不是很不可思议吗？

这个故事告诉我们：每个人的命运都掌握在自己手里，只要有排除万难的毅力和恒心，你就能创造奇迹，做到别人做不到的事情。

犹太家长也经常这样教育孩子。在他们的眼里只有自己的力量，其他的诸如家世显赫、出身高贵之类的东西不过是与己无关的陪衬罢了。他们只相信自己的力量，认为自己的命运掌握在自己的手里，那种将个人的命运依靠在别人身上的人注定是要靠别人的悲悯度过一生。那么具体而言，犹太家长普遍认为，要想让孩子们将命运握在自己的手心，要具备以下四点才行：首先，要确立自己人生奋斗的远大目标；其次，要具有自强不息的精神；再次，要有顽强的独立意识；最后，要在人生奋斗的历程中，积极进取。如果孩子做到了这四点，那么他们就找到了掌握自己命运的金钥匙。

走一步是不需要勇气的

一个真正的决定必然是有行动的，并且还应该是立即的行动，因此你就要针对自己的目标拿出立即的行动。你先不要想要行动到什么程度，最重要的是要动起来，打一个电话或拟出一份行动方案都是可行的，只要在接下去的每一天都有持续的行动就可以。当你能这么做时，这十天小小的行动必然会形成习惯，最终把你带向成功。

犹太人很早就注意到了这一点，并经常用下面这些小故事来教育孩子：

1984年，在东京国际马拉松邀请赛中，名不见经传的日本选手山田本一出人意外地夺得了世界冠军。当记者问他为什么取得如此惊人的成绩时，他说了这么一句话——"凭智慧战胜对手"。当时许多人都认为这个偶然跑到前面的矮个子选手是在故弄玄虚，马拉松是依靠体力和耐力的运动，只要身体素质好又有耐性就有望夺冠，爆发力和速度都还在其次，说用智慧取胜确实有点勉强。两年后，意大利国际马拉松邀请赛在意大利北部城市米兰举行，山田本一代表日本参加比赛。这一次，他又获得了世界冠军。记者又请他谈经验，山田本一性情木讷，不善言谈，回答的仍是上次那句话："用智慧战胜对手。"
这回记者在报纸上没有再挖苦他，但对他所谓的"智慧"迷惑
不解。10 年后，这个谜团终于被解开了，他在他的自传中是这
么说的：每次比赛之前，我都要乘车把比赛的线路仔细地看一
遍，并把沿途比较醒目的标志画下来，比如第一个标志是银
行；第二个标志是一棵大树；第三个标志是一座红房子……这
样一直画到赛程的终点。比赛开始后，我就以百米的速度奋力
地向第一个目标冲去，等到达第一个目标后，我又以同样的速
度向第二个目标冲去。40 多公里的赛程，就被我分解成这么几
个小目标轻松地跑完了。起初，我并不懂这样的道理，我把我
的目标定在 40 多公里外终点线的那面旗帜上，结果我跑到十
几公里时就疲惫不堪了，我被前面那段遥远的路程给吓倒了。

在现实生活中，许多人做事之所以会半途而废，这其中的
原因往往不是因为事情的难度较大，而是这些人觉得成功离自
己较远，确切地说，这些人不是因为放弃而失败，而是因为倦
怠而失败。在人生的旅途中，我们稍微具有一点山田本一的智
慧，一生中也许会少许多懊悔和惋惜。

戴尔在少年时期就已显出干劲十足、勤奋好学的优势。有
一次，一位女推销员上门，说要和"迈克尔·戴尔先生"面谈
他申请中等学历证书的事情。于是，当时才八岁的戴尔就向她
解释说，他认为尽早把中学文凭解决掉可能是个好主意。几年
后，戴尔有了另一个好主意：在集邮杂志上刊登广告，出售邮
票。后来，他用赚来的 2000 美元买了他的第一台个人电脑。
他把买来的电脑拆开，研究它怎样工作。

戴尔读高中时，找到了一份为报纸征集新订户的工作。他

根据实际情况推想新婚的人最有可能成为订户，于是他雇请朋友为他抄录新近结婚的人的姓名和地址。他将这些资料输入电脑，然后向每一对新婚夫妻发出一封有他私人签名的信，并允诺赠阅报纸两星期。这次他赚了1.8万美元。他用这些钱买了一辆德国宝马牌汽车。

第二年，戴尔进了奥斯汀市的德克萨斯大学。像大多数大一学生那样，他需要自己想办法赚零用钱。那时候，大学里人人都谈论个人电脑，凡没有的人都想买一台，但由于售价太高，许多人买不起。一般人所想要的，是能满足他们的需要而又售价低廉的电脑，但市场上没有这种电脑。戴尔心想："经销商的经营成本并不高，为什么要让他们赚那么厚的利润？为什么不由制造商直接卖给用户呢？"戴尔知道，IBM公司规定经销商每月必须提取一定数额的个人电脑，而多数经销商都无法把货全部卖掉。而且如果存货积压太多，经销商损失会很大。于是，他按成本价购得经销商的货，然后在宿舍里加装配件，改进性能。这些经过改良的电脑十分受欢迎。戴尔见到市场的需求巨大，于是在当地刊登广告，以零售价的八五折推出他那些改装过的电脑。不久，许多商业机构、医生诊所和律师事务所都成了他的顾客。

有一次戴尔放假回家时，他的父母对他的学习成绩表示担心。他父亲劝他说："如果你想创业，等你获得学位之后再说也不迟。"当时戴尔答应了父亲，可是他一回到奥斯汀，就觉得如果听父亲的话，就是在放弃一个一生难遇的机会。"我认为我绝不能错过这个机会。"一个月后，他又开始销售电脑，每月赚5万多美元。这次，戴尔坦白地告诉父母："我决定退学，自己开办公司。""你的目标到底是什么?"父亲问道。
"我的目标就是和 IBM 公司竞争。""和 IBM 公司竞争?"他的
回答让父母大吃一惊，觉得他太好高骛远了。但无论他们怎样
劝说，戴尔始终坚持己见。终于，他们达成了协议：他可以在
暑假时试办一家电脑公司，如果办得不成功，到 9 月他就要回
学校去读书。

　　戴尔回到奥斯汀后，拿出全部积蓄创办戴尔电脑公司。当
时他 19 岁。他租了一个只有一间房的办事处，雇用了一名二
十多岁的经理。他的这位雇员负责处理行政和财务工作。戴尔
仍然专门直销经他改装的 IBM 公司个人电脑。在广告方面，他
在一只空盒子底上画了戴尔电脑公司第一个广告的草图。朋友
按草图重绘后拿到报馆去刊登。第一个月营业额便达到 18 万
美元，第二个月 26.5 万美元。这样不到一年的时间，他便每
月售出个人电脑 1000 台。他积极推行直销、按客户要求装配
电脑、提供退货还钱以及对失灵电脑"保证次日登门修理"的
服务，这些为戴尔公司赢得了广阔的市场。到了戴尔本应大学
毕业的时候，他的公司每年营业额已经达到 7000 万美元。戴
尔停止出售改装电脑，转为自行设计、生产和销售自己的电
脑。今天，戴尔电脑公司在全球十多个国家设有附属公司，每
年收入超过 20 亿美元——这无不归功于戴尔的努力奋斗。

　　任何一个专家都是由不会变成会的，而专家之所以能成为
专家，就在于他比常人花费更多的时间去学习，学习的时间愈
长，下的功夫愈深，所学来的也就愈精。我们不论学习什么，
都应该具备这种继续走下去的勇气。

　　曾经有一位 63 岁的老人从纽约市步行到了佛罗里达州的

迈阿密市。她克服了重重困难，经过长途跋涉，终于到达了迈阿密市。在那儿，有位记者采访了她。记者问她，她是否被这路途中的艰难吓倒过？她是如何鼓起勇气，克服这些困难的？老人答道："走一步路是不需要勇气的，我所做的就是这样。我先走了一步，接着再走一步，然后再一步，我就到了这里。"

是的，每个人做任何事，只要你迈出了第一步，然后再一步步地走下去，你就会逐渐靠近你的目的地。犹太孩子经常听家长讲上面这些故事，他们知道，如果知道自己的具体的目的地，而且已经向它迈出了第一步，那么他们便走上了成功之路。

犹太家长告诉孩子，当他们拟妥一项目标后，首要的步骤就是把它写在纸上，这样才能使目标具体化，才能制订出切实可行的计划，才能最终达到自己的目标。

从我做起

一切都要从自己开始，寄希望于别人远远不够，与其指望别人，不如自己动手。

人最爱犯的错误就是观念错误，一旦观念不正确，就必然导致行为跟着错。任何人都希望别人给予帮助。在困难和危险面前，我们总在想：要是有人帮我一把有多好！于是，我们老寄希望于别人，特别是自己的朋友。但实际上，朋友再好也仅仅是朋友而已，他的心里想什么你只能去揣测，但绝对不会受你的左右，而至于那些不曾相交的一般人，就更别指望了。一般而言，人是有善心的，但是绝不是每个人都是上帝。所以，自己不做事而寄希望于别人，自己便是寄生虫；与其将希望寄托在别人身上，不如从自己开始，牢牢把握现在。这一点犹太人很早就认识到了，他们也是这样教育他们的子女的。

人人都希望有一个好的家庭，在生活中获得成功与幸福；同时也希望自己有个好的工作条件和拥有一个好的祖国。这样的话，我们不怎么努力也可衣食无忧。可是，我们知道如何来创造一个良好的家庭环境、好的工作条件和富裕的国家吗？

那些显赫的家族确实令人羡慕，可我们必须知道的是，当他们的先辈创业时多半也是白手起家，靠自己的双手和智慧才赢得了这片天地。而后继者也是勤耕不辍，兢兢业业，在先辈的基础上继续前进，而绝不是坐享其成，坐吃山空。我们梦想着有个优雅舒适的工作空间，做着令人艳羡的白领或金领贵族，可是我们必须知道，这样的工作空间是靠自己不断地学习和积累经验才可能有的。同样，我们希望自己降生在一个美丽富饶繁荣的国度，可是，正如肯尼迪说的那样：不要问你的国家能给予你什么，而要问自己能为自己的祖国做些什么。如果没有个体的奋斗与努力，一个国家又怎么能够繁荣与富强呢？

可是，人的天性就是对别人的过失总是很敏感，而对自己却异常的宽容，有时甚至还会强词夺理，为自己巧言辩护。人总是严格地要求自己的妻子、儿女、朋友、上司、同事、下属，却唯独不能严格要求自己。因此，人最大的一个缺点就是不能够做到以身作则，从我做起。中国有句俗话叫"正人先正己"，更告诫人们"其身正，不令而行；其身不正，虽令不从"。我们要时时反省自己，"吾日三省吾身也"，先自我批评，管好自己，然后才能要求别人。

《塔木德》中是这样告诫犹太人的："最值得依赖的朋友在镜子里，那就是你自己。""人们介意他人身上些微的皮肤病，却睁眼不见自己身上的重病。""人有两片耳一张嘴，就是要人凡事应多听少说。"同时，《塔木德》还这样来比喻领导者："身体从头开始。""没有船长的船，就如同没有舵，全然不知方向。""能以微笑回答别人非难的人，是领袖之才。"

可见，人首先要严格要求自己，然后才可以要求别人。路要真正自己去踩，才算真正走自己的路。叫别人走，自己不走，是毫无道理的；而踩着别人的脚后跟走，实际上是替别人走路。

犹太人在经营管理活动中，从来都是以身作则，先自己做好表率，然后才以自己的行动去影响感化别人，很少有自己都没有遵守却让别人遵守的情况。履行契约、遵守规章、从我做起，这些只是犹太人"从我做起"的比较浅层次的表现。在商业活动中，犹太商人严格遵守契约合同，哪怕这种约定是口头上的。在他们看来，既然双方达成了某种一致，就应该一丝不苟地去执行。犹太人在灵魂深处有着可贵的"慎独"精神，也就是可贵的自我反省、自我批评的精神，他们总是去问自己做了什么，应该做什么，做对了什么，却很少去要求别人该怎样。

同样，犹太人有着凡事从自己做起、善于自我反省、慎独自律的传统。他们以信守合约、遵守法律著称于世。也就是说，不管如何，都要求自己遵照契约的约定来履行自己的义务和享用自己的权利。他们相信，只有从自己做起，从自己这方面去执行合约，才能真正体现合约的精神——按照合约规定来履行自己的义务。两方都按合约来要求自己，这样合约的价值才能真正体现；否则，一方不从自己做起，却要求对方，那合约的执行就会遇到困难；如果双方都想着用合约去牵制对方，那么这个合同就可能要破产。在与犹太人的商业往来中，根本不存在犹太人不履行合约的情况，除非是合约本身有问题。正是这种先从自己做起、严格要求自己遵守约定的商业精神，使犹太人获得了"世界第一商人"的桂冠。

在公众面前受到社会的压力时，遵守规范是比较容易的。而单居独处之时，外界压力完全消失，只剩下内心的良知抵御着蠢蠢欲动的念头。唯有此时能把持得住自己，方算得上有道德底线的人，所以《塔木德》上有一句话，叫"在他人面前害羞的人，和在自己面前害羞的人之间，有很大的差别"。这个差别，就是所谓"罪感"和"耻感"的区别。

所谓"罪感"就是把罪之恶看作是由罪本身的属性决定的。无论何时何地，人知我知，犯罪就是为恶，就是一件应该激起愧疚之心的事情。而所谓"耻感"，把罪之恶看作某种取决于外界状态的属性，为人知者方为恶，不为人知则无所谓恶不恶。所以，犯罪者的愧疚或者忏悔，不是为了作恶本身，而是为了作恶竟然被人发现。这种"悔"是为了搞错时机而悔，要是正逢无人发现的机会，何悔之有？

很明显，在"罪感"支配下的个体行为同在"耻感"支配下的行为，在遵守规范时有着更大的自愿性、自觉性和自律性，这在犹太人的行为中表现得是十分明显的。

犹太民族的大门始终敞开着，不能遵守律法的人尽可以自己走出教门，连犹太共同体都长期处于某种"独居"状态，更不要说犹太人个体了，这样一个民族不得不要求其成员多多"慎独"，多多"知罪"。在犹太人的教诲中，"独居闹市而不犯罪"之所以能同"穷人拾遗不昧"和"富人暗中施舍十分之一的收入给穷人"同立为"神会夸奖的三件事"，其共同之处尽在一个"独"字。犹太人的上帝所赞赏的"慎独"，其实正是犹太民族延存的基本要求。

犹太民族弘扬"慎独精神"，但绝不意味着一切以自我为中心，他们绝不提倡"独善其身"式的"隐士"，而是教导人们要和普通大众生活在一起。

有个智者，行为高洁，为人亲切而仁慈；对神虔敬，做事审慎，因此他理所当然成为受人景仰爱戴的人。过了80岁后的某一天，他的身体突然开始变得虚弱了，并很快地衰老下去，他知道，自己的死期已经临近，便把所有的弟子叫到床边。弟子到齐了之后，智者却开始哭了，弟子十分奇怪，便问道："老师为什么要哭呢？难道您有一天忘记读书吗？有过一天因为疏忽而漏教学生吗？有过一天没有行善吗？您是这个国家中最受尊敬的人，最笃敬神的人啊，老师您没有任何哭的理由啊！"

智者却说："正是因为像你们说的这样，我才哭啊。我刚刚问了自己：你读书了？你向神祈祷了？你是否行善？你是否做了正当行为？对于这些问题，我都可以做肯定的回答；但当我问自己，你是否参加了一般人的生活时，我却只能回答：没有。所以我才哭了。"

以后的智者们常用这则故事来劝说一些不在犹太人共同体活动中露面的人，以使他们一起"参加一般人的生活"。从这里不难看出，这个"一般人的生活"不是指一般意义上的衣食住行，也不是指常人的其他感性生活，而是特指犹太民族的集体生活。

可见，犹太人"从我做起"的这种以自我为基点的人生观念，并不是与集体或者与别的个体分开的，犹太人"从我做起"的意义在于提升了自己，却又影响感化了别人，这比单纯地要求别人要强得多。

我是最美的

一个人必须懂得如何珍惜自己，然后才懂得如何珍惜别人，不爱自己的人绝不可能做到"爱你的邻居"之类的事情。人只有首先学会了爱自己，才能够很快地爱别人，并通过关心自己、帮助自己来关心别人、帮助别人。这样，你对他人的帮助也就没有虚伪的成分。你帮助别人，不是为了博得他人的感谢或获取奖赏，而是因为你从帮助别人或爱别人之中能够享受真正的快乐。

犹太家长时常教育孩子：只有珍惜自己才懂得去珍惜别人。

美国幽默作家霍尔摩斯有次出席一场会议，席间他是身材最为矮小的人。一天，一位朋友问霍尔摩斯先生："你站在我们中间，是否有鸡立鹤群的感觉？"霍尔摩斯反驳了他一句："我觉得我像一堆便士里的铸币。铸币面值十分，但比一分便士体积小。"

爱你自己，就是根据你的意愿将自己作为一个有价值的人而予以接受；接受，则意味着毫无抱怨。一个思维健全的人从不会经常抱怨，尤其不会抱怨天气太冷、石头太硬、冰太凉等。接受，意味着不加抱怨；要保持精神愉快，则意味着不抱怨那些自己力不能及的事情。缺乏自我依靠的人常常从抱怨和牢骚中求得慰藉。向别人诉说你不喜欢自己的地方，只能使你继续对自己不满，因为别人对此几乎是无能为力的，至多只能加以否认，可你又不会相信他们的话。向别人抱怨是无济于事的，同样，让别人无休止地倾诉其自我怜悯和痛苦也无助于任何人。要结束这一无益而讨厌的行为，只需要问一个简单的问题："你为什么要给我讲这些问题？"然后你就会认识到，你的抱怨是非常荒唐可笑的，是在浪费时间，而你本可以用这些时间来进行自爱活动，比如默默地自我赞扬，或帮助别人实现其愿望。

《塔木德》上说："客人和鱼一样，新鲜时是美味，但超过三天便会发出恶臭。"

一个15岁的女孩曾经问一个哲人："我该怎么做才能过充实的生活？"哲人的答案很简单，只有4个字："做你自己。"

在这个世界上，"我"是独一无二的个体。"我"有自己的幻想、希望、美梦以及恐惧。"我"是自己的主人。因为"我"是自己的主宰，所以"我"能深刻了解自己。由于

"我"认识自己，因此"我"能喜欢自己，接纳自己的一切，进而将自己最好的一面呈现出来。

然而多少人会对自己产生疑惑，内心总有一块连自己也无法理解的角落；但只要"我"多支持和关爱自己，"我"必定能鼓起勇气和希望，为心中的疑问找到解答，并更进一步地了解自己。"我"必须接受自己的一言一行，所见所闻，所思所想，因为这是自己的真实感受。之后自己可以回头检视这些发自内心的行为，若有不适宜之处，便加以纠正；若有可取之处，则应继续保持。"我"身心健全，能自食其力。"我"愿发挥自身潜能，并关怀他人，为创造一个更美好的世界贡献一份力量。"我"能掌握自己，做自己的主宰。"我"就是"我"，世上不会有第二个"我"。

"道路的右侧冻成冰块，左侧是一片火海，如果走向右侧就会受冻，如果走向左侧便会烧成焦炭。唯有道路的中间保持不冷不热，这是一条恰当的前进道路。"

犹太人在2000多年的流浪漂泊中，身在异地他乡，除了依靠自己，再无别所依。因此，他们养成了依靠自己、靠自己来拯救自己的信念。在他们看来，人活在世上，首先就要学会为自己谋福利，只有自己有了价值，才会真正具有帮助别人的力量；一个有价值的人，能依靠自己的奋斗与拼搏最终获得成功的人生，而那些一天到晚心忧天下，自己却潦倒穷困的人，固然值得尊敬，但他们实际上并没有做出贡献。犹太人相信，只有懂得珍惜和完善自己，才真正懂得如何去帮助、去解救别人。

一个人爱自己的方式很多，你可以选择从喜欢自己的身体开始。即便你的某些身体特征确实令自己无法喜欢，即使你以前不停地羡慕别人。

对于自我形象，你也可以做出同样的选择。如在智力方面，你可以按照自己制定的标准来判断自己是否聪明。事实上，你越让自己保持愉快，你也就越聪明。如果你在数学、英语或者写作方面水平较差，这并不能说明你智力很差，只不过是你到目前为止选择的一种结果，如果你多花些时间加以训练，一定可以大大提高自己的水平，因此，这与你聪明与否并无直接联系。

有些人认为，自爱行为是一种无异于极端利己主义的令人反感的行为，这实在是一种极大的误解。自爱与那种到处夸耀自己多么了不起的自负行为毫无共同之处。后者并不是一种自爱行为，而是企图靠自吹自擂来赢得他人的注意和赞许。它与自我轻蔑行为一样都是病态行为。自负行为的目的在于赢得他人赞许，采取这些做法的人根据别人对他的看法来评价自己。如若不然，他便没有必要靠自吹自擂来说服别人。自爱则意味着你爱你自己，它并不要求别人爱你，因而也没有必要说服别人。只要你接受自己便足够了，自爱与别人对你的看法毫不相干。

犹太家长经常这样教育自己的孩子：如果要自爱，就必须摒弃一个观点——人的自我形象要么是积极的，要么是消极的。实际上，你具有许多自我形象，而且它们经常在不断变化。如果要你回答："你喜欢自己吗？"你可能倾向于将所有消极的自我形象汇集起来，说"不"。可是，如果你能具体分析自我嫌恶的表象和实质，你就可以明确努力的方向。

讨巧的哈巴狗

不要盲目模仿别人，必须保持头脑清醒；没头没脑的模仿，定会铸成大错！

蚂蚁排着长长的队伍正在忙忙碌碌地搬运食物。一只乳燕飞过来问："你们在这里做什么？""贮藏食物准备过冬啊！"蚂蚁回答。"你们可真聪明啊！"乳燕敬佩地说，"我也要这样做。"她立即动手把一些死苍蝇、死蜘蛛往自己的巢里衔。母亲忍不住问："你弄这些东西做什么呢？"乳燕回答说："准备过冬呀！亲爱的妈妈，你也来搜集吧！是蚂蚁把这种方法教给我的。""噢，把这种小聪明让给那些蚂蚁吧，"老燕子说，"适合于它们做的并不适合于燕子。仁慈的大自然给我们做了更好的安排。如果食物丰盛的夏天结束了，我们就从这里飞走。在旅行中，我们慢慢地休养生息，随后迎接我们的是温暖的沼泽，在那里，我们一点儿也不缺乏必需的食物，直到一个新的春天到来。"

乳燕和蚂蚁的生活习性本身就不同，而乳燕要模仿蚂蚁的生活方式，这显然是不合适的。

看见过猴子的，都知道它们善于模仿。在阿非利加洲，有许许多多的猴子。有一天，一大群猴子坐在叶子浓密的树枝上，偷偷地瞅着地上的猎人。猎人在草丛里不断地打滚，猴子们暗暗地你推我，我推你，窃窃私语。

"这个人的玩法儿可真不少，简直没完没了！你瞧他呀，一会儿鹞子翻身，一会儿又滚又爬，一会儿跌跌扑扑，一会儿又缩成一团……我们学东西够灵巧的，这挺好的新鲜玩艺儿，干吗不试一试？来吧，亲爱的姐妹们，我们来模仿一下。猎人大概玩得过瘾了，恐怕要走了。他一走，我们就开始模仿。"过一会儿，猎人果然走了，但是他留下了罗网。"嗨，快来吧！"猴子们嚷道，"别错过机会了，看谁模仿得最像哦！"美丽的猴子们从树上跳下来，一个筋斗翻进猎人的罗网，又跳又闹，相拥相抱，嘻嘻哈哈，叽叽喳喳，玩得真开心！当猴子们玩累了想到要出去时，这场欢喜也就到头了。猎人拿着袋子走出来，把它们一个一个装进袋子里。猴子们想找逃走的办法，可是被罗网裹得紧紧的，谁也没办法逃走。结果，全部被逮进了袋子，一个也没有漏网。猴子不加思考，盲目地模仿猎人的动作，结果被逮个正着。可见，在模仿他人的时候，一定要头脑清醒。

从前有个人养了一头驴和一只哈巴狗。驴子关在栅栏里，虽然不愁温饱，却每天都要到磨坊里拉磨，到树林里去驮木材，工作很繁重；而哈巴狗会演许多小把戏，很得主人欢心，每次都能得到好吃的奖励。驴子在工作之余难免有怨言，总抱怨命运对自己不公平。这一天机会终于来了。驴子扭断缰绳，跑进主人的房间，学哈巴狗那样围着主人跳舞，又踢又蹬，撞翻了桌子，碗碟也摔得粉碎。驴子还觉得这样不够，它居然趴到主人身上去舔他的脸，把主人吓坏了，直喊救命。大家听到喊叫急忙赶到，驴子正等着奖赏，没想到反挨了一顿痛打，被重新关进了栅栏里。

孩子是最容易和善于模仿他人的行为的。因此，在孩子成长过程中，犹太家长在孩子很小的时候就给孩子们讲这些故事，告诫他们，万万不可盲目地模仿他人，可能铸成大错不说，甚至会给自己带来灭顶之灾。

一分耕耘，一分收获

认真是做好任何事情的保证和前提。只有认真负责，通过艰苦细致的劳动才能达到理想的效果。

犹太人十分强调这一点。犹太儿童经常听家长讲这样一个故事：

柯比是一位木匠，他擅长砍削木头制造一种乐器，那时人们称这种乐器为镰。柯比做的镰，看到的人都惊叹不已，认为是鬼斧神工。柯比的君主闻听此事后，召见柯比问："你是用什么方法制成的镰？""我是个木匠，谈不上什么技法。"柯比回答说，"我只有体会，在做镰时，从来不分心，而且实行斋戒，摒除杂念。斋戒到第3天，不敢想到庆功、封官、俸禄；第5天，不把别人对自己的非议、褒贬放在心上；第7天，我已经进入了忘我的境界。此时，心中早已不存在晋见君主的奢望，给朝廷制镰，既不希求赏赐，也不惧怕惩罚。"柯比在把外界的干扰全部排除之后，进入山林中，观察树木的质地，精心选取自然形态合乎制镰的材料，直至一个完整的镰已经成竹在胸，这个时候才开始动手加工制作。"否则，我不会去做！"柯比向君主详细介绍制镰过程后，继续说："以上的方法就是用我的天性和木材的天性相结合，我的镰制成后之所以能被人誉为鬼斧神工，大概就是这个缘故。"

这个寓言教育人们，要想成就任何事情，都必须专一、执着、忘我。柯比制镰虽然有些过分夸大精神的作用，但是强调干事业精神专注、摒除杂念是非常重要的。

卡拉出任纽兰西镇的长官。有一天，他碰到他以前的学生奥莱，三句话不离本行，他与奥莱探讨治理地方、管理纽兰西的方法。卡拉和奥莱谈得很投机。卡拉讲到自己的治理经验，认为处理政务绝不能鲁莽从事，管理农民更不可简单粗暴。从治理之道又谈到种田之道，卡拉说自己曾种过庄稼。那时，耕地马马虎虎，敷衍了事，果实结出来稀稀拉拉；锄草粗心大意，锄断了苗根和枝叶，一年干下来，到了收获季节，收成无几。听了卡拉的讲述后，奥莱很关心地打听他后来的状况。卡拉吃一堑长一智，总结自己种田的教训，第二年便改变了随意放任的态度。他告诉奥莱，从此他开始精耕细作，认真除草，细心护理庄稼，想不到当年就获得好收成，一年下来丰衣足食。

有了种田的失败和成功，卡拉悟出一条道理：做任何事都贵在认真。现在他当镇长，便守住这条做人的准则。奥莱常常拿卡拉的事教育他人："一分耕耘，一分收获。"种庄稼是这样，干其他任何事也是这样。家长要培养孩子认真的做事态度，只有这样孩子才能有所作为。

1100万美元的旧房

每一个天真无邪的儿童都是一缕纯洁的白丝，而环境是一个大染缸，好的环境就像一个色彩明朗的染缸，染出来的丝明艳耀眼；不好的环境却像一个色彩混浊的染缸，染出来的丝黯淡无光。丝一经染过，再怎么洗也不能恢复本色了。想使自己品行端正，做一个有出息的人，就要远离那些容易使你变坏的朋友和环境。

从前，有一位老师率领他的学生经过一家染厂，看见主人把一缕一缕洁白的丝丢进染缸里，立即变了颜色。这位老师看了，非常感慨地说："丝本来是多么纯洁呀，可是丢到红色的染缸里，就变成红色；丢到蓝色的染缸里就变成蓝色；我们人在一出生的时候不也是很纯洁吗？可是因为后天的影响，就变得形形色色，成为各种各样不同的人了。"

孩子们也是一样，一旦在不好的环境里学坏了，想要再改过来就很不容易了。

从前，有个叫沃伦的人，生性诚恳老实，又是饱学之士，待人忠实厚道，从不跟人家耍心眼。沃伦的家教极严，他对每一个晚辈都耐心教导、严格要求、注意监督，所以他家形成了优良的家风，家庭中的每一个成员都待人和气、品行端正。沃伦家的好名声远近闻名。

康而思州州长法兰克是个正直的人，他为官清正耿直，秉公执法，从来不愿屈服于达官贵人的威胁利诱，为此他得罪了很多人，一些大官僚都视他为眼中钉、肉中刺，总想除去这块心病。终于，法兰克被革了职。

法兰克被罢官以后，一家人只好从壮丽的大府第搬了出来。到哪里去住呢？法兰克不愿随随便便地找个地方住下，他颇费了一番心思，离开住所，四处打听，看哪里的住所最符合他的心愿。很快，他就从别人口中得知，沃伦家是一个君子之家，家风极好，不禁大喜。法兰克来到沃伦家附近，发现沃伦家子弟个个温文尔雅，知书达理，果然名不虚传。说来也巧，沃伦家隔壁的人家要搬到别的地方去，打算把房子卖掉。法兰克赶快去找这家要卖房子的主人，表示愿意出 1100 万美元的高价买房，那家人很是满意，二话不说就答应了。于是法兰克将家眷接来，就在这里住下了。沃伦过来拜访这家新邻居。两人寒暄一番，谈了一会儿话，沃伦问法兰克："先生买这幢宅院，花了多少钱呢？"法兰克据实回答，沃伦很吃惊："据我所知，这处宅院已不算新了，也不很大，怎么价钱如此之高呢？"法兰克笑了，回答说："我这钱里面，100 万美元是用来买宅院的，1000 万美元是用来买您这位道德高尚、治家严谨的好邻居的啊！"

法兰克宁肯出高得惊人的价钱，也要选一个好邻居，这是因为他知道好邻居会给他的家庭带来良好的影响。所谓"近墨者黑，近朱者赤"，环境对于一个人各方面的影响，是不容忽视的，孩子们应当万分珍惜身边的良师益友。

从前，有一个叫菲克兰的人，他是当时一位有名的哲学家。菲克兰和路易斯是好朋友，但在哲学上他们又是一对观点不同的对手。路易斯与菲克兰经常在一起切磋学问。他们在互相争论研讨中不断深化、提高各自的学识。特别是路易斯，从菲克兰那里受到很多启发。后来菲克兰死了，路易斯再也找不到像他那样才智过人，博古通今，能与自己交心、驳难，使自己受益匪浅的朋友了。对此，路易斯感到十分痛惜。一天，路易斯给一个朋友送葬，路过菲克兰的墓地，伤感之情油然而生。为了缅怀这位曲高和寡不同凡响的朋友，他回过头去给同行的人讲了一个故事：

有这样一个泥水匠，有一次，他在自己的鼻尖上涂抹了一层像苍蝇翅膀一样又薄又小的白灰，然后请自己的朋友、一位姓石的木匠用斧子将鼻尖上的白灰砍下来。石木匠点头答应了。只见他毫不犹豫地飞快抢起斧头，一阵风似地向前挥去，一眨眼工夫就削掉了泥水匠鼻尖上的白灰。看起来，石木匠挥斧好像十分随意，但他丝毫没有伤着泥水匠的鼻子；泥水匠呢，接受挥来的斧子也算是不要命的，可他稳稳当当地站在那里，面不改色心不跳，泰然自若。倒是旁边的人为他们捏了一把冷汗。后来，这件事被其州长知道了。州长十分佩服这位木匠的高超技艺，便派人把他找了去。州长对姓石的木匠说："你能不能再做一次给我看看？"木匠摇摇头说："小人的确曾经用斧头为朋友砍削过鼻尖上的白灰。但是现在不行了，因为我的这位好朋友现在已不在人世了，我再也找不到像他那样跟我配合默契的人了。"路易斯讲完了故事，十分伤感地看着菲克兰的坟墓，长叹了一口气，然后自言自语地说："自从菲克兰先生去世以后，我也失去了与我配合的人，直到现在，我再也没有能够找到一位与我进行辩论的人了！"

路易斯和石木匠的感受向我们表明，高深的学问和精湛技艺的产生，依赖于一定的外界环境。红花虽好，还要靠绿叶扶持。一个人如果不注意从周围的人和事中吸取营养，他的智慧和技巧是难以得到发挥和施展的。

家庭氛围、家长的心理特征对孩子的心理发育有着至关重要的影响。要创造并保持良好的家庭心理氛围。犹太人在这方面是这样做的：

首先，创造平等的家庭氛围。平等是创造良好的家庭心理氛围的前提，父母、子女任何一方的优越感都会对其他家庭成员造成心理压力、产生心理隔阂。

其次，培养开放的家庭环境。这里所说的开放是指家庭成员能够坦率地、平等地以其他成员可接受的方式，表达自己的想法，而不是毫无顾忌地发泄。另外，家长的教育能力和家长之间关系的好坏，也直接影响良好的家庭心理氛围的形成。总之，家长应根据时代的要求和孩子不同年龄段的心理特点，努力创造良好的家庭心理氛围，营造和保护良好的家庭环境。

最后，家长要理智。只有理智才能够克制自己的心理冲动，并冷静地对待和处理问题，这样有利于保持良好的家庭心理氛围，而更重要的是有利于孩子形成稳定的心理特征。

每次都是初交

只有自己才能养活自己，靠别人来过活绝对是天真的幻想。

有一天，一只鹦鹉把一颗苹果带上了钟楼。这只鸟用爪子踩着苹果，三番五次地啄着。啊呀！这苹果突然逃掉了。它先滚了一阵，最后掉进墙缝里，不见了。"墙，好墙！"苹果看见自己从鹦鹉的嘴里逃出来，就可怜巴巴地说，"感谢上帝，你被建造得这么结实和高大，厚厚的，又有那么多漂亮的钟。它们响得多好听啊！全世界都能听见！你救救我吧！可怜可怜我吧！"鹦鹉在上面呱呱叫。墙却沉默不语。"墙，好墙！"苹果更加悲切地说，"您知道，我注定要从我的老父亲——苹果树上掉下来，落进铺满黄叶、肥沃的土壤里……啊，您不要抛弃我，我求求您！"苹果接着又说："当我在野蛮的鹦鹉的嘴里时，我曾发誓：如果上帝保佑我逃出来，不管流落到多么艰苦的地方，也决心在那里度过我的余生。"钟轻声地忠告墙壁："你可要当心点啊……注意，苹果可是个危险人物。""危险？它是多么渺小啊！"最后墙说了话。墙终于发了善心，决定客客气气地把苹果留下来：它掉在那儿，就让它在那儿呆着吧！过了些日子，苹果裂开了嘴，接着，又长出来根，长长的须根四处延伸，枝叶也从墙缝中探出脑袋。苹果长得那么迅速，枝叶那么繁茂，不久就长到钟楼上。它的根须是那么粗壮有力，悄悄地毁坏了墙壁，把旧墙弄倒了。墙壁意识到苹果的祸害时，为时已晚。它长叹一声，说："我真后悔，没有听钟的劝告啊！"苹果树还在长，它毫不动摇，长得结实有力，而那可怜的墙壁，却倾斜倒塌了。

　　对那些不值得信任的人不要存有幻想！钟楼墙壁的悲剧是非常容易重演的。因为每个人在童年时都有一颗纯洁的心，他们并不知道世界的真实面目，只觉得世界很美好。他们不仅相信自己，而且相信周围所有的人。如此天真单纯的人，是无法应付复杂的人类社会的。

　　"不怕一万，就怕万一"，它提醒人们做事千万要小心谨慎，千万不要因为有多次经历后，就不再那么警惕了。犹太人的现实生活，几乎都是处于动荡与逆境之中。如何在逆境中求得生存和发展，把握住自己的命运，是每个犹太人都在思考和关心的问题。长期的流浪和居无定所，使他们在艰苦恶劣的环境中树立了一种独立的生命意识。而对于后代，在他们还是孩提时就被灌以独立自救的意识，以期能在未来的坎坷人生路上自如应付。这种独立意识的培养，主要来自于父母对孩子只相信自己的知性教育。他们经常给孩子讲下面这个故事：

　　从前有只母山羊，它有七只小山羊，它非常喜爱这些山羊。一天它要到森林去找吃的，就把小羊都叫到跟前，向它们交代说："孩子们，我走以后，你们可要多加小心，特别是要小心恶狼，这恶狼很狡猾，又善于伪装，如果让它进屋，它会把你们都吃掉的。你们千万注意，只要听到它的粗嗓门，看到它的黑脚掌，就可以把它认出来。小山羊们说："知道了，我们会当心的。"母山羊放心地走了。一会儿小山羊们就听到敲门声，"开门吧，亲爱的孩子们，妈妈回来了。给你们带来了很多好吃的东西。"一听那粗嗓门，小山羊们就知道是狼。"我们不开门。"小山羊说，"你不是我们的妈妈，瞧你那粗嗓门，准是狼。"狼只好走了，它去买了一块粉团，吃下去后，嗓门就变细了，它回来又敲敲门："开门吧，亲爱的孩子们，妈妈回来了，给你们每个人都带来了好吃的东西。"狼在说话时，把一只黑爪子放在窗户上，小山羊看见了。"我们不开门，瞧你这黑脚掌，你是狼。"狼只好又走了，它跑到一个面包师那儿，说："我碰伤了脚，请给点生面团敷在脚上。"面包师照办了。狼又跑到面粉店，让主人给它脚上撒点面粉。店主心想，这狼一定又去骗人，于是拒绝了它。但是狼恶狠狠地说："你不给我撒上面粉，我就吃掉你。"店主只好帮他把爪子弄白了。狼又去敲山羊的门："开门吧，孩子们，你们的妈妈回来了，给你们带回好吃的东西。"小山羊们叫道："先给我们看看你的脚。"狼把爪子放在窗上，他们一见是白的，就相信了，便打开了门。狼进来了，小山羊害怕极了，他们东躲西藏，结果还是一只一只被狼抓住，一个接一个被吃掉。

小山羊们轻易相信了狼的谎言，结果葬送了自己的性命。犹太父母在孩子小时候就给他们灌输这种不轻信别人的思想，他们认为这是孩子们独立意识形成的基础，它使犹太小孩从小便有独立生存的意识存在。因此，他们在任何条件下，都能顽强地生存下去。他们凭靠的是自己的能力，再加上强烈的生存意识，他们当然能找到赚钱的好办法去解决自己的生活问题。

犹太人正因为不轻信别人，不被许多事物的表象所迷惑，所以才能在生意场上成就卓然，纵横驰骋。这种"唯我可信"的做法，也使他们在处理所有事务时，小心谨慎，认真思考后再做出抉择，所以他们很少上当受骗。这种培养孩子独立意识的做法，在我们看来虽有些残酷，但这是绝对理智的做法！它正是犹太民族长期流浪而不散不亡的一个重要原因。而商业经营者作为独立掌握自己命运的市场经济一分子，首先应具备的便是这种理智的独立意识与生存意识。这种意识还构成了犹太商人自我保护的防护膜，使他们从不陷于别人的商业陷阱。生意场上最忌讳的就是轻信别人，一定要有自己的立场。

有一天，一位日本商人请一位犹太画家上饭馆吃饭。宾主坐定之后，画家趁等菜之际，取出纸笔，给坐在边上谈笑风生的饭馆女主人画起速写来。不一会儿，速写画好了。画家递给日本商人看，果然不错，画得形神皆具。日本人连声赞叹道："太棒了，太棒了。"

听到朋友的奉承，犹太画家便转过身来，面对着他，又在纸上勾画起来，还不时向他伸出左手，竖起大拇指。通常，画家在估计人的各部位比例时，都用这种简易方法。日本商人一见画家的这副架势，知道这回是在给他画速写了。虽然面对面坐着，看不见他画得如何，但还是一本正经摆好了姿势，让他画。日本人一动不动地坐着，眼看着画家一会儿在纸上勾画，一会儿又向他竖起拇指，足足坐了 10 分钟。"好了，画完了。"画家停下笔来说道。

听到这话，日本人松了一口气，迫不及待地欠身，一看，不禁大吃一惊。原来画家画的根本不是自己，而是自己左手的大拇指。日本商人连羞带恼地说："我特意摆好姿势，你……你却作弄人。"犹太画家却笑着对他说："我听说你做生意很精明，所以才故意考察你一下。你不问别人画什么，就以为是在画自己，还摆好了姿势。单从这一点来看，你同犹太商人相比，还差得远呢。"

这时候，那位日本商人才如梦初醒，明白过来自己错在什么地方——看见画家第一次画了女主人，第二次又面对着自己，就以为一定是在画自己了。

对于这位日本商人所犯的错误，犹太商人的生意经上，赫然写着一条："每次都是初交。"哪怕同再熟的人做生意，犹太商人也决不会因为上次的成功合作而放松对这次生意的各项条件、要求的审视。他们习惯于把每次生意都看作一次独立的生意，把每次接触的商务伙伴都看作第一次合作的伙伴。这样做，起码有两大好处：其一是不会像日本商人那样，因为自己对对方的先入之见而掉以轻心。相反，可以有足够的戒备防止对方可能的一切手脚；其二是可以保证自己在第一次辛辛苦苦争取到的赢利，不至于在第二次生意中被顾念前情而做出的让步所断送。生意毕竟是生意，容不得"温情脉脉"，否则第一次就没有必要斤斤计较。

在商业活动当中，商人之间都以利益维系，一旦不在意，就可能受骗上当。金钱的关系往往会把人的良知和道德扭曲，因此我们看到了那么多的商海骗术上演，一方可能由巨骗变成巨富，而另一方就可能倾家荡产，呼告无门。在犹太人的生意经中有条叫作"每一次都是初交"，讲的就是"切忌轻信"，意思是要把每一次生意都看作为与对方第一次打交道，不要因为对方先前与你有来往就放松警惕，更不能被对方表现的真诚所迷惑，一定要有自己的立场。所以，"每次都是初交"实在是犹太人在漫长的历史中由活生生的商业活动而得出的高级生意经，而其适用范围竟然已经到达潜意识层次。只有一个创立了精神分析学的民族，才会在这种极其细微、极不容易觉察的地方，有如此清晰的认识，并且驾轻就熟、游刃有余。

"先生，您买这把漂亮的伞吧！我保证这是真丝面的。""可是，太贵啦。""那么，您就买这把吧。这把伞也很漂亮，可是并不贵，只卖5美元。""这把伞也有保证吗？""那当然。""保证这是真丝？""你放心，我们绝对向你保证……"

"可它明显不是丝的啊!""这个嘛……我保证它是一把伞。"顾客好险,差一点儿掉进自己造成的语言陷阱,幸好没有把"第二个保证"当作"第一个保证",才不至于买下一把仅仅保证是"伞"的伞。

"姜还是老的辣",犹太商人轻易地走过了"轻信别人"这一关,如果全世界的商人都能像他们那样,那么将会避免多少悲剧。

猴子收到了狐狸的请柬,请它光临狐狸舍赴宴。换一只狐狸,猴子或许会婉言谢绝:"不胜感激……实在抱歉……因身体不适……敬祈海涵……"不过,这只狐狸可与众不同,虽然说不以仁慈闻名,可是它遇见猴子从不呲牙瞪眼,在森林或野外从不把猴子摧残,猴子给它鞠躬,它也以礼相还……因此,猴子受宠若惊,告诉母猴:"快梳洗打扮!盛情难却,咱们俩一块儿去赴酒宴!"猴子对狐狸怀着深深的敬意,应邀来到了狐狸夫妇的门前,它心里想的是菜肴丰盛,美酒盈盏。客人驾到,主人格外喜欢。狐狸说:"多日不见,二位的身体看来很健康!"猴子夫妇刚刚迈步走进前厅,狐狸就冲着长獠牙的厨师挤了挤眼睛:"怎么样?足足有二十公斤重!"

犹太商人深知,由于人的潜意识,先入之见的厉害之处在于使人都想不到去纠正它。直到事情结果出来,大失所望甚至绝望之余,人们才察觉自己的疏忽。有多少"善良的人们"就是因为单凭熟人甚至仅仅一面之交的熟人或者一次小小的"成功"而上了别人圈套的。

让我想想

思维能力是孩子智力活动的核心，也是智力结构的核心，因而思维能力是孩子成才最重要的智力因素。思维能力也是孩子从小就开始发展的，它会让孩子更聪明、更胜人一筹。犹太人从孩子小时候就开始培养孩子的思维能力。

一个小学生在认真地做作业。这是一系列加、减、乘、除的四则应用计算题，难度相当大，特别那几个繁分数题，计算起来太繁杂。他额头上不知不觉地渗出细珠般的汗珠来了。正在这个时候，不知从什么地方来了一个微型机器人，手里提着火柴盒般的一台小箱子，一跳一蹦地来到小学生跟前，细声细气地冲他问："朋友，你在演算吗？""嗯，是……"小学生抬头看了看，立刻又低着头专心做作业了。他不愿分散注意力，爱理不理地嘟囔一声了事。"你计算遇到了困难了吗？""嗯，有点儿……"小学生不想回答，可又回答了。"那么，"细声细气的声音紧接着响起来，"我给你带来了一台计算机。""做什么？"小学生的声音显然很不高兴。"没什么，我是来帮助你的。"细声细气的声音倒是很和气，仿佛在赔不是似的。小学生还是怒气冲冲的："怎么帮助？帮助什么？""这个你也知道，"细声细气的声音马上搭上茬儿了，"你何必深思苦索啊，按几下我带来的计算机就得了。它帮助你，一下子把所有的题目全都计算出来了，而且正确无误，速度快，很容易。"余怒未息的小学生，粗着嗓门说："不用，我不用计算机！""你不要我帮助？"机器人很失望，说话声音也大了点儿。"不，不，"小学生摇摇头，"我不愿意，一百个不愿意！我要的是'自力更生'！"后面四个字说得很响很清楚。机器人吃惊地说："你，你，你要自己发明创造一台新的计算机……""嘻嘻！"小学生笑出声来。"计算机本来就是人发明的，它作为人的工具、助手，人使用它，用它来工作，但它并不能代替人思考！你知道吗？"机器人细声细气的声音十分软弱无力，低声下气地说："那么，那么，那么计算机没有什么用处了？""人能思考，独立自主地思考一切。"小学生说着，指指自己的脑袋瓜，"我先要使用我自己的'计算机'，然后才能使用你带给我的计算机，不是吗？不是你来帮助我，而是我来使用你！"机器人被小学生揭去了罩在身上的神秘的面纱，恍然大悟地说："哦，原来如此：我和计算机都不过是按照人指定的程序动作办事，怪不得我只能是主人要我做什么，我就做什么，自己六神无主地唯命是从！""哈哈，你明白这个道理就好。我相信依靠我自己不断地努力思考，是能把算术题全计算出来的，将来也能发明创造新的机器人和计算机。"小学生放大了嗓门说话，但是很有礼貌地一字一顿地说："亲爱的机器人，再会吧！"

小朋友们应该欢迎人家帮助，也接受人家帮助——真诚的帮助，可要让对方在自己努力的基础上来启发自己，帮助自己，最后仍是要靠自己的力量排除障碍、克服困难的。要不，帮助反而会使自己养成依赖的坏习惯和不良的惰性。这位小学生虽小，却能懂得这个道理，知道自己思考，这很值得孩子们学习。

"学而不思则罔，思而不学则殆。"意思就是说，只学习而不思考，就会迷茫无知，得不出结果；只思考而不学习，就会疑惑不解，也得不出结论，讲的其实就是思维的意义所在。培养孩子的思维能力并不仅是老师的事情，家长也有很多事情可以做，几乎可以说是随时随地都可以做到。思维是一项高级的智力活动，它有一定的规律可循，在实际操作中，可以多加利用。那么，究竟如何培养孩子的思维能力呢？犹太家长是这样做的：

1. 让孩子处在问题情景之中。思维是从问题的提出开始的，接着便是一个问题的解决过程，所以说问题是思维的引子，经常面对问题，大脑就会积极活动。当孩子提各种各样问题的时候，家长要跟孩子一起讨论、解释这些问题，家长的积极主动对孩子影响很大。如果遇到自己也弄不懂的问题，可以通过请教他人、查阅资料、反复思考获得答案，这个过程最能提高孩子的思维能力。孩子一两岁以后，就不像以前那么爱向家长提问题了，这时家长应该主动提出一些问题进行讨论。

2. 利用想象打开思路。想象力是智力活动的翅膀，为思维的飞跃提供强劲的推动力。因此，要善于提出各种问题，让孩子通过猜想来打开思路。牛顿从树上掉苹果而产生想象，进而研究出万有引力定律；某物理学家在评论爱因斯坦时说："作为一个发明家，他的力量和名声，在很大程度上应归于想象力给他的激励。"这些都从一个方面说明了想象的重要性。要孩子发挥想象并不难，关键在于家长随时随地的启发。比如，当看到车的圆圆的轮子时，可以让孩子想象一下圆的轮子还可以用在什么上面。随便你提出什么需要想象的问题，孩子们的回答都可能千奇百怪，大大出乎你的预料，这个时候千万别嘲笑孩子的创意，别打击他的积极性！

3. 要有丰富的知识与经验。孩子的知识越丰富，思维也就会越活跃，因为丰富的知识和经验可以使孩子产生广泛的联想，使思维灵活而敏捷。著名的化学家门捷列夫，他因制定了元素周期表而对化学研究的发展起到无法替代的作用，但他不仅仅懂化学，还对物理、气象等科学领域都有涉猎，才能制定出元素周期表。孩子的阅读能力有限，家长要给孩子多买一些动画书、卡片等，还可以和孩子一起读动脑筋的故事，如寓言故事、科普性读物等，常常拿出来和孩子一起讨论。

4. 培养孩子独立思考的习惯。有的孩子遇到疑难问题，总希望家长给他答案；甚至有时候孩子还在自己思考的过程中时，家长就迫不及待地把答案告诉孩子了。虽然当时解决了问题，但从长远来说，对发展孩子智力没有好处。因为家长经常这样做，孩子必然依赖家长的答案，而不会自己去寻找答案，不可能养成独立思考的习惯。高明的家长，面对孩子的问题，应告诉孩子寻找答案的方法。也就是启发孩子，一个问题应该怎样去想、去分析，怎样运用自己学过的知识和经验，怎样看书，怎样查参考资料等。当孩子自己得出答案时，他会充满成就感，提高思维能力而且产生新的动力。

5. 讨论、设计解决实际问题的思路。在孩子的生活、学习中，经常出现各种各样的问题需要解决。家长应引导孩子并与孩子一起共同讨论、设计解决问题的方案，并付诸实施。这个过程中，需要分析问题、归纳问题，需要推理，需要设想解决的方法与程序。这对于提高孩子的思维能力和解决实际问题的能力大有好处。

第十卷 学习：孜孜以求的求知精神

每个人都是你的教师

成功的方法不能复制，不同的人有不同的发展环境和机遇，但绝大多数真正的成功者都有共同的特点——善于寻找生活中的榜样，学习和借鉴他们的经验。

杰弗逊17岁时就读于威廉与玛丽学院，学习成绩非常优秀，特别是在历史和语言方面。此外，他对农艺、数学和建筑学等也有浓厚的兴趣。后来他自行设计的蒙蒂塞洛宅邸，既具有传统的古典式建筑风格，又有自己独特的特点，当时堪称为美国第一流的建筑，至今仍是美国最值得赞赏的乡间府第之一。

杰弗逊出身贵族，他的父亲是军中的上将，母亲也是名门之后。当时的贵族除了发号施令以外，几乎不与平民百姓交往。但杰弗逊没有秉承贵族阶层的恶习，而是主动与各阶层人士交往。他的朋友中当然不乏社会名流，可更多的是普普通通的仆人、园丁、农民或者贫穷的手工业者。他的优点便是善于从各种人身上学习，因为他知道每一个人都有自己的长处，都有金子般发亮的东西。

杰弗逊仪表堂堂，谈吐生动，富于朝气，喜爱社交。他善于演奏小提琴，常有机会在总督府与一些比他年长很多的社会名流一同演奏古典乐曲。杰弗逊跻身于这些名流之中，经常同他们交谈，获益匪浅。

有一次，他还劝说法国伟人拉法叶特："你必须像我一样到普通民众家去走一走，尝一尝他们的面包，看一看他们的菜碗。只有你亲自这样做了，你才会了解到民众不满的原因，并会懂得正在酝酿的法国大革命的意义了。"

不耻下问、善于学习是杰弗逊的过人之处，他也因此比其他的领导者更清楚民众到底在想什么，到底最需要什么，这也是他成为一代伟人的原因所在。

不论是做学问，还是做人，都要善于向每个有专长的人学习，向含有真知灼见的任何一本书、任何一种见解学习。那种"我比我周围的人都聪明，因此我完全不用理会别人说什么"的想法是错误的。学习是一个非常广泛、综合的内容，每个人都有自己的优点与弱点，你可以向每一个人学到很多东西，要看到每个人的长处，取人之长补己之短。

林肯是美国人心目中最有威望的总统。说起林肯，谁都知道他的父亲是一个庸碌无为而且目不识丁的木匠，他的母亲也是平庸的家庭主妇。那么林肯怎么会有那么卓越的领导和管理才能呢？人们一定会认为林肯受过良好的教育和训练。事实并非如此，不少美国人都知道，林肯所受的教育是极不完整和非正规的，他的一生只上过几天的学而已。在他被选为国会议员后，自己也曾对众人承认过这一点。那么谁是林肯的老师呢？答案就是在肯塔基州森林地带巡游的数位村儒学究，是他们在无意之中帮助林肯进步。

林肯的教师还包括伊里诺州第八司法区的许多人。他曾每天和许多农夫、律师、商人商讨着国家大事和世界上发生的事情，从他们身上学习到很多知识和道理。林肯成功的秘诀就是：每个人都可能做他的教师。

犹太父母教育孩子说，老师和同学，乃至周围的每一个人都可能成为请教的对象，对青年人而言，其实没有哪一个环境是所谓的好环境，也没有哪一个人是唯一的所谓好老师，只有不断变化的环境才是你最好的环境，也只有不断地向不同的人学习才是你最好的老师。

厚网捞起大鱼

在人生的竞赛场上，没有确立目标，不能在逆境中完善自己，是不容易得到成功的。许多人并不乏信心、能力、智力，只是没有确立目标或没有选准目标，所以没有走上成功的途径。

一个年轻的大学生在逛集市的时候，看见一位犹太老人摆了个捞鱼的摊子，他向有意捞鱼的人提供鱼网，并承诺捞起来的鱼归捞鱼人所有。这个年轻人一时童心大发，蹲下去捞起鱼来，但他一连捞碎了三只网，一条小鱼也没有捞到。

年轻人见老人眯着眼看着自己的蠢样、心中似乎正在暗自窃笑，便不耐烦地说："老板，你这网子做得也太薄了，几乎一碰到水就破了，又怎么捞得起来那些鱼呢？"

老人回答说："年轻人，看你也是读过书的人，怎么也不懂得这个道理呢？当你心生意念想捞起你认为最大最好的鱼时，你打量过你手中所握的鱼网是否真有那个能耐吗？追求不是件坏事，但是首先要了解你自己呀！"

"可是我觉得这个不是主要原因，关键还是你的网太薄，根本捞不起鱼。"

"年轻人，你还是不懂得捞鱼的哲学！这和世人所追求的爱情、事业、金钱都是一样的。当你沉迷于眼前目标的时候，一定要衡量自己的实力。"

犹太人说：人的生命虽然各有长短，有的人长命百岁，也有的人青壮之时夭折。但不管怎样，每个人都有宝贵的一生，生命对于每个人来说都只有一次。因此，人必须珍惜自己难得的一生，在这有限的人生中确立自己的奋斗目标，实现自己的愿望。

不要"三分钟热血"

在你的生活中，至少有一件事情应当是你最感兴趣的、最认真的，要将重点集中在这件事情上，它可能是你的工作、业余爱好，也可能是某些集体活动。你必须对某件事情有所擅长，而且擅长到能使你自己暗暗为之自豪的程度，从而使你知道自己是一个有价值的人。

犹太人大卫·布朗是一位英国商人，他的发迹过程，就是他一生确立明确的奋斗目标并将之实现的过程。他生于1904

年，父亲经营一间小型齿轮制造厂，几十年来一直惨淡经营，仅仅能够赚取一点生活费。布朗的父亲是一个头脑清醒的人，他总结自己没有选好奋斗目标的教训，把希望寄托在儿子身上。为此，他严格要求布朗要勤于读书学习，还规定布朗每逢假日就到自己的齿轮厂去参加劳动工作，与工人们一样艰苦工作，绝不特殊照顾。

布朗在父亲的教育下，在工厂里工作和劳动了很长时间。逐渐熟悉了工业技术和知识，养成了艰苦奋斗的精神，形成了自己人生的奋斗目标，而且知道只有在逆境中才能成才的道理。这样，布朗父亲教育儿子的目标总算实现了。而布朗自己的奋斗目标，不在于齿轮厂方面，而是想利用自己在齿轮业务积累的经验，往生产赛车这个方向去发展。他通过观察，发现当代人对汽车使用已经普及，预感到汽车大赛将会成为人们的一种流行娱乐。这就形成了他自己的奋斗目标——大力发展赛车。凭借着这个信念，他克服了重重困难，成立了大卫布朗公司，不惜投入大量资金聘请专家和技术人员搞设计，采用先进设备机器进行生产。1948 年在比利时举办的国际汽车大赛中，布朗生产的马丁牌赛车一举夺魁，大卫布朗公司因此名声大振，订单如雪片般飞来，布朗从此走上发迹之路。正是布朗对自己生产赛车的目标坚持不懈的努力，才使布朗父亲及布朗自己确立的目标都实现了，可谓一箭双雕。

每个人都要求自己至少能做好一件事。你不可能在各个领域都做得很好，也没有必要这样。正如一位百发百中的神枪手，如果他漫无目标地乱射，其结果可想而知；驴子一天到晚绕着石磨不停地转动，但是什么地方也到达不了，正是因为它没有确定的目标的缘故。要像布朗一样，确立明确的奋斗目标，并矢志不渝地为之努力。

凡是具有创造力、努力工作的人，其最终目的就是为了实现自己的愿望。如果一个人没有了自己的愿望，那他根本不可能有什么动力；而如果他的愿望一会儿一个，太多变化，那么他很有可能只有三分钟的热血，什么事都做不成。

36岁的斯蒂芬·史匹柏是世界上最成功的制片人，好莱坞电影史上十大卖座的影片中，他个人囊括四部。他是怎么在这样的年纪里就有这么伟大的成就的呢？他的事迹实在值得我们学习。

史匹柏在十二三岁时就知道，早晚有一天他会成为电影导演。在他17岁那年的某天下午，当他参观完环球制片厂后，他的一生就此改变了。那只不过是一次普通的参观活动，但对于他远远不是。在他窥得电影全貌后，当场他就决定要怎么做。他先是偷偷摸摸地观看了一场实际的电影拍摄，然后与剪辑部的经理长谈了一个小时，才恋恋不舍地结束了参观。

对许多人而言，故事到此为止，但史匹柏可不一样，他很明确，他知道自己要什么。于是第二天，他借了套西装，提起他老爸的公文包——里头只有一块三明治，再次来到摄影现场，装出一副他是那里的工作人员的样子。当天他故意避开了大门守卫，找到一辆废弃的手拖车，用一些塑胶字母，在车门上拼成"斯蒂芬·史匹柏""导演"等字样。然后利用整个夏天去认识各位编剧、导演、剪辑，终日流连于他梦寐以求的电影世界里。从与别人的交谈中学习、观察并发展出来越来越多关于电影制作的感觉。

终于在 20 岁那年，他成为了正式的电影工作者——放映了一部他拍得不错的片子，因此与环球制片厂签订了一纸 7 年的合同，导演了一部电视连续剧。他的梦想终于实现了！

史匹柏为什么能够成功呢？因为史匹柏知道他所追求的目标，并矢志不渝地向目标迈进，同时知道做法，善于学习，用恰当的目标，为自己铺就了成功的道路。

确立自己的奋斗目标时还要注意一定要符合客观实际，不能异想天开、哗众取宠。

有一位卡车司机叫拉利·华特斯，他毕生的理想是当一名飞行员。高中毕业后他便加入了空军，希望成为一位飞行员。不幸的是，他的视力不及格。因此当他退伍时，只能看着别人驾驶喷气式战斗机从他家后院上空飞过，而他只有坐在草坪的椅子上，幻想着享受飞行的乐趣。

一天，拉利想到一个办法，可以实现自己的飞行愿望。他到当地的军队剩余物资店，买了一筒氦气和 45 个探测气象用的气球，那可不是颜色鲜艳的花花气球，而是非常耐用、充满气体时直径达四英尺的大气球。

在自家的后院里，拉利用皮带把大气球系在草坪的椅子上，再把椅子的另一端绑在汽车的保险杆上，然后才开始给气球充气。接下来他又准备了大量的三明治、饮料和一支气枪，以便在想要降落时可以打破一些气球，使自己缓缓下降。

完成这些准备工作后，拉利便坐上椅子，割断拉绳。他的计划是缓缓地上升，但事实并不像他想得那样。当拉利割断拉绳，他并没有缓缓上升，反而是像炮弹一般向上发射；他也不仅只是飞到 200 英尺高，而是一直向上升，直停在 11000 英尺的高空！在那样的高度，他当然不敢贸然弄破任何一个气球，因为那样会失去平衡，在半空中突然坠落。于是他只有停留在空中，飘浮了大约十四个小时，他完全不知道该怎样回到地面。

终于，拉利飘到了洛杉矶国际机场的进口通道。一个法美航机的飞行员发现了他，并通知指挥中心，说他看见一个家伙坐在椅子上悬在半空中，膝盖上还放着一支气枪。洛杉矶国际机场的位置是在海边，到了傍晚，海岸的风便会改变方向。到那时候，海军立刻派出一架直升机去营救，但救援人员却很难接近他，因为螺旋桨发出的巨大风力一再把那自制的新奇椅子吹得越来越远。费尽九牛二虎之力，他们终于停在拉利的上方，放下一条救生索，把他慢慢地拖上去。

拉利一回到地面便立刻遭到逮捕。当他被戴上手铐，一位新闻记者大声问他："华特斯先生，请问你这样做的原因是什么？"拉利停下来，瞪了那人一眼，满不在乎地说："人总不能无所事事。"

故事中的拉利不顾实际想让自己飞起来，结果虽然飞起来了，却差点为此影响航班的正常运行及自己的性命，实在是毫无意义的冒险。

当然，人各有志，在不同时期、不同社会和不同背景下，人的志向是会发生变化的。

几年前的一个炎热的夏天，一群工人正在铁路的路基上工作。这时，一列缓缓开来的火车打断了他们的工作。火车停了下来，最后一节特制车厢的窗户被打开了，一个低沉而友好的声音响了起来："是你吗，大卫？"大卫·安德森——这群工人的负责人回答说："是我，吉姆，再次见到你真高兴。"于是，大卫·安德森和吉姆·墨菲——整段铁路的总裁，进行了愉快的会面。在长达一个多小时的愉快交谈后，两人热情地握手道别。

大卫·安德森的下属立刻包围了他，对于他是铁路总裁墨菲的朋友这一点，他们感到非常震惊。大卫解释说，23年以前他和吉姆·墨菲是在同一天开始为这条铁路工作的。其中一个人半开玩笑半认真地问大卫："那为什么你现在仍在骄阳下工作，而吉姆·墨菲却成了总裁？"大卫非常惆怅地说："23年前我为每小时1.75美元的薪水而工作，而吉姆·墨菲却是为这条铁路而工作。"

法国的萨特用了几乎10年的时间来写他的第一本书。在这10年的时间当中，萨特只专心撰写这唯一的一本书，三易其稿，可是最后却不幸遭到了所有出版商的拒绝。而英国作家托尔金把自己大半辈子的心血都花在他的三部曲史诗《行会首领》上。试想如果没有一个远大的愿望和梦想支撑着他们，他们会有这么大的动力吗？他们会牺牲自己生命中这么多宝贵的时间吗？很多艺术家长达几年地专攻一本小说、一部戏剧或一幅画作，过着完全没有保障的生活，常常经济拮据，陷入贫困，但所有这一切他们都可以置之不顾，只为了能够实现自己的梦想。演员、舞蹈家和歌唱家也是如此，虽经几年的奋斗仍然不成功，但是他们从不肯轻易放弃自己的理想，他们当中有许多人是过了很久的艰苦生活才成名的。如果问他们：付出这么多艰辛值得吗？他们会回答说：必要的话，还会一直这么做下去。在他人的眼里，一个人丰富的内心世界和梦想也许会显得很古怪，但这恰恰是一个人拥有的真正财富。犹太人教育孩子们要在少年时代就拥有自己的梦想，矢志不渝、坚持不懈地向目标努力奋斗。

爱之深，责之切

只有爱不见得能培养和教育出优秀的孩子来，而应该把热爱和严格要求结合起来。

　　美国第三十二届总统富兰克林·德拉诺·罗斯福是美国历史上唯一一位连任四届的总统。他的业绩在全美国民众中是有口皆碑的，人们在谈论他所受到的家教时也同样津津乐道。

　　他出身于富豪家庭，父亲学法律出身，是美国有名的商人，家里很有钱。罗斯福的父亲和母亲年龄相差 26 岁，当罗斯福出生时，父亲的年纪已经很大了。罗斯福有一个同父异母的哥哥很早就离家在外，罗斯福的降生给这个本来就十分幸福和睦的家庭带来了无比的欢乐。幼小的罗斯福自然成为父母关注的中心。然而，罗斯福的父母并不是娇惯他，而是严格地管束他，特别是罗斯福的母亲。她为小罗斯福安排了严格的作息时间表：7 点起床，8 点吃饭，然后跟家庭教师学习二三小时才可以休息，下午 1 点吃饭，午饭后又学到 4 点才能够自由活动。

　　小罗斯福玩游戏时总习惯于自己是赢家，为了教育他，有一次母子二人玩一种棋类游戏，母亲故意不让着他，接连几次赢了儿子。小罗斯福生气了，母亲故意不理他，并坚持让儿子向自己道歉。结果，小罗斯福认输了。

正是父母从小对罗斯福的严格要求，才使他比同龄人自立、自律，促使他不断奋进，取得骄人的成就。

犹太人像世界上所有的父母一样很疼爱孩子，但他们在教育问题上，对下一代的要求极为严格。他们认为，对孩子来说，严格要求是很重要的。因为孩子们往往缺乏经验，是非界限有时弄不清楚，而且对自己的行为和情感往往也不善于独立控制。如果家长对他们不严格要求，他们往往不能自觉、主动地学习和按行为道德标准来行动。因此，就更需要父母对他们的思想和行为有严格的要求，使他们养成良好的思想和行为习惯。

家长在对孩子进行严格教育时，若不能了解孩子的特点，不具备基本的教育知识，只是盲目地严格要求，就只会造成教育失败。家长的见解高低在把握分寸时起着关键的作用。不能对孩子的教育以"严"失误，但也绝不能溺爱孩子、放任孩子。还有的家长或宽或严都缺乏依据，凡事随心所欲，这样教育效果就更难保证。自己一高兴，对孩子百依百顺，该约束的也放任不管；自己心里有气，一点小事就将孩子大加管束，严厉得可怕；有的父母平日一贯溺爱孩子，从来不提要求，学习、品德、锻炼放得很松，时间长了，孩子的坏毛病出来了，父母感到问题严重，立即急刹车，进行严格管教，不择时间、场合，方法粗暴，强迫孩子保证以后再也不犯错误。然而多时积累起来的毛病是不可能因家长突然严格要求就立即消失的，所以这种严格也是无济于事的。

所谓"爱之深，责之切"，就是说，严格要求正是出于深切的爱。所以，做父母的不应该受盲目的爱所支配，要"严"中有"爱"，"爱"中有"严"。当然严格要求并不意味着对孩子的态度严厉、动辄打骂训斥，而是要做到以合情合理为前提。同时，态度应该是耐心的，循循善诱的。父母对子女一定要怀着带有严格要求的热爱，千万不要溺爱姑息孩子、过分地宠爱孩子与迁就孩子。一定要有分寸，有理智。只有这样，才能把孩子培养成为有良好个性品行的优秀人才。

严格教育对生活在优裕环境中的儿童尤为重要。人生要经过许多磨难，特别是要成就大事业。如果只会享福，不能受苦，这样的人将不能立足于社会，更不能为社会献身，为他人造福。因为这样的人只能满足于自己的成功和幸福，心理永远不会成熟。

无时无刻不在学习

成功需要成本，时间也是一种成本，对时间的珍惜就是对成本的节约，而时间最有效的利用就是在学习上。

居里夫人，作为一位杰出的女科学家，在仅隔 8 年的时间内就分别摘取了两门不同学科的最高科学桂冠——诺贝尔物理学奖与诺贝尔化学奖，并且在一生中获得了难以计数的其他科学殊荣，可谓是技艺超群、硕果累累。她的长女伊伦娜，核物理学家，与丈夫约里奥因合作发现人工放射性物质共同获得诺贝尔化学奖；次女艾芙，是一名音乐家和传记作家，她的丈夫曾于 1965 年以联合国儿童基金组织总干事的身份接受瑞典国王授予该组织的诺贝尔和平奖。作为一名普通的母亲，居里夫人十分注意充分利用一切时间与机会培养和教育自己的子女。

居里夫人一生科研工作都十分繁忙，然而她很善于抓紧时间对子女进行早期教育，并善于把握孩子智力发展的年龄优势。比如，居里夫人在女儿不到 1 岁时，就让她们开始所谓的"幼儿智力体操"训练，带她们到公园去看绿草、蓝天、白云，看色彩绚丽的各种植物和人群；让她们广泛接触生人，到动物园看动物，让她们与小猫玩；让她们到水中拍水，使她们感受大自然的美景。孩子大了一点儿后，居里夫人又开始了一种带艺术色彩的"智力体操"，给孩子讲童话，教孩子唱儿歌。再大些，就开始智力训练和手工制作，如数字的训练，字画的识别，还教她们作画、弹琴、做泥塑，让她们自己在庭园栽花、种菜等，并抽出时间与她们散步，在散步时给她们讲许多关于动物和植物的趣事，如种子是怎样在花里长成的，小老鼠和鼹鼠是怎样打洞的，哪里能找到兔子窝，等等。她还教孩子骑车和烹调。

居里夫人的教育都力求从实物开始，并且每天更新，以提高孩子的兴趣。全方位幼儿早期"智力体操"的训练，抓住生活中每一分钟的时间，不仅使孩子智力得到了开发，同时也培养了孩子的各种能力，增强了孩子的自信心，锤炼了孩子的性格。

精明的犹太人不仅在经商时考虑投资、成本，在日常生活中更是教育孩子凡事都要考虑投入与产出。他们教育孩子珍惜时间，要善于利用零碎时间。他们从来不认为半小时是微不足道的一段时间。一个人如果认识到学习的重要，看到自己水平不高，感到时间的紧迫，就会自觉地去利用零碎时间。零碎时间最好用来学习自己最喜欢的学科，以吸引自己的注意力。

18世纪俄国有一位杰出的科学家叫罗蒙诺索夫，他生长在俄国北方的一个渔村，是一个渔民的儿子。他8岁丧母，10岁时父亲又娶了继母，从此他从早到晚在咒骂声中度过，整天干着繁重的家务活。凶狠的继母只要看见小罗蒙诺索夫手里拿着书本，就立即上前夺过来，撕个粉碎。可怜的小罗蒙诺索夫只好趁夜深人静的时候，悄悄一个人躲到屋后的一间板棚里，靠着一支蜡烛的微弱光亮，如饥似渴地读书。

有一次，罗蒙诺索夫和父亲一起出海打鱼。突然间，狂风怒吼，海上掀起了巨浪，帆船在海中颠簸起来。就在这千钧一发之际，小罗蒙诺索夫勇敢地爬上了摇摇晃晃的桅杆，迅速地扎起了吹脱的帆篷。帆船安全了，继续平稳地行进。父亲为了奖励他，要给他买一件鹿皮上衣，但是他拒绝了，只要父亲给他买一本讲授自然知识的书。他要去探索天空、陆地和大海的奥秘所在。得到这本书后，他更是抓紧点点滴滴的时间阅读。

1730年，罗蒙诺索夫从家乡来到莫斯科，想求学读书。但在沙俄时代，渔民的儿子是没有读书的权利的。一个偶然的机会，他遇见了同乡的已经做书记官的杜季科夫。以后，他就在书记官家里当佣人，并教书记官的儿子识字。有一天，瓦尔索诺菲神父来到杜季科夫家里，听了罗蒙诺索夫不远千里、长途跋涉来求学的倾诉后，感到十分惊奇，深表同情。于是，瓦尔索诺菲决定隐瞒罗蒙诺索夫的出身，保举他上扎伊科罗帕斯基学校。

罗蒙诺索夫得到了读书的机会，就像鱼儿得到水一样。他仅仅用三个月的时间就完成了别人要学一年的课程，一年内连跳三级。在俄国圣彼得堡科学院选拔学生的严格考试中，罗蒙诺索夫的总分名列第一。

但在这时，同为老乡的书记官杜季科夫告发了瓦尔索诺菲神父隐瞒罗蒙诺索夫的出身的真相。神父受到了严厉的谴责，而罗蒙诺索夫要被发配到边远地区的修道院去服苦役。在宣布了对他的惩罚结果之后，官员们征求罗蒙诺索夫还有什么话要说，他用低沉有力的语调说："我的家乡是一个艰苦的地方。我是一个渔民的儿子，有勤劳的双手，艰苦的生活对我并不可怕。从记事起，我就习惯在冰天雪地上听着暴风的吼叫读书，我并不害怕那恶劣的天气。现在我怕的也不是那艰苦严峻的生活，而是不能再学习和认识自己迫切想要了解的世界。对我来说，如果不再学习的话，还不如让我死去。"

这一番感人肺腑的话，使全场的人都激动起来。

这时，科学院代表突然站起来，大声喊道："我代表圣彼得堡科学院宣布，科学院从你校录取的第一名学生就是罗蒙诺索夫！"

罗蒙诺索夫在科学院认真学习了一年，又因成绩优异被送往德国留学。

他孜孜不倦的追求，终于使他成为伟大的哲学家、科学家和诗人。他的伟大业绩不仅为俄国人民所敬仰，同时也给全世界的科学事业增添了光辉的一页，激励着全世界的人们。人们从他身上学到的不仅仅是顽强的意志，还有珍惜时间、抓住点点滴滴的时间、分秒必争的学习精神。

当代父母在教育孩子时，要注意将学习与游戏、生活相结合，抓紧每一分、每一秒的时间，寓教于乐，让学习变得生动有趣，不再枯燥。

轻松学外语

要跟对方做生意，不会对方的语言，就不能够了解对方的思维模式，也就不能及时地把握对方的思想趋向，当然就很难对生意做出正确的判断。

学过英语的人都知道由韦伯斯特编纂的《英语词典》，这是世界上最有权威性的英语辞典之一。把韦伯斯特的成功归功于家庭成员对他的早期教育，这样说一点也不过分。1785 年，韦伯斯特出生在美国康涅狄格州的首府哈特福德市，韦伯斯特的父亲为刚出生的孩子制订了一个富有想象力的大胆的教育计划，并在家庭其他成员的支持与合作下，始终不渝地贯彻这项计划。

根据老韦伯斯特的计划，在家里，父亲只用英语，母亲只讲法语，而祖父只用德语说话，绝对禁止使用其他语种。家里还特意雇佣了一名北欧人做保姆，规定她也只能用本国语言和家人交流。从小开始，父亲、母亲、祖父和保姆就用四种不同的语言与小韦伯斯特交流，他居然毫不费力地就掌握了这四国语言。等到小韦伯斯特长大了，开始接触左邻右舍，他对每个人都只用英语说话大惑不解，因为他一直以为，世界上每个人都是在用不同的语言说话的。

老韦伯斯特的教育计划终于在儿子身上取得令人羡慕的结果。韦伯斯特从耶鲁大学毕业后，十分顺利地从事了记者、教师、语言家和法律学家等工作，25 岁时，编撰出版了由语法、缀字和课文三部分组成的本国教科书，晚年终于完成了《英语辞典》的编纂。

随着社会地进步、科学技术地不断更新、人类生产力地高度发展，国与国之间的交往不断深入，人类对信息量的需求在不断加强。这种发展和变化将引发世界范围内人们的接触和流动加强，使地球变得越来越小。然而，使不同民族和国家的人们进行相互交往、相互接触成为可能的首要条件便是语言。犹太商人被认为是掌握语言的天才，他们普遍懂得两门以上的语言，在与外国人打交道时显得自信、从容而又反应准确。为了在生意场上更深一步了解对手，达到知己知彼的目的，犹太人特别强调用外语思考。秉持着这个想法，他们在对孩子进行早期教育时，很注意孩子的语言能力。

学好外语不仅是犹太人对自己的要求，也是世界上各位有识之士对孩子教育的重视方面。

德国伟大的法学专家威特八岁时就能够自由运用德语、法语、拉丁语、意大利语、英语和希腊语等六国语言。威特父亲认为，人类之所以优于其他动物，就因为使用了语言。语言是接受知识的工具，要及早教孩子语言。因此，在威特刚学会辨别事物时，父亲就开始教他说话。他经常和儿子玩这个游戏：拿各种东西给他看，同时用缓和而清晰的语调重复东西的名称，没多久，威特就能清楚地发出这些东西的名称的音了。比如在儿子的眼前伸出手指头，儿子看到后就要捉住它，刚开始时由于看不准，总是捉不到，最后终于捉到了，儿子非常高兴，把手放到嘴里吃起来。这时他的父亲就用清晰而和缓的语调反复说"手指"给他听。威特稍大一点时，父亲就抱着他教他饭桌上的食品、餐具，衣服各部分和身体的各部位，房子各处，室内器具和物品，院子里草木的名称，丰富孩子的词汇。巧妙地使孩子每天练习这些生活中接触到的单词，持之以恒。

当威特稍微能听懂大人说话时，父母就天天给他讲故事，让孩子尽早知道这个世界。讲故事不仅能丰富词汇，还能扩展知识面。威特父亲不仅让威特认真听，而且要他复述，这样就能更好地达到讲故事的效果。

当威特3岁半时，父亲开始正式教他认字，但不是强迫性的，这是一大原则。他给威特买来许多有趣的画册和小人书，念给他听，并且说："如果你能认字，这些书你自己就能明白。"激发他要识字的愿望。再大一点，老威特就用十厘米见方的德语印刷铅字、阿拉伯数字、罗马字贴在墙上，以游戏的方式教字母，然后做拼音游戏。威特五六岁时，就能够毫不费力地记住1万多词汇，这是多么惊人的数字！他教语言时，很注意不教方言或土话。他认为孩子在2岁左右时，父母如能清晰、缓慢地把名词、动词说给孩子听几遍，一般情况下，孩子都可以发出声来。当然，像学"丫丫"（脚）、"汪汪"（狗）这样的词容易些，但没有意义，因为标准的语言同样可以教会。当孩子发音准确时，父亲就摸着他的脑袋表扬说："说得很好，说得很好！"在父亲的有效教育下，威特很快就学会了，因为学了标准德语，所以很快就能读书了。

西方语言有许多相似处，所以威特学英语、法语、意大利语也较快。威特父亲教他外语时采取了"背不如练"的方法，他不教孩子系统的语法，而是用各种不同的语言去读同一个故事，此方法非常行之有效。6 岁时，父亲让他开始学法语，用了一年时间，他就可自由阅读法文书籍了。他之所以学得这样快，也是由于他的德语知识丰富，基础好。学完法语后，开始学意大利语，也只用了 6 个月的时间。

威特 7 岁那年，父亲常带他去参加莱比锡音乐会。一次休息时，威特拿着印有歌剧歌词的小册子对父亲说："爸爸，这既不是法语也不是意大利语，这是拉丁语吗？"父亲说："不错，那你看看，它们是什么意思。"威特从法语和意大利语类推，基本明白了歌剧大意。他满怀信心地对父亲说："爸爸，如果拉丁语这么容易，我很想早点学。"这样他只用了 9 个月时间就学会了拉丁语。

以后学希腊语，再学英语，前者用 6 个月，后者仅用 3 个月。威特 8 岁时就能读德、法、希腊、意、罗马等国文学家的作品了。

现代生理心理学、脑科学研究表明，0 到 6 岁不仅是儿童学习母语的关键期，更是儿童学习第二语言的最佳时期。如果过了这个最佳时期，那么学习第二语言就要相对困难得多。赖特和拉姆齐等人对接触第二语言的 6 岁组和 13 岁组儿童分别进行了实验研究。结果表明，年幼组儿童中，有 68% 的孩子的口音被认为"酷似说本族语的人"，而在年龄较大一组中，这样的儿童只占 7%。

那么，该如何对学前儿童进行语言教育呢？犹太父母多采用自然的方式，激发儿童学习外语的兴趣，创造语言氛围。我国家长可以学习一下，采取以下 3 种方法，有意识地参与幼儿的双语学习：

1. 自然习得法。生活中有很多孩子感兴趣的东西，家长要有目的地选择日常事物，作为激发幼儿兴趣的素材。如逛超市时，家长要时刻注意孩子的眼光，适时地用双语来丰富他们的词汇量；在游玩时，家长要主动地运用英语问候语向外国友人打招呼，使孩子在潜移默化中掌握问候语的使用。再比如，孩子喜欢看卡通片，家长可选择卡通和英语相融的碟片，让孩子在放松看片中习得英语。

2. 游戏兴趣法。孩子的思维方式是直观行动思维，主要以行动的、直观的方式进行。这种思维的主要特点是在实际行动和直接感知中进行的。要结合幼儿思维发展的趋势，让孩子在游戏中记忆、在直观中感知，潜移默化地产生学习英语的兴趣和积极性。还以英语为例，当孩子积累了若干个动物单词后，家长们可自编一个边讲边玩的儿歌：I can walk like duck；I can run like horse；I can swim like fish；I can jump like frog。（我能像鸭子一样走，我能像马一样跑，我能像鱼一样游，我能像青蛙一样跳。）

3. 氛围营造法。设立学习外语的情景，与孩子形成一种亲切、良好的个人感情交往的氛围。多与他们玩游戏，多给他们讲故事，在玩玩讲讲中自然渗透已学会的外语内容，互动中给孩子把听到和看到的内容进行充分复述的机会。比如：把孩子已学会的单词贴在家中相应的物体上，创设语言学习的氛围，增加孩子看、说、练的机会；若孩子前几天刚学会小鸡这个单词，家长则可以有意识地做小鸡的动作，讲有关小鸡的故事，看小鸡的图书，等等。运用各种方法帮助孩子练习并运用已学会的英语。

培养浓厚的兴趣

幼年阶段对周围事物发生浓厚的兴趣，可能是终生成就的能源。兴趣是最好的导师，兴趣正是儿童对某种事物的欲望。只要有了欲望，你就会从内心的深处去争取喜欢的事物，才会不知疲惫，感到快乐。

发明轮船的富尔顿，出生在一个贫苦的农民家庭。14岁的时候，他对制炮很感兴趣，并和一个造炮工人成为朋友。他们时常同坐一条小船，到河里去钓鱼。河水流得很急，船在逆水行进的时候，只靠一根竹篙撑动，缓慢又费劲。一次一次的劳累使爱动脑的富尔顿思索起来：能不能制造一样东西来帮人划船，既省了力气，又能节省时间？这个从生活需要所激发的创造火花，一天到晚都像影子一样跟随着他。父母时常看到他在发呆，其实他正在煞费苦心地捕捉创造的灵感，决心把这个既像是玩具又像是机器的东西设计出来。但只停留在想象阶段是没有用的，后来他又一头钻进舅舅家的工棚中——那里什么工具和材料都有，富尔顿可以随着兴趣施展自己的本领。富尔顿一鼓作气地干了7天，带回家一件新奇的玩意，所有人都不明白它的用处。富尔顿不慌不忙地来到那一条湍急的小河旁，把那件东西装在小船上，先用手摇动几下，接着就听到突突突的声音响起来了。人们在船上也感觉到船的抖动，船尾有一股被搅动的浪花翻滚着。奇怪，今天不用竹篙划船，它却走得比往日快那么多！伙伴们围着含笑的富尔顿欢呼起来。那一件使大家惊奇得喊不出名字的东西，就是现在汽船上的轮子！后来，富尔顿不断地设计创新，不断地摸索改进，终于成为有史以来第一个创造轮船的人。

富尔顿幼年时的兴趣，启发引导他创立了自己终生从事的奋斗目标，并艰苦卓绝地为之奋斗。可见，兴趣是最好的老师。

犹太人认为，世人往往对自己的兴趣不了解，大众的行为往往会误导个人去寻找不适合自己的事物。所以要做一个独立的人，不要随波逐流。

后来成为科普作家的法布尔原本是个老师，在长期的业余研究中，他积累了大量丰富的观察记录和心得体会，写成了闻名全球的《昆虫记》一书。法布尔觉得种族众多的昆虫王国，是一个比人类社会还要有趣的世界。有史以来，这个神奇的领域几乎无人认真地探索过它的奥秘，他想要做第一个！法布尔常常来到校园的一角，蹲在那里观看黄蚂蚁与黑蚂蚁打仗！他常常不知不觉地趴在草地上，静静地以一个观察员的身份，眼巴巴地盯着双方阵容的变化。蚂蚁是用接吻来传递信息的，它们带着互相厮斗的勇猛劲头，顽强拼杀直到援兵大队匆匆赶来……真是趣味无穷！法布尔对昆虫的业余研究，有效地促进了他所教授的生物课，博得了师生的一致好评和钦佩。

还有苏联的生物学家米丘林，原本是个铁路职工，收入微薄。为了能够拥有一块种植果树的园地，就节衣缩食地过日子，日积月攒，好不容易租种了一块贫瘠的土地，种上各种各样的果树，作为科研基地。这时的米丘林才十七八岁。他顶着寒风翻地，培育了许多色美味香、果肉丰满的新品种，创立了自己的园艺学体系。兴趣的力量使他成为苏联和全世界著名的园艺人才。

实践是检验真理的唯一标准。亲身经历是非常重要的，只有亲身经历过，我们才能够获得经验，而随着经验而来的则是价值非凡的知识。回忆自己的亲身经历，了解自己的成败得失，有助于我们了解自己的优点和弱点，在制定人生大目标的时候，知道自己的兴趣所在，扬长避短。如果你在全市音乐比赛中一举夺冠，或者在校园编程大赛中荣获第一名，那么你绝对有实力成为歌唱家或电脑奇才。

犹太父母还反复教育孩子，人们往往在失败时，过低估计自己的实力。其实失败的时候，你应该努力分析这件事你做成功了哪些部分，而这几部分正是实践的结果，你要相信自己的实力。当然，失败正说明你能力还不够，需要继续努力，但千万不要以成败论英雄。要由兴趣出发，设立远大目标。如果爱玩电脑，你可以追求成为下一个比尔·盖茨；如果喜欢游泳，你可以立志成为游泳运动员；如果看重金钱，你可以学习企业管理，成为一个精明的企业家。

音乐可以让你飞得更高

热爱音乐吧！因为它是最情真意切的艺术。

据说，大卫王本人就有很高的音乐天赋，他不仅写出了许多气势磅礴的优美诗句，而且还能谱写出悦耳动听的乐曲，除此之外，他还是一位优秀的歌手和竖琴师。他为扫罗王及其三个儿子的壮烈牺牲所谱写的哀歌，长期流传在民间，感人至深。在大卫王执政时期，雇佣了大批音乐老师，开展音乐活动，普及音乐教育，从小培养儿童的音乐天赋，以便使他们或者能独立接待朋友，或者能参与集体活动，或者通过赞美上帝的恩典感化人们的心灵，或者通过自我娱乐领悟美妙音乐的高雅情感。

自古以来，犹太人就以酷爱音乐而著称。音乐在犹太人中有非常重要的地位，犹太人除了读书之外，如果有条件，学习音乐是最基本的。犹太人特别喜欢学习小提琴，所以出名的小提琴家也非常多。世界一流的就有帕尔曼、祖克曼、明茨等。除了小提琴之外，犹太民族还向世界贡献了众多优秀的音乐家，如波兰作家兼音乐家瓦迪斯瓦夫·希皮曼、奥地利音乐家、西方现代主义音乐代表人物安诺德·动伯格等都是犹太人。

音乐可以调节人的情绪，也可以治疗病患，这早已为人们所发现。但许多人"知其然"而不知其"所以然"。近几十年来，人们已逐渐认识到音乐疗法其实是一门科学的心理治疗方法，高血压病人听完一首协奏曲，血压可以下降；美国剑桥口腔治疗室，用音乐代替麻醉剂，成功拔牙200多例。此外，各国科学家还发现音乐可以调节动物的情绪，促进母鸡多下蛋，奶牛多产奶。音乐可以治病，其主要原因就是音乐对大脑皮层的刺激，可以改变脑电波和调节情绪。

法国教育家卢梭在他刚出生时就失去了母亲，由他的姑姑将其抚养成人，姑姑对他从小进行的音乐教育给他留下了终身难忘的印象。他在《忏悔录》中写道：我对于音乐的爱好，确信是受了姑姑的影响。姑姑会唱无数美妙的歌曲和小调，她清细的嗓音，唱起来十分动听。她的爽朗心情，可以驱散她本人和她周围一切人的悲愁和怅惘。她的歌声对我的魅力是那么大，不仅她唱过的一些歌曲还一直留在我的记忆深处，甚至在我的记忆力已经衰退的今天，有些在我儿童时代就已经完全忘却的歌曲，随着年龄的增长，又浮现在我的脑海中，给了我一种难以言表的乐趣。

国外著名的音乐教育家都非常重视结合语言来培养儿童的音乐能力。德国音乐教育家奥尔夫强调从节奏入手进行音乐教育，其中一个重要的内容就是结合语言的节奏。匈牙利音乐教育家柯达伊认为，只有民间歌曲才最好地保留了本民族的语言和音乐传统，儿童音乐能力的培养必须从本国语言的韵律和音调入手，儿童歌曲应该表现出本国语言的韵律特征。日本音乐教育家铃木镇一发现，不管某种语言的发音和结构多么复杂，幼儿都能够熟练地掌握自己的母语。在这一发现的启示下，他致力于为儿童创造一个同学习本国语言一样的学习音乐的环境。

家长应有意识地为孩子提供学习和欣赏音乐的机会，为孩子创造家庭及社会等不同的环境，如听各种音乐会，利用电视、音像手段，购置各种音像带，让孩子多多接触音乐。如果条件允许的话，可学学唱歌、跳舞、演奏各种乐器，更直接地接触音乐。让孩子融入艺术世界，在艺术殿堂中发展个性、培养美感、完善自我。

小孩生下来就有不同程度的音乐才能——感知节奏、旋律或完美音调，而音乐在很大程度上是后天获得的技能。在音乐之家长大的小孩显然比那些没有同样环境的小孩更容易培养音乐上的技能。为了让你的小孩喜欢音乐，并不要求你必须是一位训练有素的音乐家。比较不同技能的学音乐的学生表明：父母越喜欢音乐，或者父母只是常听音乐，小孩在音乐方面的成绩就越好。在家中放一些乐器也同样会有助于培养小孩的音乐才能。

听音乐、谈音乐，随音乐做一些充满乐趣的游戏，甚至哪怕仅仅让小孩触摸一些乐器，都是激发小孩形成长时间对音乐感兴趣的重要组成部分。如果能播放贝多芬的奏鸣曲，对小孩都是极好的开端与鼓励，但这并不是让小孩热爱音乐的必要条件。有时，正当你和孩子一起分享音乐并告诉他音乐是多么有意思时，他要求你停止唱歌，你千万不要惊讶或失望，有时小孩只希望音乐是他自己的一种经历，或者有时他希望你成为听众而不是参与者。

儿歌与歌曲有着密不可分的关系：好的儿童歌曲常常是在好的儿歌基础上谱曲而成的；可以歌唱的儿歌也就成了儿童歌曲。具有教育意义和充满儿童情趣的儿歌伴随着幼儿的成长，是幼儿喜爱的精神食粮。儿歌对于培养儿童的基本音乐能力具有重要意义，因为儿童音乐能力的培养可以从儿歌开始。

此外，家长朋友们对孩子的音乐学习不要有什么顾虑，不要怕影响学习。事实上，表现音乐作品时情感和意境的再现所作的艺术创造；综合性艺术表演时不同艺术门类之间的协调与融合；欣赏音乐作品时所产生的独特理解和丰富联想；对音乐的社会功能和艺术品味所作的价值判断和评论；即兴创造中应变与发展等等，都给予发展人的想像力，培养人的创造能力的广阔空间。在孩子年级较低时，作业负担不重的情况下，让孩子们广泛接触音乐不但不会影响学习，反而有助于发展孩子的想像力和理解力。

培养孩子良好的兴趣

孩子们更愿意在玩耍、游戏和娱乐中学习知识，增长才干，适应生活，认识环境，促进孩子智力和体力的发育成长。

列宁的父母总是十分注意使孩子们对学习产生兴趣。因为兴趣是促使孩子主动地自觉地好好学习的一个非常重要的条件。对于幼小的孩子，列宁母亲在教他学习外语时总是边玩边学，把学习和游戏结合起来。空闲的时候，父母还和孩子做答题游戏、玩猜字谜，以增强孩子的学习兴趣，促进他们的动脑能力。列宁父亲还很关心培养孩子对学习的责任感和刻苦学习的精神。当二儿子过于轻松地就学会了所有的功课，他没有为之高兴，反而十分担心，恐怕这样会妨碍他刻苦学习的品德和应有的学习责任感的养成。于是便带他去参加一个小学的毕业典礼，给一个勤奋学习因而成绩优异的学生颁发奖状，让他看一看毕业典礼的庄严场面，学习那位学生在学习和生活条件都很差的情况下勤奋顽强学习的精神。通过这些游戏和活动的参加，使孩子们不仅学到知识，更重要的是学会了做人的道理。

从列宁成为一代革命导师的行为来看，他早期的家庭教育是卓有成效的。正是如此，犹太父母在教育孩子时，十分注意将学习与游戏、生活结合起来，寓教于乐，让孩子在愉快的环境下学到知识，让学习不再枯燥。幼小的孩子在家庭生活中一项重要的实践活动是玩耍、游戏和娱乐，寓教于玩，寓教于乐也是教育孩子的一个有效办法。孩子在玩耍、游戏和娱乐中学习知识，增长才干，适应生活，认识环境，促进孩子智力和体力的发育成长。

威特这位近百年来德国少有的奇才，八九岁时能够自由运用德语、意大利语、拉丁语、法语、英语和希腊语等六国语言，并且通晓植物学、动物学、化学、物理学，尤其擅长数学。威特父亲就很讲究对他的教育方法，他认为填鸭式的灌输知识，还不如开阔他的眼界，他利用一切机会丰富威特的见识。在他三四岁时，父亲每天带他散步一两个小时。散步中，他一边与威特谈话，一边捉个小虫，或在路旁摘一朵野花解剖，教他有关昆虫的知识，用一草一木为素材，进行动物学和植物学中有关知识的教育。

在学习外国语的同时，威特还轻松地学到了许多其他知识并养成好的习惯，如动物学、植物学、数学、化学、地理、历史等，但这种学习并不是坐在书桌前读书。威特坐着读书的时间比任何一个同龄人都少，他的父亲用大量时间通过玩耍、散步、运动、旅行以及吃饭等生活时间，使他学到知识，懂得道理。如看到古城和建筑物，就讲它们的名称和历史。从两岁以后，不论是串亲访友、参加音乐会或买东西，到哪都带着他，有空就带他去参观所有的美术馆、博物馆、植物园、动物园、矿山、工厂、医院和保育院等开阔他的眼界。威特父亲的教育秘诀，在于唤起孩子的兴趣，并且他鼓励孩子提出问题，他耐心地加以解释和说明，决不随便敷衍，他认为这样教授的知识最自然并且富有成效。参观中，威特总是用心观察各处景观，认真听导游或父亲的说明。三岁以后，父亲带他到全国各地周游，回来就要他把看到的名胜古迹和古战场等写信告诉母亲或朋友，加深记忆。

　　威特的父亲没有给他买什么玩具，只是在院子里修了一个大游戏场，上面铺着厚厚的沙子，孩子可以自由地坐在上面玩。威特有一套炊事玩具，可以和母亲一起学做菜。有时威特当主妇，妈妈当厨师，如果威特下达的命令不得要领，就失去了当主妇的资格，改由妈妈当主妇，那样威特就得听从妈妈的命令，去菜园取某种蔬菜等等，如果材料拿错，就连厨师的资格都没有了。这种演剧式的游戏很多，妈妈是导演，他们还经常演出某个历史事件的某些情节或重游周游过的地方等等，使威特得到正确的历史和地理知识。

　　父亲还为他做了许多形状的木块，他可用这些木块盖房子、修塔、建教堂、造城、架桥，这些活动非常有利孩子用脑创造发展。

　　所以，虽然他们只有很少的玩具，但即使在漫长的冬天，威特也不感到无聊，总是可以愉快而丰富地玩着，并且在游戏中学习知识、增长见闻。

　　威特父亲的教育，就没有什么学习时间和游戏时间的区分。在散步、游玩或吃饭的时间中，他都注意扩大威特的知识面。他每天只为威特规定了平均只有 15 分钟的功课时间，用来学习外语等。在这个时间里，他要求威特专心致志地学习，如果不专心，就会受到父亲严厉的批评。在学习中，其他事情都一律停止，包括客人来访等，这就养成了威特学习时严肃认真的精神。

　　家长在条件允许的条件下，尽量给孩子创造开展娱乐活动和游戏的环境，让孩子玩得高兴，想像得到实现，好奇心得到满足，从而训练孩子的思维，培养孩子的动手技能。比如，让孩子自己骑小自行车，或推动玩具汽车在地上跑，或把铁片、小木板、玻璃瓶、塑料瓶等放在水中，让孩子仔细观察，哪些深入水底，哪些浮在水面。引导孩子自己做事，通过玩耍游戏等实践活动进行教育，对增强孩子体质，提高孩子的智力和能力都是极为有益的。

学习不应该是枯燥的，父母有责任为孩子创造有利于学习的环境，这不单单指窗明几净的书房和温馨和睦的家庭气氛，更重要的是让每一件能够引起孩子兴趣的活动都含有知识的踪影，让孩子在潜移默化中学到知识，学到道理。

经典教育

哈佛家训

李旭影 ◎ 编著

吉林出版集团股份有限公司
全国百佳图书出版单位

图书在版编目（CIP）数据

哈佛家训/李旭影编著 . —— 长春：吉林出版集团

股份有限公司, 2021.1

（经典教育）

ISBN 978-7-5581-9602-7

Ⅰ . ①哈… Ⅱ . ①李… Ⅲ . ①家庭教育 – 通俗读物

Ⅳ . ① G78–49

中国版本图书馆 CIP 数据核字 (2020) 第 270181 号

JINGDIAN JIAOYU
经典教育

编　　著：李旭影

出版策划：孙　昶

责任编辑：杨　蕊

助理编辑：于媛媛　周思彤

装帧设计：李　荣

出　　版：吉林出版集团股份有限公司

　　　　　（长春市福祉大路 5788 号，邮政编码：130118）

发　　行：吉林出版集团译文图书经营有限公司

　　　　　（http://shop34896900.taobao.com）

电　　话：总编办 0431-81629909　营销部 0431-81629880 / 81629900

印　　刷：天津海德伟业印务有限公司

开　　本：880mm×1230mm　　1 /32

印　　张：30

字　　数：696 千字

版　　次：2021 年 1 月第 1 版

印　　次：2021 年 1 月第 1 次印刷

书　　号：ISBN 978-7-5581-9602-7

定　　价：160.00 元（全 5 册）

印装错误请与承印厂联系　　电话：022-82638777

前　言

　　创建于 1636 年的美国哈佛大学，被誉为高等学府王冠上的宝石，无论是学校的名气、设备、教授阵容，还是学生的综合素质，都堪称世界一流。300 多年间，哈佛大学先后培养出多位美国总统、多位诺贝尔奖获得者、多位普利策奖获得者，以及数以百计的世界级财富精英，为商界、政界、学术界及科学界培养了无数成功人士和时代巨子。正如哈佛大学第 23 任校长科南特所言："大学的荣誉，不在它的校舍和人数，而是在于它一代又一代人的质量。"

　　哈佛靠什么打造了这些人？他们的教育中有什么深藏未露的秘密？从这些成功者身上我们不难看到，在哈佛收获的东西是他们获得如此成就的决定性因素，是哈佛精神始终鞭策他们向成功的顶峰攀登，是哈佛大学成功的教育理念缔造了他们辉煌的人生。

　　每个家长都渴望自己的孩子拥有成功的人生，要想成功，就离不开教育的作用。父母是孩子的第一任老师，家庭是孩子的第一个课堂，家庭教育在很大程度上决定着孩子的未来。但是，如何更好地教育孩子是家长们公认的一大难题。随着社会竞争的激烈发展，家长的教育职责也越来越具有挑战性，其教育理念和教育方法直接决定着孩子将会取得的成就。哈佛家训的成功案例告诉我们，正确的学习习惯和生活习惯是父母给予孩子的最大财富。

本书汇集了哈佛大学最顶级的教育理念和哈佛家训的精华，从人生哲理、优秀品质、杰出本领等多个角度，充分诠释了哈佛大学教育理念中的精髓和哈佛家训的要旨，触及了人生中最朴素的感情和人性中最本质的东西，挖掘出成长路上最丰富的成功内涵，为成长中的孩子提供适合其心理需求的精神养分，铸就一个哈佛学子应有的优秀品质，使其树立起明确的精英意识，学会在学习和生活中自我选择，自我塑造，为成长为社会精英打下坚实的基础。

通过本书，每个家长都可以与自己的孩子一同品味哈佛教育精华，帮助他们在成功的道路上迈出坚实的一步。对于孩子来说，这里没有冗长的说教，只有无穷无尽的榜样的力量。对于成人来说，这里没有累赘的语言，只有深刻的人生哲理感言。所有阅读这本书的读者——无论是涉世未深的青少年，还是经历过世事风雨的成年人，都可以与哈佛学子一起感悟人生，追求成功的真谛；听从梦想的召唤，为成功的人生树立航标；聆听成功的声音，奋勇攀登并征服生命的高峰。希望这本书中的某一个故事或者某一句话能改变你的人生，从而使你变得不凡，走向成功。

目　录

中篇　百年哈佛教给学生的优秀品质

下篇　哈佛家训金典

第一章　真爱——开启生命的源泉

第五章　社交礼仪 ——精通行之有效的处世之道

上篇
百年哈佛教给学生的人生哲学

　　哈佛大学的巨大成就，不仅在于它高超的学术水平，更重要的是它积累的一系列深刻而珍贵的人生哲学。人生的要义、做人的根本、生存的智慧……这些人生哲学不仅教会每位哈佛学生立身处世的准则，锻炼自我、成就卓越的进取精神，同时还指引广大成长中的学生思考感悟人生，合理处理生活、学习、事业之间的关系，不断超越自我、适应社会，从而获得成功，走向辉煌。

第一章　人生是什么

——思考生命的意义

哈佛告诉你··

　　人生是旅途，也许终点和起点会重合，但我们如果一开始就站在起点等待人生的完结，那人生就会是一片苍白，其中没有美丽的风景和令人难忘的过往。当我们告别人生的时候，也不知道生命的色彩和意义。

活的是过程

　　人生如一出戏：重要的不是长度，而是表演得是否出色。

——塞涅卡

　　一位澳大利亚商人到东南亚去旅游，他住在海边的一个小渔村里。他注意到那里有一位渔民，每天在大海中打捞几条鱼便回来了。

　　商人很奇怪，问："你为什么不多花些时间多捕一些鱼呢？"

渔民说："这些鱼已经够我吃的了，何必多操那份心呢？"

商人问："那你每天还有那么多时间都干些什么？"

渔民说："回来和孩子们玩一会儿，和老婆聊聊天，到黄昏的时候，和老朋友一起喝喝酒。"

商人很不以为然，他告诉渔民："如果你能按照我说的去做，也许你会生活得更好。"

渔民笑着点了点头。

商人又说："你在大海中多停留一会儿，抓到更多的鱼，可以卖到更多的钱。有了钱之后，你可以拥有一只大船，甚至一支船队。这样你每天有几十吨的鱼，可以自己开办加工厂，进行直销。你就会拥有大量金钱，有了钱之后你可以去洛杉矶甚至纽约。"

渔夫问："到那儿做什么呢？"

商人说："到了那里，你可以做更大的生意，变成一个大富翁，你的钱财一辈子也花不完。"

渔夫问："那么，再然后呢？"

商人哈哈大笑："然后你就可以退休啦！到时你可以搬到你家乡的小渔村去住。每天睡到自然醒，出海随便抓几条鱼，和孩子玩儿玩儿，与老婆说说话，到了黄昏再和老朋友喝喝酒，快快乐乐享受下半生。"

同样的人生结局，因为有了不同的过程，而显得意义不同。如果省略了那些曲折动人的奋斗历程，那么也就失去了辉煌而精彩的人生。我们每个人的人生始点和终点在表面看来并无差别，但有的人在即将告别人世时面对的是一张白纸，而有的人面对的是一张色彩斑斓的图画。当走到人生尽头，回首人生过往的时候，只要你能够无悔于自己的一生，你就可以欣慰地和自己的生命告别了。

懂得人生意义的人往往不喜欢平稳凡庸的生活，而是有胆量去尝试一些困难的、冒险的但有内容、有意义的生活。当困难被克服了，险境过去了，才会尝到一些人生的真味，才会真正懂得人生的苦乐。

人生没有输赢

人生如弈棋，一步失误，全盘皆输，这是令人悲哀之事；而人生还不如弈棋，不可能再来一局，也不能悔棋。

——弗洛伊德

人生就如一盘棋，需要你朝着一个目标，踏踏实实地走好每一步。人生没有输赢之分，只要你走好每一步，就成就了无遗憾的一生。

一只屎壳郎，推着一个粪球，在并不平坦的山路上奔走着，路上有许许多多的沙砾和土块，然而，它推的速度并不慢。

在路正前方的不远处，一根植物的刺，尖尖的，斜长在路面上。植物根部粗大，顶端尖锐，格外显眼。也许是冥冥之中的安排，屎壳郎偏偏奔这个方向来了，它推的那个粪球，一下子扎在了这根"巨刺"上。

然而，屎壳郎似乎并没有发现自己已经陷入困境。它正着推了一会儿，不见动静。它又倒着往前顶，还是不见效。它还推走了周边的土块，试图从侧面使劲……能试的办法它都试了，但粪球依旧深深地扎在那根刺上，没有任何移动的迹象。

观众不禁为它的行为感到好笑，因为对于这样一只卑小而智力低微的动物来说，怎么能解决好这么大的一个"难题"呢？就在这时，它突然绕到了粪球的另一面，只轻轻一顶，咕噜……顽固的粪球便从那根刺里"脱身"出来。

它赢了。

没有胜利之后的欢呼，也没有冲出困境后的长吁短叹。赢了之后的屎壳郎，就像刚才什么也没有发生过一样，几乎没有做任何停留，就推着粪球急匆匆地向前去了。

推得过去，是生活；推不过去，也是生活。这正如下棋，要的就是一种享受和学习的过程，而不是最后赢的结果。我们每个人在人生舞台上都担当着不同的角色，只要演绎好自己的角色就可以了。

人生不是用来享乐的

一旦你知道自己对别人还有些用处，这时候你才感到自己生活的意义和使命。

——茨威格

人活着不只为了享乐，人存在的最大价值在于被他人需要。当你感到这个世界需要你的时候，你就会产生旺盛的精力。这股力量促使你不惧怕面前的困难和挫折，勇往直前。

在某一城市一家医院的同一间病房里，住着两位相同的绝症患者。不同的是，一个来自乡下农村，一个就生活在医院所在的城市。

生活在医院所在城市的病人，每天都有亲朋好友和同事前来探望。家人前来时宽慰说："家里你就放心吧，还有我们呢，你就安心养病吧。"朋友探望时劝慰说："现在你什么也别想，就一门心思养病就行。"公司来人时开导说："你放心，公司上的事，我们都替你安排好了，你现在的工作就是养病……"

来自乡下农村的患者，每天只有一个十四五岁的小女孩守护着。他的妻子半个月才能来一次，或送钱，或送些衣物。妻子每次来，总是不停地说这说那，要丈夫为家里的事情拿主意：快要春种了，今年是种"西瓜"还是"茄子"？再过两天，他大叔就要嫁女儿了，你说送多少贺礼啊？女儿说要跟她表姐去大城市打工，我还没答应，这事要你拿主意……

几个月后，情况发生了戏剧性的变化。

生活在医院所在城市的那位病人，在亲人、朋友、同事一声声"你放心吧""你就安心养病吧"的宽慰声里，意识中感觉他们已不需要自己，失去了活着的价值意义，渐渐地失去了战胜病魔的信心和勇气，于是在孤独寂寞与病魔的吞噬中一点点濒临死亡。

来自乡下农村的患者，在妻子大事小事都要自己定夺、拿主意中，意识中感觉家人对自己的依赖，自己对家人的重要，意识到自己必须活着，哪怕仅仅是给家人拿些主意也好，于是一种强烈的求生欲望使他奇迹般地活了下来。

英国思想家霍布斯说过：和其他所有的东西一样，一个人是否举足轻重，在于他自身的价值，也就是说，在于他能发挥多大的作用。如果只是为了自己享受生活，人就不会有太大的拼搏激情。很多父母为了孩子而奔波劳碌，甚至乐此不疲。如果有一天，他们的子女告诉父母，已经不需要他们了，他们的生活必定会失去方向，变得无所适从。

被别人需要，是人的一种天性，也能体现出一个人的价值。在某些特定情况下，一个人如果不被别人需要，也就失去了生活的意义。

过属于你自己的生活

不要追随别人的生活，有价值的人生，并不是复制别人的生活，而是利用自己的能力和有用的环境过上"属于自己的生活"。

——安德鲁·卡内基

人生的价值不体现在财产的多少和地位的高低。生活本质的价值并不因外形上的事物而受到影响。判断人生价值的准则是个性。如果按照个性来生活的话，不管你是做一个总统，还是做一个商贩，价值都是相同的。

所有人的人生，都是宝贵而具有价值的。每一个人的人生都具有他人不可模仿的独特价值。那些过上有意义的生活的人们，他们共同的特征就是不按照别人的路子走，而是按照自己的个性认认真真地过日子。他们创造了符合自己个性的价值，受到他人的尊敬，也受到他人的羡慕。

　　从前，有一国王闲来无事，便微服走出宫门，走到一个卖烧饼的老人面前，一时兴起，问老人："一国之中谁是最幸福的人？"

　　老人答："当然是国王最幸福了。"

　　国王问："为什么？"

　　老人说："你想，有百官差遣，平民供奉，想要什么就有什么，这还不幸福吗？"

　　国王答："希望如你所说吧。"于是与老人共饮葡萄美酒，直到老人醉得不省人事，国王便命人把他抬回宫中，对王妃说："这个老人说，国王是最幸福的，我现在戏弄一下他，给他穿上国王的衣服，让他理理国政，你们大家不要害怕。"

　　王妃答："遵命。"

　　等到那老人醒了，宫女便假装说："大王你喝醉了，现在积下很多事情要等你处理。"于是老人被拥出临朝，众人都催促他快些处理事情，他却懵懵懂懂，什么也不知道。这时，旁边有史官记其所言所行，大臣公卿们与之商讨议论，一直坐了一整天，弄得这老人腰酸背痛，疲惫不堪。这样过了几天，老人吃不好睡不香，竟瘦了下来。

　　宫女又假装说："大王你这样憔悴，是为什么啊？"

　　老人回答说："我梦见自己是一个卖烧饼的老人，辛苦求食，生活很是艰难，因此就瘦成这样了。"

　　众人都偷着笑。这老人到了晚上，翻来覆去地睡不着，道："我是卖烧饼的呢，还是国王呢？若真是国王，皮肤为什么又这样粗糙呢？若是卖烧饼的，又为什么会在王宫里呢？唉，我的心很慌，眼睛也花了啊。"他竟真分不清自己到底是谁了。

王妃假装问："大王这样不高兴，让歌妓们来取乐你吧。"于是老人喝起葡萄美酒，又醉得不省人事了。后来，宫女们又让老人穿上旧衣服，把他送回到简陋的床上。老人酒醒后，看见自己的破房，粗布衣服，一切都是原来的样子，但却浑身酸痛，好像被棍子打过了一样。

过了几天，国王又来到他这里。老人对国王说："上次喝酒，是我糊涂无知，现在我才明白过来啊，我梦见自己当了国王，要审核百官，又有国史记对记错。大臣要来商量讨论国事，心里便总是忧心不安。弄得浑身都痛，好像被打了鞭子一样。在梦里尚且如此，若是真的当了国王，还不更痛苦啊？前几天跟你说的话，实在是不对啊。"

别把别人的生活当作自己生活的蓝本，不要为达到别人的水平而努力。有意义、有价值的生活，并没有什么准则。世上并没有任何准则认为，某一种生活是有用且有价值的，从而必须要过上那样的生活。生活的准则就是你自己，对自己的生活全力以赴，就是有意义、有价值的人生。

用平和心态对待死亡

我们的生命过程就似渡过一片海洋，我们都相聚在这个狭小的舟中。死时，我们便到了岸，各注各的世界去了。

——泰戈尔

生老病死是生命进程中的必然规律，谁都无法抗拒。生命对任何一个人来讲都是宝贵的。

1970年，乔森来到美国西部当兵。一次在约-40℃的低温下进行一场拉练实地演习。乔森是位军医，药包、干粮、手枪、弹药，30多千克的背包重重地压在身上。当眼前出现了一座巍峨的雪山时，很多人都有些害怕，领导派人传话："今天翻不过这座山，你们都得活活冻死！"

当时，乔森的感受就是痛苦，背包仿佛深深嵌入锁骨，连把它拽下来的力量都没有。他甚至想到了死，但双手怎么也不听使唤，反而拽得更紧，那是来自生命本能的力量。

在危难时刻，人首先感到的是生命的宝贵，他紧紧抓住背包的手，充分表明了他对生存的渴望，哪怕有一线希望，也要翻过这座雪山，以求得生命的安全。

这是人们在危难时的一种抗争，在困境中的一种挣扎。

我们希望能够对死亡有重新的解释，死亡在我们的概念中不应再是肮脏的、悲惨的，它并不可怕，只是有时我们不能接受它而已。

死亡是生命最后一个过程，有它的存在，生命才得以完整。我们不是要挑战死亡，而是要接纳死亡，这种认识不是凭空而来的，而是对生命的重新体悟。

所以，具体到我们每一个人，如果遭遇病痛的折磨，甚至是受到死亡的威胁时，要以冷静的态度来对待它，这样，你就会减轻许多自身的痛苦。

死亡不是对生命的剥夺，而是生命的告别。人们对死亡的恐惧往往是因为对生命的留恋，但如果你把人生看作一次旅途的话，你就会以平静的心态对待与生命的离别。

死亡是必然的。我们只有以积极的心态面对人生，才能懂得生命的可贵。从容面对死亡，这样的人生才不会有遗憾。

懂得热爱生命

没有比生命更宝贵的东西，生命想象不到的短暂。

——杜伽尔

要珍惜并热爱自己的生命，因为生命只有一次。不要太在意生命中的缺憾，要珍惜自己所拥有的一切。生命是上帝对我们的眷顾，它成就了人们色彩缤纷的生活。

很久以前，为了开辟新的街道，伦敦拆除了许多陈旧的楼房。

然而新路却久久没能开工，旧楼房的废墟晾在那里，任凭日晒雨淋。

有一天，一个自然科学家来到了这里。他意外地发现，在这一片多年来未见天日的土地上，因为这段时间接触了春天的阳光雨露，竟长出了一批野花野草。

奇怪的是，其中有一些花草却不是平时在英国本土所能见到的，它们通常只生长在地中海沿岸国家。

百思不得其解的科学家后来在翻阅资料查找原因时才恍然大悟。原来，这些被拆除的楼房大多都是在古罗马人沿着泰晤士河进攻英国的时候建造的。

这些花草的种子多半就是在那个时候被带到了这里。它们被压在沉重的砖石之下，一年又一年，几乎丧失了生存的机会。但令人惊奇的是，一旦它们见到了阳光，就立刻恢复了勃勃生机，绽开了一朵朵美丽的鲜花。

其实，人的生命也应如此。

一粒种子，无论它在黑暗中等待了多长时间，一旦有机会遇到阳光，它就能发芽开花；一个人，无论他经历了多少苦难，一旦爱的阳光照耀在他的身上，他就能重新获得希望。生命是伟大且顽强的，人的理想也是如此，只要坚持自己的信念，就会有收获的一天。

生命是虚无而又短暂的，它在于一呼一吸之间，在于一分一秒之中，它如流水般消逝，永远不复回。应该珍惜你的时间，珍爱你的生命。

爱因斯坦曾说过："我们一来到世间，社会就在我们面前树起了一个巨大的问号，你怎样度过自己的一生？我从来不把安逸和享乐看作是生活的目的本身。"

生命短暂得就如一道流星，你稍不留神就会与它擦肩而过，浪费生命无疑是人生的最大悲剧。

人生没有往复

人生不发返程车票，一旦出发了，绝不能返回。

——罗曼·罗兰

人生只有一次，无悔的人生才是成功的人生。不要奢望"下一次"如何。

在人生的不同阶段，我们常会听到这样的话：

学生时："我这一次没考好，下次一定会考好！"

找工作时："我这次面试没通过，下次一定要通过！"

与恋人分手时："这次没找到好的对象，下次一定要找到比他（她）更好的对象！"

业绩没达成时："我这个月没有达成业绩目标，下个月我会努力达成！"

不知有多少人，总是在期盼和找寻下一个机会。下一次真的会比这一次好吗？

在学校，也许老师会给你补考的机会。但出了学校，步入社会，客户不会轻易给你第二次机会，老板也不一定给你没有把握的冒险机会，敌人更不会给你任何存活的机会。

一个人在进入社会之后，举凡工作面试，主管交付任务，每一次表现，别人都是看在眼里、评在心里的。一流人才，第一次出手就做好了赢的准备与打算。每次出手不是给自己练习的机会，而是完成使命必达的任务。二流人才永远相信学校有义务教他，企业或主管有责任栽培他，因此误以为每一次都是在练习，认为成功就在下一次的机会里，他们不懂得体悟第一次出手就制胜的道理。

印度有一位知名的哲学家，天生有一股特殊的文人气质。某天，一个女子来敲他的门，她说："让我做你的妻子吧，错过我，你将再也找不到比我更爱你的女人了。"

哲学家虽然也很中意她，但仍回答说："让我考虑考虑！"

事后，哲学家用他一贯研究学问的精神，将结婚和不结婚的好、坏分别列出来，结果发现好坏均等，真不知该如何抉择。于是，他陷入长期的苦恼之中，无论他又找出什么新的理由，都只是徒增烦恼。最后，他得出一个结论：人在面临抉择而无法取舍的时候，应该选择自己尚未经历过的那一个，不结婚的处境我是清楚的，但结婚会是个怎样的情况我还不知道。对！我该答应那个女人的要求。哲学家来到女人的家中，问她的父亲："你的女儿呢？请你告诉她我考虑清楚了，我决定娶她为妻。"

女人的父亲冷漠地回答："你来晚了10年，我女儿现在已经是3个孩子的妈妈了。"

哲学家听了，整个人几乎崩溃，他万万没有想到向来让他引以为傲的哲学头脑最后换来的竟然是一场悔恨。而后两年，哲学家抑郁成疾，临死前，将自己所有的著作丢入火堆，只留下一段对人生的注解：如果将人生一分为二，前半段的人生哲学是"不犹豫"，后半段的人生哲学是"不后悔"。

面对人生，既要有当机立断的决心，也要有永不后悔的气魄。不要以为机会很多，这次没了，还有下一次。即使是世界知名音乐家或是艺术表演者，每一次上台都如临深渊、如履薄冰，在事前不断地排练，务求在观众面前呈现最完美的一面。因为对他们而言，每一场演出，都是全新的第一次，也是最关键的一次。

人生有限，生命弥足珍贵。所以，务必把握当下的每一刻，把每一件小事都当成大事看，用心做好每一件小事。

第二章 合理规划自己的时间

——人生由时间组成

哈佛告诉你

在所有资源中，时间不同于其他资源，它没有弹性，找不到替代品，而且时间永远是短缺的。时间既不能停止，也不能保存。如何合理规划自己的时间，将是每一个人的必修课。

时间的意义

时间是无声的脚步，是不会因为我们有许多事情要处理而稍停留片刻的。

——莎士比亚

有一个故事说，所罗门王有一天晚上做了一个梦。一位先贤在梦里告诉他涵盖了人类所有智慧的一句话，让他高兴的时候不会忘乎所以，忧伤的时候能够自拔，始终保持勤勉，兢兢业业。但是，他醒来后却怎么也想不起那句话，于是召来了最有智慧的几位老臣，拿出一颗大钻戒，向他们说了那个梦，要他们把那句话想出来，并说："如果想出那句话来，就把它镌刻在戒面上。我要把这颗戒指天天戴在手上。"

一个星期过后，几位老臣兴奋地送来钻戒，钻戒上已经刻了一句勉励人胜不骄、败不馁的至理名言："这也会过去！"

这个故事说的主题就是时间。时间就是这样在我们眼前不经意地流走，而且永不回头。在时间面前，所有的荣辱得失变得黯然失色。生活中，我们无数次看到：腰缠万贯的富翁垂暮之时，宁愿撒尽所有财富，欲换得多活几分钟却已不能够。时间，对于每个人而言，是唯一最公平的东西。

莎士比亚说："时间是无声的脚步，是不会因为我们有许多事情要处理而稍停留片刻的。"

时间，给懒惰者留下空虚和懊悔，给勤奋者带来智慧和力量。

克雷默说："留心你的时间是怎样花掉的，因为你的整个未来都要生活在时间里面。"

时间对于每一个人来说，都是异常公平的。不论富人或穷人，男人或女人，聪明的或不聪明的，摆在你面前的时间，每天都是 24 小时，总统和乞丐的生命都是同一单位。

但是时间也有不公平的一面，那就是有人懂得珍惜，有人暴珍天物。对时间的挥霍是一种最大的浪费，人生没有回头路可走，我们无法回过头去找回我们曾经无意之中浪费的哪怕是一分钟的光阴。

浪费的时间就永远失去了，我们永远无法追回。但是，如果学会科学地把握时间、追求效率，就能在适当的时间内做完应该做的事情，而不是杂乱无章，只做你刚好遇到的事情。计划中的事情做得越多，效率就越高，也就越能够掌握时间。

合理利用零碎时间

哪里有什么天才，我只是把别人喝咖啡的时间都用在工作上了。

——鲁迅

时间是由分秒积成的，用"分"计算时间的人，比用"时"计算时间的人，时间要多59倍。

鲁迅说："哪里有什么天才，我只是把别人喝咖啡的时间都用在工作上了。"亨利·福特说："大部分人都是在别人荒废的时间里崭露头角的。"时间对于每一个人来说都是公平的，能不能在一样多的时间里取得比别人更多的成就，关键看你能不能有效地利用时间。

爱因斯坦在组织享有盛名的奥林比亚科学院时，每晚例会，他总是愿意和与会者手捧茶杯，开怀畅饮，边饮茶，边谈话。爱因斯坦就是利用这种闲暇时间，与大家交流思想的，把这些看似平常的时间利用起来。他后来的某些思想和很多科学创举，在很大程度上都源于这种饮茶之余的交流。如今，茶杯和茶壶早已成为英国剑桥大学的一项"独特设备"，以纪念爱因斯坦利用闲暇时间的创举。

美国近代诗人、小说家、钢琴家艾里斯顿善于利用零散时间的方法和体会也颇值得借鉴。他写道：

当时我大约只有 14 岁，年幼疏忽，对于爱德华先生那天告诉我的一个真理，未加注意，但后来回想起来那真是至理名言，从那以后我就得到了不可限量的益处。

爱德华是我的钢琴教师。有一天，他教课的时候，忽然问我："你每天要花多少时间练习钢琴？"我说大约每天三四个小时。

"你每次练习，时间都很长吗？是不是有个把钟头的时间？"

"我想这样才好。"

"不，不要这样！"他说，"你将来长大以后，每天不会有长时间的空闲的。你可以养成习惯，一有空闲就几分钟几分钟地练习。比如在你上学以前，或在午饭以后，或在工作的休息余暇，5 分钟、5 分钟地练习。把小的练习时间分散在一天里面，如此，弹钢琴就成了你日常生活中的一部分了。"

当我在哥伦比亚大学教书的时候，我想在课余时间从事创作。可是上课、看卷子、开会等事情，把我白天、晚上的时间完全占满了。差不多有两个年头我不曾动笔写下一个字，我的借口是没有时间。后来才想起了爱德华先生告诉我的话。到了下一个星期，我就实验起他的话来。只要有 5 分钟左右的空闲时间，我就坐下来写作 100 字或短短的几行。

出乎意料，在那个星期的周末，我竟积累了相当厚的稿子。

后来，我用同样积少成多的方法，创作长篇小说。我的教授工作虽一天比一天繁重，但是每天仍有许多可资利用的短短闲暇。我同时还练习钢琴。我发现每天小小的间歇时间，足够我从事创作与弹琴两项工作。

利用短时间，有一个诀窍：你要把工作进行得迅速，如果只有 5 分钟的时间给你写作，你就不可把 4 分钟消磨在咬你的铅笔尾巴上。思想上事前要有所准备，到工作时间来临的时候，立刻把心思集中在工作上。实际上，迅速集中脑力，并不像一般人想象得那样困难。

艾里斯顿的经历告诉我们，生活中有很多零散的时间是大可利用的，如果你能化零为整，那你的工作和生活将会更加轻松。

所谓零碎时间，是指不构成连续的时间或一个事务与另一事务衔接时的空余时间。这样的时间往往被人们毫不在乎地忽略过去。零碎时间虽短，但倘若一日、一月、一年不断地积累起来，其总和将是相当可观的。凡是在事业上有所成就的人，几乎都是能有效地利用零碎时间的人。

富兰克林在有效利用零碎时间方面堪称楷模："我把整段时间称为'整匹布'，把点滴时间称为'零星布'，做衣服有整料固然好，整料不够就尽把零星的用起来，天天二三十分钟，加起来，就能由短变长，派上大用场。"这是成功者的秘诀，也是我们学习借鉴的好方法。

伟大的生物学家达尔文也曾说："我从来不认为半小时是微不足道的一段时间。"诺贝尔奖金获得者雷曼的体会更加具体，他说："每天不浪费、不虚度或不空抛剩余的那一点儿时间。即使只有五六分钟，如果利用起来，也一样可以有很大的成就。"把时间积零为整，精心使用，这正是古今中外很多科学家取得辉煌成就的奥妙之一，也是我们应该从他们身上学到的优点之一。

恪守时间，珍惜时间

我从来不认为半小时是微不足道的一段时间。

——达尔文

要想赢得时间，就必须做到恪守时间。

贺拉斯·格里利说："一个人如果根本不在乎别人的时间，这和偷别人的钱有什么两样呢？浪费别人的 1 小时和偷走别人 5 美元有什么不同呢？况且，很多人工作 1 小时的价值比 5 美元要多得多。"

美国国父华盛顿经常这样说："我的表从来不问客人有没有到，它只问时间有没有到。"

他每天 4 点钟吃饭，如果应邀到白宫吃饭的国会新成员迟到了，华盛顿就会自顾自地吃饭不理睬他们，这使他们感到很尴尬。

一次，他的秘书找借口说，自己迟到的原因是表慢了。华盛顿回答说："那么，你换块新表，或者我换个新秘书。"

另一位美国开国元勋富兰克林对经常迟到却总是有借口搪塞的佣人说："我发现，擅长找借口的人通常除此之外什么都不擅长。"

美国第六任总统约翰·昆西·亚当斯从不误时。议院开会时，看到亚当斯先生入座，主持人就知道该向大家宣布各就各位，会议开始了。有一次发生了这样一件事，主持人宣布就座时，有人说："时间还没到，因为亚当斯先生还没来呢。"结果发现是议会的钟快了3分钟，3分钟后，亚当斯先生准时到达了会场。

恪守时间是使人信任的前提，会给人带来好名声。它清楚地表明，我们的生活和工作是按部就班、有条不紊的，使别人可以相信我们能出色地完成手中的事情。恪守时间的人一般都不会失言或违约，都是可靠和值得信赖的。办事准时、恪守时间，往往是积累成功资本的第一步。

李悦是一家装修公司的业务员，经过他的努力，一家科技公司的高级主管终于答应面谈公司装修的项目。他们约定见面的时间是第二天上午10点半，李悦在第二天上午却迟到了半个小时。而此时这位主管恰恰不在。等到李悦打电话再次预约面谈的时间时，那位主管说："没有这个必要了，你已经失去了那笔业务。因为在你迟到的半个小时里，我们已经把项目交给了别人，你不守时，我们不敢相信你能够兑现你许下的诺言。"一个连时间都不能遵守的人，又怎么能为自己赢取时间呢？

为了珍惜和利用自己或别人的时间，为了能够成为一个可靠的、值得信任的人，恪守时间是非常重要的。

一个成功者懂得珍惜自己的时间，他总是设法回避那些消耗自己时间的人，希望自己宝贵的时间不要因为他们而多浪费一刻。一个成功的时间管理者不仅懂得如何珍惜自己的时间，而且特别珍惜别人的时间。因为他们深知这才是真正的赢取时间之道。

做时间的主人

如果想成功，就必须重视时间的价值。

——富兰克林

时间抓起来就像金子，抓不住就像流水。

有许多人，整日"两眼一睁，忙到熄灯"，可还是深感时间紧迫，不够用。他们精疲力竭，来去匆匆，却总是不能从容自如。

要想赢得比别人高的评价，要想获得比别人多的成就，必须学会有效利用时间，做时间的主人。

德国伟大的文学家、诗人歌德说："我们都拥有足够的时间，只是要善加利用。"一个人如果不能有效利用有限的时间，就会被时间俘虏，成为时间的奴隶。一旦在时间面前成为弱者，他将永远是一个弱者。因为放弃时间的人，同样也会被时间放弃。

时间可以毫无顾忌地被浪费，也可以被有效地利用。有人算过这样一笔账：一个人如果每天临睡前挤出 15 分钟看书，他的看书速度为中等水平，即每分钟能读 300 字。那么，15 分钟他就能读 4500 字，一个月读 13.5 万字，一年的阅读量就可以达到 162 万字。如果每本书平均约 7.5 万字，一年他就可以读约 22 本书。这个数目是可观的，远远超过了世界上人均年阅读量。许多伟人之所以能流芳百世，一个重要的原因就在于他们十分珍惜时间。他们在一生有限的时间里，不但充分利用上天赐予他们的每一分每一秒，还善于把隐藏的时间找出来，一刻不停地工作、积累、进步。

在美国近代企业界里，与人接洽生意时能以最少时间产生最大效率的人，非金融大王摩根莫属。为了珍惜时间，他招致了许多怨恨。

摩根每天上午 9 点 30 分准时进入办公室，下午 5 点回家。有人对摩根的资本进行了计算后，说他每分钟的收入是 20 美元。除了与生意上有特别关系的人商谈外，他与人谈话的时间绝不超过 5 分钟。

通常，摩根总是在一间很大的办公室里，与许多员工一起工作，而不是一个人待在房间里工作。摩根会随时指挥他手下的员工，按照他的计划行事。如果你走进他那间大办公室，是很容易见到他的，但如果你没有重要的事情，他是绝对不欢迎你的。

摩根能够轻易地判断出一个人来接洽的到底是什么事。当你对他说话时，一切拐弯抹角的方法都会失去效力，他能够立刻判断出你的真实意图。这种卓越的判断力使摩根节省了许多宝贵的时间。有些人本来并没有什么重要事情需要接洽，只是想找个人聊天，却耗费了工作繁忙的人许多重要的时间。摩根对这种人简直是恨之入骨。

富兰克林说过，如果想成功，就必须重视时间的价值。

人生是由时间组成的，不珍惜时间就是不珍惜自己的生命。每一个成功者都非常珍惜自己的时间，他们能够真正主宰自己的时间，能够在有限的时间里做更多的事。

零碎时间可以成就大业

世界上真不知有多少可以建功立业的人，只因为把难得的时间轻轻放过而默默无闻。

——本杰明·富兰克林

如果你生活在大都市里，一定对每天上下班的交通问题颇有感触。通常你每天早上去上班要花一两个小时在公共汽车上，而下班回家时又要花上一两个小时。这样一天就有可能花掉四五个小时甚至更多的时间在上下班上。很明显，有两方面值得你考虑：你是否能缩短交通时间？你是否能有效地利用这些时间？

在美国造币厂处理金粉车间的地板上，有一个木制的格子，每次清扫地板时，这个格子就被拿了起来，里面细小的金粉随之被积攒起来。日积月累，每年可以因此为厂里节约上万美元。事实上，每一个成功人士都有这样一个"格子"，用于积攒那些被分割得支离破碎的时间。等着咖啡煮好的半个小时，不期而至的假日，两项工作安排之间的间隙，等候某位不守时人士的闲暇等，都被他们如获至宝般地加以利用，并足以取得令那些不懂得这一秘密的人瞠目结舌的业绩。

埃利胡·布里特说："所有我已经完成的、准备完成的或者是想要完成的工作，都跟蚁丘的形成一样，要经过或即将经过沉重缓慢、单调乏味、持之以恒的积累过程——材料的日积月累、思想火花的不断撞击和对真理的不断辨析。如果说我是受到了某种激励的话，那么，我最崇高也是最热切的愿望就是能够为美国的年轻人树立这样一个榜样——把那些被称之为瞬间的、点点滴滴而又无比珍贵的时间充分利用起来。"

我们常常这样说："噢，只有5到10分钟就要开饭了，什么事都干不了。"但实际上，有一些身处逆境、命运多舛的人，充分利用了这些被许多人轻易浪费的时间，从而为自己建立了人生和事业的丰碑。那些被你虚度的时光，如果能够得到有效利用的话，完全有可能使你成为杰出人物。

马莉恩·哈伦德的成功主要源于她能够精打细算地利用每一分每一秒。作为一个勤劳的母亲，她既需要照顾孩子，又需要操持家务。终其一生她都受到各种各样的干扰，这种干扰完全可能使得绝大多数妇女在处理琐碎的家庭事务之外不可能有别的作为，然而哈伦德，由于有超常的毅力和做事分秒必争的习惯，终于化平凡为伟大。

无独有偶，同样有繁重家务负担的家庭主妇哈丽特·斯托夫人，完成了那部家喻户晓的名著——《汤姆叔叔的小屋》。

朗费罗每天利用等待咖啡煮熟的10分钟时间翻译《地狱》，他的这个习惯一直坚持了若干年，直到这部巨著的翻译工作完成为止。比彻在每天等待开饭的短暂时间里读完了长达12卷的《英国史》。

德·格里斯夫人后来成了法兰西王后的密友，她在给公主上课之前，把时间用于创作，日积月累，她竟然写出了好几部充满吸引力的著作。休·密勒是一个石匠，赚钱养家糊口是他的天职。但在做好本职工作的同时，他把一些零零碎碎的时间积累起来阅读科学书籍，最终他根据自己与石头打交道的亲身经历，写出了一本充满智慧和才气的著作。苏格兰著名诗人彭斯许多优美的诗歌，是他在一个农场劳动时完成的。约翰·斯图亚特·密尔曾经在东印度公司当小职员，他的许多传世之作都是在这一时期完成的。《失乐园》的作者弥尔顿是一位教师，还是联邦秘书和摄政官秘书。在繁忙的工作之余，他注意利用一些零碎的时间，坚持苦读。伽利略是一个外科医生，他以专心致志的态度和常人少有的勤勉，挤出时间从事科学研究，从而为后人留下了丰硕的成果。

所有这些事例都告诉我们一个道理：善于利用零碎时间可以成就大事业。

第三章 幸福在你心中

——把握自己的幸福

哈佛告诉你··

做一个能给别人带来光明和幸福的人，才是人生最大的幸福。因为我们的幸福都是十分紧密地与他人，与自己的亲人、朋友、民族的幸福交织在一起。

什么是最大的幸福

我们在分给他人幸福的同时，也能正比例地增加自己的幸福。

——边沁

一位成功的企业家在远离城市的地方建起了一所学校，他还为这所学校购置了一辆汽车，每天接送孩子上下学。

当一位记者采访他的时候，这位企业家说，他小的时候家境贫寒，买不起自行车，每天上学放学都要走十几里路，他的脚经常打满血泡。有时候，山洪暴发之后，路被冲毁，坑坑洼洼的更加难走，他要在上学的路上走几个小时。

有一位赶马车的老人很同情他，经常在路口等着他，每天都捎他一段路，正是因为这位老人的帮助，他才能够顺利地读完中学，考入大学。

当他的事业如日中天的时候，他经常想起当年赶着马车送他上学的老人，他很想再见一见那位老人，可是他却连老人的名字也不知道。

于是他买了一辆汽车，在当年他走过的山道上，接送像他当年一样走几十里路上学的孩子。企业家说，他所做的一切都是对那位不知姓名的老人的报答。

把有形的东西送给别人之后，自己手中的东西就会变少，而把幸福送给别人，我们的心中会复制出两份幸福。人类已经变成了一个大家庭，如果不能保证别人的繁荣，我们也不可能保证自己的繁荣；如果我们希望自己幸福，同样我们也要希望别人幸福。

别让欲望抢走幸福

幸福的最大障碍就是期待过多的幸福。

——丰特奈尔

知足是福。在欲望的无止境追求中，幸福已被冲得无影无踪了。

老虎和猎豹一同狩猎。天快黑了，猎豹说："虎弟，我们的猎物已够多的了，现在就回家吧。"

"再等一会儿，我还想猎一只羚羊什么的，才猎几只野兔，你这就觉得满足了，真是没出息。"

突然，一只羚羊从它们身旁一闪而过。老虎立即撒开腿，猛追过去。却不曾想，天黑路滑，脚下一松劲，滚下了山坡。

等猎豹赶到山坡下时，老虎只剩下最后一口气了。

"猎豹兄，请告诉我儿子一句话：即使拥有整个世界，一天也只能吃三餐，睡一张床。"说完这句话后，老虎便断了气。

欲望越大，人越贪婪，人生就越容易致祸！

如果你能做到"身外物，不奢恋"，你就能活得轻松，过得自在。遇事想得开、放得下，就不会像伊索寓言里所讲的那样："有些人贪婪，想得到更多的东西，却把现在所拥有的也失掉了。"

总认为自己拥有的不够多，还想要更多，你就会无视自己手中的幸福，而一心望着那些不可能属于你的东西。如果在欲望的追求中度过一生，那么人生就不会有什么幸福可言。

幸与不幸全在于自己

幸福不在万物之中，它存在于看待万物的自身态度之中。如果你接受幸福的态度不正确，即使置身于幸福的环境中，你也会离幸福越来越遥远。

——本杰明·富兰克林

幸福和不幸在于自己的心态，也就是怎样看待现在的自己。把痛苦和不幸的标准放在别人的身上，并不能使我们幸福。

如果只看到别人外在的幸福，就轻率地判断那超越了自己的幸福，那么你拥有的幸福也会毫不犹豫地离你而去。很多人感觉不到幸福的原因正是在于盲目地悲叹自己的处境。我们觉得不幸，不是因为自己住的单间房，而是不满意、看不惯租房过日子的自己。

他是一个黑人，家里很穷，住在贫民区的一所破房子里。在8个兄弟姐妹中，他最瘦弱，时常感冒发烧。他似乎缺乏学习的天赋，学习成绩也是8个兄弟姐妹里最差的一个。

有一天，他在电视里看到了一个介绍伟大的高尔夫球运动员尼克劳斯的节目。他的心一下子被打动了：我要像尼克劳斯一样，当一个伟大的职业高尔夫球运动员！

他请父亲给他买高尔夫球和球杆。父亲说："孩子，那是富人们的游戏。我们家玩不起高尔夫球。"他不依，吵着要。

母亲抱着他对丈夫说："我相信他，他一定会成为优秀的高尔夫球手！"说完，母亲转过头，柔声说："儿子，等你成为职业高尔夫球手后，就给妈妈买栋漂亮的别墅，好吗？"他睁着一双大眼睛，向母亲重重地点了点头。

于是，父亲给他做了一根球杆，然后在家门口的空地上挖了几个洞。他每天都要用捡来的球玩上一会儿。

升入中学后，体育教师里奇·费尔曼发现了这个黑人少年的天赋，于是建议他到高尔夫球俱乐部去练球，并且帮他支付了1/3的费用。仅仅3个月后，他就成了奥兰多市少年高尔夫球赛的冠军。

高中毕业后，他幸运地被斯坦福大学录取了。暑假期间，一个要好的同学来他家玩，说他哥哥所在的旅游公司有一艘豪华游轮正在招服务生，薪水很高，每周有500美元，问他是否有意去应聘。他动心了：因为家里仍然贫穷，他应该像个男人一样挣钱养家了。

过了几天，里奇·费尔曼来到他家，老师已经帮他联系到了一家高尔夫球俱乐部，准备带他去报名。小伙子不好意思地告诉老师，他打算去工作了。费尔曼沉吟半晌，然后问他："我的孩子，你的梦想是什么？"

他愣了一下，似乎有些措手不及。过了好久，他红着脸嗫嚅道："当一个像尼克劳斯一样的高尔夫球运动员，挣很多钱，给母亲买一栋漂亮的别墅。"

里奇·费尔曼听完，眼睛盯着他高声叫道："如果你现在就去工作，那么你的梦想呢？不错，你马上就可以每周挣500美元了，很了不起！但是，你的梦想难道就只值每周500美元吗？每周500美元能买得起别墅吗？"

18岁的他被老师的话震动了，他呆呆地坐在屋子里，心里反复默念着这句话。突然，曾经的梦想如闪电般穿过脑海，热血瞬间流遍全身——我的梦想是成为像尼克劳斯一样伟大的高尔夫球运动员，我的梦想是为母亲买一栋别墅！

那个假期，他自觉地投入到了训练中。在当年的全美业余高尔夫球大奖赛上，他一举成为该项赛事最年轻的冠军。

3年后，他成了一名职业高尔夫球手。

真正的幸福不是周围的环境所给予的，而是靠自己的努力创造的。即使自己的处境不顺心，也要试着心存感激地接受；

即使比别人拿得少，也要想想还有人比自己拿得更少，自己安慰自己，不断地给自己打气，只有这样幸福才会眷顾你。

拥有一个健康的身体

健康的躯体是灵魂的客厅，而病体则是监狱。有的人年轻时拼命用健康去换取金钱，年老时却又期望用金钱买回健康，这是做不到的。

——阿尔伯特·哈伯德

健康是人生第一幸福。健全的思想来自健全的身体，不论有多么出众的才能和力量，一旦失去了健康的身体，人生也就将化为乌有。

有一个年轻人，总是抱怨自己贫穷，命运不济。他常常自怨自艾地说："我要是能有一大笔钱该有多好！那时候我可以舒舒服服地生活。"

这时候，有一位老石匠从旁边走过。听了他的话，老人问道："你为什么要抱怨呢？要知道你已经很富有了！"

"我有什么财富？"年轻人困惑不解，"我的财富在哪里？"

"比如你的眼睛，你愿意拿出一只眼睛来换些什么东西吗？"老石匠问。

年轻人慌忙说："你说的什么话？我的眼睛是给什么也不换的。"

老石匠又说："那么让我来砍掉你的一双手吧！我可以给你许多黄金。"

"不，我也决不用自己的手去换黄金。"

这时候老石匠说："现在你该看到了吧，你已经十分富有了。为什么你还总抱怨命运不佳呢？记住我的话：健康——这是无价之宝，是金钱难以买得到的。"说完老石匠就走了。

注意身体健康，在用丰富而有益的食物来滋养你的智慧的时候，千万别忘记在这个世界上，身体是智慧的永恒伴侣，整个状况的好坏都取决于它。健康的身体是幸福之本，也是成功之本。

可是，在现实生活中，有很多人不重视自身的健康，以牺牲健康为代价去赚钱敛财，这实在是一种缺乏见识的行为。许多人年轻时不顾惜身体，拼命工作去换取金钱，年老时却又用大量金钱去买健康，其实这是做不到的。获得健康并不一定要花太多的时间和金钱，只要选择适合自己的方式坚持运动就行了。

从感恩中获得幸福

幸福生长在我们自己的火炉边，而不能从别人的花园中采得。

——杰罗尔德

感恩是幸福和成功的来源，人应该持之以恒地怀有这种感情。无论你获得了怎样的生活，你都要心存感激。

很多人生活不幸福，很大程度上是因为他缺少感激之情。当他获得生活的馈赠之后，他没有感激，而是认为一切都理所当然，这样他就渐渐失去了对别人的亲近和支持，失去了接近美好事物的机会。没有感激之心，人心就会充满各种怨恨和不满，这样他就会牢牢记住那些不如意的事情。久而久之，他就失去了对生活的美好展望，继而开始变得悲观失落。这样的人，怎么会与成功结缘？

你心藏自卑之事，你就会变得更加自卑，自卑情绪也就会更加放肆地包围着你。

一个原本英俊的雕塑家，突然发现自己的面貌、行动举止以及神情都变得丑陋可怕。他为此苦恼万分，遍访名医均无良方。一个偶然的机会，他来到一座庙宇，向寺内一大师寻求帮助。大师了解情况之后说："我可以恢复你的相貌，但你必须先为我的庙宇做一年工，为我们雕塑几尊神态各异的观音偶像。"

这位雕塑家细心琢磨观世音的面貌、表情和形态举止，那种慈祥、善良的形象深深刻印在他的心中，使他渐渐达到了忘我的境界。

当他工作完成的时候，大师带他来到镜子跟前。他惊喜地发现，自己的外貌已经变得神清气朗、端正英武。他感谢大师治好了他的相貌，大师告诉他："是你自己治好了自己，你的病根是过去一直在雕塑地狱的魔鬼。"

对人生、对大自然的一切美好事物，我们都要心存感激，将它们的美深藏在我们心中，让我们自己能时时受到美好事物的熏染，如此，我们的生活也会变得美好。

第四章　学习到底是为了什么

——弄清楚学习的真正目的

哈佛告诉你

不要把你的学历作为"通行证"。学历并不能代表能力，它只是你曾经学习过的证明。学习的真正目的并不在于记忆、存储，或是学会运用某种特定技巧，而是在于学到终身学习的能力。

学历不是"通行证"

所谓教育，是忘却了在校学的全部内容之后剩下的本领。

——爱因斯坦

在最初涉世的时候，我们怀着美好的理想走入社会，却碰上了一个又一个的难题。首先就是学历问题，没有本科学历或学历太低，是通向成功路途的羁绊。播下种子，却没有开花，不必灰心失望，我们注重的不是妖艳的花朵，而是沉甸甸的果实。

努力学习了，即使最后没有如愿拿到学历，没有得到那个

"证明"，你也要相信自己的能力，只要拥有学到的知识和拼搏的精神，你就有成功的机会。

一天午后，一位老妇人走进费城一家百货公司，大多数的柜台人员都不理她，只有一位年轻人问是否能为她做些什么。当她回答说只是在避雨时，这位年轻人并没有推销给她不需要的东西，也没有转身离去，反而拿给她一把椅子。

雨停之后，老妇人向年轻人说了声谢谢，并向他要了一张名片。几个月之后，这家店主收到一封信，信中要求派这位年轻人去苏格兰收取装潢一整座城堡的订单！这封信就是那位老妇人写的，她正是美国钢铁大王卡内基的母亲。

许多孩子学习条件并不好，可他们通过努力考上了大学。这正是运用了补偿的方法——"勤于学业"，力争取得"好成绩"，他们成功了。

顺利拿到大学文凭的学子们，即使踏入社会也不一定能够顺利成就事业，学历只代表过去的成绩，而真正的成功还需日后努力奋斗得来。

大学毕业不等于学习终结

人永远是要学习的。死的时候，才是毕业的时候。

——萧楚女

只有不断地学习，才能不断地适应外部环境的变化。一旦学习停滞了，适应就停滞了。适应新时代的生存方式，就是不断学习、终身学习。只有做到终身学习的人，才能不断获得新信息、新机遇，才能不断获得高能力、高素质，才能够不断地走向成功。

在人的一生中，要持续不断地学习。学习始于生命之初，终于生命之末，即从摇篮到坟墓，一辈子持续不断。它宣告了"学历社会"的终结，宣告了把人生分为两半——学习和工作（"充电"和"放电"）的传统观念的错误。终身学习，成为迎接挑战的高能武器，越来越受到全世界的高度重视。

这是美国东部一所大学期终考试的最后一天。在教学楼的台阶上，一群工程学高年级的学生挤作一团，正在讨论几分钟后就要开始的考试，他们的脸上充满了自信。这是他们参加毕业典礼和工作之前的最后一次测验了。

一些人在谈论他们现在已经找到的工作，另一些人则谈论他们将会得到的工作。带着经过4年的大学学习所获得的自信，他们感觉自己已经准备好了，并且能够在社会中游刃有余。

他们知道，这场即将到来的测验将会很快结束，因为教授说过，他们可以带想带的任何书或笔记，要求只有一个，就是不能在测验的时候交头接耳。

他们兴高采烈地冲进教室。教授把试卷分发下去。当学生们注意到只有5道评论类型的问题时，脸上的笑容更大了。

3个小时过去了，教授开始收试卷。学生们看起来不再自信了，他们的脸上是一种沮丧的表情。没有一个人说话，教授手里拿着试卷，面对着整个班级。

他俯视着眼前那一张张沮丧的面孔，然后问道："完成5

道题目的有多少人?"

没有一只手举起来。

"完成4道题的有多少?"

仍然没有人举手。

"3道题?2道题?"

学生们开始有些不安,在座位上扭来扭去。

"那1道题呢?一定有人会完成1道题的。"

但是整个教室仍然很沉默。教授放下试卷,说:"这正是我期望得到的结果。"

"我只想要给你们留下一个深刻的印象,虽然你们已经完成了4年的工程学习,但关于这项科目你们仍然有很多的东西还不知道。这些你们不能回答的问题是与每天的普通生活实践相联系的。"然后他微笑着补充道:"你们都会通过这个课程,但是记住——即使你们现在已是大学毕业生了,你们的教育仍然还只是刚刚开始。"随着时间的流逝,教授的名字已经被大家遗忘了,但是他教的这堂课却从来不曾被遗忘。

1994年11月,在意大利罗马举行了"首届世界终身学习会议",提出"终身学习是21世纪的生存概念",强调如果没有终身学习的意识和能力,就难以在21世纪生存。

终身学习,理所当然地成为21世纪的生存方式。

比终身学习更进一步,应当是终身学习化。所谓"化"者,即彻头彻尾、彻里彻外。

终身学习化与终身学习有所不同。

终身学习,只是强调走出校门,走上工作岗位,需要学什么就要及时充电，接受培训，直到老了也要学习，活到老，学到老。

终身学习化，不仅要终身学习，而且要使学习完完全全地融入生活，融入工作，做到生活学习化、工作学习化。生活学习化，就是使生活成为锻造性格的课堂、锻造素质的熔炉。工作学习化，不是工作之余的学习，而是工作本身就成为一种学习。终身学习化就是把学习融入人生的每时每地，成为"全时空学习"。终身学习化是终身学习的深化、升华和飞跃。如果说终身学习是 21 世纪的生存手段，那么终身学习化就是 21 世纪的生存目的。

终身学习化，就是人生学习化。要使我们的人生成为"学习化的人生"，就需要我们不断地在实际生活中学习，在实际工作中学习，终生都做到"无一事而不学，无一时而不学，无一处而不学"。

假使你真有向上的志愿，假使你真想补救你没有知识的损失，你应当记住，你每天所遇见的每个人，都能增益你的知识。假使你遇见的是一个印刷匠，他也能灌输你许多印刷的技术；一个泥水匠，能告诉你建筑方面的技巧；一个普通的农夫，有他做人、做事的经验，你能从他身上得到许多人情世故。

大学毕业不等于学习终结。即使你已经大学毕业，但你的教育仍然还只是刚刚开始。这是一个终身教育的时代，谁不知道学习，谁不知道更新自己的知识结构，谁就会被社会淘汰。

真正要学习的是学习方法

真正的学者知道怎样从已知引出未知，并且逐步接近于大师。

——歌德

要具备终身学习的能力，关键就在于必须"学习如何学习"。

珍尼特·沃斯和戈登·德莱顿在《学习的革命》一书中认为："真正的革命不只在学校教育之中，它在学习如何学习，在学习你能用于解决任何问题和挑战的新方法中。"

急遽的全球性转变，资讯光速流转，机会转瞬即逝，环境的迅速变化向任何人都提出了新的挑战——因循守旧，还是创新超越。

在巨变的洪流中，无论企业或个人，凡是依赖于旧有的知识和依循以往的方式解决新问题，终将无法逃脱被淘汰的命运。

别无选择，只有"变"才能应变。变，才是唯一的不变。

"变"是新的挑战下唯一不变的生存之道。

那么，如何应变呢？那就是学习如何学习。只有具备"如何学习"的能力，才能在骤增的资讯中有所取舍，在"全时间""全环境"中因时、因地、因事、因变地进行学习创新，从而更高效地实现自己的目标。也只有如此，你的时间才是用在最有生产力的地方，而效率就是竞争力。

台湾企业战略专家石滋宜博士认为：

懂得如何学习的人，自然能掌握变化、掌握趋势。

懂得如何学习的人，自然有事业心、有应变力。

懂得如何学习的人，自然能够有创造力、有前瞻性。

过去我们说，不愿学习是愚蠢，加拿大媒体怪杰麦克鲁汉更直言："不会学习，是一种罪恶。"

所谓"会学习""如何学习"，实质就是倡导创造性学习、高效学习。如何能更有效、更高效地学习，这本身就是知识和学问。

学习很重要，学习如何学习更重要。

不学习的人，不如好学习的人，好学习的人，不如会学习的人。

成绩不等于成就

教育的第一目的是做人，而不是学识。

——欧尼斯特·乔普生·萨顿

成绩和成就不一定成正比，你不能以学业的成败评估自己未来的成就。

哈佛教授亨利·B.雷林曾讲过："为了发现与学生未来成功相关的因素，哈佛商学院做了大量的调查研究。调查结果显示：一个学生在学校里的成绩与他将来的成就之间并无关系。短期内还有点关系，而从长期看根本没有什么关系。"

作为一名学生，必须能够正确认识短期学业上的成败。生活之路是很漫长的，即使是哈佛大学最顶尖和最失败的学生也必须走完剩下 2/3 的人生旅程。在学业上跑在前面的人，在长跑中有时却会黯然失色，而起初落后的人有时却会后来居上。

一项研究表明，在智力水平相当的天才儿童中，成就最高者和成就最低者之间的差距相当大，那些最成功的人士都有两个区别于他人的特征：高度的自信和恒心，或者说充满豪情壮志。

有句古谚，"实践出真知"，而真正聪明的人懂得从他人的经验中学习。

影响成功的因素有很多。

第一，是处理失意的能力。非常成功的人士都能够饱受学习的失意而始终坚持不懈。在你的职业生涯中，你将会遭遇一些极为扫兴甚至痛苦的事情。你可能在一个很好的公司里工作，突然公司不需要你了，而你不得不走人。

成功的人总是在生活中勇往直前，富有弹性地面对失意和挫折。有时候许多人由于早年经历了太多成功——进入了自己所选择的大学，或毕业于名牌大学，他们不知道该如何摆脱失意或失败的情绪勇往直前。他们更像一个可爱的瓷茶杯：高雅、精致、美观——但是逆境袭来时则脆弱不堪。

第二是运气。这里的运气并不是指生于达官显贵之家，或者是中了大奖。如果你遗传了好的基因，接受了良好的教育，拥有关心你并给你提供好建议的人或导师，如果你生于这个世纪而不是中世纪，那么你的好运便已多于你应该获得的了。幸运并不意味着安逸的生活，而是你的机遇。一个人，即使再有才能，但如果没有机遇，也很难让自己的才能得以发挥。

第三是公正感。你应该对他人公正。要获得成功，你必须有最优秀的人为你工作。如果你不公正或阴险地对待他人，他们会选择离开。你不得不让二流的人接管他们的工作，而同一群二流员工一起工作是很难取得成功的。

这几种能力的高低在学业上很难体现，而这几种能力是成功的必备因素。不要被成绩左右，成绩并不等于成就。

能力比知识重要

你知道得很多，但如果你不善于把你的知识用于你的需要，那就没有什么用处。

——波得·杜拉克

学习的本质就是培养人的思考能力和创造能力，只有通过学习，掌握了这些能力，才能让我们更加卓越。

有一天，一名大学教授到一个落后乡村游山玩水。

他雇了一艘小船游江，当船开动后，教授问船夫："你会数学吗？"

船夫回答："先生，我不会。"

教授又问船夫："你会物理吗？"

船夫回答："物理？我不会。"

教授又问船夫："那你会用计算机吗？"

船夫回答："对不起。我不会。"

教授听后摇摇头说道："你不会数学，人生已失去 2/6；不会物理，人生又失去 1/6；不会用计算机，人生又失去 1/6；你的人生总共已失去 4/6……"

说到这儿，天空忽然飘来大片黑云，随后吹来强风，眼看暴风雨就要来到。

船夫问教授："先生，你会游泳吗？"

教授愣了一下答道："不会。没学过。"

船夫摇摇头说道："那你的人生快要全部失去了……"

一个人拥有多少知识，并不能证明他就拥有多少能力，也就是说，知识与能力并不是成正比的。有渊博的知识固然是件好事，但人生首先最需要的并不是渊博的知识，而是生存的能力。

青少年朋友只有通过学习，掌握一种能力，并让这种能力适应千变万化的社会需求，才能更好地生存和发展。

有人说，真正的"铁饭碗"，不是在一个地方总有饭吃，而是走到哪里都有饭吃，也就是到哪里都有生存的能力。

"高工资、低付出"仅仅是一种生存状态，而技能与技术却是一种生存能力，只有掌握能力的人，才能更好地生存下去。

知其然，仅仅是一种状态，知其所以然，则是一种能力。

学习成绩只是一种状态，思考与创新却是一种能力。我们学习的目的，正是为了获取这种能力。

所以，孔子曰："学而不思则罔。"卢梭说："读书不要贪多，而是要多加思索，这样的读书才能受益匪浅。"

这些伟人的良言，就是要告诫我们，要学以致用，不要用书本中的知识来替代自己的思考。只有积极地思考，才能触摸到知识的灵魂，才能将知识转化为生存的精彩，所谓"六经注我"，而不是"我注六经"。

有一位伟人说过："学习是学习，学习的学习也是学习，而且是更重要的学习。"青少年朋友尤其要注重"学习的学习"，从各个方面塑造和培养自己的综合能力。

尽信书不如无书，书本中的理论只有与实践相结合，才能转化为生存的能力。

做到这一点其实很简单，我们只要细心观察生活中的一些现象，并有意识地在自己的头脑中找出理论印证就可以了。比如说，老师在课堂上传授给我们作文的方法和要点，读书的时候，我们就可以用这样的理论去分析一篇文章的结构，从中衡量为什么好、为什么不好，这些共性的经验，可以促进我们作文水平的提高，培养我们理论与实践相结合的能力。

学习归根究底是为了应用，所以，我们要在日常的生活中，积累一些有用的经验和知识，从"无字句处"读书，这也是我们培养生存能力的一个重要途径。

数学运算阻碍物理的研究，牛顿就创造了微积分；工具的简陋影响了手艺的发挥，鲁班就发明了锯。这些都是在学习中创造、学以致用的典范。

青少年朋友更要在实践中突破各种束缚，主动应用新的技能，创造新的观点，这样才能使我们在未来社会中的生存更有保障。

古人说："授我以鱼，只供一饭之需；教我以渔，则终身受用无穷。"在学习中探索生存的技能，在生存中体会学习的真谛，人才会越来越成熟！

中篇
百年哈佛教给学生的优秀品质

　　品质是人的立身之本，是通向成功的第一阶梯。哈佛大学给学生上的第一课便是如何做人——只有具备了良好的人格品质，才有资格取得人生的成功。自信、自立、乐观、坚韧、勇敢……这些凝聚着哈佛精神的人性品质，帮助广大青少年认识品质对整个人生的重要性，自觉锻炼自我，启迪智慧，激发个人潜能，从而实现自己的人生价值，创造出卓越和精彩的人生。

第一章 自信

——成功的人生始于自信

哈佛告诉你

自信是成功的第一秘诀，是一个人取得成功的内在驱动力。只有自信的人才能够在成功的路上步履如飞，而缺乏自信的人一定是步履蹒跚。对于青少年来说，在内心树立起自信，用信念激发出自己内在的勇气和雄心，是迈向成功人生的第一步。

每个人心头都隐伏着一头雄狮

信心使一个人得以证服他相信可以证服的东西。

——萧伯纳

土耳其谚语说：每个人的心中都隐伏着一头雄狮。中国古语说：人皆可以为舜尧。这些鼓舞人心的话道出了这样一个真理：每个人都可以成功。只要我们相信自己的力量，充分发挥自身的潜能，每个人都可以大有作为。

自信心是一个人取得成功的内在驱动力。它能够使弱者变强，强者更健。只有自信的人才有可能在成功的路上健步如飞，而缺乏自信的人一定是步履蹒跚者。美国作家爱默生说得好："自信是成功的第一秘诀，自信是英雄主义的本质。"对于青少年来讲，在内心树立起自信，用自信激发出自己内在的勇气和雄心，是他们迈向成功人生的第一步。

20世纪30年代，在英国一座普通的小城里，有一个叫玛格丽特的姑娘，从小就在父亲严格的管教下成长。父亲经常向她灌输这样的观点：无论做什么事情都要力争一流，永远走在别人前头，而不能落后于人。"即使是坐公共汽车，你也要永远坐在前排。"父亲从来不允许她说"我不能"或者"太难了"之类的话。

父亲这种近乎残酷的教育理念，培养出了玛格丽特积极向上的决心和信心。在学习、生活或工作中，她时时牢记父亲的教导，总是抱着一往无前的精神和必胜的信念，尽自己最大的努力克服一切困难，做好每一件事情，事事必争一流，以自己的行动实践着"永远坐在前排"的誓言。

玛格丽特上大学时，学校要求学5年的拉丁文课程，她凭着自己顽强的毅力和拼搏的精神，仅在一年之内便修完了。令人难以置信的是，她的考试成绩竟然名列前茅。玛格丽特不光学业优秀，她在体育、音乐、演讲等方面也都出类拔萃。当年她所在学校的校长评价她说："她无疑是我们建校以来最优秀的学生，她总是雄心勃勃，每件事情都做得很出色。"

正是在这种"永远都要坐在前排"精神的激发下，40多年以后，玛格丽特成为英国乃至整个欧洲政坛上一颗耀眼的明星。她连续 4 年当选保守党领袖，并于 1979 年成为英国第一位女首相，她雄踞政坛长达 11 年之久，被世界政坛誉为"铁娘子"。

"永远都要坐在前排"是一种积极、自信的人生态度，它可以激发你积极进取的精神，促使你努力把梦想变成现实。

林肯总统说过，喷泉的高度不会超过它的源头，一个人的事业也是一样，他的成就不会超过自己的信念。如果你想像玛格丽特那样取得骄人的成就，就不能轻视自己的信心，要在内心树立起自信，抛弃无所作为、甘居下游的想法，充满信心地去施展自己的才华。

俄国著名的文学家高尔基说过："人最凶恶的敌人，就是意志的薄弱和信心的缺乏。"信心的缺乏会限制一个人的潜能，束缚一个人的发展。而树立自信的关键就在于我们内在的信心。

有一个懦夫想摆脱自己软弱的个性，让自己变得勇敢起来，就报名参加了"杀兽"学校。这所学校专门培养人的能力和胆量，使人敢于拿起剑去杀死吞食少女的怪兽。校长是有名的魔术师莫里。莫里对懦夫说："你不必担心，我给你一支魔剑，此剑魔力无边，可以对付各种凶恶的怪兽。"培训中，这位懦夫使用魔剑杀死了很多头模拟的怪兽。结业考试时，他将面对真的怪兽了。不料冲到山洞口，怪兽伸出头露出狰狞面目时，他抽出剑，却发现拿错了剑，魔剑丢在了学校，手中的剑只是平日玩时用的。这时后退已不可能，那样只会被怪兽吞食。他挥动那把普通的剑，居然杀死了怪兽。莫里校长会心地笑了，他说："我想你现在已经知道了，没有一支剑是魔剑，唯一的魔术在于相信自己。"

这则寓言说明了这样一个道理：每个人都有创造奇迹的魔力，只要你相信自己，真正的魔剑就在你的内心。生活中，我们难免会有畏难和退缩的时候，在巨大的困难和压力之下，我们常常会背上沉重的心理包袱，甚至会因此而丧失自信。这个时候你就要勇敢地站出来，直面困难，相信自己的能力，这样，困难就不会成为你成功的障碍。

著名的成功学大师拿破仑·希尔说过："成功并不是少数人的专利，每个人的出生都是为了成为一个成功者。"只要你能够在自己的内心树立起自信，你就能和所有的伟人和成功者一样，拥有卓越的人生。

信念是所有奇迹的萌发点

要有自信，然后全力以赴——假如有这种信念，任何事情十有八九都能成功。

——威尔逊

美国纽约州第一位黑人州长罗尔斯从小并不怎么受老师欢迎，他跟那里很多孩子一样，有着诸多不良习惯：总是口出秽语，还喜欢逃课打架……刚上任的教师奥里森煞费苦心地劝说这些孩子，却像对牛弹琴一样，一点儿效果也没有。

奥里森实在不甘心看到这些孩子再这样发展下去，便想出了一个绝妙的方法。他知道这里的人们非常迷信，于是就在课堂上给孩子们看起了手相。起初，孩子们都不太愿意接受，后来看到奥里森对大家手相的推测，说将来他们一个个不是地位显赫就是财大气粗，因此孩子们也都愉快地接受了。

罗尔斯看到同伴们的命运都如此之好，便也按捺不住，最终走上台去，让老师帮自己也看一看。奥里森煞有介事地把这只黑糊糊的小手看了又看，"研究"了好半天，然后认真地说道："你以后一定会是纽约州的州长。"

"这是真的吗？我会是一名州长？"罗尔斯有点不敢相信自己的耳朵。他疑惑地望着老师，但从此在心里暗暗确立了当州长的信念。

从那以后，罗尔斯改掉了自己身上的种种恶习，在他看来一个真正的州长就应该是这样的。一直以来，他心中当州长的念头丝毫没有动摇，他始终朝着自己的目标奋斗着。51岁那年，罗尔斯登上了纽约州第53任州长的宝座。他是有史以来，纽约当选的第一位黑人州长。

在罗尔斯的就职演说中，有这么一句话，他说："信念值多少钱？信念是不值钱的，它有时甚至是一个善意的欺骗，然而你一旦坚持下去，它就会迅速升值。"

因此我们可以说：在这个世界上，信念这种东西任何人都可以免费获得。成功的人，最初都是从一个小小的信念开始的——信念就是所有奇迹的萌发点。

信念是一个人成功的动力，是造就人生奇迹的伟大力量。

一名小男孩的父母希望他们的儿子能成为一位体面的医生。可是，男孩儿读到高中便被计算机迷住了，整天鼓捣着一台十分落后的计算机，他把计算机的主机拆下又装上。

男孩儿的父母很伤心，告诉他，应该用功念书，否则根本无法立足社会。男孩儿说："有朝一日我会开一家公司的。"父母根本不相信，还是千方百计地按自己的意愿培养男孩儿，希望他能成为一位医生。

不久，男孩儿终于按照父母的意愿考入了一所医科大学，可是他只对电脑感兴趣。在第一学期，他从当地零售商处买来降价处理的 IBM 个人电脑，在宿舍里改装升级后卖给同学。他组装的电脑性能十分优良，而且价格便宜。不久他的电脑不但在学校里走俏，而且连附近的律师事务所和许多小企业也纷纷来购买。

第一个学期快要结束的时候，他告诉他的父母，他要退学，父母坚决不同意，只允许他利用假期推销电脑，并且承诺，如果一个夏季销售不好，那么，必须放弃电脑。可是，男孩儿的电脑生意就在这个夏季突飞猛进，仅用了 1 个月的时间，他就完成了 18 万美元的销售额。

他的计划成功了，父母只好同意他退学。

他组建了自己的公司，打出了自己的品牌。在很短的时间内，他良好的商业成绩引起投资者的关注。第二年，公司顺利地发行了股票，他拥有了 1800 万美元的资金，那年他才 23 岁。10 年后，他创下了类似于比尔·盖茨般的神话，拥有资产 43 亿美元。他就是美国戴尔公司总裁迈克尔·戴尔。比尔·盖茨曾经亲自飞赴他的住所美国奥斯汀向他祝贺。比尔·盖茨对他说："我们都坚信自己的信念，并且对这一行业富有激情。"两位商业巨人的手紧紧地握在一起。

戴尔的成功告诉我们，每项奇迹都是始于一种伟大的想法。或许没有人知道今天的一个想法将会走多远，但是，我们不要怀疑，只要静下心来，努力去做，那么心中的梦想就会触手可及。

信念好比航标灯射出的明亮的光芒，在朦胧浩瀚的人生海洋中，牵引着人们走向辉煌。高高举起信念之旗的人，对一切艰难困苦都无所畏惧。相反，信念之旗倒下了，人的精神也就垮了下来。而从来就不曾拥有过信念的人对一切都会畏首畏尾，在漫长的人生旅途中抬不起头，挺不起胸，迈不开步，整天浑浑噩噩，看不到光明，因而也感觉不到人生的幸福和快乐。

一天晚上，一位名叫杰克的青年站在一条河边，一脸忧郁。

这天是他30岁生日，可他不知道自己是否还有活下去的必要。因为杰克从小在福利院里长大，身材矮小，长相也不漂亮，讲话还带着浓重的法国乡下口音。他一直很瞧不起自己，认为自己是一个既丑又笨的乡巴佬，连最普通的工作都不敢去应聘，所以他没有工作，也没有家。

就在杰克徘徊于生死之间的时候，与他一起在福利院长大的好朋友汤姆兴冲冲地跑过来对他说："杰克，告诉你一个好消息！"

"好消息从来就不属于我。"杰克一脸悲戚。

"不，我刚刚从收音机里听到一则消息。拿破仑曾经丢失了一个孙子。播音员描述的相貌特征，与你丝毫不差！"

"真的吗，我竟然是拿破仑的孙子？"杰克一下子精神大振，联想到爷爷曾经以矮小的身材指挥着千军万马，用带着泥土芳香的法语发出威严的命令，他顿感自己矮小的身材同样充满力量，讲话时的法国口音也带着几分高贵和威严。

第二天一大早，杰克满怀信心地到一家大公司应聘。

20 年后，已成为一家大公司总裁的杰克，查证出自己并非拿破仑的孙子，但这早已不重要了。

杰克的故事告诉我们，信念可以创造奇迹，信念能够唤起一个人的自信。无论是谁，只要把自己的信念牢牢地根植于心，就能够克服重重困难，实现自己的理想。

自信多一分，成功多十分

信心和能力通常是齐头并进的。

——约翰逊

自信是我们战胜困难、取得成功的重要动力。自信是成功的助燃剂，自信多一分，我们的成功就可以多十分。

拿破仑·希尔说："有方向感的自信心，令我们每一个意念都充满力量。当你用强大的自信心去推动你的致富巨轮时，你就可以平步青云。"

美国前总统里根在接受《SUCCESS》杂志采访时说："创业者若抱有无比的信心，就可以缔造一个美好的未来。"

自信是成功不可少的条件。当机会来临的时候，我们是否能把握住，往往取决于我们是否有足够的自信。这里有两个很好的例子：

麦克是《纽约时报》的一位著名记者。他总是津津乐道他是怎样找到第一份工作的。

当时，他紧张兮兮地等在办公室门外，申请材料已经送进去了。一会儿门开了，一个小职员出来："主任要看您的名片。"

麦克从来就没有准备过什么名片，他灵机一动，拿出一副扑克抽出一张黑桃 A，说："给他这个。"

半个小时后，麦克被录取了。黑桃 A 真是一张好牌。麦克若是没有足够的自信，怎敢用它当名片？

拳王阿里有一个绰号叫"牛皮诗大王"。他每次比赛前都喜欢做诗，以表达自己必胜的信心。他经常念这样的诗句：

最伟大的拳王，
20 年前便已露锋芒。
我美丽得像一幅图画，
能把任何人打垮。
……
我预告哪个回合取胜，
就像这是必然的事情。
我把敌人玩弄于掌中，
迅如雷，疾如风。

也许正是因为心中充满了自信，才使得阿里一次次击败对手。

人生的成败得失和幸福与否，关键在于是否树立了坚强的自信心。一个人心中充满了自信，他的前程必然是一片坦途。美国旅馆业大王、世界级巨富威尔逊的经历可给我们以启示。

威尔逊在创业之初，全部家当只有一台分期付款赊来的爆米花机，价值50美元。第二次世界大战结束后，威尔逊做生意赚了点钱，便决定从事地皮生意。如果说这是威尔逊的成功目标，那么，这一目标的确定，就是基于他对自己的市场需求预测充满信心。

当时，在美国从事地皮生意的人并不多，因为战后人们一般都比较穷，买地皮修房子、建商店、盖厂房的人很少，地皮的价格也很低。当亲朋好友听说威尔逊要做地皮生意时，异口同声地反对。

而威尔逊却坚持己见，他认为反对他的人目光短浅。他认为虽然连年的战争使美国的经济很不景气，但美国是战胜国，它的经济会很快地进入大发展时期。到那时买地皮的人一定会增多，地皮的价格会暴涨。

于是，威尔逊用手头的全部资金再加上一部分贷款在市郊买下很大的一片荒地。这片土地地势低洼，不适宜耕种，所以很少有人问津。可是威尔逊亲自观察了以后，还是决定买下这片土地。他的预测是：美国经济会很快繁荣，城市人口会日益增多，市区将会不断扩大，必然向郊区延伸。在不远的将来，这片土地一定会变成黄金地段。

后来的情况正如威尔逊所料。不出3年，城市人口剧增，市区迅速发展，大马路一直修到威尔逊买的土地的边上。这时，人们才发现，这片土地周围风景宜人，是夏日避暑的好地方。于是，这片土地价格倍增，许多商人竞相出高价购买，但威尔逊不为眼前的利益所惑，他还有更长远的打算。后来，威尔逊在自己这片土地上盖起了一座汽车旅馆，命名为"假日旅馆"。由于它的地理位置好，舒适方便，开业后，顾客盈门，生意非常兴隆。从此以后，威尔逊的生意越做越大，他的"假日旅馆"逐步遍及世界各地。

威尔逊的经历告诉我们，一个人的成败和他的自信心息息相关。如果一个人时刻对自己充满自信，能够坚定不移地去做自己心中认定的事情，那么即使他才能平平，也可以取得卓越的成就。

勇于挑战自己的缺憾

对于凌驾命运之上的人来说，信心是命运的主宰。

——海伦·凯勒

汤姆·邓普生出生的时候，只有半只脚和一只畸形的右手。但是，小邓普生的父母并不因此而沮丧，也从来不让他因为自己的残疾而感到不安。

结果，在他们的鼓励和帮助下，邓普生竟然能够把同龄人能做的事情都做得非常好。比如说，如果别的孩子能走完16千米，那么小邓普生也同样能走完16千米。后来，他又踢橄榄球。经过一段时间的训练，当他和别的孩子在一起玩的时候，他十分惊讶地发现，自己能够和他们一样把球踢得很远。

于是，他不禁对自己更加充满信心。他让人专门为他设计了一双鞋子，参加了踢球测验，最终他竟然获得了冲锋队的球员资格。

但是冲锋队的教练很委婉地说他"不具有做职业橄榄球员

的条件"，让他去试试其他的事情。

最后，他申请加入新奥尔良圣徒队，并且请求教练能给他一次机会。圣徒队的教练虽然心存疑虑，但是看到这孩子这么自信，便对他有了好感，因此就收下了他。

两个星期后，圣徒队的教练对他的印象更深了，因为他在一次友谊赛中一脚将球踢出了 50 米远并得分。

这是一个伟大而又激动人心的时刻，球场上坐满了 66000 名球迷。球是在约 26 米线上，比赛只剩下几秒钟，球队需把球推进到 41 米线，但是到这个时候可以说已没有时间了。

"邓普生，进场踢球。"教练大声说。

邓普生进场的时候，他知道他的队距离分线有 50 米远，这一距离只有巴第摩尔雄马队的英雄毕特·瑞奇踢出来过。

球传接得很好，邓普生一脚全力踢在球上，球笔直地前进。但是球踢得够远吗？全场的球迷都屏住了自己的呼吸。

接着终端得分线上的裁判举起了双手，得了 3 分，球从球门横杆上几厘米的地方越过。

最终，邓普生所在的队取得了胜利。

球迷们狂呼乱叫，他们为踢得最远的一球而兴奋，要知道，这是只有半只脚和一只畸形的手的球员踢出来的！

"真是让人难以相信。"有人大声叫。

但是邓普生却只是笑了笑。他想起了自己的父母，他们告诉他的是他能做什么，而不是他不能做什么。

邓普生这一表现使他成为了圣徒队的正式球员。

在以后的赛季中，他为自己的球队赢得了 99 分。

他之所以创造了这么了不起的记录，正如他自己所说的：

"他们从来没有告诉我，我有什么不能做的。"

汤姆·邓普生的成功是一个勇于挑战自己缺憾的感人事例。

不要受他人评价的左右

一个人除非自己有信心，否则不能带给别人信心，已经信服自己的人，方可使人信服。

——阿诺德

社会心理学家指出，大多数人都很容易接受外来意见。人类天生受父母、爱人、家人、朋友的影响开放心胸，他们的评价对孩子的成长有很大的影响。对大部分孩子来说，他们的一生，往往早已被父母设计定型，如此一来，他们便可能隐匿了内心真正的驱动力。譬如，贺罗德天生残疾，他的父母希望他做文书方面的工作，但他抗拒他们的建议，做了他所希望的木匠。另一位会计肯恩也有类似的经验，他说："我父母强调安全，他们希望我做会计工作。我赞同了他们的决定，便做了会计，但我的天性实在比较喜欢表现，比较浪漫化一点。"现在，他计划2年后等孩子开始工作后，便进艺术学校当个老学生。

大多数人都被证明，轻易接受建议是危险的，旁人的建议，无法使自己变成个人真正的样子，反而容易被操纵成别人理想的样子。

"做任何事情，开始时，最为重要的是不要让那些总爱唱反调的人破坏了你的理想。"芭芭拉·格罗根指出，"这世界上爱唱反调的人真是太多了，他们随时随地都可能会列举出若干个理由，说你的理想不可能实现，在这种情况下，你一定要坚定自己的立场，相信自己的力量，不要因为他人的评价而放弃自己内心的想法。"

哈代是一个发明家，但他周围的朋友和同事都认为他是一个满脑子怪念头的"傻瓜"。当他弄明白电影发明的原理之后，便从电影胶卷的转盘中产生了灵感：他让胶卷上的画面一次只向前移动一格，以便老师能够有充足的时间详细阐述画面里的内容。

这个想法让哈代受到不少嘲笑，但是他没有因此退缩，经过反复试验之后，哈代终于成功地实现了让画面与声音同步进行的目标，创造了"视听训练法"。

另外，作为一名游泳运动员，哈代曾经两度入选美国奥运会游泳代表队，也曾经连续3届获得"密西西比河16千米马拉松赛"的冠军。哈代在游泳的时候，觉得大家在比赛时使用的游泳姿势不好，决心加以改变。

但是，当他把想法告诉教练时，教练认为他的想法太过荒唐，立刻加以拒绝。一位游泳冠军也告诫他不要冒险尝试，以免不小心在水里淹死。

当然，哈代还是没有理会他们的告诫，仍然不断地挑战传统的游泳姿势，最后终于发明了自由式游泳。自由式游泳现在已经成为国际游泳比赛的标准姿势之一。

不要怕被称为傻瓜，有时候，真理只站在少数人这边。要相信自己内心的想法，努力去实现它，这样，你才能取得人生的胜利。巴尔扎克说过："发明家全靠一股了不起的信心支持，才有勇气在不可知的天地中前进。"同样，在人生成长的道路上，你也要靠自己内心强大的自信支持自己的行动，而不是让别人的言行左右你的成长。

杰克是一位年轻的画家。有一次他在完成一幅杰作后，拿着画作到展厅去展出。为了能听取更多的意见，他特意在他的画作旁放上一支笔。这样一来，每一位观赏者，如果认为此画有败笔之处，都可以直接用笔在上面圈点。

当天晚上，杰克兴冲冲地去取画，却发现整个画面都被涂满了记号，没有一笔一画不被指责的。他十分懊丧，对这次的尝试深感失望。

他把他的遭遇告诉了一位朋友，朋友告诉他不妨换一种方式试试，于是，他临摹了同样一张画拿去展出。但是这一次，他要求每位观赏者将其最为欣赏的妙笔之处标上记号。

等到他再取回画时，结果发现画面也被涂满了记号。一切曾被指责的地方，如今都换上了赞美的标记。

"哦!"他不无感慨地说，"现在我终于发现了一个奥秘：无论做什么事情，不可能让所有的人都满意。因为，在一些人看来是丑恶的东西，在另一些人眼里或许是美好的。"

画展里的这种情况，我们常常会在现实生活里碰到。同样的事，同样的人，常常会得到不同的评价。仔细想想，这也并不奇怪，因为人世间每一个人的眼光都不相同，理解事物的角度也不一样。所以遇事要用正确的思维方式，不要完全相信你听到的、看到的一切，也不要因为他人一时的批评而迷失自己。

我们无论做什么，一定要对自己有一个清楚的认识，要有自己的主见，不能因为别人一时的批评和议论而迷失自己，改变自己，失去了自己的主见。

　　心理学家认为，外部因素虽然可以影响一个人的决定，然而真正起决定性作用的还在于一个人的内心。也就是说，不经你的同意，没有人能够影响你。一个人的自信心越强，就越不容易受到外界的影响。心理学家讲过这样一个例子：如果你在船上走近一位看起来很可怜的人，对他说："你看起来好像很不舒服，你的脸色好苍白，我想你一定是晕船了。我扶你到你的船舱去。"你晕船的提示和他自己的恐惧感联结在一起，该乘客的脸色会变得更苍白了。他接受了你的扶助，到船舱里躺了下来。你的消极的、不好的提示经他接受之后，就成真了。

　　对于同一提示，不同的人会有不同的反应。这是因为他们潜意识所接受的状况和思想不同。如果你不是走近一名乘客，而是走到一名水手面前，同情地说："老弟，你看起来好像很不舒服。你感到难过吗？我看，你要晕船了。"

　　由于他特有的身份，他不是笑说你在"开玩笑"，就是会显得有点生气。在这种情形之下，你的提示他是听不进去的。因为你提出晕船的提示，在他心中丝毫没有一点恐惧或忧虑，反而会激起他的自信心。

　　一项提示或者评价是把某种事物状况灌输到一个人心中的行为或步骤，也就是一个人的心智对所提示的想法和观念加以考虑、接受，或付诸实施的处理过程。你必须记住：一项提示如果和你的意念方向不一，就无法把某种事物状况灌输到潜意识中。换句话说，你的意识具有排斥提示的力量。譬如，对于水手来说，他根本不怕晕船。他早已使自己深信自己不会晕船，因此你的消极的、否定的提示，对他根本就不起作用。

我们每个人，内心都有着自己的信念和见解。我们心里的这些认定，会统治、支配我们的生活。别人的提示本身并没有力量，除非你在心理上已经接受了它。一旦你接受了它，就会促使你思想上的改变，对你的成长轨迹造成影响。

找到属于自己的音符

不要失去信心，只要坚持不懈，就会有成果。

——钱学森

富兰克林说过，宝物放错了地方便是废物。一个人找到自己的特长，学会经营自己的长处，就能够化自卑为自信。事实上，每个人都有自己的长处，教育家 R. H. 里夫斯博士写过一个常被人引用的寓言，题为"动物学校"，该寓言说明了尊重差异的重要性。故事是这样讲的：

很久很久以前，动物们决定必须干一番勇敢的事业，以应付"新世界"的问题。于是，它们建立了一所学校，选定了活动课程，其中包括跑步、爬树、游泳和飞翔。为了方便管理，所有动物要参加所有科目。

鸭子擅长游泳，实际上比教练游得都好，飞翔的成绩也很优异，但却很不擅长跑步，由于它跑步成绩很差，放学后只得留在学校，还不得不中断游泳来练习跑步。它练呀，练呀，直到最后把双脚磨得不成样子，游泳也落了个一般水平。然而，在学校里，一般水平是可以接受的，所以，除了鸭子本身外，没有谁为此而担忧。

兔子开始在全班跑得最快，但由于需要一次次地补考游泳，因此神经衰弱了。

松鼠爬树成绩优异，可后来被飞翔课搞得灰心丧气，因为老师让它从地面向上飞，而不是从树上向下飞。它由于练得太用劲，把肌肉扭伤了，结果爬树得了 C，跑步得了 D。

鹰最不听话，不得不被严加约束。在爬树课上，它击败所有对手，首先到达树顶，但却坚持使用自己的方式。

这年结束时，一条游泳技术超群，在跑步、爬树和飞翔方面也略具本领的畸形鳝鱼平均成绩最好，并成为致告别词的毕业生代表。

R. H. 里夫斯博士的这则寓言说明了每个人的才能都是有差异的，我们不必因为羡慕别人的长处而丧失自己的自信，而应当找到自己的长处，努力将自己的长处发掘出来，这样，有助于我们在内心树立起自信。

李扬是一位著名的配音演员，广受大家喜爱的卡通形象唐老鸭就是他配的音。李扬在初中毕业后参了军，在部队当一名工程兵，他的工作内容是挖土、打坑道、运灰浆、建房屋。可是李扬明白，自己身上潜在的宝藏还没有被开发出来：那就是自己一直喜爱的影视艺术和文学艺术。

在一般人看来，这两种工作简直是风马牛不相及的。但李扬却坚信自己在这方面有潜力，应该努力把它们发掘出来。于是他抓紧时间工作，认真读书看报，博览众多的名著剧本，并且尝试着自己搞些创作。退伍后，李扬成了一名普通工人，但是他仍然坚持不懈地追求自己的理想。没过多久，大学恢复招生考试，李扬考上了北京工业大学机械系，变成了一名大学生。从此，他用来发掘自己身上宝藏的机会一下子多了起来。经几个朋友的介绍，李扬在短短的5年中参加了数部外国影片的译制录音工作。这个业余爱好者凭借着生动的、富有想象力的声音，参加了《西游记》中美猴王的配音工作。1986年初，李扬迎来了自己事业中的辉煌时刻，风靡世界的动画片《米老鼠和唐老鸭》招聘汉语配音演员，风格独特的李扬一下子被迪斯尼公司相中，为可爱滑稽的唐老鸭配音，从此一举成名。李扬说，自己之所以成功，是因为一直没有停止过发掘自己的长处。

很多人之所以自卑就是因为没有找到自己的长处，没有发掘出自身的潜力。每个人身上都有独特的特长和天分，只要能找出自己的特长，发挥自己的天分，你就能够为自己赢得自信。

每个人都有自己的特长，并适合于不同的工作岗位。不同的工作岗位对人才的素质与才能的要求也不同。比如，做一个杰出的临床医生，必须具有很好的记忆力；研究理论物理学，抽象思维能力不可少；一个数学家没有必要一定具备实际操作、设计和做实验的能力，虽然这种能力对于一个化学研究者来说是必不可少的；而天文学是一门观察科学，需要很好的观察能力、浓厚的兴趣和长久的毅力。

人的兴趣、才能、素质也是不同的。如果你不了解这一点，没能把自己的长处利用起来，你所从事的行业需要的素质和才能正是你所缺乏的，那么，你将在平凡的工作中失掉信心和热情，而你的才能也将会被埋没。反之，如果你有自知之明，善于自我设计，从事你最擅长的工作，你就会获得成功。

树立自信，走出自卑的泥潭

我的力量是真正源泉，是一种暗中的、永不变更的、对未来的信心。甚至不只是信心，而是一种确信。

——杜·伽尔

心理学认为，每个人对自己都或多或少带有一些不恰当的认识，自卑就是一种因过多的自我否定产生的自我贬低的情绪体验，是一种认为自己在某些方面不如他人的自我意识和否定自己的消极心理，是由主观和客观原因造成的。

人的自卑心理来源于心理上一种消极的自我暗示，即"我不行""不可能"等，对自己的能力、学识、品质等自身因素、自我评价过低，在日常生活中表现出行为畏缩、瞻前顾后、心理的承受能力较弱、经不起较强的刺激、谨小慎微、多愁善感等。长期被自卑情绪笼罩的人，一方面感到自己处处不如别人，一方面又害怕别人瞧不起自己，逐渐形成了敏感多疑、胆小孤僻等不良的个性特征。自卑使他们不敢主动与人交往，不敢在公共场合发言，消极应付工作和学习，不思进取。因为自认是弱者，所以无意争取成功，只是被动服从并尽力逃避责任。自卑不仅会使心理活动失去平衡，而且也会引起人的生理变化，明显生理上的变化反过来又影响心理变化，加重人的自卑心理。在自卑心理的作用下，遇到困难、挫折时往往会出现焦虑、泄气、失望、颓丧的情感反应。一个人如果做了自卑的俘虏，不仅会影响身心健康，还会使聪明才智和创造能力得不到发挥，使人觉得自己难有作为，生活没有意义。

自卑是一种常见的心理现象，自卑与生俱来，人人都有。无论圣人贤士、帝王富豪还是布衣寒士、贩夫走卒，在潜意识里都是充满自卑感的，真所谓"天下无人不自卑"，几乎所有的人都存在自卑感，只是表现的方式和程度不同而已。

自卑是每个人都会有的心理现象，然而作为一个成功者，他能够克服自卑、超越自卑，合理地调节心理承受力，从而成功地做好事情。他们都用什么方法来调控自己呢？

认识法

运用全面的、辩证的、发展的观点看待自己和周围的事物，认识到人不会是十全十美的，人是追求完美、不断完善的；而对于自己的缺点也不能悲观，正视缺点并设法弥补它，这样你便会消除自卑。

转移法

把兴趣转向自己爱好的业余活动或事业上，淡化心理上的自卑阴影，缓解紧张。

分析法

这种方法也叫心理分析法，即通过向心理医生咨询，了解到自卑的原因，对症下药，解决自卑问题。

行动法

行动法也就是找一些较容易的工作，然后用自己的实力完成，这样便会收获一份喜悦。接着再找一个新的目标，完成后再找。这样你的自信心就会逐渐恢复，从而战胜自卑。

补偿法

补偿法也就是通过努力奋斗，突出自己某一方面的特长，从而弥补自己心理上或生理上的缺陷。这就是心理学上的"代偿作用"，即扬长避短，把自卑转化为自强的动力。

古人说"有长必有短，有明必有暗"，所以每个人都是一样的，人人都有自卑的一面。而在通往成功的路上，只有战胜"自卑"，才能成为一个自信的成功者。

在搏击中，最好的防卫方式是进攻。同样，在战胜自卑的过程中，最好的方式就是在内心中树立起自信，用自信去驱逐内心的自卑。下面是我们提出的一些方法，有助于提升你的自信心。

学会正视别人

不正视别人通常意味着：在你面前我感到很自卑，我感到不如你，我怕你……而正视等于告诉别人：我很诚实，光明磊落，毫不心虚。请练习正视别人吧！这不但能带给你自信，也能为你赢得别人的信任。

练习当众发言

在会议中沉默的人都认为："我的意见可能没有价值，如果说出来，别人会觉得我很蠢，我最好什么也别说。"越是这样想，人就越来越会失去自信。但如果积极发言，就会增加信心，下次也就更容易发言。要当破冰船，第一个打破沉默，不要担心你会显得很愚蠢，因为总会有人同意你的意见。

经常开怀大笑

这是医治信心不足的良药。开怀大笑，你会觉得美好的日子又来了。但是要笑得大，不要要笑不笑，要露齿大笑才能见效。

注意仪表

从理论上说，我们应当看重一个人的内在而不是外表。但请你不要太天真，大多数人都是以你的外貌打量你，因为你的外表是给人的第一印象，而且这种印象会持续下去，在许多方面影响别人对你的看法。穿着得体是必要的，因为这样不但会使别人看你时觉得你很重要，你也会因此而觉得自己真的很重要。当你去面试，当你去与人谈判，当你去赴约，请你为这些活动打扮一下。

经常鼓励自己

你要经常自己鼓励自己。在做一项工作前，先要鼓足自己的勇气，要找出自己能做好这项工作的有利条件、长处、优点，并且勉励自己。你也不要忘了在做成这项工作后，自我庆祝一下，自己给自己一份嘉奖：去吃顿大餐，或给自己放个假休息一下。

自信心对于一个人是非常重要的。没有自信心，会束缚自己发展的手脚，也不会得到别人的敬重和信任。但自信必须有知识做后盾，这是我们应该牢记的。

第二章 自立

——自立自主方可驾驭人生

哈佛告诉你⋯⋯⋯⋯⋯⋯⋯⋯⋯⋯⋯⋯⋯⋯⋯⋯⋯⋯⋯⋯⋯⋯⋯⋯⋯⋯⋯

自立是生存的开始，是成功的保证。青少年应当学会在社会中自立，不能太依赖别人的帮助。依靠别人的帮助只能满足一时之需，要想在社会中生存下去，就得依靠自己的力量。青少年要想在未来的社会竞争中取胜，就应当及早培养自立自主的意识，做到自立自强。

自立是生存的开始

人，谁都想依赖强者，但真正可以依赖的只有自己。

——德田虎雄

自立是生存的开始。如果一个人总是依靠别人的搀扶才能够行走，总是要靠别人的指点才能够行动，那么这个人一旦失去了别人的帮助，就没有了独立生存下去的能力。

一群小狐狸稍稍长大后，狐狸妈妈便"逼"它们离开家。曾经很护崽的狐狸妈妈忽然像发了疯似的，就是不让小狐狸们进家，又咬又赶，非要把它们都从家里撵走。最后小狐狸们只好依依不舍地开始自己的独立生活。多么冷酷的心理断奶！但这又是多么理智的生存教育啊！我们也应该像狐狸妈妈对待小狐狸那样来对待自己。

在比尔·克林顿7岁的时候，家里在温泉城外买了一个小农场，并且雇佣了一名女佣。比尔的家庭并不富裕，但是雇女佣是霍普人的传统。每当克林顿的母亲去医院上班，女佣便负责照料克林顿和弟弟罗杰的起居。但克林顿几乎不用女佣照料，一切都试着自己去做。不仅如此，他还常常主动照顾弟弟罗杰，陪他玩耍，哄他入睡。母亲回忆说，不是谁要克林顿那样去做，而是克林顿常常抢着去做女佣该做的事情，"完全负起了责任"。这有时令女佣感到非常为难。

女佣玛丽对克林顿的优良品行和高度责任心十分赞叹，断定克林顿将来必成大器。她说自己很早就发现克林顿跟别的孩子不同。他对人友善、礼貌，而且有很强的责任心和领导力，学校中的一些小伙伴常常围着他转，他俨然是他们当中的"头"。回到家里，他不用别人督促，会井井有条地把该干的事情干好。

克林顿之所以能够成为美国总统，有很大一部分原因得益于他在很小的时候就树立了独立自主的精神，凡事都试着自己去做。在西方世界中，青年人较强的自立意识十分值得我们学习。尊重个人价值、个人尊严是自立、自强观念的核心。美国人的自立意识是生活方式中的最根本观念，是信奉个人主义。其含义是相信每个人都具有价值，都应按其本人的意愿和表现来对待和衡量。这种个人主义同自私自利不同，它表现在社会实践中，是对个人独立性、创造性、负责精神和个人尊严的尊重。在家庭中，孩子应受到作为个人的尊重。成年后，他们对自己的生活和前途有选择的权利和自由，从而对自己的遭遇，不论好坏都由自己负责。父母只能起"咨询作用"，不能为儿女代为安排个人的事宜。成年儿女一般都自立门户，独立生活。

美国的一些大学生，尽管父母有钱，也不愿仰仗他们。毕业后找不到合适的工作，用不上专业特长，宁可降格以求，大材小用。目的是要有工作，自己挣钱独立生活。

这些大学生中，自力更生、勤工俭学的占较大比例，"花花公子"式的是少数。学生在学校里"打工"，维护环境卫生等，收取一定报酬。他们并不以干各种杂工为耻，都能尽职做好。因而美国的大学生当临时工的不少，他们养成了劳动的习惯，增长了社会知识，还学会了某些技能，也解决了部分学习费用。

曾经有一本名为《20岁的年轻人必须尝试的50件事》的畅销书，书中阐述的一个观点是要求青年"在生活目标上做一个'不孝者'——你的一生不属于你的父母"。提倡的就是这种自立于世的意识。

"独立自主"已经成为美国等西方国家青少年教育的"传统"，在这种传统的教育下，这些国家的青年们都有较强的自立意识。美国有一位有名的富豪，为自己大学毕业的孩子举办了毕业酒会。他举着一杯100美金的酒，对众人说："我今天真高兴，因为从现在起，他应该落到地面，自己走路了。"

这个富豪之子，只身到了纽约，租了一间小公寓，自己闯荡江湖。23岁的他，再不要父母的呵护，不要父母的供给，而义无反顾地走自己的路，向着成功的阶梯攀登。

自立是青少年准备面向未来的重要素质，也是他们迈向成熟的第一步。在生存的道路上，自立是最开始的准备工作。

俗话说，"总在窝里的鹰永远也不会飞"，要做到自立自强，有时候就要对自己有一股"狠"劲儿，要逼着自己经历风吹雨打，哪怕冻得牙关紧咬；要扛起最重的担子，哪怕压得气喘吁吁。

王明是一位博士，他对"穷人的孩子早当家"这句话有着深刻的体会。王明幼时家境不太好，因此，从小父母就教他洗衣、做饭，当时他很不开心。上初中时，母亲生病住院，父亲忙得不可开交，他就自己照顾自己，有时还能给父母做饭。从那以后，他知道了生活自理对一个青少年的重要。直到最终事业有成，他一直坚持自己的事自己做。

自立是生存的开始。如果我们要在生活中自立，就要养成自理的好习惯，自己能做好的事一定要靠自己的力量做好。因为我们迟早要独自面对这个社会。如果说长辈的呵护是一篓鲜嫩的鱼，那么自理就是一根渔竿。鱼总有吃完的时候，你只有得到钓鱼的渔竿，才能保证你未来的生活衣食无忧。

然而，在现在的青少年朋友中，具有自理能力的实在太少了。

中国青少年研究中心"中国城市独生子女人格发展状况调查"显示，20.4%的青少年明确表示"缺少生活自理能力"；18.3%的青少年"做事依赖别人"；28%的青少年"很少帮助家长干活"。

国内一位著名的青少年教育专家曾忧心忡忡地说，青少年在父母如此"周到"的服务、如此"严密"的保护中，自理行为大大减弱，对成年人依赖性越来越强。很多青少年都将父母的呵护当作"拐杖"，可是却没有想过，一旦离开了"拐杖"，自己就寸步难行。

青少年朋友将来面对的竞争，绝不仅仅是知识和智能的较量，而是综合能力的较量。没有自理能力，你在起跑线上就输了。因此，从小培养自理能力，是每个杰出青少年必须具备的素质要求。

青少年可以通过以下几种途径培养自己的自理能力。

首先，要养成生活自理的意识。

我们缺乏培养自理能力的意识主要有两方面的原因：一方面是娇惯自己，不愿意让自己"受苦"，怕自己不小心磕着或碰着。另一方面是父母怕麻烦，有些父母说：有教孩子做事情的那些时间，自己也就替他做好了。其余的事情包括力所能及的事都不用做，从而剥夺了他们生活自理的机会。

事实上，这种完全忽略自理能力培养的心态，既害了孩子，也害了父母。因此，强化培养自理能力的意识是很有必要的。

其次，要养成自己动手的习惯。

在训练自理能力的时候，除了训练自己管理自己的日常生活以外，还要特别强调训练自己学做家务。如自己做早点、洗袜子、拿牛奶、买东西等。同时，可以要求父母对你提出切合实际的要求并做出具体的技术性指导，即使是洗手帕、洗碗碟或收拾房屋也要注意这一点。

最后，要正确对待自己的错误。

有时候，由于年龄小、认知水平不高、考虑问题不周全、力气小，在做事的过程中，难免会出现一些失误。不要指责自己，更不能惩罚自己，对于有失误的地方，要分析原因，找到问题所在，以提高操作的技能和水平。这样，既能保护自己自理生活的自觉性、积极性，培养良好的心理品质；又能逐步走向成熟，不断提高自己的认知水平和生活自理能力。

如果你总是做得不好，也切不可性急，更不能灰心沮丧，自我否定。要以激励为主，肯定自己做得好的方面，在此基础上找出不足之处，从而为下一次避免失误找到方法。这样做，不仅可以锻炼自理能力，而且极大地增强了自信心，将对促进身心发展产生积极作用。

自助者天助

智者一切求自己，愚者一切求他人。

——卡莱

在非洲草原上，一头大象步履蹒跚，艰难地在烈日下行走。

这是一头正在生病的大象，它要独自行走30多公里去远处采食一种植物。那种植物有着神奇的作用，吃下它，大象的病很快就能好转。

　　大象默默地前行着，四只巨大的象蹄轮番有序地慢慢抬起，又沉重地落下，庞大的身躯因忍受着阳光的灼烤和病痛的折磨而前行缓缓。

　　除了长途跋涉带来的倦怠，大象的心被一种意念所覆盖，那便是尽快吃到治病草而求得新生！

　　虽然有枯黄的草原、沉闷的天空、灼热的太阳，生病的大象还是走完了寂寞的全程，找到了治病的植物。它用鼻子卷起这种植物，大把大把地送入口中。

　　数日后，生病的大象康复了。它回到了象群中，甩着长长的鼻子和同伴们在广袤的大草原上快乐的嬉戏游玩。

　　只要我们不放弃生命，生命从来不会主动放弃我们。面对不幸，如果屈服于命运，并企图以此博取别人的同情，这样的人只能永远躺在自己的不幸中哀鸣，不会再有站起来的一天。我们的生命只有一次，自助者天助。在生命面前，经历些艰辛、洒落些泪水又算得了什么呢？

　　自助者，天助之。遇到问题，不要抱怨，不要依赖于别人，自己积极地动脑筋，想办法，一切都会迎刃而解的。

　　自力更生和自己战胜自己能够教会一个人从自身力量中汲取动力。在这种动力的激发下，挫折不仅不会变成不幸和痛苦，相反，通过吃苦耐劳、坚忍不拔的自助实干，挫折和不幸会转化成为一种幸福，它能够唤起人们奋发向上的激情，并为之勇敢地战斗。

　　约翰·内斯出生于 1932 年。他在出生的时候发过一次高烧，结果导致他患上了大脑神经系统瘫痪，这种神经系统紊乱严重影响了他的说话、行走和对肢体的控制。他长大后，人们都认为他肯定在神智上还存在着严重的缺陷和障碍，州福利院将他定为"不适于被雇用的人"。专家们说他永远都不能工作。

约翰能取得日后的成就应当感谢他的母亲，她一直鼓励约翰做一些力所能及的事情。她一次又一次地对约翰说："你能行，你能够工作、能够独立。"

约翰受到母亲的鼓励后，开始从事推销员的工作。他从来没有将自己看作是"残疾人"。开始时，他向福勒刷子公司提交了一份工作申请，但该公司拒绝了他，并说他根本无法完成该公司的业务。其他几家公司都做出了同样的判断。但约翰坚持了下来，他发誓一定要找到工作，最后怀特金斯公司很不情愿地接受了他，同时也提出了一个条件：约翰必须接受没有人愿意承担的波特兰、奥根地区的业务。虽然条件非常苛刻，但毕竟是个机会，约翰欣然接受了，约翰终于坚定地在自我的道路上迈开了第一步。

1959年，约翰第一次上门推销，反复犹豫了4次，才最终鼓起勇气按响了门铃，开门的人对约翰推销的产品并不感兴趣。接着是第二家、第三家。约翰的生活习惯让他始终把注意力放在寻求更强大的生存技巧上，所以即使顾客对产品不感兴趣，他也不会灰心丧气，而是一遍一遍地去敲开其他人家的门，直到找到对产品感兴趣的顾客。

38年来，他的生活几乎重复着同样的路线，他一直坚定地走着自己的道路。

每天早上，在他工作的路上，约翰会在一个擦鞋摊前停下来，让别人帮他系一下鞋带，因为他的手非常不灵巧，要花很长时间才能系好；然后在一家宾馆门前停下来，宾馆的接待员给他扣上衬衫的扣子，帮他整理好领带，使约翰看上去更整洁一些。不论刮风，还是下雨，约翰每天都要走 16 千米，背着沉重的样品包，四处奔波，那只右胳膊蜷缩在身体后面。这样过了 3 个月，约翰敲遍了这个地区的所有人家的门。当他做成交易时，顾客会帮助他填写好订单，因为约翰的手几乎拿不住笔。

出门 14 个小时后，约翰会筋疲力尽地回到家中，此时他关节疼痛，而且偏头痛还时常折磨着他。

一年年过去了，约翰负责的地区的家门越来越多地被他打开了，他的销售额也渐渐地上升了。24 年过去了，他上百万次地敲开了一扇又一扇的门，最终他成了怀特金斯公司在西部地区销售额最高的推销员，也成为了最有销售技巧的推销员。

在顽强的自我奋斗的路上，约翰获得了巨大的成就。

1996 年夏天，怀特金斯公司在全国建立了连锁机构，现在约翰没有必要上门进行推销、说服人们来购买他的产品了。此时，约翰成了怀特金斯公司的产品形象代表，他是公司历史上最出色的推销员，公司以约翰的形象和事迹向人们展示公司的实力。怀特金斯公司对约翰的勇气和杰出的业绩进行了表彰，他第一个得到了公司主席颁发的杰出贡献奖，后来这个奖项只颁发给那些拥有像约翰·内斯那样杰出成就的人。

在颁奖仪式上，约翰的同事们站起来为他欢呼鼓掌，欢呼和泪水持续了 5 分钟。怀特金斯公司的总经理告诉他的雇员们："约翰告诉我们，一个有目标的人，只要全身心地投入到追求目标的努力中，那么生活中就没有事情是不可能做到的。"那天晚上约翰·内斯的眼中没有痛苦，只有骄傲和自豪。

约翰·内斯的故事说明了这样一个道理，一个人只要相信并充分依靠自己的力量，自立自强，便没有克服不了的困难。世界上真正能拯救自己和帮助自己的人只有自己。

有一次，美孚石油公司董事长洛奇到一家分公司去视察工作。在卫生间里，他看到一位小伙子正跪在地上擦洗黑污的水渍，并且每擦一下，就虔诚地叩一下头。洛奇感到很奇怪，问他为何如此？这位小伙子答道："我在感谢一位圣人。"

洛奇问他为何要感谢那位圣人？小伙子说："是他帮助我找到了这份工作，让我终于有了饭吃。"

洛奇笑了，说："我曾经也遇到一位圣人，他使我成了美孚石油公司的董事长，你愿意见他一下吗？"小伙子说："我是个孤儿，从小靠别人养大，我一直都想报答养育过我的人。这位圣人若能使我吃饱之后，还有余钱，我很愿意去拜访他。"

洛奇说："你一定知道，南非有一座高山，叫胡克山。据我所知，那上面住着一位圣人，能为人指点迷津，凡是遇到他的人都会前程似锦。10年前，我到南非登上过那座山，正巧遇上他，并得到他的指点。假如你愿意去拜访，我可以向你的经理说情，准你一个月的假。"

这位年轻的小伙子很相信神的帮助，他谢过洛奇后就真的上路了。他风餐露宿，日夜兼程，最后终于到达了自己心中的圣地。然而，他在山顶徘徊了一天，除了自己，什么都没有遇到。

小伙子很失望地回来了。他见到洛奇后说的第一句话是："董事长先生，一路我处处留意，但直至山顶，我发现，除我之外，根本没有什么圣人。"

洛奇说："你说得很对，除你之外，根本没有什么圣人。因为，你自己就是圣人。"

后来，这位小伙子成了美孚石油公司一家分公司的经理，有一次，在接受记者采访时，他向记者讲述了上面的故事，并补充了这么一句话："发现自己的那一天，就是人生成功的开始。任何人只要相信自己，就能够创造奇迹。"

一个人唯一可靠的是自己，除了你自己，没有另外一个人可以带给你成功。你发现自己的那一天，就是你人生成功的开始。

自食其力才能赢得尊严

手懒的要受贫穷，手勤的得到富足。

——《圣经》

从前，老虎并不像现在这样威风，相反他是所有动物中最弱小的一个。因为捕捉不到动物，常常是饥一顿，饱一顿。

于是，狮王把所有的小动物都召集起来说："老虎是我们中的一员，我们不能眼睁睁地看着他饿肚子而不管不问。我建议，大家都伸出友谊之手，拉他一把，帮他度过难关。"

于是，动物们都给老虎送去了好吃的东西，唯有猫什么东西也没有送。

狮王不高兴地对猫说："大家都为老虎送了东西，你怎么什么都不送呢？"

猫说："你们送给他的东西虽然很多，但总有一天会吃完的，我要送给他一件永远吃不完的礼物。"

狮王不屑地说："算了吧，你除了能送几只老鼠外，还能送什么呢？"

猫回答说："以后你会看到的。"

几个月以后，狮王又来到老虎家。好家伙！老虎家里里外外到处都挂着好吃的东西。

狮王问："这些东西都是猫送的？"

"不，"老虎说，"他送的礼物要比这些东西贵重千万倍！"

狮王好奇地问："那究竟是什么东西？"

老虎说："他教我练壮了身体，又教我学会了捕食的本领。"

"噢！"狮王从头到尾把老虎打量了一番说，"难怪你那么崇拜他呢，连衣服也和他穿得一模一样！"

再多的好东西都比不上一身本领。要想在社会上立足，就要摆脱依赖他人的想法，不断提高自身的能力，练就一身谋生的好本领，这样才能为自己赢得尊严。

一年冬天，美国加州的一个小镇上来了一群逃难的流亡者。长途的奔波使他们一个个满脸风尘，疲惫不堪。善良好客的当地人家家生火做饭，款待这群逃难者。镇长约翰给一批又一批的流亡者送去粥食，这些流亡者，显然已好多天没有吃到这么好的食物了，他们接到东西，个个狼吞虎咽，连一句感谢的话也来不及说。

只有一个年轻人例外，当约翰镇长把食物送到他面前时，这个骨瘦如柴、饥肠辘辘的年轻人问："先生，吃您这么多东西，您有什么活儿需要我干吗？"约翰镇长想，给一个流亡者一顿果腹的饭食，每一个善良的人都会这么做。于是，他说："不，我没有什么活儿需要你来做。"

这个年轻人听了约翰镇长的话之后显得很失望，他说："先生，那我便不能随便吃您的东西，我不能没有经过劳动，便平白得到这些东西。"约翰镇长想了想，又说："我想起来了，我家确实有一些活儿需要你帮忙。等你吃过饭后，我就给你派活儿。"

"不，我现在就做活儿，等做完您的活儿，我再吃这些东西。"那个青年站起来。约翰镇长十分赞赏地望着这个年轻人，但他知道这个年轻人已经两天没有吃东西了，又走了这么远的路，可是不给他做些活儿，他是不会吃下这些东西的。约翰镇长思忖片刻说："小伙子，你愿意为我捶背吗？"那个年轻人便十分认真地给他捶背。捶了几分钟后，约翰镇长便站起来说："好了，小伙子，你捶得棒极了。"说完就将食物递给年轻人，他这才狼吞虎咽地吃起来。约翰镇长微笑地注视着那个青年说："小伙子，我的庄园太需要人手了，如果你愿意留下来的话，那我就太高兴了。"

那个年轻人留了下来，并很快成为约翰镇长庄园里的一把好手。两年后，约翰镇长把自己女儿詹妮许配给了他，并且对女儿说："别看他现在一无所有，可他将来百分之百是个富翁，因为他有尊严！"

果然不出所料，20多年后，那个年轻人真的成为亿万富翁了，他就是赫赫有名的美国石油大王哈默。哈默穷困潦倒之际仍然有自尊、自立的精神，赢得了别人的尊敬和欣赏，也为自己带来了好运。

一个人只有自立才能为自己赢得尊严。一个在穷困中仍然能够保持自立精神、不依靠别人的施舍生活的人，最终必将获得人生的成功。

杰克7岁那年，他的父亲去世了，他还有一个2岁大的妹妹，母亲为了这个家整日操劳，但是赚的钱仍难以让这个家的每个人都填饱肚子。看着母亲日渐憔悴的样子，杰克决定帮着赚钱养家，因为他已经长大了，应该为这个家贡献一份自己的力量了。

一天，他帮助一位先生找到了丢失的笔记本，那位先生为了答谢他，给了他1美元。

杰克用这1美元买了3把鞋刷和1盒鞋油，还自己动手做了个木头箱子。带着这些工具，他来到了街上，每当他看见路人的皮鞋上全是灰尘的时候，就对他们说："先生，我想您的鞋需要擦油了，让我来为您效劳吧!"

他对所有的人都是那样有礼貌，语气是那么真诚，以至于每一个听他说话的人都愿意让这样一个懂礼貌的孩子为自己的鞋擦油。他们实在不愿意让一个可怜的孩子感到失望，他们知道这个孩子肯定是一个懂事的孩子，面对这么懂事的孩子，怎么忍心拒绝他呢!

第一天他就带回家50美分，他用这些钱买了一些食品。他知道，从此以后每个人都不需要再挨饿了，母亲也不用像以前那样操劳了。

当母亲看到他背着擦鞋箱、带回来食品的时候，流下了高兴的泪水，说："你真的长大了，杰克。我不能赚足够的钱让你们过得更好，但是我现在相信我们将来可以过得更好。"

就这样，杰克白天工作，晚上去学校上课。他赚的钱不仅为自己交了学费，还足够维持母亲和小妹妹的生活。他知道，工作不分贵贱，只要是靠自己的劳动赚来的钱就是光荣的。

靠别人的施舍或者资助而生活的人，无法赢得别人的尊重，而他本人也体会不到劳动的价值和快乐。一个人只有自食其力才能够为自己赢得尊严，因此，青少年要摆脱依赖他人的想法，尝试着用自己的双手来养活自己。

学会自己拿主意

我们的忠告是每个人都应该坚持他为自己开辟的道路，不被权威所吓倒，不受别人的观点所牵制，也不被时尚所迷惑。

——歌德

青少年要培养独立自主的人格，就要学会遇事自己拿主意，而不是处处依赖父母，让他们替自己出主意，做主张。

独立就意味着要青少年遇事能够学会自己拿主意，要敢于坚持自己的想法，而不是总让别人替自己出主意或者是受别人言论的影响。明朝人吕坤特别反对做事没主心骨，没主见，只是"依违观望，看人言为行止"的做人方式。他说，如果做事前怕人议论，做到中间一有人提出反对意见，就不敢再做下去了，这不仅说明这个人没有"定力"，也说明其没有"定见"。没有定见和定力，就不是一个独立自主的人。吕坤说，做人做事，首先要能独立思考，辨明是非，选择正确的立场观点。吕坤进一步说，每个人的想法都不会完全一致，我们不能要求人人的看法都与自己相同。因此我们做事要看我们想达到的目标效果，而不要过于顾虑事前一些人的议论；等你事情做好了，那些议论自然也止息了。即使事情没做成，但只要是正确的，也就是应当做的，论不得成败。

意大利著名女影星索菲娅·罗兰就是一个能够坚持自己想法的人。她16岁时来到罗马，要圆她的演员梦。但她从一开始就听到了许多不利的意见。用她自己的话说，就是她个子太高，臀部太宽，鼻子太长，嘴太大，下巴太小，根本不像一般的电影演员，更不像一个意大利式的演员。制片商卡洛看中了她，带她去试了许多次镜头，可是摄影师们都抱怨无法把她拍得美艳动人，因为她的鼻子太长，臀部太"发达"。卡洛于是对索菲娅说，如果你真想干这一行，就得把鼻子和臀部"动一动"。索菲娅可不是个没主见的人，她断然拒绝了卡洛的要求。她说："我为什么非要长得和别人一样呢？我知道，鼻子是脸庞的中心，它赋予脸庞以性格，我就喜欢我的鼻子和脸保持它的原状。至于我的臀部，那是我的一部分，我只想保持我现在的样子。"她觉得不是靠外貌而是应该靠自己内在的气质和精湛的演技来取胜。她没有因为别人的议论而停下自己奋斗的脚步。最终，她成功了，那些有关她"鼻子长，嘴巴大，臀部宽"的议论都消失了，这些特征反倒成了美女的标准。索菲娅在20世纪即将结束时，被评为这个世纪的"最美丽的女性"之一。

索菲娅·罗兰在她的自传《爱情与生活》中这样写道："自我开始从影起，我就出于自然的本能，知道什么样的化妆、发型、衣服和保健最适合我。我也不模仿谁。我从不奴隶似的跟着时尚走。我只要求看上去就像我自己，非我莫属……衣服的原理亦然，我不认为你选这个式样，只是因为伊夫·圣罗郎或第奥尔告诉你，该选这个式样。如果它合身，那很好。但如果还有疑问，那还是尊重你自己的鉴别力，拒绝它为好……衣服方面的高级趣味反映了一个人健全的自我洞察力，以及从新式样选出最符合个人特点的式样的能力……你唯一能依靠的真正实在的东西……就是你和你周围环境之间的关系，你对自己的估计，以及你愿意成为哪一类人的估计。"

心理学家认为，一个具有健康人格的人是自由的人，而自由主要体现在这个人能够自主地、有选择地去支配自己的行为。这种自主感不是凭空产生的，其中很大一部分来自少年期对自由支配时间的体验。创造自己的自主空间，可以从下面几方面做起：

1. 遇事先自己拿主意。遇事先想该怎么办，自己做主，然后再听取父母的意见，从中学到解决问题的经验和技巧，这样才能使智力有所增长，培养自主的能力。

2. 尝试着培养独立思考的能力。允许自己独自在一定的限度内犯错误，甚至允许做错。但要学会从小独立思考和自我服务。

3. 当你充满信心去实践自己的主张时，不要太依赖外部的帮助。当你遇到困难时，不要轻易向父母求援或接受他们的帮助，随着你的长大和成熟，既要培养自己的责任心，又要有越来越多的独立性，你可以逐渐减少对父母的依赖和对他们的服从，以便有更多的自由去管理自己的事情。

第三章 乐观

——积极的心态改变你的世界

哈佛告诉你‥‥‥‥‥‥‥‥‥‥‥‥‥‥‥‥‥‥‥‥‥‥‥‥‥‥‥‥‥‥‥

　　积极的心态可让你获得成功的人生。决定一个人成功的因素不仅仅是能力，更重要的是能否始终乐观地看待自己周围的事物，身处逆境时能否依然积极乐观地寻找改变逆境的方法。每个人都是自己心灵的主宰，也是自己人生的主宰，面对人生的磨难和挫折，应当时刻保持积极进取的精神，在乐观中汲取继续走向成功的力量。

变更心境就能够变更生活

　　上天给人一分困难时，同时也给人一分智慧。

——雨果

　　心理学家认为，一个人具有什么样的心态，他就可以成为一个什么样的人，他就能够拥有一个什么样的人生。

　　事情往往是这样，你相信会有什么结果，就可能会有什么结果。这说明一个人可以通过变更自己的心境来变更自己的生活。

伟大的心理学家阿德勒究其一生都在研究人类及其潜能，他曾经宣称他发现人类最不可思议的一种特性——"人具有一种反败为胜的力量"。

戴尔·卡耐基讲述的一位叫汤姆森的太太的经历，正好印证了这一点。

第二次世界大战时，汤姆森太太的丈夫到一个位于沙漠中心的陆军基地驻防。

为了能经常与丈夫相聚，她搬到那附近去住，那实在是个可憎的地方，她简直没见过比那更糟糕的地方。她丈夫出外参加演习时，她就只好一个人待在那间小房子里。

热得要命——仙人掌树荫下的温度高达45摄氏度，没有一个可以谈话的人。风沙很大，到处都有沙子。

汤姆森太太觉得自己倒霉到了极点，感觉自己好可怜。于是她写信给她父母，告诉他们她放弃了，准备回家，她一分钟也不能再忍受了，她宁愿去坐牢也不想待在这个鬼地方。她父亲的回信只有3行，这3句话常常萦绕在她的心中，并改变了汤姆森太太的一生：

有两个人从铁窗朝外望去，

一人看到的是满地的泥泞，

另一个人却看到满天的繁星。

她把父亲的这几句话反复念了多遍，忽然间觉得自己很笨，于是她决定找出自己目前处境的有利之处。她开始和当地的居民交朋友。他们都非常热心，当汤姆森太太对他们的编织和陶艺表现出极大的兴趣时，他们会把拒绝卖给游客的心爱之物送给她。她开始研究各式各样的仙人掌及当地植物，试着认识土拨鼠，观赏沙漠的黄昏，寻找300万年以前的贝壳化石。

是什么给汤姆森太太带来了如此惊人的变化呢？沙漠没有改变，改变的只是她自己。因为她的态度改变了，正是这种改变使她有了一段精彩的人生经历，她发现的新天地令她既兴奋又刺激。于是她开始着手写一本书，讲述她是怎样逃出了自筑的牢狱，找到了美丽的星辰。

汤姆森太太的故事说明了这样一个朴素的道理：人可以通过改变自己的心境来改变自己的人生。对于身处逆境中的人来说更是如此。

著名的思想家爱默生说过："真正的快乐不见得是愉悦的，它多半是一种胜利。"是的，快乐来自一种成就感，一种超越的胜利，一次用积极心态战胜消极情绪的经历。

身处逆境，积极乐观的人，看什么都是明媚的，而悲观的人看什么都是暗淡的。即使是悲观的人，如果肯动手去创造，也会发现太阳并不总是被乌云遮住的。

企业家卡尔森原是一个身无分文的穷光蛋，但是他从没对自己有一天能成为富翁产生过怀疑。即使在一种十分被动和不利的条件下，他依然能够顽强进取，积极寻找成功的机会。

有一次，卡尔森发现了一个商机。于是他借来钱办了一个制造玩具的小沙漏厂。沙漏是一种古董玩具，它在时钟未发明前用来测每日的时辰；时钟问世后，沙漏已完成它的历史使命，而卡尔森却把它作为一种古董来生产销售。

本来，沙漏作为玩具，趣味性不多，孩子们自然不大喜欢它，因此销量很小。但卡尔森一时找不到其他比较适合的工作，只能继续干他的老本行。

沙漏的需求越来越少，卡尔森最后不得不停产。但他并不气馁，他完全相信自己能够战胜眼前的困难，于是他决定先好好休息，放松一下，他便每天都找些娱乐，看看棒球赛，读读书，听听音乐，或者领着妻子、孩子外出旅游。但他的头脑一刻也没有停止开拓的思考。

机会终于来了，一天，卡尔森翻看一本讲赛马的书，书上写道："马匹在现代社会里失去了它运输的功能，但是又以高娱乐价值的面目出现。"

在这不引人注目的两行字里，卡尔森好像听到了上帝的声音，高兴地跳了起来。他想："赛马骑师用的马匹比运货的马匹值钱。是啊！我应该找出沙漏的新用途！"

就这样，从书中偶得的灵感，使卡尔森精神重新振奋起来，把心思又全都放到他的沙漏上。

经过几天苦苦的思索，一个构思浮现在他的脑海：做个限时3分钟的沙漏，在3分钟内，沙漏里的沙子就会完全落到下面来，把它装在电话机旁，这样打长途电话时就不会超过3分钟，电话费就可以有效地控制了。

想好了后，他就开始动手制作。

这个东西设计上非常简单，在沙漏的两端嵌上一个精致的小木板，再接上一条铜链，然后用螺丝钉钉在电话机旁就行了。不打电话时还可以作为装饰品，看它点点滴滴落下来，虽是微不足道的小玩意，却能调剂一下现代人紧张的生活。

担心电话费支出的人很多，卡尔森的新沙漏可以有效地控制通话时间，售价又非常便宜。因此一上市，销路就很不错，平均每个月能售出 3 万个。

这项创新使原本没有前途的沙漏转瞬间成为对生活有益的用品，销量成倍地增加，面临倒闭的小作坊很快变成一个大企业。卡尔森也从一个即将破产的小业主摇身一变，成了腰缠亿贯的富豪。

卡尔森成功了，赚了大钱，而且是轻轻松松，没费多大力气。可是，如果他不是一个心态积极的人，如果他在暂时的困难面前一蹶不振，那么他就不可能东山再起，成为富豪。

可见，决定一个人成功的因素不只是他的能力，还要看他是否能够始终乐观地看待自己周围的事物，看他在身处逆境时是否依然能够积极乐观地寻找改变逆境的办法。

一位成功学专家说过，你不可以改变一件已经变糟的事情，但你可以选择快乐地对待它，这样，无论你遭遇什么，你都能够在其中发现乐趣。

彼得拿着刚买的一支牛奶冰激凌，一边走一边吃，感到十分快乐。忽然一不小心，整支冰激凌掉在了地上，和泥沙混在了一起。

彼得愣愣地待在那里，一句话也说不出来，只是睁大了眼睛看着地上的冰激凌。

这时，有个老妇人走过来，对彼得说："好吧，既然你碰到这样坏的遭遇，脱下鞋子，我给你看一件有意思的事情！"

老妇人说："用脚踩冰激凌，重重地踩，看冰激凌从你脚趾缝隙中冒出来。"彼得照着她的话去做。

　　老妇人高兴地笑："我敢打赌，这里没有一个孩子尝过脚踩冰激凌的滋味！现在跑回家去，把这有趣的经验告诉你妈妈。"

　　接着，老妇人说："要记住！不管遭遇什么，你总可以在其中找到乐趣！"

　　这件事，使彼得很受启发，他很快学会了这种处世原则。

　　不久后的一天午后，一场大雨在地面上形成了大大小小的积水坑。彼得的母亲带着他，小心翼翼地避开人行道上的积水。不料，一辆计程车从他们身边疾驶而过，将两人的身上溅满了水。

　　彼得的母亲很生气，旁边的彼得却兴奋地对她说："遇水则发，我们要发了。"

　　正在生气的母亲听到这样可爱的童言稚语，也不禁莞尔一笑，两人快快乐乐地踩着积水回家了。

　　这个小故事的意义十分深刻：如果你不满意自己的现状，力求改变它，那么首先应该改变的是你自己。如果你有了积极的心态，能够积极乐观地改善自己的环境和命运，那么你周围所有的问题都会迎刃而解。

在心灵播下快乐的种子

　　当生活像一首歌那样轻快流畅时，笑逐颜开乃易事；而在一切事都不妙时，仍微笑的人，是真正的乐观。

——威尔科克斯

　　布雷丝说过，真正的快乐是内在的，它只有在人类的心灵里才能被发现。人是自己心灵的主宰，把负面的情绪从心中扫去，把快乐的阳光迎进来，这样的人生才会有美好的色彩。

导游说美国西雅图有个很特殊的鱼市场，在那里买鱼简直是一种享受。英国游客布朗和同行的朋友听了颇觉好奇，便决定去那里看看。

这天天气不是很好，来到鱼市场的布朗发现这里并非鱼腥扑鼻，迎面而来的是鱼贩们欢快的笑声。他们个个面带笑容，像配合默契的棒球队员，让冰冻的鱼像棒球一样在空中飞来飞去。大家互相唱和："啊，5条金枪鱼飞到明尼苏达去了。""8只螃蟹飞到堪萨斯了。"布朗和朋友们不禁被鱼贩们欢快的情绪所感染。

布朗问当地的鱼贩："你们在这种环境下做生意，为什么会保持愉快的心情呢？"

鱼贩说，事实上几年前这个鱼市场也是一个没有生气的地方，大家整天抱怨。后来，大家认为与其每天抱怨，不如改变自己的心态。于是，他们把卖鱼当成了一种艺术。再后来，一个创意接着一个创意，一串笑声接着一串笑声，鱼市场就有了令人惊奇的变化。

鱼贩说，大伙儿练久了，人人都身手不凡，甚至可以和马戏团的演员相媲美。这种工作的气氛还影响了附近的上班族，他们常到这儿来和鱼贩一起用餐，以培养自己乐于工作的好心态。有不少没有办法提升工作士气的主管还专程跑到这里来询问："为什么一整天在这个充满鱼腥味的地方做苦工，你们竟然还这么快乐？"鱼贩们已经习惯了给这些不顺心的人排忧解难，他们说："实际上并不是生活亏待了我们，而是我们期望太高以致忽略了生活本身。"

有时候，鱼贩们还会邀请顾客参加接鱼游戏。即使怕鱼腥味的人也会很乐意在热情的掌声中一试再试。每个愁眉不展的人进了这个鱼市场，都会笑逐颜开地离开，手中还会提着许多情不自禁买下的鱼产品，并且对待工作和生活的态度也会有所改变。

有人说，假如你非常热爱工作，那么你的生活就是天堂；假如你非常讨厌工作，那么你的生活就是地狱。乐观地面对生活和工作，它们就会为你展示出最美好的一面。

心理学家指出，每个人都具备使自己快乐的资源，像谦虚、合作精神、积极的态度，还有爱心，这些特质几乎都可以在每个人的身上找到，只是许多人没有把这些"快乐的资源"运用好而已。

快乐之根就在我们身上，快乐的秘密就在我们心中，每个人都可以通过改变自己的思想来改变自己的生活。除了要养成乐观的习惯之外，我们还应当学会用积极的情绪来代替消极的情绪。心灵上的"杂草"要以"庄稼"来覆盖，那什么是这种"庄稼"呢？那就是快乐。著名音乐家鲁宾斯坦也曾经遭遇过失败的打击，甚至他还曾经自杀过，幸好没有成功。事后，他反问自己："为什么我要结束生命？"本来人出生时就是一无所有，没有金钱，没有朋友，也没有亲人，什么都没有，就是赤裸裸地来，而再次失去这些，那又有什么好可惜的，得失本无常，何不给自己一片快乐的天空呢？

要不要快乐是自己决定的：生病时可以快乐，穷的时候可以快乐，甚至死的时候也可以快乐，自己为什么要被外在环境所主导呢？从自我追问那一刻开始，要让自己活得快乐，就算没有钱或是被人瞧不起，还是要保持快乐。

快乐绝对不是有钱人、聪明人的权利，也许我们很穷、也不聪明、地位更不高，但这并不妨碍我们体验"自己能拥有的快乐"。生命是乐、生活是乐、生气是乐，贫穷也是乐，一切随缘而乐，但看自己能否体验、享受任何时刻所面对的乐趣。只要你愿意，快乐唾手可得；只要你愿意，生活中任何地方、任何时间都有快乐。

人生之路不会是一路平坦的，一定会有坎坷。人生低潮、不如意、有变化的时候，你也可以把它看成另一种快乐的埋藏处，有变化，生活才有美丽，只要你愿意，快乐就会永远伴随你。

把消极的情绪从心中消除出去，为心灵播下快乐的种子，这样你的人生才会充满快乐。

每天送给自己一个希望

假如生活欺骗了你，不要悲伤，也不要气愤，在愁苦的日子里要心平气和，相信吧，快乐的日子总会来临。

——普希金

成功学大师拿破仑·希尔说："没有任何东西能够换取希望对于人的价值。当我们面对失败的时候，当我们面对重大灾难的时候，我们都应该将人生寄托于希望，希望能够使我们淡忘自己的痛苦，为我们汲取继续走向成功的力量。"

在一个偏僻的村落里，有一位历尽沧桑的老人。由于命运的安排，她几乎经历了一个女人所能遭遇的一切不幸。然而她却用一颗满盛着希望的心灵演绎了一个幸福美丽的人生。18 岁时，她嫁给了邻村的一个生意人，可刚结婚不久，丈夫外出做生意，便一去不返。有人说他死在了响马的枪下，有人说他是病死他乡了，还有传说他入赘到一家有钱人家。当时，她已经怀上了孩子。

丈夫不见踪影几年以后，村里人都劝她改嫁。没有了男人，孩子又小，这寡居生活到什么时候是个头？她没有走。她说丈夫生死不明，也许在很远的地方做了大生意，没准哪一天发了大财就回来了。她被这个念头支撑着，带着儿子顽强地生活着。她甚至把家里整理得更加井井有条。她想，假如丈夫发了大财回来，不能让他觉得家里这么窝囊寒酸。

这样过去了十几年，在她儿子 17 岁的那一年，一支部队从村里经过，她的儿子跟部队走了。儿子说，他到外面去寻找父亲。

不料儿子走后又是音信全无。有人告诉她说儿子在一次战役中战死了，她不信，一个大活人怎么能说死就死呢？她甚至想，儿子不仅没有死，而是做了军官，等打完仗，天下太平了，就会衣锦还乡。她还想，也许儿子已经娶了媳妇，给她生了孙子，回来的时候是一家子人了。

尽管儿子依然杳无音信，但这个想象给了她无穷的希望。她是一个小脚女人，不能下田种地，她就做绣花线的小生意，勤奋地奔走四乡，积攒钱财。她告诉人们，她要挣些钱把房子翻盖了，等丈夫和儿子回来的时候住。

有一年她得了大病，医生已经判了她死刑，但她最后竟奇迹般地活了过来，她说，她不能死，她死了，儿子回来到哪里找家呢？

这位老人一直在村里健康地生活着，过了百岁的年龄，她依然还做着她的绣花线生意，她天天算着，她的儿子生了孙子，她的孙子也该生孩子了。这样想着的时候，她那布满皱纹与沧桑的脸，即刻会变成绚烂多彩的花朵。

希望在任何时候都是一种支撑生命的力量。如果我们不放弃心中的希望，那么苦难就会被我们克服。第二次世界大战时期，在纳粹集中营里，一个叫安的犹太女孩写过这样一首诗：

这些天我一定要节省，虽然我没有钱可节省

我一定要节省健康和力量，足够支持我很长时间

我一定要节省我的神经我的思想我的心灵和我精神的火

我一定要节省流下的泪水

我需要它们安慰我

我一定要节省忍耐，在这些风暴肆虐的日子

在我的生命里我有那么多需要

情感的温暖和一颗善良的心

这些东西我都缺少

这些我一定要节省

这一切，上帝的礼物，我希望保存

我将多么悲伤

倘若我很快就失去了它们

即使在随时都可能死去的时候，安仍然热爱着生命。她节省泪水，节省精神之火，用稚嫩的文字给自己弱小的灵魂取

暖，用坚韧的希望照亮黑暗的角落。

很多人在绝望中死去，而这个当时只有 12 岁的小女孩安，终于等到了第二次世界大战结束，看见了新生的曙光。

希望是什么？是引爆生命潜能的导火索，是激发生命激情的催化剂。每天给自己一个希望，我们将活得生机勃勃、激昂澎湃，哪里还有时间去叹息、悲哀，将生命浪费在一些无聊的小事上呢？

每天给自己一个希望，我们就能够充满士气地面对自己的生活，而不是将时间花费在无尽的悲哀和苦闷上，生命有限但希望无限，每天给自己一个希望，我们就能够拥有一个丰富多彩的人生。

有一位医生医术精湛，生活幸福美满，但不幸的是，在某一天，身体一向很健康的他却被诊断患有癌症。这对他可谓当头一棒。他一度情绪低落。最终他不但接受了这个事实，而且他的心态也为之一变，变得更宽容、更谦和、更懂得珍惜所拥有的一切。在勤奋工作之余，他从没有放弃与病魔搏斗。就这样，他平安度过了好几个年头。有人惊讶于他的事迹，就问他是什么神奇的力量在支撑着他。这位医生笑盈盈地答道："是希望，几乎每天早晨，我都给自己一个希望，希望我能多救治一个病人，希望我的笑容能温暖每个人。"这位医生不但医术高明，做人的境界也很崇高。

在美国有一所小学，据统计，该校毕业生在当地警察局的犯罪记录最低，这是为什么？一位研究者通过对该校毕业生的问卷调查，得到了一个奇怪的答案——因为该校的学生都知道铅笔有多种用途。

在这所学校，新生入学后接受的第一堂课就是：一支铅笔有多少种用途。在课堂上，孩子们明白了铅笔不仅有写字这种最普通的用途，必要时还能用来做尺子画线；作为礼品送人表示友爱；当作商品出售获得利润；笔芯磨成粉后可做润滑粉；演出时也可临时用于化妆；削下的木屑可以做成装饰画；一支铅笔按相等的比例锯成若干份，可以做成一副象棋，可以当作玩具车的轮子；在野外探险时，铅笔抽掉芯还能被当成吸管喝石缝中的泉水；在遇到坏人时，削尖的铅笔还能当作自卫的武器……

通过这一课，学生们懂得了：拥有眼睛、鼻子、耳朵、大脑和手脚的人更是有无数种用途，并且任何一种用途都足以使一个人生存下去。这种教育的结果是，从这所学校毕业的学生，无论他们的处境如何，都生活得非常快乐，因为他们永远对未来充满希望。

一支小小的铅笔有无数种用途，它可以用来画线，做礼品，做润滑粉，甚至还可以用来自卫。同样，我们身体的每一个部位，比如眼睛和耳朵也有许多用途，任何一种用途都可让我们生存下去。明白了这个道理，无论处境如何，我们都可以保持积极乐观的心态。

对自己说"不要紧"

失败是变相的胜利，最低潮就是高潮的开始。

——朗费罗

一天，一位老教授在王丽所在的班上说："我有句三字箴言要奉送各位，它对你们的学习和生活都会大有帮助，而且可使人心境平和，这3个字就是'不要紧'。"

王丽领会了那句三字箴言所蕴含的智慧，于是便在笔记簿上端端正正地写下了"不要紧"3个大字。她决定不让挫折感和失望破坏自己平和的心境。

后来，她的心态遭到了考验。她爱上了英俊潇洒的李刚，他对她很重要，王丽确信他是自己的白马王子。

可是有一天晚上，李刚却温柔婉转地对王丽说，他只把她当作普通朋友。王丽以他为中心构想的世界当时就土崩瓦解了。那天夜里王丽在卧室里哭泣时，觉得记事簿上的"不要紧"那几个字看起来很荒唐。"要紧得很，"她喃喃地说，"我爱他，没有他我就不能活。"

但第二日早上，王丽醒来再看到这3个字之后，就开始分析自己的情况：到底有多要紧？李刚很要紧，自己很要紧，我们的快乐也很要紧。但自己会希望和一个不爱自己的人结婚吗？

日子一天天过去了，王丽发现没有李刚，自己也可以生活。王丽觉得自己仍然能快乐，将来肯定会有另一个人进入自己的生活，即使没有，自己也仍然能快乐。

几年后，一个更适合王丽的人真的来了。在兴奋地筹备婚礼的时候，她把"不要紧"这3个字抛到九霄云外。她不再需要这3个字了，她觉得以后将永远快乐，她的生命中不会再有挫折和失望了。

然而，有一天，丈夫和王丽却得到了一个坏消息：他们曾经投资做生意的所有积蓄，全部赔掉了。

丈夫把信念给王丽听了之后，她看到他双手捧着额头。她感到一阵酸楚，胃像扭作一团似的难受。王丽又想起那句三字箴言："不要紧。"她心里想："真的，这一次可真的是要紧！"

可是就在这时候，小儿子用力敲打积木的声音转移了王丽的注意力。儿子看见妈妈看着他，就停止了敲击，对她笑着，那副笑容真是无价之宝。王丽把视线越过儿子的头往窗外望去，她看到了生机盎然的花园和晴朗的天空。她觉得自己的胃顿时舒展，心情也恢复了。于是她对丈夫说："一切都会好起来的，损失的只是金钱。实在'不要紧'。"

生活中有很多突发的变故，会给我们的心灵带来巨大的压力，很多人会因为这些压力而变得一蹶不振，甚至会因此而失去生活的勇气。事实上，很多问题并不像我们想象的那么严重，面对这些人生的狂风暴雨，如果我们能够尝试着对自己说"不要紧"，时刻保持积极的心态，那么这些人生困难最终都将过去。

有一天，唐娜接到国防部的电报，说她的侄儿——她最爱的一个人，在战场上失踪了。

唐娜的心一下子就悬了起来，原本开朗达观的她变得焦虑不安，茶饭不思。过了不久，她又接到了阵亡通知书。接到通知书的那一刻，她觉得自己的整个世界都蹋陷了。

在此之前，唐娜一直觉得命运对自己很好。她说："伟大的上帝赐给我一份喜欢的工作，又让我顺利地抚养大了相依为命的侄儿。在我看来，我侄儿代表着年轻人美好的一切。我觉得我以前的努力，现在都应该有很好的收获……"

然而，现在却来了这样一份电报，她的整个世界都被粉碎了，她觉得再也没有什么值得让自己活下去的理由了，她找不到继续生存下去的借口。她开始忽视她的工作，忽视她的朋友，她抛开了生活的一切，对这个世界既冷淡又怨恨。"为什么我最爱的侄儿会死？为什么这么个好孩子——还没有开始他的生活就离开了这个世界？为什么他会死在战场上？"她觉得自己没有办法接受这个事实。她悲伤过度，决定放弃工作，离开家乡，把自己藏在眼泪和悔恨之中。就在她清理桌子准备辞职的时候，突然看到一封她已经忘了的信——一封她的侄儿生前寄来的信，当时，他的母亲刚刚去世。侄儿在信上说："当然我们都会想念她的，尤其是你。不过我知道你会平静度过的，以你个人对人生的看法，就能让你坚强起来。我永远不会忘记那些你教给我的美丽的真理。不论我在哪里生活，不论我们分离得多么遥远，我永远都会记得你的教导。你教我要微笑面对生活，要像一个男子汉，要承受一切发生的事情。"

唐娜把那封信读了一遍又一遍，觉得侄儿就在自己的身边，正在对自己说话。他好像在对自己说："你为什么不照你教给我的办法去做呢？坚持下去，不论发生什么事情，把你个人的悲伤藏在微笑下面，继续生活下去。"

侄儿的信为唐娜带来了很大的安慰和鼓舞，她不再对周围的一切充满敌视，不再对别人冷淡无礼，她又像以前那样充满希望地投入到工作中去了。她一再对自己说："事情到了这个地步，我没有能力改变它，不过我能够像他所希望的那样继续活下去。"

唐娜把所有的思想和精力都用在工作上。她写信给前方的士兵——给别人的儿子们；晚上，她参加成人教育班——要找出新的兴趣，结交新的朋友。她几乎不敢相信发生在自己身上的种种变化。她说："我不再为已经过去的那些事悲伤，现在我每天的生活都充满了快乐——就像我的侄儿要我做到的那样。"

问题的关键不在于发生了什么事情，而在于我们怎样看待发生在自己身上的事情。无论发生了什么事情，你都必须接受既定的事实，把个人的悲伤掩藏在微笑下面，平静地继续生活，因为无论发生多么难以承受的事情，随着时间的推移都会变得微不足道，无论多么深的痛苦和挫折，这一切都会成为过去。

第四章　坚韧

——在充满荆棘的道路上奋进

哈佛告诉你

挫败是成长的阶梯，困境是人生的另一所大学。一个生前没有经历过困难的人，其生命是不完整的。一个人的成长，就是经历一连串的磨难和考验的过程，迎接并克服磨难，才能拥有足够的力量和智慧。青少年要成为未来社会的强者，就应当在生活中磨炼自己坚韧的意志，把不幸和困难当成自己人生最好的教材。

挫折是大自然的计划

古之立大事者，不唯有超世之才，亦必有坚忍不拔之志。

——苏轼

我们深信，挫折是大自然的计划，大自然就是通过这种方法来考验人类，促使人们在磨难中不断成长。大自然偏爱那些努力奋斗的孩子，把高尚的品格、瞩目的成就和优越的地位作为他们战胜挫折的回报。

其实你自己也有令人羡慕的地方，如果你能把生活中的困境和挫折当成一个磨炼自身意志和成长自我的机会的话。

从前有一对夫妻，结婚多年一直没有孩子。或许是他们的诚心感动了老天，婚后的第十年，太太竟意外怀孕，生了个儿子。

夫妻俩整日开心得合不拢嘴，为孩子取名叫阿龙，希望他将来功成名就，成为人中之龙。

小阿龙长得白白胖胖，一副讨人喜欢的模样，他是父母眼中的宝贝，父母把他无微不至地捧在手心里，舍不得让他遭受到任何一点伤害。

"孩子，走路时记得要看着脚下，当心别跌倒了。尤其是在瓷砖地板上走路，那上面又湿又滑，特别容易滑倒。还有，走山路时也要看脚下，一不小心踩滑了，说不定你会从山顶上摔下去的。"父母预想了各种状况，总是对阿龙谆谆教诲，不希望孩子发生意外。

这对慈祥的父母在阿龙25岁那年先后去世了。言犹在耳，阿龙没有忘记父母亲千交代、万叮咛的嘱咐，时时刻刻都遵循着父母的指示：当他在街上走路、在山上踏青、在春天的草原里漫游、在神秘的森林里踌躇时，他都小心翼翼地注意不让自己被任何东西绊倒。

从小到大，他几乎从来没有跌倒过，也从来没有扭伤过，更没有碰伤过头，就连踏到水坑的机会也没有。

只是，这样的步步小心并没有使他步步高升，他一直专注于自己的脚下，无论是蓝色的天空、明亮的彩霞，或是闪烁的星星、城市的灯火、人们的笑容，对他而言都只是惊鸿一瞥的影像，他从来不曾凝神留心地细看过。

终其一生，阿龙并没有功成名就，成为人中之龙。他最大的成就，充其量只是从未摔倒而已。

大自然让人们在奋斗的过程中不断成长、壮大与进步。未经磨难，一个人是不可能成功的。

一个人从生到死，就是经历一连串的成长与考验的过程，并从每一次面对挑战的经验中累积智慧。

爱默生说过："放手去做，你就会有力量。"

迎接磨难并予以克服，你就会拥有所需的足够力量与智慧。如果一个人总是生活在一帆风顺的环境中，没有经历过挫折的磨炼和洗礼，就好像温室里的花朵，一旦脱离了优越的成长环境，就会面临自下而上的困境。

森林中最强壮的树木，并未受到严密的保护，它们必须和环境搏斗，和周围的树木争夺养分才得以生存。

汤姆的祖父以制作马车为生。每回整地播种时，他总会留下几棵橡树，任凭它们在空旷的田地里承受风吹雨打。他这样告诫汤姆：

"那些大自然里努力求生存的橡树，比森林里受到保护的同伴更坚实，更具韧性。祖父用那些饱经风霜的橡木制作车轮，弯成弧形的零件，却不担心橡木会断裂。因为它们受过磨难，有足够的力量承受最沉重的负担。

"磨难同样可以强化人们的意志。大多数的人希望一生平坦顺利，然而，未经磨难与考验，往往会庸庸碌碌过一生。

"我们勇于面对逆境，努力奋斗，才会有更多机会。

"磨难迫使我们前进，否则我们将停滞不前；它引导我们通过考验，获得成功。未经磨难，无法得到任何有价值的东西，简单的事情每个人都可以做到。每一个成功的人，在生活中都经过一番奋斗。人生是不断奋斗的过程，勇于面对困难，克服困难，继续迎接下一个挑战的人，就是最后的赢家。"

汤姆祖父的话指出了挫折在我们人生成长过程中的意义。苦难是人生的大学，挫败是成长的阶梯。伟大人物无一不是由苦难而造就的，一个人如果好逸恶劳，就无法战胜困难，也绝不会有什么前途。一个成功人士说："生前没有经历困难的人，他的生命是不完整的。"

困境好像运动器械，可以锻炼人，使人体格强健，所以，困境是我们成就事业最有利的基础。安德鲁·卡内基说："一个年轻人最大的财富莫过于出生于贫穷之家。"困境本是困厄人生的东西，但经过奋斗脱离困境，便是无比的快乐。

在困难面前你需要重新站起来

如果我们被打败了，我们就只有从头干起。

——恩格斯

青少年在成长过程中难免会遇到挫折和困难，在困难面前跌倒是很正常的。关键是你能否重新从挫折中站起来，不被困难所击跨。能够承受一次次困难和挫折的人才能够坚持到底，取得胜利。

有一群登山爱好者准备征服一座海拔 6000 米的高山。于是，他们组成一个小分队扎营在海拔 2000 米的山脚等待天气好转。他们当中有些是专业性的登山运动员，体魄健壮，经验丰富。

天终于晴了，微风轻吹，队员们开始行动起来，由经验丰富的队员带领出发了。

在攀登者脚下，高山有种被驯服般的宁静，只有峰顶的冰川在阳光下闪着迷人的光辉。每个登山者都沉浸在攀登的乐趣中。他们用手提电台与基地保持着联系，不时地向遥远的家中通话，向亲人叙述他们在高山上所见的美景。

正当他们慢慢接近主峰的时候，灾难悄悄降临了。突然间，乌云翻滚，狂风肆虐，气温骤降。几个经验丰富的登山运动员知道情况不妙，要求大家全力返回。可是，由于在路上逗留时间过长，夜已慢慢逼近，按经验他们已无法下山，只能等营救人员前来。狂风怒吼而来，许多队员的衣服被风撕破，手套也脱落了……

祸不单行的是，有位队员的腿部被飞石击中，出了大量的血，伤员痛苦地呻吟着。

风越吹越大，严寒也随之降临。伤员极其痛苦地喊："我冷，我冷……"血流出后很快便结成冰。有一个登山者说："现在天色尚未全黑，让我来背他下山，或许他会有救。"

"你这是去找死，营救人员马上会来的。"众人劝他。可是，他还是背起伤员努力向山下走去。

夜幕降临了，山上起了暴风雪，营救人员根本无法上山。第二天，营救人员发现在原处等待救援的人们紧紧挤在一起，已经僵硬了。救援人员在海拔4000米的地方发现伤员和背着他的人，竟然还活着。

营救人员说：在这种天气下能存活下来简直是奇迹。他们分析原因后断定，他们之所以能活着，是因为他们一个晚上都没有停止过高强度的运动。

在困难面前摔倒是难免的，最关键的是你能否重新站起来，并且承受一次又一次的摔倒。即使遭受挫折、失败或迷惘，只要坚持到底，就能取得胜利。

作为电影制片人，鲍勃可谓是一帆风顺。

鲍勃若是满足于做制片人，也许他真会一帆风顺。然而，他认为，做制片人还不能充分发挥他的才能和创造力。在好莱坞，真正的荣耀属于导演。

他执导了一部片子，评论界众说纷纭，票房很低。导演鲍勃可不像制片人鲍勃那样受人欢迎了。失败接二连三地向他袭来。

1年之内，电影砸锅，朋友抛弃他，婚姻破裂。他从加利福尼亚逃到纽约，过起了隐姓埋名的生活。他疯狂地寻找新的根基，倾家荡产买下了一个套房。"我完全垮了。"他说。

他坐在纽约的套房里，陷入了冥思苦想。面对生活与事业的双重打击，他决定偃旗息鼓，他获得了安宁。

对于鲍勃和那些有成就的人来说，关键是要控制局面。但是，失败使他完全失控了。也许他没有必要控制，也许他可以改变，也许改变了会更幸福。

最后，鲍勃重新回到了洛杉矶，回到他失败的地方。他怀揣着从未有过的谦卑感回去了。一切都得重新开始，一种完全不同的自我意识支持着他。

他放下面子，从低级的活开始干。"我得倒退 3 步，才能前进 4 步。倒退虽然痛苦，却必不可少。"

鲍勃最终还是重登了好莱坞的顶峰，这一次，他既非制片人，亦非导演，而是电影公司的董事。

鲍勃知道自己是幸存者。

鲍勃现在是轻装上阵。他的价值观非常明确。也许，他会遇到更多的挫折，但他绝不低头。在他看来，成功并不在于重新当上电影公司的总裁，而在于审视自己生活的这一过程。他将这一精神旅程视为最大的成就。

看着鲍勃的精神之旅，你会明白"我完全垮了"对鲍勃来说是错误的，而对你来说，也是错误的。

"失败了再爬起来"，看起来是一句鼓舞克服危机者最好的话，但是要真正实现起来，需要的是自我鼓励的品质和勇气。有无这种品质和勇气，直接决定了谁是一个危机者，谁是一个优势者。更为主要的是能在挫败之时看到站起来的希望！

梅西 14 岁的时候来到美国，因为他从 7 岁起就跟着裁缝师学缝纫，所以到了美国之后，很顺利地就在一家裁缝店中找到了工作。

到了 18 岁时，梅西决定要成立一家属于自己的店。

于是，他和弟弟及其他合伙人共同买下了一间礼服店，他信心十足地把所有的积蓄都投资在这里。但是，接下来发生的许多事情，却不断地考验着梅西开店的决心。

先是在即将开业的前一天晚上，小偷偷走了将近 8 万美元的存货；接下来他再度进的货，又在一场意外的大火中付之一炬。

后来，他才发现保险经纪人欺骗了他，根本没有把他支付的保险费支票交给保险公司，所以这场火灾等于没有保险。

更惨的是，可以证明公司存货内容和价值的一位重要证人，正好在这个时候去世了。

接二连三的打击实在让梅西受够了，他决定到别的裁缝店工作。但是，过了没多久，他渴望拥有自己事业的欲望又开始蠢蠢欲动了起来。

于是，他再度鼓起勇气，开了一家裁缝兼礼服出租店。这一次，他决定多采纳别人的意见，但在大方向上他依然坚持自己做决定。因为，他始终相信：如果因此跌倒了，是自己的选择；如果站了起来，那也是靠自己站起来的。

因为梅西坚持着这个信念，所以不久之后，他的"法兰克礼服出租店"终于成为底特律的知名店铺。

梅西的经历告诉我们，当人生出现挫折和困难时，只要我们坚定成功的信念，不被失败击垮，那么最后等待我们的必将是成功。

1929 年，日本经济遭遇前所未有的大恐慌。工厂接二连三裁员倒闭，劳资纠纷不断发生。

松下电器自然也受到经济衰退的波及。原本国际牌电灯快速畅销，事务不断扩展，员工人数激增，但在不景气的狂风吹袭下，销售量急速锐减，库存已到了满山满谷的地步。这时松下又因病住院，公司交由义弟井植看管。井植等决策阶层在董事会议中都认为，要想渡过这个难关，除了大量裁员之外别无他策，既然销售量减少到以往的 1/2，那么只有裁去现有员工的1/2才可以维持公司生存。

但是松下对此提议大加反对，在不服输的精神的感召下，他毅然决定采取缩短工时数的策略。"如果每位员工的工作时数减半，则生产量自然只剩下以往生产额的1/2，但是每个人都还可以保有工作。希望每一位员工把剩下的半天时间用在推广产品销售的工作中，以解决存货的过度积压。"由于每个人都可以继续放心工作，并且收入还有保证，因此全体员工都团结一致，奋发向上，开始为了公司的前景而努力。结果在极短的时间内，库存商品销售一空，大家又重回岗位上致力生产，终使松下企业转危为安。之后还向合成树脂业进军，并开发生产收音机，奠定了后来松下企业发展的基础。

所以，不管遭遇什么危险，切勿心生怯意，意图逃脱。鼓起勇气面对现实，就会扭转乾坤，转危为安。

用行动反击失败

生活好比橄榄球比赛，原则就是奋力冲向底线。

——富兰克林·罗斯福

在拿破仑的传记作品里，曾经记载过这样一个故事：

那是在马林果战役的前夕，拿破仑坐在营帐里，凝视着面前摊开的一张意大利地图。他把4枚钉子按在地图上，一边挪动钉子，一边思考着。

过了一会儿，他自言自语道："现在一切部署好了，我要在这里抓住他！"

"抓住谁？"身旁的一个军官问道。

"墨拉期，奥地利的老狐狸，他要从热那亚回来，路过都灵，进攻亚历山大里亚。我要渡过波河，在塞尔维亚平原迎着他，就在这儿打败他。"拿破仑的手指向马林果。

但是，马林果战役打响后，法军受到敌军强有力的抵抗，只剩招架之力，拿破仑精心筹措的胜利眼看就要成为泡影。

正在法军败退之际，拿破仑手下的将领德撒带着大队骑兵驰过田野，停在拿破仑站着的山坡附近。队伍中有一个小鼓手，他是德撒在巴黎街头收留的流浪儿，在同埃及和奥地利的战役中一直跟随法军作战。

当军队站住时，拿破仑朝小鼓手喊道："击退兵鼓。"

这个孩子却没有动。

"小流浪汉，击退兵鼓！"

"小流浪汉，击退兵鼓！"

孩子拿着鼓槌向前走了几步，朗声说道："啊，大人，我不知道怎么击退兵鼓，德撒从来没有教过我。但是我会击进军鼓，是的，我可以敲进军鼓，敲得让死人都排起队来。我在金字塔敲过它，在台伯河敲过它，在罗地桥又敲过它。啊，大人，在这里我也敲进军鼓吗？"

拿破仑无可奈何地转向德撒："我们吃败仗了，现在可怎么办呢？"

"怎么办？打败他们！要赢得胜利还来得及。来，小鼓手，敲进军鼓，像在台伯河和罗地桥一样敲吧！"

不一会儿，队伍随着德撒的剑光，跟着小鼓手猛烈的鼓声，向奥地利军队横扫而去，他们不惜流血牺牲，把敌人打得一退再退。德撒在敌人的第一排子弹中就倒下了，但是队伍并没有动摇。当炮火消散时，人们看到那小流浪儿走在队伍最前面，笔直地前进，仍旧敲着激昂的进军鼓。他越过死人和伤员，越过营垒和战壕，他的脚步从容不迫，鼓声激昂有力，他以自己勇敢无畏的精神开辟了胜利的道路。

这个故事告诉我们，不管失败的打击有多大，都不应该畏缩不前，而是应该显出高傲的姿态，以一种胜利者的态度去迎战，然后，做棒球史上最伟大的投手弗兰克在他经受臂伤时所做的事——反击。

"我是 1974 年为洛杉矶道奇队打一场夜间比赛时受伤的，那个赛季我拥有一个棒球选手所能梦想的最佳状况——我是那年全国联赛的头号投手，即将赢得参赛以来的第 20 场胜利，球队也将打进世界系列赛。男孩子所有的梦想，都将在我身上实现。突然间，我站上投手板，砰的一声，什么都完了。

"我韧带断了，所有投手最怕肘部受伤，因为手术常常意味着投手生涯的终结。我需要进行的手术，是任何主要大联盟的投手都没有做过的，但我知道要想继续打球，就别无选择。

"1974 年 9 月 25 日，布兰克·乔布医生给我做了手术，复原的过程极为缓慢。我问医生：'我有没有机会再投球？'他们回答说：'有 1% 的机会。'但他们对我太太玛丽更坦白，说：'你的工作就是要鼓励弗兰克，想想他将来要做什么，因为他的投球生涯恐怕已经结束了。'

"一个星期天，我手裹着石膏，带着在我手术后两天才出生的漂亮女儿，坐在教堂里听牧师布道。牧师讲道的内容是有关亚伯拉罕和他的妻子莎拉的，莎拉在七十几岁时才受上帝祝福，怀了第一胎。

"牧师读着圣经的故事，抬起头说：'你知道，与上帝同在，没有不可能的事。'他说话的时候就看着我，我抬头看他，他微笑着，我在圣经的这句话上做了记号，这正是我需要听的。

"16个星期之后，我拆掉石膏，手指萎缩得很厉害，我太太说看起来很像鸡爪。手臂瘦弱无力，好像是90岁的老人。要抓东西，还得把手指头扳过去。连切肉、开门都办不到。玛丽用婴儿油帮我擦肌肤时，我的皮肤会一块块剥落在她手上。

"在康复阶段，我把大量的时间花在体育场里。在球场上，教练为我实施一系列严格的训练，帮助我强健肌肉。

"复原进展极为缓慢。有一天，我记得从球场回家，把手放在背后，告诉玛丽，要给她一个惊喜。她以为我在开玩笑，想可能是死蜥蜴之类的东西，但当我慢慢把左手从背后伸出来弯着小指去碰拇指时，我们互相拥抱，跳来跳去，高声欢叫。这是我第一次能移动手指，感觉就好像得到10万元奖金似的，因为这表明那些肌肉终于康复了。

"当我不和教练一起练习的时候，就和球队一起出去，坐在本垒板后面比画投球动作，尽量为球队做我可以做的事。我告诉道奇队的老板彼得·欧麦里说：'我在康复，不能投球，但我愿帮忙做任何事情。'

"其他球队的球员、教练、领队都问我：'你真的以为你可以让那只手臂复原，让它再度看起来像是投球的手吗？'我回答他们：'我坚信。'

"复原是一段漫长、艰辛的过程，在一年半的时间里，除了周日，我每天都坚持练习。然而我真的恢复了，手术后主投的球赛，比以前还要多，并且代表扬基队在世界锦标赛中出场。

"许多人看到我，会摇头感叹我是那么坚定果敢，尽最大的努力。这或许是我家乡威尔斯的传统，或许是其他什么因素。"

弗兰克的成功说明了这样一个道理：行动是扭转不利局面的唯一途径。人生就好比是一个大的赛场，你像弗兰克一样也会面临很多意想不到的挫折和困难，但是如果你能像弗兰克那样用坚忍的毅力和不懈的行动去反击失败，改善困境，那么就会和弗兰克一样，克服困难，获得最后的胜利。

用笑脸迎接挫折

让我不要祈求免遭危难，而是让我能大胆地面对它们。

——泰戈尔

困难和挫折是人生中不可避免的。有的人成功了，是因为他们能够坚强地面对，而有的人失败了，是因为他们面对困难一蹶不振，失去了继续拼搏的勇气。伟大的发明家爱迪生说过，厄运对乐观的人无可奈何，面对厄运和打击，乐观的人总会选择笑脸迎接挫折。

琼妮小姐是新西兰一位建筑商的女儿，移居美国后，曾在休斯敦一家电视台工作，1990 年起任美国有线电视新闻网

（CNN）摄影记者。1992年6月，她被派往萨拉热窝进行战地采访。在那里，曾有多名记者丧生。

琼妮在萨拉热窝逗留6个星期后，已经习惯周围的流弹。一天清早，一颗子弹击穿车玻璃，正好击中她的脸部，几乎掀掉了她的半边脸，她的颧骨被打得粉碎，牙齿没有了，舌头被打断。送到诊所时，大夫们直摇头，都认为她不行了。但经过20多次手术后，她又奇迹般地回到了工作岗位。这时的她，下腭仍无感觉，脸部还留着弹片，体重减轻了8千克。令大家吃惊的是，她要求重返萨拉热窝。

她幽默地说："说不定我还能在那里找回我的牙齿。"她甚至想认识一下当初袭击她的枪手。

有人问她，见到那个枪手后怎么办。她说："我会请他喝一杯，问他几个问题，比方说当时距离有多远。"

琼妮面对厄运的乐观态度证明她是一个具有坚韧毅力的女孩儿，正是这种乐观的性格，使她能够迅速摆脱挫折的阴影，积极地投入到新的工作中去。

和琼妮一样，杰克也是一个具有超强乐观精神的人。他的心情总是特别好，而且对任何事情总是有正面的看法。当有人问他近况如何时，他总是回答："我快乐无比。"每当有不愉快的事情发生时，杰克都会对自己说："杰克，你可以选择成为一个受害者，也可以选择从中学些东西。"每一次他都会选择从中学习。

有一天，杰克出事了。他清晨出去锻炼时，忘记了关门。他回来时发现有3个人正在他家偷窃，其中一个歹徒因为紧张而对他开了枪。幸运的是，歹徒匆忙离开了，好心的邻居迅速把杰克送进了急救室。经过 18 个小时的抢救和几个星期的精心照料，杰克出院了。

事情发生后 6 个月，一个朋友去看杰克，问他近况如何，他答道："我快乐无比。想不想看看我的伤疤？"朋友弯下腰看了看他的伤疤，问道："当歹徒来时，你想些什么？"

"第一件在我脑海中浮现的事是，我应该关好门。"杰克答道，"当我躺在地上时，我对自己说：有两个选择，一是死，一是活。我选择了活。"

"你不害怕吗？你有没有失去知觉？"朋友又问道。

杰克回答说："医护人员都很好。他们不断告诉我，我会好的。但当他们把我推进急诊室后，我看到他们脸上的表情，从他们的眼中，我读到了'他是个死人'。我知道我需要采取一些行动了。"

"你采取了什么行动？"朋友紧追不舍地问。

"有个很可爱的护士大声问我问题，她问我有没有对什么东西过敏。我马上答：'有的。'这时，所有的医生、护士都停下来等着我说下去。我深深地吸了一口气，然后大声说道：'子弹！我对子弹过敏！'在一片大笑声中，我又说道：'我选择活下去，请把我当活人来医治，而不是死人。'"

杰克活了下来，一方面要感谢医术高明的医生，另一方面得感谢他那惊人的乐观态度。

我们也许不会遇到像杰克和琼妮那样的厄运，但是我们在成长和生活过程中也会遇到各种障碍、困难，遭遇很多失败、痛苦。在挫折面前，有的人会出现暴怒、恐慌、悲哀、沮丧、退缩等情绪，影响了学习和工作，损害了身心健康。而有的人却能够像杰克、琼妮那些乐观的人一样笑对挫折，对环境的变化做出灵敏的反应，善于把不利条件化为有利条件，摆脱失败，走向成功。

安德鲁是一个年过60岁的老人，他自认为他是一个遭受失败最多的人。他是一个热衷于石油的开采者，他说他一生中每打4口井，就有3口是枯井。可是他依然从逆境中走了出来，成了一个身价超过2亿美元的富翁。安德鲁自己回忆说："当年我被学校开除后，就跑到得克萨斯的油田找了一份工作。随着经验的逐渐丰富，我便想当一名独立的石油勘探者。那时候，每当我手里有钱了，我就自己租赁设备，进行石油勘探。在连续的两年里，我一共开采了将近30口井，但全部都是枯井。当时，我真的失望极了。"安德鲁的确陷入了困境，都要接近40岁了，他依然一无所获。但是，他不但没有被逆境难倒，反而更加勤奋努力。他开始研读各种与石油开采有关的书籍，吸取了丰富的理论知识。等理论知识掌握得非常充分的时候，他便卷土重来，租好设备，找好地皮，又一次进行石油开采。这一次他没有遇到枯井，而是汩汩直冒的石油。

安德鲁正是由于积极乐观地面对逆境，没有对现实失去信心，才取得了成功。由此可见，在逆境面前，充满希望才能有机会取得成功。

乐观的人在遭受挫折打击时，仍坚信情况将会好转，前途是光明的。其实，谁都有面临困难与逆境的时候，关键是看我们怎样处理。有些人在逆境中永远消极，成为一个永远的失败者；而有些人能够积极地面对逆境，冲出重围，走向成功。

卡耐基认为，逆境在人生中是不可避免的。既然逆境是不能避免的，那就让我们从逆境中找到动力吧，让逆境成为推动我们走向成功的动力。我们应该将逆境视为成功的预兆。卡耐基说过："困难与挫折其实是上天故意安排来考验我们的，其实，它就是成功的化身。成功与失败把握在我们自己手中。"

因此，面对苦难和挫折，你要抬起头来，笑对它，相信"这一切都会过去，今后会好起来的"。希望是不幸者的第二灵魂。向往美好的未来，是困难时最好的自我安慰。在多难而漫长的人生路上，我们需要一颗健康的心，需要绚烂的笑容。苦难是一所没人愿意上的大学，但从那里毕业的，都是强者。

在挫折面前多坚持走一步路，多坚持一分钟，也许你就会发现自己已经站在了成功的大门前。

为成功付出耐心

耐心是一切聪明才智的基础。

——柏拉图

耐心可以创造奇迹。荀子曾在《劝学篇》中写道："锲而舍之，朽木不折；锲而不舍，金石可镂。"这句话告诉我们无论困难多么大，只要我们有坚忍不拔、锲而不舍的精神，就能够战胜困难，创造奇迹。

多年以前，美国曾有一家报纸刊登了一则园艺所重金征求纯白金盏花的启事，在当地引起一时轰动。高额的奖金让许多人趋之若鹜，但在千姿百态的自然界中，金盏花除了金色的就是棕色的，能培植出白色的，不是一件易事。所以许多人在一阵热血沸腾之后，就把那则启事抛到九霄云外去了。

一晃就是 20 年，一天，那家园艺所意外地收到了一封热情的应征信和一粒纯白色金盏花的种子。当天，这件事就不胫而走，引起轩然大波。

原来寄种子的是一个年已古稀的老人。老人是一个地地道道的爱花人，当她 20 年前偶然看到那则启事后，便怦然心动。她不顾 8 个儿女的一致反对，义无反顾地干了下去。她撒下了一些最普通的种子，精心侍弄。一年之后，金盏花开了，她从那些金色的、棕色的花中挑选了一朵颜色最淡的，任其自然枯萎，以取得最好的种子。次年，她又把它种下去。然后，再从这些花中挑选出颜色更淡的花的种子栽种……年复一年。终于，20 年后的一天，她在那片花园中看到一朵金盏花，它不是近乎白色，也并非类似白色，而是如银如雪的白。一个连专家都解决不了的问题，在一个不懂遗传学的老人手中迎刃而解，这不是一个只有靠耐心才能创造的奇迹吗？

17 世纪，在荷兰德尔夫特镇，有一个只有初中文化程度的青年农民。他找到的差事就是为镇政府守大门，而且在这个门卫岗位上一干就是 60 多年，一生中没出过小镇，也没有换过其他的工作。

这位青年业余时间一不下棋打牌，二不去泡酒馆聊天，而是选择了打磨镜片。虽然又费时又费工，可他却乐此不疲。就这样不停地磨呀磨呀，一直磨了 60 年。其中的艰辛、枯燥和乏味是可想而知的，如果没有决心和毅力，坚持下去谈何容易。

由于他的专注细致和锲而不舍，磨出的复合镜片的放大倍数超过了当地的专业技师。凭借自己研磨的镜片，他研制出了显微镜，终于揭开了当时科技尚未知晓的微生物世界的"面纱"。结果名声大振，英国皇家学会聘他为会员。英国女王访问荷兰时，还专程到小镇拜访过他。

创造这个奇迹的是谁呢？他就是荷兰著名科学家列文虎克。

著名的数学家华罗庚先生说过："科学上没有平坦的大道，真理的长河中有无数礁石险滩。只有不畏攀登的采药者，只有不怕巨浪的弄潮儿，才能登上高峰采得仙草，深入水底觅得骊珠。"一个人要取得成功，除了要有勇气有胆魄之外，还需要锲而不舍的耐心和毅力。

有一个孩子想不明白自己的同桌为什么每次都能考第一，而自己每次却只能排在他的后面。

回家后他问道："妈妈，我是不是比别人笨？我觉得我和他一样听老师的话，一样认真地做作业，可是，为什么我总落后于他？"母亲听了儿子的话，感觉到儿子开始有自尊心了，而这种自尊心正在被学校的排名伤害着。她望着儿子，没有回答，因为她不知该怎样回答。

又一次考试后，孩子考了第二十名，而他的同桌还是第一名。回家后，儿子又问了同样的问题。她真想说，人的智力确实有高低之分，考第一的人，脑子就是比一般人的灵。然而这样的回答，难道是孩子真想知道的答案吗？她庆幸自己没说出口。

应该怎样回答儿子的问题呢？有几次，她真想重复那几句被上万个父母重复了上万次的话——你太贪玩了、你在学习上还不够勤奋、和别人比起来你还不够努力……以此来搪塞儿子。然而，像她儿子这样脑袋不够聪明、在班上成绩不甚突出的孩子，平时活得还不够辛苦吗？所以她没有那么做，她想为儿子的问题找到一个完美的答案。

儿子小学毕业了，虽然他比过去更加刻苦，但依然没赶上他的同桌，不过与过去相比，他的成绩一直在提高。为了对儿子的进步表示赞赏，她带他去看了一次大海。就是在这次旅行中，这位母亲回答了儿子的问题。

母亲和儿子坐在沙滩上，她指着海面对儿子说："你看那些在海边争食的鸟儿，当海浪打来的时候，小灰雀总能迅速地起飞，它们拍打两三下翅膀就升入了天空；而海鸥总显得非常笨拙，它们从沙滩飞向天空总要很长时间，然而，真正能飞越大海横过大洋的还是它们。"

人的成长是一个漫长的较量，能否取得最后的胜利，不在于一时的快慢。如果你能够在自己成长的道路上静下心来，遇到困难不气馁，不灰心，矢志不移地前进，那么最终你必将获得最后的胜利。

成功既非一蹴而就，也非遥不可及。我们要实现自己的人生理想，就需要把自己的理想分成一个个可以实现的短期目标，一个个地去实现。俗语说得好：罗马不是一天建成的。既然一天建不成辉煌的罗马，我们就应当专注于建造罗马的每一天。这样，把每一天连起来，终将会建成一个美丽辉煌的罗马。

布雷德是一名战地记者，正是耐心和毅力救了他的生命，下面是他的亲身经历：

"第二次世界大战期间，我跟几个人不得不从一架破损的运输机上跳伞逃生，结果迫降在缅印交界处的树林里。当时我们唯一能做的就是拖着沉重的步伐往印度走，全程约 225 千米，必须在 8 月的酷热中和季风所带来的暴雨侵袭下，翻山越岭，长途跋涉。

"才走了 1 个小时，我一只长筒靴的鞋钉就扎了脚。傍晚时双脚都起泡出血了，像硬币那般大小。我能一瘸一拐地走完 225 千米吗？别人的情况也差不多，甚至更糟糕。他们能不能走呢？我们以为完蛋了，但是又不得不走。为了节省体力，我们每次只走 1 英里，休息 10 分钟，再继续下一英里的路程。我们就这样走着，有一天，我们竟然惊奇地发现我们已走出了这一段魔鬼旅程……"

坚持到底，永不放弃

要从容地着手做一件事，但一旦开始，就要坚持到底。

——比阿斯

世界首富比尔·盖茨认为，巨大的成功靠的不是力量而是韧性。如今社会的竞争常常是持久力的竞争，有恒心、有毅力的人往往能够成为笑到最后、笑得最好的人。对于青少年来讲，恒心和毅力是成功的必要条件，半途而废，浅尝辄止，那么梦想永远只能是梦想。

1864 年 9 月 3 日，寂静的斯德哥尔摩市郊，突然爆发出一声震耳欲聋的巨响，滚滚的浓烟霎时冲上天空，一股股火焰直往上蹿。仅仅几分钟时间，一场惨祸发生了。当惊恐的人们赶到现场时，只见原来屹立在这里的一座工厂只剩下残垣断壁，火场旁边，站着一位30多岁的年轻人，突如其来的惨祸和过分的刺激，已使他面无血色，浑身颤抖着……

这个大难不死的青年，就是后来闻名于世的弗莱德·诺贝尔。诺贝尔眼睁睁地看着自己所创建的硝化甘油炸药实验工厂化为了灰烬。人们从瓦砾中找出了5具尸体，4人是他的亲密助手，而另一个是他在大学读书的小弟弟。5具烧得焦烂的尸体，令人惨不忍睹。诺贝尔的母亲得知小儿子惨死的噩耗，悲痛欲绝；年迈的父亲因大受刺激而引起脑溢血，从此半身瘫痪。然而，诺贝尔在失败面前没有动摇。

事情发生后，警察局立即封锁了爆炸现场，并严禁诺贝尔重建自己的工厂。人们像躲避瘟神一样地避开他，再也没有人愿意出租土地让他进行如此危险的实验。但是，困境并没有使诺贝尔退缩，几天以后，人们发现在远离市区的马拉仑湖上，出现了一只巨大的平底驳船，驳船上并没有装什么货物，而是装满了各种设备，一个年轻人正全神贯注地进行实验。毋庸置疑，他就是在爆炸中死里逃生、被当地居民赶走了的诺贝尔！

无畏的勇气往往令死神也望而却步。在令人心惊胆战的实验中，诺贝尔持之以恒地行动着，他从没放弃过自己的梦想。

皇天不负有心人，他终于发明了雷管。雷管的发明是爆炸学上的一项重大突破，随着当时许多欧洲国家工业化进程的加快，开矿山、修铁路、凿隧道、挖运河等都需要炸药。于是，人们又开始亲近诺贝尔了。他把实验室从船上搬迁到斯德哥尔摩附近的温尔维特，正式建立了第一座硝化甘油工厂。接着，他又在德国的汉堡等地建立了炸药公司。一时间，诺贝尔的炸药成了抢手货，诺贝尔的财富与日俱增。

然而，初试成功的诺贝尔，好像总是与灾难相伴。不幸的消息接连不断地传来，在旧金山，运载炸药的火车因震荡发生爆炸，火车被炸得七零八落；德国一家著名工厂因搬运硝化甘油时发生碰撞而爆炸，整个工厂和附近的民房变成了一片废墟；在巴拿马，一艘满载着硝化甘油的轮船，在大西洋的航行途中，因颠簸引起爆炸，轮船葬身大海……

一连串骇人听闻的消息，再次使人们对诺贝尔望而生畏，甚至把他当成瘟神和灾星。随着消息的广泛传播，他被全世界的人诅咒。

诺贝尔又一次被人们抛弃了，不，应该说是全世界的人都把自己应该承担的那份灾难给了他一个人。面对接踵而至的灾难和困境，诺贝尔没有一蹶不振，他身上所具有的毅力和恒心，使他对已选定的目标义无反顾，永不退缩。在奋斗的路上，他已经习惯了与死神朝夕相伴。

大无畏的勇气和矢志不渝的恒心激发了他心中的潜能，他最终征服了炸药，吓退了死神。诺贝尔赢得了巨大的成功，他一生共获专利发明权355项。他用自己的巨额财富创立的诺贝尔奖，被国际学术界视为一种崇高的荣誉。

诺贝尔成功的经历告诉我们，恒心是实现目标过程中必不可少的条件，一个人的恒心和内心的梦想结合以后，就会产生百折不挠的巨大力量。很多人的失败并不是因为自己能力不济，而是败在自己意志力不强上。在很多情况下，成功与失败只是一步之遥。

美国淘金热时，杰克的叔叔也在西部买到了一块矿地。辛苦几周后，他发现了闪闪发光的金矿，但他需要用机器把矿藏弄到地面上来。他很镇静地把矿坑掩埋起来，除掉自己的脚印，火速赶回老家，把找到金矿的消息告诉亲戚和邻居。大家凑了一笔钱，买来所需的机器，托人代送。然后，叔叔和杰克也动身回到矿区。

第一车金矿挖出来了，送到一处冶金工厂，结果证明他们已经挖到了科罗拉多州最富的一个矿源。只要挖出几车金矿，就可以偿还所有债务，然后大赚特赚。

叔叔和杰克高高兴兴地下坑工作，带着无限的希望出坑来。但在这时，发生了他们意想不到的事，金矿的矿脉竟然不见了。他们已走到彩虹的末端，黄金没有了。他们继续挖下去，焦急地想要挖出矿脉来，但毫无收获。最后他们放弃了。然而根据一位工程师的计算，只要从杰克和他叔叔停止挖掘的地点再往前挖90厘米，就能找到金矿。

果然，后来有人在工程师所说的那个地方找到了金矿。

请工程师的人是一位售货员，他把从矿坑中挖出来的金矿出售，获得了几百万美元。他之所以能够发财，主要是因为他懂得寻找专家协助，而不轻易放弃。

这件事过了很久之后，杰克同样获得了成功，赚了超过他损失金钱的数倍。这是他在从事推销人寿保险以后取得的。

杰克没有忘记在距离金矿1米远的地方停下而损失了一大笔财富的事，所以现在他吸取了这个教训。他说："我在距离金矿1米远的地方停下来，如今，在我向人们推销人寿保险的时候，绝不因为对方说'不'就停下来。"

杰克后来成为一位每年推销100万美元以上人寿保险的优秀推销员。他锲而不舍的精神，应归功于挖矿时轻易放弃的教训。

无论做什么，轻易放弃是不会取得成功的。有时候，多坚持一会儿就会有奇迹出现，多坚持一会儿就能够反败为胜。日本象棋界第15代名人大山康晴曾说过："当你认为已经必死无疑了，却经常有起死回生的情形出现。"因此，直到最后关头都不要轻言放弃，在黑暗之中力求寻觅一线曙光。他曾说出一段亲身体验：

"照相机闪光灯的闪烁和声响，使已经明白战败的我，重燃起一股奋战到底的勇气，究竟为什么我已不记得了。我咬紧嘴唇，心想或许还有一线生机。时间最后只剩下一个多小时，在专家看来此局胜负已成定势，休息室的观众大多也判定'大山败北'，只有我还在埋头苦干。我此时反以旁观者的身份来看自己是否能战胜自己……我可以感觉到旁观者都认为我输定了。

"观战者愈来愈多的窃窃私语都在谈论着：'大山这家伙怎么还不投降！'面对高岛八段一轮猛烈无比的进攻我都咬紧牙关硬撑了下来，时间一分一秒地流逝，高岛八段的一连串攻击似乎未见成效，而在强烈的攻击中，他忽略了许多不起眼的要点。在疲劳的拖累下，他开始显得焦躁不安，并终于犯下大错。在剩余的时间内，我与他成了平分秋色的局面。最后，高岛终于弃子认输了。

"本来是一面倒的局势，却因为采取哀兵之姿，最后关头我终于反败为胜。当时与其说是因赢得胜利而高兴，倒不如说是因为战胜自己而雀跃不已。"

这是大山回想他在第 14 期名人赛中对抗挑战者的情形，那份惊人的耐力，正充分显示出大山坚忍不拔的个性。

当事情愈来愈困难时，当失败如同排山倒海般地压过来时，大多数人会放手离开，只有意志坚强的人才能够坚持到底，不轻易言败。而最后的胜利，也往往属于这些意志坚强的人。

下篇
哈佛家训金典

"对于哈佛大学来说，重要的不是出了 7 位总统和 30 多位诺贝尔奖获得者，而是让进哈佛的每一颗金子都发光。"哈佛靠什么打造了这些巨人？他们的教育中有什么深藏未露的秘密？哈佛取得如此巨大的成就，并不完全是学校教育的结果，这其中也有学生家长的功劳。他们成功的教育方法和理念、他们培养孩子成才的坚定信心和严谨态度，以及他们将教育孩子作为人生重要目标的信念，都是哈佛精英教育的重要组成部分。

第一章 真爱

——开启生命的源泉

哈佛告诉你..

上帝创造了人类，同时将爱赋予了这个万物精灵。爱是生命的源泉，拥有了爱也就拥有了一切。很多人千方百计地想要得到财富和成功，却把爱远远地扔在一边，到最后两手空空，什么也没得到。要知道，连爱都不曾拥有的人，注定是要错过一切的。

如果爱

真正有爱的人没有什么爱得多爱得少的，他是把自己整个人都给他所爱的人的。

——罗曼·罗兰

20世纪20年代，印度的某个地区发现了两个狼童，一个2岁，一个8岁。因为从小与狼生活在一起，她们的生活习性完全被异化了，两只狼一样的耳朵经常会动，双手已经不能像人一样抓取东西，只会爬行。到了晚上的时候，总是会发出狼一样的嚎叫声。

9年后，经过人类文明的教导，2岁的狼童已慢慢适应了人类的生活。而8岁的狼童因为在狼群中待太久了，已无法成为真正的"人"，17岁时死去了。

由此不难看出，周围的环境对人的成长影响是很大的。心理学家曾经这样生动形象地描述环境与成长行为的关系：

如果人生活在批评的环境中，他就学会指责埋怨；

如果人生活在敌意的环境中，他就学会打架斗殴；

如果人生活在嘲笑的环境中，他就学会害羞内向；

如果人生活在羞辱的环境中，他就学会自轻自贱；

如果人生活在鼓励的环境中，他就学会勇敢向上；

如果人生活在赞扬的环境中，他就学会自信自强；

如果人生活在公平的环境中，他就学会拼搏竞争；

如果人生活在安全的环境中，他就学会相互信任；

如果人生活在赞许的环境中，他就学会自尊自爱；

如果人生活在互相信任和友好团结的环境中，他就学会在这个世界上去寻找爱，发现爱，奉献爱。

蒙台梭利说："环境就像人类的头部，影响着一个人一生的成长与发展。"一个人在成长过程中会遇到很多的人，经历很多的事，也要面对不同的环境。当然，很多时候，周围的环境也不是由自己所决定的，这时就需要你用爱去影响周围的环境。让我们一起用爱来营造一个温馨的花园。有了爱，世界才有了阳光般的活力！

小狗的主人

真正的爱世界上只有一种，而模仿出来的爱却是千种万种。

——拉罗什富科

宠物市场上，一个30多岁的男士手里举着一块牌子："出售小狗。"他身旁有6只毛茸茸的小狗，其中一只小狗紧紧地贴在他的脚边，呜呜低声叫着。

一会儿，一个小男孩慢慢地走到了男士的面前。

"先生，你的小狗卖多少钱?"小男孩问道。

"20美元。"

"能让我先看看它们吗?"

小男孩蹲下身来逗这些活泼可爱的小狗。他看到了那只呜呜叫着的小狗。

"这只小狗怎么了?"小男孩好奇地问道。

"它的一条腿瘸了，生了一场病就变成这样了。"

"我想买这只小狗。"

"这条小狗不卖。"男士想了一下，说，"如果你很想要，我可以把它送给你!"

"不!"小男孩认真地看着对方，一字一句地说："我不需要你的赠予。这只小狗应该和别的小狗一样值20美元!"

"它的腿不好，不可能像别的小狗那样蹦蹦跳跳地陪你玩。"

小男孩低着头，轻声说道："我自己也不能蹦蹦跳跳了。这只小狗需要一个理解它的人，给它一份关爱。"说完，他卷起裤脚，露出一条严重畸形的小腿。

作为一个生命，每一个人的地位都是平等的，每一个人的价值都是一样的。不要用这样或那样的标准把你我分隔开，因为人生没有高低贵贱之分，尊重对方也就是尊重自己。当然，也不需要把自己和他人区别地对待，因为这样会让快乐和幸福从自己的身边溜走，留给自己的只有烦恼和不幸。

把爱请进来

真正的爱，应该超越生命的长度、心灵的宽度、灵魂的深度。

——佚名

郊区的一间小茅屋里，一家三口正坐在一起准备吃晚餐。他们的粮食已经不多了，干净的旧木桌上只放着几个馒头，这就是他们全部的晚餐。

"咚！咚！咚！"有人在敲门。女主人打开门一看，只见三个陌生的年轻人站在门口，一副风尘仆仆的样子。她礼貌地打招呼："请问你们找谁啊？"

"你家男主人在吗？"三个年轻人问。

"在呀！"

"事情是这样的。"一个年轻人开口说道，"听说你们是一个幸福的家庭，现在生活遇到了困难，我们是来帮助你们的。"

年轻人接着说："我叫成功，另外两个叫爱和财富。在我们三个之间，你们只能选择一个，而且只有一次机会！"

屋里的男主人听到了他们的谈话，惊喜地叫了起来："快，我们就把财富请进来吧！"

女主人反对这样做："亲爱的，为什么我们不选择成功呢？有了成功，就有鲜花和掌声，就有了一切！"

这时，坐在桌子旁边的小男孩开口了："爸爸妈妈，我们还是把爱请进来吧！有了爱，我们不就更加幸福吗？"

夫妻俩相互看了一眼，觉得儿子的话很有道理："对！我们还是把爱请进来吧！"

奇怪的是：等爱走进门的时候，财富和成功也跟了进来。

女主人疑惑地看着他们问："我们只是说把爱请进来，你们怎么全都进来了？"

三个年轻人异口同声地回答道："哪里有爱，哪里就有财富和成功。"

记住这一个真理：爱是生命的源泉，拥有了爱也就拥有了一切！

很多人总是想着千方百计地得到财富和成功，把爱远远地扔在一边，最后他们什么也得不到。要知道连爱都不存在的地方，连爱都不拥有的人，财富和成功还会理睬他吗？选错了一次，所有的一切都会错过。而每一个人选择的机会也就只有一次！

你是善良的人吗

爱，信任一切，绝不受欺骗。爱，盼望一切，绝不沦亡。爱，无求于一己之利，奋勇直前。

——祁克果

寒冷的街头，一个衣衫破烂的丹麦小女孩站在一家蛋糕店的门前，看着橱窗里的大蛋糕眼睛都直了。她已经在寒风里站了很久，还是没有离去。

这时，蛋糕店的门被推开了，走出了一个漂亮的女店员。她问门前的小女孩："小妹妹，你是在这里等人吗？天快黑了，还是赶紧回家吧！"

"不，我是在向上帝祷告，请他赐给我一块又漂亮又美味的大蛋糕。"小女孩认真地抬起头问，"姐姐，你说上帝能够听见我的请求吗？"

"会的！"女职员认真地点点头，接着，她把小女孩带进了蛋糕店。小女孩看着五颜六色的蛋糕和光亮的蜡烛，一脸的羡慕与陶醉。

一会儿，女职员端来了一盆热水，拿了一条毛巾。她把小女孩带到一边，开始给小女孩洗手洗脸。小女孩的脸已经在外面被寒风冻得通红了，她睁着一双大眼睛看着这位女职员在她身边忙着，一脸的疑惑。

到了最后，女职员用碟子端来了一块大蛋糕，上面放着许多亮晶晶的果仁。小女孩迟疑地接过了大蛋糕，看了看女职员，眼眶里蓄满了泪水。

女职员对着小女孩笑了笑，说："小妹妹，还有什么需要吗?"

"我可以吻你一下吗?"小女孩亲了一下女职员。

只要我们每一个人都拥有博爱之心，用自己的行动去关爱周围的人，你就会发现自己离上帝的距离不再远了。

最高奖赏

爱是一种心情，是要把所爱的对象置于自己的跟前、身边，希望自己与对方协同一体。

——今道友信

1963年，一个小女孩写信给一家报纸的总编，因为她遇上了一件麻烦的事情：她帮妈妈摘回了一篮子草莓，妈妈只是夸了她一句"好孩子"，却给调皮贪玩的弟弟一个大苹果。她想问一下热心的总编先生：这个世界是公平的吗? 难道她和她周围的好孩子都被上帝遗忘了吗?

总编收到小女孩的来信，看了以后心里十分难过。可是他也不知道该如何回答这一个问题。

就在第二天，一位朋友邀请他参加了一场婚礼。就在这场婚礼上，总编找到了问题的答案。

事情的经过是这样的：牧师主持订婚仪式，新娘和新郎开始互赠戒指，或许是他们太激动了，两人都阴差阳错地把戒指戴在了对方的右手上。旁边的牧师看见了，幽默地插了一句："右手已经够完美了，我想你们还是用它来装饰左手吧。"

牧师的话让总编觉得眼前一亮，他想："右手本来已经非常完美了，没有必要再用饰物装点右手了。同样，那些有美德的人，之所以常常被大家忽略，不就是因为他们已经非常完美了吗?"

总编终于找到了小女孩要的答案："上帝让右手成为右手，这就是对右手的最高奖赏;同样，上帝让好孩子成为好孩子，也就是对好孩子的最高奖赏。"

总编发现这一真理后，兴奋不已，当天晚上立即给小女孩回了一封信。他在信中安慰小女孩说:

"……你不要烦恼，不要忧愁，上帝让你成为一个好孩子，就是对你的最高奖赏!"

好人有好报。其实有很多时候并不是这样，常常是自己付出了，却得不到一点回报，哪怕一句赞美的话。这也许是你弄错了，做好人并不是要求回报的，只要你对这个世界付出了爱，用爱去关心身边的人就行了。

10美元的肖像画

在父母的眼中，孩子常是自我的一部分，子女是他理想自我再来一次的机会。

——费孝通

大收藏家拥有大量珍贵的艺术品和一个年轻、充满活力的儿子，过着幸福美满的生活。后来，儿子应征入伍参加了保家卫国的战争，不幸战死在沙场上。而父亲还不知道这一点。

圣诞节的早晨，日夜思念儿子的老人打开房门，看见一位陌生的年轻士兵站在面前，手里还提着一个大包裹。士兵向老人敬礼："您好，我是您儿子的战友。他已经为国英勇捐躯了，这是他留给您的一幅肖像画。"

老人用颤抖的双手打开了儿子的肖像画，把它挂在客厅的正中央，每天早上起来之后都要默默地对着它看上半天。老人再也没有心思去打理自己那些珍贵的收藏品，儿子的这幅肖像画已经成了老人心中最为珍贵的财产了。

第二年秋天，可怜的老人得了一场大病，不久就去世了。老人留下遗愿：所有的收藏品，都拿出来拍卖。消息传出以后引起了轰动，世界各地的收藏家们聚集到了拍卖现场，都想从这位老人的收藏中得到一些稀世珍品。

出人意料的是，拍卖会是从一件非常普通的作品开始的，那就是老人挂在客厅正中央的儿子的肖像画。拍卖师介绍了这幅画的来历，然后问道："有人愿意出价 200 美元买下这幅画吗？"没有人回答。

"100 美元呢？"拍卖师又问。

这时，人群中有人开始抗议了："谁会对那幅粗劣的画像感兴趣？快点，我们需要的是他的珍品！"

"对！对！"大家十分赞同。

"不，必须先拍卖这一幅，这是老人临终前的要求。"拍卖师坚决地摇头。

"谁愿意买下这幅肖像?"拍卖师再一次问道。

"10美元可以吗? 因为我身上只有这么多钱……"在旁边站了很久的老仆人难为情地举起了自己的右手说,"这是老主人最喜爱的肖像画,如果行的话我愿意买下它。"

"还有没有人高出10美元?"拍卖师大声问道。

没有人回应。"10美元一次! 10美元二次! 10美元三次! 好,成交!"拍槌重重落了下来。

接着,拍卖师扫视了一眼拍卖厅,郑重地宣布:"今天的拍卖到此结束!"

"为什么? 为什么? 难道今天的拍卖会只拍卖这一幅普通的肖像画吗? 还害得我们不远千里赶过来,这不是在愚弄人吗?"拍卖厅里的人群顿时像炸开了锅一样,群情激愤。

"不! 不止这些! 按照收藏家的遗嘱,谁买下了他儿子的肖像画,"拍卖师顿了一下,盯着众人说,"谁就可以同时得到他收藏的所有珍品!"

你能正确估量出爱的价值吗? 愿意为爱买单吗?

爱是无价的。用心去爱别人永远都不要期望得到一次意外的回报,否则我们所付出的就不是爱了,而是一种赤裸裸的贪婪。这个时候,你已经亵渎了自己那一份朴素真挚的感情了。

每个孩子都是天才

互相信赖、尊重、真诚相待——这些是真爱赖以建立的基础。

——菲·纳谢德金

爱因斯坦是一个伟大的科学家，一生取得了举世瞩目的成就。可是他小时候的表现并却不被人看好，4 岁的时候才会说一些含糊不清的话语，周围的邻居都说："这孩子呆头呆脑的，长大了可怎么办啊？"

上学的第一天，小爱因斯坦来到教室里，可是没有一个同学愿意和他坐在一起，因为他看上去就像一个小可怜虫。上课的钟声敲响了，在课堂上，老师提了一个简单的问题，点名让爱因斯坦站起来回答。

"我，我……"爱因斯坦说了半天还是没有说出一个字来，他的脸已经涨得通红了。

同学们看见他的模样反而觉得更加可笑，哄堂大笑："笨蛋！笨蛋！"

放学回到家里以后，小爱因斯坦背着书包坐在家里的门槛上发呆。细心的父亲注意到孩子的沉默，拉着他的手问："亲爱的，你怎么啦？"

小爱因斯坦哭着扑到了父亲的怀抱里："同学们都说我是一个小笨蛋！"

"不！"父亲擦掉了小爱因斯坦脸上的泪水，严肃地说：

"亲爱的，你弄错了。上帝曾经在睡梦中偷偷地告诉过我：每一个孩子都是天才！"

"真的吗？上帝真的是这样对您说的吗？"小爱因斯坦满脸期待地问父亲。

父亲坚定地点了点头，小爱因斯坦的脸上露出幸福自豪的笑容。

后来，每当爱因斯坦取得一点点的进步，父亲都会给他送上一阵热烈而真诚的掌声鼓励他。慢慢地，爱因斯坦相信了父亲的那一句话，"每个孩子都是天才"，他的内心充满了希望，并通过努力最终成为了科学巨匠。

英国心理学家托尼·布赞门说过："婴儿出世的那一刻，就真的已经是才华横溢了。仅仅两年时间，他就学会了语言，比任何一位哲学博士都要好，并且在 3 到 4 岁时，他在语言方面就是一个高手了。"

每一个孩子都是天才，要么是一个期待发展的天才，要么就是一个正在成长的天才。用爱浇灌他们心中的希望之花，细心地呵护他，就一定能结出丰硕的果实。

看重坏孩子

世界上的一切光荣和骄傲，都来自母亲。

——高尔基

自从母亲死了以后，他变成了一个调皮的孩子。只要谁家的牛走失了，或者是后院的树莫名其妙被砍倒了，大家都认为是他做的坏事。甚至父亲和哥哥都是这么想的。渐渐地，他也变得无所谓了。

有一天，父亲打算结第二次婚了，家里的孩子们都担心新妈妈会是什么样子。他也打定主意，不把新妈妈放在眼里。最后，新妈妈终于走进家门，来到每个房间，愉快地向孩子们打招呼。当新妈妈走到他面前时，他像枪杆一样站得笔直，双手交叉在胸前，偏开头看着一边，一点儿欢迎的意思也没有。

新妈妈回头看了父亲一眼，眼里有些疑惑。

"这就是我跟你说的那个孩子，"父亲懒洋洋地说，"全家最坏的孩子。"

仿佛是为了印证父亲的这一番话，他冷冷地瞪着新妈妈，满脸的倔强。

然而，令他猝不及防的是，新妈妈说出了一番让家里所有的人都吃惊的话，包括他自己。她把手放在他的肩上，看着他，眼里闪烁着光芒。"最坏的孩子？"新妈妈说，"一点儿也不，他是全家最聪明的孩子，我愿意拿出我所有的积蓄跟你赌一赌。"

20年以后，他成了一位著名的企业家。当有人问到他成功的力量来自何处时，他自豪地回答："是妈妈赐给了我无穷无尽的爱！"

爱是一切力量的源泉。有了真爱，可以让干涸的心灵长出嫩绿的新叶，开出鲜艳的花朵，在阳光下怒放着生命的芬芳。

在母亲的眼里，只有一种孩子：一个好孩子，或者是一个正在准备做好孩子的孩子，就这么简单。

两个预言

不知节制的爱不能持久。它像溢出杯盖的酒浆的泡沫，转瞬便化为乌有。

——泰戈尔

他是一位成功人士，在国际上享有很高的声誉。他之所以能够取得今天的成功，用他自己的话说，是来源于母亲的鼓励与期望。他来自一个贫穷的家庭，父亲早早就离开了他和母亲，可母亲给予他厚爱，同时也对他寄予了厚望。她对孩子情深意切，利用一切机会，用孩子可以理解的语言启发他，教育他。她总是对孩子说："孩子，你是一个坚强的人，也是一个对社会有用的人！"

由于母亲的教育与熏陶，他从小就给自己树立了一个远大的目标。他考入哈佛大学以后，就决心要做一个不畏强暴，为全世界人民伸张正义、谋求利益的人。

与此相反，有一位做大学校长的父亲，他拥有一个幸福的家庭和一个聪明可爱的孩子。可这位父亲怎么也不相信自己的孩子有潜在的能力，稍微看着不顺眼，就要打骂自己的孩子，更要命的是没完没了地训斥："你天生就不是成才的料。我早就看透了这一点！"结果弄得孩子失去了信心，最后，在父亲的唠叨声中，他真的成了一个无用的人。

更可悲的是，做校长的父亲就像一个伟大的预言家，每天仍然少不了对自己的儿子得意洋洋地吹嘘："说对了吧！我早就说过，你不行的！"

不断地唠叨，不断地打骂，滋生的只有绝望；多一份启迪，多一份鼓励，伴随的就是希望。孩子成长的每一步都是伴随着对世界的认识而前进的，免不了要犯一些幼稚的错误，不要把这些错误夸大成为不可饶恕的"罪行"，要相信孩子的能力，不要做他命运的代言人，让他去主宰自己的命运，去放开脚步大步向前走！

第二章　梦想

——天才飞翔的翅膀

哈佛告诉你···

　　人要有梦想，没有梦想的人生，是没有希望的人生。人活在这个世界上，扮演着各自不同的角色，有着各自不同的身份地位，但无论你是谁，扮演着什么样的角色，有着怎样的社会地位，都一定在心中存有各式各样的梦想。

　　人类因梦想而存在，而不断进步、不断发展。世界也因人类的梦想而变得美好起来。

穷人的野心

　　梦想绝不是梦，两者之间的差别通常都有一段非常值得人们深思的距离。

——古龙

　　法国的一位亿万富翁去世后，他的律师在报纸上刊登了他的遗嘱："我由一个身无分文的穷人变成了亿万富翁，去世之前，我不想把我成为富人的秘诀带走，现已委托我的代理人把它保存在银行的保险箱里。现在，如果谁能回答——穷人最缺少什么，我就把我的秘诀和200万法郎无偿赠送给他。"

遗嘱刊出之后，他的律师收到大量的信件，里面说了各种各样的答案。

大家都十分肯定，穷人最缺少的是金钱，除此之外还能缺少什么？有一部分人认为，穷人最缺少的是机会，一些人之所以穷，就是因为没遇到发财的机会。另一部分人则认为，穷人最缺少的是技术，一些人之所以成为穷人，就是因为学无所长。还有的人认为，穷人最缺少的是关爱，因为有钱人都不愿意在关键的时刻拉他们一把。还有一些其他的答案，比如：穷人最缺少的是一份安定的工作，是家族丰富的遗产……总之，答案千奇百怪。

后来，律师按亿万富翁生前的交代，打开了那只保险箱，发现在所有的信件中，只有一位小女孩的答案跟亿万富翁的秘诀是一样的：穷人最缺少的是野心。

有人好奇地问年仅6岁的小女孩，为什么想到是野心，而不是其他的答案？

小女孩说："每次，我和姐姐分享母亲的礼物时，她总是警告我说：'不要有野心！不要有野心！'我想，也许野心可以让人得到自己想得到的东西。"

人有野心，这是一件再正常不过的事情。

因为人一旦有了野心就会不满足于现状，才会产生改变现状的想法，激发内在向上的动力和热情，并且开始有条不紊地按照自己的计划去做每一件事情。这样对于一个人的生命来说才是最有意义的。

当然，有了野心还需要通过自己的辛勤努力去实现自己的梦想，不能为了达到目的而不择手段。

一块石头的梦想

梦想一旦被付诸行动，就会变得神圣。

——阿·安·普罗克特

在法国的乡村，有一位尽职尽责的邮递员每天奔走于各个村庄，为人们传送邮件。有一天，他走在一条山路上不小心摔倒了，不经意发现脚下有一块奇特的石头，看着看着，他有些得意，最后他把那块石头放进了邮包里。

村子里的人们看到他的邮包里还有一块沉重的石头，都感到很奇怪："把它扔了吧，你还要走那么多路，这可是一个不小的负担。"

他取出那块石头晃了晃，得意地说："你们有谁见过这样美丽的石头？"

人们摇了摇头："这里到处都是这样的石头，你一辈子都捡不完的。"

他并没有因大家的不理解而放弃自己的想法，反而想用这些奇特的石头来建一座奇特的城堡。

此后，他开始了另外一种全新的生活。白天，他一边送信一边捡这些奇形怪状的石头；到了晚上，他就琢磨用这些石头来建城堡的问题。

所有的人都觉得他是疯了，这根本就是不可能的事。

20 多年以后，在他的住处出现了一座错落有致的城堡，可在当地人的眼里，他是在干一些如同小孩建筑沙堡一样的游戏。

20 世纪初，一位著名的旅行家路过这里发现了这座城堡，这里的风景和城堡的建造格局令他慨叹不已，为此写了一篇文章。文章刊出后，邮差和他的城堡就成为人们关注的焦点。现在，这个城堡已成为法国最著名的风景旅游点。

在城堡入口处的一块石头上还刻着邮差的一句话："我想知道一块有了梦想的石头能走多远。"而这块石头就是邮差当年捡起的第一块石头。

奇迹总是在不经意间诞生的。就如一座神奇的城堡，邮差最初的想法是想知道一块石头拥有了梦想之后，在它的前面等待着它的是什么。正是梦想的力量才把成千上万块石头改造成了邮递员心目中神圣的理想殿堂。

给非洲孩子挖一口井

一切活动家都是梦想家。

——詹·哈尼克

电视上正在播放非洲孩子因为没有水喝而渴死的报道，主持人在节目结束的时候呼吁大家："只要捐上 70 美元就能给这些非洲孩子挖出一口水井，请大家热心地帮助这些可怜的人吧！"电视机前的小男孩看到这里伤心地哭了。他拉着妈妈的手央求道："妈妈，我要捐 70 美元给非洲的孩子挖一口井。"面对他的请求，妈妈根本就没当回事，小男孩只好沮丧地走开了。可是一整天，他脑子里都在想着这一件事。

晚饭时，小男孩又向爸爸妈妈提起了这件事。"不，"妈妈说，"光是 70 美元并不能解决问题。况且你也是个孩子，你没有这个能力！"小男孩把求助的目光投向了爸爸。

"这是个可笑的想法，我的孩子……"爸爸还想说下去，小男孩哭着叫道："你们根本就不明白！那里的人们没有干净的水喝，孩子们正在死去，他们需要这笔钱！"

小男孩每天都要向父母请求，小男孩的爸爸妈妈不得不认真地讨论这件事，然后，他们告诉小男孩："如果你真的想要，你可以通过自己的劳动凑齐这一笔钱，比如打扫房间、清理垃圾，我们会给你报酬。"

小男孩的第一份"工作"就是帮助妈妈打扫客厅的卫生，最后，他从妈妈那里得到了 2 美元。

小男孩的爷爷知道了这件事情之后，有些心疼自己的孙子，就对孩子的爸爸说："你们为什么不直接给他这一笔钱呢？还要这样来对待自己的孩子？"小男孩的爸爸说："这样做主要是为了锻炼他的劳动能力。他很快就会厌烦的。"妈妈也附和道："一个 6 岁小孩的想法太可笑了，简直不可思议……谁会认真对待这种胡思乱想呢？"

可一年过去了，小男孩不但没有放弃，反而干得更加卖力了。每当爸爸妈妈劝他放弃时，小男孩就说："我一定要赚到足够的钱，为非洲的孩子挖一口水井！"

附近居住的人知道了小男孩的梦想，他们被小男孩的执着感动了，纷纷帮助他。不久，小男孩的故事上了报纸和电视台，他的名字也传遍了整个国家。

一个月后，在小男孩家的邮筒里出现了一封陌生的来信，里面有一张30万美元的支票，还有一张便条："但愿我可以为你和非洲的孩子们做得更多。"

在不到两个月的时间里，就有上千万元的汇款汇来支持小男孩实现梦想。四年过去，这个梦想竟成为有上万人参加的一项事业。如今，他的梦想已基本实现，在缺水最严重的非洲乌干达地区，有56%的人能够喝上纯净的井水。

有人问他："你为什么要这样做呢？"小男孩说："这是我的梦想，我坚信这个世界上没有什么事情是不可能的，只要你想做，你就能成功！"

人活着，首先应该给自己一个梦想。有些人不能成功就是因为他们过分地夸大了自己与成功的距离，自己给自己的前进之路设置了障碍，连一个想法都不曾拥有过，最后就把自己隔离在成功的大门之外。其实，只要你敢想，至少就离成功又近了一步。

寻找戴维

人的一生就是这样，先把人生变成一个科学的梦，然后再把梦变成现实。

——法国谚语

老教师就要退休了，他开始整理自己办公室里的文件。他拉开一个抽屉，被里面的一叠小学生作文吸引住了，作文的题目是《我的梦想》，孩子们都在作文本上写下了自己的梦想。

一个学生写道：我以后一定要当一艘超级巨轮的船长，因为有一次在海里游泳时，我喝了 3 升海水都没被淹死。一个学生说：我将来必定是法国的总统，因为我能背出 29 个法国城市的名字，而同班的其他同学最多只能背出 9 个……最让老师觉得不可思议的是一个叫戴维的学生，他说他一定要成为英国的一位内阁大臣，因为在英国还没有一个盲人进入过内阁。

总之，孩子们都在作文中认真地描绘着自己的未来，五花八门，各种各样的想法都有。

老师读着这些作文，突然有一种冲动：他想写信给这些孩子们，看 25 年后的现在他们是否都实现了自己最初的梦想。

很快，他就收到了学生们的回信，他们都向老师致谢，感谢老师仍然保存着他们年幼时的梦想，并且他们希望得到那本作文簿，重温儿时的梦想。这中间有商人、学者及政府官员，更多的是普普通通的人。

老师满足了他们的愿望。但他觉得奇怪的是：只有那个叫戴维的盲学生没有来信。

一年过去了，老师仍然没有收到戴维的来信，老师想，或许那个叫戴维的人已经不在人世。毕竟 25 年了，25 年间是什么事都会发生的。

就在老师准备把这个本子送给一家私人收藏馆时，内阁教育大臣寄来了一封信："我是您当年的学生戴维，感谢您还为我们保存着儿时的梦想。不过我已经不需要那个本子了，因为从那时起，我的梦想就一直在我的脑子里。我现在已经实现了那个梦想。我一直相信只要不让年轻时的梦想随岁月飘逝，成功总有一天会出现在你的面前。"

作为英国第一位盲人大臣，戴维用自己的行动证明了一个真理：假如谁能把儿时想当总统的愿望保持 30 年，那么他现在一定已经是总统了。

有一位名人曾经说过这样的一句话：终生去做一件事，便可成功。

梦想也是一样，只要你咬定青山不放松，坚持自己当初的梦想不放弃，不因为面临各种压力而放弃，坚持到最后你就可拥有一个精彩的人生了。成功的定义就是这么简单：坚持，坚持，再坚持！

让我飞给你看

青春的梦想，是未来的真实的投影。

——英国谚语

山坡上，父亲正带着两个儿子放羊。这时，天上飞过一只老鹰。

小儿子问父亲："老鹰为什么会飞得那么高呢？"

"因为它有一双强健的翅膀。"父亲回答。

"要是我们也能像老鹰一样飞起来就好了，那我就要比老鹰飞得还要高。"大儿子看着在天上翱翔的老鹰，一脸的羡慕。

"做只会飞的老鹰多好啊！可以飞到自己想去的地方，那样就不用放羊了。"小儿子眨着眼睛，满脸的陶醉。

父亲想了一下，然后对儿子们说："如果你们想，你们也会飞起来的。"两个儿子兴奋地试了试，但并没有飞起来。

"让我飞给你们看吧。"父亲一边说一边展开双臂做飞翔的动作，但也没有飞起来。"可能是因为我的年纪大了才飞不起来，你们还小，只要不断努力，就一定能飞起来。"父亲这样对他的两个孩子说。

后来，孩子们怀着飞翔的梦想长大了，通过努力他们终于飞上了天——他们就是造出飞机的莱特兄弟。

梦想就像是一颗种子，只要在小的时候把它种入土里，细心地呵护它，用辛勤的汗水浇灌它，就能在阳光春风中发芽、开花并茁壮成长，最后结出丰硕的果实。所以，在年少的时候别忘了播种你的梦想。

山本的英语成绩

没有理想的鼓舞，人就会变得空虚而渺小。

——车尔尼雪夫斯基

在一堂作文课上，孩子们正在大声地讨论自己的梦想。有的想当医生，有的想当作家，大家说了很多很多。这时候，有一个叫山本的孩子站起来大声地对老师说："我想做比尔·盖茨第二！"有人在下面小声嘀咕："能做到吗？"

回到家里，山本开始正式跟父亲谈起了自己的理想，一副信心十足的样子。这个时候，父亲也非常乐意做个忠实的听众，跟孩子一起分享他对未来的憧憬。听着听着，父亲最后也被他感动了。

有一次山本的英语考试只得了 59 分，回家后他不敢把试卷拿出来。父亲知道后并没有责备他。但是，在很长一段时间里，山本不再谈论自己的那一个理想了。

于是，每天睡觉前，父亲跟孩子一起躺在床上谈彼此的梦想。父亲告诉儿子，爸爸、妈妈都为他拥有这样的梦想而自豪，也相信他一定会实现自己的梦想。有一天，山本对父亲说："我一定要把英语学好，比尔·盖茨第二的英语可不是蒙人的。"

后来，父亲给他买来英语课外读物，经常跟他一起阅读，并鼓励他每天用英语写一篇短小的作文，坚持了一段时间后，山本的期末英语考试得了满分。

在人生的路途上，有很多东西可以舍弃掉，唯独梦想不能放弃，放弃了梦想就等于放弃了希望。没有了希望，没有了目标，等于把一个人放在了一片没有生命力的荒原上，没有阳光，更没有指明前进方向的指路灯，那将是一件多么可怕的事情。

第三章　细节

——成就完美的魅力

哈佛告诉你

"泰山不拒细壤，故能成其高；江海不择细流，故能就其深。"大礼不辞小让，细节决定成败。小事因其小而常常被人忽略，然而它却很可能造成大问题，给人们的生活带来意想不到的大麻烦。所以，我们提倡善于从小事做起，从而使自己的命运得到彻底的改变。

被马掌钉打败的国家

小事成就大事，细节成就完美。

——戴维·帕卡德

国王的马夫牵着一匹战马来到铁匠铺。

"快点给它钉掌。"马夫对铁匠说，"国王要急着出征呢。"

"你得等等。"铁匠回答。

"我等不及了。"马夫不耐烦地叫道，"敌人正在向我们的国土推进，我们必须早日出发。"

铁匠开始埋头干活，钉了三个掌后，他发现没有钉子来钉第四个掌了。

"我这需要一个钉子，"他说，"得需要点时间。"

"我告诉过你我等不及了，"马夫急切地说，"我听见军号了，你能不能凑合?"

"我能把马掌钉上，但是不能像其他几个那么结实。"

"能不能挂住?"

"应该能，"铁匠回答，"但我没把握。"

"就这样吧，"马夫叫道，"快点，要不然国王会怪罪到我头上的。"

于是，国王骑上他的战马出发了。两军交上了锋，国王率领部队冲向敌阵。

可是国王还没走到一半，一只马掌掉了，战马跌翻在地，国王也被抛在地上。

国王还没有来得及抓住缰绳，惊恐的战马就跳起来逃走了。士兵们突然看不见国王在前面骑马指挥了，顿时乱了阵脚，纷纷转身撤退，敌人的军队迅速包围了上来。

国王无力地哀叹道："一匹马，我的国家倾覆就因为这一匹马。"

成大业若烹小鲜，做大事必重细节。这个故事告诉大家，无论做什么事情，千万不可忽视细节的存在，否则就有可能付出极其惨重的代价。其实，细节是一种创造，也是一种征兆，从中可以看出一个人的命运走向和事情的成败。

一个没有注意到的细节可能引起矛盾，一个被忽视的小问题就有可能导致危机，每一个大问题都是由一系列的小问题构成的。

在这个因细节制胜的时代，任何一件事情都是做出来而不是喊出来的，特别是青少年们，在学习和生活中更要把小事做精做细。

漂亮的女秘书

天下难事，必做于易；天下大事，必做于细。

——老子

总统办公室新来了一位漂亮的女秘书，人虽长得不错，但工作中却常粗心出错。

一天早晨，总统看见秘书走进办公室，便夸她说："今天你穿的这身衣服真漂亮，正适合你这样年轻漂亮的小姐。"

这句话出自总统口中，简直让默默无闻的秘书受宠若惊。总统接着说："我希望你的公文处理也能和你的人一样漂亮。"果然从那天起，女秘书在公文上很少出错了。

总统夫人知道了这件事，就问总统："这个好方法你是怎么想出来的？"

总统得意洋洋地说："这很简单，你看见过理发师给人刮胡子吗？他要先给人涂肥皂水，为什么呀，就是为了刮起来使人不痛。"

善于从细节上抓住闪光点的人往往就能抓住主要矛盾，这样的人往往具有伟大的品格，既能从大处着手，又能在细小的方面狠下功夫。

形象的价值

大礼不辞小让，细节决定成败。

——汪中求

形象是一个人仪表、气质、性格、内心世界的综合反映。更多的时候，人们没有机会去了解你的内在，只好凭借外在的形象做一定的判断。所以，聪明的人，都会在乎仪表、衣着等起到的作用。

戴尔一向很注重形象。他清楚地认识到，商业社会中，一般人是根据一个人的衣着来判断对方实力的，因此，他首先订做了三套昂贵的西服，然后他又买了一整套最好的衬衫、衣领、领带、吊带等，而这时他的债务已经达到了700美元。

于是，戴尔就开始自己的第一次创业。

每天早上，戴尔都会身穿一套全新的衣服，在同一个时间、同一个街道同某位富裕的出版商"邂逅"。戴尔每天都和他打招呼，偶尔还聊上一两分钟。

这种例行性会面大约进行了一星期之后，出版商开始主动与戴尔搭话："你看来混得相当不错。"

接着出版商便想知道戴尔从事哪种行业。因为戴尔身上所表现出来的这种极有成就的气质，再加上每天一套不同的新衣服，已引起了出版商极大的好奇。这正是戴尔盼望发生的情况。

戴尔于是很轻松地告诉出版商："我正在筹备一份新杂志，打算在近期内争取出版。"

出版商说："我是从事杂志印刷及发行的。也许，我也可以帮你的忙。"

这正是戴尔所期待的。

出版商邀请戴尔到他的俱乐部，和他共进午餐，在咖啡和香烟尚未送上桌前，已"说服"了戴尔答应和他签合约，由他负责印刷及发行戴尔的杂志。戴尔甚至"答应"允许他提供资金并不收取任何利息。

杂志所需要的 3 万美元资金和购买衣物的 700 美元都是通过戴尔的形象换来的。

成功的人善于捕捉机遇，他会独具慧眼，处处留心。在生活中，每一个人都需要仔细留心身边的每一件小事，这每一件小事当中都可能蕴藏着相当的机会，成功的人绝不会放过每一件小事。他们对什么事情都极其敏感，能够从许多平凡的生活事件中发现很多获得成功的机遇。

盲人打灯笼

致广大而尽精微。

——《中庸》

在漆黑的小路上，一个年轻人小心翼翼地走着，他刚才摔了一跤不小心把手中的火把弄灭了。忽然前面出现了一点光亮，待到他走近时，才看见一个人提着灯笼也在前面赶路。奇怪的是这人提着灯笼走路也是小心翼翼的，年轻人仔细一看才发觉对方是一个盲人。

年轻人十分奇怪地问："你本人双目失明，灯笼对你一点儿用处也没有，你为什么还要打灯笼呢？"

盲人听了，慢条斯理地回答说："我打灯笼并不是为了照路，而是因为在黑暗中行走，别人往往看不见我，我便很容易被人撞倒。而我提着灯笼走路，灯光虽不能帮我看清前面的路，却能让别人看见我。这样，我就不会被别人撞倒了。"

有人说，一滴水可以折射出整个太阳的光辉，一件小事可以看出一个人的内心世界。良好的品德，并不仅仅是体现在大是大非面前，而是体现在细微的小事中。

细节无处不在。盲人在帮助别人的同时也帮助了自己免遭别人碰撞之苦，可见他也是一个细心的人。

两张车票

泰山不拒细壤，故能成其高；江海不择细流，故能就其深。

——李斯

日本东京贸易公司的董事长吩咐办公室助理给德国一家公司的商务经理购买往来于东京、大阪之间的火车票。

在这次旅途中，德国公司的经理注意到了一个小小的巧合：去大阪时，他的座位在列车右边的窗口，返回东京时又是靠左边的窗口。

经理问助理其中缘故，助理笑答："车去大阪时，富士山在你右边，返回东京时，山又出现在你的左边。我想，外国人都喜欢日本富士山的景色，所以我替你买了不同位置的车票。"

德国经理深受感动，后来成了这家东京贸易公司的长期客户。

有些人总认为要成大事就无需拘小节，其实这种想法是不妥的。注重细节的人才能对事情做出周密的安排，这是一种负责的表现，体现出一种人文关怀。

致命的冰柜

在艺术的境界里，细节就是上帝。

——米开朗基罗

福克斯是一个恪守职责的铁路公司调车员。不过他有一个缺点，就是对人生过于悲观。

一天下午，福克斯不小心把自己关在了一辆冰柜车里。他在冰柜里拼命地敲打着、叫喊着，可全公司的职员早已下班回去了，根本没有人在。福克斯的手掌敲得红肿，喉咙叫得沙哑，也没人理睬，最后只得绝望地坐在车上喘息。

他愈想愈可怕，冰柜里的温度在-20℃以下，如果再出不去，一定会被冻死。他摸索出身上的纸和笔绝望地写下遗书。

第二天早上，公司里的职员陆续来上班。他们打开冰柜，发现福克斯倒在里面。他们将福克斯送去医院，医生说他早就已经死了。

大家都很惊讶，因为冰柜里的冷冻开关并没有启动，这巨大的冰柜里也有足够的氧气，而福克斯竟然莫名其妙地被"冻"死了！

从福克斯的身上可以得知，人们在生活中，绝望时也不要放弃一丝的希望，或许一个小小的细节就可以改变事实的本身。所以，不要忽视细节的存在，有时候发现细节就能抓住希望。

第四章　快乐

——无悔人生的音符

哈佛告诉你

快乐存在于我们的心中，存在于周围的环境中，它可以是一滴栖息于枝头的露珠，可以是浩瀚的夜空中一颗寂寞的星星，可以是一片随波逐流的落叶，也可以是一只背着食物匆匆而行的蚂蚁。只要你是一个快乐的人，总能在这个世界上找到快乐，就算是孤独寂寞的荒原上也能构筑一座宏伟的快乐城堡。

穷人与富人

我们曾经为欢乐而斗争，我们将要为欢乐而死。因此，悲哀永远不要同我们的名字连在一起。

——伏契克

一天，富翁带着儿子去乡下旅行，想让他见识一下穷人是怎么生活的。他们在一个农户家里待了一天一夜。回来的路上，富翁问儿子："旅行怎么样？"

"好极了！"

"这回你知道穷人是怎么过日子的了？"

"是的！"

"有何感想？"

儿子回答："我发现咱家里只有一条狗，可是他们家里有四条狗；咱家仅有一个水池通向花坛的中央，可他们竟有一条望不到边的小河；我们的花园里只有几盏灯，可他们却有满天的星星；还有，我们的院子只有前院那么一点儿，可他们的院子却有一大片！"

儿子说完，富翁哑口无言。

最后，儿子感叹了一句："感谢父亲让我明白了我们是多么贫穷！"

快乐是一种心态，它不要求在物质上占有什么，以及物质的丰富程度如何，关键在于你如何看待眼前的世界。如果你是一个富翁，可在精神上极度的贫乏，那么你就是不快乐的，你的人生也是不幸的。有钱的人并不一定快乐，但快乐的人一定是幸福的。

拖鞋的力量

做好事是人生中唯一确实快乐的行动。

——西德尼

"我一定要断然拒绝他们的要求。"出门之前，老富婆这么想。

这一天下着很大的雨，她在这样的天气却不顾一切地跑出来，目的是想赶快让这件烦心事尽早结束。

老富婆平时以慈善家闻名。到目前为止，她帮助了很多需要帮助的人。可是，大家希望她捐出祖传的土地来建造孤儿院，她无法同意。她对祖宗传下来的那一片土地有无限的感情，何况此后的主要收入来源就靠那块土地。说得严重一点儿，她若失去这一块土地，她的生活马上就要受到影响。

"不管对方如何恳求，也不能露出一丁点儿同情心，否则……"老富婆更加坚定了自己心里的想法。

雨越来越大，风也吹得更起劲了。不多久，她到了一家慈善机构。她推开大门，想在门口寻找一双干拖鞋换掉脚上的湿鞋。

"请进！"这时候，一位女办事员出现在她眼前。女办事员看到她没有找到拖鞋，立刻毫不犹豫地脱下自己的拖鞋给老富婆。

"真抱歉，所有的拖鞋都给别人穿了。"那位小姐还向她恳切地道歉。

老富婆看到对方脱下鞋之后踩在地板上，刹那间袜子就给沾湿了。

老富婆感动莫名。就在那一瞬间，她才感悟到"施与"的真正意义。

她想："平时，我被大家称为慈善家，可是我捐出来的，全是自己不再使用的旧东西，再就是挪用多余的零用钱。真正的施与，应该是拿出对自己来说是最重要的东西，那才有莫大的价值呀！"

老富婆突然决定捐出那块祖传的土地给这个慈善机构，为可怜的孩子们建立一个设备完善的孤儿院。

老富婆微笑着对那位女办事员说："好温暖的拖鞋。"

女办事员红了脸："对不起，实在是没有干净的拖鞋让您换了。"

老富婆连忙打断她的话："不，不，我不是这个意思，我是说你的善心令人感到温暖……"

快乐的人总是将自己能够给别人带来多少快乐作为快乐的标准。他看重的不是索取，而是对别人的奉献，在奉献的同时去感受别人的快乐，并从别人的快乐中找到自己的快乐。与人为善，助人为乐，这才能活出人生的境界。

第三局的胜利

一个人如能让自己经常维持像孩子一般纯洁的心灵，用乐观的心情做事，用善良的心肠待人，光明坦白，他的人生一定比别人快乐得多。

——罗曼·罗兰

辛普森的公司一下垮了，债主纷纷找他要钱。为了躲避追债，他只有早早地回到家里。

5岁的儿子放学回来，高兴地向父亲大声宣布："爸爸，我有个好消息告诉您！"

"是吗？我的孩子。"辛普森漫不经心地回答。

聪明的儿子看出了父亲的不快，问道："哦，爸爸，您为什么不高兴？是打球输了吗？"儿子刚刚加入学校网球业余培训班，对网球非常感兴趣。

"差不多，我输给了对手。"辛普森苦笑着说。

"那有什么关系！"儿子说，"我刚进业余班那阵，连球拍都不会握，可我盯住了班上的冠军，非要跟他拼拼不可。每天训练一完，我就找他挑战，当然我从来没赢过，心情非常沮丧，所以我非常同情您。爸爸，您的对手是冠军吗？"

"那不见得！"辛普森不想在儿子面前失掉自信。

"哇！"儿子叫了起来，"连冠军都不是，那就更不应该输给他。您知道我是如何战胜冠军的吗？"

"如何？"

"我给自己打气，经过一段时间准备后，我又去向骄傲的冠军挑战。当然，第一局我输了。"

"第二局呢？"

"也输了。"

"那你真的又输了。"

"可是，爸爸您知道吗？我在第三局赢了他。"

"可你最终还是输给了他。"

"不，爸爸。"儿子自豪地说，"记住这一点：第三局我赢了他，我终于打败了他一回。爸爸，您失败了几次？"

"一次！"

"爸，您真笨，才一局您就认输了，您应该来五盘三胜制，彻底打败对手。"

"五盘三胜制？这主意真好！"父亲觉得孩子的话可真有道理，这时，他像是记起了什么，便问儿子："你刚进门时说有好消息告诉我，是什么好消息？"

儿子认真地答道："就是我在第三局终于战胜了对手呀！"

"这也算好消息吗？"辛普森奇怪了。

"当然啦！"儿子一脸的自豪，"在五盘三胜制里，我还有两次战胜对手的机会啊！"

快乐不是凭空产生的，也不是上天的施舍，而是靠你自己用一双智慧的眼睛去发现。从一件平凡的小事中，从一个不为人注意的角落里，从匆匆擦肩而过的人身上找到它，用心地去感受快乐的真谛，那么，你的人生就是快乐的，你的未来也是幸福的。

耶稣的安排

快乐没有本来就是坏的，但是有些快乐的产生者却带来了比快乐大许多倍的烦扰。

——伊壁鸠鲁

一个小镇的教堂里有一尊耶稣被钉在十字架上的塑像，每天来教堂里祈祷的人络绎不绝。

教堂里的看门人看十字架上的耶稣每天要应付这么多人的要求，觉得他一定很累，他希望能分担耶稣的辛苦。有一天他祈祷时，向耶稣表达了这份心愿。这时，他突然听到一个声音："好啊！我下来为你看门，你上来被钉在十字架上。但是，不论你看到什么、听到什么，都不可以说一句话。"

看门人觉得这个要求很简单。于是耶稣走了下来，看门人上去像耶稣被钉在十字架般地伸张双臂，本来塑像就雕刻得和真人差不多，所以来膜拜的群众并不怀疑，看门人也依照先前的约定，聆听信众的心声。大家的祈求有合理的，有不合理的，千奇百怪不一而足。但无论如何，看门人都强忍着不说话，因为他必须信守先前的承诺。

有一天来了一位富商，他祈祷完后，竟然忘记手边的钱袋便离去了。看门人看在眼里，真想叫这位富商回来。接着又来了一个穷人，他祈祷耶稣能帮助他渡过生活的难关。当他要离去时，发现了先前那位富商留下的袋子，穷人高兴得不得了，认为耶稣有求必应，万分感谢地离去。

十字架上伪装的看门人看在眼里，想告诉他，这不是你的。但是，约定在先，他仍然憋在心里没有开口。接下来，一位要出海远行的年轻人来祈求耶稣降福保佑他平安。正要离去时，富商冲了进来，抓住年轻人的衣襟，要年轻人还钱，年轻人不明白是怎么回事，两人吵了起来。

这时，十字架上伪装的看门人终于忍不住开口说话了。既然事情清楚了，富商便去找那个穷人，而年轻人则匆匆去搭船。

最后，耶稣出现了，指着十字架上的看门人说："你下来吧！你已经没有资格站在上面指引众生了。"看门人说："我把真相说出来，主持公道，难道不对吗？"

耶稣痛心地说："你懂什么？那位富商并不缺钱，可是对穷人来说，却可以挽回一家老少的生计；最可怜的是那位无辜年轻人，如果富商一直缠下去，延误了他出海的时间，他还能保住一条命。而现在，他所搭乘的船正沉入海中……"

不要去刻意追求什么，不要去改变什么，在平平淡淡的生活中，保持一种平和宁静的心态，无论何时何地你总是快乐的。

三条规则

牙齿痛的人，想世界上有一种人最快乐，那就是牙齿不痛的人。

——萧伯纳

曾经有一段时间，在宾夕法尼亚州，大家最痛恨的就是洛克菲勒，充满火药味的信件如雪花般涌进他的办公室，威胁要取他的性命。为此，他雇用了许多保镖，防止遭人杀害。他自傲地说："你尽管踢我骂我，但我还是按照我自己的方式行事。"可生活在这样的环境中，他的意志开始慢慢地崩溃了。身体开始不行了，疾病从内部向他发动攻击。失眠、消化不良、掉头发、烦恼等让他措手不及。最后，他的医生把实情坦白地告诉他，他只有两种选择：必须在财富和死亡之间做一抉择。

洛克菲勒选择了退休。医生们开始挽救洛克菲勒的生命，并为他立下三条规则——这是他以后奉行不渝的三条规则：避免烦恼，在任何情况下绝不为任何事烦恼；放松心情，多在户外做适当运动；注意节食，随时保持半饥饿状态。

　　洛克菲勒遵守这三条规则，因此而挽救了自己的性命。退休后，他学习打高尔夫球、整理庭院，和邻居聊天、打牌、唱歌等。但他同时也做别的事。他开始反省，曾经一度停止去想他能赚多少钱，开始思索那笔钱能换取多少人类的幸福。

　　后来，洛克菲勒开始考虑把数百万的金钱捐出去。可是，当他向一座教堂捐献时，全国各地的传教士齐声发出抗议："腐败的金钱！"但他继续捐献。在获知密歇根湖岸的一家学院因为抵押权而被迫关闭时，立刻展开援助行动，捐出数百万美元去援助那家学院，将它建设成为目前举世闻名的芝加哥大学。

　　洛克菲勒的善举在拯救别人的同时，也拯救了自己，他开始了自己崭新的生活。

　　拒绝烦恼就是不要去斤斤计较眼前的利益，不要太计较自己的得失，要更多地爱护和关心身边的人，给一切需要帮助的人送去你的温暖和祝福。用自己的心去追寻生命中的博爱、宁静、空灵，这个时候你就会发现快乐已经长驻心底。

第五章　社交礼仪

——精通行之有效的处世之道

哈佛告诉你...

　　有时，礼仪往往是为人处世中最有用的东西。它在给予别人之后，会给人以好感。它是疲倦者的休息，失望者的希望，悲哀者的阳光，又是大自然排解患难的良剂。所以，如果你想早日获得成功，就一定要精通几种行之有效的社交礼仪。

礼节为你赢得一切

礼貌是最容易做到的事，也是最珍贵的东西。

——风察尔

　　天逸子说："以礼敬于人，人们就服从你；以礼敬于神，神就保佑你；以礼敬于天，天就会相助你。"礼节经常可以替代最高贵的感情，不用花钱，却能为你赢得一切。

　　1930年，传教士西蒙·史佩拉每日习惯在乡村的田野之中漫步很长的时间。无论是谁，只要经过他的身边，他都会热情地向他们打招呼问好。

其中有个叫米勒的农夫是他每天打招呼的对象之一。米勒的田庄位于小镇的边缘，史佩拉每天经过时都看到他在田里辛勤地工作。然后这位传教士总会向他说："早安，米勒先生。"

当传教士第一次向米勒道早安时，这个农夫只是转过身去，像一块石头般又臭又硬。在这个小乡镇里，犹太人和当地居民处得并不太好，成为朋友的更是绝无仅有。不过这并没有妨碍或打消史佩拉传教士的勇气和决心。一天又一天过去，他持续以温暖的笑容和热情的声音向米勒打招呼。终于有一天，农夫向传教士举举帽子示意，脸上也第一次露出了一丝笑容。

这样的习惯持续了好多年，每天早上，史佩拉会高声地说："早安，米勒先生。"那位农夫也会举举帽子，高声地回答道："早安，西蒙先生。"这样的习惯一直延续到纳粹党上台为止。

作为犹太人的史佩拉全家与村中所有的犹太人都被集合起来送往集中营。史佩拉被送往一个又一个集中营，直到他来到最后一个位于奥斯维辛的集中营。从火车上被赶下来之后，他就等在长长的行列之中，静待发落。在行列的尾端，史佩拉远远就看到营区的指挥官拿着指挥棒一会儿向左指，一会儿向右指。他知道发派到左边的就是死路一条，发派到右边的则还有生还的机会。他的心脏怦怦跳动着，愈靠近那个指挥官，就跳得愈快。很快就要轮到他了，什么样的判决会轮到他？左边还是右边？

他离那个掌握生死的独裁者还有一段距离，但是他清楚这个指挥官有权力将他送入毒气室中。这个指挥官到底是个什么样的人？怎么能在一天之中将千百人送入枉死城中？他的名字被叫到了，突然之间血液冲上他的脸庞，恐惧消失得无影无踪了。然后那个指挥官转过身来，两人的目光相遇了。史佩拉平静地对指挥官说："早安，米勒先生。"米勒的一双眼睛看起来依然冷酷无情，但听到他的招呼突然抽动了几秒钟，然后也平静地回答道："早安，西蒙先生。"接着，他举起指挥棒指了指说："右！"他边喊还边不自觉地点了点头。"右！"——意思就是生还者。

在生死攸关的时刻，习惯性的礼节问候甚至战胜了专制与残酷，即使是刽子手也被这礼节的春风所唤醒，那么还有什么是它所不能摧毁的？

酒桌上的礼仪

不学礼，无以立。

——孔子

我们都知道，宴会作为一种交际媒介，在洽谈业务、迎宾送客、聚朋会友、彼此沟通、传递友情等方面，发挥了独特的作用，它代表了个人，乃至集体、公司的形象，因此有必要引起各方面的大力关注。其中，酒桌上的礼仪又是宴会上一个突出的问题。据说一位老总为了表示与客户合作的诚意，一杯杯地喝"合作酒"，结果把自己喝到桌子底下，把对方也全喝趴下了。酒醒后，客户把本来准备好的合作意向取消了，因为他们不相信合作伙伴能把工作搞好。这位老总的主要错误在于他没能很好地掌握酒桌上的礼仪，敬酒、劝酒过度，给人留下了一种极差的印象，以至于让人误会了他的"热心肠"。

　　敬酒也是一门学问。一般情况下，敬酒应以年龄大小、职位高低、宾主身份为序，敬酒前一定要充分考虑好，分清主次。与不熟悉的人在一起喝酒，要先打听一下身份或是留意别人如何称呼，这一点心中要有数，避免出现尴尬或伤感情的局面。敬酒时一定要把握好敬酒的顺序，如果有求于某位客人，在席上，对他自然要倍加恭敬。但是要注意，如果在场有更高身份或年长的人，则不应只对能帮你忙的人毕恭毕敬，也要先给尊者、长者敬酒，不然会使大家都很尴尬。

　　酒桌上不可避免地要劝酒，劝酒体现了主人的好客、热情。有些人自己不爱喝酒，觉得喝多了没有好处，因此席间劝酒有顾虑，担心让人家喝多了似乎不怀好意。但特别注意的是劝酒与喝酒不是对等的。作为主人，一定要尽地主之谊，热情相劝，至于客人喝不喝、喝多少并不重要，不必较真，请对方自便。

　　虽说席上劝酒要热情，但还要以少喝为佳，不论主客都一样。不劝不热闹，但劝了就喝、喝多了也不好。劝酒人不知道你的酒量，你自己应该明白。不管对方如何劝，自己要把握自己。他劝你喝，你也可以劝他喝。切记：酒席以劝为主，不是以喝为主，一劝就喝同没有人劝自己喝一样都是没有情趣的。

　　无论是敬酒还是劝酒都少不了要说话，酒桌上的语言交流可以显示出一个人的才华、学识、修养和交际风度，有时一句诙谐幽默的语言，便会给客人留下很深的印象，使人无形中对你产生好感。所以，在酒桌上你应该知道什么时候该说什么话，语言得当、诙谐幽默很关键。

　　大家都记得《红楼梦》中刘姥姥进大观园那一节，在酒桌上，刘姥姥的话语诙谐幽默，以致贾府上下都很快活，因此对她就另眼相看，待她甚好。现在的日常礼仪也好、商务礼仪也罢，要想说笑话，就要既无伤大雅，又能活跃气氛才行。曾有一度酒桌上十分流行低俗下流的笑话，这在宴会上是很不妥当的，尤其在商务宴会中更是不可取的，它会将你原本的好形象毁于一旦，根本无助于你事业的发展。

递接名片的礼仪

礼貌是儿童与青年所应该特别小心地养成习惯的第一件大事。

——约翰·洛克

现代社会，名片的作用越来越大，交换名片成为建立人际关系的第一步，一般宜在与人初识时，自我介绍或经他人介绍之后进行。发送名片也是有讲究的，它直接影响着你的形象和别人对你的印象。

对下一步要联系的业务人员或你感兴趣的人，要主动把名片递过去，表示愿意与对方认识、交往。在取出名片准备给别人时，要双手轻托名片至齐胸的高度并将正面朝向对方，以方便别人接收时阅读。如果人多而自己左手正拿着一叠名片，也应该用右手轻托，左手给予辅助，一张张地发给每个人，不要像发扑克牌一样随便乱丢。在递给对方名片时，要注意对方的地位、身份以及双方的关系。一般说来，名片有3种递法：

1. 手指并拢，将名片放在手掌上，用大拇指夹住名片的左端，恭敬地送到对方胸前。名片上的名字反向自己，使对方接到名片就可正读，不必翻转过来。

2. 食指弯曲与大拇指分别夹住名片递上。

3. 双手的食指和拇指分别夹住名片的左右端奉上。

以上 3 种递法，都避免了"尖锐的指尖"指着对方的禁忌，其中尤以第三种为最恭敬。

当你接受他人名片时也要注意自己的形象。这时，应起身或欠身，面带微笑，恭敬地用双手的拇指和食指捏住名片的下方两角，并轻声说："谢谢!""能得到您的名片十分荣幸!"如对方地位较高或有一定知名度，则可道一句"久仰大名"之类的赞美之词。接过别人的名片一定要先仔细看一下，名片看过之后（边看边读出声音来，效果也不错），精心放入自己的名片夹或上衣口袋里，也可以看后先放在桌子上，但不要随手乱丢或在上面压上杯子、文件夹等东西，那是很失礼的表现。另外，如果对方名字比较复杂或有不能确认的发音，最好能礼貌地向对方请教，无论如何总比下次见面时读错字，让对方板着脸强很多。在这里要特别注意的是，你一定要重复一遍名片上的"名字+职务"，一定要把后边的职务读出来，如"张总经理"，不要只读名字。

交换名片也要按一定次序。一般情况下，双方交换名片时是地位低的人先向地位高的人递名片，男性先向女性递名片。当然，相互不了解时就没有先后之分了。在商务活动中，女性也可主动向男性递名片。

当面前的交往对象不只一人时，应先将名片递给职务较高或年龄较大的人，如分不清职务高低和年龄大小，则可依照座次递名片，应给对方在场的人每人一张，不要让别人认为你厚此薄彼。如果自己这一方人较多，则让地位高者先向对方递送名片。另外，千万不要用名片盒发名片，这样会让人们认为你不注重自己的内在价值，以为你的名片发不出去。

在接受了对方名片之后，要对名片进行合理的管理和利用。为了查找和使用方便，应学会分类收藏他人的名片。对个人名片可按姓氏笔画分类，也可依据不同的交际关系分类。平时，要留心他人职务、职业、住址、电话等情况的变动，并及时记下有关的变化，以便通过名片掌握每个朋友、每位客户的真实情况。

当然，为了加深你们的交往，你还可把对对方的了解，譬如他的爱好、兴趣等记在名片上。待下次与这个人见面时，你不但能一下子说出他的名字，还能随口以他的爱好和兴趣为话题展开谈话，这样，对方必然会感到意外，对你自然会有好感。

待客的礼仪

礼貌使有礼貌的人喜悦，也使那些受人以礼貌相待的人们喜悦。

——孟德斯鸠

无论是业务上的往来还是私人亲朋好友间感情的联系，互相拜访都是社交活动中重要的一环。你去拜访别人或客人来访时，你的一些行为举止能表现出你的礼仪修养。事实上，你一个小小的举动，就可能改变别人对你的印象。比如，你不像你的客人那样有广博的知识，因此客人觉得好像找不到共同语言。但是，你一直在认真地听他说话，并默默地为他端茶送水，这小小的动作能让他感到你的真诚和礼貌，因此对你的印象很好，乐意与你做朋友。

现代的商务交往中，尤其要注意这一点，接待客人不当就可能断送生意，下面就是一个真实的例子：

泰国某政府机构为泰国一项庞大的建筑工程向美国工程公司招标。经过筛选，最后剩下4家候选公司。泰国人派遣代表团去美国亲自与各家公司商谈。代表团到达芝加哥时，那家工程公司由于忙乱出了差错，又没有仔细复核飞机到达时间，未去机场迎接泰国来客。泰国代表团尽管初来乍到，不熟悉芝加哥，还是自己找到了芝加哥商业中心的一家旅馆。他们打电话给那位局促不安的美国经理。在听了他的道歉之后，泰国代表团同意在第二天上午11时在经理办公室会面。第二天，美国经理按时到达办公室等候，直到下午三四点钟才接到客人的电话说："我们一直在旅馆等候，始终没有人前来接我们。我们对这样的接待实在不习惯。我们已订了下午的机票飞赴下一个目的地。再见吧！"

如果没有意识到待客之道的重要性，那些一开始也许是很有希望的商业活动很可能发展成短期的，当然也是不美好的关系。这里的问题是，国际范围内的商务活动，可以不加夸张地说是随着第一次见面的情况而决定成败的。礼节、礼仪或风度，不管你叫它什么，在我们的商业活动之中，就像一块精细的用手工编织的波斯地毯，如果抽去几根关键性的丝，整个图案就会失色不少，甚至会面目全非。所以，在商业交往中要时刻注意待客之道，给人留下良好的形象，以后的事就会好办得多。

日常生活中有个值得一提的问题就是送客时的礼仪。当我们离开某人的家时，如果自己刚踏出门外，对方就把门"砰"的一声重重关上，即使先前受到相当热情的款待，也会觉得像被泼了一盆冷水，十分扫兴，这是很多人都有的体验。也许这只是主人的一时疏忽，但站在访客的立场上，当然会怀疑自己是否受欢迎。

所以，迎客送客时，应该注意以下几点：

1. 见面时面带微笑，握手时热情亲切，不可毫无生气或一副冰冷相。

2. 客人进门，应起立表示欢迎，避免坐着用手示意客人入座。

3. 家中有访客时，其他家人也应该出来打招呼，同时主人应向访客介绍其他家人。待客时应亲切，使访客感到自在。例如，可在与访客寒暄过后先主动询问客人是否要洗个手，以免访客不好意思开口借用厕所。

4. 客人告别时，要送出门外。人少时或不常见面的客人最好握手告别，人多时或常客可以挥手作别。

5. 客人走出门后，应轻轻关门，切忌用力将门"砰"的一声关上。